Conserver la Couverture

ŒUVRES DE PASCAL

LETTRES ÉCRITES
A
UN PROVINCIAL

NOUVELLE ÉDITION

AVEC UNE INTRODUCTION GÉNÉRALE, UNE NOTICE SUR L'OUVRAGE
LES VARIANTES DES ÉDITIONS ORIGINALES
DES NOTES D'HISTOIRE ET DE PHILOLOGIE, UN COMMENTAIRE
SUR LE FOND, ET LA BIBLIOGRAPHIE

PAR

L. DEROME

Édition ornée des portraits des personnages importants de Port Royal
gravés sur acier par Delannoy.

TOME PREMIER

PARIS
GARNIER FRÈRES, LIBRAIRES-ÉDITEURS
6, RUE DES SAINTS-PÈRES, 6

CHEFS-D'ŒUVRE

DE LA

LITTÉRATURE

FRANÇAISE

54

LETTRES ÉCRITES

A

UN PROVINCIAL

TOME PREMIER

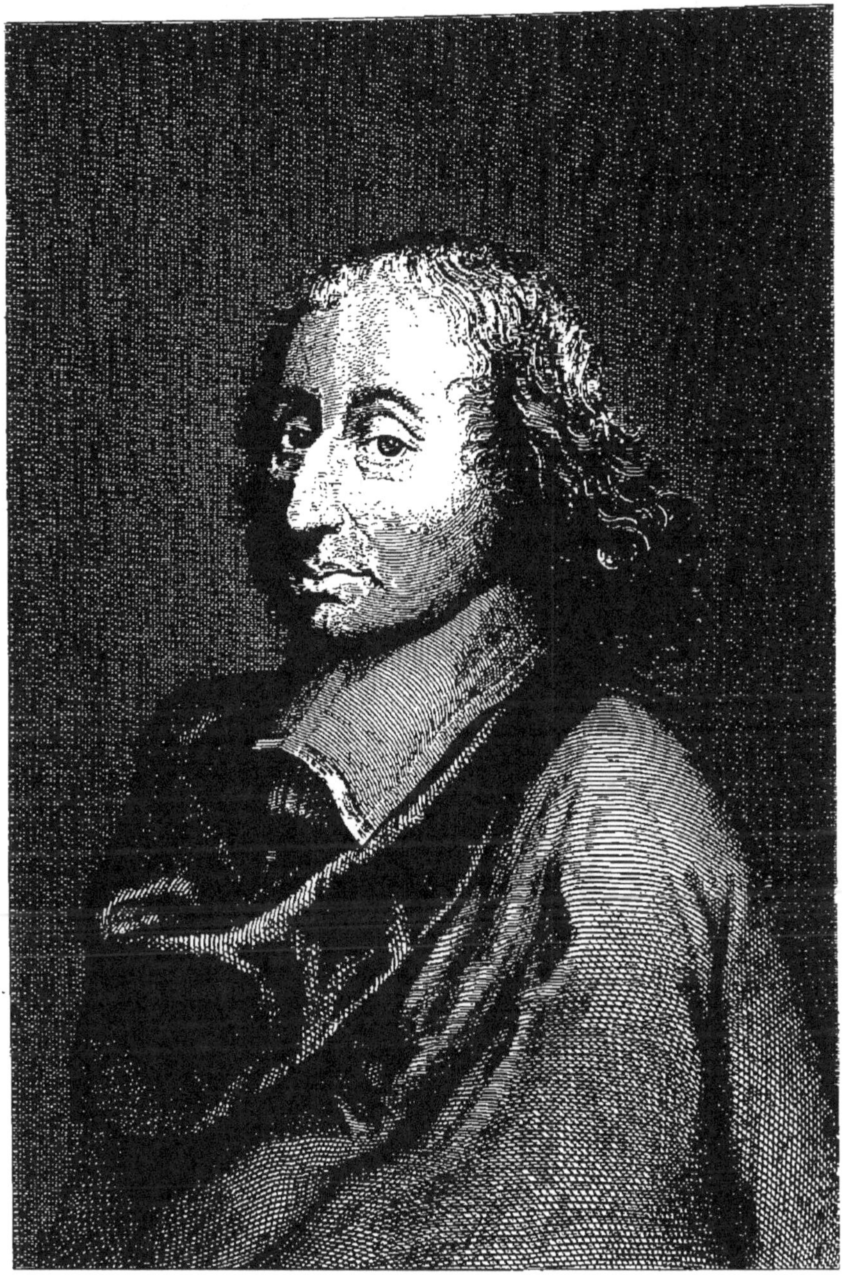

BLAISE PASCAL.

[illegible] Éditeurs

Imp. Ch. Chardon aîné Paris

ŒUVRES DE PASCAL

LETTRES ÉCRITES

A

UN PROVINCIAL

NOUVELLE ÉDITION

AVEC UNE INTRODUCTION, UNE NOTICE SUR L'OUVRAGE
LES VARIANTES DES ÉDITIONS ORIGINALES
DES NOTES D'HISTOIRE ET DE PHILOLOGIE, UN COMMENTAIRE
SUR LE FOND DU LIVRE ET LA BIBLIOGRAPHIE

PAR

L. DEROME

Édition ornée des portraits des personnages importants de Port-Royal
gravés sur acier par Delannoy.

TOME PREMIER

PARIS

GARNIER FRÈRES, LIBRAIRES-ÉDITEURS

6, RUE DES SAINTS-PÈRES, 6

M DCCC LXXXV

INTRODUCTION

LA VIE ET LES ŒUVRES

DE

PASCAL

I

Il y a peu d'écrivains dont on puisse avoir l'intelligence complète, si l'on n'en connaît d'abord la vie. Les moralistes sont plus sujets que d'autres à cette condition. Saint-Simon qui n'aurait pas été duc et pair, qui n'aurait pas eu de rang à la cour, ne serait pas l'auteur des *Mémoires*. Sa furieuse éloquence est en dehors de son rang. Mais sans le rang qu'il a eu dans le monde, il l'aurait employée à autre chose, ou il l'aurait laissé dormir. Au siècle précédent, l'amertume répandue dans les *Maximes* de La Rochefoucauld est commentée par son rôle d'homme public. On n'en a pas la clef sans la connaissance de ce rôle. L'âpreté morose de La Bruyère serait un mystère si l'on ignorait qu'il est né dans la chicane, qu'il a eu une jeunesse difficile et processive, une situation dépendante à l'hôtel de Condé, des hauteurs à subir de la part des Grands dont il n'était pas et dont il se venge. La condition de Pascal et son état de santé ont également laissé leur empreinte sur sa physionomie. On y distingue à première vue des influences variées, étrangères à elle-même. Le génie la domine, la revêt d'une couleur spéciale; il ne parvient pas à se dérober à cette influence.

INTRODUCTION.

Pascal (Blaise) est né le 19 juin 1623, à Clermont en Auvergne :

Alpibus arvernis veniens, mons altior ipse.

Il appartenait à une famille de bourgeoisie administrative, anoblie par Louis XI en 1478. Elle était à la tête du Tiers État de la province, considérée plutôt que noble, exerçant de père en fils des charges dans la finance et la magistrature. Étienne Pascal, anobli par Louis XI, était maître des requêtes ; Blaise, fils d'un autre Étienne Pascal, est qualifié d'*écuyer* sur son épitaphe. Son grand-père Martin Pascal avait été trésorier de France ; son père, Étienne Pascal, après avoir eu la charge d'*Élu*, était devenu président à la cour des aides de Clermont. Il avait épousé en 1618 Antoinette Begon, née comme lui dans une famille de robe, et en avait eu six enfants : un frère aîné de Blaise, né en 1619 et mort presque aussitôt ; Gilberte née en 1620, mariée en 1641 à Florin Périer, conseiller à la cour des aides de Clermont ; Blaise né en 1623 ; Jacqueline née en 1625, morte en 1661, religieuse à Port-Royal, sous le nom de sœur de Sainte-Euphémie ; enfin deux autres enfants qui ne vécurent point.

La femme d'Étienne Pascal était morte en 1626, à l'âge de vingt-huit ans. Le jeune Blaise avait trois ans. Son père se voyant seul, résolut de se consacrer tout à fait au soin de sa famille et, dit Mme Périer[1], « comme il n'avoit point d'autre fils que celui-là (Blaise), cette qualité de fils unique et les grandes marques d'esprit qu'il reconnut dans cet enfant lui donnèrent une si grande affection pour lui, qu'il ne put se résoudre à commettre son éducation à un autre et se résolut dès lors à l'instruire lui-même ». Dans ce dessein, Étienne Pascal céda sa charge à son frère en 1628 et employa la plus grande partie de son bien en rentes sur l'Hôtel de Ville, ce qui lui permit de venir s'établir à Paris en 1631.

1. *Vie de Pascal.*

Il est permis de supposer que le désir de vaquer à l'éducation de son fils ne fut pas l'unique mobile de sa conduite. Il cultivait avec succès les sciences physiques et mathématiques. La ville de Clermont n'offrait guère de ressources de ce côté. Paris était déjà comme aujourd'hui le centre des études, du mouvement intellectuel, des relations scientifiques et littéraires. La maison d'Étienne Pascal ne tarda pas à y devenir un lieu de réunion fréquenté par un groupe de notabilités qui furent plus tard le noyau de l'Académie des sciences [1]. C'étaient entre autres le père Mersenne, ami et correspondant de Descartes, MM. de Roberval, de Carcavi, Le Pailleur. C'était à leur contact que le jeune Blaise devait prendre de si bonne heure le goût de la physique et des mathématiques. Était-ce aussi dans leur conversation qu'il devait prendre l'air à demi mondain et le mépris des formes scolaires qu'on remarquera dans ses écrits? Pourquoi non? Il écrira un jour : — « On s'imagine d'ordinaire Platon et Aristote avec de grandes robes et comme des personnages toujours graves et sérieux. C'étoient d'honnêtes gens qui rioient comme les autres avec leurs amis et quand ils ont fait leurs Lois et leurs Traités de Politique, ç'a été en se jouant et comme pour se divertir. » C'est cet esprit libre et dégagé qui présidera à ses travaux de mathématiques et aux railleries peu théologiques des *Provinciales*. De sa vie, il n'a vu l'ombre d'un bonnet carré, senti ce que c'était qu'une férule. Il n'a pas été aux écoles; il aura tous les avantages de l'instruction privée, indépendante et sans formules. Étienne Pascal n'était pas précisément un homme du monde, de ceux qui brillaient à l'hôtel de Rambouillet ou chez Mme de Sablé. Les agréments de la société ne lui étaient pas inconnus. Dans les réunions qu'il présidait, il n'était pas exclusivement question de mathématiques. On s'occupait, comme dans les salons en vogue, des affaires courantes, des événements politiques, des bruits

---

1. Voir Fontenelle : *Histoire de l'Académie des sciences*, préface.

de la cour et de la ville. Les mathématiques étaient l'assaisonnement grave de ces plaisirs. L'esprit ni les lettres et, on peut le supposer, un grain de médisance, n'en étaient bannis. « Bien que Pascal n'ait peut-être jamais ri beaucoup, observe Sainte-Beuve [1], il était, quand il aborda Port-Royal, de ces honnêtes gens (ceux que l'éducation et l'enjouement distinguent) et des mieux réputés selon le monde, plein de diversités amusantes, de conversations curieuses, un homme qui avait lu avec plaisir toute sorte de livres et qui en causait volontiers. » Dans l'intervalle qui sépare son entrée à Port-Royal, des assemblées tenues chez Étienne Pascal, bien des incidents auront développé en lui cette disposition à la bonne humeur. L'amitié du duc de Roannez, les entretiens de Miton et du chevalier de Méré auront diversement contribué à émanciper son esprit. Il a puisé quelque chose de cette désinvolture dans la maison de son père. L'austérité viendra ensuite ; l'homme des *Provinciales* n'est pas encore un mystique attristé. Il y a en lui une forte provision de gaieté et un fond naturel de joie.

Une aventure singulière qui lui arriva à l'âge d'un an, longtemps inconnue de ses biographes et publiée pour la première fois par Victor Cousin [2] d'après le récit de Marguerite Périer, nièce de Pascal, antérieur par conséquent aux projets d'éducation ruminés par son père, a sa place naturelle ici et reste désormais inséparable de sa mémoire. « Lorsque mon oncle eut un an, dit Marguerite Périer, il lui arriva une chose fort extraordinaire. Ma grand'mère étoit, quoyque très jeune, très pieuse et très charitable. Elle avoit un grand nombre de pauvres familles à qui elle donnoit la charité. Il y en avoit une (*sic*) qui avoit la réputation d'être

---

1. *Port-Royal*, livre III, chap. 1er.
2. *Des Pensées de Pascal*, 1 vol. in-8°. Paris, 1843, p. 390. Ce récit est extrait du manuscrit qui existe à la Bibliothèque nationale, coté 1485, supplément français et contenant entre autres pièces les *Mémoires* de Marguerite Périer.

sorcière, tout le monde le lui disoit; mais ma grand'mère qui n'étoit pas de ces femmes crédules et qui avoit beaucoup d'esprit, se mocqua de cet avis et continuoit toujours à lui faire l'aumône. Dans ce temps-là, il arriva que le petit Pascal tomba dans une langueur semblable à ce qu'on appelle à Paris *tomber en chartre*[1]; mais cette langueur étoit accompagnée de deux circonstances qui ne sont pas ordinaires, l'une qu'il ne pouvoit souffrir de voir l'eau sans tomber dans des transports d'emportement très grands; et l'autre bien plus étonnante, c'est qu'il ne pouvoit souffrir de voir son père et sa mère s'approcher l'un de l'autre : il souffroit les caresses de l'un et de l'autre en particulier avec plaisir, mais aussitôt qu'ils s'approchoient ensemble, il crioit, se débattoit avec une violence excessive ; tout cela dura plus d'un an, durant lequel le mal s'augmentoit ; il tomba dans une telle extrémité qu'on le croyoit prêt à mourir. Tout le monde disoit à mon grand-père et à ma grand'mère que c'étoit assurément un sort que cette sorcière avoit jeté sur cet enfant; ils s'en mocquoient l'un et l'autre, regardant ces discours comme des imaginations qu'on a quand on voit des choses extraordinaires, et n'y faisant aucune attention, laissant toujours à cette femme une entrée libre dans leur maison où elle recevoit la charité. Enfin mon grand-père, importuné de tout ce qu'on lui disoit là-dessus, fit un jour entrer cette femme dans son cabinet, croyant que la manière dont il lui parleroit lui donneroit lieu de faire cesser tous les bruits ; mais il fut très étonné lorsqu'après les premières paroles qu'il lui dit, auxquelles elle répondit seulement et assez doucement que cela n'étoit point, et qu'on ne disoit cela d'elle que par envie à cause des charités qu'elle recevoit, il voulut lui faire peur et feignant d'être assuré qu'elle avoit ensorcelé l'enfant, il la menaça de la faire pendre si elle ne lui avouoit la vérité;

---

1. Chartre : « Nom vulgaire du carreau ou atrophie mésentérique, cette maladie retardant le développement et tenant le petit malade comme en une chartre, en une prison. » Littré.

alors elle fut effrayée et se mettant à genoux, elle lui promit de lui dire tout s'il lui promettoit de lui sauver la vie. Sur ce, mon grand-père, fort surpris, lui demanda ce qu'elle avoit fait et ce qui l'avoit obligée à le faire ; elle lui dit que l'ayant prié de solliciter un procès pour elle, il l'avoit refusé parce qu'il croyoit qu'il n'étoit pas bon, et que pour s'en venger, elle avoit jeté un sort sur son enfant, qu'elle voyoit qu'il aimoit tendrement, et qu'elle étoit bien fâchée de le lui dire, mais que le sort étoit à la mort. Mon grand-père affligé lui dit : « Quoy, il faut donc que mon enfant meurt ! » Elle lui dit qu'il y avoit du remède, mais qu'il falloit que quelqu'un mourût pour lui et transporter le sort. Mon grand-père lui dit : « Ah ! j'aime mieux que mon fils meure que si quelqu'un « mouroit pour lui. » Elle lui dit : « On peut mettre le sort sur « une bête. » Mon grand-père lui offrit un cheval. Elle lui dit que, sans faire de si grands frais, un chat lui suffiroit. Il lui en fit donner un ; elle l'emporta et, en descendant, elle trouva deux pères capucins qui montoient pour consoler mon grand-père de l'extrémité de la maladie de son fils. Ces pères dirent à cette femme qu'elle vouloit encore faire quelque sortilège de ce chat : elle le prit et le jeta par une fenêtre, d'où il ne tomba que de la hauteur de six pieds et tomba mort. Elle en demanda un autre que mon grand-père lui fit donner. La grande tendresse qu'il avoit pour cet enfant fut cause qu'il ne fit pas d'attention que tout cela ne valoit rien, puisqu'il falloit, pour transporter ce sort, faire une nouvelle invocation au diable ; jamais cette pensée ne lui vint dans l'esprit. Elle ne lui vint que longtemps après et il se repentit d'avoir donné lieu à cela.

« Le soir la femme vint et dit à mon grand-père qu'elle avoit besoin d'avoir un enfant qui n'eût pas sept ans et qui avant le lever du soleil cueillît neuf feuilles de trois sortes d'herbes, c'est-à-dire trois de chaque sorte. Mon grand-père le dit à son apothicaire qui dit qu'il y meneroit lui-même sa fille, ce qu'il fit le lendemain matin. Les trois sortes d'herbes étant cueillies, la femme fit un cataplasme qu'elle porta à sept heures du matin à mon grand-père, et lui dit qu'il falloit le mettre sur le ventre de l'enfant. Mon grand-père le fit mettre, et à midy, revenant du palais, il trouva toute la maison en larmes et on lui dit que l'enfant étoit mort. Il monta, vit sa femme dans les larmes et l'enfant dans le berceau, mort, à ce qu'il paroissoit. Il s'en alla et en sortant de la chambre, il rencontra sur le degré la femme qui avoit apporté le cataplasme ; et attribuant la mort de cet enfant à ce remède, il lui donna un soufflet si fort qu'il lui fit sauter le degré. Cette femme se releva et lui dit qu'elle voyoit bien qu'il étoit en colère, parce qu'il croyoit que son enfant étoit mort, mais qu'elle avoit oublié de lui dire le matin qu'il devoit paroître mort jusqu'à minuit et qu'on le laissât dans son berceau jusqu'à cette heure-là et qu'alors il reviendroit. Mon grand-père rentra et dit qu'il vouloit absolument qu'on le gardât sans l'ensevelir. Cependant l'enfant paroissoit mort ; il n'avoit ny pouls, ny voix, ny sentiment ; il devenoit froid et avoit toutes les marques de la mort. On se mocquoit de la crédulité de mon grand-père qui n'avoit pas accoutumé à croire à ces gens-là. On le garda donc ainsi, mon grand-père et ma grand'mère toujours présents, ne voulant s'en fier à personne. Ils entendirent sonner toutes les heures et minuit aussi, sans que l'enfant revînt. Enfin entre minuit et une heure, plus près d'une heure que de minuit, l'enfant commença à bâiller. Cela surprit extraordinairement ; on le prit, on le réchauffa, on lui donna du vin avec du sucre ; il l'avala. Ensuite sa nourrice lui présenta le teton, qu'il prit sans donner néanmoins des marques de connoissance et sans ouvrir les yeux. Cela dura jusqu'à six heures du matin qu'il commença à ouvrir les yeux et à connoître quelqu'un. Alors voyant son père et sa mère près l'un de l'autre, il se mit à crier comme il avoit accoutumé. Cela fit voir qu'il n'étoit pas encore guéri, mais on fut au moins consolé de ce qu'il n'étoit pas mort, et environ six à sept jours après, il commença à souffrir la vue de l'eau. Mon grand-père, arrivant de la messe, le trouva qui se divertissoit à verser de l'eau d'un verre dans un autre dans les bras de sa mère; il voulut alors s'approcher, mais l'enfant ne le put souffrir et peu de jours après il le souffrit, et en trois semaines de temps, cet enfant fut entièrement guéri et remis dans son embonpoint. »

Le berceau des grands hommes est entouré d'anecdotes. Outre que celle-ci est intéressante comme trait de mœurs et d'intérieur, ce n'est pas un conte de fée, mais une tradition de famille qui a le droit d'être conservée et jointe au nom de Pascal. Elle éclaire, d'une manière conforme à ce qu'on en sait d'ailleurs, une particularité de sa complexion. Il a toujours eu de la peine à vivre. Il naquit avec un tempérament cataleptique. Il n'a pas un an que ce tempérament lui est un péril. Il n'y a pas de remède; on le confie à une sorcière, qui le sauve par hasard; la médecine aurait échoué. Ces deux hasards ne seront point isolés dans sa destinée. Le premier de ses *Trois discours sur la condition des Grands* le montre tressant des couronnes au hasard. Après avoir énoncé par un exemple comment la Royauté elle-même, la grande puissance du jour, est une fille du hasard, il continue à l'intention du duc de Luynes, son interlocuteur présumé : « Ne vous imaginez pas que ce soit par un moindre effet du hasard que vous possédez les richesses dont vous vous trouvez maître, que celui par lequel cet homme se trouvoit roi. Vous n'y avez aucun droit de vous-même et par votre nature non plus que lui. Et non seulement vous ne vous trouvez fils d'un duc, mais vous ne vous trouvez au monde que par une infinité de hasards. Votre naissance dépend d'un mariage, ou plutôt de tous les mariages de ceux dont vous descendez. Mais ces mariages, d'où dépendent-ils? D'une visite faite par rencontre, d'un discours en l'air, de mille occasions imprévues. » C'est comme pour lui : c'est par une série de hasards qu'il se trouve fils d'Étienne Pascal, rejeton d'une bonne famille de bourgeoisie qui lui fera des mœurs, lui donnera un rang, des opinions. C'est par une égale série de hasards qu'il a une complexion nerveuse, une santé délicate, une imagination riche, le cœur d'un saint, qu'il est guéri par une sorcière, qu'il arrive à l'heure de la Fronde, qu'il a des relations antérieures à sa naissance avec MM. de Port-Royal. Quand son père était venu faire son droit à Paris, il avait été recommandé au père de M. d'Andilly et d'Antoine Arnauld, avec lesquels il avait continué d'avoir des rapports, et qui étaient comme lui originaires d'Auvergne. N'y a-t-il pas aussi l'intervention du hasard dans le fait qu'il lui a été donné d'être élevé parmi des gens qui réalisent le vœu de Bias : « Et pourtant Bias peignant un excellent estat de famille : de laquelle, dit-il, le maître soit tel au dedans par luy-mesme, comme il est au dehors par la crainte de la loy et du dire des hommes [1]. » Qu'on le suppose né au Maroc ou sous le toit de chaume d'un bouvier; on n'aura ni *les Provinciales* ni *les Pensées* à lui attribuer.

Il n'eut donc de précepteur que son père et lui-même, reçut une éducation indépendante et distinguée. Le précepteur n'était pas vulgaire. « Sa principale maxime dans cette éducation, dit Mme Périer, étoit de tenir toujours cet enfant au-dessus de son ouvrage, et ce fut pour cette raison qu'il ne voulut point commencer par lui apprendre le latin qu'il n'eût douze ans, afin qu'il le fît avec plus de facilité. » Cette résolution d'Étienne Pascal, de ne permettre l'étude de la langue latine à son fils qu'à l'âge de douze ans, a choqué Condorcet. Condorcet, qui, sous prétexte d'éditer *les Pensées* de Pascal [2]. a commis sur elles ce que, dans le langage du palais, on appelle un faux, et qui les a fait précéder d'un *Éloge* de Pascal qui est tout le contraire d'un éloge, juge en ces termes la conduite d'Étienne Pascal : « Ainsi jusqu'à douze ans, on n'avoit presque rien appris au jeune Pascal, et de tous les enfants célèbres, le seul peut-être qui l'ait été à juste titre,

---

1. Montaigne.
2. 1 vol. in-8°. Paris, 1776.

a reçu une éducation tardive, ou plutôt n'en a point eu d'autre que son génie. » L'assertion n'est pas fondée. Elle le serait qu'il y aurait moyen de la justifier par des motifs qui échappent à la perspicacité de Condorcet. La préoccupation d'Étienne Pascal était de ne pas surmener son fils, dont la constitution était frêle; il désirait sans doute aussi ne pas disperser son attention sur trop d'objets à la fois. L'enfant était curieux, d'une intelligence précoce et pénétrante. Rien n'annonce qu'il eût une aptitude spéciale à l'étude des langues. Il était doué d'une mémoire sûre. Il a écrit plus tard qu'il n'avait jamais rien oublié de ce qu'il avait voulu retenir. Il convient d'entendre cela des choses, non du vocabulaire d'une langue. Pascal n'était destiné à être ni un philologue ni un érudit. Le menu savoir des écoles n'était pas son fait. Il se prêta sans difficulté à ce qu'on exigeait de lui quant à l'étude du latin. Personnellement, Étienne Pascal préférait les sciences aux lettres, mais il partageait l'opinion alors très accréditée, qui tend à considérer les langues anciennes, surtout la langue latine, qui était la langue de l'Église et celle des Grands, comme l'essentiel et le fondement nécessaire d'une éducation d'honnête homme, comme on disait. Il est vrai qu'il était, là encore, abstracteur de quintessence. Il avait de l'ambition à l'endroit de son fils. « Il lui faisoit voir en général, dit Mme Périer, ce que c'étoit que les langues; il lui montroit comment on les avoit réduites en grammaires sous certaines règles. » C'était déjà de la logique; elle l'empêchait de traîner dans les chemins battus de la routine, elle l'habituait à la réflexion. De sorte que Pascal n'eut point à passer par les collèges qui étaient alors comme ils sont toujours les hôtels garnis de l'enseignement, où celui-ci est abandonné à des hommes de peine, véritables chevaux de labour, rompus à défricher quatre ou cinq auteurs, constamment les mêmes.

Sainte-Beuve compare l'éducation reçue par Pascal à celle de Montaigne, à qui on apprit le latin en très bas âge, comme si on avait aspiré à en faire sa langue maternelle.

Montaigne le happa par lambeaux comme certains enfants d'aujourd'hui, à qui on essaye d'infuser une langue vivante avant qu'ils sachent ce que c'est qu'une langue. On a une nourrice dont c'est la langue native ; la nourrice leur nomme les objets et les sentiments à mesure qu'ils se présentent ; ils reçoivent ainsi la connaissance d'un idiome de la bouche de celle qui les nourrit, sans peine, comme en se jouant. C'est du temps de gagné, et les moralistes prétendent, non sans quelque apparence de raison, que la flexibilité des organes de l'enfance permet à cet enseignement d'être plus efficace, bien qu'il soit à peu près inconscient. Les mots se gravent plus avant dans la mémoire et y restent, tandis qu'à un âge plus avancé, la multiplicité des impressions et la moindre flexibilité des organes, sont des obstacles. Cela est donc commode et précieux ; c'est une économie considérable de temps et de travail, mais c'est forcément le lot des quelques élus, gens de grand revenu et de loisir qui en prévoient de loin les avantages, diplomates ou commerçants en résidence à l'étranger, qui profitent de l'occasion. Montaigne est fier d'avoir été traité de cette façon, non seulement en ce qui concerne l'acquisition des langues, mais en tout ce qui touche à ses autres connaissances. Il se vante d'avoir appris ce qu'il sait à l'aventure. Il fut élevé par son père comme devait l'être Pascal. Le père de Montaigne n'avait aucun point commun avec Étienne Pascal. C'était un rude gentilhomme de Gascogne, qui avait grandi à la manière féodale, terre à terre, à l'âme concrète, dépourvue d'élévation, épris de jeux mécaniques selon l'usage, grand amateur de tours de force, pirouettant autour de la table, à la fin du repas, appuyé sur son pouce, bon avec cela, dévoué à l'avenir de son fils qu'il ne prévoyait pas devoir être ce qu'il fut. Montaigne n'eut pas trop à souffrir de cette manipulation assez grossière. A dix ans, il latinise, infecte le pays de locutions empruntées aux *Géorgiques* de Virgile ou aux écrits de Columelle, locutions relatives aux habitudes de la vie rustique, et qui se perpétuent à travers les générations. On trouverait maintenant encore des exemples du même fait en Angleterre, aux environs d'Oxford et de Cambridge, et sans aller si loin, dans un bon nombre de petites localités de France, où il y a d'aventure un collège; et s'il n'y a pas de collège, où le curé introduit dans la circulation des mots tirés de son bréviaire et qui se mêlent aux patois des paysans, à moins qu'il n'ait un élève et que celui-ci ne joue avec les enfants du village.

Eh bien, si Pascal n'a pas étudié le latin de cette façon, il a pourtant été à la même école. Au lieu d'être, comme le père de Montaigne, un hobereau de campagne, le sien était géomètre, physicien, mathématicien; il a sans cesse la bouche pleine d'expressions empruntées au langage des sciences exactes; il en a le cœur aussi plein que la bouche. Involontairement, cela déteint sur son élève et contribue à lui donner une tournure d'esprit particulière. Les termes de physique et de mathématiques qui, dans la conversation, échappent à Étienne Pascal sans qu'il s'en aperçoive, entreront aussi sans qu'il s'en aperçoive dans le vocabulaire de Blaise. Il les emploiera ensuite sans se rappeler la source d'où ils lui viennent. Bien plus, s'il est à son tour physicien, géomètre, mathématicien, ce n'est pas, on peut le croire, par l'effet d'une vocation personnelle : ce sont les habitudes intellectuelles de son père qui le poussent à son insu dans cette direction. Ce sera là un héritage plus qu'un libre choix. On lui interdit provisoirement les sciences exactes, objecte sa sœur; on ne les lui interdit qu'en apparence. Il n'y consacre pas ses heures de travail; il leur donne néanmoins ses heures de récréation. Comment d'ailleurs Étienne Pascal, qu'emplissaient tout entier les sciences, et qui passait la journée dans la société de son fils, se fût-il abstenu d'y faire allusion? « Il lui parloit souvent, dit Mme Périer, des effets extraordinaires de la nature, comme de la poudre à canon et d'autres choses qui surprennent quand on les considère. Mon frère prenoit grand plaisir à cet entretien; mais il vouloit savoir les raisons de toutes choses, et comme elles ne sont pas toutes connues, lorsque mon père ne les disoit pas ou disoit celles qu'on allègue d'ordinaire, qui ne sont proprement que des défaites, cela ne le contentoit pas ; car il a toujours eu une netteté d'esprit admirable pour discerner le faux. » Ce sera sa misère et une des causes de sa supériorité. Qu'on le prenne à l'heure qu'on voudra, le besoin de la vérité lui est un motif d'affliction ; il est malheureux de ne pas l'avoir ; il se démène. Elle fuit à mesure qu'il se croit au moment de l'atteindre. Tous les jours, il est à l'affût d'une nouvelle vérité, comme un braconnier à l'affût d'un lièvre. Cette inquiétude de la vérité le poursuit, devient maladive et il finira par y succomber. Il y ajoute une obstination invincible et qu'il a dès l'enfance. Les enfants aiment à être informés. Ils se contentent de la réponse qu'on leur fait. Lui, non ; quand on lui en fait une qui ne le satisfait pas, il en cherche une autre et ne quitte pas le sujet, bien que le plus souvent ses recherches soient infructueuses. Sa sœur en cite un exemple qui remonte à l'époque où il commençait à étudier les langues. Il est à table ; et frappe un plat de faïence avec un couteau. Il remarque que le plat rend beaucoup de son et n'en rend plus quand on met la main dessus. Le voilà en quête de la loi des sons, et il en fait un traité comme il fera un traité de la Roulette.

Celui qui signala ses premières aspirations du côté de la géométrie devait avoir des résultats plus appréciables. En cette matière comme en celle des langues, Étienne Pascal était d'avis que plus de maturité que n'en peut avoir un enfant de douze ans était nécessaire. Mais Blaise en entendait causer continuellement autour de lui. Il avait autant d'imagination que de curiosité. Il feint de se soumettre à l'ordre paternel. Il insiste néanmoins. — Non, déclare le père ; il est trop jeune. — S'il est bien sage, on lui permettra comme récompense d'étudier la géométrie. Soit ; mais on peut bien dès aujourd'hui lui dire en gros ce que c'est. Ce doit être bien intéressant puisque les amis de la maison n'ont pas d'autre sujet de conversation. On lui annonce que la géométrie est, en général, l'art de tracer des figures *justes* et d'établir les proportions que ces figures ont entre elles. Mais qu'il s'abstienne d'y penser jusqu'à nouvel ordre. Cela le distrairait de ses autres occupations. Il y pense en secret malgré la défense qu'on lui en a faite. Il en a évidemment quelques notions vagues. Peut-être un livre de géométrie lui est-il tombé sous la main. Dans tous les cas, il en a entendu causer à diverses reprises. L'ignorance absolue dans laquelle on le suppose est une version de famille à laquelle Descartes refusait d'ajouter foi. Toujours est-il qu'il ne connaît pas les termes en usage, s'il faut s'en rapporter à l'aventure éditée par Mme Périer.

Les jours de pluie, le jeune Pascal avait coutume de jouer dans une chambre où son père le surprit un jour en train d'examiner la trente-deuxième proposition du premier livre d'Euclide, que la somme des angles d'un triangle est égale à deux angles droits, et l'angle extérieur égal à la somme des deux angles intérieurs opposés. Son père entre à l'improviste ; les murs et le parquet sont couverts de figures géométriques. L'enfant, préoccupé de sa recherche, ne s'aperçoit pas de la présence de son père qui était muet de surprise. « On ne peut dire, écrit Mme Périer, lequel fut le plus surpris, ou le fils de voir son père, à cause de la défense expresse qu'il lui avoit faite, ou le père de voir son fils au milieu de toutes ces choses. Mais la surprise du père fut bien plus grande lorsque, lui ayant demandé ce qu'il faisoit, il lui dit qu'il cherchoit telle chose qui étoit la trente-deuxième proposition du premier livre d'Euclide. Mon père lui demanda ce qui l'avoit fait penser à chercher cela. Il dit que c'étoit qu'il avoit trouvé telle autre chose, et sur cela, lui ayant fait encore la même question, il lui dit encore quelques démonstrations qu'il avoit faites ; et enfin, en rétrogradant et s'expliquant toujours par les noms de *ronds* et de *barres*, il en vint à ses définitions et à ses axiomes. Mon père fut si épouvanté de la grandeur et de la puissance de ce génie, que, sans lui dire un mot, il le quitta et alla chez M. Le Pailleur, qui étoit son ami intime et qui étoit aussi fort savant : lorsqu'il y fut arrivé, il y demeura immobile comme un homme transporté. M. Le Pailleur, voyant cela et voyant même qu'il versoit quelques larmes, fut épouvanté à son tour et le pria de ne pas lui celer plus longtemps la cause de son déplaisir. Mon père lui répondit : « Je ne pleure pas d'affliction, mais de « joie. Vous savez les précautions que j'ai prises pour ôter « à mon fils la connoissance de la géométrie, de peur de le « détourner de ses autres études. Cependant voicy ce qu'il « a fait. »

Il y a de la mise en scène dans ces tableaux de la jeunesse scientifique de Pascal. L'orgueil de famille n'en est pas l'unique mobile. Les sciences exactes n'étant point accessibles à tous, et leur possession étant considérée comme la marque d'une intelligence extraordinaire, on désirait les faire servir à la cause des idées religieuses. Port-Royal et la famille de Pascal travaillaient de concert dans ce but. Ce procédé a continué d'être employé au xviiie siècle. Chateaubriand ne l'a pas dédaigné. On connaît sa manière théâtrale : « Il y avoit un homme qui, à douze ans, avec des barres et des ronds, avoit créé les mathématiques ; qui, à seize ans, avoit fait le plus savant Traité des Coniques qu'on eût vu depuis l'antiquité ; qui, à dix-neuf, réduisit en machine une science qui existe tout entière dans l'entendement ; qui, à vingt-trois, démontra le phénomène de la pesanteur de l'air et détruisit une des grandes erreurs de l'ancienne physique ; qui, à cet âge où les autres hommes commencent à peine de naître, ayant achevé de parcourir le cercle des sciences humaines, s'aperçut de leur néant et tourna toutes ses pensées vers la Religion... ; enfin qui, dans les courts intervalles de ses maux, résolut, en se privant de tout secours, un des plus hauts problèmes de géométrie et jeta au hasard sur le papier des pensées qui tiennent autant de Dieu que de l'homme.

Cet effrayant génie s'appeloit Blaise Pascal [1]. » Chateaubriand, qui n'a pas pratiqué les sciences exactes, qui n'y a pas d'aptitude, qui flaire en elles un ennemi de l'idéal, qui les voit en crédit et aux mains de l'ennemi, use sans scrupule de cet argument indirect en faveur de la cause qu'il défend. Des scrupules, les Jansénistes n'en avaient pas eu, les Apologistes du Christianisme n'en avaient pas eu davantage. Ils jugeaient de bonne guerre d'attaquer leurs adversaires sur leur propre terrain. Il était inutile de vouloir surfaire Pascal dans l'intérêt d'un ordre de choses qui suffit à se défendre lui-même. Mais Descartes, d'Alembert et Condorcet régnaient. Il semblait adroit de leur opposer quelqu'un des leurs. Quand ce n'était pas Leibniz, c'était Pascal.

Le père de celui-ci lui permit désormais la lecture des Éléments d'Euclide et l'autorisa à assister aux conférences périodiques qui se tenaient dans sa maison. On ne lui accorda néanmoins le droit de s'occuper de géométrie qu'à ses moments de loisir. Le Traité des Sections Coniques, qui est de 1639, est son début dans la carrière des sciences. Descartes soupçonne qu'il a fait des emprunts à Desargues [2]. « En général, dit Sainte-Beuve [3], Descartes semble, à deux ou trois traits de ses lettres, observer le jeune Pascal, géomètre ou physicien, avec cette vigilance, cette surveillance inquiète et jalouse qui s'appliquerait de loin à un rival naissant, à un successeur possible et déjà dangereux. » Il n'est pas à ce point susceptible vis-à-vis d'Arnauld. Arnauld est son disciple depuis les *Méditations*. Il admire, discute et n'invente pas. Descartes pratique d'avance la maxime émise quelques années après par Mme de Sablé : « On aime beau-

---

1. *Génie du Christianisme*, 3e partie, livre II, ch. vi.
2. Desargues (Gaspard), mathématicien, né à Lyon en 1593, mort dans cette ville en 1662. Il était lié avec Descartes. Il était retombé dans une obscurité profonde. Poncelet, qui l'appelle « le Monge de son siècle », lui a rendu récemment quelque notoriété.
3. *Port-Royal*, livre III, ch. iv.

coup mieux ceux qui tendent à nous imiter que ceux qui tâchent à nous égaler; car l'imitation est une marque d'estime. » Descartes est jaloux de Pascal, qui n'imite personne. Pascal n'est pas fier : il est original. On lui conseillait de livrer à l'impression son traité des sections coniques. La circonstance que l'auteur n'avait que seize ans aurait ajouté à la réputation de l'ouvrage. Il n'y consentit pas, par dédain de la réputation, affirme sa sœur [1].

Pascal a-t-il toujours méprisé la réputation? Non; il ne l'a même méprisée tout à fait à aucune période de sa vie. Après sa seconde conversion (1654), il s'efforçait de la mépriser sans y parvenir. A Port-Royal, c'était la consigne ; le modèle à suivre était l'avis de l'auteur de l'*Imitation* : « Ama nesciri et pro nihilo reputari. » On s'y conformait le plus qu'on pouvait. On enseignait aux enfants des petites écoles la modestie et l'humilité. C'étaient des vertus à acquérir plutôt que des vertus acquises. Au fait, il n'y a pas un grand amour du silence et de l'obscurité chez Arnauld; il y en a un moindre chez Nicole. Sacy refuse d'entrer à l'Académie française. Cependant il n'est pas aisé d'admettre que Port-Royal ait entièrement réussi dans cette partie de la doctrine de la *voie étroite*. Pascal mathématicien ne met pas d'enseigne à sa porte : il n'est pas ennemi de la réputation ; Pascal mondain a de l'ambition. Or l'ambition trouve dans la réputation un moyen précieux. L'auteur des *Provinciales* n'est pas, à beau-

---

1. Dans une lettre écrite en latin, et qui est de 1654, Pascal annonce l'intention qu'il a de publier plusieurs écrits parmi lesquels, dit-il, « un *Traité complet des coniques* que j'ai conçu avant d'avoir atteint l'âge de seize ans, et que j'ai rédigé ensuite ». Il est perdu, bien qu'il existe dans l'édition de l'abbé Bossut des *OEuvres* de Pascal, un fragment intitulé : *Essai pour les coniques*, qui aurait été imprimé en 1640. On ne connaît aucun exemplaire de cette prétendue édition de 1640. Si elle existait, Pascal en ferait mention dans la lettre de 1654; ce n'est d'ailleurs qu'un programme dans lequel on lit : « Nous démontrerons aussi la propriété suivante dont le premier inventeur est M. Desargues, Lyonnois, un des grands esprits de ce temps et des plus versés aux mathématiques, et entre autres aux Coniques. » Il avoue donc devoir quelque chose à Desargues.

coup près, indifférent au succès de son livre et à la fortune de son esprit. Bien plus, le Pascal des *Pensées* continue d'avoir des regrets : « Nous ne nous contentons pas, écrit-il, de la vie que nous avons en nous et en notre propre être : nous voulons vivre dans la vie des autres d'une vie imaginaire, et nous nous efforçons pour cela de paroître. Nous travaillons incessamment à embellir et à conserver cet être imaginaire, et nous négligeons le véritable. Et si nous avons ou la tranquillité, ou la générosité ou la fidélité, nous nous empressons de le faire savoir, afin d'attacher ces vertus à cet être imaginaire. Nous les détacherions plutôt de nous pour les y joindre; et nous serions volontiers poltrons pour acquérir la réputation d'être vaillants. Grande marque du néant de notre propre être de n'être pas satisfait de l'un sans l'autre, et de renoncer souvent à l'un pour l'autre... La douceur de la gloire est si grande qu'à quelque chose qu'on l'attache, même à la mort, on l'aime... La vanité est si ancrée dans le cœur de l'homme, qu'un soldat, un goujat, un cuisinier, un crocheteur, se vante et veut avoir des admirateurs. Et les philosophes même en veulent. Et ceux qui écrivent contre veulent avoir la gloire d'avoir bien écrit; et ceux qui les lisent veulent avoir la gloire de les avoir lus ; et moi qui écris ceci ai peut-être cette envie, et peut-être que ceux qui le liront..... » croiront que Pascal ne se trompe pas quand il se soupçonne de vouloir obtenir la gloire d'avoir bien écrit. Au moins, son désir de la réputation, s'il lui en reste, n'est pas de bon aloi; ce n'est pas celui d'un crocheteur, mais il l'a et ne saurait s'en défaire, quelque effort qu'il y déploie. Il demande à Dieu le don de ce dernier renoncement sans trop d'espoir d'être exaucé.

L'affection nerveuse qui ne devait plus le quitter, et dont la maladie qu'il eut à l'âge d'un an était déjà un symptôme, le prit vers dix-huit ans. Étienne Pascal fut nommé, en 1638, à l'intendance de Normandie. Ses fonctions comportaient un grand travail de comptabilité. Ce fut en vue de l'abréger que

Blaise inventa sa machine arithmétique (1639). Ici encore il est permis de constater qu'il est un mathématicien d'occasion. Il faut qu'un événement, une affaire d'amour-propre ou d'intérêt, l'excite à produire. Sans la comptabilité de son père à rendre plus facile, il n'aurait pas songé à sa machine arithmétique. L'exécution lui fut pénible. Il eut le courage de surveiller la façon de plus de cinquante modèles. Dix ans plus tard (1649), dans une note au public, il énumère les tâtonnements et les difficultés de l'entreprise. Malgré tout, cette machine arithmétique n'était pas pratique. Ce n'était qu'un beau jouet dont on ne s'est pas servi. Ce fut également à Rouen qu'il eut connaissance des expériences faites en Italie par Torricelli et qui furent le point de départ de celles qu'il dirigea lui-même sur la pesanteur de l'air. Cela dura longtemps. Le sol plat de la Normandie s'y prêtait mal. Il lui fallut recourir à son beau-frère, qui pratiqua, sur ses indications, la fameuse expérience du Puy-de-Dôme (1648). Ses infirmités, jointes à d'autres soucis, l'avaient dès lors déterminé à abandonner l'étude des sciences exactes auxquelles il ne revint qu'une fois (1658). Encore sa théorie de la Roulette qu'il « trouva sans y penser », dit Mme Périer, ne fut-elle qu'une distraction.

II

L'année 1647 est une ère dans la vie de Pascal. Mais il est nécessaire de remonter un peu plus haut. L'envoi de son père à Rouen avait été le résultat d'une révolution dans l'intérieur de la famille. Étienne Pascal vaquait tranquillement à l'éducation de son fils, lorsque le gouvernement dépensier de Richelieu avait eu besoin de convertir les rentes sur l'Hôtel de Ville, afin de se procurer des ressources (mars 1638). La meilleure part du bien d'Étienne Pascal était précisément en rentes sur l'Hôtel de Ville. Il y eut une réunion chez le chancelier Séguier de rentiers intéressés à la conversion. On n'était pas content du pouvoir. « Il se dit, ce jour-là, des paroles et on y — chez Séguier — fit quelques actions un peu violentes[1]. » Étienne Pascal n'était pas un de ceux qui criaient le moins fort. « Lui et un nommé De Bourges, avec un avocat au parlement, dit Tallemant des Réaux, firent bien du bruit et, à la tête de quatre cents rentiers comme eux, ils firent grand'peur au garde des sceaux Séguier. » Richelieu ordonna d'arrêter les meneurs. Étienne Pascal, qui en était un, afin de se soustraire à la colère du Maître, se sauva en Auvergne, où il se tint caché. Le salut lui vint d'où il ne l'attendait pas, c'est-à-dire de Jacqueline, sa fille cadette. C'était une jeune fille d'un talent précoce, qui faisait des vers à treize ans, était déjà répandue dans le monde des précieuses et promettait d'être une nouvelle Scudéry. Chez une sœur de Pascal, destinée à mourir en quelque sorte martyre à Port-Royal des Champs, cette poésie est trop délurée. On en pourra juger par un échantillon. La reine était enceinte de Louis XIV. Jacqueline compose une épigramme « sur le mouvement que la reine a senti de son enfant ». La société encore très rude, sortie des guerres civiles, n'avait point acquis la délicatesse qu'elle aura bientôt. Trente ans après, les vers de Jacqueline n'auraient pas été reçus à la cour. Les voici dans leur verdeur originale :

> Cet invincible enfant d'un invincible père
>   Déjà nous fait tout espérer,
> Et quoiqu'il soit encore *au ventre de sa mère*,
>   Il se fait craindre et désirer.
> Il sera plus vaillant que le dieu de la guerre,
> Puisqu'avant que son œil ait vu le firmament,
>   S'il remue un peu seulement,
> C'est à nos ennemis un tremblement de terre.

La future sœur de sainte Euphémie a choisi un sujet difficile ; cette fillette de treize ans est trop instruite. Si elle avait continué de suivre cette voie, il n'est pas probable qu'elle eût

---

1. Marguerite Périer, *Vie de la sœur sainte Euphémie*.

pu servir d'enseigne à Victor Cousin, qui a commencé par elle sa galerie de portraits de femmes célèbres du xviie siècle[1]. Dans l'avant-propos de son édition de 1856, Victor Cousin, qui appelle à juste titre Jacqueline une femme bien peu connue, mais qui la fait connaître beaucoup plus qu'elle ne l'a été de son temps, constate qu'elle « avait reçu du ciel de rares facultés et les a volontairement négligées pour un objet plus grand que toute la gloire humaine », qu'elle a jeté dans le monde « un très vif éclat », et alla de bonne heure « ensevelir dans un cloître les agréments de son esprit et de sa personne ». Les agréments de son esprit sont réels; l'énergie de son caractère l'a fait estimer de ceux qui l'ont approchée. Quant aux agréments de sa personne, la petite vérole les avait fait disparaître à l'heure où elle est censée les avoir ensevelis dans un cloître. Cet accident pourrait n'avoir pas nui à sa vocation. Quoi qu'il en soit, c'était une petite bourgeoise, avisée, spirituelle et pleine d'entregent, lorsqu'en 1638, elle fut admise à présenter elle-même à Anne d'Autriche l'épigramme qu'on a lue plus haut. Dans l'antichambre où elle attend que la reine veuille bien la recevoir, elle rencontre Mademoiselle, fille de Monsieur, frère du roi, qui lui dit : « Puisque vous faites si bien des vers, faites-en pour moi. » Jacqueline se retire dans un coin et revient au bout d'un instant avec les vers suivants :

> Muse, notre grande princesse,
> Te commande aujourd'hui d'exercer ton adresse
> A louer sa beauté; mais il faut avouer
> Qu'on ne sauroit la satisfaire,
> Et que le seul moyen qu'on a de la louer,
> C'est de dire en un mot qu'on ne le sauroit faire.

L'improvisation plut. Jacqueline a fait de meilleurs vers. Ceux-ci sont de 1643; elle avait dix-huit ans. Elle semble

---

[1]. Jacqueline Pascal, *Premières études sur les femmes illustres de la société du xviie siècle*, 1 vol. in-8°. Paris, 1844; 2e édit. en 1849; 9e édit., 1878, 1 vol. in-18.

rechercher les sujets scabreux. La pièce est intitulée : *Pour une dame amoureuse d'un homme qui n'en savoit rien :*

> Imprudente divinité,
> Injuste et fâcheuse chimère
> Dont le pouvoir imaginaire
> Tourmente une jeune beauté;
> Amour, que ton trait est nuisible
> Et que tu parois insensible
> A tant de plaintes et de vœux!
> Alors qu'Amarante soupire,
> Tircis est exempt de tes feux
> Et ne connoit pas ton empire.
>
> Tandis que ses yeux innocents
> Enchantent le cœur d'Amarante,
> Et que cette flamme naissante
> A déjà des effets puissants,
> Cette belle, pour une œillade,
> Montre qu'elle a l'esprit malade
> Et qu'elle chérit sa langueur.
> Mais ta rigueur inconcevable
> Rend cet adorable vainqueur
> Autant insensible qu'aimable.
>
> La grâce qu'on voit en son port,
> Et sa douceur incomparable,
> Est un écueil inévitable
> Où sa raison perd son effort.
> Son ardeur qui toujours augmente
> Devient enfin si véhémente,
> Qu'elle ne la peut plus cacher;
> Chacun de nous la voit paroître,
> Et le seul qu'elle veut toucher,
> Seul ne sait pas la reconnoître, etc.

Ces variations durent encore plusieurs strophes. Victor Cousin en a recherché les variantes. Cela n'a d'intérêt que parce que ces vers sont d'une sœur de Pascal et d'une héroïne de Port-Royal. La sève qui coule de la plume de Mme Périer, l'autre sœur de Pascal, a une odeur plus pénétrante. Pourtant la bonne volonté de Jacqueline eut sa récompense immédiate. Elle fut reçue à la cour et admise à l'honneur de « servir la reine quand elle mangeoit en particulier ». Ce ne devait pas être inutile aux siens. Richelieu, en butte à l'aversion de la Noblesse dont il coupait les têtes, recrutait des adhérents dans le Tiers État. Pendant l'hiver de 1639, il eut envie de voir jouer par des enfants l'*Amour tyrannique*, tragi-comédie de Scudéry. Il recrutait aussi parmi les gens de lettres, et il est un de ceux qui ont fondé leur influence sociale en dehors de l'Académie, dont il est le père, et qui fut la consécration officielle de son entreprise. Sa nièce, Mme d'Aiguillon, chargée par lui de choisir des acteurs et des actrices, sollicita le concours de Jacqueline par l'intermédiaire de Mme Sainctot, femme du maître des cérémonies de la Cour. D'abord Gilberte, qui n'était pas encore Mme Périer, mais qui était la maîtresse de la maison en l'absence d'Étienne Pascal, répondit au gentilhomme envoyé par Mme Sainctot : « Monsieur le Cardinal ne nous donne pas assez de plaisir pour que nous pensions à lui en faire. » Cette réponse à la Plutarque avait été faite sans réflexion. Gilberte se ravisa. Elle songea à la détresse de son père, contraint de se cacher en Auvergne, et acquiesça à la demande du Cardinal. Jacqueline joua à ravir, mais elle s'était préparée à tirer parti de son art. La pièce terminée, elle se présente elle-même au Cardinal qui la prend sur ses genoux. Là-dessus, elle lui récite, avec des larmes dans la voix, un compliment rimé :

> Ne vous étonnez pas, incomparable Armand,
> Si j'ai mal contenté vos yeux et vos oreilles;
> Mon esprit, agité de frayeurs sans pareilles,
> Interdit à mon corps et voix et mouvement.
> Mais pour me rendre ici capable de vous plaire,
> Rappelez de l'exil mon misérable père :
> C'est le bien que j'attends d'une insigne bonté.
> Sauvez cet innocent d'un péril manifeste;
> Ainsi vous me rendrez l'entière liberté
> De l'esprit et du corps, de la voix et du geste.

Il est clair qu'on avait aidé Jacqueline à rédiger cette supplique habile, et on attribue toute cette négociation à l'acteur

Mondory, sous la direction duquel Jacqueline avait appris son rôle, et qui était natif de Clermont. Richelieu n'avait pas demandé mieux que de se prêter à cette petite intrigue. Il se laissa prier, pour la forme, par Mme d'Aiguillon, sa nièce, et par Séguier, qui était aussi de l'affaire. Blaise, âgé de seize ans, et Gilberte qui en avait dix-neuf, étaient là « tous deux parfaitement beaux », dit le Recueil d'Utrecht. Richelieu aimait les coups de théâtre : « Eh bien, mon enfant, dit-il, mandez à monsieur votre père qu'il peut revenir en toute assurance et que je suis bien aise de le rendre à une si aimable famille. » Étienne Pascal revint à Paris et se rendit à Rueil, résidence ordinaire de Richelieu, accompagné de ses enfants. Richelieu l'accueillit avec une bienveillance marquée, lui apprit qu'il n'était pas ignorant de son mérite et voulut bien ajouter, en désignant ses enfants du geste : « J'en ferai quelque chose de grand. » Ils devaient en effet être quelque chose de grand, mais non par lui. L'intendance des tailles de Normandie, qu'il offrit à Étienne Pascal, n'y fut pas inutile néanmoins.

A Rouen, l'intendant des tailles était un personnage en vue. La Noblesse et la Robe affluèrent chez lui. Pendant que Blaise inventait sa machine arithmétique, Jacqueline concourait au *Puy*. Ce puy (*podium*, théâtre) était une institution locale, importée de Caen où elle existait depuis le XIIe siècle, au témoignage de Robert Wace, l'illustre auteur du *Roman de Brut* et du *Roman de Rou*. On y couronnait chaque année une poésie lyrique sur le sujet de l'Immaculée conception[1]. Jacqueline concourait sur l'invitation de Pierre Corneille. On lui apporta le prix au son du tambour et Corneille remercia en vers le *Prince* (président) du puy :

> Une fille de douze ans (quinze, voyons)
> A seule de son sexe eu des prix sur ce *Puy*.

---

[1]. Voir notre introduction aux *Poésies de Malfilâtre*, un des lauréats du *Puy* de Caen. 1 vol. in-12. Paris, 1884. Quantin.

« Cela sortait de la même bouche que le *qu'il mourût* », observe Sainte-Beuve. Sans doute ; Corneille n'était pas tous les jours en haleine. Et puis, dans la circonstance, il parlait au nom de Mademoiselle l'Intendante, et dans ces occasions-là il n'avait pas de verve. Il n'était pas né flatteur ; chaque fois qu'il essaye de ce rôle, et il essaya souvent, il balbutie : il tient du Cid. Aussi a-t-il une attitude pénible devant Jacqueline, qui n'est pourtant pas Mme de Longueville. « M. Corneille, dit Sainte-Beuve[1], si grand dans son théâtre et qui était un peu humble et disproportionné dans la vie, lui marquait une bonne grâce, j'imagine, où entrait quelque déférence. »

Blaise ne prit point garde à lui. Peut-être était-il déjà d'avis que s'il n'y avait pas de fleurs, les poètes manqueraient de preuves. On n'a pas de données précises sur ses occupations durant plusieurs années de son séjour à Rouen. Il achève ses études, expérimente sur le Vide. D'autre part, il est malade, s'il est vrai que depuis l'âge de dix-huit ans il n'a pas passé un jour sans douleur. En 1647, il en a vingt-quatre. Ses maux se sont aggravés. Il ne peut avaler que des liquides, au rapport de Mme Périer ; il faut qu'ils soient chauds, qu'il les prenne goutte à goutte. Il a en outre des chaleurs d'entrailles, la tête endolorie. Les médecins lui ordonnent de se purger durant trois mois, de deux jours l'un. C'était un supplice « qui faisoit mal au cœur de tous ceux qui étoient auprès de lui ». D'après le récit de Marguerite Périer[2], « il tomba dans un état fort extraordinaire, qui étoit causé par la grande application qu'il avoit donnée aux sciences ; car les esprits étant montés trop fortement au cerveau, il se trouva dans une espèce de paralysie depuis la ceinture en bas, en sorte qu'il fut réduit à ne marcher qu'avec des potences ; ses jambes et ses pieds devinrent froids comme du marbre, et on étoit obligé de lui mettre tous les jours des chaussons

---

1. *Port-Royal*, livre III, ch. IV.
2. Cousin, *Des Pensées de Pascal*, p. 394 de la 1re édit.

trempés dans de l'eau-de-vie, pour tâcher de lui faire revenir la chaleur aux pieds ».

Il se portait mieux à l'automne, à en juger par une lettre de Jacqueline à Mme Périer, du 25 septembre 1647. Il avait pu se rendre à Paris, où il vit Descartes qu'il n'avait pas encore vu et ne revit pas. Dans cette lettre, datée de Paris, Pascal et Descartes apparaissent au naturel.

« Ma chère sœur, écrit Jacqueline, j'ai différé à t'écrire parce que je voulois te mander tout au long l'entrevue de M. Descartes et de mon frère, et je n'eus pas le loisir hier de te dire que dimanche au soir M. Habert — Habert de Montmor, le Mécène des savants du temps — vint ici accompagné de M. de Montigny, de Bretagne, qui venoit dire, au défaut de mon frère, qui étoit à l'église, que M. Descartes, son compatriote et bon ami, avoit fort témoigné d'avoir envie de voir mon frère, à cause de la grande estime qu'il avoit ouï faire de Monsieur mon père et de lui, et que pour cet effet il l'avoit prié de venir voir s'il n'incommoderoit point mon frère, parce qu'il sçavoit qu'il étoit malade, en venant céans le lendemain à neuf heures du matin. Quand M. de Montigny me proposa cela, je fus assez empêchée de répondre, à cause que je sçavois qu'il — son frère — avoit peine à se contraindre et à parler, particulièrement le matin; néanmoins je ne crus pas à propos de le refuser, si bien que nous arrêtâmes qu'il viendroit à dix heures et demie le lendemain; ce qu'il fit avec M. Habert, M. de Montigny, un jeune homme de soutane que je ne connois pas, le fils de M. de Montigny et deux ou trois autres petits garçons. M. de Roberval, que mon frère en avoit averti, s'y trouva; et là, après quelques civilités, il fut parlé de l'instrument — instrument à mesurer la pesanteur de l'air, évidemment — qui fut fort admiré tandis que M. de Roberval le montroit. Ensuite, on se mit sur le *Vuide* et M. Descartes, avec un grand sérieux, comme on lui contoit une expérience et qu'on lui demanda ce qu'il croyoit qu'il fût entré dans la seringue, dit que c'étoit de la matière subtile; sur quoi mon frère lui répondit ce qu'il put, et M. de Roberval, croyant que mon frère auroit peine à parler, entreprit avec un peu de chaleur M. Descartes, avec civilité pourtant, qui lui répondit avec un peu d'aigreur qu'il parleroit à mon frère tant que l'on voudroit, parce qu'il parloit avec raison, mais non à lui qui parloit avec préoccupation; et là-dessus, voyant à sa montre qu'il étoit midi, il se leva parce qu'il étoit prié à dîner au faubourg Saint-Germain, et M. de Roberval aussi; si bien que M. Descartes l'y mena dans un carrosse où ils étoient tous deux seuls, et là ils se chantèrent goguettes, mais un peu plus fort que jeu, et à ce que nous dit M. de Roberval, qui revint ici l'après-dînée, où il trouva M. Dalibray[1].

« J'avois oublié de te dire que M. Descartes, fâché d'avoir été si peu céans, promit à mon frère de le venir revoir le lendemain à huit heures. M. Dalibray, à qui on l'avoit dit le soir, s'y voulut trouver et fit ce qu'il put pour y mener M. Le Pailleur, que mon frère avoit prié d'avertir de sa part; mais il fut trop paresseux pour y venir, et si, ils devoient dîner, M. Dalibray et lui, assez proche d'ici. M. Descartes venoit ici en partie pour consulter le mal de mon frère, sur quoi il ne lui dit pas grand'chose; seulement il lui conseilla de se tenir tout le jour au lit jusqu'à ce qu'il fût las d'y être, et de prendre force bouillons. Ils parlèrent de bien d'autres choses, car il y fut jusqu'à onze heures; mais je ne sçaurois qu'en dire, car pour hier, je n'y étois pas et je ne le pus sçavoir; car nous fûmes embarrassés toute la journée à lui faire prendre son premier bain. Il trouva que cela lui faisoit un peu mal à la tête; mais c'est qu'il le prit trop chaud et je crois que la saignée au pied de dimanche au soir lui fit du bien; car lundi, il parla fort toute la journée, le matin à M. Descartes et l'après-dînée à M. de Roberval, contre qui il

---

1. Frère de Mme de Sainctot, connu par différents ouvrages. *Note de Victor Cousin.*

disputa longtemps sur beaucoup de choses qui appartiennent autant à la théologie qu'à la physique; et cependant il n'en eut point d'autre mal que de suer beaucoup la nuit et de fort peu dormir; mais il n'en eut point les maux de tête que j'attendois après cet effort. Mme Habert se porte bien à cette heure; je crois qu'elle est hors de danger; elle revomissoit tout ce qu'elle prenoit, jusqu'aux bouillons...

« Dis à M. Ausoult que, selon sa lettre, mon frère écrivit au père Mersène l'autre jour pour sçavoir de lui quelles raisons M. Descartes apportoit contre la colonne d'air, lequel fit réponse assez mal écrite, à cause qu'il a eu l'artère du bras droit coupée en le saignant, dont il sera peut-être estropié. Je lus pourtant que ce n'étoit pas M. Descartes (car au conraire, il la croit fort, mais par une raison que mon frère n'approuve pas), mais M. de Roberval qui étoit contre; et aussi, il lui témoignoit l'envie que M. Descartes avoit de le voir et l'instrument aussi. Mais nous prenions tout cela pour civilité...

« Dis à M. Duménil, si tu le vois, qu'*une personne qui n'est plus mathématicien*, et d'autres qui ne l'ont jamais été, baisent les mains à un qui l'est tout de nouveau. M. Ausoult t'expliquera tout cela; je n'ai ni le temps ni la patience. Adieu, je suis, ma chère sœurette[1], etc. »

Dans la lettre précédente, Jacqueline annonce à sa sœur que Pascal n'est plus mathématicien. On verra bientôt pourquoi il avait résolu de quitter les sciences naturelles. Mais il était engagé dans une polémique qui lui interdisait d'y renoncer provisoirement tout à fait. Les Jésuites de Montferrand avaient contesté ses expériences sur le Vide. La querelle

---

1. Une copie de cette lettre se trouve dans le recueil manuscrit de la Bibliothèque nationale contenant les mémoires de Marguerite Périer; une autre copie dans un manuscrit de la même bibliothèque, *fonds de l'Oratoire*, n° 160. Victor Cousin a consulté les deux copies et la publie comme inédite. Elle avait été auparavant publiée par Libri dans le *Journal des savants* (septembre 1839).

n'était pas près de finir. L'affaire était tombée dans le domaine public. On discutait, on écrivait des livres. Les Jésuites avaient pris parti contre le Vide. Non seulement à leur instigation, on accuse Pascal de s'attribuer les travaux des savants italiens et en particulier de Torricelli, mais c'est un des leurs, le père Noël, qui mène la campagne contre le Vide, proclame le *plein du Vide* à grand renfort de lettres et de traités. Pascal ne l'oubliera pas. Il a de l'amour-propre. Pourquoi n'en aurait-il pas? Il n'en aura pas toujours. Durant ses expériences sur la pesanteur de l'air, il a celui de l'inventeur qu'on essaye de dépouiller injustement de sa découverte. Il a en outre à se plaindre de la duplicité de ses adversaires. Il répond une première fois aux objections du père Noël. Celui-ci riposte. Mais que Pascal se tienne tranquille; il est souffrant, cela pourrait le fatiguer. Pascal acquiesce à la proposition de se taire. Or elle n'était pas faite de bonne foi. Pendant qu'il se tait, on ruine les raisons qu'il invoque. « J'avoue, écrit-il à M. Le Pailleur à propos du conseil de ne point se fatiguer parce qu'il est souffrant, que si cette proposition me fût venue d'une autre part que de celle de certains pères, elle m'auroit été suspecte et j'eusse craint que celui qui me l'eût faite n'eût voulu se prévaloir d'un silence où il m'auroit engagé par une prière captieuse. Mais je doutai si peu de leur sincérité que je leur promis tout sans réserve et sans crainte, avec un soin très particulier; c'est de là que plusieurs personnes, et même de ces pères qui n'étoient pas bien informés de l'intention du père Noël, ont pris sujet de dire qu'ayant trouvé dans sa lettre la ruine de mes sentiments, j'en ai dissimulé les beautés de peur de découvrir ma honte et que ma seule foiblesse m'a empêché de lui repartir. » La vérité est que le père Noël, rassuré par les précautions qu'il avait prises, va de l'avant et s'en donne à cœur-joie. Son traité *le Plein du Vide* est de 1648. Il est dédié au prince de Conti, ami des Jésuites à cette époque. Les Jésuites, selon une tradition déjà accréditée dans leur Institut, aiment à faire de la science amusante, comme de la morale facile et de la littérature agréable. Leur but est de plaire. Ce sont des gens du monde qui recherchent la faveur de l'opinion et le crédit, plus que la vérité. Ils instruisent les Grands, conseillent le Pouvoir. Ils ne sont point farouches. On n'attrape point les mouches avec du vinaigre, d'après un vieux proverbe. Le père Noël n'a garde de manquer au précepte. « Monseigneur, dit-il dans sa dédicace au prince de Conti, la nature est aujourd'hui accusée de vide, et j'entreprends de la justifier en présence de Votre Altesse. Elle en avoit bien été auparavant soupçonnée, mais personne n'avoit encore eu la hardiesse de mettre des soupçons en fait et de lui confronter les sens et l'expérience. Je fais voir ici son *intégrité* et montre la fausseté des faits dont elle est chargée et les *impostures* des témoins qu'on lui oppose. Si elle étoit connue de chacun comme elle est de Votre Altesse, à qui elle a découvert tous ses secrets, elle n'auroit été accusée de personne et on se seroit bien gardé de lui faire un procès sur de fausses définitions et des expériences mal reconnues et encore plus mal avérées. Elle espère, Monseigneur, que vous lui ferez justice sur toutes ces calomnies. » Le prince de Conti constitué juge de la Nature, c'était une plaisante bouffonnerie. Elle rappelle celle du baron Thénard disant au duc d'Angoulême qui assiste à une expérience dans son laboratoire de la Sorbonne : « Monseigneur, ces deux gaz vont avoir l'honneur de s'amalgamer devant Votre Altesse royale. » La bouffonnerie était inoffensive au surplus. Le vilain rôle du père Noël consiste en ceci, qu'il attaque un homme qui est malade, qu'il a prié de ne point se fatiguer, qu'il accuse sottement d'imposture, là où il n'y aurait au pis aller qu'une erreur commise, et il n'y en avait point, comme l'événement ne devait pas tarder à le démontrer. Pascal n'avait pas prévu le cas; il était à ce qu'il semble hors d'état provisoirement de se défendre. Étienne Pascal fut indigné du procédé du père Noël. Il lui écrit de sa bonne encre : « Le véritable sujet de la plainte que mon fils fait de votre procédé consiste, mon père, en ce que par le titre de votre livret, par la lettre dédicatoire à Son Altesse, vous avez usé d'une façon d'écrire tellement injurieuse qu'il n'y a que vos seuls ennemis capables de l'approuver. » Le père Noël fera bien de se pourvoir d'un autre style, sinon il s'expose à des représailles. Quel motif raisonnable peut-il avoir de s'en prendre ainsi bénévolement à un jeune homme « qui, se voyant provoqué sans aucun sujet, je dis sans aucun sujet, appuie Étienne Pascal, pouvoit, par l'amertume de l'injure et par la témérité de son âge, se porter à repousser vos invectives, de soi très mal établies, en termes capables de vous causer un éternel repentir » ? Le père Noël n'a pas de motif. Il a voulu rire, être lu dans quelques salons à la mode. C'est une fantaisie qui tout à l'heure coûtera cher à son Ordre. En attendant, Pascal répondit lui-même aux thèses soutenues contre lui par les Jésuites de Montferrand. Il y a là quelque petit mystère qui vaudrait peut-être la peine d'être débrouillé. L'acharnement des Jésuites contre lui doit avoir quelque mobile. Ne serait-ce pas que la première conversion de Pascal avait eu lieu, qu'elle avait été occasionnée par la lecture des livres de Saint-Cyran, qu'il avait contracté des liaisons avec les Jansénistes et que la guerre étant dès lors engagée entre les disciples de Saint-Cyran et la Compagnie, les Jésuites poursuivaient en lui un adversaire religieux? Le terrain choisi par eux était naturellement celui des sciences physiques qu'il cultivait.

Jacqueline Pascal avait tourné à la dévotion vers la fin de l'année 1646. Ce n'était pas à la dévotion facile préconisée par les Jésuites; c'était à la dévotion rigide. Elle avait entraîné sa famille, ou plutôt celle-ci avait été entraînée par son frère. Durant le séjour qu'elle fit à Paris avec Blaise en 1647, ils s'étaient mis en relation avec Port-Royal. M. Singlin était devenu le directeur de Jacqueline, qui correspondait avec Arnauld et la mère Angélique. Quand elle prenait une résolution, elle le faisait avec l'emportement qui est une qualité commune aux membres de la famille. C'était une race passionnée. On a vu plus haut un échantillon de l'humeur d'Étienne Pascal intervenant en faveur de son fils. Jacqueline, dévote, chapitrée par M. Singlin, par la mère Angélique, par Arnauld, enfoncée dans les œuvres de Saint-Cyran, n'a pas moins d'âpreté. Elle a oublié Richelieu, le théâtre, les succès de cour, la poésie d'antichambre, l'ambition, la gloire de Rouen. Convertie, elle va convertir; c'est un apôtre désormais. Elle veut sanctifier les siens, prêcher la parole de Dieu. Elle écrit à sa sœur, Mme Périer (24 mars 1648), après un sermon où elle étale son zèle : « Tu n'y oublieras pas toute notre maison; c'est pourquoi je ne t'en parle point. Je te prie seulement qu'un des sujets de tes prières du premier jeudi soit la manifestation publique ou pour le moins manifestation particulière à certaines personnes, d'une chose de conséquence qui est occulte et dont les effets sont étonnants, disant à Dieu avec Jésus-Christ : mon père, s'il est possible, c'est-à-dire si c'est pour votre gloire et y ajoutant pourtant toujours : votre volonté soit faite, afin qu'il plaise à Dieu d'envoyer sa lumière dans les cœurs plutôt que dans les esprits. Ç'a été le sujet d'une grande partie de mes prières depuis quelque temps. J'entends de ces prières qui ne sont qu'un désir du cœur, comme le dit M. de Saint-Cyran. » Saint-Cyran sera son guide dans l'avenir. Le 1er avril (1648), elle annonce à Mme Périer qu'elle lit avec son frère une lettre de M. de Saint-Cyran, *De la Vocation*, « imprimée depuis peu sans approbation ni privilège ». Ils ne s'entendent pas. Jacqueline est une néophyte trop zélée; son frère le prend de haut avec elle. Elle se console. « Car, dit-elle, comme nous ne doutons point l'un de l'autre, et que nous sommes comme assurés mutuellement que nous n'avons dans tous ces discours que la gloire de Dieu pour objet et presque point de communications hors de nous-mêmes, je ne vois point que nous puissions avoir des scrupules tant qu'il nous donnera ces sentiments. Si nous ajoutons à ces considérations celle de l'alliance que la nature a faite entre nous et à cette dernière celle que la grâce y a faite, je crois que, bien loin d'y trouver une défense, nous y trouverons une obligation. » Selon la parole de M. de Saint-Cyran, le jour de la conversion de Jacqueline et de Blaise a été le commencement de la vie, celui depuis lequel ils sont véritablement parents. Elle remercie Dieu à qui il a plu « de nous joindre aussi bien dans son nouveau monde par l'esprit, comme il avoit fait dans le terrestre par la chair ». Le 19 juin suivant, elle demande à son père la permission de faire une retraite à Port-Royal de Paris. Si converti qu'il fût, Étienne Pascal ne donnait point dans les exagérations mystiques de sa fille; afin de le décider, elle prend son tour de loin. Qu'il ne l'accuse pas d'être ingrate, elle lui a toujours obéi; elle est d'une soumission exacte. Le dessein de Jacqueline, qui au fond n'était pas de faire une retraite à Port-Royal, mais d'y entrer à titre définitif, ne put être réalisé qu'en 1652, c'est-à-dire lorsque son père fut mort. Encore son frère y opposa-t-il une vive résistance. Le point à noter en tout ceci est que les liens de Port-Royal avec la famille de Pascal remontent à l'année 1646, que la campagne menée par les Jésuites contre les expériences de Pascal sur la pesanteur de l'air n'ont sans doute pas d'autre cause et que cette campagne est la préface inconnue des *Provinciales*.

III

Jusque vers l'âge de vingt-quatre ans, l'étude des langues et celle des sciences avaient absorbé l'attention de Pascal. Dans le mouvement religieux du temps, il était resté neutre; il était jeune et n'avait pas regardé de ce côté. Ce n'est pas qu'il fût hostile aux croyances : il y était plutôt étranger. Suivant une expression qui lui revient souvent, il tenait de la Coutume ses opinions à cet égard. C'était du respect, non une foi pratique. Ce respect, il l'avait reçu de son père, qui le lui avait inspiré de bonne heure. Une maxime favorite à Étienne Pascal était que « tout ce qui est l'objet de la foi ne le sauroit être de la raison, *et beaucoup moins y être soumis* ». Blaise estimait son père, en qui il voyait un haut caractère, du bon sens, du savoir « accompagné d'un raisonnement net et fort puissant ». Il y avait du mérite à cela. La crise subie par le Christianisme au xvi⁰ siècle continuait à se développer malgré la réaction commencée. Les troubles civils avaient augmenté le désarroi. Le paysan était retourné à l'état sauvage. En haut les libertins, c'est-à-dire les libres-penseurs, car c'était leur nom d'alors, étaient en nombre. Si les institutions politiques étaient malades, le sentiment religieux n'était pas en meilleure santé qu'elles. La haute bourgeoisie, à qui appartenait la famille Pascal, était sage. En matière politique, elle était du parti de l'ordre social, comme Descartes, et dans le même esprit; en matière de croyances, elle était fidèle à la Tradition, sans beaucoup de zèle, sans mauvaise volonté non plus. Elle était royaliste et catholique, parce que les deux causes étaient celles de l'État et de la Société. On n'avait pas d'idées claires là-dessus. C'était un instinct. On en suivait les données. On était attaché aux croyances établies et aux institutions établies parce qu'elles étaient établies. On ne cherchait pas d'autre motif à sa conduite. La famille Pascal était dans ce courant, lorsqu'un incident vint l'en tirer. Étienne Pascal s'étant démis la cuisse (1646), deux gentilshommes normands, MM. des Landes et de la Bouteillerie, qui faisaient de la médecine en amateurs, s'installèrent dans sa maison de Rouen afin de le soigner. Durant un séjour de trois mois, ils entretinrent Blaise de la Renaissance religieuse qui avait plusieurs écoles. Ils étaient de celle de Saint-Cyran. Ils prêtèrent à leur hôte le livre de *la Fréquente Communion* d'Arnauld, les œuvres de Saint-Cyran et un ouvrage qui fit plus d'effet sur lui : c'était le traité de Jansénius intitulé : *la Réformation de l'homme intérieur*, de la traduction d'Arnauld d'Andilly. Le fond de ce traité est extrait de l'*Augustinus*, dont il résume les doctrines.

La marque particulière du tempérament de Pascal est qu'il se jette avec une sorte d'énergie furieuse sur l'objet qu'il rencontre d'aventure. C'est de cette manière qu'il s'était jeté sur la géométrie, sur les expériences relatives à la pesanteur de l'air. Il se jeta avec non moins d'ardeur sur le traité de Jansénius. Ce traité a fait la trame de son éducation ascétique. A y regarder de près, l'opuscule de Jansénius a créé toute une littérature théologique au xviie siècle. Son économie entière repose sur la théorie des Trois Concupiscences qui remonte à l'apôtre saint Jean : « car tout ce qui est dans le monde est ou concupiscence de la chair, ou concupiscence des yeux, ou orgueil de la vie, ce qui ne vient point du Père, mais du Monde[1]. » Bossuet, dans son *Traité de la Concupiscence*, jettera sur la doctrine de saint Jean les fleurs de sa magnifique éloquence et ne verra là qu'une matière à homélies. Pascal fera des trois points du traité de Jansénius : *libido sentiendi, libido sciendi, libido excellendi,* non seulement une lampe destinée à éclairer sa future *Apologie du Christianisme*, mais le programme d'une conduite à éviter. Il tâchera de réprimer en lui les désirs de la chair, l'amour de la science, l'amour de la gloire et il usera sa vie à cet effort et c'est pourquoi il méprisera la philosophie. Les trois concupiscences, écrira-t-il, dans les *Pensées*, ont fait trois sectes, et les philosophes n'ont fait autre chose que suivre une des trois.

Le traité de Jansénius dut frapper un coup d'autant plus droit qu'il tombait à l'improviste dans une nature telle que celle de Pascal, au sortir de l'adolescence. Des trois concupiscences, la première n'était guère à son usage. Condorcet lui refusera le mérite d'avoir été chaste. Comment aurait-il pu ne l'être pas? Les valétudinaires sont chastes par nécessité. A cette date de 1647, il ne l'était peut-être pas par l'imagination. Il

---

1. Saint Jean, épître I, ch. ii, verset 16.

devait écrire bientôt dans son *Discours sur les passions de l'amour* qu'une grande vie à rêver est celle qui commence par l'amour et finit par l'ambition. Et puis la concupiscence de la chair est ailleurs encore : elle est dans le goût du bien-être, la poursuite des richesses. Pascal le verra bien, puisqu'il se fera pauvre sans être obligé de l'être. Mais il y a les deux autres concupiscences : — *libido sciendi, libido excellendi*. — De celles-là il est le serviteur ; il est curieux de science, avide, sinon de la grandeur d'établissement, comme il appellera celle des gens qui ont un rang ou du pouvoir, au moins de la grandeur naturelle, qui est proprement la sienne et par laquelle il domine la postérité. N'est-ce pas à lui que s'adresse Jansénius, traduit par M. d'Andilly, quand, après avoir dit que ceux à qui Dieu fait la grâce de vaincre la concupiscence de la chair seront attaqués par une autre « d'autant plus trompeuse qu'elle paroît plus honnête » ? Il en est dévoré. C'est parce qu'elle lui paraît honnête qu'il ne s'en défie pas. « C'est, dit Jansénius, cette curiosité toujours inquiète, qui a été appelée de ce nom à cause du vain désir qu'elle a de savoir, et que l'on a pallié du nom de science. Elle a mis le siège de son empire dans l'esprit, et c'est là qu'ayant ramassé un grand nombre de différentes images, elle le trouble par mille sortes d'illusions.... Que si vous voulez reconnoître la différence qu'il y a entre les mouvements de la volupté et ceux de cette passion, vous n'avez qu'à remarquer que la volupté charnelle n'a pour but que les choses agréables, au lieu que la curiosité se porte vers celles même qui ne le sont pas, se plaisant à tenter, à éprouver, à connoître tout ce qu'elle ignore. Le monde est d'autant plus corrompu par cette maladie de l'âme, qu'elle se glisse sous le voile de la santé, c'est-à-dire de la science. C'est de ce principe que vient le désir de se repaître les yeux de cette grande diversité de spectacles. De là sont venus le cirque et l'amphithéâtre et toute la vanité des tragédies et des comédies. De là est venue la recherche des secrets de la nature *qui ne nous regardent point, qu'il est inutile de connoître et que les hommes ne veulent savoir que pour les savoir seulement.* » Ces secrets de la nature qui ne nous regardent point, qu'il est inutile de connaître, qui ne sont propres qu'à satisfaire notre vanité, ce sont la géométrie, la pesanteur de l'air, la machine arithmétique, les divers objets des travaux de Pascal. Il est aussi important, selon Jansénius, de regarder un lièvre courir, une araignée prendre des mouches dans sa toile. Quand on revient à soi, combien on doit trouver étrange « cette multitude d'images et de fantômes dont la vanité a rempli notre esprit et notre cœur, nous attaque et nous porte en bas ! Au lieu de regarder au dehors, que l'homme regarde en lui-même ; il y trouvera un ample sujet d'étonnement et de quoi défrayer son activité s'il en a. Les pointes de Jansénius restèrent fichées dans le cœur de Pascal, et il l'avoue avec humilité lorsqu'il écrit dans les *Pensées :* « Quand j'ai commencé l'étude de l'homme, j'ai vu que ces sciences abstraites ne lui sont pas propres, et que je m'égarois plus de ma condition en y pénétrant que les autres en les ignorant. »

L'effet sur Pascal de la lecture de Jansénius et de Saint-Cyran fut immédiat. Il renonça à la volupté de savoir — libido sciendi — ne songea plus à courir après la volupté de la gloire — libido excellendi. — C'est à ce moment que sa sœur Jacqueline écrit à Mme Périer qu'il n'est plus mathématicien. Malheureusement, un côté de son caractère, qui n'est pas le plus intéressant, ne tarde pas à se manifester. Il se range à une dévotion scrupuleuse. Il n'y a rien à objecter à cela ; mais il exige que dans son entourage on fasse comme lui. Jacqueline obéit, son père obéit. Il n'a pas sous la main Mme Périer, qui vit à Lyon avec son mari et ses enfants. Il lui envoie des sermons par l'entremise de Jacqueline. Il prend les allures d'un directeur spirituel. « Mon père même, dit Mme Périer, n'ayant pas de honte de se rendre aux enseignements de son fils, embrassa pour lors une manière de vie plus exacte par la pratique continuelle des vertus jusqu'à sa mort, qui a été tout à fait chrétienne ; et ma sœur, qui avoit des talents d'esprit tout extraordinaires, et qui étoit dès son enfance dans une réputation où peu de filles parviennent, fut tellement touchée des discours de mon frère, qu'elle se résolut de renoncer à tous les avantages qu'elle avoit tant aimés jusqu'alors, pour se consacrer à Dieu tout entière, comme elle a fait depuis (1652), dans une maison très sainte et très austère. »

Son zèle de fraîche date le rend intolérant. Un moine du nom de Jacques Forton, en religion frère Saint-Ange, enseignait à Rouen une doctrine peu conforme à celle de l'Église. Les auditeurs étaient nombreux. Deux amis de Pascal le pressèrent d'aller entendre frère Saint-Ange. Il y fut. Le moine prêchait que le corps de Jésus-Christ n'avait pas été formé du sang de la sainte Vierge. C'était une vieille hérésie condamnée par les Conciles que frère Saint-Ange avait sans doute rajeunie en lui donnant une forme inaccoutumée. Pascal fut scandalisé, eut un entretien avec le moine, qui était entêté. Pascal crut devoir avertir M. de Belley, le célèbre Camus, disciple de saint François de Sales, qui s'était démis de son évêché, et remplissait alors dans la métropole normande les fonctions épiscopales en l'absence de l'archevêque, M. de Harlay. M. de Belley fit venir le moine qui lui fit une profession de foi équivoque. M. de Belley estima qu'il ne valait pas la peine de sévir et renvoya l'accusé avec une semonce. Pascal insiste, va trouver l'archevêque à Gaillon et parvient à l'intéresser. M. de Harlay écrit à son conseil qui évoque l'affaire et cite frère Saint-Ange à comparaître devant lui. Frere Saint-Ange dut se rétracter. L'incident « se termina doucement », dit Mme Périer [1]. Il est certain que Pascal n'avait pas eu l'intention de nuire au frère Saint-Ange, mais il n'avait pas charge d'âmes. Il est impérieux et passionné.

---

1. Consulter à ce sujet quelques détails fournis par Victor Cousin dans la *Bibliothèque de l'École des Chartes* (novembre 1842).

L'ascendant qu'il exerce autour de lui, il l'impose à ses amis de Port-Royal, à quiconque l'approchera, à cette pauvre Mlle de Roannez que l'obstacle du rang l'empêchera d'épouser, qu'il déterminera néanmoins à n'en pas épouser un autre, à son frère le duc de Roannez, dont il disposera de la personne et de la fortune. Si le duc de Luynes est vraiment l'interlocuteur de Pascal dans les *Trois discours sur la condition des Grands*, on se fera, par le ton qui règne dans cet écrit, une idée de la confiance qu'il a en lui-même. Il parle du haut d'un nuage.

Cependant l'étude de la théologie substituée à celle des sciences n'avait pas amélioré sa santé. Les potences qui l'aident à marcher et les chaussons trempés d'eau-de-vie du récit de Marguerite Périer montrent jusqu'où il en était réduit. Les médecins jugèrent qu'un excellent moyen de guérison serait de renoncer à la contention d'esprit dans laquelle il vivait. Quelque distraction était nécessaire afin qu'il ne s'ennuyât pas dans l'oisiveté. Il était sujet à l'ennui. On lui conseilla d'aller dans le monde. Il eut de la peine à se rendre à ce conseil. Le monde lui souriait peu avant de l'avoir vu et devait lui sourire beaucoup moins quand il l'aurait vu. Mais il se résigna. « Il s'imagina, dit Mme Périer, que des divertissements honnêtes ne pourroient lui nuire. » Son entrée dans le monde (1647-1648) par ordonnance de médecin était plus dangereuse qu'il n'aurait cru. Mme Périer l'avoue implicitement. Il y a dans son récit une lacune de six à sept années, qui sont précisément celles qu'on aimerait le mieux à connaître de la vie de Pascal. Il ne faisait rien à demi : il fut mondain avec acharnement. On n'a pas le détail de sa conduite à cette époque. Pourtant les *Mémoires* de Marguerite Périer, sa nièce, à travers une discrétion regrettable, laissent entrevoir qu'il y fit autre chose que se distraire. « Dans le commencement, écrit-elle, cela étoit modéré, mais insensiblement, le goût en revint ; il se mit dans le monde, sans vice néanmoins ni déréglement, mais dans l'inutilité, le plaisir et l'amusement. Mon grand-père (Étienne Pascal) mourut (septembre 1651); il continua de se mettre dans le monde, avec même plus de facilité, étant maître de son bien, et alors après s'y être un peu enfoncé, il prit la résolution de suivre le train commun du monde, c'est-à-dire de prendre une charge et de se marier. » On voudrait en savoir davantage. Pascal avait accompagné son père en Auvergne au mois de mai 1649; il y était resté jusqu'au mois de novembre 1650. La vie en dehors, les salons, la conversation, les plaisirs que procure naturellement la jouissance d'un esprit comme le sien, lui avaient rendu ses forces physiques. C'est à son séjour en Auvergne que se rapporte un passage des *Mémoires* de Fléchier. L'ami des *Précieuses* note, non sans un grain de malice, que Pascal était empressé autour d'une précieuse du cru, qu'on appelait la Sapho du pays, mais dont Fléchier n'indique pas le nom : « Cette demoiselle, dit Fléchier, étoit aimée par tout ce qu'il y avoit de beaux esprits.... M. Pascal, qui s'est depuis acquis tant de réputation, et un autre savant étoient continuellement auprès de cette belle savante. » Sa liaison avec le duc de Roannez était antérieure à ce qu'on peut supposer, au voyage en Auvergne.

Le duc de Roannez, gouverneur du Poitou, était un grand seigneur de la plus haute naissance. Fils du marquis de Boisy[1], petit-fils d'un duc de Roannez qui avait fait quelque figure sous le règne de Louis XIII, il avait pour mère une fille de M. Hennequin, président de chambre au Parlement de Paris. Sa grand'mère était sœur du comte d'Harcourt. L'amitié du duc de Roannez est un des principaux épisodes de la vie de Pascal. Avant de participer à l'édition des *Pensées*, le duc de Roannez, le compagnon ordinaire de la jeunesse mondaine de l'auteur, son ami, lui devait sa conversion aux doctrines de Port-Royal. Il avait été, du reste, assez

---

1. Marguerite Périer : *Recueil manuscrit du P. Guerrier*, p. 336.

mal élevé par son grand-père, qui avait ordonné au gouverneur du jeune homme de lui apprendre à jurer; il désirait lui donner « l'air de cour », croyait « qu'il falloit qu'un jeune seigneur eût ces manières-là ». Puis le grand-père était mort; l'enfant, âgé de treize ans, tomba au pouvoir de sa grand'mère, qui continua de l'élever mal. S'il n'avait pas d'instruction, si son éducation avait été négligée, il avait des qualités naturelles. La preuve qu'il en avait est qu'il sut goûter Pascal qui, à Paris, était son voisin et qui l'accompagna plusieurs fois dans son gouvernement du Poitou. Le duc en était venu à ne pouvoir se passer de la société de Pascal. Une anecdote découverte récemment dans les œuvres du chevalier de Méré[1], et qui doit remonter à l'année 1648, peint très au vif l'état de transition où se trouvait Pascal, au moment où, à peine dégagé de l'étude des sciences physiques, il n'a pas encore acquis non seulement la connaissance de l'homme désormais l'objet de son ambition, mais ces habitudes d'esprit que donne la fréquentation du monde et qui distingueront tout à l'heure l'écrivain des *Provinciales* : « Je fis, dit le chevalier de Méré, un voyage avec le D. D. R., qui parle d'un sens profond et que je trouve d'un très bon commerce. M. M. (Miton) que vous connoissez, et qui plaît à toute la Cour, étoit de la partie; et parce que c'étoit plutôt une promenade qu'un voyage, nous ne songions qu'à nous réjouir et nous discourions de tout. Le D. D. R. a l'esprit mathématique et, pour ne se pas ennuyer sur le chemin, il avoit fait provision d'un homme entre deux âges — Pascal n'avait que vingt-huit ans, mais sa figure portait les traces de la maladie dont il était convalescent — qui n'étoit alors que fort peu connu, mais qui depuis a bien fait parler de lui. C'étoit un grand mathématicien qui ne savoit que cela. Ces sciences ne donnent pas les agréments du monde, et cet homme, *qui*

---

1. *Fait inédit de la vie de Pascal*, par M. Fr. Collet, brochure in-8°, Paris, 1848. (Extrait de la *Liberté de penser*, du 15 février 1848.)

n'avoit ni goût ni sentiment, ne laissoit pas de se mêler en tout ce que nous disions; mais il nous surprenoit presque toujours et nous faisoit souvent rire. Il admiroit l'esprit et l'éloquence de M. du Vair et nous rapportoit les bons mots du lieutenant criminel d'O... Nous ne pensions à rien moins qu'à le désabuser; cependant nous lui parlions de bonne foi. Deux ou trois jours s'étant écoulés de la sorte, il eut quelque défiance de ses sentiments, et ne faisant plus qu'écouter ou interroger pour s'éclairer sur les sujets qui se présentoient, il avoit des tablettes qu'il tiroit de temps en temps, où il mettoit quelques observations. Ce fut bien remarquable qu'avant que nous fussions arrivés à P. (Poitiers) il ne disoit presque rien qui ne fût bon, et que nous n'eussions voulu dire, et sans mentir, c'étoit être revenu de bien loin. » Méré avance à tort que depuis ce voyage Pascal ne pensa plus aux mathématiques, que ce fut « comme son abjuration ». Il y avait renoncé auparavant. C'étaient les théologiens de l'école de Saint-Cyran qui l'avaient éloigné des mathématiques. L'intérêt des remarques du chevalier de Méré est dans l'observation de l'inexpérience de Pascal au point de vue du goût. Il n'en a pas. Il a vécu à part, et puis il manque de littérature. Il est prompt à se corriger; il lui suffit de trois jours pour se mettre au niveau du jargon de Méré. Il est modeste quand il a envie de s'instruire. Il accepte la direction de Méré. Il n'était sans doute pas dupe de ses prétentions. Il comprend néanmoins qu'il y a une force dans cet homme de cour. Méré a vraiment fait impression sur lui. C'était un familier du duc de Roannez. L'amitié de Pascal et du duc se compliqua de la fréquentation du chevalier de Méré. Celui-ci lui donnera parfois de bons conseils. Ce sera lui qui conseillera à Pascal, lors des *Provinciales,* de tourner court aux démêlés de la Sorbonne et de s'en prendre à la Morale des Casuistes. Méré a-t-il eu de l'autorité sur lui? On le croirait au ton qu'il emploie lorsqu'il écrit à Pascal : « Vous savez que j'ai découvert dans les mathématiques des choses si rares que les plus savants des

Anciens n'en ont rien dit, et desquelles les meilleurs mathématiciens de l'Europe ont été surpris. *Vous avez écrit sur mes inventions* aussi bien que M. Hugens (Huyghens), M. de Fermat et tant d'autres qui les ont admirées. » Quand donc Pascal a-t-il écrit sur les inventions du chevalier de Méré? Il lui doit, paraît-il, l'idée de la règle des partis, qu'il a fait intervenir dans la question de l'existence de Dieu.

Au fait, il y a de nombreuses lacunes dans l'histoire de l'esprit de Pascal, et lorsque le chevalier de Méré, dans la lettre signalée par M. François Collet et citée plus haut, se vante de lui avoir fait abjurer l'amour des mathématiques, il n'exagère qu'à demi, si ce qu'on lit dans une lettre qu'il écrit à Pascal est vrai : « Vous souvenez-vous que vous m'avez dit que vous n'étiez plus si persuadé de l'excellence des mathématiques? Vous m'écrivez à cette heure que je vous en ai tout à fait désabusé et que je vous ai découvert des choses que vous n'eussiez jamais vues si vous ne m'eussiez connu... Il vous reste encore une habitude que vous avez prise en cette science, à ne juger de quoique ce soit que par vos démonstrations, qui le plus souvent sont fausses. Ces longs raisonnements tirés de ligne en ligne vous empêchent d'entrer d'abord en des connoissances plus hautes qui ne trompent jamais. Je vous avertis aussi que vous perdez par là un grand avantage dans le monde. »

Est-ce qu'on se trouverait par hasard en présence du précepteur mondain de Pascal? Ceci est probable. Le chevalier de Méré est retombé dans une obscurité profonde. Un article de Sainte-Beuve [1] l'a en quelque sorte découvert aux lettrés contemporains. Il a été célèbre au xviie siècle. Méré (Georges Brossin, chevalier, puis marquis de), né en 1610 et mort en 1685, approchait de la quarantaine lorsqu'il rencontra Pascal dans le coche du duc de Roannez. Il savait plusieurs langues, lisait Homère et Plutarque dans leur texte original.

---

1. *Derniers portraits littéraires.*

Il s'était appliqué à rechercher dans les écrivains classiques tout ce qui a trait aux bienséances et aux agréments de la vie. Hôte assidu de la cour de France, lié avec Balzac, les duchesses de Lesdiguières et de Clairambault, enfin avec les ducs de Roannez et de La Rochefoucauld, « il nous a laissé, dit Moreri, les règles d'une politesse dont il a lui-même créé le modèle ». Il était fort prisé de Mlle d'Aubigné (Mme de Maintenon) à qui il enseignait « les belles manières » et dont il brigua la main. Dans sa correspondance, il prête à La Rochefoucauld des mots tout à fait dignes de ce qu'on sait de lui. La Rochefoucauld lui avoue qu'il « croit qu'en morale Sénèque étoit un hypocrite et Épicure un saint ». Une autre fois La Rochefoucauld lui dit : « Nous devons quelque chose aux coutumes des lieux où nous vivons, pour ne pas choquer la révérence publique, quoique ces coutumes soient mauvaises; mais nous ne leur devons que l'apparence [1]. »

L'importance que se donne Méré en mathématiques n'est pas acceptée de Pascal qui écrit de lui à Fermat (juillet 1654): « Il a très bon esprit, mais il n'est pas géomètre; c'est, comme vous savez, un grand défaut; et même il ne comprend pas qu'une ligne mathématique soit divisible à l'infini et croit fort bien entendre qu'elle est composée de points en nombre fini et jamais je n'ai pu l'en tirer; si vous pouviez le faire, *on le rendroit parfait.* » Si Méré n'est point géomètre, il

---

1. Dangeau écrit dans son journal à la date du 23 janvier 1685 : J'appris la mort du chevalier de Méré; c'étoit un homme qui avoit beaucoup d'esprit, qui avoit fait des livres qui ne lui faisoient pas beaucoup d'honneur. Il y en a un qui a excité la colère de Mme de Sévigné. Ce sont les conversations de M. D. C. et du C. D. M. (maréchal de Clairambault et du chevalier de Méré), 1669, in-12, réimprimé en 1671 avec un discours sur la justesse dirigé contre Voiture. « Corbinelli, dit la marquise, abandonne le chevalier de Méré et son chien de style; et la ridicule critique qu'il fait en collet monté d'un esprit libre, badin et charmant comme Voiture; tant pis pour ceux qui ne l'entendent pas. » On a publié les œuvres de Méré, 2 vol. in-12. Amsterdam, 1692; puis un volume d'œuvres posthumes, 1700, 1701, 1710. Les amateurs payent assez cher un volume de lui : *Maximes, sentences et réflexions morales et politiques,* in-12. Paris, Castin ou Cavelier, 1687, qu'on ne trouve pas dans les œuvres.

n'en jouit pas moins de l'estime de Pascal qui semble avoir essayé d'établir la distinction qu'il y a entre lui et Méré dans le fragment des *Pensées* connu sous le titre de : *Différence entre l'esprit de géométrie et l'esprit de finesse.* L'esprit de géométrie personnifie Pascal ; l'esprit de finesse est représenté par Méré. Pascal a la force d'esprit, Méré voit bien : « Dans l'esprit de finesse les principes sont dans l'usage commun et devant les yeux de tout le monde. On n'a que faire de tourner la tête et de se faire violence. Il n'est question que d'avoir bonne vue ; mais il faut l'avoir bonne. » Méré a bonne vue ; il n'est pas géomètre parce qu'il n'a pas la force de se tourner vers les principes. Par contre, les géomètres ne sont pas fins : ils ne voient pas ce qu'il y a devant eux ; ils sont accoutumés à des principes nets et grossiers. Ils se perdent dans les choses de finesse. Les principes ne se laissent pas manier. Ils sont ténus ; on les sent plus qu'on ne les voit : « Ce sont des choses tellement délicates et si nombreuses qu'il faut un sens bien délicat et bien net pour les sentir et juger droit et juste selon ce sentiment, sans pouvoir le plus souvent les démontrer par ordre comme en géométrie, parce qu'on n'en possède pas ainsi les principes et que ce seroit une chose infinie de l'entreprendre. » De sorte qu'ordinairement la géométrie exclut la finesse et celle-ci la géométrie. La finesse juge d'un coup d'œil, n'a pas de profondeur, parce qu'elle n'a pas de patience. « Les fins qui ne sont que fins ne peuvent avoir la patience de descendre jusque dans les premiers principes des choses spéculatives et d'imagination, qu'ils n'ont jamais vues dans le monde et tout à fait hors d'usage. » Pascal envie à Méré cette finesse, cette promptitude de jugement qu'il tient sans doute de la nature, qu'il tient plus de l'usage, de la fréquentation de la Cour, d'un frottement continuel avec les hommes que la vie de province, les mathématiques et les Jansénistes ne lui ont pas donnée à lui Pascal.

On demande ce que Pascal a fait dans l'intervalle de 1648 à 1654 qui sépare ses deux conversions. Sa sœur,

Mme Périer, n'en dit rien ; sa nièce Marguerite Périer n'en dit pas grand'chose. L'une et l'autre ne semblent pas satisfaites de lui durant cette période, qui est celle de sa vie mondaine. Eh bien, c'est la plus féconde, c'est celle qui a fait Pascal. Il quitte son cabinet de travail, ses instruments. Au lieu de pâlir sur les secrets de la nature inanimée, il a entrepris l'étude de l'homme. Il est allé le voir de près, s'amuser, jouer, causer, assister au spectacle de ses mœurs, vivre en un mot. A première vue, de ce long espace de six ans, il n'y a pas plus de trace dans ses œuvres que dans le récit de ceux qui ont raconté sa vie. C'est encore une erreur d'optique. Outre qu'il se prépare aux *Provinciales* et aux *Pensées*, qu'il entretient une correspondance étendue, on y peut rapporter plusieurs de ses écrits importants. Le discours sur les passions de l'amour, plusieurs opuscules, les meilleurs, qu'on a coutume d'annexer aux *Pensées*, mais qui sont antérieurs, trahissent un état mental fort différent de celui qui présida à l'éclosion des *Pensées*. De quelque côté qu'il se tourne, son activité violente le poursuit. Méré, qui fut un gros événement sur son chemin, parle des notes de voyage qu'il inscrit sur des tablettes ; il a dû prendre aussi des notes de jeu dans la compagnie de Méré qui était joueur. Pourquoi la solution du problème de la Roulette n'en serait-elle pas un souvenir ? Ce ne sont que des incidents. Tous les jours, il lit Montaigne, Épictète, spécule sur la politique.

Avant tout, il va dans le monde. Il a besoin de relations, car il est ambitieux ; il songe à prendre une charge et à se marier. Mais il lui aurait fallu plus de bien qu'il n'avait. Il en avait peu ; il faisait l'aumône sur son nécessaire, « ayant peu de bien, dit Mme Périer, et étant obligé de faire une dépense qui excédoit son revenu ». Il avait hérité de son père en 1651. En 1652, sa sœur Jacqueline, en entrant à Port-Royal, lui avait abandonné une partie du sien. Il ne juge pas que cela est suffisant puisque l'année suivante, quand Jacqueline fait profession à Port-Royal, il s'oppose, de concert avec

Mme Périer, à ce qu'elle dispose de ce qui lui reste en faveur de la communauté. Il y eut une négociation douloureuse. Jacqueline est humiliée. Elle se plaint vivement[1]. Quand elle est résolue de faire profession, elle en écrit à son frère et à sa sœur. Elle ne s'attendait à aucune opposition de leur part. « Vous savez, dit-elle à la mère supérieure, que j'avois quelque raison de vivre dans cette confiance, vu l'union et l'amitié que nous avions toujours eues ensemble. » Cette confiance était mal fondée. Ils ont pris sa demande au point de vue séculier, l'ont accusée d'ingratitude à leur égard. Ils ont allégué en outre que la succession de leur père étant restée indivise en vertu de conventions particulières consenties entre eux, il y aurait sujet à des litiges. C'est une grande épreuve à subir. Jacqueline en est réduite à différer sa profession ou à se faire admettre à Port-Royal par charité. On lui conseille de passer outre et l'on finit par en référer à M. Singlin qui est aussi d'avis de passer outre. Elle se résignerait à n'être que sœur converse. M. Singlin repousse la proposition avec hauteur. La fille d'Étienne Pascal ne pouvait pas être sœur converse à Port-Royal. Puis la mère Agnès intervient. Ce qui arrive ne la surprend pas. « Vous saviez bien, dit-elle à Jacqueline, que celui[2] qui a le plus d'intérêt à cette affaire est encore trop du monde et même dans la vanité et les amusements pour préférer les aumônes que vous vouliez faire à sa commodité particulière; et de croire qu'il auroit assez d'amitié pour le faire en votre considération, c'étoit espérer une chose inouïe et impossible. » — Ce n'est pas inouï dans notre famille, répond Jacqueline, qui cite l'exemple de son oncle. Ce sont des hasards sur lesquels il ne faut pas compter, reprend la mère Agnès. Le bien est nécessaire à la vie; on ne saurait s'en passer tout à fait. Mais

---

1. Relation de la sœur de sainte Euphémie Pascal, à la mère prieure de Port-Royal, « qu'il faut tenir secrète à cause des personnes qu'elle touche ». Voir Victor Cousin : *Jacqueline Pascal*, ch. IV.

2. Blaise.

il est rare qu'on manque du nécessaire. Si Dieu vous envoie du bien, prenez-le; s'il permet qu'on nous ôte de celui qui nous appartient, remercions-le. « Feu M. de Saint-Cyran disoit que les richesses sont dans le monde comme les humeurs peccantes du corps, qui se jettent toujours avec plus d'abondance sur la partie la plus foible et la plus susceptible de mal. » Que Jacqueline continue de faire bon visage à sa sœur et à son frère. Elle avait déjà donné une part de son bien à ce dernier. « Vous savez bien, dit la mère Agnès, que vous avez regardé Dieu en cela, et le bien de cette personne qui vous doit être plus chère que tout l'or du monde, et que ce n'a point été par ambition pour le faire grand et lui donner de l'éclat dans le monde. Cela ne lui en donne pas le moyen, puisque avec tout ce que vous lui avez donné vous voyez qu'il ne lui en reste pas assez pour vivre comme les autres de sa condition. » On devait le savoir à Port-Royal. Il y en a d'autres indices. Pascal avait accepté un appartement chez le duc de Roannez; il était associé au même train d'existence fastueuse. On a souvent cité comme exemple de son luxe personnel le carrosse à quatre ou six chevaux qui occasionna l'accident du pont de Neuilly (1654), accident qui aurait déterminé sa deuxième conversion. Ce carrosse était celui du duc de Roannez; Pascal n'avait pas de carrosse. S'il en avait eu un, l'étiquette en vigueur au XVIIe siècle ne lui aurait pas permis d'y atteler six chevaux. Le duc de Roannez, qui ne pouvait se passer de lui, l'avait attaché à sa personne, associé en quelque sorte à son rang et aux jouissances de ce rang. Parmi ces jouissances, celle à laquelle Pascal dut être le plus sensible était sans contredit la société des jeunes gens que fréquentait le duc.

L'année où sa sœur fit profession à Port-Royal, Pascal avait trente ans; le duc de Roannez en avait vingt-quatre. La jeunesse qu'ils voyaient n'était pas seulement légère comme elle est toujours. Le temps prêtait à des vices de caractère et d'esprit autrement graves. On ne croyait plus à grand'chose;

le bien et le mal n'avaient presque plus de sens. Le vieux
fond insurrectionnel du xvi⁰ siècle subsistait. Ce n'était pas au
spectacle des œuvres de Richelieu et de Mazarin, d'ailleurs
si éminents, que le moral des générations nouvelles pouvait
se refaire. Les meilleurs se nourrissaient de Montaigne et de
Machiavel. Les héros à la mode étaient les sicaires italiens
de l'âge précédent. Retz et Condé en jouaient le rôle avec un
succès remarquable. Les athées étaient dans la coulisse à
regarder les hommes d'action qui s'escrimaient dans la rue.
Pascal est à leur école et ils l'intéressent jusqu'à nouvel ordre.
Il écrit d'eux dans les *Pensées :* « Athéisme, marque d'esprit,
mais jusqu'à un certain point. » Ils l'amusent et l'instruisent à
la fois. Ce sont des sujets à disséquer. S'il ne les avait pas
coudoyés, il ne les jugerait pas ensuite de si haut. « C'est au
milieu des émotions du jeu, dit avec raison M. P. Faugère[1],
dans le bruit des plaisirs et des festins qu'il traversa un
moment; c'est parmi les discours de personnages frivoles
comme le chevalier de Méré ou cyniques comme Miton et
Desbarreaux[2], que le besoin de venger la morale et la religion se fit sentir à lui avec plus d'empire. Ses pieds se
posèrent un moment sur la fange de cette société corrompue;
mais ses ailes divines n'en furent jamais souillées. » Ces
contacts ont opéré en lui une réaction salutaire. Ils étaient
un remède, non à son indifférence, il n'était pas indifférent,
mais à certains goûts inhérents à la jeunesse, à des désirs
vagues, à une activité qui brûlait de se déployer dans les
luttes du dehors. L'homme qu'il avait été dans le cabinet lui
déplaisait. C'était une vie unie à laquelle il ne pouvait s'accommoder. Il l'avait rejetée. Il avait aspiré à son tour au
divertissement; il lui avait fallu « du remuement et de l'ac-

---

1. *Pensées,* édit. de 1844. Introduction, p. LI et suiv.
2. « Il (Desbarreaux) prêche l'athéisme partout où il se trouve, et une fois il fut à Saint-Cloud... passer la semaine sainte avec Miton, grand joueur... pour faire, disoit-il, le carnaval. » Tallemant des Réaux, t. III, p. 134. On prépare déjà la besogne du rasoir national.

tion¹ », s'exercer aux passions dont il sentait dans son cœur « des sources si vives et si profondes ». C'est à cette heure-là qu'il écrit : « La vie tumultueuse est agréable aux grands esprits, mais ceux qui sont médiocres n'y ont aucun plaisir². » Eh bien, oui! La carrière de Retz le tente. Il en a bientôt assez. C'est une révolte du *moi*. Le *moi*, c'est la vie agitée et tumultueuse qui est agréable aux grands esprits. C'est le jeu, c'est l'amour, c'est l'ambition. Après qu'il en est revenu, il proclame ce *moi* haïssable. « Vous, Miton, dit-il³, le couvrez; vous ne l'ôtez pas : vous êtes donc toujours haïssable. » Il est légitime de lui faire la guerre au nom de la raison : « Cette guerre intérieure de la raison contre les passions⁴ a fait que ceux qui ont voulu avoir la paix se sont partagés en deux sectes. Les uns ont voulu renoncer aux passions et devenir dieux, les autres ont voulu renoncer aux passions et devenir bêtes brutes (Débarreaux). » Méré, Miton et Desbarreaux ne lui sortent pas de la mémoire.

Dans ce pèlerinage à travers la vie d'action, il a fréquenté d'autres milieux que celui de Miton. Quels étaient-ils? Il serait difficile de les indiquer. Il n'a pas vu Christine à laquelle il écrit en 1650, et qui faisait du bruit parmi les gens de lettres; l'hôtel de Rambouillet était fermé; on a un billet de lui à Mme de Sablé. « En 1652, dit Victor Cousin⁵, Mme de Sablé, Mme de la Suze, Mme de La Fayette, Mme Scarron, Mme Cornuel, Mme de Coulanges, Mme de Sévigné, et dans les régions plus élevées, mais voisines, Mme de Longueville, Mme de Guéméné, la Palatine, Mme de Lesdiguières, étaient ou dans l'éclat de la jeunesse, ou très belles encore et passionnées pour la gloire en tout genre. » Il y avait aussi Retz et Mazarin dont le duel politique était le

---

1. *Discours sur les passions de l'amour.*
2. *Discours sur les passions de l'amour.*
3. *Pensées*, édit. Faugère, t. Ier, p. 197.
4. *Pensées*, édit. Faugère, t. II, p. 91.
5. *Revue des Deux Mondes* (15 septembre 1843).

spectacle de l'Europe. Si Pascal n'alla pas voir de près, il est sûr qu'il regardait. De quoi était-il question dans ces divers foyers de l'ambition contemporaine? d'amour et de politique. Pascal n'y contredisait pas ; il n'a échappé ni à l'amour ni à la politique. L'amour ne fut chez lui qu'une vision. Son état valétudinaire le lui interdisait. On surprendrait néanmoins, dans son *Discours sur les passions de l'amour*, des allusions à des événements qui le concernent et qui ont l'amour pour objet. Victor Cousin[1] soupçonne, comme il est aisé de le faire, en plus d'un endroit du *Discours sur les passions de l'amour* « les battements d'un cœur encore troublé et dans l'émotion chaste et tendre avec laquelle l'auteur peint le charme de ce qu'il appelle une *haute amitié* », il croit apercevoir « l'écho secret et la révélation involontaire d'une affection que Pascal aurait éprouvée pour une personne du grand monde ». Le chef de l'école éclectique repousse l'idée que cette personne pût avoir été Mlle de Roannez[2]. La raison de Cousin est puisée dans la noblesse connue du caractère de Pascal. Ami du duc de Roannez, admis à ce titre dans l'intimité de la famille de Roannez, son inclination aurait été un abus de confiance. Ce n'est pas un argument décisif. Les faits, au surplus, le contredisent. On possède neuf fragments de lettres de Pascal à Mlle de Roannez[3]. On les connaissait de longtemps. Ce sont eux qui ont laissé deviner l'amour de Pascal pour Mlle de Roannez. Ce n'était qu'une conjecture, fortifiée par la découverte du *Dis-*

1. *Revue des Deux Mondes* (15 septembre 1843).
2. Charlotte Gouffier, sœur du duc de Roannez, et qui épousa en 1667 le duc de la Feuillade, était née en 1633. Elle est morte en 1683, à l'âge de cinquante ans. Elle était entrée à Port-Royal en 1656, sous les auspices de Pascal. Dans la supposition qu'il l'a aimée et qu'il a été payé de retour, elle aurait embrassé la vie religieuse afin de n'être pas à un autre que lui. Après la mort de Pascal, elle revint sur sa détermination et en fut punie, disent les Jansénistes. Son premier-né mourut sans avoir reçu le baptême; le second naquit contrefait; le troisième était une fille naine, morte à dix-neuf ans.
3. Ces neuf extraits de lettres, expurgés dans un intérêt que l'on conçoit par les amis de Pascal, sont de 1656 et précédèrent l'entrée de Mlle de Roannez à Port-Royal. Victor Cousin les a publiés.

cours sur les passions de l'amour. Il y en avait pourtant des passages significatifs. Ainsi le fragment qui porte le n° 4 n'est pas un lieu commun de piété; il accuse un désespoir morne et d'une intensité que la foi ne parvient pas à dissimuler : « Il est bien assuré, écrit Pascal à la néophyte de Port-Royal, qu'on ne se détache jamais sans douleur. On ne sent pas son lien quand on suit volontairement celui qui entraîne, comme dit saint Augustin ; mais quand on commence à résister et à marcher en s'éloignant, on souffre bien; le lien s'étend et endure toute la violence; et ce lien est notre propre corps, qui ne se rompt qu'à la mort... Avant que l'on soit touché, on n'a que le poids de sa concupiscence qui porte à la terre. Quand Dieu attire en haut, ces deux efforts contraires font cette violence, que Dieu seul peut faire surmonter. Mais nous pouvons tout, dit saint Léon, avec celui sans lequel nous ne pouvons rien. Il faut donc se résoudre à souffrir cette guerre toute sa vie; car il n'y a point ici de paix. — Jésus-Christ est venu apporter le couteau et non pas la paix[1]. — Mais néanmoins il faut avouer que comme l'écriture dit que la sagesse des hommes n'est que folie devant Dieu, aussi on peut dire que cette guerre qui paroît dure aux hommes est une paix devant Dieu; car c'est cette paix que Jésus-Christ a aussi apportée. Elle ne sera néanmoins parfaite que quand le corps sera détruit; et c'est ce qui fait souhaiter la mort, en souffrant néanmoins de bon cœur la vie pour l'amour de celui qui a souffert pour nous et la vie et la mort, et qui peut nous donner plus de bien que nous ne pouvons ni demander ni imaginer, comme dit saint Paul, en l'épître de la messe d'aujourd'hui. »

Mlle de Roannez avait une quinzaine d'années quand la familiarité de son frère et de Pascal la mit en présence de celui-ci. L'habitude de le voir établit entre eux une amitié étroite. Son alliance n'eût pas seulement satisfait les vœux de

---

1. Non veni ut mitterem pacem, sed gladium. Matth., x, 34. C'est l'épigraphe mise par Calvin en tête de son *Institution chrétienne*.

Pascal, elle eût comblé son ambition, car il en avait alors. Il y avait la différence du rang et c'était un obstacle, moins grand qu'on n'imaginerait pourtant. La famille Pascal avait près de deux siècles de noblesse ; elle avait occupé de grandes charges dans l'État. Le père de Pascal avait été un des hauts fonctionnaires du Royaume ; sa distinction et son mérite personnel étaient d'autres titres. Enfin Mlle de Roannez, qui devint plus tard une riche héritière et put disposer d'un duché-pairie après la retraite de son frère à l'Oratoire, avait en ce moment peu de fortune et n'était pas recherchée en mariage. « Comme elle ne pouvoit pas être un grand parti, dit Marguerite Périer, M. son frère, dont on ne savoit pas la résolution, étant encore dans le monde, ceux qui pensoient à elle n'étoient pas de fort grands seigneurs. » Pascal, durant les quelques années où il aspirait à un établissement dans le monde, a pu songer à l'épouser sans que son amour-propre le flattât outre mesure. On lit dans son *Discours sur les passions de l'amour* : « Quand on aime une dame sans égalité de condition, l'ambition peut accompagner le commencement de l'amour ; mais, en peu de temps, il devient le maître ; c'est un tyran qui ne souffre point de compagnon ; il veut être seul. Il faut que toutes les passions ploient et lui obéissent. » Aucune des circonstances qui ont fait échouer le projet présumé qu'il eut d'épouser Mlle de Roannez n'a transpiré. On ne sait rien non plus des sentiments de Mlle de Roannez à cet égard. Le fait que Mlle de Roannez accepte sa direction spirituelle, entretient avec lui un commerce épistolaire, se réfugie à Port-Royal et non ailleurs à l'heure précise de la lutte engagée entre Pascal et les Jésuites, tendrait à montrer qu'il était payé de retour. Des deux côtés la résignation mystique succède aux rigueurs de la destinée.

Un aspect aussi mystérieux de Pascal durant sa vie mondaine est l'attrait que la Politique exerce sur lui. De prime abord, ceci ressemble à un paradoxe. Pascal, homme politique ! dira-t-on. Eh ! oui. Il y a un mot du *Discours sur les passions de l'amour* qui donne à réfléchir. « La vie tumultueuse est agréable aux grands esprits », écrit-il. L'attitude qu'il prend dans les *Pensées* vis-à-vis de ceux qui suivent cette carrière ne concorde guère avec ce mot-là. Ayant à juger de ce qu'ont dit ou fait Aristote et Platon, il le prend de haut : « C'étoit, dit-il de la Politique, la partie la moins philosophique et la moins sérieuse de leur vie. La plus philosophique étoit de vivre simplement et tranquillement. S'ils ont écrit de la Politique, c'étoit comme pour régler un hôpital de fous ; s'ils ont fait semblant d'en parler comme d'une grande chose, c'est qu'ils savoient que les fous à qui ils parloient pensoient être rois ou empereurs. » Il n'épargne pas le mépris à la Politique ; mais ce qui frappe tout de suite dans les *Pensées* et dans plusieurs opuscules annexes, comme les Trois Discours sur la condition des Grands, c'est qu'il est très versé dans cette matière. Elle le dégoûte. Ne serait-ce pas encore une de ses illusions perdues? Ne lui aurait-il pas fait la cour auparavant? Il n'y a pas d'erreur possible. On a les confidences de Nicole. Les Trois Discours sur la condition des Grands sont la pièce de résistance du livre publié par Nicole en 1670 et intitulé : *Traité de l'éducation d'un prince.* Nicole n'a pas d'idées particulières sur l'éducation d'un prince. Il a vécu dans un coin, ne s'est pas mêlé aux événements, n'a rempli ou essayé de remplir aucun rôle dans l'État. Son recueil se compose d'emprunts faits aux moralistes, sur lesquels il a étendu, comme un vêtement, les doctrines professées à Port-Royal. On remarque néanmoins qu'il a des points communs avec Pascal. Ce sont des réminiscences ; il ramasse les miettes de la table du maître, utilise ce qu'il a recueilli dans la conversation de Pascal. Une note singulière, placée en tête des Trois Discours sur la condition des Grands et qui a passé jusqu'ici presque inaperçue, jette un jour inattendu sur les années obscures de la vie de Pascal dans le monde. « Une des choses, dit Nicole, sur lesquelles feu M. Pascal avoit le plus de vue, c'étoit l'éducation d'un prince que l'on tâcheroit d'élever de la manière la plus proportionnée à l'état où Dieu l'appelle et la plus propre pour le rendre capable d'en remplir tous les devoirs et d'en éviter tous les dangers. *On lui a souvent entendu dire qu'il n'y avoit rien à quoi il désirât plus de contribuer s'il y étoit engagé, et qu'il sacrifieroit volontiers sa vie pour une chose si importante.* Il avoit accoutumé d'écrire les pensées qui lui venoient sur les sujets dont il avoit l'esprit occupé; ceux qui l'ont connu se sont étonnés de n'avoir rien trouvé dans celles qui sont restées de lui, qui regardât expressément cette matière, quoiqu'on puisse dire en un sens qu'elles la regardent toutes, n'y ayant guère de livres qui puissent plus servir à former l'esprit d'un prince, que le recueil qu'on en a fait. Il faut donc ou que ce qu'il a écrit de cette matière ait été perdu, ou qu'ayant ces pensées extrêmement présentes, il ait négligé de les écrire. Et comme par l'une ou l'autre cause, le public s'en trouve également privé, il est venu à l'esprit d'une personne qui a assisté à trois discours assez courts qu'il fit à un enfant de grande condition[1] et dont l'esprit, qui étoit extrêmement avancé, étoit déjà capable des vérités les plus fortes, d'écrire neuf ou dix ans après ce qu'il en a retenu. »

La note de Nicole suggère plus d'une réflexion. Pascal aurait désiré avoir à faire l'éducation d'un prince; il y aurait sacrifié sa vie. S'y était-il préparé? Ce n'était pas un homme à s'engager dans une entreprise où il aurait manqué de compétence. Il s'y était donc préparé. C'était un des objets sur lesquels il avait le plus de vue, dit Nicole. Il y avait l'éducation de Louis XIV à faire. A-t-il levé son regard jusque-là? Il avait assez d'audace. Louis XIV avait quinze ans. On aurait pu lui souhaiter Pascal au lieu de La Mothe Le Vayer. La

---

1. On croit communément que les Trois Discours sur la condition des Grands sont adressés au duc de Roannez. Il est plus probable qu'il s'agit du fils aîné du duc de Luynes, à qui on donna ensuite le nom de duc de Chevreuse, et à l'intention de qui a été également écrite la *Logique de Port-Royal*. En ce cas, les trois discours seraient de 1660 ou environ.

Mothe Le Vayer était un homme médiocre, sceptique, terre à terre, aigre, avec la moyenne d'opinion qu'on pouvait avoir sous l'œil de Richelieu qui ne l'avait pas pris dans l'Église ou dans les régions assujetties aux mœurs qui avaient cours dans l'Église. La Mothe Le Vayer n'est pas sorti d'une ombre discrète. Pascal était d'une trempe différente. Ce n'eût pas été un Fleury. Il aurait pu rêver d'être Sénèque s'il avait eu une santé meilleure et un âge plus avancé. L'assertion de Nicole ouvre des horizons sur Pascal. Il a été la proie de tous les sentiments humains, y compris celui qui aime à se repaître d'avance de la possession du pouvoir. Dans plusieurs directions, ses desseins n'ont pas eu d'avenir, mais il a nourri de grands desseins. Qu'on le suppose heureux dans un projet d'éducation royale. C'était l'avènement de Port-Royal. L'histoire aurait changé. Pourquoi cela ne serait-il pas arrivé comme autre chose? Tout arrive. Nicole est venu, après coup, soulever le coin d'un voile qui est retombé. Mme Périer, ni Marguerite Périer, ne soufflent un mot de ce que raconte Nicole. Il était inutile de revenir sur des espérances qui ne s'étaient pas réalisées, qui étaient un secret de famille, qu'une réserve décente empêchait de communiquer au public, sur lesquelles il était convenable de faire silence sous le règne du grand roi. Mais Nicole était à même d'être bien informé.

Si cela était vrai, la haine de la Politique que suent les *Pensées* ne serait pas d'un complet désintéressement. Elle trahirait le souvenir amer de rêves évanouis. Il y a plus d'un mystère dans l'existence météorique de Pascal. Revenu du souci des grandeurs, il en embrasse le revers. « Ces gens, dit-il des sujets dans les discours sur la condition des grands, sont pleins de concupiscence. Ils vous demandent les biens de la concupiscence; c'est la concupiscence qui les attache à vous. Vous êtes donc proprement un roi de concupiscence... ne prétendez pas régner par une autre voie que celle qui vous fait roi. » Il hait maintenant la concupiscence et ses moyens d'action. Il prêche la solitude, le mépris des honneurs et du pouvoir. Mais avant ce retour aux opinions farouches du christianisme primitif, il avait été un ardent royaliste. Chez Descartes, royaliste comme lui, ce sentiment était le respect de la Coutume. Ce l'était certainement aussi chez Pascal. C'était en même temps la vue des maux occasionnés par la guerre civile. En dernier lieu, et c'est le motif invoqué par Mme Périer, c'était la soumission à l'ordre établi par Dieu. « Il résistoit à tout le monde lors des troubles de Paris, et toujours depuis, il appeloit des prétextes, toutes les raisons qu'on donnoit pour excuser cette rébellion ; et il disoit que dans un État établi en République comme Venise, c'étoit un grand mal de contribuer à y mettre un roi et opprimer la liberté du peuple, à qui Dieu l'a donnée, mais que dans un État où la puissance royale est établie, on ne pouvoit violer le respect qu'on lui doit, que par une espèce de sacrilège, puisque c'est non seulement une image de la puissance de Dieu, mais une participation de cette même puissance. » Les hommes d'État dignes de ce nom ont toujours professé cette manière de voir. Ce qui existe a le droit d'exister. C'est la Coutume qui fait le Droit. Il s'agit d'avoir la paix, le plus grand des biens. Afin d'être fidèle à cette maxime, qui est celle des sages, Pascal aurait refusé des avantages considérables qu'on lui offrait. Il pensait avec raison que le plus terrible des maux qui puissent affliger une nation est la guerre civile. « Il disoit ordinairement qu'il avoit un si grand éloignement pour ce péché que pour assassiner le monde ou pour voler sur les grands chemins. » Son instinct y répugnait. Aussi était-il l'ennemi « irréconciliable » de la Fronde.

Sainte-Beuve estime[1] que Mme Périer insiste un peu trop sur la fidélité de Pascal au principe monarchique. Sa *Vie de Pascal*, destinée à servir d'introduction aux *Pensées*, avait

---

1. *Port-Royal*, t. II, p 199 de la 4ᵉ édition.

besoin de cette précaution. Port-Royal était suspect à la monarchie ou plutôt à Louis XIV. Port-Royal ne faisait pas d'opposition politique à la monarchie, mais il avait eu des accointances avec plusieurs chefs de la Fronde. Ce n'était pas un pur hasard. L'indépendance des caractères était au fond de ses doctrines. On n'y était pas autoritaire; on s'inspirait de l'exemple de l'ancien christianisme en guerre ouverte avec la société césarienne. Dans le langage mystique de l'école, la société politique, c'était le monde de la concupiscence, ennemi de Dieu et de la vie intérieure. Saint-Cyran, le fondateur de Port-Royal, avait mieux aimé épouser une prison qu'un évêché. Son empreinte était restée sur Port-Royal. Louis XIV ne l'aimait pas. Racine le sait. « Quelques grands principes qu'on eût à Port-Royal, dit-il[1], sur la fidélité et sur l'obéissance qu'on doit aux puissances légitimes, quelque persuadé qu'on y fût qu'un sujet ne peut jamais avoir de justes raisons de s'élever contre son prince, le roi étoit prévenu que les Jansénistes n'étoient pas bien intentionnés pour sa personne et pour son État; et ils avoient eux-mêmes, sans y penser, donné occasion à lui inspirer ces sentiments par le commerce, quoique innocent, qu'ils avoient eu avec le cardinal de Retz et par leur facilité plus chrétienne que judicieuse à recevoir beaucoup de personnes ou dégoûtées de la Cour, ou tombées dans la disgrâce, qui venoient chez eux chercher des consolations, quelquefois même se jeter dans la pénitence. » Pascal est de plein droit en dehors de ces soupçons. Il est peut-être dangereux par la liberté absolue de sa pensée qui est au-dessus de toute compression légale ou de police; mais il est homme de pouvoir par tempérament et par raison, par sa théorie de la Coutume qui domine à la fois les croyances, les mœurs et les institutions. Il aurait souscrit si on le lui avait demandé et sans arrière-pensée à l'opinion de Descartes[2] : « Ces grands corps,

---

1. *Histoire de Port-Royal.*
2. *Discours de la méthode.*

dit-il des États, sont trop malaisés à relever estant abatus, ou même à retenir, estant esbranlez et leurs cheutes ne peuvent estre que très rudes. Puis, pour leurs imperfections, s'ils en ont, comme la seule diversité qui est entre eux suffit pour asseurer que plusieurs en ont, l'usage les a sans doute fort adoucies, et même il en a évité ou corrigé insensiblement quantité, auxquelles on ne pourroit si bien pourvoir par prudence, et enfin, elles sont quasi toujours plus supportables que ne seroit leur changement, en même façon que les grands chemins qui tournent entre les montaignes deviennent peu à peu si unis et si commodes, à force d'être fréquentez, qu'il est beaucoup meilleur de les suivre que d'entreprendre d'aller plus droit. »

IV

On conçoit maintenant comment la retraite de Pascal — septembre 1654 — n'a été ni un coup subit de la Providence, ni une résolution prise du jour au lendemain sur les instances de sa sœur Jacqueline, comme l'écrit Mme Périer dans sa *Vie de Pascal*, et comme on s'est plu à le répéter depuis, faute d'avoir examiné les choses de près. L'accident du pont de Neuilly, matériellement vrai, n'est qu'une légende si on en veut faire la cause de sa conversion ; l'intervention de Jacqueline en est une seconde. « Elle lui persuada, dit Mme Périer, ce qu'il lui avoit persuadé le premier. » L'affaire est moins romanesque. Elle n'est pas décidée au mois de janvier 1655. Jacqueline écrit à sa sœur le 25 de ce mois [1] que son frère lui fait pitié. Il est très occupé ; il a des attaches dans le monde ; il y est rivé, il les aime, il méprise la conduite de ceux avec qui il fraye, il a des remords de ne pas les quitter. Mais il est « dans un si grand abandonnement du

---

1. Victor Cousin : *Jacqueline Pascal,* ch. IV.

côté de Dieu qu'il ne sentoit aucun attrait de ce côté-là ». Il y tâche néanmoins. Jacqueline est persuadée qu' « il se croyoit en état de tout entreprendre et qu'il falloit qu'il eût en ce temps-là d'*horribles attaches* (est-ce Mlle de Roannez?) pour résister aux grâces que Dieu lui faisoit et aux mouvements qu'il lui donnoit ». Pascal lui rend à Port-Royal des visites fréquentes; il se confesse à elle. Elle en est toute joyeuse; elle ne peut se contenir de le mander à sa sœur : « car depuis ce temps-là (est-ce l'accident de Neuilly?) elles furent si fréquentes et si longues que je pensois n'avoir plus d'autre ouvrage à faire ». Elle ne reconnaît plus son frère. Elle lui écrivait à lui-même huit jours auparavant, 19 janvier 1655 : « Je loue l'impatience que vous avez eue d'abandonner tout ce qui a encore quelque apparence de grandeur, mais je m'étonne que Dieu vous ait fait cette grâce, car il me semble que vous aviez mérité, en bien des manières, d'être encore quelque temps importuné de la senteur du bourbier (expression mystique) que vous aviez embrassé avec tant d'empressement, et il semble qu'il étoit bien juste que tout ce qui peut encore ressentir le monde dans *le désert* vous retînt captif, après avoir eu tant d'éloignement de ce qui vous en pouvoit délivrer. » Il est au désert, c'est-à-dire à Port-Royal-des-Champs. A Paris, il avait commencé par changer de quartier, afin d'éviter les amis qui le venaient voir; puis il s'était réfugié à Port-Royal-des-Champs. Il y boude plus qu'il n'est converti.

La vérité est qu'il est vaincu, atteint de lassitude, qu'après avoir, durant l'espace de six ans, pris part à la bataille du monde, il y a vu échouer ses espérances. Il a perdu patience, jeté, comme on dit, le manche après la cognée. Sa volonté a subi un échec grave. Il n'est pas revenu des étonnements divers qui l'ont assailli. Mais il a horreur du monde et il se retire lentement comme un homme indécis sur le parti à prendre. Il n'est pas indécis sur la question de savoir s'il quittera la vie d'action, les salons, les conversations, le train qu'il a mené durant ces dernières années. Mais il emporte de là des opinions, des habitudes, toute une éducation dont il ne peut se défaire, dont il conserve malgré lui le goût. C'est un mal qui le ronge à l'intérieur et qui lui est toujours cher. Lorsqu'il aborda Port-Royal, dit Sainte-Beuve, « il était de ces *honnêtes gens*, et des mieux réputés selon le monde, plein de diversités amusantes, de conversations curieuses, un homme qui avait lu avec plaisir toutes sortes de livres et qui en causait très volontiers. On n'a pas d'emblée ce solitaire austère et contrit qu'on se figure; la première fois qu'il nous apparaît au sentier du désert, il est brillant, presqu'à la mode encore et un vrai bel esprit au regard de M. de Sacy qui en tire mille étincelles. » Il restera tel jusqu'après les *Provinciales*. A Paris, il voyait M. Singlin, l'un des maîtres les plus vénérés de Port-Royal, directeur spirituel de Jacqueline, depuis longtemps lié avec sa famille. Port-Royal brûlait d'envie d'avoir en lui une recrue qui lui ferait honneur et le défendrait dans les circonstances fâcheuses où il se trouvait. On sentait néanmoins la nécessité de ne pas le brusquer. M. Singlin, au rapport de Fontaine, eut l'idée de l'envoyer à Port-Royal-des-Champs, où Arnauld « lui prêteroit le collet en ce qui concerne les hautes sciences et où M. de Sacy lui apprendroit à les mépriser ». Arnauld ne doutait de rien. Il n'en était pas de même de Sacy; il était timide. Il craignait de succomber à la tâche de dompter l'intelligence de Pascal. C'était pourtant un homme habile, adroit à tourner les difficultés, à flatter ses interlocuteurs, à les faire causer de ce qui les intéressait et à les charmer de la douceur avec laquelle il avait l'art d'entrer dans leurs sentiments. « S'il voyoit, par exemple, M. Champagne, dit Fontaine, il parloit avec lui de peinture ; s'il voyoit M. Hamon, il l'entretenoit de la médecine; s'il voyoit le chirurgien du lieu, il le questionnoit sur la chirurgie. Ceux qui cultivoient ou la vigne, ou les arbres, ou les grains, lui disoient tout ce qu'il y falloit observer. » Le métier de Pascal était d'un ordre plus élevé; on courait le risque de ne pouvoir le suivre dans les régions où il lui plairait de s'engager. Le traducteur de la Bible l'entreprit sur la philosophie morale. Pascal lui avoua que ses deux lectures les plus ordinaires étaient Épictète et Montaigne. M. de Sacy n'en avait pas fait son bréviaire. Il disait volontiers comme Ovide : *Timeo lectorem unius libri.* C'était l'habitude à Port-Royal ; on restait volontiers dans le coin où l'on avait planté sa tente ; on regardait comme inutiles, sinon comme dangereuses, ces lectures faites au hasard qui dispersent l'esprit sans le fixer et l'affaiblissent au lieu de le fortifier. Il consentit à ce que Pascal lui parlât à fond d'Épictète et de Montaigne. La conférence ayant été convenue d'avance, Pascal s'y était préparé; préparer les entretiens qu'il devait avoir paraît avoir été chez lui une méthode ; il est probable qu'il l'avait déjà employée dans le monde. Il ne l'a pas inventée. Elle a cours en diplomatie et dans l'enseignement. On ne dédaigne pas d'en user dans les salons. Ceux qui ont leur mérite à faire valoir y ont recours volontiers.

Lors de son entretien avec Sacy sur Épictète et Montaigne, Pascal avait trente et un ans, Sacy quarante et un. Tous les deux étaient dans la plénitude de leur force. Celle-ci n'était pas ordinaire chez Sacy qui était plus qu'un érudit. Pascal avait peu de lecture. C'était un inventeur. Il avait inventé dans les sciences ; il devait inventer en Morale et même inventer son style, parce qu'il y avait en lui un instrument auprès duquel ce qu'on appelle invention est une chose vulgaire. De quoi qu'il s'agisse, il a un système. Épictète et Montaigne personnifient à ses yeux les deux espèces d'hommes qui ont le mieux connu les conditions de la vie humaine parmi ceux qui ont vécu hors du sentiment religieux. Il est lui-même hors du sentiment religieux en parlant d'eux, mais Sacy n'en est pas scandalisé. On a, dans cet entretien sur Épictète et Montaigne, la mesure de Pascal à la veille des *Provinciales* et avant les *Pensées*, d'un Pascal à qui l'Évangile n'est pas inconnu, mais qui sort de vivre pendant six ans hors du Christianisme. Épictète et Montaigne, voilà un double aspect de l'Idéal, hors du Christianisme. Pascal ne l'énonce pas; néanmoins on aperçoit tout de suite que ce double aspect de l'Idéal moral l'a attiré tour à tour, a été chez lui une sorte de foi qui n'est pas éteinte. Dans son entretien sur Épictète, son peu de lecture se trahit du premier coup. Il ne sait pas que la morale d'Épictète est moins celle d'un moraliste que celle d'une condition sociale dont Épictète est l'interprète. Épictète est un stoïcien, le porte-voix des Patriciens et des hommes d'État dont Tacite a chanté les œuvres, de ceux qui cultivent le *cursus honorum*, qui aiment le pouvoir, la gloire, les fonctions publiques, qui croient qu'on ne peut pas les acheter trop cher, qui mettent de l'héroïsme à servir la patrie romaine, les institutions, la civilisation césarienne, qui ont des mœurs au niveau de ce rôle, affrontent le destin, la mort, les événements, ont une vague conviction de servir l'humanité, la cause du bien. Pascal ne sait pas davantage qui est Épicure, qui, lui aussi, est le représentant d'une condition sociale, de la bourgeoisie antique, qui a pour mot d'ordre : cache ta vie, c'est-à-dire vis tranquillement à l'écart, jouis des biens que la fortune t'a donnés; ne descends pas dans la rue, ne harangue point la multitude, fuis les charges, les honneurs, les vicissitudes de la Politique; il vaut mieux avoir la paix et vivre obscur que de s'exposer à la proscription, aux passions, au va-et-vient de l'Opinion, d'être honoré, riche et puissant durant six mois ou dix ans pour finir dans l'exil, périr dans une émeute, avoir ses biens confisqués, dans tous les cas être au service d'autrui et perdre le gouvernement de soi-même. S'il avait hanté Épicure, il le mépriserait. Il se contente de voir en lui un épicurien, c'est-à-dire un viveur qui recherche le plaisir à huis clos et se plaît dans la mollesse, par insuffisance de l'âme et inertie de la volonté. L'auteur du *Discours sur les passions de l'amour* préfère les maximes d'Épictète : Sois ambitieux, gouverne si tu peux; la vie tumultueuse est agréable aux grands esprits; si tu péris dans la tempête, tu n'auras pas mal employé ta vie. Il le regarde d'ailleurs au point de vue privé, comme docteur du devoir. Épictète avait une haute idée de la grandeur de l'homme : « J'ose dire, insinue Pascal à Sacy, qu'il mériteroit d'être adoré s'il avoit aussi bien connu son impuissance. » L'impuissance de l'homme, c'est Épicure qui la connaît et raisonne dans le sens de cette impuissance.

Pascal considère Épicure dans Montaigne qui en est un disciple accompli et rajeuni. En réalité, Épicure traduit par Montaigne convient infiniment sinon au caractère ascétique et fier de Pascal, au moins aux habitudes de sa pensée. Montaigne l'a mordu à l'âme. A la force près qui fait défaut à Montaigne, Pascal en a les qualités d'esprit, une liberté sans mesure, flottante, sceptique, spirituelle, haute en couleur, avec une originalité de forme qui leur est commune. C'est de cela que Port-Royal aura du mal à le guérir; c'est cela qui, en l'éloignant du commerce des hommes et en le rendant misanthrope, ne le rapproche point de Dieu. Comme il entend Montaigne et possède le talent de le montrer à Sacy! « Il met tout, dit-il, dans un doute si universel et si général que ce doute s'emporte soi-même, c'est-à-dire, s'il doute et doutant même de cette dernière supposition, son incertitude roule sur elle-même dans un cercle perpétuel et sans repos; s'opposant également à ceux qui assurent que tout est incertain et à ceux qui assurent que tout ne l'est pas, parce qu'il ne veut rien assurer. C'est dans ce doute de soi et dans cette ignorance qui s'ignore, et qu'il appelle sa maîtresse forme, qu'est l'essence de son opinion, qu'il n'a pu exprimer par aucun terme positif. »

Même à l'heure où il disserte avec Sacy, Pascal est beaucoup plus avancé que Montaigne. Il y en a des causes qui touchent à sa personne : il a une santé misérable; il sort d'une expérience qui ne lui a pas réussi. Il éprouve le besoin de chercher un secours contre ce double désastre. Montaigne se porte bien ; sa santé florissante lui a donné l'humeur joviale. Le terme jovial est de son invention et qualifie en lui une manière d'être. Il a d'autre part une situation au soleil. Quoiqu'il ne soit, suivant son expression, qu'un valet de trèfle dans le jeu de cartes social, il est le maître chez lui, indépendant, honoré, considéré. Il y a aussi le temps où il a vécu à mettre dans la balance. Au XVIIe siècle, il n'aurait pas été Montaigne ; il n'aurait même pas été La Rochefoucauld. Au XVIe, le désarroi est sans bornes ; Montaigne assiste au conflit de la civilisation chrétienne et de la civilisation païenne exhumée par les Humanistes, au moment où non seulement on ne voit pas ce qui en sortira, mais où on ne voit pas même s'il en sortira autre chose que le chaos. Montaigne est chrétien par honneur, par condition, par ses habitudes ; il est païen d'éducation. Le vent qui souffle dehors souffle dans sa conscience qui vire comme une girouette sur un toit pendant l'ouragan. Pascal est à une autre école. Le conflit n'est pas réglé ; il ne le sera pas de sitôt. Mais le chaos n'est plus. Les deux forces en présence, dans le domaine de la réalité extérieure comme dans celui de l'entendement, n'ont pu se détruire ; elles se sont concentrées, raidies l'une contre l'autre. Chacun peut faire son choix, prendre parti. Montaigne n'avait pas fait de choix, de son gré ou du gré des circonstances. Pascal en fait successivement deux. Il a d'abord été chercher un abri dans le camp de Montaigne. Il y a rencontré Épictète qui était un intrus. Entre Épictète et Montaigne, il hésite : Épictète élève, Montaigne abaisse, lui crie son caractère ; Montaigne a raison, lui souffle une fée aux discours de laquelle il ne peut s'empêcher de prêter l'oreille. Le sentiment religieux essayera de mettre Épictète et Montaigne d'accord dans sa pensée, en les renvoyant dos à dos, et ce sera l'objet du fragment des *Pensées* intitulé : *Grandeur et misère de l'homme*. Lors de l'entretien avec Sacy, ce n'est pas fait. « M. de Sacy, dit Fontaine[1], se croyant vivre dans un autre pays et entendre une nouvelle langue, se disoit en lui-même les paroles de saint Augustin : O Dieu de vérité! ceux qui savent ces subtilités de raisonnement vous sont-ils pour cela plus agréables? » Il est un peu interloqué ; il n'a pas lu Montaigne et ne se propose pas de le lire : Montaigne pourrait le mettre à une très rude épreuve et il pense comme Saint-Cyran que ces choses-là ne le regardent point. Il remercie doucement Pascal et assaisonne, d'une leçon appropriée à son cas, l'éloge qu'il accorde à son éloquence. « Je vous suis obligé, monsieur ; je suis sûr que si j'avois lu longtemps Montaigne, je ne le connoîtrois pas autant que je le connois par l'entretien que je viens d'avoir avec vous. Cet homme devroit souhaiter qu'on ne le connût que par les récits que vous faites de ses écrits et il pourroit dire avec saint Augustin : *Ibi me vides, attende.* » Certes, Montaigne ne lui paraît pas manquer d'esprit ; Sacy est persuadé que Pascal lui en prête aussi. Quelque intérêt qu'il ait su jeter sur Montaigne il ne décidera point Sacy à descendre dans le livre de Montaigne. Avec la vie qu'il a menée jusque-là, il n'a pas eu le loisir de s'enquérir de Montaigne. On ne le lui a pas conseillé non plus. Ce ne serait pas être fidèle à son devoir tel qu'il l'entend. Montaigne est étranger à l'humilité et à la piété chrétiennes [2]. Sacy hait

1. Fontaine a recueilli dans ses *Mémoires* la conversation de Pascal avec M. de Sacy sur Épictète et Montaigne. Cet entretien a paru pour la première fois en 1728 dans la *Continuation des mémoires de littérature et d'histoire* du père Des Molets (t. V, 2ᵉ partie) d'après les *Mémoires* de Fontaine, alors inédits, mais publiés quelques années plus tard.

2. Sainte-Beuve, *Port-Royal*, t. II, p. 388 de la 4ᵉ édition, annonce qu'il a eu la bonne fortune de parcourir le catalogue manuscrit des livres de Sacy, trouvés à Pomponne et à Port-Royal-des-Champs lors du décès de leur maître. L'inventaire dressé par Petit et Desprez, libraires de Port-Royal, est du 7 avril 1684. Les deux experts en estiment la valeur à 3,371 livres. Ce sont des livres de théologie, des Bibles surtout, ce qui n'est pas étonnant chez le célèbre traducteur de l'Ancien et du Nouveau Testament. Il y avait également des classiques latins, parmi lesquels Térence, Catulle et Tibulle, les *Fastes* d'Ovide, quelques chroniqueurs français comme Joinville et Commines, les *Trois vérités* de Pierre Charron,

l'orgueil de Montaigne. Montaigne nie avoir de l'orgueil. Il se trompe et il veut tromper autrui. Il a au moins l'orgueil de l'esprit qui se plaît à confondre la raison et les arguments de tout le monde. Sacy voit juste. Montaigne sent sa raison impuissante et pauvre devant le grand mystère de la nature. Son orgueil consiste à démontrer que le voisin n'est pas plus avancé que lui. Dans cette entreprise de destruction universelle d'une foi quelconque, il abuse de sa pénétration; il verse le liquide corrosif du doute sur tout ce qui tient debout. Il a l'orgueil du démolisseur qui s'amuse à démolir et y trouve un malin plaisir. Qu'avait-il à faire de renouveler la philosophie des académiciens de la décadence? Il emploie les ressources d'une puissante raison à faire des ruines. Il use mal de son esprit, qui est un don de Dieu. Dieu ne lui en avait pas fait cadeau afin qu'il en fît un tel usage; c'est une dérision de tout ce qu'il y a de saint et de noble dans la conscience. Sacy, qui n'a point l'éloquence violente et amère de Pascal, est indigné sans avoir d'expression à fournir de son dégoût. Il sent que Montaigne est un misérable, qu'il a méconnu la bonté divine. Puisqu'il avait du génie, il devait en faire « plutôt un sacrifice à Dieu qu'au démon ». Sacy félicite Pascal un peu à tort. Pascal n'a pas le cœur vide de la vérité; il est revenu du plaisir dangereux que Montaigne lui a procuré. Sacy est nourri de saint Augustin. Il en appelle à lui. Saint Augustin a quitté les Manichéens afin de se dérober à ces vanités injurieuses au prochain. Ces prétendus sages qui se tiennent dans leur coin, dans l'intention de rire à leur aise de la bonne foi et de la simplicité du genre humain, se dressent à eux-mêmes des autels sur lesquels ils offrent en sacrifice à leur intelligence les préjugés qu'ils ne partagent pas. Ce sont des démons, des ennemis publics; l'Évangile n'a pas de plus haineux adversaires.

Pascal ne se rend pas. Ses ennemis à lui, ce n'est pas le

pas son traité de la *Sagesse*. Sacy, qui n'avait pas lu le maître, possédait un ouvrage de son disciple.

vulgaire antique dont les académiciens se vengent par le mépris, parce qu'ils en ont le joug à subir; ce sont les raisonneurs de l'école de Descartes. Il a Descartes et son école en horreur; il écrira contre eux le livre des *Pensées*. Puisque Montaigne lui vient au secours, il accepte. « Je vous avoue, monsieur, déclare-t-il à Sacy, que je ne puis voir sans joie dans cet auteur la superbe raison si invinciblement froissée par ses propres armes, et cette révolte si sanglante de l'homme contre l'homme, laquelle de la société avec Dieu, à laquelle il s'élevoit par les maximes de sa foible raison, le précipite dans la condition des bêtes. J'aurois aimé de tout mon cœur le ministre d'une si grande vengeance, si, étant humble disciple de l'Église par la foi, il eût suivi les règles de la morale. »

Montaigne aurait alors imité les académiciens de la décadence qui ont préparé le règne du Christianisme, en ruinant l'empire de la raison. Ils ne l'ont pas fait exprès. C'étaient des ouvriers inconscients qui travaillaient à une œuvre dont ils ne soupçonnaient pas l'issue. Montaigne n'a pas plus de responsabilité. Il est païen parce qu'il est un lettré. Les lettrés de la Renaissance ont repris la tâche interrompue par le Christianisme, sans avoir l'idée que c'était une tâche de décomposition intellectuelle qui reconduisait à l'état sauvage par l'abus de la raison. Montaigne a été emporté par le vent qui soufflait. Les livres de la décadence païenne lui avaient créé, comme par miracle, un état mental, pareil à celui de la décadence. Le désordre immense auquel il assistait dans l'ordre politique n'était pas fait pour l'en tirer. Voyant l'incertitude partout, ses efforts en vue d'avoir la paix, inutiles, il en avait conclu que le mieux était de se croiser les bras, de laisser faire, de regarder en spectateur nonchalant, sinon désintéressé. Il y avait un vrai, un bien et un mal qui servaient d'enseigne aux choses, par habitude. Il n'avait rien aperçu dessous ces apparences. Il avait à les prendre pour ce qu'ils étaient, sans les examiner de trop près « parce qu'ils sont si peu solides, que, quelque peu qu'on serre la main, ils s'échappent entre les doigts et la laissent vide ».

Pascal n'a pas eu le commerce intime de Montaigne avec les Anciens. Mais il a respiré l'air créé par les Humanistes sous l'inspiration des écrivains de la Décadence ; il a vu les tentatives faites en leur nom dans le but de rendre à la raison païenne l'empire qu'elle avait eu, tentatives que les contemporains, Bacon et Descartes, personnifiaient. Il a pu causer avec Hobbes[1], qui était de son avis, misanthrope comme il va le devenir de plus en plus ; Saint-Cyran et Montaigne lui ont appris quel vide il y avait sous ces prétentions et cette tyrannie de la raison qu'on veut imposer à tous. C'est elle qui est l'ennemi. Aussi ne peut-il pas voir *sans joie* Montaigne en saper l'autorité, et rejeter l'homme « dans la condition des bêtes ». La condition des bêtes ! voilà où la raison veut précipiter l'homme, et c'est Montaigne qui le montre. Pascal admire en lui « le ministre d'une si grande vengeance ».

Cette haine de Pascal contre la raison, qu'il manifeste dès 1654 dans son entretien avec Sacy, est demeurée inédite jusqu'à l'édition que Bossut a faite des *Pensées* (1779). Comme elle éclate avec encore plus d'énergie dans les *Pensées* (1670), on ne peut pas dire qu'elle fut inconnue au xviie siècle. La Rochefoucauld ne la relève pas, même par allusion, La Bruyère non plus ; Bossuet et Fénelon se taisent comme Malebranche. Ils étaient tous cartésiens à divers degrés. Il semble d'ailleurs qu'ils se soient mis d'accord sur Pascal. Son nom ne sort pas de leur plume. Ils n'en contestent pas l'autorité ; ils en ont un respect implicite. Ils honorent cette

---

1. Hobbes, un instant lié avec Descartes avec qui il n'avait aucune idée commune, a longtemps séjourné en France, où il écrivit son livre *De cive*, et fut le précepteur du prince de Galles, depuis Charles II, pour l'histoire et les mathématiques. Le livre *De cive*, publié à quelques exemplaires en 1642, ne fut réellement édité qu'en 1647. 1 vol. petit in-12, Elzevier. Sorbières en fit une traduction française sous les yeux de l'auteur (*les Éléments de la Politique*, 1 vol. petit in-8°. Amsterdam, 1649, Blaeu). Hobbes et Pascal entendent la Justice et la Politique l'un comme l'autre.

grande figure; leur estime secrète lui est acquise. Mais il y a sur elle comme un nuage menaçant : on aurait déplu en l'évoquant. Le souvenir des *Provinciales* la défendait à la fois contre l'injure et l'admiration écrites. Il y avait aussi la *paix* de l'Église à maintenir. Les Jésuites et les Jansénistes étaient debout. Une trêve tacite interdisait Pascal à la polémique. Voltaire l'a rompue le premier dans ses *Lettres philosophiques* (1734). Depuis, il n'y a plus eu de mesure de part ni d'autre.

Ainsi, à cette date de 1655, Pascal possède l'outil de sa future Apologie du Christianisme, le scepticisme, qui ruine la raison et balaye le terrain sur lequel doit germer la foi. Ce lui est une carrière nouvelle à parcourir. Il n'a pas le pied ferme; il craint de s'y engager. Il n'a pu jeter jusque-là sur la théologie qu'un coup d'œil rapide. Elle l'attire; il se défie de son savoir et de son autorité. Il s'en excuse à Sacy : « Je vous demande pardon, monsieur, de m'emporter ainsi devant vous dans la théologie, au lieu de demeurer dans la philosophie; mais mon sujet m'y a conduit insensiblement et il est difficile de n'y pas entrer, quelque sujet qu'on traite, parce qu'elle est le centre de toutes les vérités. » L'étonnement de Sacy redouble. Ce n'était pas un critique; ce n'était même pas un érudit. Il n'avait guère entendu parler des origines du Christianisme, qui étaient au xviie siècle scellées de sept sceaux. On l'aurait effrayé en lui disant que c'était l'Hellénisme qui avait frayé la voie à l'Évangile, en écartant par le doute les obstacles qui s'opposaient à l'invasion des idées chrétiennes, qui s'étaient assises comme une horde barbare sur la raison vaincue. Pascal lui paraît très original. Il lui dit qu'il « ressembloit à ces médecins habiles qui, par la manière adroite de préparer les plus grands poisons, en savent tirer les plus grands remèdes ». C'était, certes, une invention de Pascal. Ce n'était pas l'histoire qui lui avait fourni son remède, quoique l'histoire eût pu lui apprendre, par l'exemple de la manière dont ce remède avait opéré jadis, combien il était efficace. Au sentiment de Sacy, Pascal n'avait donc pas eu tort de se livrer à la lecture des sceptiques. Elle lui avait servi; mais ce n'était pas une nourriture propre à beaucoup de gens. La plupart se traînent au niveau de la lettre, manquent de l'élévation suffisante, ne savent pas trier les perles qu'il y a dans le fumier de Tertullien; *aurum e stercore Tertulliani*, disait un Père. Sacy n'a lu que les Pères. Le fumier des sceptiques a bien plus mauvaise odeur que celui de Tertullien; il en sort une fumée noire à laquelle on ne résiste pas aisément. Il ne conseille pas à tout venant de l'affronter. Les téméraires seraient exposés à devenir « l'objet des démons et la pâture des vers, selon le langage de l'Écriture ».

Pascal n'y contredit pas; il garde néanmoins le bénéfice qu'il a tiré de Montaigne. Grâce à lui, Port-Royal sera désormais capable de prendre Montaigne corps à corps. Il ne l'aurait pu faire la veille. Montaigne était le symbole de la décomposition du Christianisme sous l'effort de la Renaissance. Il est au XVIIe siècle le conseiller intime des libertins ou libres-penseurs. Il l'est par le fond et par la forme. Par le fond, il est nihiliste; par la forme, il est débraillé, railleur, cynique, hostile à toute espèce de respect, même celui de la langue. Port-Royal réagit. Il a la foi que Montaigne n'a pas; il est pieux, ce que Montaigne n'est pas. Il n'en diffère pas moins au dehors : il a une tenue austère; il ne rit pas, il est grave; il ne raille pas, il est dogmatique; le respect est chez lui une méthode, un objet d'enseignement. Montaigne veut déraciner la raison; Port-Royal en affiche l'autorité et la pratique. C'est pourquoi Descartes a chez lui des disciples zélés. Montaigne nie, en somme, et Port-Royal affirme. Montaigne est une plaie qui ronge les chairs; Port-Royal est un médecin qui panse cette plaie. Port-Royal était à cette besogne lorsqu'il fit l'acquisition de Pascal. Il ne s'était pas attaqué nominativement à Montaigne. Il se contentait d'en poursuivre l'œuvre. L'homme avait trop de crédit; Port-Royal n'avait pas un écrivain de sa taille à lui opposer. Maintenant qu'il a

Pascal, il ne ménagera pas plus le nom de Montaigne qu'il n'en ménage les sentiments. Il associe tout de suite Pascal à son entreprise. Comment? dira-t-on. Quel rapport y a-t-il entre Montaigne et les Jésuites? Celui-ci : Montaigne, sceptique, nourri aux sources romaines de la décadence, est à la fois empirique et autoritaire. Eh bien ! les Jésuites sont des empiriques en morale, des autoritaires en politique. Qu'est-ce que leur Probabilisme, sinon le scepticisme de Montaigne, transporté dans le domaine de la morale ? Et qu'est-ce que leur autoritarisme politique, sinon une forme de Césarisme, c'est-à-dire du mépris de la raison à laquelle on substitue le principe d'autorité parce qu'on ne croit pas à sa puissance?

Port-Royal croit à la raison en morale comme en politique. En politique, l'esprit parlementaire a chez lui ses origines ; en morale, il est le docteur de la voie étroite qui est la morale privée.

Dans l'intérêt du dessein qu'il poursuit, Port-Royal se sert admirablement de Pascal. Il l'emploie successivement à deux objets qui lui tiennent au cœur. Dans les *Provinciales*, il le lance sur les Jésuites qui corrompent la morale dont il a souci ; dans les *Pensées*, il le lance contre Montaigne, ennemi de la société chrétienne et dont les Jésuites sont les associés. Il y a dans le procédé qui consiste à placer ainsi les libertins et les Jésuites dans le même tombereau, un dédain qui confine à l'injustice. Port-Royal ne se pique pas de modération. On n'en use pas envers lui. Pourquoi serait-il généreux, lui qui est faible, n'a qu'une poignée de fidèles à opposer à une armée qui n'a pas pitié du courage des siens?

Le mal est que Pascal ne peut pas se débarrasser du souvenir de Montaigne. Il l'a trop aimé, il l'a trop hanté. Montaigne lui est descendu jusqu'au fond de l'âme et l'empêche d'avancer dans la voie où Port-Royal le pousse. Montaigne a été l'ami de ses jours de dissipation. Il voudrait bien l'extraire ; il n'y parvient pas : de quelque côté qu'il regarde en lui-même, il découvre Montaigne qui le nargue et semble le défier. S'il lui vient une pensée, il se trouve que ce n'est pas lui qui en est le père; c'est une maxime empruntée à Montaigne et qui a changé de nez pour qu'on ne la reconnaisse pas; si c'est un fait qui se présente, il l'a retenu de Montaigne. Celui-ci le persécute avec d'autant plus de sécurité qu'il n'en a pas conscience. Pascal le cite sans s'en douter; la critique retrouvera plus tard l'occasion ou le lieu où il s'est inspiré. Lui l'a oublié. « Pascal, dit Sainte-Beuve[1], en était souvent repris et mordu et dévoré, il le rejette : le rusé revient toujours. Il s'en inquiète, il le cite, il le transcrit quelquefois dans le tissu de ses propres *Pensées*, et on s'y est mépris dans l'édition donnée par ses amis. Il y a des phrases de Montaigne qu'on y a laissées comme étant de Pascal. » Ne pouvant pas s'en défaire, il l'injurie : il est plein de mots « sales et déshonnêtes »; « le sot projet que Montaigne a eu de se peindre ». D'autres fois, il avoue Montaigne : « Montaigne a raison; la Coutume doit être suivie. » Il y a des jours où la haine de Montaigne le quitte, où il consent à le juger de sang-froid : ce qu'il a de bon n'est pas aisé à acquérir, ce qu'il a de mauvais aurait été très aisé à corriger, sauf les mœurs, car là-dessus il est foncièrement incorrigible. Il y a trop de *moi*. Il aurait fallu l'avertir qu'il faisait trop d'histoires et parlait trop de lui. Sans doute; mais c'est là tout Montaigne ou à peu près. Autant aurait valu lui conseiller de ne pas écrire. Il est conteur; il conte par plaisir. Le plaisir de conter l'intéresse encore plus qu'il n'intéresse le lecteur. Quant à ne point parler de soi, Pascal y pense-t-il? L'envie de s'exhiber au public est tout l'objet de Montaigne.

Pascal, à l'exemple de La Bruyère et de la plupart des auteurs originaux, écrit par humeur, c'est-à-dire sous l'impression actuelle qui diffère de celle d'hier et ne ressemble pas à celle qu'il aura demain. Il varie sur Montaigne d'une époque de sa vie à l'autre, quelquefois d'une heure de la journée à

---

1. *Port-Royal*, t. II, p. 397 de la 4ᵉ édition.

l'autre. Dans *l'Art de persuader*, qui est de la période où il n'avait pas quitté le monde, il qualifie Montaigne « d'incomparable auteur de l'art de conférer ».

La campagne menée contre Montaigne sous les auspices de Pascal et de Port-Royal le fut avec autant de vivacité que la guerre intentée à la Compagnie de Jésus. Montaigne est le type de la corruption épicurienne. Il y a plusieurs sortes de corruptions et par corruption on entend l'abandon qu'on fait de soi-même à la brutalité des sens. Nicole [1] en énumère deux, qui, différentes d'origine, ont le même résultat. Il y en a une matérielle et grossière qui est naturelle à la canaille. C'est la volupté romaine qui réclame du pain et des spectacles; il y en a une seconde plus délicate et rationnelle, qui est celle de Montaigne. Elle est moins excusable que l'autre, s'il est possible. Chez ceux qui pratiquent l'autre, en effet, il n'y a de l'homme que la bête; la raison est muette; ils ont une âme au niveau de leur condition. La responsabilité est petite. Celle de Montaigne n'est pas petite. Il est de ceux, dit Nicole, qui ont assez de lumières « pour reconnoître qu'il n'y a rien de solide en ce que les hommes estiment, et que les grandes charges, les grands desseins, la science, la réputation et toutes les autres choses semblables n'ont qu'un faux éclat et une véritable misère ». Quand on a cette conviction et qu'on n'a d'autre avenir en perspective que cette vie précaire, on se rejette dans la sensualité par dégoût et par mépris des occupations laborieuses des hommes, même de la sagesse qui nous engage à regarder les plaisirs comme quelque chose de plus réel qu'elle. On dit comme l'*Ecclésiaste* : *Vadam et affluam deliciis et fruar bonis* : Je me plongerai dans les délices, je jouirai des biens de la terre. Ceux qui n'ont point encore acquis le mépris des grandeurs ou des sciences jouent à la gloire : *Magnificavi opera mea*. Ils font la guerre. *Ædificavi domos* : ils bâtissent comme Louis XIV; ils thésau-

---

[1]. *Essais de morale*, t. VI, p. 241 de l'édit. de 1714 qui est la première de ce tome.

risent comme les usuriers : *coacervavi mihi argentum.* Montaigne n'a pas cette excuse. Il n'est point las d'avoir conquis des provinces, construit des palais, accumulé des richesses. Il l'est, par contre, d'avoir mesuré par la raison la vanité de tant de labeur. Il pense comme Salomon : « Quid enim proderit homini de universo labore suo et afflictione spiritus, qua sub sole cruciatur? Cuncti dies ejus cum doloribus et ærumnis pleni sunt, nec per noctem mente requiescit; et hoc nonne vanitas? Nonne melius est comedere et bibere et ostendere animæ suæ bona de laboribus suis? *Que retirera l'homme de tout son travail et de l'affliction d'esprit avec laquelle il se tourmente sous le soleil? Tous ses jours sont pleins de douleur et de misère, et il n'a point de repos intérieur, même pendant la nuit? N'est-ce pas là aussi une vanité? Ne vaut-il pas mieux manger et boire et faire goûter à son âme du fruit de ses travaux?*

Montaigne est ce réprouvé de *l'Ecclésiaste.* « On peut dire, s'écrie Nicole, délayant les idées de Pascal, que ce dernier degré comprend tout le livre et tout l'esprit de Montaigne. C'est un homme qui, après avoir promené son esprit sur toutes les choses de ce monde, pour juger ce qu'il y a en elles de bien et de mal, a eu assez de lumière pour en reconnoître la sottise et la vanité. » Il a découvert à merveille l'inutilité de la grandeur et le néant de la science; mais au lieu de regarder en haut, il a conclu comme l'homme de *l'Ecclésiaste :* « Nonne melius est comedere et bibere? » Il n'a pas copié Lucullus; ses six mille livres de rentes ne l'y autorisaient pas. Il s'est arrangé pour avoir de l'agrément. En a-t-il eu? non; il est parvenu à n'être pas triste, ou du moins à n'en avoir pas l'air. C'est la leçon à tirer du livre de Montaigne, si leçon il y a. Il a cédé aux mouvements instinctifs de la nature, à ses agitations stériles, et il a fait une fin brutale. Ce n'était pas la peine de faire un si long voyage à travers les choses; sans tant d'efforts un commis-voyageur moderne arrive à ce résultat.

INTRODUCTION.

La Bruyère, qui derrière son humeur brusque et son affectation chrétienne, est un naturaliste de l'école de Montaigne, n'ose en faire l'apologie directe. Il préfère médire de ceux qui en pensent du mal. Est-ce de Nicole et de Malebranche qu'il écrit : « Deux écrivains, dans leurs ouvrages, ont blâmé Montaigne... L'un (Nicole?) ne pensait pas assez pour goûter un auteur qui pense beaucoup ; l'autre (Malebranche?) pense trop subtilement pour s'accommoder des pensées qui sont naturelles. » Parmi les deux écrivains auxquels La Bruyère fait allusion, celui qui ne pense pas assez a peut-être mérité ce trait de l'illustre pamphlétaire à cause de la part qu'il a eue à la *Logique* ou *l'Art de penser*. On y revient en effet sur Montaigne. On lit au chapitre xix[1] de la IIIᵉ partie de la *Logique de Port-Royal :* « Feu M. Pascal, qui savoit autant de véritable rhétorique que personne en ait jamais su, portoit cette règle — le mépris de l'amour-propre — jusques à prétendre qu'un honnête homme devoit éviter de se nommer, et même de se servir des mots de *je* et de *moi*, et il avoit accoutumé de dire sur ce sujet que la piété chrétienne anéantit le *moi* humain et que la civilité humaine le cache et le supprime. Ce n'est pas que cette règle doive aller jusqu'au scrupule, car il y a des rencontres où ce seroit se gêner inutilement que de vouloir éviter ces mots ; mais il est toujours bon de l'avoir en vue pour s'éloigner de la méchante coutume de quelques personnes qui ne parlent que d'eux-mêmes et qui se citent partout lorsqu'il n'est point question de leur sentiment : ce qui donne lieu à ceux qui les écoutent de soupçonner que ce regard fréquent vers eux-mêmes ne naisse d'une secrète complaisance... *c'est ce qui fait voir qu'un des caractères les plus indignes d'un honnête homme est celui que Montaigne a affecté*, de n'entretenir ses lecteurs que de ses humeurs, de ses inclinations, de ses fantaisies, de ses maladies, de ses vertus et de ses vices ; et qu'il ne naît que

---

1. A partir de la deuxième édition (1664). La première n'a pas de chapitre xix à la IIIᵉ partie.

d'un défaut de jugement aussi bien que d'un violent amour de soi-même. Il est vrai qu'il tâche autant qu'il peut d'éloigner de lui le soupçon d'une vanité basse et populaire, en parlant librement de ses défauts aussi bien que de ses bonnes qualités, ce qui a quelque chose d'aimable par une apparence de sincérité; mais il est facile de voir que tout cela n'est qu'un jeu et qu'un artifice qui doit le rendre encore plus odieux. Il parle de ses vices pour les faire connoître et non pour les faire détester; il ne prétend pas qu'on doive moins l'en estimer; il les regarde comme des choses à peu près indifférentes, et plutôt galantes que honteuses; s'il les découvre, c'est qu'il s'en soucie peu et qu'il croit qu'il n'en sera pas plus vil ni plus méprisable; mais quand il appréhende que quelque chose le rabaisse un peu, il est aussi adroit que personne à le cacher. C'est pourquoi un auteur célèbre de ce temps (Balzac) remarque fort agréablement qu'ayant eu soin fort inutilement de nous avertir en deux endroits de son livre qu'il avoit un page, qui étoit un officier assez peu utile en la maison d'un gentilhomme de six mille livres de rente, il n'avoit pas eu le même soin de nous dire qu'il avoit eu aussi un clerc, ayant été conseiller du Parlement de Bordeaux; cette charge, quoique très honorable en soi, ne satisfaisant pas assez la vanité qu'il avoit de faire paroître partout une humeur de gentilhomme et de cavalier et un éloignement de la robe et des procès. Il y a néanmoins de l'apparence qu'il ne nous eût pas celé cette circonstance de sa vie s'il eût pu trouver quelque maréchal de France qui eût été conseiller de Bordeaux, comme il a bien voulu nous faire savoir qu'il avoit été maire de cette ville, mais après nous avoir averti qu'il avoit succédé en cette charge à Monsieur le maréchal de Biron et qu'il l'avoit laissée à Monsieur le maréchal de Matignon. »

Sainte-Beuve, dans son *Port-Royal*, cite l'opinion de Pascal sur le *moi*, racontée par Nicole; il ne cite pas le passage relatif à l'habileté de la vanité de Montaigne. Ce n'est pas par bonté d'âme : la réputation de Montaigne lui est chère; il craindrait d'y porter atteinte. Entre lui et Montaigne il y a plus d'un point commun. L'anonyme de la *Logique* continue : « Mais ce n'est pas le plus grand mal de cet auteur que la vanité; il est plein d'un si grand nombre d'infamies honteuses et de maximes épicuriennes et impies, qu'il est étrange qu'on l'ait souffert si longtemps dans les mains de tout le monde et qu'il y ait même des personnes d'esprit qui n'en connoissent pas le venin. Il ne faut point d'autres preuves pour juger de son libertinage que cette manière même dont il parle de ses vices, car, reconnoissant en plusieurs endroits qu'il avoit été engagé en un grand nombre de désordres criminels, il déclare néanmoins en d'autres qu'il ne se repent de rien et que s'il avoit à revivre il revivroit comme il avoit vécu. » Suivent de nombreux passages de Montaigne à l'appui de ce qu'on vient d'avancer : « Paroles horribles, reprend la *Logique*, et qui marquent une extinction entière de tout sentiment de religion, mais qui sont dignes de celui qui parle ainsi en un autre endroit : — Je me plonge la tête baissée stupidement dans la mort sans la considérer et reconnoître, comme dans une profondeur muette et obscure qui m'engloutit tout d'un coup et m'étouffe en un moment, plein d'un puissant sommeil, plein d'insipidité et d'indolence. »

Il est incontestable que Montaigne est un épicurien, un Romain du temps de Caligula; il l'est également que Montaigne en est fier, qu'il ne voudrait pas être fait d'une autre façon, qu'il a choisi de son gré cette existence. Ce ne lui est néanmoins pas tout à fait imputable. Il est du XVIe siècle; au XVIIe il aurait pris une autre allure. On ne se dérobe point aux circonstances parmi lesquelles on vit. Il est surtout un témoin. Quel est celui de ses contemporains qui a mieux vécu? Calvin a mieux pensé et même mieux dit; Bossuet, qui est un excellent juge et impartial ici, accorde à Calvin le privilège d'être le meilleur écrivain de son siècle. A-t-il mieux vécu que Montaigne? a-t-il exercé une influence meilleure? L'un était un homme d'action, l'autre un spéculatif. Dans la besogne accomplie sous leurs yeux, avec le concours de Calvin et sans le concours de Montaigne, le rôle le plus digne et le plus innocent est encore celui de Montaigne. Qu'on en prenne dix ou vingt au choix, parmi les plus en vue, Montaigne aura raison d'y préférer le sien. Il n'a fait de mal à personne, hors à ceux qui le lisent, et il y a plus de leur faute que de celle de Montaigne. Il ne demande pas qu'on soit attentif à ses discours si l'on n'en a pas envie.

Arnauld et Nicole donnent leurs conclusions contre Montaigne : « C'est une effronterie punissable que de découvrir ses désordres au monde sans témoigner d'en être touché, puisque le dernier excès de l'abandonnement dans le vice est de n'en point rougir et de n'en avoir ni confusion ni repentir, mais d'en parler indifféremment comme de toute autre chose, en quoi consiste proprement l'esprit de Montaigne. »

Port-Royal n'a pas tué Montaigne, mais il est parvenu à organiser contre lui une résistance qui subsiste. Montaigne n'était plus un nom propre ; c'était un état d'esprit fort commun. C'était le vide intérieur, avec le rire au dehors, celui des viveurs, celui des gens de lettres du xviiie siècle, celui de Voltaire qui se trahit le jour où Voltaire écrit *Candide*. Port-Royal, malgré son attitude pessimiste, est l'école des vivants. Ses adhérents montrent qu'ils vivent en ne se réfugiant point dans l'inertie. Chez lui on meurt sur la brèche. Saint-Cyran et Pascal donnent l'exemple. D'Andilly, Sacy, Arnauld, Nicole, Quesnel, feront comme eux. Aucun d'entre eux n'a désespéré ni de lui-même ni de sa cause qui est celle du respect, de la raison, de la moralité de l'homme, du mérite des actions de l'homme. Port-Royal est foncièrement optimiste derrière son visage rogue. Ceux qui l'ont renouvelé au xixe siècle l'ont bien senti. Ils ont cru, respecté, agi jusqu'à la fin. Il y en a une légion ; on les a appelés Doctrinaires. Il avait fallu changer de nom comme de terrain. Ils étaient optimistes aussi. On n'a pas oublié Joubert, ni Royer-Collard. Leur mémoire est aussi respectée que le furent leurs personnes. Ils avaient tous pour devise ces paroles de Guizot, l'un d'entre eux : — L'art du philosophe consiste à rendre tous les objets agréables par la manière de les considérer. — Au contraire, les disciples de Montaigne continuent de n'être pas heureux. Deux d'entre eux, Prévost-Paradol et Bersot, ont fini récemment par le suicide. Sainte-Beuve, réduit à se faire évêque du diocèse de la libre pensée, n'a pas eu un sort plus enviable. Dans *Port-Royal* il n'aurait pu prendre sur lui de faire l'apologie de Montaigne contre ses clients; c'eût été manquer à son rôle. Il en appelle à Mme de Sévigné, ce qui n'est pas dépourvu d'habileté. La devise de la marquise aurait pu être cette maxime de Montaigne : — Il faut légèrement couler le monde et le glisser, non pas l'enfoncer. — Mme de La Fayette, faite du même bois, aurait souhaité d'avoir Montaigne pour voisin. Mme de Sévigné le lisait les jours de pluie. Elle écrit à sa fille : « En voici un que j'ai trouvé; c'est un volume de Montaigne que je ne croyois pas avoir apporté. Ah! l'aimable homme! qu'il est de bonne compagnie! — précisément, — c'est mon ancien ami; mais, à force d'être ancien, il m'est nouveau. Mon Dieu! que ce livre est plein de bon sens! » Il amuse son désœuvrement comme il amusait celui de Ninon. Ninon et Mme de Sévigné, sauf qu'elles ne sont pas tout à fait du même monde, et la différence de leur monde n'est pas grande, sont d'une complexion analogue. Quand elles n'amusent pas autrui, c'est autrui qui les amuse. Mme de Sévigné n'a pas de préjugés. Aujourd'hui Montaigne l'amuse; le lendemain c'est Nicole; un autre jour ce sont les *Petites lettres* de Pascal, ou c'est Bourdaloue. Dieu et le Diable l'intéressent au même degré. Le sang-froid qu'elle apporte à préparer la candidature de sa fille à la succession de Mme de Montespan, de concert avec son cousin Bussy, est comparable à son éclectisme en matière de lectures.

Il n'y a pas en elle l'étoffe d'un juge de Montaigne; elle est passive; on est toujours sûr de l'intéresser du moment qu'on arrive à son oreille. Aussi le *moi* de Montaigne qui répugne si fort à Pascal et à Port-Royal ne l'offusque pas. Il la captiverait plutôt. Ce *moi*, commun au xvie siècle, n'est pas particulier à Montaigne. Quand l'individu n'est rien au dehors, il se confine en lui-même et s'y dresse un autel. Port-Royal et Pascal essayent en vain de le refouler, au nom de l'humilité chrétienne. Il repousse immédiatement. J.-J. Rousseau en fera un dieu. Depuis, on en a fait une carrière. « Ariston disoit, écrit Montaigne, que les vents que les hommes craignent le plus sont ceux qui les descouvrent. » Il n'y paraît pas ; il n'y a pas un auteur moderne qui ne se soit appliqué à faire de ses œuvres un commentaire de ces autres paroles de Montaigne : « Il faut voir son vice et l'estudier pour le redire. » Ils le voient, ils l'étudient, et surtout ils le redisent. Chaque ouvrage qu'ils publient est une confession. Rousseau ouvre la voie. Au moins il y met de l'orgueil. C'est un avocat qui présente sa défense à la postérité. Il se soucie de sa mémoire. Il ne se propose pas de tirer de l'inventaire de son cœur un bénéfice pécuniaire. Ses successeurs ont découvert une ressource où il n'avait cherché qu'un appoint posthume à sa renommée. Cela est devenu un genre littéraire, la poésie du *moi* s'exhibant elle-même. Le *moi* tient lieu d'inspiration. Par lui on est lyrique, éloquent ; il sauve de la stérilité. On ne parviendrait pas à s'intéresser aux passions d'autrui, aux idées d'autrui, encore moins à y intéresser un lecteur exigeant. Il est plus commode de s'étudier soi-même. Il n'y a pas à se déranger. Et puis l'amour-propre y trouve une satisfaction immense. On est son propre héros. Montaigne avait deviné cela. On n'est pas seulement l'objet de l'attention des vivants. Pour peu qu'on ait du talent, et l'amour-propre en est une source, on peut concevoir l'espérance de se survivre. Il y a là une veine nouvelle que les anciens n'ont pas connue si l'on excepte saint Augustin qui s'est confessé dans un but d'édification. Montaigne est le père du genre, et Dieu sait qu'il a des fils ! Ceux qui ont eu part aux affaires d'État écrivent des mémoires. Il n'y en a pas avant Montaigne; après lui, ils emplissent l'histoire; ils remplissent la chronique. A leur exemple les gens de lettres se confessent. Les autres racontaient les événements auxquels ils avaient assisté, ceux-ci racontent leurs émotions, leurs idées. Rousseau a plus fait que Montaigne. Il y a peu de grands écrivains du XIXᵉ siècle qui ne l'aient pris pour modèle. Byron s'est confessé; Chateaubriand s'est confessé; Alfred de Musset s'est confessé; George Sand, qui avait plus besoin qu'un autre de se confesser, l'a fait dix fois. Lamartine a fait des *Confidences;* Victor Hugo s'est fait raconter par un témoin de sa vie. Il n'y a plus de romancier infime qui ne se confesse publiquement. Dans cette forêt de confessions, le mensonge, la fatuité, toutes les mauvaises herbes de la nature humaine se donnent rendez-vous : voyez comme je suis grand, misérable d'être grand, incompris !

Faut-il prendre la chose au tragique ?

Sainte-Beuve, qui s'est confessé lui-même dans *Volupté,* et qui s'y est pris de bonne heure, prend des accents de sibylle au spectacle de ce qui se passe dans la forêt : « Forêt sombre, et épaisse et vénéneuse, dit-il[1], mortelle aux Werther et à tous rêveurs qui s'endormiront sous son ombrage; bois de mort, pareil au lugubre bosquet de cyprès et de myrtes dont parle Virgile en son Enfer (*secreti celant calles*), séjour tortueux des Suicides, et dans lequel, en silence, l'œil farouche, à la vue d'Énée, s'enfonça Didon :

« .... Atque inimica refugit
In nemus umbriferum... »

Eh ! non. C'est un sentier comme un autre. Quelques romantiques de 1830 ont jeté leur imprécation dans la rue, se sont couchés dans leur mansarde, en attendant qu'on vînt leur offrir la couronne, et, comme on ne vint pas, ils ont fait

---

1. *Port-Royal*, t. II, p. 405 de la 4ᵉ édition.

comme Gérard de Nerval. *Corinne* et *Adolphe* n'en sont pas morts ; *Émile* y a fait fortune. Dix auteurs en possession du succès doivent, à ce qu'ils se sont eux-mêmes servis en pâture à leur clientèle, le crédit dont ils jouissent. On abuse de tout : le bourreau se confesse et cherche à réaliser un bénéfice de ses confessions ; les actrices se confessent et vendent leur propre honte à beaux deniers comptants. C'est une contagion, et elle remonte à Montaigne. Sainte-Beuve avoue qu'il y a chez lui du venin ; Port-Royal et Pascal n'ont pas tort de protester. Après tout, le venin est vieux maintenant ; les venins perdent de leur nocuité en vieillissant. « Il est ailleurs aujourd'hui, continue Sainte-Beuve, circulant sous d'autres formes, coulant avec sève et se renouvelant dans d'autres rejetons dont les parfums surprennent et attirent, autant qu'ils peuvent troubler. »

Au premier abord, le sentiment de Port-Royal sur Montaigne est surprenant ; on est stupéfait de voir le fort jugement de Pascal s'indigner et néanmoins ne pouvoir résister. Montaigne conte avec bonhomie, sans réticence ni arrière-pensée. Quoi de plus innocent que d'avancer que « la plus commune façon d'amollir les cœurs de ceux qu'on a offensés, quand ils ont vengeance en main, c'est de les émouvoir par soumission, mais que d'autres fois la constance et la résolution ont servi au même effet » ? Ce n'est pas du Montaigne ; c'est du Machiavel que Montaigne a dégusté. Oui, mais c'est un signe de plus. Quoi de plus innocent que cette observation que « nous ne sommes jamais chez nous, toujours au delà, dans la crainte, l'espérance ou le souvenir » ? Que « les esprits non embesognés, comme les terres oisives, foisonnent en toutes sortes de folles herbes » ? Que « l'âme qui n'a point de but établi se perd » ? On est tenté. Cet homme ne vise qu'à se distraire et à nous distraire avec lui. Son prestige découle du fait que c'est la nature qui parle. Pourquoi ne l'écouterait-on pas ? Pascal et les Jansénistes lui reprochent d'être, en effet, la nature ; mais la nature sans la *Grâce*. La Grâce diffère donc de la nature? Non. Elle tend à redresser la nature, comme la vie sociale tend à redresser les instincts de l'homme sauvage. Les mœurs et les lois exigent à chaque instant de la nature un sacrifice ; elles la limitent, la modèrent, la corrigent, la cultivent, comme un jardinier cultive le plant arraché dans la forêt. Et puis la nature de Montaigne n'est pas la nature brute. C'est la nature d'un privilégié qui n'a eu que la peine de naître, à qui les institutions ont fait un sort enviable, qui a, en outre, une bonne santé et des rentes pour l'entretenir. C'est la condition de quelques-uns. Celle du plus grand nombre, pauvre, délaissé, en proie à ses besoins, aux vices que ces besoins lui donnent, soumis, comme dirait Çakya-Mouni, à la vieillesse, à la maladie et à la mort, requiert une autre philosophie que cet épicurisme jovial ; courbé comme il est sous le joug du hasard et de la misère, sans vue sur l'avenir, non plus que sur le passé, l'incertitude de notre origine faisant d'ailleurs l'incertitude de notre nature, selon une expression de Pascal, il lui faut un viatique dont Montaigne n'a pas le secret. Et ce combat quotidien pour l'existence, que Montaigne n'a pas eu à soutenir, a-t-il des armes à fournir à ceux qui sont obligés de l'affronter ?

On peut, à la rigueur, venger Montaigne de Pascal et de Port-Royal, par la simple remarque que ce qu'il dit, en définitive, il l'emprunte à Lucrèce, à Virgile, à Horace, à Homère, aux moralistes grecs. On ne le reproche pas à Boileau, à La Fontaine. C'est vrai, mais ils plaisantent ; ce sont des poètes. Montaigne a un bonnet de docteur. Au fait, il n'est que naturaliste, païen, étranger au Surnaturel. C'est ce que Pascal lui reproche ; il ne prend pas la peine de le reprocher à Rabelais plus qu'à Silène. Au fait, si Montaigne est étranger à la Grâce, c'est de sa faute. Il ne connaît pas le côté grave de la nature humaine, les causes finales ; il n'a pas fixé son regard sur le mystère de notre destinée : il est en retard de deux mille ans sur la race, en retard de deux mille ans sur l'éducation acquise au contact du Christianisme.

Sainte-Beuve n'a pas la notion de cette éducation de deux mille ans, de cette vérité historique que, dans ce laps de temps, le tempérament de la race a changé, acquis un développement nerveux et d'imagination qu'il n'avait pas auparavant. Il aperçoit pourtant, au premier coup d'œil, que cette légion de critiques, d'érudits, de philologues, de moralistes superficiels, qui ne font pas la différence des temps et de l'acquis de la race, se trompent sur Montaigne, ne découvrent pas qu'il est un archéologue, un Romain de l'âge des Césars, non un homme du XVIe siècle. « Je prétends, dit-il, que sincères et peut-être très religieux, d'ailleurs, ces hommes sont inconséquents sur ce point... retombent plus ou moins à la bonne loi naturelle. » Le joug imposé par la Renaissance continue de peser sur eux. Ils se croient en avant et se trouvent en arrière.

Cela n'empêche pas Pascal de beaucoup devoir à Montaigne. Montaigne l'a remué profondément et sans doute fécondé. Il lui a ouvert des horizons divers ; il l'a provoqué à la contradiction ; il lui a dévoilé tout un côté de la nature humaine, sa faiblesse ; il lui a fourni un point d'appui contre la raison, contre Descartes. Quand il a une opinion orgueilleuse à contester, il n'a qu'à ouvrir Montaigne, et il l'ouvre. Montaigne est le contempteur de l'homme : « Il n'est, dit-il, animal au monde, en butte d'autant d'offenses que l'homme : il ne nous faut point une baleine, un éléphant et un crocodile, ny tels autres animaux, desquels un seul est capable de desfaire un grand nombre d'hommes ; les pouils sont suffisants pour faire vacquer la dictature de Sylla. » Oui, répond Pascal : l'homme est un roseau ; une vapeur, une goutte d'eau suffit pour le tuer. Montaigne en rit ; Pascal s'apitoie. Dans Montaigne, Spinosa est contenu : « Un grand ciel morne, un profond univers roulant, muet, inconnu, où de temps en temps, par places et par phases, s'assemble, se produit et se renouvelle la vie ; l'homme éclosant un moment, brillant et mourant avec les mille insectes échoués sur cette île d'herbes flottantes dans un marais ¹. » Il ne professe pas cela ouvertement ; il l'insinue ; il gazonne la tombe, la couvre de son éclatant rire gascon. Il s'offre de *biais* ; il est nécessaire de le regarder en face si on veut avoir les traits de sa physionomie. Son style et son art sont le condiment à l'aide duquel il déguise le poison. Ils l'imposent tout de suite en France et à l'étranger. A peine a-t-il fermé les yeux, que le pauvre Shakespeare, qui a bien plus l'âme de Pascal que celle de Montaigne, s'accoude sur lui et rêve. Il en éprouve une telle émotion, que, si éloignée que la matière des *Essais* soit de son métier de poète, il coupe Montaigne par tranches et l'étend sur ses pièces. Montaigne doit ce prestige, exercé même sur l'imagination de Shakespeare, à la puissance de la sienne. Il n'y en a pas qui lui soit supérieure. Malebranche l'avait remarqué. Il s'empare du lecteur, dit-il ², « par la vivacité toujours victorieuse de son imagination dominante ».

V

On n'a pas la date certaine de l'entretien avec Sacy sur Épictète et Montaigne. Il a précédé l'extase du 23 novembre 1654, date approximative de la deuxième conversion de Pascal. Après, il tend à devenir un ascète ; avant, il n'a que le dégoût des choses du monde. Le traité de la vie intérieure de Jansénius l'a éloigné des sciences ; Montaigne lui a fait perdre sa confiance dans la raison ; ses conversations de salon, la fréquentation de quelques libertins et de quelques viveurs, divers échecs à son amour-propre et à ses velléités d'ambition, l'ont rendu misanthrope. Afin d'échapper à ces visions amères d'un passé récent, il se séquestre, se soumet à un règlement austère, lit l'Écriture sainte, cherche à acquérir la science du cœur ; celle de l'esprit lui répugne désormais. Elle le possède

---

1. Spinosa résumé par Sainte-Beuve.
2. *Recherches de la vérité*, livre II, 3ᵉ partie, ch. v.

toujours néanmoins et c'est avec elle qu'il écrira *les Provinciales*. Il lui devra la couleur, le mouvement et l'art. L'extase du 23 novembre paraît en avoir fait un homme nouveau. Elle le surprit, à ce qu'il semble, durant une de ces nuits solitaires où, comme il devait arriver à Jouffroy, il arpentait sa chambre, en proie à une crise intérieure provoquée par l'écroulement de l'idéal de la veille. Chez Jouffroy, c'est la tradition qui s'écroule; chez Pascal, ce sont les idées naturalistes. L'un cesse de croire et l'autre commence. Il écrivit sur un bout de parchemin, qu'il fit coudre entre l'étoffe et la doublure de son pourpoint, où on la trouva après sa mort, la pièce que Condorcet a mise au jour et qui consacrait le souvenir de cette révolution spirituelle :

« L'an de grâce 1654

Lundi 23 novembre, jour de saint Clément, pape et martyr, et autres au martyrologe,

Veille de saint Chrysogone, martyr et autres,

Depuis environ dix heures et demie du soir jusques environ minuit et demi,

———————————feu———————————

Dieu d'Abraham, Dieu d'Isaac, Dieu de Jacob. (*Exode*, III, 6, etc. Math., XXII, 32, etc.)

Non des philosophes et des savants.

Certitude. Certitude. Sentiment. Joie. Paix.

Dieu de Jésus-Christ

Deum meum et Deum vestrum. (Jean, XX, 17.)

« Ton Dieu sera mon Dieu. » (*Ruth*, I, 16.)

Oubli du monde et de tout, hormis Dieu.

Il ne se trouve que par les voies enseignées dans l'Évangile.

Grandeur de l'âme humaine.

Père juste, le monde ne t'a point connu, mais je t'ai connu. (*Jean*, XVII, 25.)

Joie, joie, joie, pleurs de joie.——

Je m'en suis séparé :——

Dereliquerunt me fontem aquæ vivæ. (*Jérémie*, II, 13.)——

« Mon Dieu, me quitterez-vous? » (Math., XVII, 46.)——

Que je n'en sois pas séparé éternellement.——

« Cette est la vie éternelle, qu'ils te connaissent seul vrai Dieu et celui que tu as envoyé, Jésus-Christ. » (*Jean*, XVII, 3.)

Jésus-Christ.————————————————————.
Jésus-Christ.————————————————————
Je m'en suis séparé ; je l'ai fui, renoncé, crucifié.
Que je n'en sois jamais séparé.
Il ne se conserve que par les voies enseignées dans l'Évangile :
Renonciation totale et douce.
Soumission totale à Jésus-Christ et à mon directeur.
Éternellement en joie pour un jour d'exercice sur la terre.
Non obliviscar sermones tuos (Ps. CXVIII, 16), *amen.*

Était-ce une amulette? On l'a prétendu. Ce n'était pas dans l'intention d'en faire honneur à Pascal. Ce n'était pas une amulette. Une amulette est un préservatif. Il n'avait à se préserver d'aucun péril, à moins que ce ne fût de l'abîme légendaire qu'il voyait à sa gauche et où il faisait mettre une chaise pour se rassurer. Selon l'abbé Boileau, il aurait eu l'imagination frappée à la suite de l'accident du pont de Neuilly. Cette assertion, émise en 1737[1], quatre ans après la mort de Marguerite Périer, mérite peu de créance. Pascal aurait pu croire aux amulettes. Ce n'eût pas été une nouveauté au sein du Christianisme. Les peuples de l'Orient y croient de temps immémorial, et ce n'est pas une croyance aussi déraisonnable qu'il semblerait. La foi aux amulettes est

1. Lettre XXIX du t. Ier de la Correspondance de l'abbé Boileau. Il est le seul qui parle de l'accident du pont de Neuilly. Aucun témoignage émanant de la famille ne confirme son dire. On connaît cette prétendue aventure. Pascal se promenait une après-midi du mois de septembre 1654, dans l'avenue de Neuilly, dans un carrosse à quatre ou six chevaux — le carrosse du duc de Roannez — deux des chevaux, effrayés sans doute par quelque objet, auraient pris le mors aux dents et se seraient précipités du haut du pont qui est au bout de l'avenue de Neuilly et qui n'avait pas de garde-fou. Les traits se brisèrent ; la voiture et les deux autres chevaux restèrent sur le bord du gouffre. Cet accident aurait occasionné une telle émotion à Pascal, que depuis lors il aurait vu à côté de lui un abîme sur lequel il aurait fait mettre une chaise afin de ne pas l'apercevoir.

un hommage aux puissances secrètes qui errent dans la nature, qu'on sent et qu'on ne voit pas, dont l'action mystérieuse est proprement le champ de la Fortune. La tournure d'esprit de Pascal n'y répugne pas. En réalité, le morceau de parchemin qui a fait scandale est le souvenir d'une scène qui a duré deux heures, que Pascal ne veut pas oublier. Il le garde comme on garde un vestige d'un événement mémorable, qui est une ère ou un point de repère dans la vie.

M*me* Périer s'abstient de rappeler les incidents qui accompagnèrent la publication des *Provinciales*. Sa notice parut en 1684. L'orage était à peine calmé ; il était inutile au but qu'on se proposait d'en rééditer les péripéties. Elle y fait une courte allusion : « Il — Pascal — avoit une éloquence naturelle qui lui donnoit une facilité merveilleuse à dire ce qu'il vouloit ; mais il avoit ajouté à cela des règles dont on ne s'étoit pas encore avisé, et dont il se servoit si avantageusement qu'il étoit maître de son style ; en sorte que non seulement il disoit ce qu'il vouloit, mais il le disoit en la manière qu'il vouloit et son discours faisoit l'effet qu'il s'étoit proposé. Et cette manière d'écrire, naturelle, naïve et forte en même temps, lui étoit si propre et si particulière, qu'aussitôt qu'on vit paroître les *Lettres au Provincial*, on vit bien qu'elles étoient de lui, quelque soin qu'il ait toujours pris de le cacher, même à ses proches. » Ce n'était toujours pas à M. Périer, son beau-frère, qui intervint dans l'impression.

Port-Royal était menacé. Ils n'étaient que quelques-uns, privés de leur chef, isolés, perdus dans le désordre sans bornes de la situation, en butte aux soupçons du pouvoir, à l'indifférence générale, opiniâtres et hardis, mais battus en brèche par les Jésuites tout-puissants, qui, non contents de leur susciter des embarras de la part du gouvernement de Mazarin, les poursuivaient par des pamphlets. L'Église était en suspens. Le clergé séculier était favorable, les réguliers hostiles. Messieurs de Port-Royal étaient ou des laïques, ou des émancipés qui ne tenaient à la hiérarchie que par un fil.

Ils avaient un point d'appui dans les Pays-Bas. Mais cela aussi leur était un obstacle. Plusieurs bulles pontificales avaient sévi contre la doctrine de Jansénius ; celle de 1653 avait condamné les cinq propositions qui ont fait les frais de la polémique religieuse en France durant un siècle. Dans les assemblées générales du clergé de 1654, 1655 et 1656, non seulement on accepta la bulle condamnant les cinq propositions extraites de l'*Augustinus*, ce qui allait de soi, mais on s'occupa de dresser un formulaire d'adhésion à la bulle, qu'on ferait signer de tous les ecclésiastiques. Il fut approuvé en 1656 et appuyé d'une nouvelle bulle d'Alexandre VII. Arnauld s'était tu ; mais, en 1655, le curé du duc de Liancourt lui ayant refusé l'absolution à cause de ses liaisons avec Messieurs de Port-Royal, Arnauld s'était plaint dans deux lettres, l'une à une personne de condition — le duc de Liancourt, — l'autre à un duc et pair — le duc de Luynes, — dans lesquelles on crut surprendre l'apologie de la grâce nécessaire, qui était le fond de la querelle faite à Jansénius. Arnauld fut déféré à la Faculté de théologie siégeant à la Sorbonne, et dont il était membre. Il en fut exclu (14 janvier 1656). Avant que le procès, dont l'issue n'était pas douteuse, fût terminé, Arnauld avait lu à plusieurs amis, réunis à Port-Royal, une défense destinée au public et qu'on l'avait sollicité d'écrire. La lecture en fut accueillie en silence. « Je vois bien, dit-il, que vous ne trouvez pas cet écrit bon pour son effet, et je crois que vous avez raison. » Puis se retournant vers Pascal : « Vous qui êtes jeune, qui êtes un curieux, un bel esprit, vous devriez faire quelque chose. » Le public n'entendait rien aux débats théologiques de la Sorbonne ; il importait de l'en saisir, sous une forme intelligible à tous, surtout aux gens du monde étrangers à la théologie. Pascal promit une ébauche, qu'on pourrait retoucher ; il n'avait pas trop de confiance. Il n'avait pas eu l'occasion d'essayer ses forces. Il lut son ébauche, à quelques jours de là, aux « Messieurs » assemblés. Arnauld, qui n'avait pas d'amour-propre, s'écria : « Cela est excellent, cela sera goûté ; il faut le faire imprimer. » On le fit imprimer. C'était la Première Provinciale, qui parut le 23 janvier 1656, huit jours après la condamnation d'Arnauld, qui n'était pas encore promulguée.

Le cœur de Pascal avait changé, mais les façons mondaines de sa pensée n'avaient pas eu le temps de s'amender. Sa raillerie aiguë et rieuse, proférée d'un ton indifférent et cavalier, prit comme une traînée de poudre. Il a introduit la raillerie dans la théologie. Cela devait aller loin et servir contre elle. On ne s'en inquiéta point à Port-Royal ; on allait au plus pressé, qui était de se défendre dans une occurrence grave. Pascal n'avait pas eu plus de souci que ses maîtres de fournir des armes aux adversaires du Christianisme ; sa préoccupation avait été de sortir de la routine. Il y était arrivé sans effort. Dès sa première lettre, sa supériorité éclate. Le sujet est peu de chose ; c'est elle qui se lève, et qu'on n'éteindra pas désormais. La pièce fut distribuée à profusion. Séguier qui, en autoritaire exact qu'il fut toujours, menait la campagne contre Port-Royal, faillit en avoir la jaunisse ; on dut le saigner sept fois de suite. Mais c'était un homme qui ne se contentait pas d'avoir la jaunisse et de se faire saigner : il agissait. Le 2 février, on arrête Savreux, un des imprimeurs de Port-Royal. On le met au secret, on interroge sa femme et ses commis ; on met les scellés chez Petit et Desprez, les deux autres imprimeurs de Port-Royal. Le lendemain, un garçon de Petit se rend chez le premier président de Bellièvre, avec un exemplaire encore humide de la Deuxième Provinciale : ce n'est donc pas Petit qui imprime. Bellièvre se rend à cet argument et lève les scellés chez Petit[1]. C'était pourtant lui qui

---

1. La clientèle de Port-Royal était bonne. Les livres de ces « Messieurs » se vendaient à grand nombre, se répandaient dans les provinces, étaient contrefaits en Hollande et dans les Pays-Bas. Durant la crise occasionnée par les *Provinciales*, Cramoisy, libraire des Jésuites, fit une banqueroute de trois cent mille livres. Ni Desprez ni Petit ne firent banqueroute. Quant à Savreux, l'impression des ouvrages de Messieurs de Port-Royal l'avait enrichi. Il eut une assez triste fin. Il avait été mis trois fois à la Bas-

était coupable. Quand le commissaire du roi était venu, sa femme était montée à l'imprimerie, avait mis les formes dans son tablier, était passée fièrement à travers les gardes, quoique la charge fût lourde. On n'avait pas songé à tant d'audace et on l'avait laissée passer, ce qui avait permis de continuer et d'offrir au premier président de Bellièvre le premier exemplaire tiré de la Seconde Provinciale.

La justice fut impuissante. Les Jansénistes n'ont pas inventé l'art de se cacher, mais ils l'ont perfectionné. Le bon Sacy a des pseudonymes variés ; on lui écrit à un autre domicile que le sien ; il recommande de ne nommer personne dans la correspondance qu'il reçoit. On ne sait jamais où est Arnauld. Il a passé la dernière partie de sa vie à Bruxelles, sans que les autorités en eussent connaissance, sans que les siens, à l'exception de quelques affidés, eussent le secret de sa retraite. Nicole et Quesnel sont dans le même cas, qui avait été au début celui de Saint-Cyran. Ils agissent comme les membres d'une société secrète. Aussi quand on en trouve un, on prend tout ce qu'il y a dans la maison, afin de se renseigner. Dans l'affaire de Savreux, disent les *Mémoires* de Beaubrun : « On saisit tout ce qu'on trouva chez lui ; on lui prit bien des choses, et entre autres un paquet sur lequel étoit le nom de M. de Pontchateau, qui effectivement lui appartenoit, et dans lequel il se trouva une lettre de M. le cardinal de Richelieu, son oncle. M. de Pontchateau fut fort inquiet de cet accident. » De longtemps, grâce aux guerres d'opinion et de religion, aux guerres civiles de la minorité de Louis XIII, aux troubles de la Fronde, les imprimeries clandestines pul-

---

tille. Il en était sorti récemment lorsqu'en faisant une visite à Port-Royal, 21 septembre 1669, la voiture où il était en compagnie de trois pères de l'Oratoire, versa. Il se démit les vertèbres du cou et en mourut le lendemain, à Port-Royal, où on l'avait transporté. Sa veuve continua de tenir sa librairie. Elle légua ensuite à Port-Royal-des-Champs, par testament, ce dont elle put disposer. Elle accomplissait ainsi un vœu de son mari qui se proposait de rendre à Port-Royal une partie du bien qu'il avait gagné à son service.

lulaient. Les Jansénistes firent de l'imprimerie clandestine une institution qui fonctionna depuis l'origine de la secte jusqu'à la fin de l'ancien régime. Au XVIIIe siècle, l'Autorité n'est jamais parvenue à savoir où s'imprimaient les *Nouvelles ecclésiastiques*, qui étaient leur journal officiel.

Pascal, au moment d'écrire les *Provinciales*, s'était établi dans une maison voisine du Luxembourg, proche de la porte Saint-Michel, et prêtée par le poète Patrix, officier au service du duc d'Orléans, sous le nom de M. de Mons (Montalte). De Mons était le nom de sa grand'mère paternelle, c'est-à-dire de la mère d'Étienne Pascal. Puis, craignant que le bruit fait autour des premières lettres ne le décelât, il alla se cacher, toujours sous le nom de M. de Mons, rue du Poirier, dans une auberge à l'enseigne du *Roi David*, derrière la Sorbonne et vis-à-vis le collège des Jésuites (Louis-le-Grand). M. Périer qui était dans le secret des *Provinciales*, et qui était arrivé d'Auvergne depuis peu, alla loger à la même auberge. Il y reçut la visite du père du Frétat, jésuite, qui était son parent. Le père l'avertit qu'on attribuait les *Provinciales* à son beau-frère. M. Périer le savait mieux que lui; il avait là sur son lit, à sécher, des exemplaires de la septième ou huitième lettre. Il fut soulagé quand le père jésuite sortit et alla conter son alarme à Pascal, qui occupait la chambre au-dessus de la sienne.

On les imprimait un peu partout, à Paris et en province, en plusieurs endroits à la fois. « En 1672, le 27 février, Mlle Périer raconta à un de ses amis que M. Pascal, son oncle, avoit un laquais nommé Picard, très fidèle, qui savoit que son maître composoit les Lettres Provinciales. C'étoit lui qui pour l'ordinaire en portoit les manuscrits à M. Fortin, proviseur du collège d'Harcourt, qui avoit soin de les faire imprimer; on assure qu'elles avoient été imprimées dans le collège même[1]. » Les tirages simultanés ne suffisaient pas aux

---

1. Manuscrit de la Bibliothèque nationale, supplément français n° 1485.

demandes; on y revenait au bout de quinze jours, deux mois, même après que d'autres lettres avaient paru, souvent avec des modifications de détail introduites avec ou sans l'aveu de Pascal, ce qui rend la leçon des *Provinciales* de l'édition in-4°, malaisée à établir. Un ami de M. Périer lui écrit en lui envoyant la 17e lettre, de ne pas la montrer, qu'on n'en a tiré que dix mille exemplaires et qu'il pourra y avoir des changements. A quarante ans de distance, le père Daniel[1] écrit de son côté : « Jamais la poste ne fit de plus grands profits. On envoya des exemplaires dans toutes les villes du royaume et quoique je fusse assez peu connu de Messieurs de Port-Royal, j'en reçus dans une ville de Bretagne où j'étois alors, un gros paquet, port payé. » On en faisait des lectures en commun dans les salons à la mode, chez Mme de Sablé, chez Mme Duplessis-Guénégaud, à l'hôtel de Nevers. Les cercles jansénistes étaient des foyers de distribution et de propagande.

Sauf les initiés, on ignorait de qui étaient les *Provinciales*. L'auteur avait peu de réputation. On les attribua d'abord à Gomberville, incapable d'un pareil méfait. Il n'y avait pas de Montalte provisoirement. Le nom de Gomberville, réflexion faite, étant au-dessous d'un poids si lourd, on alla à l'abbé de Hautefontaine, Leroi. Le modeste abbé s'en défend dans une lettre à Esprit, de l'Oratoire : on lui fait trop d'honneur; il voudrait les avoir faites.

Pascal nargue les curieux : à la fin de la Troisième Provinciale (9 février 1656), il signe à l'adresse des pères de la Compagnie de Jésus : *Votre très humble et très obéissant serviteur, E. A. A. B. P. A. F. D. E. P.* (et ancien ami, Blaise Pascal, Auvergnat, fils d'Étienne Pascal). On devine là un léger accès d'amour-propre; il est content de son œuvre et du bruit qu'elle fait dans le monde. On devine aussi la jubilation qui règne dans les réunions intimes de Messieurs de Port-Royal. Pascal, actif, habile, vainqueur, savourant, quoi qu'il en

---

1. *Entretiens de Cléandre et d'Eudoxe.*

LA VIE ET LES ŒUVRES DE PASCAL.

ait, le plaisir d'une renommée bruyante et inattendue, trouve, à braver l'ennemi en face, une surabondance de vie qu'il n'a pas goûtée jusque-là. Son indépendance est absolue ; elle est inhérente à lui-même. Il n'a servi et ne servira que sa pensée. Il est au-dessus des doctrines et des hommes, comme il l'a été des sciences, où il a inventé sans consentir à se soumettre ni à elles ni aux méthodes établies. Il ne dépend pas plus de Port-Royal que de n'importe quoi. Le père Annat l'ayant désigné comme secrétaire de Port-Royal, il répond dans la 17e Provinciale : « Vous supposez premièrement que celui qui écrit les lettres est de Port-Royal ; vous dites ensuite que le Port-Royal est déclaré hérétique, d'où vous concluez que celui qui écrit les lettres est déclaré hérétique. Ce n'est donc pas sur moi, mon père, que retombe le fort de cette accusation, mais sur le Port-Royal et vous ne m'en chargez que parce que vous supposez que j'en suis. Ainsi je n'aurai pas grand'peine à m'en défendre puisque je n'ai qu'à vous dire que je n'en suis pas, et à vous renvoyer à mes lettres où j'ai dit que *je suis seul* et en propres termes que je ne suis point de Port-Royal. » Non, il n'en est pas ; il est un volontaire qui sert la cause de Port-Royal parce qu'il lui plaît de la servir. Quand Port-Royal, acculé au formulaire, essayera de capituler, Pascal secouera sur lui la poussière de ses pieds l'accusera de faiblesse et de lâcheté. Il est seul en effet. « On mourra seul », écrit-il dans les *Pensées*; il a également vécu seul, n'a ployé sous aucun joug, hors celui de Dieu.

Cependant le farouche Séguier s'était adouci ; il s'était aperçu que les rieurs n'étaient pas de son côté. Et puis, à aucune époque de sa carrière, il n'a d'initiative ; il exécute avec violence et ponctualité les ordres qu'il reçoit. Il est rare qu'il prenne sur lui une responsabilité. Les pièces annexes aux mémoires manuscrits de Beaubrun[1] contiennent une

---

1. 2 vol. aux manuscrits de la Bibliothèque nationale, supplément français, n° 2673. — L'abbé de Beaubrun, fils du peintre de ce nom, est un personnage important de Port-Royal. Il fut l'exécuteur testamentaire de

note de la main de Saint-Gilles[1] qui constate le ralentissement des poursuites exercées et permet de jeter un coup d'œil sur les moyens de cette énorme publicité clandestine. La note est datée du 18 août 1656 : « Depuis trois mois en ça, écrit Saint-Gilles, c'est moi qui, immédiatement, ai fait imprimer par moi-même les quatre dernières Lettres au Provincial, sçavoir : la 7e, 8e, 9e et 10e. D'abord il falloit fort se cacher, et il y avoit du péril; mais depuis deux mois, tout le monde et les magistrats eux-mêmes, prenant grand plaisir à voir dans ces pièces d'esprit la morale des Jésuites naïvement traitée, il y a eu plus de liberté et moins de péril; ce qui n'a pourtant pas empêché que la dépense n'en ait été et n'en soit encore extraordinaire. Mais M. Arnauld s'est avisé d'une chose que j'ai utilement pratiquée : c'est qu'au lieu de donner de ces lettres à nos libraires Savreux et Desprez, pour les vendre et nous en tenir compte, nous faisons toujours tirer de chacune douze rames, qui font 6,000, dont nous gardons 3,000, que nous donnons, et les autres 3,000, nous les vendons aux libraires ci-dessus, à chacun 1,500 pour un sol la pièce; ils les vendent 2 sols 6 deniers et plus. Par ce moyen, nous faisons 50 écus qui nous payent toute la dépense de l'imprimerie et plus; et ainsi nos 3,000 ne nous coûtent rien et chacun se sauve. »

Le succès des *Provinciales*, le crédit de sa plume, l'expé-

Nicole, dont il a laissé une vie ainsi qu'une vie de l'abbé de Pontchâteau. On lui doit avec Dufossé la fin du commentaire sur la Bible que Sacy a laissé inachevé. Il a laissé en outre divers recueils de mémoires et de pièces relatives à Port-Royal. Sainte-Beuve l'a consulté avec fruit dans son *Histoire de Port-Royal* et apprécie beaucoup les documents accumulés par lui en vue d'une histoire de Port-Royal, qu'il n'a pas écrite, mais dont il subsiste une ébauche au tome 1er de ses *Mémoires*.

1. Antoine Baudry d'Asson, dit M. de Saint-Gilles, était du Poitou et un ancêtre du député actuel de la Vendée. C'était un homme actif et entreprenant, à la fois agent de Retz et de Port-Royal. Il est sans cesse en voyage. Il negocie, intrigue, fait entrer à Paris des livres jansénistes en contrebande. Dans l'affaire de l'impression des *Provinciales*, il est décrété de prise de corps, mais on intervient en sa faveur. Il mourut à Paris en 1668.

rience théologique acquise dans la lutte soutenue par lui, son zèle croissant, la confiance autorisée par ce qui venait d'arriver, inspirèrent à Pascal son projet d'une Apologie du Christianisme. Ce n'était pas uniquement un monument à construire dans l'intérêt de ses convictions ardentes, c'était une vengeance à tirer du monde qu'il avait traversé, où il avait reçu plus d'une blessure, et aussi contre Descartes et la Raison qui méditaient le dessein d'édifier une Société dont l'Évangile serait exclu et le bien-être matériel le fondement. Cette idée lui vint pendant qu'il écrivait les *Provinciales*. C'était de l'ouvrage qu'il s'était taillé d'avance; il s'y mettrait quand les *Provinciales* seraient terminées. Il s'y prépara durant un an, dit Mme Périer, mais au moment d'entreprendre son œuvre (1657-1658), il fut repris de sa névrose qui ne le quitta plus. Quoiqu'il se fût éloigné des réunions qui lui avaient été chères, sa retraite n'était pas absolue. Une considération discrète mêlée de respect et d'admiration, que ses qualités personnelles justifiaient de reste, l'entourait. Il était devenu une sorte de directeur consultant à l'usage de la haute société chrétienne, car il y en avait une, très en dehors de Port-Royal qui n'en était que la partie militante. « L'éloignement du monde qu'il pratiquoit avec tant de soin, dit Mme Périer, n'empêchoit pas qu'il ne vît souvent des gens de grand esprit et de grande condition, qui, ayant des pensées de retraite, demandoient ses avis et les suivoient exactement; et d'autres qui étoient travaillés de doutes sur les matières de la foi, et qui, sachant qu'il avoit de grandes lumières là-dessus, venoient à lui, le consulter et s'en retournoient toujours satisfaits; de sorte que toutes ces personnes qui vivent maintenant fort chrétiennement témoignent encore aujourd'hui que c'est à ses avis et à ses conseils, et aux éclaircissements qu'il leur a donnés, qu'ils sont redevables de tout le bien qu'ils font. »

Une piété sombre le gagne de plus en plus; on le dirait atteint d'une vieillesse prématurée; les joies littéraires d'hier l'abandonnent une à une ; il tombe dans les pratiques ascétiques, use d'une ceinture garnie de pointes de fer : « Il la mettoit à nu sur sa chair », dit Mme Périer. Il la garda jusqu'à la fin comme si ses maux n'avaient pas été une mortification suffisante. Ils l'empêchaient de se livrer à ses travaux accoutumés, le réduisaient à l'oisiveté. Afin d'échapper à l'oisiveté, il avait recours à des promenades quotidiennes, errait dans les églises et dans les carrefours comme une âme en peine. Son désir eût été de se priver de tout plaisir. Au point de vue matériel, il y réussissait assez, mais il était assailli de tentations intellectuelles. Le mathématicien s'éveillait en lui au moment où il ne l'attendait pas. Sa théorie de la Roulette (1658) est le fruit d'une de ces tentations. Ses douleurs névralgiques lui interdisaient souvent le sommeil. Ce fut durant une crise causée par elles, qu'il donna cours à son imagination sur le sujet de la Roulette. « Dans ses grandes veilles, dit Mme Périer, il lui vint une nuit, sans dessein, quelques pensées sur la proposition de la Roulette. Cette pensée étant suivie d'une autre, et celle-ci d'une autre, enfin une multitude de pensées qui succédèrent les unes aux autres lui découvrirent, comme malgré lui, la démonstration de toutes ces choses, dont il fut lui-même surpris. Mais comme il y avoit longtemps qu'il avoit renoncé à toutes ces connoissances, il ne s'avisa pas seulement de les écrire. Néanmoins, en ayant parlé par occasion à une personne à qui il devoit toute sorte de déférences, — le duc de Roannez — et par respect et par reconnoissance de l'affection dont il l'honoroit, cette personne qui est aussi considérable par sa piété que par les éminentes qualités de son esprit et par la grandeur de sa naissance, ayant formé sur cela un dessein qui ne regardoit que la gloire de Dieu, trouva à propos qu'il en usât comme il fit, et qu'ensuite il le fît imprimer. Ce fut seulement alors qu'il l'écrivit, mais avec une précipitation extrême, en huit jours ; car c'étoit en même temps que les imprimeurs travailloient, fournissant à deux en même temps, sur deux différents traités, sans que jamais il ait eu d'autre copie que celle qui fut faite pour l'impression. »

Sa sœur essaye de l'excuser d'être retombé, comme dans un vieux péché auquel il avait renoncé, dans cette occupation profane de sa jeunesse, d'autant plus profane qu'il y a une idée de jeu qui s'y mêle. Il l'a fait sans dessein, comme malgré lui. — Oui, mais il a fait imprimer. — Il a cédé aux instances d'un homme à qui il était obligé. On a, d'ailleurs, considéré la gloire de Dieu : une découverte scientifique devait en imposer aux libertins ; elle leur démontrait qu'une piété inquiète et scrupuleuse n'était pas incompatible avec les grands travaux de l'intelligence, qu'un ascète n'est pas nécessairement un sot. Soit; mais on publie un cartel, on offre le problème à résoudre aux spécialistes de tout pays, on offre un prix de quarante pistoles, un second de vingt pistoles, on institue un concours. Le père Lallouère, jésuite, échoue dans la solution du problème et on se moque de lui; l'Anglais Wallis se plaint des chicanes qu'on lui oppose, car il a mieux réussi, s'il n'a pas tout à fait répondu au programme d'*Amos Dettonville* (anagramme de Louis de Montalte). La vérité est que, dans l'intervalle d'une crise à l'autre, Pascal aime à s'amuser un peu; la géométrie lui sourit une heure et il répond à ses avances.

Quant au travail auquel il s'était livré, Sainte-Beuve insisinue[1] qu'il aurait bien pu vouloir vérifier l'aphorisme d'Hippocrate : duobus laboribus simul obortis, non in eodem loco, vehementior obscurat alterum, — quand deux efforts simultanés ont lieu sur des points différents de l'organisme, le plus énergique tue l'autre. — Les médecins pratiquent fréquemment le conseil d'Hippocrate : ils fomentent une affection nouvelle chez leur patient afin d'écarter une affection plus grave. L'énergie intellectuelle de Pascal arrivant à paralyser la douleur physique est une preuve de force morale, qui, d'ailleurs, n'avait pas besoin d'être faite chez lui.

---

1. *Port-Royal*, t. III, p. 314 de la 4ᵉ édition.

D'ordinaire, il est courbé sur l'Écriture Sainte, sur les Pères, sur la morale chrétienne; il prépare les matériaux de son Apologie du Christianisme. On lui a entendu répéter que dix ans de bonne santé lui auraient été nécessaires à l'achèvement de son œuvre. On n'en a que des fragments épars, qui n'en laisseraient pas soupçonner e plan si Étienne Périer, son neveu, dans la préface de l'édition de 1670 des *Pensées*, n'avait entrepris de le résumer d'après une conversation de Pascal avec ses amis de Port-Royal et qui aurait duré deux ou trois heures. Les dires de la *Préface* et ceux de Nicole ne concordent pas. Pascal avait l'habitude d'écrire les pensées qui lui venaient sur toutes sortes de sujets, avance Nicole. D'autres témoignages et le manuscrit actuel des *Pensées* confirment l'assertion de Nicole. Il écrivait peu, affirme la *préface*. Il mûrissait sa pensée, cherchait l'ordre dans lequel il la produirait, afin d'assurer l'effet qu'il en attendait, et comme il disposait de sa mémoire à son gré, il ne craignait pas de lui confier son travail, comme Crébillon le tragique faisait de ses pièces qu'il n'écrivait qu'après les avoir terminées. Sa santé languissante le rendait, en outre, incapable d'application. Il attendait dans l'espoir qu'elle deviendrait meilleure. De sorte qu'on n'a presque rien. « Tout cela étoit tellement gravé dans son esprit et dans sa mémoire, dit Étienne Périer, qu'ayant négligé de l'écrire, lorsqu'il l'auroit peut-être pu faire, il se trouva, lorsqu'il l'auroit bien voulu, hors d'estat d'y pouvoir du tout travailler. »

Alors d'où viennent le volume de *Pensées*, publié en 1670, et le manuscrit autographe conservé à la Bibliothèque nationale ? Victor Cousin a émis, à ce propos, une conjecture très vraisemblable : on n'aurait pas le livre des *Pensées*; Arnauld, Nicole et Étienne Périer ne se fussent pas aventurés à recueillir, sous cette forme et sous ce titre, les papiers de l'auteur des *Provinciales*, si cette forme et ce titre n'eussent été consacrés par le retentissement des *Maximes* de La Rochefoucauld, et par la mode qui s'était introduite de *maximer* dans les salons, et en particulier dans celui de Mme de Sablé, établie à Port-Royal. Victor Cousin va plus loin. Pascal et Mme Périer, sa sœur, allaient chez Mme de Sablé qui habitait probablement déjà Port-Royal en 1655 et, dans tous les cas, en 1659. Eh bien, Pascal a évidemment écrit une partie de ce qu'on appelle les *Pensées* à l'intention de la compagnie qui se réunissait chez Mme de Sablé. Puisqu'il y allait, pourquoi n'aurait-il pas payé tribut au goût de la maison ? Qu'on examine ces feuilles volantes de l'Autographe collées depuis sur du papier uniforme ; il y a là une foule de maximes, de réflexions qui ne touchent ni de près ni de loin à l'ouvrage projeté de Pascal. Ce sont des maximes écrites pour le salon de Mme de Sablé. Si on rencontre çà et là, dans les *Pensées*, des morceaux inachevés et souvent incorrects qui sont des premiers jets, il y en a d'autres, et en grand nombre, qui sont d'une facture laborieuse et raffinée, qu'on a dû remettre plusieurs fois sur le chantier. Ils ne répondent pas à l'idée qu'on a de leur origine. D'autre part, dans ces quatre années qui vont de 1658 à 1662, où Pascal est censé avoir écrit les *Pensées*, Mme de Sablé habitait précisément Port-Royal. Il allait chez elle : « Comment, dit Victor Cousin[1], Mme de Sablé ne lui aurait-elle pas aussi demandé des sentences, des maximes, et pourquoi lui en aurait-il refusé ? » Enfin, le portefeuille de Valant, médecin et ami de Mme de Sablé, contient des pensées de Pascal qu'on retrouve dans l'*Autographe*, mais plus développées, sans doute d'après les conversations de Pascal. Plusieurs ont le tour et l'effet dramatique qu'on recherchait dans le salon de Mme de Sablé, par exemple le *Gravier* de Cromwell et le *Nez* de Cléopâtre. Comment la pensée qui a trait aux causes et aux effets de l'amour se rattacherait-elle à l'Apologie du Christianisme ? « Qui veut connoître à plein la vanité de l'homme n'a qu'à considérer les causes et les effets de l'amour. La cause en est un je ne sais quoi, si peu de chose

---

1. *Mme de Sablé*, ch. II.

qu'on ne peut le reconnoître, qui remue toute la terre, les princes, les armées, le monde entier. Le nez de Cléopâtre, s'il eût été plus court, toute la face de la terre auroit changé. » Cette maxime avait de quoi réussir, chez Mme de Sablé, parmi celles du marquis de Sourdis, de d'Ailly, d'Esprit, de La Rochefoucauld.

Une deuxième conjecture de Cousin est moins plausible. Le *Discours sur les passions de l'Amour* aurait été inspiré par la société de Mme de Sablé. Il convenait au milieu. Le retour de Pascal à la religion n'autorise pas à croire qu'il soit de l'époque où Mme de Sablé s'est retirée à Port-Royal. Et puis Pascal y met trop du sien; il exprime des sentiments personnels. Ce n'est pas un lieu commun de société. En vain Cousin fait remarquer que les rapports constants qui y sont établis entre l'amour et l'ambition pourraient s'appliquer à Mme de Chevreuse et La Rochefoucauld. Mme de Chevreuse et La Rochefoucauld n'étaient pas des héros à son usage. Ce n'est pas que La Rochefoucauld et Pascal n'aient pu se rencontrer par hasard. La Rochefoucauld écrit : « L'amour, aussi bien que le feu, ne peut subsister sans un mouvement continuel. » Pascal dit mieux : « Les âmes propres à l'amour demandent une vie d'action qui éclate en événements nouveaux. Comme le dedans est en mouvement, il faut aussi que le dehors le soit, et cette manière de vivre est un merveilleux acheminement à la passion. C'est de là que ceux de la Cour sont mieux reçus de l'amour que ceux de la Ville, parce que les uns sont tout de feu et que les autres mènent une vie dont l'uniformité n'a rien qui frappe; la vie de tempête surprend, frappe et pénètre. » Ceci est du Pascal ancien, de celui qui rêve une vie d'action; ce n'est pas de l'ascète chrétien. Il n'y a, au surplus, aucun point de contact entre Pascal et La Rochefoucauld, hors qu'ils ont pu frayer ensemble dans le salon de Mme de Sablé et y jouer un instant aux maximes. La Rochefoucauld est un observateur positiviste, comme on dirait aujourd'hui, de hauteur moyenne, plus ingénieux que profond;

Pascal est un platonicien pur, plus accoutumé aux nuages qu'au terre à terre de l'auteur des *Maximes*. Celles-ci viennent de chez Mme de Sablé. Elle avait la passion des sentences et l'avait communiquée à ceux qui l'approchaient. La Rochefoucauld, dans sa Correspondance, se plaint à Esprit d'en avoir reçu de lui le goût. Il en a perdu le repos ; il envoie des maximes à Mme de Sablé afin d'obtenir d'elle, en échange, la recette d'un potage aux carottes. Il s'y met peu à peu. On lui offre les sujets chez Mme de Sablé, comme des bouts-rimés. Il revient le lendemain avec une formule. On en cause, on objecte, on approuve, on propose une rédaction meilleure. Le recueil de La Rochefoucauld a été ébauché de cette façon, bien avant Mme de La Fayette. Mme de Sablé en est responsable, et la double assertion de Cousin, qu'on n'aurait pas songé à publier les *Pensées*, au moins sous ce titre, si l'on n'avait pas cédé aux exigences de la mode, et qu'une partie des *Pensées*, loin d'appartenir à l'*Apologie du Christianisme*, ont été brassées dans l'atelier de Mme de Sablé, à l'usage de la maison, n'est pas contestable. C'est une vue ouverte presque non soupçonnée sur les *Pensées* de Pascal. Vers 1648, quand Pascal a pu la connaître, Mme de Sablé avait cinquante ans. Elle était des *samedis* de Mlle de Scudéry, puis de la *société* de Mademoiselle sur qui elle avait de l'influence. Puis elle se retire. L'âge y aide et ses malheurs domestiques. Elle a toujours un pied dans le monde, même à Port-Royal de Paris, où elle reçoit, donne à dîner, a un nombreux domestique. D'où lui était venu le goût des maximes ? De chez Mlle de Scudéry, de chez Mademoiselle.

Sous la Fronde, la politique, la morale, les lettres sont à la mode : c'est l'éclosion du siècle. Elle n'avait été mêlée à aucune intrigue, elle n'avait ni l'amour de l'action ni un mérite extraordinaire. Elle avait du bon sens, de la culture, des relations, du goût, celui de la conversation. Elle écrit sur l'Éducation, sur d'autres sujets. Ses essais courent manuscrits. Elle est hostile à la morale de l'intérêt, combat

La Rochefoucauld. L'opuscule qu'on a d'elle[1] n'est pas un chef-d'œuvre. Elle était de ceux qui valent plus par le rang, la distinction, l'ascendant personnel que par les qualités de l'intelligence. Elle sait que c'est un mérite. « Il y a, lit-on dans son recueil, un certain empire dans la manière de parler et dans les actions, qui se fait faire place partout et qui gagne par avance la considération et le respect... Une méchante manière gâte tout, même la justice et la raison. Le *comment* fait la meilleure partie des choses, et l'air qu'on leur donne, dore, accommode et adoucit les plus fâcheuses. » Port-Royal n'était point rébarbatif, malgré son attitude austère, surtout aux personnes de qualité qui pouvaient le servir. Il accueillit la marquise quoiqu'elle eût des opinions et des allures peu ascétiques. Elle se les fit pardonner par son attitude en plusieurs circonstances, comme dans la querelle engagée à propos de la Comédie. Elle embrassa la façon de voir un peu sévère de Port-Royal, du prince de Conti et de Mme de Longueville contre Racine et Molière. Les *Maximes* ont été faites chez elle par ses habitués.

Si Pascal n'avait pas eu de relations avec elle avant qu'elle habitât Port-Royal, et s'il n'avait pas suffi qu'elle habitât Port-Royal pour qu'il n'eût point de scrupule à aller chez elle, on pourrait supposer qu'il y fut amené par Domat[2]. Celui-ci, avocat du roi dans sa ville natale, gallican, intègre, éloquent, estimé de la magistrature, un peu revêche et bizarre, qui disait, à la veille de mourir : « Ce n'est pas une futile consolation pour quitter ce monde, que de sortir de la foule du grand nombre des sots et des méchants dont on y est environné », par sa condition, son savoir, ses talents et son humeur, était né janséniste. Il fut une des ressources de la société de

---

1. *Maximes de Mme la marquise de Sablé et pensées diverses de M. L. D.* (d'Ailly). Paris, 1678, 1 vol. in-12. Il y en a une réimpression d'Amsterdam, 1712, avec les *Maximes* de La Rochefoucauld.

2. Le jurisconsulte Domat, né en 1625, mort en 1696, était de Clermont; il était lié avec la famille Pascal et ami particulier de Blaise, qui l'entraîna dans sa conversion et en fut assisté à ses derniers moments.

Mme de Sablé, où on l'imagine volontiers discutant et faisant des *Pensées* avec Pascal. On a des *Pensées* de lui, extraites des papiers de Marguerite Périer. Elles ne démentent pas ses âpres vertus : « Toutes les sottises et les injustices que je ne fais pas m'émeuvent la bile. — Je ne serois ni de l'humeur de Démocrite, ni de celle d'Héraclite; je prendrois un tiers parti pour mon naturel, d'être tous les jours en colère contre tout le monde. — Un peu de beau temps, un bon mot, une louange, une caresse, me tirent d'une profonde tristesse, dont je n'ai pu me tirer par aucun effort de méditation. — Cinq ou six pendards partagent la meilleure partie du monde et la plus riche! ç'en est assez pour faire juger quel bien c'est devant Dieu que les richesses. »

Indépendamment des preuves qu'elles en portent en elles-mêmes, surtout dans la version autographe, les *Pensées* de Pascal ne sont donc pas en entier des fragments de son *Apologie du Christianisme*. Il y avait à Port-Royal de Paris un centre où cette littérature fleurissait, d'où elle s'est répandue au dehors. Pascal l'avait sous la main. Par Domat, par Nicole, par Mme de Sablé, par d'autres, il a vécu dans l'intimité du genre. Ce genre, il l'a cultivé. C'était conforme à ses mœurs littéraires, à la nature même de ses habitudes et de ses travaux. Ce fait confère aux *Pensées* un caractère qu'elles n'avaient pas eu jusqu'ici aux yeux de ceux qui les lisent. Il ne leur ôte rien, ne leur ajoute rien. C'est une clef qui peut servir à en mieux entendre quelques-unes.

Le miracle de la sainte Épine qui eut lieu à Port-Royal des Champs au mois de mars 1656, au plus fort des *Provinciales*, avait vivement impressionné Pascal. La jeune Marguerite Périer, objet du miracle de la sainte Épine, était sa nièce et sa filleule. La joie qu'il en eut fut si grande, au témoignage de Mme Périer, qu'elle lui inspira ses *Pensées* sur les miracles. Comme il dut les écrire sous l'impression qu'il avait reçue, cette partie de l'ouvrage remonterait donc à six années avant sa mort. La résolution d'écrire une *Apologie du Christianisme* serait même un effet du miracle de la sainte Épine. Ce fut dans tous les cas le point de départ de sa vie ascétique. La ceinture garnie de pointes de fer n'en est qu'une étape. Il renonce à toute superfluité, ne veut plus de tapisserie dans sa chambre. Dès 1655 un balai lui paraît du superflu et sa sœur Jacqueline l'en reprend au nom de la propreté. Les infirmités qui l'assaillirent à partir de 1658 ne le détournèrent point du parti qu'il avait pris de renoncer à tout plaisir et à toute superfluité. « Si elles l'empêchèrent, dit Mme Périer, de servir le public et les particuliers, elles ne furent point inutiles à lui-même, et il les a souffertes avec *tant de paix* et *tant de patience*, qu'il y a sujet de croire que Dieu a voulu achever par là de le rendre tel qu'il le vouloit pour paroître devant lui. » La paix et la patience sont les deux principaux attributs de la vie des saints. Pascal avait en lui une difficulté particulière de les acquérir. La patience n'était pas une de ses vertus natives. Il était bouillant; on le croyait toujours en colère. Il avait la paix à un moindre degré; l'inquiétude de l'esprit était chez lui un principe de force et un tourment. L'habitude de la douleur physique lui donna la paix et la patience, la paix du cœur et la patience de ses maux. La paix qu'il possède est l'indifférence relativement aux objets qu'il a aimés jadis, au premier rang desquels était la géométrie; la patience est le silence qu'il garde à propos de ses maux. Il y a l'une et l'autre dans une lettre de lui à Fermat, datée de Bien-Assis, maison de campagne de sa famille en Auvergne, le 10 août 1660 : « ..... Pour vous parler franchement de la géométrie, je la trouve le plus haut exercice de l'esprit; mais en même temps je la connois pour si inutile que je fais peu de différence entre un homme qui n'est que géomètre et un habile artisan. Aussi je l'appelle le plus beau métier du monde, mais enfin ce n'est qu'un métier; et j'ai dit souvent qu'elle est bonne pour faire l'essai, mais non pas l'emploi de notre force; de sorte que je ne ferois pas deux pas pour la géométrie et je m'assure que vous êtes fort de mon humeur. Mais il

y a maintenant ceci de plus en moi, que je suis dans des études si éloignées de cet esprit-là, qu'à peine me souviens-je qu'il y en ait. Je m'y étois mis il y a un an ou deux par une raison tout à fait singulière, à laquelle ayant satisfait, je suis au hasard de ne jamais plus y penser, outre que ma santé n'est pas encore assez [1] forte, car je suis si foible que je ne puis marcher sans bâton, ni me tenir à cheval. Je ne puis même faire que trois ou quatre lieues au plus en carrosse. C'est ainsi que je suis venu de Paris ici en vingt-deux jours. »
Il ne fait pas de réflexions. Quelle que soit l'intensité de ce qu'il souffre, il ne renonce pas à la résolution qu'il a prise de se priver de plaisir. Si la nécessité l'oblige à se donner une satisfaction, il sait faire en sorte de l'ignorer. On le nourrit délicatement; il ne goûte pas ce qu'il mange. Il ne dit pas: ceci est bon; si on l'interroge, il répond qu'il n'y a pas pris garde, que ce serait de la sensualité. Il a fixé d'avance la quantité de nourriture qui convient à son estomac : il n'en prend ni plus ni moins. Son but est d'être pauvre, quoiqu'il ne soit pas obligé de l'être, d'après cet axiome que la pauvreté est notre condition naturelle. Un principe qu'il observe avec la même attention est le soulagement des misérables. On lui objecte qu'on pourrait y pourvoir par des moyens généraux : Non, dit-il, nous ne sommes pas appelés au général, mais au particulier; il faut servir les pauvres pauvrement. Il trouve bon qu'il y ait des hôpitaux; il n'appartient pas au premier venu d'en fonder. Il y en a dont c'est le devoir; celui de tous est d'agir selon sa condition.

Il a une chasteté ombrageuse; il blâme les caresses que Mme Périer reçoit de ses enfants; il y a une autre manière de leur témoigner de la tendresse. Trois mois avant sa mort, une jeune fille lui demandait l'aumône, au sortir de l'église Saint-Sulpice. Cette jeune fille était belle. Pascal est frappé du danger qu'elle court. C'était une paysanne dont le père

---

1. Cet *encore* indique néanmoins qu'elle est en ce moment meilleure.

était mort récemment et la mère malade à l'Hôtel-Dieu ; elle n'avait ni asile ni protection. Il la conduisit à un prêtre du séminaire de Saint-Sulpice, à qui il donna de l'argent destiné à pourvoir à ses besoins en attendant qu'on lui trouvât une condition. Le lendemain il envoya une dame porter des vêtements à la jeune fille. On ne put obtenir de la femme le nom de Pascal. Il était dévoué aux siens sans qu'ils reçussent de lui aucune marque extérieure d'attachement. Il repoussait d'un air bourru celui qu'on lui témoignait. Il apprend la mort de sa sœur Jacqueline (1661) sans donner aucun signe d'affliction. Mme Périer était très affectée de cette froideur : « J'étois, dit-elle, toute surprise des rebuts qu'il me faisoit, et je le disois à ma sœur, en me plaignant à elle que mon frère ne m'aimoit pas. » Jacqueline, plus experte, la rassure. Il avait donné à cet égard des explications à une personne qui paraît avoir été le duc de Roannez : « Il est injuste qu'on s'attache à moi, quoiqu'on le fasse avec plaisir et volontairement. Je tromperois ceux à qui j'en ferois naître le désir, car je ne suis la fin de personne et n'ai pas de quoi le satisfaire. Ne suis-je pas prêt à mourir et ainsi l'objet de leur attachement mourra donc. Comme je serois coupable de faire croire une fausseté, quoique je la persuadasse doucement et qu'on la crût avec plaisir, et qu'en cela on me fît plaisir ; de même je suis coupable de me faire aimer si j'attire les gens à s'attacher à moi. Je dois avertir ceux qui seroient à consentir au mensonge, qu'ils ne le doivent pas croire, quelque avantage qui m'en revienne, et de même qu'ils ne doivent pas s'attacher à moi, car il faut qu'ils passent leur vie et leurs soins à plaire à Dieu ou à le chercher. » On possède de ce morceau une copie de la main de Domat, avec la mention : « Mme Périer a l'original de ce billet. »

On lui cherche des analogies dans l'histoire. Est-il bouddhiste ? Non ; il ne sait pas ce que c'est. Il ne professe d'ailleurs pas que la vie est un mal. Et puis il n'entend pas sortir du Christianisme. Il serait plutôt Montaniste, si ce n'était être hérétique. Il y a une tendance. Il pratique le détachement des choses ; il le conseille à autrui. On peut se figurer jusqu'à quel point il pousse la haine du monde et de ce qui plaît au monde par l'extrait d'une lettre écrite au nom de MM. Singlin, de Sacy et Le Rebours, à sa sœur Mme Périer, qui l'avait consulté sur un mariage avantageux offert à sa fille, Jacqueline Périer. Celle-ci avait quinze ans, ce qui fixe la date de la lettre à l'année 1659 [1] : « En gros leur avis fut que vous ne pouvez en aucune manière, sans blesser la charité et votre conscience mortellement, et vous rendre coupable d'un des plus grands crimes, en engageant un enfant, et un enfant de son âge et de son innocence et même de sa piété, à la plus périlleuse et à la plus basse des conditions chrétiennes ; qu'à la vérité, selon le monde, l'affaire n'auroit aucune difficulté et qu'elle étoit à conclure sans hésiter, parce que la conclusion d'un mariage avantageux est aussi souhaitable selon le monde, qu'elle est vile et préjudiciable selon Dieu ; que ne sachant à quoi elle devoit être appelée, ni si son tempérament ne sera pas si tranquillisé qu'elle puisse supporter avec piété la virginité, c'étoit bien peu en connoître le prix que de l'engager à perdre ce bien si souhaitable pour chaque personne à soi-même, et si souhaitable aux pères et aux mères pour leurs enfants, parce qu'ils doivent essayer de rendre à Dieu ce qu'ils ont perdu d'ordinaire pour d'autres causes que pour Dieu ; de plus, que les maris, quoique riches et sages selon le monde, sont en vérité de francs païens devant Dieu ; de sorte que les dernières paroles de ces Messieurs sont, que d'engager un enfant à un homme du commun, c'est une espèce d'homicide et comme un déicide en leur personne [2]. » Cette doctrine est celle de Port-Royal, qui est une petite école de perfection et non, comme la Compagnie de Jésus, une institution chargée du gouvernement de l'Église. Elle convient

---

1. On sait d'ailleurs que Jacqueline Périer était née en 1644.
2. Ce fragment, extrait des mémoires de Marguerite Périer, a été publié par Victor Cousin : *Des pensées de Pascal,* p. 370 de la 1re édition.

de plus à la misanthropie de Pascal, à son désir de ne pas dépendre. Le mariage est une dépendance ; les biens sont une dépendance. Il ne les déteste pas d'une manière absolue : « J'aime la pauvreté, écrit-il dans les *Pensées*, parce que Jésus-Christ l'a aimée ; les biens, parce qu'ils permettent d'assister les misérables », non comme biens, non parce qu'ils donnent de la faveur dans le monde qu'il hait, dont il se tient à distance, en gardant vis-à-vis de lui une attitude correcte. « Je garde fidélité à tout le monde dit-il ; je ne rends pas le mal à ceux qui m'en font ; *mais je leur souhaite une condition pareille à la mienne, où l'on ne reçoit ni de mal ni de bien de la part des hommes*. J'essaye d'être juste, véritable, sincère... et j'ai une tendresse de cœur pour ceux à qui Dieu m'a uni plus étroitement... et soit que je sois seul ou à la vue des hommes, j'ai en toutes mes actions la vue de Dieu qui les doit juger et à qui je les ai toutes consacrées. »

C'est fier et grand ; il n'est humble que devant Dieu. Il récitait les petites heures, comme on fait dans les couvents. Dans les petites heures, il affectionnait le psaume 108, qui est très long, composé de 176 versets et plein des maximes dont il se nourrissait, l'isolement du juste parmi les pécheurs, le mépris que le juste inspire aux pécheurs — deridetur justi simplicitas. — Il se moque d'eux à son tour ; il y a quelque chose de l'envie de les contredire dans le soin qu'il apporte à parcourir les églises, à vénérer les reliques des saints. Il s'est procuré un calendrier dans lequel sont indiqués les dévotions locales et les jours où elles ont lieu. Il réalise ainsi ce qu'il enseigne dans les *Pensées*, que « la grâce de Dieu se fait connoître dans les grands esprits par les petites choses et dans les esprits communs par les grandes ».

« Nous voilà bien loin de la nature », s'écrie un critique de Pascal. Pas si loin que cela. La nature n'est pas exclusivement épicurienne. Le *mens sana in corpore sano* d'Horace est une sagesse médiocre, à tout le moins d'homme bien portant. « Le corps d'un athlète et l'âme d'un sage, voilà ce qu'il faut pour être heureux », écrit Voltaire à Helvétius. Une âme de sage habite rarement le corps d'un athlète. Buffon, dont Voltaire parle, avait le corps d'un athlète et vivait enfoncé dans sa chair. Il y trouvait du calme. Il n'était pas complètement le maître de sa chair, puisqu'elle le tenait au lit plus longtemps qu'il n'aurait souhaité et qu'il était obligé de s'en faire retirer à tour de bras par un domestique à l'aide d'une corde, le tout afin de pouvoir écrire un chapitre de son *Histoire naturelle* entre deux sommes. Pascal n'était pas soumis à cette sujétion. Les âmes fortes recherchent de préférence un corps chétif. Voltaire, qui vante le corps athlétique dont Buffon est pourvu, a bu soixante ans de la tisane. Joubert, qui logeait dans un corps qu'il avait rencontré par hasard, loue les complexions frêles de l'espèce de celle de Pascal : « Les valétudinaires, dit-il, n'ont pas comme les autres hommes une vieillesse qui accable leur esprit par la ruine subite de toutes leurs forces. Ils gardent jusqu'à la fin les mêmes langueurs, mais ils gardent aussi le même feu et la même vivacité. Accoutumés à se passer du corps, ils conservent pour la plupart un esprit sain dans un corps malade. Le temps les change peu ; il ne nuit qu'à leur durée. » Joubert défend ici sa propre cause : « Il y a, dit-il, un degré de mauvaise santé qui rend heureux. » Il en est un bon juge. Il pourrait encore citer, parmi ceux qu'il a connus, Chateaubriand. Ce n'est pas que Chateaubriand ait été très heureux, à l'en croire. Peut-être exagère-t-il la tristesse qui l'obsède. Mais il était valétudinaire ; il a traité son corps en ennemi, ce qui ne l'a empêché ni d'avoir l'âme bien trempée ni de vivre longtemps. Maine de Biran appuie aussi par son exemple la théorie de Joubert. La recherche de ceux qui, comme Pascal, ont eu une âme forte dans un corps misérable, serait une curieuse étude et instructive.

Sainte-Beuve, qui ne daigne pas être un érudit, mais qui est un amateur d'érudition, a découvert, afin de venir au secours de Pascal, une lettre de Pline le Jeune, tendant à établir que « nous sommes meilleurs quand nous sommes malades ». Pascal était bon, d'une bonté noble et réservée, telle qu'on la rencontre à peine chez quelques-uns dans le cours entier des siècles. Était-il bon parce qu'il était malade? Non; sa bonté n'aurait été que l'exercice de la pitié dont il sentait lui-même avoir besoin. Quoi qu'il en soit, la surprise de Pline aurait fait sourire un moraliste plus expert : « L'état d'un de mes amis, dit Pline, me fit faire cette réflexion que nous sommes meilleurs tandis que nous sommes malades. Car quel est le malade que l'avarice ou la volupté vient tenter? On n'est plus esclave des amours, on n'aspire plus aux honneurs; on néglige les richesses et si peu qu'on ait, se croyant à la veille de le quitter, on s'en contente. C'est alors qu'on croit qu'il y a des dieux; c'est alors qu'on se souvient qu'on est homme. On n'envie personne; on n'admire ni on ne méprise personne. Les médisances elles-mêmes glissent sur nous; on ne s'en aigrit plus, on ne s'en nourrit plus. » Eh bien, oui. Quand on est en bonne santé, jeune et fort, on est livré au désir ; on est avare, voluptueux, ambitieux ; on crache, comme Néron après avoir bien dîné, sur la statue de Jupiter. On court à la gloire, aux honneurs ; on hait les concurrents, on se repaît à médire ou à entendre médire de quiconque a un rang, des richesses, des vertus, un mérite qu'on n'a pas soi-même. Le malade de Pline quitte par nécessité ces vices nés de la concurrence vitale. Le lendemain du jour où il aura recouvré la santé, il les aura de nouveau. Le sentiment religieux a cela de plus qu'il fait faire volontairement ce dont le malade de Pline se prive par impuissance. Pascal est malade, mais ce n'est pas parce qu'il est malade qu'il est un ascète ; c'est parce qu'il a le sentiment religieux. Il l'a acquis comme les contemporains de Pline, usés par l'effort inutile, la luxure, l'abus des plaisirs et des richesses, l'ont acquis. L'Évangile a pansé leurs plaies, les a rajeunis et sauvés du spleen et de la vie inimitable de Cléopâtre et d'Antoine. Pascal n'a pas passé par la vie inimitable. Il est bon parce qu'il est bon, comme la pêche est le fruit du pêcher. Les méchants sont ainsi parce qu'ils sont méchants, comme l'épine pousse sur la ronce. Mais la chaire elle-même a retenu l'argument de Pline. Le prédicateur anglais Jérémie Taylor compare les malades aux lampes du tombeau de Terentia qui brûlaient sous terre depuis des centaines d'années et s'éteignirent à l'air libre : « Tant que nous sommes dans les solitudes de la douleur, du besoin, de l'inquiétude, de la maladie, nous sommes des lampes brûlantes et brillantes ; mais quand Dieu nous arrache aux portes de la mort et nous transporte au grand air parmi les prospérités et les tentations, nous nous éteignons et ne pouvons supporter la lumière et la chaleur qu'en rentrant de nouveau dans les régions de la douleur. » Pascal est au-dessus de cette morale vulgaire ; Montaigne, qui aime mieux se hasarder « à la suite de son plaisir », la méprise : « Il faut, dit-il, avoir femme, enfants, bien et surtout de la santé qui peult » ; mais il est petit et indigne d'un homme de changer de conscience si l'adversité vient ; il faut « y discourir et y rire ». L'adversité, c'est la perte de la santé. Et si c'est la pauvreté qui vient ? Montaigne s'est posé la question : « Considérant le pauvre mendiant à ma porte, souvent plus enjoué que moi, je me plante en sa place ; j'essaye de chausser mon âme à son biais. » Puisqu'il porte si allègrement son faix, pourquoi lui, Montaigne, aurait-il une constance moindre ? Il n'y a pas de quoi tomber dans l'ascétisme. Il oublie que le mendiant qui est à sa porte est habitué à sa condition. Il n'y a pas de danger que Montaigne se condamne comme Pascal à la pauvreté, et c'est dans ce fait qu'éclate la différence des deux morales, celle d'Épicure et celle de l'Évangile. Elle éclate aussi dans le procédé de Montaigne qui chausse son âme au biais du mendiant, mais par l'imagination, ce qui exige moins de frais.

L'agonie de Pascal dura deux mois pendant lesquels il fut héroïque. Il lui avait pris un dégoût absolu de toute sorte d'aliments. Les médecins l'engagèrent à se nourrir de liquides. Il avait recueilli chez lui une famille indigente à qui il fournissait, outre un logement gratuit, du bois de chauffage. Elle lui tenait compagnie. Il n'avait plus de domestique par esprit de pauvreté et se servait lui-même. Un enfant de ses hôtes fut atteint de la petite vérole. Pascal craignit que sa sœur, dont l'assistance lui était nécessaire plusieurs fois dans la journée, n'eût des scrupules à venir dans une maison infectée de la petite vérole ; mais, au lieu de renvoyer les pauvres gens qui recevaient de lui un asile, ce fut lui qui alla se réfugier chez Mme Périer, actuellement au n° 22 de la rue Neuve-Saint-Étienne-du-Mont (29 juin 1662). Il continuait de se lever chaque jour, préparait lui-même ses remèdes, refusait les soins qui ne lui étaient pas absolument indispensables. Les médecins étaient persuadés qu'il ne courait aucun danger immédiat. Cependant la douleur et l'insomnie l'affaiblissaient rapidement. Il résolut de se confesser. L'événement fit quelque bruit. L'émotion produite dans son entourage lui inspira le désir de rassurer ceux qui s'intéressaient à sa personne : « J'eusse voulu communier, dit-il à Mme Périer ; mais puisque je vois qu'on est surpris de ma confession, j'aurois peur qu'on le fût davantage ; c'est pourquoi il vaut mieux différer. » Les médecins persistaient à ne pas croire qu'il fût en danger de mort. Il connaissait son état mieux qu'eux : il fit son testament. Il aurait donné tout son bien aux pauvres, s'il avait été sûr d'avoir le consentement de son beau-frère absent de Paris. Puis, faisant allusion à la sécurité des médecins : « On ne sent pas mon mal, dit-il ; on y sera trompé. Ma douleur de tête a quelque chose d'extraordinaire. » Il aurait souhaité qu'on le transportât aux Incurables, où il serait mort dans la société des pauvres. Son vœu ne put être exaucé. Le 17 août, les médecins niaient toujours le danger, qui était au cerveau. Mais, le soir, il eut une convulsion violente, à la suite de laquelle on le crut mort. Il se remit et put communier ; après quoi les convulsions le reprirent et ne le quittèrent plus. Il succomba le surlendemain, 19 août 1662, à une heure du matin, âgé de trente-neuf ans et deux mois.

M. Faugère[1] a extrait des recueils du père Guerrier[2] une note relative à la mort de Pascal, qui mérite d'être reproduite : « L'ayant fait ouvrir, on trouva l'estomac et le foie flétris, et les intestins gangrenés, sans qu'on pût juger précisément si ç'avoit été la cause des douleurs de coliques ou si c'en avoit été l'effet. Mais ce qu'il y eut de plus particulier fut à l'ouverture de la tête dont le crâne se trouva sans aucune suture que la...[3], ce qui apparemment avoit causé les grands maux de tête auxquels il avoit été sujet pendant sa vie... Les médecins observèrent qu'il y avoit une prodigieuse abondance de cervelle dont la substance étoit si solide et si condensée que cela leur fit juger que c'étoit la raison pour laquelle la suture frontale, n'ayant pu se refermer, la nature y avoit pourvu par ce calus. Mais ce que l'on remarqua de plus considérable, et à quoi on attribua particulièrement sa mort et les derniers accidents qui l'accompagnèrent, fut qu'il y avoit au dedans du crâne, vis-à-vis les ventricules du cerveau, deux impressions comme du doigt dans de la cire, qui étoient pleines d'un sang caillé et corrompu qui avoit commencé de gangréner la dure-mère. »

Il fut enterré à Saint-Étienne-du-Mont[4].

1. *Lettres, opuscules et mémoires* de Mme Périer et de Jacqueline, sœur de Pascal, et de Marguerite Périer, sa nièce. 1 vol. in-8°. Paris, Vaton, 1845.

2. 3e recueil, p. 292.

3. « Peut-être la lambdoïde ou la sagittale. » Remarque du père Guerrier.

4. Derrière le maître autel, l'épitaphe suivante fut gravée sur la pierre de sa tombe :

Nobilissimi scutarii Blasii
Pascalis tumulus
D. O. M.
Blasius Pascalis scutarius nobilis
Hic jacet.
Pietas si non moritur, æternum vivet :
Vir conjugii nescius,
Religione sanctus, virtute clarus
Doctrina celebris,
Ingenio acutus.

VI

Quelque temps avant qu'il mourût, dans une conversation tenue en présence de Marguerite Périer, sa nièce[1], Pascal aurait dit : « 1° On me demande si je ne me repens pas d'avoir écrit les *Provinciales*; je réponds que, bien loin de m'en repentir, si j'avois à les faire présentement, je les ferois encore

> Sanguine et animo pariter illustris,
> Doctus, non doctor,
> Æquitatis amator,
> Veritatis defensor,
> Virginum ultor,
> Christianæ moralis corruptorum acerrimus hostis.
> Hunc rhetores amant facundum,
> Hunc scriptores norunt elegantem,
> Hunc mathematici stupent profundum,
> Hunc philosophi quærunt sapientem,
> Hunc doctores laudant theologum,
> Hunc pii venerantur austerum,
> Hunc omnes mirantur, omnibus ignotum,
> Omnibus licet notum.
> Quid plura viator quem perdidimus
> Pascalem
> Is Ludov. erat Montaltius
> Heu!
> Satis dixi, urgent lacrymæ ;
> Sileo
> Et qui bene precaberis, bene tibi eveniat
> Et vivo et mortuo
> Vixit an. 39. m. 2; obiit an. rep. sal.
> 1662. 14. kal. sept.
> ὤλετο πασκαλιὸς
> φεῦ, φεῦ, πενθοζοζον
> Posuit A. P. D. C. Moerens Aurelian.
> Canonista
> Cecidit Pascalis
> Heu ! heu qualis luctus!

---

[1] « Récit de ce que j'ai ouï dire par M. Pascal, mon oncle, non pas à moi, mais à des personnes de ses amis, en ma présence. J'avois alors seize ans et demi (elle était née en 1646). » 3ᵉ recueil manuscrit du P. Guerrier. Voir Faugère, t. Iᵉʳ, p. 367 de son édit. des *Pensées*.

plus fortes; 2° on me demande pourquoi j'ai donné les noms des auteurs où j'ai pris toutes les propositions abominables que j'ai citées. Je réponds que si j'étois dans une ville où il y eût douze fontaines, et que je susse certainement qu'il y en a une qui est empoisonnée, je serois obligé d'avertir tout le monde de n'aller point puiser d'eau à cette fontaine; et comme on pourroit croire que c'est une pure imagination de ma part, je serois obligé de nommer celui qui l'a empoisonnée, plutôt que d'exposer toute une ville à s'empoisonner; 3° on me demande pourquoi j'ai employé un style agréable, railleur et divertissant. Je réponds que si j'avois employé un style dogmatique, il n'y auroit eu que les savants qui m'auroient lu, et ceux-là n'en avoient pas besoin, en sachant autant que moi là-dessus. Ainsi j'ai cru qu'il falloit écrire d'une manière propre à faire lire mes lettres par les femmes et les gens du monde afin qu'ils connussent le danger de toutes ces maximes et de toutes ces propositions qui se répandoient alors partout et auxquelles on se laissoit facilement persuader; 4° on me demande si j'ai lu moi-même tous les livres que je cite. Je réponds que non : certainement il auroit fallu que j'eusse passé ma vie à lire de très mauvais livres; mais j'ai lu deux fois Escobar tout entier; et pour les autres, je les ai fait lire par de mes amis; mais je n'en ai pas employé un seul passage sans l'avoir lu moi-même dans le livre cité et sans avoir examiné la matière sur laquelle il est avancé et sans avoir lu ce qui précède et ce qui suit, pour ne point hasarder de citer une objection pour une réponse, ce qui auroit été reprochable et injuste. »

L'indignation de Pascal procède de l'ardeur de sa foi, de la haute idée qu'il a de la morale chrétienne. Elle croît à mesure qu'il avance, en proportion de sa loyauté. Au début, son amour-propre est en jeu. Il a eu à se plaindre des Jésuites qui ont essayé de l'opprimer et qui persécutent ses amis de Port-Royal. Il ne les soupçonne pas du quart de ce qu'ils ont fait ou écrit. Pus à la lecture, la colère l'envahit. Il recherche la perfection morale. Il en découvre en eux les ennemis. Il les poursuit à ce titre. Plus il enfonce dans la morale opportuniste des Jésuites, plus augmente la haine qui le domine contre elle.

Il a raison et ils n'ont pas tout à fait tort. Dans cette petite école fermée de Port-Royal, on est intolérant, partisan de la *voie étroite;* les exemples des saints sont des modèles qu'on aspire à imiter. On ne songe pas à conquérir le monde. On agit pour soi, dans l'intérêt d'une conscience pleine de scrupules. Les Jésuites, au contraire, sont les représentants de *la voie large*, les agents du gouvernement de l'Église universelle. Celle-ci est une vaste communauté qui s'étend à un grand nombre de nations, différentes d'origine et de mœurs. Elle est obligée de s'accommoder partout au tempérament des hommes, à leurs passions, à leurs préjugés, afin de conserver sur eux son empire. Elle concède, acquiesce de fait à tout ce qui ne viole pas ouvertement ses principes ou qu'elle est obligée de tolérer. Elle est un peu machiavélique; c'est la condition de tout pouvoir qui veut durer. Il n'y a pas d'État qui puisse vivre sans ployer sa conduite aux circonstances. L'Église catholique, qui est une puissance politique autant que religieuse, participe de la nature des États ordinaires, est contrainte d'obéir aux mêmes nécessités. Les Jésuites qui la servent font comme elle. C'est ce que Pascal n'entend pas, ne veut pas entendre parce que des deux courants qui existent depuis l'origine dans le sein du Christianisme, celui des réguliers, des ascètes, des parfaits, qui ne sont qu'un petit choix d'élus, et celui du plus grand nombre, le courant séculier, il est du plus étroit, parce qu'il a l'amour violent de la vertu telle que l'ont connue et pratiquée les Pères du Désert. Port-Royal est le sentier du Désert.

C'est lui qui a distingué dans les *Pensées* les trois forces qui se partagent l'admiration du genre humain : la puissance, l'intelligence et la bonté. Il méprise la première : ceux qui lui obéissent ou qui l'exercent sont les hommes de chair, et leur grandeur est une grandeur d'établissement. Il a goûté de la seconde, qui fut proprement celle à laquelle il a sacrifié, et il a fini par la rejeter au profit de la troisième qui est la bonté, ou, comme il la nomme, la sainteté. C'est à la cause de la sainteté qu'il s'est dévoué; c'est elle qu'il a servie jusqu'à son dernier souffle. Il la sert déjà dans les *Provinciales*. On la sent agir en lui derrière l'âpreté d'un langage où l'ironie est mise au service de ce qui semble exclure l'ironie. L'audace et l'opiniâtreté à défendre cette cause sont le privilège de quelques-uns. Quand Port-Royal en manque, Pascal le condamne. C'est dans ce sens qu'il convient d'interpréter ses paroles de tout à l'heure relativement aux *Provinciales*. Elles lui ont été arrachées par l'attitude de Port-Royal dans la question du formulaire. Par prudence et manque de virilité, Port-Royal avait cédé. Il avait consenti à signer le formulaire. Jacqueline Pascal en était morte. Dans les débats qui avaient précédé l'acquiescement de Port-Royal, l'opposition de Pascal avait été jusqu'à l'évanouissement. C'est ce qui donne de l'amertume à ses discours et à ses écrits de la dernière heure. Il ne se taira pas : s'il se taisait, les pierres parleraient. C'est dans cette disposition intérieure qu'il dit dans les *Pensées :* « Le silence est la plus grande persécution. Jamais les saints ne se sont tus. Il est vrai qu'il faut la vocation. Mais ce n'est pas des arrêts du conseil (ceci donne la date de ce fragment des *Pensées;* l'arrêt du conseil d'État qui condamna la traduction latine des *Provinciales*, faite par Nicole, est du mois de septembre 1660) qu'il faut apprendre si l'on est appelé; c'est de la nécessité de parler. Or après que Rome a parlé et qu'on pense qu'elle a condamné la vérité et qu'ils l'ont écrit, et que les livres qui ont dit le contraire sont censurés, il faut crier d'autant plus haut qu'on est censuré plus injustement et qu'on veut étouffer la parole plus violemment... J'ai craint que je n'eusse mal écrit me voyant condamné; mais l'exemple de tant de pieux écrits me fait croire au contraire. Il n'est plus permis de bien écrire — tant l'inquisition et corrompue ou ignorante. — Il est meilleur d'obéir à Dieu qu'aux hommes. Je ne crains rien; je n'espère rien. Les évêques ne sont pas ainsi. Le Port-Royal craint et c'est une mauvaise politique. Je ne crains pas même vos censures. »

Ce ton-là est celui des écrits apostoliques, celui que les Pères qualifient de *liberté chrétienne*. Des trois forces qui selon Pascal se partagent l'empire du monde, la puissance, l'intelligence et la bonté, un écrivain anglais, à qui la publication du texte autographe des *Pensées* a suggéré une des meilleures études qu'on ait faites sur Pascal [1], observe que la bonté n'est pas une moins grande puissance que les deux autres : « Une patience invincible, une constance héroïque, cette honnêteté d'intention qui est à l'épreuve de toutes les flatteries et de toutes les menaces, une candeur parfaite, l'esprit d'humilité sincère, la bienveillance et la charité — tous attributs de Pascal — ne sont certainement pas moins dignes de notre admiration la plus enthousiaste que cette puissance d'esprit qui découvre une nouvelle loi de la nature ou enfante de beaux accords de poésie. »

Cette puissance règne dans l'Évangile; elle en est l'originalité et une des marques de la divinité de son origine. L'originalité de l'Évangile consiste dans la culture d'un ordre de vertus, dont on n'avait guère fait de cas auparavant, qu'on méprisait comme des vertus serviles. L'humilité, la douceur, la patience, étaient des qualités domestiques abandonnées aux femmes, aux enfants, aux serviteurs. Ce sont, en effet, des vertus passives. On ne prisait que les vertus actives, celles qui étaient à l'usage des forts. C'était aux vertus des forts qu'étaient dévolus le pouvoir, les richesses, l'honneur, la gloire. C'était à elles qu'on élevait des statues dans les places publiques. C'étaient elles que célébraient les poètes, les his-

---

1. *Génie et écrits de Pascal*, article inséré dans le numéro de la *Revue d'Édimbourg* du mois de janvier 1847, et dont l'auteur anonyme est le révérend Henry Rogers. Il a été traduit par M. Faugère. Brochure in-8°. Paris, Amyot et Vaton, 1847.

toriens, les moralistes. Avec l'Évangile, cet idéal tombe, une grandeur naît qui est opposée à la précédente. L'auteur de l'Évangile est le *bon* et les héros de la société qu'il fonde sont les *saints*, c'est-à-dire les bons. Eh bien, c'est la bonté, la sainteté que préconise Pascal; c'est le nouvel idéal auquel il se dévoue. Il en a connu un autre; il a été un des princes de l'Esprit. Il abjure : Abêtissez-vous; vous dites que vous ne pouvez pas croire. C'est un malheur; mais que cela ne vous décourage pas : allez à la messe, récitez les petites heures. Vous vous y habituerez; vous ferez ensuite par habitude ce que vous n'aurez pas fait par la foi. Il est possible que celle-ci vienne. Si elle ne vient pas, vous aurez au moins la paix qui est un bien précieux, et à la longue la charité germera dans votre cœur. Alors le résultat sera obtenu. Elle opèrera en vous comme un arbre dont on n'espérait rien, qu'on a cultivé tout de même, qui est devenu grand et dont l'ombre étouffera comme de mauvaises herbes ce que vous considériez comme un empêchement à la foi. Le chemin que vous aurez fait ainsi est immense. « La distance infinie des corps aux esprits figure la distance infiniment plus infinie des esprits à la charité. »

Ceux qui veulent dénigrer la sainteté l'appellent mysticisme. Ils en écartent avec soin l'idée de bonté. Ils sont ensuite à l'aise. Ils en énumèrent les égarements et n'ont pas de peine à lui donner une physionomie ridicule. Eh bien, la racine du mysticisme est la bonté et la pratique éminente de celle-ci la sainteté.

Dans son *Histoire de Port-Royal*, Sainte-Beuve se demande s'il n'y aurait pas un beau chapitre à écrire sur la sainteté de Pascal. Il ne s'y risque pas. Il se contente d'en examiner quelques spécimens. Il considère que la sainteté est indépendante des croyances qui l'accompagnent d'ordinaire. Ceci est évident. La sainteté, comme la bonté sa mère, n'est ni une habitude de l'esprit ni une œuvre de la foi. Elle procède d'elle-même. Elle croit d'ordinaire en Dieu et à l'immortalité de l'âme. Pourtant Confucius, qui était bon et à ce titre considéré

comme un saint, ne croyait ni à Dieu ni à l'immortalité de
l'âme. Une sainteté courte comme la vie de l'homme a un
trop court horizon, bien qu'elle soit à elle-même une récompense suffisante. La sainteté bouddhique est en dehors des
formes de notre intelligence. Il serait inutile de vouloir la
juger. Notre raison a peu de prise sur elle. La sainteté grecque
est celle d'Épicure; elle modère les passions afin de n'en être
pas victime. Elle est étrangère à la bonté. On en peut dire
autant de celle de Platon qui est une fleur solitaire, née de la
joie et du ravissement de l'âme dans l'idéal. L'idéal de Platon
est également étranger à la bonté. Il n'envisage celle-ci que
sous le rapport du beau, de sorte que le Saint de Platon n'est
que de l'esthétique, ou si l'on veut de la lumière. Les Romains
n'en avaient que faire et ne s'en inquiétèrent point. Leur
avènement en fut la ruine. Il y eut autre chose de ruiné, dont
on vivait davantage. C'étaient les nationalités, les religions
indigènes, les mœurs locales, les traditions, les préjugés, le
patrimoine moral des nations soumises à leur joug. Il y eut
un pêle-mêle en Occident comme on n'en avait pas encore
vu. Les biens matériels n'échappèrent point à leur avidité. Ils
se les partagèrent comme une proie légitime. C'étaient en
réalité des parvenus, très au-dessous de leur fortune, une race
grossière de paysans du Latium et de la Sabine. Elle avait
conquis le monde par aventure. Elle fit comme une bande de
brigands qui s'empare à l'improviste d'une demeure seigneuriale. L'ivresse chronique à laquelle elle se livra fut un spectacle inouï comme sa fortune. Les contrées tombées sous son
joug ressemblèrent bientôt à un enfer où la force et le hasard
s'agitèrent comme un orage dans les ténèbres. C'est ce que
les historiens trompés par l'étiquette des événements ont
appelé *la paix romaine*. Cette paix romaine était un sanglot.
Le nom de bête à sept têtes donné par saint Jean dans *l'Apocalypse* à la domination romaine indique le sentiment qu'elle
inspirait aux vaincus, c'est-à-dire à trois mille nations décapitées dont les membres pantelants gisaient sous les pieds de

la bête. De cette immense infortune naquit un idéal nouveau, idéal sombre et triste. Les plus découragés imaginèrent que l'homme et le monde visible étaient l'œuvre du démon, et cette tradition s'est perpétuée chez plusieurs sectes du moyen âge. Il y avait des motifs de le croire. La paix matérielle avait d'ailleurs créé ce que les sectes positivistes de nos jours définissent la concurrence vitale. Jadis les nations ambitieuses se ruaient l'une sur l'autre. Celles qui étaient vaincues étaient détruites. Il n'y avait point la guerre d'homme à homme qui faisait dire à Hobbes : *homo homini lupus*. Ce sont les Romains qui l'ont organisée, ou plutôt elle s'est organisée toute seule sous l'égide de la paix romaine. L'individu ne fut plus qu'un atome livré à lui-même, c'est-à-dire à sa faiblesse et aux entreprises d'autrui.

Eh bien, de ce chaos, de cette ruine commune des idées de patrie, des croyances particulières, des traditions et du génie propres à chaque race, de cette corruption universelle issue du pillage de la terre par les Romains, est sorti le Christianisme ascétique et saint tout à la fois. Par l'ascétisme le Christianisme se proposa de tuer les passions, causes directes de la corruption romaine; par la bonté pratique ou sainteté, de remédier aux effets de la concurrence vitale. Il a fait des moutons, répondent les historiens militaires, ôté à l'empire romain le glaive qui lui avait servi durant la conquête et préparé au nord l'invasion des Germains, au midi celle des Arabes. C'est bien possible; mais auparavant il avait empêché l'empire romain de mourir asphyxié par la haine et le désespoir.

Il l'avait empêché au moyen de la sainteté. « Il apporta, dit Sainte-Beuve [1] qui ne recherche pas la cause du phénomène et la nierait volontiers, il apporta une idée du saint plus profonde, plus contrite, sans plus rien de la fleur d'or, avec les seules racines salutaires, avec le breuvage amer et les épines sanglantes. Pour se préserver, pour expier et se guérir, une

---

[1]. *Port-Royal*, t. III, p. 340 de la 4ᵉ édition.

portion de l'humanité s'arma durant des siècles du froc et du cilice, sans oser un seul instant s'en dépouiller. On s'enfuit dans les cavernes, on se courba dans le confessionnal. La maladie, la souffrance devinrent l'état naturel du chrétien et le prix de l'humaine rançon. C'est à l'extrémité de cette longue série de siècles, où s'accumulèrent toutes les rouilles et toutes les barbaries, c'est comme chargé encore de leur poids et de leur chaîne que Pascal nous arrive, le dernier vraiment des grands saints, et déjà grand philosophe. »

Sainte-Beuve suppose que la sainteté doit finir en philosophie. Elle a commencé par là. Les sectes grecques de la décadence sont tombées dans le Christianisme à son origine comme des rivières dans l'Océan et plusieurs y ont conservé quelque temps leur physionomie. Les ordres religieux les ont représentés, même à une époque récente. Qu'est-ce que les instituts monastiques nés de l'initiative de saint François d'Assise, sinon des écoles cyniques? On en pourrait nommer dix autres. Épicure et les Stoïciens ont laissé des familles monastiques nombreuses. L'avis de Sainte-Beuve est que ces formes sont bien vieilles, que ces cadres ne vont plus à la sainteté telle que la conçoivent les modernes. « Cet enchantement des émotions religieuses, dit-il, ce mystère d'élévation que l'homme porte en lui, et qu'il n'a jamais plus hautement atteint qu'au sein et à l'ombre du Christianisme, cet état supérieur et intime de la nature humaine ne saurait-il retrouver désormais sa première fleur, et reparaître dans sa perfection acquise délivré des appareils compliqués que le droit sens désavoue? Ne saurait-on retenir seulement le côté durable, éternel, celui qui tient aux intérêts les plus tendres et les plus généraux du cœur, sans se forger des douleurs gratuites et sans exagérer l'épreuve par elle-même si rude? » Ce sont les pratiques, le costume, la réglementation, les vœux monastiques qui l'offusquent. Afin de les qualifier et de ne pas commettre lui-même d'irrévérence, il emprunte une expression à Montaigne, celle de *démoneries*. Est-ce qu'on ne pourrait pas lui fournir

Socrate, sans les *démoneries?* Il se flatte d'entendre le Christianisme et il se fait donner un brevet, non de Christianisme, il n'y aspire pas, mais d'entente du Christianisme par Alexandre Vinet. Vinet a voulu lui être agréable. Un Socrate sans pratique, sans règle, sans vœux, serait un libre-penseur, une spécialité de libre-penseur, soit, mais enfin un libre-penseur. Ce serait un être rare; ce pourrait être à l'occasion un Pascal. Ce ne saurait être qu'une exception. Or l'Église, qui représente le Christianisme, est un gouvernement qui a besoin d'agents, d'une hiérarchie, dans l'intérêt de son œuvre qui est de maintenir le règne du Christianisme comme institution sociale.

La réforme de Luther et de Calvin est une tentative faite dans ce sens. Elle n'a pu aboutir. Quelques-uns qui avaient essayé de s'émanciper ont été contraints de revenir à la formule. Oui, dit Sainte-Beuve, qui cite un moraliste contemporain qu'il ne nomme pas : « l'humanité antique n'avait pas encore été placée dans la pénitence et dans le deuil; depuis elle s'est relevée; mais en se relevant elle a gardé le pli (la formule) et du *noir* dans le pli, *sordes in ruga* ». Le noir dans le pli est l'hypocrisie qui est entrée si avant dans l'homme par les temps couverts où l'on vit aujourd'hui. Mais le pli, c'est la formule, c'est-à-dire les habitudes chrétiennes. N'ayant plus les sentiments, convient-il de garder le pli? Ce ne serait pas l'avis de Pascal. Il conseille, au contraire, de prendre le pli à ceux qui ne peuvent pas croire. Il est convaincu que le pli donne ce dont il est le signe, qu'il n'y a que des habitudes, en un mot que la forme emporte le fond. Qu'est-ce que la politesse, sinon la contrefaçon d'une bienveillance qui n'est pas réelle? On arrive par elle au but, qui est de maintenir la courtoisie parmi les gens civilisés. Ce qui suffit dans les relations civiles ne suffirait-il pas en ce qui concerne le sentiment religieux? Au moins le but extérieur est atteint. Parle-t-on de retrancher la politesse des mœurs parce qu'elle est l'hypocrisie civile, officielle? Pourquoi l'hypocrisie en matière religieuse, puisque hypocrisie il y a, serait-elle plus coupable que l'hypocrisie civile ? On admet la nécessité de celle-ci sous peine de retour à l'état sauvage ; la nécessité de celle-là n'est pas moindre. Au fait, l'hypocrisie civile n'est que l'hypocrisie religieuse à laquelle on a ôté l'étiquette du Christianisme. La politesse est l'affectation de la bienveillance chrétienne qu'on n'a plus. Les deux plis, civil et religieux, ont le même objet social. On médit de l'un ; on ne médit pas de l'autre. On est illogique. L'un et l'autre maintiennent la trêve qui existe de fait entre les hommes placés entre leur hostilité naturelle vis-à-vis les uns des autres et des habitudes qui assurent la paix entre eux. Le père de Neuville, prédicateur jésuite du xviiie siècle où on prêchait sur l'affabilité substituée dans la chaire à la charité chrétienne par condescendance à l'opinion régnante, disait dans un sermon : « Il n'est pas d'homme qui n'aimât mieux être parfaitement ignoré qu'être parfaitement connu. » La Rochefoucauld eût approuvé cette réflexion. La nature a besoin d'être voilée ; la société existe à ce prix ; ni l'une ni l'autre ne consentent à abdiquer. Elles ont établi entre elles un *modus vivendi*. Il n'y a donc rien de plus contraire à la notion vraie de la morale que cette observation d'un moraliste, exacte au point de vue historique et fausse au point de vue des espérances qu'elle affiche : « Le Christianisme, comme son aîné le Bouddhisme, a été un grand bien relatif, un remède à une décadence, né de cette décadence même ; mais il en faisait partie. Le mal principal passé, qui nous guérira désormais du remède, des suites du remède ? » Celui qui nous guérira du remède sera celui qui nous guérira de la politesse et ramènera l'âge d'or.

L'âge d'or, ce serait cela. Il n'a jamais été que de la poésie, une légende que les poètes se sont transmise à travers les âges. Ce n'est pas la Politique qui peut le réaliser. Elle a essayé par la civilisation militaire. Elle n'a obtenu que des succès toujours précaires. Le sentiment religieux n'a pas d'autre objet non plus. Mais il a mieux réussi. Il n'a pas réalisé l'âge d'or. Cependant il en a conservé la tradition et mis sur le chemin. C'est dans ce sens que Pascal écrit : « Nul n'est heureux comme un vrai chrétien ; ni raisonnable, ni vertueux, ni aimable. » Oui, mais il y en a si peu qu'ils tiendraient tous dans une petite chapelle. Pascal le sait. C'est pourquoi il désespère de la Sainteté. Quand le Christianisme est venu la fonder, on ne l'acquérait qu'à l'aide d'un grand labeur. Maintenant, aucune peine, aucun travail, aucun soin ne sont requis. Ceux qui ont les clefs de la porte la tiennent ouverte à tout venant. Il ne faut renoncer ni au monde ni à la chair. « On entre aujourd'hui, continue Pascal, dans l'Église en même temps que dans le monde. » On faisait jadis une distinction entre les deux : « On les considéroit comme deux contraires, comme deux ennemis irréconciliables, dont l'un persécute l'autre sans discontinuation, et dont le plus foible en apparence doit un jour triompher du plus fort; en sorte que de ces deux partis contraires on quittoit l'un pour entrer dans l'autre ; on abandonnoit les maximes de l'un pour embrasser les maximes de l'autre ; on se dévêtoit des sentiments de l'un pour se revêtir des sentiments de l'autre ; enfin on quittoit, on renonçoit, on abjuroit le monde, où l'on avoit reçu sa première naissance, pour se vouer totalement à l'Église où l'on prenoit comme sa seconde naissance ; et ainsi on concevoit une différence épouvantable entre l'un et l'autre, au lieu qu'on se trouve maintenant presqu'au même ton dans l'un et l'autre ; et le même moment qui nous fait naître au monde nous fait renaître dans l'Église ; de sorte que la raison survenant ne fait plus de distinction de ces deux mondes si contraires. On est élevé dans l'un et dans l'autre tout ensemble. On fréquente les sacrements et l'on jouit des plaisirs du monde ; et ainsi, au lieu qu'autrefois on voyoit une distinction essentielle entre l'un et l'autre, on les voit maintenant confondus et mêlés, en sorte qu'on ne les discerne plus[1]. »

1. *Pensées.* Comparaison des Chrétiens des premiers temps avec ceux d'aujourd'hui.

De sorte que la société des Saints est souillée par le contact des Méchants. On a perdu le sens évangélique. Les Anciens, quand ils entraient dans la piété de l'Église, renonçaient aux passions du dehors. Il n'y a plus de saints. On entre dans l'Église avec l'esprit du monde, l'esprit d'ambition, l'esprit de vengeance, l'esprit d'impureté, l'esprit de concupiscence. Sans doute; l'Église a changé de conduite, non d'intention. Ce que Pascal ne dit pas par prudence, ce sont les motifs de ce changement de conduite. Les hommes ont perdu leur vieille conscience chrétienne. L'Église ne veut pas avoir l'air de ne les avoir plus. Elle leur met l'antique enseigne. De cette façon ils continueront d'être à elle en apparence.

N'y aura-t-il plus de saints? « A cet âge avancé du monde, demande Sainte-Beuve[1], l'élite des cœurs voués au culte de l'infini n'aura-t-elle pas toujours sa dure maladie incurable et son tourment? En attendant la forme inconnue, s'il en est une, de cette sainteté nouvelle, qui perpétuerait le fonds de l'ancienne en le débarrassant de tout alliage, qui consacrerait les pures délices de l'âme sans les inconvénients et les erreurs, et qui saurait satisfaire aux tendresses des Pascals futurs, en imposant respect au bon sens malin (à la légèreté suffisante) des Voltaires eux-mêmes ; en attendant cette forme idéale et non encore aperçue, tenons-nous à ce que nous savons; étudions sans impatience, admirons même, au prix de quelques sacrifices de notre goût, ces derniers grands exemples des hommes qui ont été les *derniers saints*. » Qui sont-ils? Les messieurs de Port-Royal. Ils ont trop de prudence et de philosophie, pourrait-on objecter à Sainte-Beuve. Pascal lui-même les condamne en ces termes : « Les philosophes ne prescrivoient pas des sentiments proportionnés aux deux états[2]. Ils inspiroient des sentiments de grandeur pure (les Stoïciens) et ce n'est pas l'état de l'homme. Ils inspiroient des sentiments de bassesse pure (les Épicuriens et les Cyniques) et ce n'est

1. *Port-Royal*, t. III, p. 342 de la 4ᵉ édition.
2. Grandeur et bassesse de l'homme.

l'état de l'homme. Il faut des mouvements de bassesse, non de nature, mais de pénitence; non pour y demeurer, mais pour aller à la grandeur. Il faut des mouvements de grandeur, non de mérite (par confiance dans notre mérite), mais de grâce et après avoir passé par la bassesse[1]. »

Les saints de Port-Royal sont des privilégiés. Saint-Cyran est un grand personnage dans l'État, qui fait peur à Richelieu; Arnauld est un controversiste et un écrivain de haut bord avec qui le pouvoir est obligé de compter; M. d'Andilly est dans le même cas : son fils sera ministre des affaires étrangères de Louis XIV; M. de Sacy, traducteur des Livres Saints, est aussi une puissance, comme M. de Pontchâteau, neveu de Richelieu, comme M. Hamon, précepteur d'Achille de Harlay, comme Nicole, comme Fontaine, comme maints autres. Les Mères sont des Mères de l'Église. Angélique Arnauld a une réputation qui s'étend hors de France; Mmes de Longueville et de Sablé, Mlle de Roannez, dix grandes dames plus ou moins affiliées à la communauté, ont de l'influence à la Cour, dans les châteaux de la noblesse. A l'intérieur, on affecte une pauvreté austère. C'est une attitude. Elles sont trop lettrées, elles appartiennent à de trop grandes familles. Il y a une recherche de distinction dans le fait d'appartenir à la maison. C'est autant une mode que le goût de la dévotion. Le xviie siècle est à la poursuite du sublime dans toutes les directions. En religion il le poursuit comme ailleurs. Il n'y a pas jusqu'à cet oiseau de proie qu'on appelle le Grand Condé qui n'affiche le goût de la perfection religieuse. On s'y dévoue, après avoir fait une carrière à la Cour, au Palais, dans les camps. Cette sainteté-là n'est pas simplement la sainteté chrétienne, celle du cœur, des convictions pures, sans arrière-pensée ni retour sur les dehors. C'est une sainteté d'éducation, de rang, d'âge, dont la gloire n'est pas exclue. L'humilité y porte un panache, la pauvreté y est habile comme un financier. On écrit trop,

---

1. Art. des *Pensées*, intitulé : *Grandeur et misère de l'homme.*

on dispute trop, on aime trop la controverse et la rhétorique. Cette sainteté est trop pointue. Elle épilogue, résiste à l'autorité, se cache, sort de sa cachette à l'improviste afin de reprendre l'offensive. On la persécute et elle est forte sous la persécution. Là encore elle laisse à désirer, parle au lieu de se taire. Cet amour de la parole est le péché de Port-Royal. On sent que les Arnauld sont nés dans le temple de la chicane et qu'ils ont fait de Port-Royal une maison d'avocats. La mort de Jacqueline Pascal (4 octobre 1661) est vraiment sainte. Elle meurt d'avoir signé un formulaire. Ce n'est rien; et puis elle y avait été contrainte. Mais sa résistance héroïque est le fruit d'un enseignement qui sert d'esprit à la communauté. On peut le résumer dans ces paroles de Jacqueline acculée à la signature : « Il n'y a que la vérité qui délivre véritablement. » La défense de la vérité ne la regarde pas; qu'elle se tienne tranquille dans son coin. Mais non; elle proteste. Elle communie « dans une grande amertume de cœur », prend sa bonne plume de Tolède et écrit à la mère Angélique de Saint-Jean (22 juin 1661) une lettre destinée à être mise sous les yeux d'Arnauld avec une éloquence digne de la sœur de Pascal: « Saint Bernard nous apprend, dit-elle, dans ses manières admirables de parler, que la moindre personne de l'Église, non seulement peut, mais doit crier de toutes ses forces lorsqu'elle voit les évêques et les pasteurs de l'Église dans l'état où nous les voyons, quand il dit : qui peut trouver mauvais que je crie, moi qui suis une petite brebis, pour tâcher d'éveiller mon pasteur que je vois endormi et prêt à être dévoré par une bête cruelle?... Je sais bien que ce n'est pas à des filles à défendre la vérité, quoique l'on peut dire, par une triste rencontre, que, puisque les évêques ont des courages de filles, les filles doivent avoir des courages d'évêques; mais si ce n'est pas à nous à défendre la vérité, c'est à nous à mourir pour la vérité. » Les timides sont à mettre au rang des parjures. Elle n'est pas timide; elle ne sera pas parjure; elle ne biaisera pas non plus. On conseille de signer le formulaire, d'avoir recours à des restrictions mentales. Non ; ce serait trahir la vérité. Elle a peine à croire que tant de sagesse vienne du père des lumières ; c'est plutôt « une révélation de la chair et du sang ». On craint d'être endommagé dans sa personne, dans ses biens, dans son repos. Elle parle dans l'excès d'une douleur à laquelle elle sent bien qu'il faudra qu'elle succombe, si elle n'a « la consolation de voir au moins quelques personnes se rendre volontairement victimes de la vérité ». Elle ambitionne le martyre. Elle prévoit qu'on l'accusera d'entêtement. « Je sais, dit-elle, le respect qui est dû aux puissances de l'Église ; je mourrois d'aussi bon cœur pour le conserver inviolable, comme je suis prête à mourir avec l'aide de Dieu pour la confession de ma foi dans les affaires présentes ; mais je ne vois rien de plus aisé que d'allier l'un à l'autre. Qui nous empêche, et qui empêche tous les ecclésiastiques qui connoissent la vérité, lorsqu'on leur présente le formulaire à signer, de répondre : Je sais le respect que je dois à MM. les évêques, mais ma conscience ne me permet pas de signer qu'une chose est dans un livre où je ne l'ai pas vue (elle n'y est pas textuellement, dit Bossuet, mais elle est l'âme du livre), et après cela attendre ce qui en arrivera ? Que craignons-nous ? Le bannissement et la dispersion pour les Religieuses, la saisie du temporel, la prison et la mort si vous le voulez ; mais n'est-ce pas notre gloire et ne doit-ce pas être notre joie ? Renonçons à l'Évangile ou suivons les maximes de l'Évangile et estimons-nous heureux de souffrir quelque chose pour la justice. Mais peut-être on nous retranchera de l'Église ? Mais *qui ne sait que personne n'en peut être retranché malgré soi*, et que l'esprit de Jésus-Christ étant le lien qui unit ses membres à lui et entre eux, nous pouvons bien être privés des marques, mais non jamais de l'effet de cette union, tant que nous conserverons la charité ? » Sont-ce de vaines paroles ? Oui ; on a lu les *Provinciales*, on s'est exercé à la controverse. Cela ne sied point à une religieuse, à qui son sexe et la modestie ne permettent point de descendre dans l'arène des partis. Mais

INTRODUCTION.

la sœur Sainte-Euphémie en meurt? Cela ne fait pas son éloge; elle meurt en sectaire. Ce n'est ni une martyre ni une sainte

S'il y a de la sainteté dans la vie de Pascal, ce sont les souffrances de ses dernières années, les sentiments qu'elles lui inspirent, ce sont ses œuvres de renoncement et de pénitence, c'est l'élévation d'une âme en communion directe avec l'infini, c'est la bonté qui s'exhale de chacune de ses actions et de chacune de ses paroles, qui commandent le respect, font qu'on l'estime autant qu'on l'admire; c'est son instruction au duc de Roannez dans laquelle il déclare que, n'étant la fin de personne, il trouve injuste qu'on s'attache à lui au lieu de s'attacher à Dieu. Ce n'est pas parce qu'il a des côtés sectaires, intervient dans l'administration de l'Église, collabore aux mandements des vicaires généraux. Ce n'est pas même parce qu'il a écrit les *Provinciales*. Il n'est alors qu'un polémiste habile, qu'un écrivain remarquable. Il est de plus, il est vrai, un moraliste qui venge la conscience publique outragée par la duplicité des Casuistes.

Et puis Pascal est un soldat qui défend sa cause par le glaive. Jacqueline n'est qu'une amazone. Elle est trop instruite, trop opiniâtre, trop confinée dans son sens. Elle a les défauts de Port-Royal, défauts que l'on n'admire pas, mais que l'on conçoit chez les membres d'une opposition qui est à la fois politique et religieuse. Elle n'a pas les vertus propres à son sexe et à sa profession religieuse. Mais elle en meurt et ceci sauve sa mémoire. Comme écrit son frère des Chrétiens : « Mourir à l'appui de ce qu'on dit, c'est une preuve. » Elle ne fut pas sans influence sur l'attitude définitive de Pascal. Il avait cédé à demi dans la question du formulaire en contribuant à rédiger le mandement des vicaires généraux de Retz, qui voulaient faire un pont aux Jansénistes et leur persuader que la signature du formulaire ne les engageait à rien. Le mandement ayant été retiré par arrêt du conseil d'État (9 juillet 1661), il fut enjoint d'acquiescer ou de refuser d'acquiescer au formulaire par *oui* ou par *non*. Pascal se souvint de la mort tragique de sa sœur. Il dut penser dans son cœur ce qu'il avait jadis pensé à la mort de son père : « La prière et les sacrifices sont un souverain remède à ses peines ; mais j'ai appris d'un saint homme dans notre affliction qu'*une des plus solides et des plus utiles charités envers les morts est de faire les choses qu'ils nous ordonneroient s'ils étoient encore au monde,* et de pratiquer les saints avis qu'ils nous ont donnés, et de nous mettre pour eux en l'état en lequel ils nous souhaitent à présent[1]. »

Port-Royal, effrayé devant la tempête, avait été tenté de capituler. Il avait voulu quitter le sentier de Saint-Cyran. La guerre avait trempé ces Messieurs ; mais ils étaient las. Ils avaient éprouvé ce qu'on éprouve toujours lorsqu'on négocie avec les hommes : ils étaient devenus des gens de transaction à demi politiciens, des possibilistes, des opportunistes. La prudence, les lumières, l'habitude de se conduire par des raisonnements plutôt que par des convictions, avaient émoussé leur énergie. Pascal, séduit par leurs raisons, avait cédé aussi. Quelques Religieuses qui avaient moins d'expérience étaient seules à déconseiller cet abandon de la doctrine, le sacrifice de ce qu'elles appelaient la foi, à la sécurité des personnes et à l'avenir de l'institution. Jacqueline Pascal avait donné l'exemple du martyre. Port-Royal persista dans le dessein d'éviter d'en venir aux extrémités, ce qui ne devait pas lui être d'un grand secours. Pascal ne persista point. Ce qu'avait fait sa sœur lui dictait une conduite plus conforme d'ailleurs à sa fierté, à ses convictions ardentes, aux principes qui l'avaient guidé jusque-là. Il n'était pas responsable, au surplus, du salut de la communauté ; il ne lui appartenait qu'à titre de volontaire. Son instinct était d'accord avec son devoir. Le souvenir de Jacqueline le lui indiquait mieux que n'aurait pu faire son humeur. Il se rappela qu'une « des plus solides et des plus utiles charités envers les morts est de faire les choses

---

1. Lettre sur la mort de M. Pascal le père, écrite par Pascal à sa sœur, Mme Périer, et au mari de Mme Périer (1651).

qu'ils nous ordonneroient s'ils étoient encore au monde ». Il avait comme elle un témoignage à fournir à ceux qui viendraient ensuite. Il fit ce que Jacqueline aurait fait : il se sépara de Port-Royal. Les docteurs et les confesseurs de la communauté s'étaient réunis en conseil, afin d'aviser à ce qu'il y avait à faire devant l'injonction de déclarer par oui ou par non si on adhérait au formulaire. L'adhésion fut décidée (novembre 1661) moyennant quelques considérants de pure forme, au nom des religieuses au moins : « Nous, abbesse… considérant que dans l'ignorance où nous sommes de toutes les choses qui sont au-dessus de notre profession et de notre sexe, tout ce que nous pouvons est de rendre témoignage de la pureté de notre foi, nous déclarons volontiers, par cette signature, qu'étant soumises avec un profond respect à notre Saint-Père le Pape, et, n'ayant rien de si précieux que la foi, nous embrassons sincèrement et de cœur tout ce que Sa Sainteté et le pape Innocent X en ont décidé, et rejetons toutes les erreurs qui sont jugées y être contraires. »

Il est évident que ce n'est pas un acquiescement réel, mais une concession faite au désir d'échapper à la dispersion, à l'exil, à la destruction des deux maisons de Port-Royal de Paris et de Port-Royal des Champs. De pauvres femmes recluses étaient au-dessous des nécessités d'une pareille lutte contre les Jésuites, le pouvoir qu'ils avaient dans leurs mains, et le Clergé de France qui laissait faire et opinait du bonnet par politique et par intérêt. Il n'y a rien à dire ; mais il aurait fallu le comprendre plus tôt et ne pas jeter ces pauvres femmes dans la polémique engagée. Quant aux Messieurs qui avaient bon pied, bon œil, des relations partout, du bien à leur disposition, qui n'étaient attachés à aucun lieu déterminé, pouvaient se transporter où bon leur semblerait, chacun restait libre d'agir comme il l'entendrait.

Pascal était plus libre qu'eux tous. La plupart avaient tergiversé selon le hasard des circonstances. Quelques-uns auraient été liés par ce qu'ils avaient dit, écrit, laissé dire ou écrire en leur nom, si on pouvait être vraiment lié quand on discute sous le joug d'une censure attentive et toute-puissante. Lui, outre qu'il était laïque et sans attache directe à Port-Royal, n'avait à se reprocher que d'être intervenu dans une tentative de conciliation qui n'avait pas abouti. Il n'avait qu'à reprendre son rôle au point où il l'avait laissé au moment d'écrire les *Provinciales*. C'était toujours à propos des cinq propositions de Jansénius, la fameuse question de f opposée à la question de droit. Le droit de condamner une doctrine appartient au Pape. Il n'y aurait rien à objecter à la condamnation des propositions de Jansénius, si elles étaient dans son livre ; mais elles n'y sont pas. Sur ce point de savoir si elles y sont ou n'y sont pas, c'est-à-dire sur la question de fait, le Pape peut errer. Il n'a que les se la raison pour guides, au même titre que le pre enu. En réalité, le Pape a souvent erré sur des questions de fait. Pascal indique les cas. On n'a pas oublié celui de Galilée et du mouvement de la terre qui n'a pas mal servi depuis : « Ce ne sera pas cela — la Bulle qui déclare que la terre ne tourne pas — qui prouvera qu'elle demeure en repos ; et si l'on avoit des observations constantes qui prouvassent que c'est elle qui tourne, tous les hommes ensemble ne l'empêcheroient pas de tourner et ne s'empêcheroient pas de tourner aussi avec elle. »

La distinction subtile du fait et du droit n'avait été qu'un moyen de polémique. On désirait rester fidèle à la doctrine de Jansénius et n'être pas exclu de la communion de l'Église. On réclamait contre elle le droit de libre examen à la façon luthérienne et néanmoins on voulait ne pas rompre avec elle. En 1661, dans l'affaire du formulaire, Pascal, fatigué de dissimuler, rompt brusquement avec la question du fait et du droit. Cela perd la cause de Port-Royal. Que Port-Royal s'en tire comme il pourra. Pascal ne consent plus à équivoquer. A-t-il changé comme on l'en accuse? Non. Il a repris son indépendance qu'il avait aliénée un instant dans l'intérêt de Port-Royal et dans l'intérêt des *Petites Lettres* qu'on voulait faire lire aux fidèles sans leur inspirer de scrupules. En mai 1661, lors du premier mandement des vicaires généraux, il se résigne encore à des concessions. Puis, voyant qu'elles sont inutiles, jaloux sans doute aussi de faire amende honorable à la mémoire de Jacqueline, il revient sur les concessions faites par lui. Que lui importe désormais l'avis d'Arnauld, de Nicole, de Port-Royal? Ce sont des athlètes. Pascal reprend contre eux sa *Liberté chrétienne*. « Il faut premièrement savoir, déclare-t-il, que dans la vérité des choses il n'y a point de différence entre condamner la doctrine de Jansénius sur les cinq propositions et condamner la grâce efficace, saint Augustin, saint Paul... Il faut savoir encore que la manière dont on s'y est pris pour se défendre contre les décisions du Pape et des Évêques qui ont condamné cette doctrine et ce sens de Jansénius a été tellement subtile, qu'encore qu'elle soit véritable dans le fond, elle a été si peu nette et si timide, qu'elle ne paroît pas digne de vrais défenseurs de l'Église. » Il méprise maintenant la distinction du fait et du droit : ceux qui signeront le formulaire condamneront Jansénius, condamneront saint Augustin, condamneront saint Paul, condamneront la doctrine de la grâce telle qu'ils l'ont entendue. Ceux qui feront des restrictions mentales feront comme les Casuistes des *Provinciales* : ils suivront « une voie moyenne, qui est abominable devant Dieu, méprisable devant les hommes, *entièrement inutile à ceux qu'on veut perdre personnellement* ».

Ceci est le mot de la fin : — Il y a de longues années que vous lanternez, que vous imitez les Casuistes que j'ai jetés aux ordures. Dans l'intérêt de votre conservation, j'ai consenti moi-même à vos moyens dilatoires. Ils sont usés. Puisque décidément le vin est tiré, il faut le boire. Vous ne pouvez pas vous y résoudre ; je romps avec vous.

Avant de rompre, il y eut une discussion fort vive racontée dans un mémoire par Marguerite Périer [1]. L'assemblée s'était

---

1. Voir Faugère : *Lettres, opuscules et mémoires*, etc. 3e recueil manuscrit du père Guerrier où le mémoire est intitulé : *Sur M. Pascal*.

rendue au sentiment d'Arnauld et de Nicole. « M. Pascal qui aimoit la vérité par-dessus toute chose, dit Marguerite Périer, qui d'ailleurs étoit accablé d'un mal de tête qui ne le quittoit point, qui s'étoit efforcé pour leur faire sentir ce qu'il sentoit lui-même, et qui s'étoit exprimé très vivement malgré sa foiblesse, fut si pénétré de douleur qu'il se trouva mal, perdit la parole et la connoissance. » Les membres de l'assemblée se retirèrent. Il ne resta que le duc de Roannez, Mme Périer, Étienne Périer et Domat, c'est-à-dire les amis les plus intimes de Pascal. Sa sœur lui demanda pourquoi il s'était trouvé mal. « Quand j'ai vu, répondit-il, toutes ces personnes-là que je regardois comme étant ceux à qui Dieu avoit fait connoître la vérité, et qui devoient en être les défenseurs, s'ébranler et succomber, je vous avoue que j'ai été si saisi de douleur que je n'ai pas pu la soutenir et il a fallu y succomber. » De ce jour, Pascal est séparé de Port-Royal. Il continua de voir ces Messieurs, dit Marguerite Périer. Il ne fut plus fait allusion au différend. Ils craignaient qu'on ne détruisît Port-Royal. Afin de lui témoigner qu'on ne l'en estimait pas moins, Arnauld, qui se tenait caché, le vint voir à ses derniers moments ; Nicole fit comme Arnauld ; la veille de sa mort, il se confessa même à M. de Sainte-Marthe, qui était de Port-Royal. Mais il ne mourut pas janséniste, et, quoiqu'on l'ait enterré à Saint-Étienne-du-Mont, il ne mourut pas catholique ou plutôt il mourut catholique dans le sens des paroles de sa sœur Jacqueline : « Mais peut-être on nous retranchera de l'Église ? Mais *qui ne sait que personne n'en peut être retranché malgré soi* et que l'esprit de Jésus-Christ étant le lien qui unit ses membres à lui et entre eux, nous pouvons bien être privés des marques, mais non jamais de l'effet de cette union tant que nous conserverons la charité[1]. »

---

1. De Maistre, si hostile à l'esprit et à la personne de Pascal, ne conteste pas ses vertus. Il y a dans son livre *De l'église gallicane*, livre I, un chapitre xi intitulé : *De la vertu hors de l'Église*. On y lit : « La véritable *morale relâchée* dans l'Église catholique, c'est la désobéissance. Celui qui ne sait

N'est-ce pas aux Jansénistes que s'applique cette *Pensée* de la dernière heure : « Vous-mêmes êtes corruptibles », et n'est-ce point l'angoisse produite par l'abandon de la doctrine de Saint-Cyran par ceux mêmes qui en avaient la garde, qui le fait s'écrier : « Ad tuum, domine Jesu, tribunal appello ? »

Cela détermine le caractère de la sainteté de Pascal, puis-

pas plier sous l'autorité cesse de lui appartenir. De savoir ensuite jusqu'à quel point l'homme qui se trompe sur le dogme peut mériter dans cet état, c'est le secret de la Providence que je n'ai point le droit de sonder. Veut-elle agréer d'une manière que j'ignore la pénitence d'un fakir? Je m'en réjouis et je la remercie. Quant aux vertus chrétiennes, hors de l'unité, elles peuvent avoir encore plus de mérite; elles peuvent aussi en avoir moins, à raison du mépris des lumières. Sur tout cela, je ne sais rien, et que m'importe? Je m'en repose sur celui qui ne peut être injuste. Le salut des autres n'est pas mon affaire; j'en ai une terrible sur les bras, c'est le mien. Je ne dispute donc pas plus à Pascal ses vertus que ses talents. Il y a bien aussi, je l'espère, des vertus chez les Protestants, sans que je sois pour cela, je l'espère aussi, obligé de les tenir pour catholiques. Notre miséricordieuse Église n'a-t-elle pas frappé d'anathème ceux qui disent que toutes les actions des infidèles sont des péchés, ou seulement que la grâce n'arrive point jusqu'à eux?... Il en est des livres comme des vertus, car les livres sont des vertus... Maintenant encore j'admire bien sincèrement ses *Pensées* (celles de Pascal) sans croire cependant qu'on n'auroit pas mieux fait de laisser dans l'ombre celles que les premiers éditeurs y avoient laissées et sans croire encore que la religion chrétienne soit pour ainsi dire *pendue* à ce livre. L'Église ne doit rien à Pascal pour ses ouvrages, dont elle se passeroit fort aisément. Nulle puissance n'a besoin de révoltés. » De Maistre aimerait autant que Pascal fût un athée qu'un janséniste, et même il préférerait cela. Il cite la réponse de Louis XIV à un courtisan qui demandait une ambassade pour son frère et à qui le roi la refusait parce que ce frère était soupçonné d'être janséniste : Sire, il est plutôt athée, disait le courtisan. — *Ah ! c'est autre chose.* — Eh bien oui, c'est autre chose, dit De Maistre. Un janséniste était un opposant, un athée n'était pas un opposant. C'était affaire à Dieu de s'occuper de lui : *Deorum injuriæ Diis curæ*. D'ailleurs, au point de vue politique, un athée n'est pas dangereux : « En général, dit De Maistre, l'athée est tranquille. Comme il a perdu la vie morale, il pourrit en silence et n'attaque guère l'autorité. » Ceci explique De Maistre. C'est à la vie morale qu'il en veut : elle est dangereuse à l'autorité. Le fait n'est pas contestable. Elle discute, résiste. Ce que De Maistre n'examine pas, c'est la question de savoir si elle n'empêche pas les sujets de *pourrir* dans l'obéissance passive. Entre les deux extrêmes, la Raison d'État qui exige l'obéissance, et la raison individuelle qui la refuse, il y a une moyenne, qui est précisément l'objet des recherches de la sagesse politique.

qu'on a prononcé le mot. Ce n'est point la sainteté molle et résignée du faible qui bénit l'injure qui le frappe et s'anéantit devant les desseins de Dieu. Ce n'est pas non plus celle du solitaire qui a fui. Il a quelque chose de cette disposition : il ne demande rien aux hommes, n'attend rien d'eux, en a une médiocre estime, en a pitié, afin de n'avoir pas à les haïr. Dans le désir d'échapper autant qu'il est en lui aux passions qui les oppriment, il a renoncé aux plaisirs qu'ils recherchent, aux plaisirs du corps et à ceux de l'esprit. Il macère son corps, lui refuse ce que tout le monde lui accorde. S'il est malade par surcroît, tant mieux : la maladie est l'état naturel des Chrétiens. Le mépris des plaisirs de l'esprit est beaucoup plus méritoire. La privation du bien-être physique est en gros une vertu vulgaire, presque grossière. Elle est accessible aux animaux. Le mépris des avantages de l'esprit est une vertu plus élevée. Elle suppose qu'on en peut jouir. En pouvoir jouir suppose qu'on les possède. Peu sont à même de les posséder. La plupart de ceux qui ont ce privilège s'en vantent, en tirent de la gloire. Ils en veulent dans le présent et dans l'avenir. On n'en compterait pas beaucoup qui y aient renoncé volontairement. Parmi ceux qui n'en tirent point vanité, il n'en est pas qui ne les apprécient comme un don rare. Qui en a jamais eu de plus grands que Pascal ? Son génie était une couronne royale. Dans le but de voir ce que cela valait, il a essayé de plusieurs conditions, car il faisait des expériences, et ses tentatives du côté du monde, il est permis de le croire, étaient de la nature de celles qu'il faisait sur la pesanteur de l'air. S'il eut un moment de l'ambition, ce ne fut point par cupidité : l'idée de cupidité et le nom de Pascal ne vont pas ensemble. C'était par curiosité scientifique. Après avoir été curieux dans le domaine des sciences exactes et celui des sciences physiques, il le fut dans le domaine des sciences morales. Il expérimenta sur les sentiments qui tiennent au rang, aux richesses, à la réputation, sans goût personnel, dans un intérêt d'étude. Comme il avait découvert que les mathématiques sont plus inutiles et plus étrangères à l'homme qu[e] l'ignorance, il découvrit également que les grandeurs, celle[s] d'établissement selon son expression, comme les grandeur[s] naturelles, ne lui sont pas plus utiles que la géométrie.

Il y a pourtant une grandeur à laquelle il s'est fixé : c'es[t] la grandeur morale. Il ne l'avoue pas; il insiste au contrair[e] sur la misère qui en est le revers. Il croit s'en détacher et i[l] ne s'en détache pas. Sa rupture avec les Jansénistes et avec l'Église romaine, qui est son dernier état mental, est une explosion. Il leur crie à tous, ce qu'auparavant il avait écrit des Jésuites (pensée barrée dans l'Autographe) : « Gens sans parole, sans foi, sans honneur, sans vérité, doubles de cœur, doubles de langue, et semblables, comme il vous fut reproché autrefois, à cet animal amphibie de la fable, qui se tenoit dans un état ambigu, entre les poissons et les oiseaux. » La loyauté qu'il y a en lui, loyauté héroïque, dont chacun de ses actes est une empreinte, il l'a spécialement mise au service de la vérité morale, acquise lentement au prix d'efforts qu'on ne met point à l'acquisition des biens ordinaires. Il semble avoir pris pour devise les paroles de saint Bernard : Lucere et ardere perfectum est : « La perfection consiste dans l'intelligence et les convictions ardentes. » Là est le défaut de la sainteté de Pascal. C'est celle de Socrate. Celui-ci, a-t-on dit, avait l'esprit en tire-bouchon. Il en avait fait un trop grand usage. L'excès de la pensée l'obsédait. Sans croire comme Rousseau que l'homme qui pense est un être dépravé, il y a un trop d'exercice de la pensée qui l'affole en quelque sorte. Mais, objectera-t-on, Pascal est sceptique ; précisément. Il sent son mal. Quand il y songe, il l'exècre, injurie la pensée : « Qu'est-ce que la pensée ? Qu'elle est sotte !... humiliez-vous, raison impuissante ; taisez-vous, nature imbécile. » Elle ne se tait point ; elle l'opprime. En vain il entreprend de se venger d'elle. C'est contre la raison de Descartes qu'il rêve d'écrire une *Apologie du Christianisme*. Il s'est rejeté de la raison dans le Christianisme, comme avait déjà fait avant lui saint Augustin. L'un et l'autre avaient souffert de la raison ; elle les avait dévorés. Pascal n'est pas parvenu à en guérir. Le côté poignant de la fin de sa vie est le spectacle de la lutte qu'il soutient contre elle. Elle l'entraîne continuellement vers le Nihilisme. C'est l'abîme qu'il voyait à sa gauche et sur lequel il faisait mettre une chaise. Afin de ne pas tomber dans cet abîme, il s'accroche au Surnaturel comme un naufragé à une planche. Mais il n'aborde pas. — La religion n'est pas sûre, — lui échappe-t-il. Dieu non plus n'est pas sûr. Pour s'assurer de l'existence de Dieu, il a recours à la règle des partis. Il joue Dieu à pile ou face. On en rirait si l'anxiété qui lui serre le cœur ne provoquait au respect.

Le respect, tel est le sentiment qui reste attaché à sa mémoire. Il y a plusieurs sortes de respect. Il est comme les conditions humaines. Chacune a ses représentants. Ceux qui ont le mieux vécu selon leur condition méritent le respect qu'elle a le droit d'obtenir à son rang et dans les bornes où il l'enferme. Le respect dû à Pascal n'est pas celui qu'on doit au devoir bien rempli dans une fonction quelconque. Il a une couleur religieuse, mais ce n'est pas néanmoins celui qui entoure un homme qui a prié, qui s'est macéré, qui a fait du bien à autrui. Mais cette figure debout depuis plus de deux siècles à l'horizon, injuriée par les uns, acclamée par les autres, qui n'est indifférente à personne, n'est pas celle d'un simple homme de bien ; sa sainteté, si on veut appeler de ce nom sa grandeur, n'est ni celle qui traîne dans la vie des saints, ni celle qu'on offre à imiter du haut d'une chaire ou dans les pages d'un livre. Pascal est un des plus rares spécimens de la noblesse qu'on rêve dans la nature humaine. Ce n'est pas le vulgaire qu'il frappe, mais cette élite composée de quelques-uns qui marche à la tête de chaque génération et dont l'ensemble à la longue constitue la tradition de l'espèce. Pascal la domine; elle l'admire, mais ce n'est pas sans restriction. Il semble qu'elle en ait peur. Pascal a servi de type à une secte qui prétend que le génie est une névrose. La sainteté de Pascal ferait partie de cette névrose. C'est même en vue de déconsidérer celle-ci qu'on a découvert la théorie du génie qui est une névrose. Du reste, le sentiment religieux, aux yeux de la secte, est lui-même une maladie. Il est vrai qu'elle est héréditaire, c'est-à-dire de l'atavisme. A propos d'une supposition d'ailleurs mal fondée de Sainte-Beuve que Pascal aurait pu tirer du jeu les ressources qui lui permettaient de mener un si grand train en 1654, — il s'agit du carrosse appartenant au duc de Roannez dans lequel il se promène au pont de Neuilly, — le regretté H. Rigault se livrait un jour dans les *Débats* (15 septembre 1857) à des réflexions fort judicieuses : « La critique de nos jours, disait-il, qui a la curiosité et la finesse d'un procureur, en a aussi le penchant à supposer le mal : le soupçon couve sous sa robe noire et l'accusation éclôt. Dans les bibliothèques qu'elle a changées en greffes, la critique remue avec délices les vieux papiers, et quand elle subodore quelque faiblesse ignorée, quelque vice inédit d'un grand homme ou d'une grande femme, c'est une volupté pareille à celle du juge qui a mis la main sur le beau crime qu'il rêvait. Dans Pascal, l'ancienne critique ne s'attachait guère qu'au grand écrivain et à l'ascète; la critique moderne, qui, dans les écrivains, cherche surtout les hommes, et dans chaque homme les coins inexplorés, a découvert un côté de Pascal encore plongé dans un demi-jour plein d'attrait, le côté de l'homme du monde, de l'ancien ami du chevalier de Méré, du dissipé fastueux qui fait rouler sur le pavé de Paris son carrosse à quatre chevaux... Comparant la grandeur du train de vie de Pascal à la médiocrité de sa fortune, M. Sainte-Beuve a supposé que Pascal était joueur; hypothèse imprévue et gratuite qui a souri à son esprit, parce qu'elle enrichissait d'un trait nouveau le portrait de Pascal. Joueur et fanatique, voilà déjà un Pascal presque renouvelé par l'admiration du xixe siècle. »

Dans l'ignorance où il était du fait que le carrosse de Pascal fût celui du duc de Roannez, la conjecture de Sainte-Beuve, étant donnée la liaison de Pascal et du chevalier de Méré, n'était pas respectueuse pour la mémoire de Pascal, mais aurait pu se soutenir. Quant à l'opinion qu'il est un fanatique, elle est une variante de celle qui en fait un halluciné. Un livre récent tend à établir que l'auteur auguste de l'Évangile était aussi un halluciné. Le docteur Lélut, sous le titre d'*Amulette de Pascal*, avait formulé le premier, croyait-il, l'opinion que Pascal était fou. Ce n'était que la réédition d'une vieille injure. On l'attribue à tort à Leibnitz. « En voulant approfondir les choses de la Religion, avait simplement dit Leibnitz, il est devenu scrupuleux jusqu'à la folie. » Ce n'est chez Leibnitz qu'un mot en l'air. Il ne mesurait pas toujours ses termes. Il n'appuie pas, ne discute pas. Le mot lui échappe. Il avait vu Pascal, noué des relations avec la famille Périer qui lui avait communiqué des manuscrits de Pascal. Leibnitz était un homme de la taille de Pascal, à la distinction près. Il n'en avait ni la délicatesse ni l'élévation. Il était plus instruit, moins cantonné, avait une intelligence égale en géométrie et en métaphysique. Il n'en avait ni la foi religieuse, quoiqu'il ne fût pas hostile aux choses de cet ordre, ni le besoin de croire, ni le violent amour de la justice et de la vérité. Il prend cela pour des scrupules, les trouve exagérés. C'est pourquoi le mot de folie lui échappe sans qu'il y mette d'importance et soit disposé à le soutenir. Voltaire précise le sentiment de Leibnitz dans une lettre du 1er juin 1738 : « Vous trouverez dans les mélanges de Leibnitz que la mélancolie égara sur la fin la raison de Pascal ; il le dit même un peu durement. Il n'est pas étonnant, après tout, qu'un homme d'un tempérament délicat, d'une imagination triste comme Pascal, soit, à force de mauvais régime, parvenu à déranger les organes de son cerveau. Cette maladie n'est ni plus surprenante ni plus humiliante que la fièvre et la migraine. » Encore en veut-on à l'ascète. Ce n'est pas la raison de Pascal qui est en cause. Bayle, d'accord avec un point de vue de Montaigne, n'aperçoit dans la prétendue folie de Pascal qu'*une vertu excessive*. « On en a besoin, ajoute-t-il, pour empêcher la prescription de l'esprit du monde contre l'esprit de l'Évangile. » Ceci est la mesure. La sainteté de Pascal, c'est la folie de la Croix. Elle n'est pas commune. « Quand je considère, écrivait Saint-Cyran, que les Chrétiens ne sont, pour parler ainsi, qu'une poignée de gens, en comparaison des autres hommes répandus dans toutes les nations du monde et dont il se perd un nombre infini hors de l'Église, et que dans ce peu d'hommes, qui sont entrés par une vocation de Dieu dans sa maison pour y faire leur salut, il y en a peu qui se sauvent selon la parole de Jésus-Christ dans l'Évangile, et qu'outre cette prédiction réitérée qui regarde le commun des Chrétiens, il y en a encore une autre effroyable qui doit faire trembler les riches », Saint-Cyran craint que le Christianisme ne soit une enseigne qui couvre bien peu de marchandise. Nicole le pense aussi : « Le Christianisme, de tout temps, dit-il, a beaucoup moins triomphé et régné qu'il ne semble. » Eh bien ! oui ; c'est un idéal : on ne l'atteint pas, on y aspire. La folie de Pascal consiste à y avoir atteint et sa sainteté à demeurer comme tel un modèle qui déconcerte, et un scandale aux yeux de ceux qui sont étonnés de voir un si puissant génie allié à des sentiments qui leur répugnent.

VII

L'écrivain chez Pascal n'a pas effacé l'homme : il l'a mis en relief. On cherche de préférence l'écrivain dans les *Provinciales*, l'homme dans les *Pensées*. Le style de celles-ci n'est pas inférieur. On l'apprécierait moins si les *Provinciales* n'avaient fondé le crédit de l'écrivain. Elles ont eu à l'origine un retentissement immense. Le temps, ce qui n'arrive pas fréquemment, a confirmé l'impression du premier moment. Les *Provinciales* ont-elles fixé la langue ? Le cas est oiseux à examiner. L'un dit : celui qui a fixé la langue est Descartes ; l'autre : c'est Balzac ; un troisième, c'est tout le monde. La langue était arrivée à l'âge viril; elle fleurit à la fois de divers côtés. La plus belle fleur de ce printemps, ce sont les *Provinciales*, mais ce n'est qu'une fleur magnifique dans un parterre qui en est semé. Le fait peut être admis. Quoi qu'il en soit, les *Provinciales* n'ont pas eu moins d'influence sur les lettres qu'elles n'avaient eu de retentissement.

Mme de Sévigné raconte — lettre du 15 janvier 1690 — qu'à un dîner chez Lamoignon « Despréaux soutint les Anciens à la réserve d'un seul moderne, qui surpassoit à son goût et les Vieux et les Nouveaux ». Ce moderne était l'auteur des *Provinciales*. On était au fort de la querelle des Anciens et des Modernes, soulevée par Perrault. Deux des quatre volumes de Perrault avaient paru. Ils étaient l'objet ordinaire des conversations dans les salons littéraires. En admettant une exception en faveur de l'auteur des *Provinciales*, Boileau fait un grand sacrifice à ses convictions acquises. Bossuet, que la perfection de la forme n'éblouissait guère, quoiqu'il fût loin de la dédaigner, pense comme Boileau. Il fit des *Provinciales* d'un seul mot un éloge qui vaut un livre. C'est Voltaire qui parle (*Siècle de Louis XIV*) : « L'évêque de Luçon, fils du célèbre Bussy, m'a dit qu'il avoit demandé à M. de Meaux quel ouvrage il eût mieux aimé avoir fait, s'il n'avoit pas fait les siens; Bossuet lui répondit : les *Lettres Provinciales*. » Boileau et Bossuet sont des juges; La Bruyère, qui n'en est souvent pas un moindre, bien que son jugement soit lunatique, se défend dans la préface des *Caractères* d'avoir voulu imiter Pascal. Il entend les *Pensées*. Il a démontré d'autre part, dans ses *Dialogues sur le Quiétisme*, qu'il était fort incapable d'atteindre au dialogue des *Provinciales*, que des critiques non dépourvus de compétence placent au-dessus des dialogues de Platon. Ce sont les *Provinciales* qui, d'une petite école comme était Port-Royal, ont fait un parti religieux, politique et littéraire qui a tenu l'Ancien Régime en échec durant un siècle et demi. C'est Montesquieu qui le constate dans les *Lettres persanes*, qui sont à plus d'un égard une imitation des *Provinciales* : « J'ai ouï raconter du roi — Louis XIV — des choses qui tiennent du prodige, et je ne doute pas que tu ne balances à les croire. On dit que pendant qu'il faisoit la guerre à ses voisins, qui s'étoient tous ligués contre lui, il avoit dans son royaume un nombre innombrable d'ennemis invisibles qui l'entouroient. On ajoute qu'il les a cherchés durant plus de trente ans et que malgré les soins infatigables de certains Dervis (les Jésuites) qui ont sa confiance, il n'en a pu trouver un seul. Ils vivent avec lui, ils sont à sa cour, dans sa capitale, dans ses troupes, dans ses tribunaux; et cependant on dit qu'il aura le chagrin de mourir sans les avoir trouvés. On diroit qu'ils existent en général et qu'ils ne sont plus rien en particulier; c'est un corps, mais point de membres. Sans doute que le ciel veut punir ce prince de n'avoir pas été assez modéré envers les ennemis qu'il a vaincus, puisqu'il lui en donne d'invisibles, dont le génie et le destin sont au-dessus du sien. »

Pascal, dans les *Provinciales*, n'a inventé ni le dialogue ni la discussion morale, ni le genre épistolaire. Ces divers genres, pratiqués depuis l'Antiquité, avaient été cultivés avant lui avec succès par les modernes. Il leur a donné son empreinte, il les a fait luire aux yeux. Son exemple a donné lieu à l'éclosion de toute une littérature. On imite volontiers le génie. Le génie se sert de l'instrument qui lui convient. C'est lui qu'il faut avoir, quelque genre qu'on choisisse :

Tous les genres sont bons, hors le genre ennuyeux.

Fénelon qui l'avait, sans faire oublier le dialogue des *Provinciales*, n'en a pas été écrasé; Fontenelle a pu le cultiver et rencontrer au moins la vogue; La Bruyère n'y était pas propre; Montesquieu s'amusait et sa légèreté apparente ne lui a pas été un obstacle. J.-J. Rousseau s'est essayé dix fois à la forme de Pascal. Dans *Émile*, dans la *Nouvelle Héloïse*, dans sa *Lettre à l'archevêque de Paris*, il a mis ses qualités de caractère et de talent. Les genres ne sont que des cadres. La polémique de Pascal n'a pas été imitable. Ce qu'on ne pouvait pas imiter, c'étaient les dons qu'il tenait de la nature : la véhémence, l'originalité, la sobriété, la précision géométrique, l'ardeur du sang. Et puis il a cette lumière intense qui est la clarté de l'idée et du style, que Voltaire possèdera également à titre de don naturel, moins la profondeur et l'énergie. La profondeur, l'énergie et la précision ne sont que des effets; la précision et l'originalité non plus. Il y a derrière le je ne sais quoi, qui est la personnalité même de l'auteur.

On ne l'analyse pas. On l'a ou on ne l'a pas. On voit bien qu'elle est là. Dire ce que c'est n'est pas possible. On l'imite encore moins qu'on ne la définit. Chez Pascal les objets ont leurs dimensions exactes; il ne les surfait ni ne les diminue. Mais la solidité qu'on leur sent sous sa main est un don inconnu, même de lui qui en dispose. On explique mieux son originalité. Elle est de source mystique; bien qu'il raille les poètes qui manqueraient de preuves s'il n'y avait pas des fleurs, il est un éminent poète; il a une imagination chaude et discrète, qui se dissimule en quelque sorte. Il l'a prise à considérer la Fortune qui n'a point de causes visibles. La Fortune et son jeu sans causes visibles, il la nomme la Grâce. La Grâce est le nom théologique de la Fortune. L'action de celle-ci dont tout est l'œuvre[1], et que Pascal rapporte à Dieu, le met à l'aise. Il s'est abîmé dans cette contemplation morose. Il a rapporté de là des aperçus étranges, une originalité de vues funeste à lui-même, à l'équilibre de sa pensée, à son bonheur, mais qui luit comme un feu d'en haut aux regards du lecteur. Cela sera plus apparent dans les *Pensées;* cela est déjà dans les *Provinciales.* Qu'on y joigne la force et le mouvement. Cette puissante originalité qui le distingue n'existe pas seulement dans ce qu'il dit : elle est aussi dans ce qu'il fait dire à la langue. Celle-ci n'avait pas encore été maniée par un si bon instrument. S'il est injuste d'avancer qu'il l'a fixée, il y eut une part considérable. Il en a forgé une partie de la

---

1. Les anciens avaient fait de la Fortune la *fille aînée de Jupiter*.

syntaxe. Depuis on parle comme lui, non parce que cela est bien, mais parce qu'il a eu l'autorité d'imposer sa manière d'écrire plutôt qu'une autre. Il n'a pas fait que forger une syntaxe, il a forgé des idées. A cet âge de transition comme le xviie siècle, à moitié de son cours, celui qui a la main forte, comme Saint-Cyran ou Pascal, forge les âmes à son image. Il ne les forge pas toutes, il en forge un groupe qui sert de semence. Saint-Cyran a forgé Port-Royal qui, à son tour, a forgé un esprit qui s'est transmis. Pascal a forgé des opinions et un style qui se sont répandus, ont agi, pétri les mœurs et l'éducation d'un grand nombre. Il l'a fait lui-même et par ses disciples, par Nicole, par quiconque a subi son ascendant et, sous son inspiration, prêché, causé, fourni des modèles littéraires. Il a exercé autant d'autorité que Montaigne. La langue de Montaigne a vieilli ; la sienne demeure. Dans la langue des *Provinciales*, dit Voltaire, on ne « rencontre pas un seul mot qui ait subi cette décadence à laquelle les langues vivantes sont sujettes ». Celle de Pascal est aussi jeune aujourd'hui que le jour où Voltaire remarquait qu'elle était tout entière restée vivante. Que les *Provinciales* aient donné à la langue française un pli durable, on le découvre sans peine, mais on ne sait pas trop pourquoi. « La langue françoise, dit d'Alembert, étoit bien loin d'être formée, comme on peut en juger par la plupart des ouvrages alors publiés et dont la lecture est intolérable. Dans les *Lettres Provinciales* il n'y a pas un seul mot qui ait vieilli, et ce livre, bien que composé il y a plus d'un siècle, semble n'être composé que d'hier. » Ce qu'avance d'Alembert est matériellement vrai. D'une part, les livres publiés avant les *Provinciales* sont la plupart d'une lecture intolérable ; d'autre part, le style des *Provinciales* est resté jeune. D'Alembert dit que ce sont les mots qui sont restés jeunes. Ce n'est que relativement exact. Pascal n'en a introduit aucun. Qu'a-t-il donc fait ? Il en a renouvelé le sens ; il l'a ennobli ; il a élevé la langue. Sans en modifier le vocabulaire, il lui a donné de la force ; il lui a fait exprimer des idées et des sentiments auxquels elle n'était pas habituée. Elle était vulgaire, d'allure contournée. Il lui a donné des lettres de noblesse : il en a amolli et fixé la rude syntaxe ; il lui a infusé de la sève, une moelle plus généreuse ; il l'a retrempée aux sources du Christianisme ; il l'a ployée aux exigences de la logique. On a dit que les Scolastiques avaient eu cela de bon, qu'ils avaient rendu logique un idiome jusque-là impuissant parce qu'il se traînait dans l'inversion latine. L'esprit géométrique de Pascal a travaillé dans ce sens, et la hauteur habituelle de sa pensée l'a contrainte de se tenir dans une région supérieure à celle où l'avaient confinée les écrivains de la période précédente, qui manquaient de souffle, de distinction et d'abondance.

Un homme qui trouve ainsi une langue imparfaite, rocailleuse, grossière de ton parce qu'elle n'a été maniée que par des médiocres, qui sait en faire cet organe d'une littérature sans modèle en Europe depuis l'Antiquité, est un écrivain hors de pair et comme le fondateur d'un empire spirituel. « Prendre ainsi une langue dans sa rudesse, dit Henry Rogers[1], et la contraindre, en dépit de ce qu'elle avait de difficile et d'intraitable, à devenir comme une matière malléable sous la pensée, c'est ce qui n'appartient qu'aux esprits de l'ordre le plus élevé. Il n'y a que la flamme ardente du génie qui puisse fondre ensemble ces éléments hétérogènes et les façonner au moule de la beauté. Une remarque le prouve : c'est qu'il n'y a jamais eu que les plus grands génies qui aient pu suffire à cette tâche. Un génie qui ne sera pas de premier ordre introduira souvent des améliorations dans une langue existante et lui donnera une impulsion sensible ; mais il n'y a que la faculté la plus créatrice et la plus plastique qui puisse, d'un seul coup, jeter une langue dans un moule dont la forme ne périra plus et demeure à jamais dans la circulation littéraire, au milieu des révolutions du temps et des caprices soudains

---

1. *Génie et écrits de Pascal*, p. 26 de la traduction Faugère.

de la mode. » La traduction de la Bible par Luther a créé la prose allemande. Les *Provinciales* n'ont pas rempli un objet si étendu. La langue française n'était pas le patois teutonique trouvé par Luther. L'œuvre de Luther n'eut pas d'effet immédiat. Il était presque seul au milieu d'une race dont la pensée était en arrière de plusieurs siècles sur lui. Deux cents ans se sont écoulés avant que les travaux de Luther profitassent à la langue allemande. A la fin du xviie siècle, Leibnitz ne consent pas encore à s'en servir. Il écrit d'ordinaire en latin ou en français. On consentira peut-être un jour à découvrir que, sauf quelques incorrections dues à ce qu'il écrit en français sans le parler tous les jours, sa *Théodicée* et, en particulier, ses *Nouveaux essais sur l'entendement humain* sont deux des bons ouvrages composés dans notre langue.

Pascal n'est pas dans le cas de Luther. Il vit au sein d'une société de mœurs avancées, polie, instruite, curieuse et passionnée de beau langage. Son initiative a tout de suite le privilège de servir à la formation de la plus grande littérature de l'Europe. Luther défriche un sol couvert de ronces et d'épines, qui sera longtemps à produire; Pascal amende un champ où il pousse déjà des moissons. Il est « le vent d'ouest fécondant le sein de la terre et faisant naître les feuilles et les fruits sous ses pas ».

N'est-ce pas surfaire l'action des *Provinciales?* On l'a quelquefois prétendu. Ceux qui savent combien peu d'écrivains qui disposent d'une langue déjà formée parviennent à l'écrire de telle sorte qu'il leur soit donné d'être des modèles ne partagent point cet avis. Ils sont étonnés du goût pur et simple de Pascal, de cette supériorité sans rivale qui ressemble à un bonheur constant. On admire chez les poètes une image isolée, chez les moralistes une pensée qui brille comme une étoile dans un ciel noir. Ce qui n'est chez la plupart des écrivains qu'un accident et comme une rencontre fortuite est, chez l'auteur des *Provinciales*, l'ordinaire. D'autre part, il obéit à son instinct, non à l'exemple. D'exemple, il n'y en a pas qui puisse l'aider. Ce n'est pas qu'il soit sans rhétorique. Mais cette rhétorique, il ne la doit pas à Aristote ou à l'enseignement de l'école. Elle lui est comme naturelle. Il en a inventé les préceptes. Ils se réduisent à deux : démontrer et plaire. Dans les *Pensées* il entreprendra de démontrer. Il démontre également dans les *Provinciales;* le plus souvent, néanmoins, dans les *Provinciales,* il se contente de plaire, ce qui est un moyen très inférieur de persuader, mais utile à employer ici parce qu'il a à se défendre contre l'injure et la persécution. Il méprise ce moyen. « Il y a deux manières, dit-il[1], par où les opinions entrent dans l'âme, l'entendement et la volonté. La meilleure est la première; mais la plus ordinaire, quoique contre la nature, est celle de la volonté, car tout ce qu'il y a d'hommes sont presque toujours emportés à croire non par la preuve, mais par l'agrément. Cette voie est basse, indigne et étrangère; aussi tout le monde la désavoue », et tout le monde l'emploie, y compris Pascal. Si vous lui demandez pourquoi, il répondra qu'on n'est point parfait, qu'on prend les hommes par où l'on peut, que l'intention qu'on met à plaire est une excuse, qu'une autre excuse consiste à tirer l'agréable du vrai. Il faut bien se rendre aux conditions du succès, de l'expérience. C'est au point de vue de l'expérience que Pascal observe, que l'éloquence continue ennuie, parce que la continuité dégoûte de tout, que l'éloquence est une peinture de la pensée, un art de dire les choses de telle façon que ceux à qui l'on parle puissent les entendre sans peine, et avec plaisir, y prendre tant d'intérêt que leur amour-propre les porte à la réflexion.

Il a été jusqu'au fond du sujet et cela avant les *Provinciales,* où il a mis en œuvre les artifices d'un art infini. A juger de lui par l'ascendant qu'il a obtenu sur tous ceux qui l'ont approché, Pascal parlait aussi bien qu'il écrivait. Il remarque qu'il y en a qui parlent bien et qui n'écrivent pas bien : c'est que le lieu et l'assistance les échauffent, et tirent de leur

---

1. *De l'esprit géométrique.*

esprit plus qu'ils n'y trouveraient sans cette chaleur. Il traduit une assertion de Montaigne qui se vante selon sa coutume : « C'est à l'adventure, écrit Montaigne[1], que je puis plus à parler qu'à escrire : le mouvement et action animent les paroles. » C'est une façon de prévenir la postérité qu'il réussissait mieux dans la conversation que dans les *Essais*.

C'est par ce qu'il dit dans les *Pensées* ou dans les opuscules qu'on y annexe d'ordinaire qu'on peut juger de l'art caché dans les *Provinciales*. Ce n'est point du bonheur ; chaque effet est prévu. La simplicité du style n'est pas davantage un don de la nature ; elle est acquise : « Quand on voit le style naturel, dit l'auteur des *Provinciales*, on est tout étonné et ravi ; on s'attendait de voir un auteur et on trouve un homme. » Les gens de goût cherchent toujours un homme dans un livre ; ils ne trouvent qu'un auteur. Il place les auteurs au même rang que les poètes, c'est-à-dire très bas. Ils fuient le naturel ; il est tenté de leur crier à tous : *plus poetice quam humane locutus es*. Ce n'est pas au moins le travail, comme on serait tenté d'imaginer, qu'il condamne chez eux. La plupart s'éloignent laborieusement de la nature ; lui la cherche avec autant de labeur qu'ils peuvent en mettre à l'écarter. Quelques-unes des *Provinciales* qui n'ont que huit pages de texte dans l'édition in-4° ont exigé de Pascal jusqu'à vingt jours d'efforts. « Il étoit souvent vingt jours entiers sur une seule lettre. Il en recommençoit même quelques-unes jusqu'à sept et huit fois, afin de les mettre au degré de perfection que nous les voyons[2]. » Il y en a une qu'il eut la patience de remettre treize fois sur le métier. Il avait le travail pénible ; il imitait à son insu les poètes qui astreignent la pensée à la mesure et à la quantité du vers, afin de l'empêcher de courir et de s'évaporer. D'Aguesseau, qui n'avait qu'une éloquence de parquet, croit faire beaucoup d'honneur à l'éloquence qui

---

1. *Essais*, livre II, ch. xvii.
2. *Histoire des provinciales.* (Dans la préface de la traduction latine de Nicole.)

règne dans les *Provinciales* en la comparant à celle de Cicéron. « Les *Lettres Provinciales*, dit-il, et surtout les dernières, par rapport à l'objet qu'on se propose, — de plaire en prouvant, — peuvent se placer hardiment à côté des grands orateurs, et je ne sais quels sont ceux qui devront avoir le plus peur du voisinage. La Quatorzième Lettre surtout est un chef-d'œuvre d'éloquence qui peut le disputer à tout ce que l'Antiquité a de plus admiré, et je doute que les *Philippiques* de Démosthène et de Cicéron offrent rien de plus fort et de plus parfait. » Les *Philippiques* de Cicéron, comme leur titre l'indique, sont dans le cas de ses traités de philosophie morale : elles sont du genre imitatif. L'abondance de Pascal n'est pas la redondance de l'orateur romain ; elle coule de source ; elle n'amplifie pas.

Du reste, si la puissance de l'éloquence des *Provinciales* vaut celle de Démosthène et diffère de celle de Cicéron autant qu'un tableau de maître diffère d'une copie bien faite, elle a de plus que l'une et l'autre une qualité que les Anciens n'ont guère connue et qui est rare chez les Modernes ; c'est la distinction, une chose difficile à définir qui tient au caractère, à un parfum *sui generis* où la conscience intervient, on ne sait au juste dans quelle mesure, avec une délicatesse exquise, née de la culture chrétienne et propre à ceux qui l'ont reçue. Démosthène est fort et ne l'a pas ; on l'admire plus qu'on ne l'estime. Cicéron est délié ; l'élégance de sa forme et la facilité de son élocution ne lui confèrent pas la noblesse qui distingue la forme et la facilité de Pascal. Le langage de La Rochefoucauld est plus raffiné : il ne touche que l'esprit, n'attire pas. La Bruyère a quelquefois plus de saveur : il n'a pas cela. Bossuet est grand et il est foncièrement bon : il n'a pas cette odeur maladive et pénétrante de l'éloquence de Pascal. Fénelon en approcherait si derrière l'onction de sa pensée on n'apercevait qu'il est trop content de lui-même et que cette onction est peut-être un procédé. En réalité, c'est l'indépendance orageuse du caractère de Pascal qui domine toutes ces manières jalouses d'être applaudi. Il consent à persuader par le moyen qui consiste à plaire. Ce n'est qu'une concession provisoire ; l'envie de la retirer perce tout de suite et il convient que c'est une méthode basse d'entrer dans l'âme. Il fait contre fortune bon cœur, comme les Romains aux Fourches Caudines. Bref, il va de préférence à l'estime. Celle qu'on lui accorde est la déférence à laquelle on se croit obligé, qu'on ne saurait refuser d'ailleurs à cette sensibilité extrême, à la fois tendre, douce et frêle, qui est sans doute un effet de la complexion nerveuse de Pascal. Elle est délicate et ténue d'aspect. Cette délicatesse n'est pas celle que décrit La Rochefoucauld : « La véritable délicatesse, dit-il, est une solide subtilité. » Celle de Pascal est solide et subtile, mais il y joint un attrait qui lui procure l'adhésion du cœur. Enfin il a une impressionnabilité extraordinaire et communicative mêlée d'amertume, et c'est un attrait. Elle serait féminine s'il n'y joignait la force.

Et puis ce géomètre d'un jugement si sûr a de l'esprit. L'esprit est une des plus belles fleurs qui décorent les *Provinciales*. On admet communément que ceux qui sont absorbés dans l'étude des sciences sont très dépourvus du côté de l'esprit ou, comme on dit maintenant, de la verve. C'est peut-être vrai de ceux qui cultivent les sciences naturelles ; l'habitude de peser la matière alourdit. Ce ne l'est pas de ceux qui cultivent les sciences mathématiques. Ce ne l'est pas en particulier de Pascal qui a une imagination merveilleuse. « Quelque paradoxal que cela puisse paraître à première vue, dit Henry Rogers[1], à plusieurs personnes accoutumées à regarder le jugement et l'esprit comme habitant à part, nous doutons qu'il y ait un autre attribut plus commun aux intelligences supérieures, soit dans la science, soit dans l'imagination, que cette qualité sous une forme ou sous une autre. Les noms de Bacon, de Shakespeare, de Platon, de Pascal, de Johnson, de Byron,

---

1. *Génie et écrits de Pascal*, p. 29 de la traduction Faugère.

de Walter Scott et de beaucoup d'autres se présenteront à l'instant au lecteur. Il est vrai que l'histoire nous fait connaître des esprits livrés si exclusivement aux branches les plus abstraites de la science, ou si continuellement absorbés en elle, que s'ils possèdent la faculté de l'esprit, elle n'est pas développée. Aristote et Newton, bien que quelques-uns du petit nombre des bons mots du premier, que la tradition a conservés, soient loin d'être médiocres, peuvent être cités comme exemples. Mais, en général, et l'histoire des sciences et des lettres le montrera, cette qualité, dans l'une ou l'autre de ses mille variétés, a presque toujours accompagné les esprits d'un ordre supérieur. » Les grands écrivains ont toujours de l'esprit. Pascal en a plus qu'un autre, à cause de sa supériorité. L'activité de l'inspiration, l'aptitude à trouver des analogies et des différences entre les objets où le commun n'en voit pas, en exigent beaucoup. C'est la finesse de celui de Pascal qui le rend si propre à spécifier, à ranger, à saisir les nuances. C'est par elle qu'il a pu sortir du terre à terre et de l'aridité de la controverse théologique. A qui le comparer sous le rapport de l'ironie des *Provinciales?* Socrate ne l'avait pas si aiguë. Pascal ne lui doit rien à cet égard ; il n'avait pas lu Platon ; il ne lui a rien emprunté. Lui et Socrate étaient doués d'une sagacité et d'une pénétration égales dans le domaine de l'abstraction ; tous les deux ils aimaient à scruter les profondeurs de la nature morale de l'homme; tous les deux avaient au même degré l'amour de l'idéal, du beau moral; tous les deux avaient une belle intelligence, l'art de présenter la pensée, de l'orner des grâces du langage. Le moraliste grec avait l'imagination plus riante parce qu'il n'était ni malade ni ascétique; le moraliste français l'avait plus riche et plus saisissante. Il l'avait en même temps plus sévère : il ne sacrifiait point à la pompe ; il aurait cru tomber dans la poésie qu'il méprisait. La méprisait-il vraiment? Non ; il la haïssait comme la muse des sens. Quant aux moyens de piquer la curiosité, moyens qu'il n'approuve pas, mais dont il use dans les *Pro-*

vinciales comme de moyens oratoires dans une cause qui émeut ses passions plus que son jugement, Platon n'en a pas le secret, parce qu'il n'est pas un homme de parti et n'a pas Port-Royal à sauver. Pascal feint la naïveté ; il affecte une ignorance enfantine ; il a un talent qu'il dissimule à piquer la vanité du bon père Jésuite, dont la franchise à étaler le détail des expédients auxquels les Casuistes ont recours est un argument dont les plus grands mouvements de l'éloquence n'approchent pas. Ce jeu à l'enfance, ces objections candides, cette simplicité apparente qui n'en est pas du tout, ces étonnements qui provoquent le niais empressement du bon père à produire des autorités, à accumuler des textes qui seraient ennuyeux partout et qui ici dépassent le comique de Molière, ont évidemment fourni à celui-ci le scenario de *Tartufe*, et à La Bruyère le type d'*Onuphre*.

Onuphre descend des *Provinciales* par Tartufe ; Tartufe en émane directement. Pascal a éventé une dixième muse, celle qui raille. On se jette tout de suite sur la découverte. Le rire et la plaisanterie de Pascal éveillent une faculté littéraire qu'on aurait crue absente de France depuis longtemps. Il y en a çà et là quelques traits dans les écrivains et les poètes de la première moitié du xviie siècle. Ce ne sont que des flèches sans pointe. Ce ne sont surtout ni le comique, ni la satire religieuse. Les *Provinciales* leur ont ouvert la porte contre l'intention de Pascal. Il est le père de Tartufe et d'Onuphre comme Descartes est le père de Spinosa.

De sorte que le fond des *Provinciales* a eu autant d'action que la forme. Si parfaite que fût celle-ci, on n'a pas manqué de l'éplucher. Ce ne fut que tard néanmoins. Boileau qui tenait la férule de la critique n'y songea pas. Il honorait trop l'auteur des *Provinciales* et ne sortait pas volontiers de son domaine qui était la poésie. Les Jésuites abasourdis avaient d'autre besogne sur les bras. Ce fut pourtant l'un d'entre eux qui se risqua à hasarder quelques remarques, et cela au bout de quarante ans. Le père Daniel, dans ses *Entretiens de*

Cléandre et d'Eudoxe [1], découvrit la phrase suivante dans la première provinciale : « Si je ne craignois d'être aussi téméraire, je crois *que* je suivrois l'avis de la plupart des gens *que* je vois, *qui,* ayant cru *jusqu'ici* sur la foi publique *que* ces propositions sont dans Jansénius, commencent à se défier du contraire par le refus bizarre *qu'on* fait de les montrer, *qui* est tel *que* je n'ai encore vu personne *qui* m'ait dit les y avoir vues ». Cette série de *qui* et de *que*, outre le défaut d'harmonie, enchevêtre un peu le sens. Aucun écrivain n'échappe aux inadvertances de ce genre. On en rencontre dans Cicéron qui avait l'habitude de parler *ore rotundo*. Les grammairiens ont épilogué sur les *qui* et les *quo* accumulés dans un passage du traité *De finibus bonorum :* « *De* quo, écrit Cicéron, *hæc quæstio est : quasi* quis *inquit,* sit qui, quid *sit voluptas nesciat, aut* qui quo, etc. »

Le père Daniel était un humaniste. On comprend moins la susceptibilité de Condorcet qui n'est ni un humaniste ni un écrivain d'une grande pureté de langage. Il reproche [2] au style des *Provinciales* de n'être parfois ni élégant ni harmonieux ; il se plaint de trouver dans le dialogue trop d'expressions familières et proverbiales qui ne sont plus assez nobles. Condorcet cite : « Je les viens de quitter sur cette dernière raison pour vous écrire ce récit, par où vous voyez qu'il ne s'agit d'aucun des points suivants et qu'ils ne sont condamnés de part ni d'autre. » Quel est le mot trivial ou dur de ce passage ? Condorcet ne le dit pas. Il entend sans doute : « Je *les viens* de quitter ». Cette tournure est dans Corneille, dans Bossuet, dans Molière, dans La Bruyère, dans la plupart des écrivains du siècle de Louis XIV. C'était une locution courante et qui n'est pas entièrement tombée en désuétude. Condorcet continue : « De sorte qu'il n'y a plus que le mot de *prochain* sans aucun sens qui court risque. » Le pouvoir prochain de

---

1. 1 vol. in-12, 1694.
2. Dans l'*Éloge de Pascal* placé en tête de l'édition qu'il a publiée des *Pensées*.

la grâce était l'essentiel du débat engagé entre Port-Royal et les adversaires de la doctrine de Jansénius; Pascal ne pouvait pas ne pas l'employer. Les autres vétilles signalées par Condorcet n'ont été remarquées par personne. On ne sait même sur quoi ses observations portent : « Mais je vois qu'elle ne fera point d'autre mal que de rendre la Sorbonne moins considérable par ce procédé qui lui ôtera l'autorité qui lui est si nécessaire en d'autres rencontres... Le bon père se trouvant aussi empêché de soutenir son opinion, au regard des justes, qu'au regard des méchants, ne perdit pourtant pas courage... Comme je fermois la lettre que je vous ai écrite, je fus visité par M. N..., notre ancien ami, le plus heureusement du monde pour ma curiosité, car il est très informé des questions du temps; il sait parfaitement le secret des Jésuites, chez qui il est à toute heure et avec les principaux. » L'accusation porte sur la Sorbonne *moins considérable, au regard des justes, je fus visité par*. Que n'accuse-t-on l'auteur des *Provinciales* l'emploi de l'*o* au lieu de l'*a* dans les imparfaits? Mais c'est ailleurs que Pascal manque de bon goût et de bon sens; ce sont les expressions dont se sert Condorcet. L'auteur des *Provinciales* demande aux Jésuites « si leurs textes sont des inspirations de l'Agneau ou des abominations suggérées par le Dragon ». Cette langue d'Apocalypse choque Condorcet. Ceci le choque davantage : « Cette comparaison vous paroît-elle fort chrétienne dans une bouche qui consacre le corps adorable de Jésus-Christ? » Il est certain que ce langage n'avait pas cours à Ferney; mais Pascal croit à la présence réelle. Condorcet ne serait pas choqué de l'entendre nier l'existence de Dieu. Il s'excuse du reste de la liberté qu'il prend : « Le respect superstitieux qui ne voit pas les fautes des grands hommes, dit-il, ou qui les dissimule, ne peut convenir qu'à *des esprits petits et froids* »... comme le sien. Ce ne sont pas là d'ailleurs des observations sur la langue. La pureté du goût de Pascal échappe à Condorcet; la simplicité de son style le lui fait croire familier, trivial, dépourvu d'élégance. Il leur préfère l'emphase de Thomas et sa propre emphase. « La cour polie et délicate de Louis XIV, dit-il, ne sentit pas ce défaut, — la trivialité de Pascal, — et l'on voit par beaucoup d'écrits postérieurs à Pascal que les auteurs se plaisoient alors à placer dans leurs ouvrages ces tournures familières comme un moyen de ne point passer pour pédants et pour se donner un air cavalier. Depuis on a senti que le style devoit être plus élevé et plus soutenu que la conversation, puisque l'auteur a plus de temps pour écrire et le lecteur plus de temps pour juger. La conversation même a pris un ton plus noble sans cesser d'être naturelle. » Cette manière de voir montre que Condorcet est un auteur; Pascal préférait un homme : « Ceux qui ont le goût bon, dit-il[1], et qui en voyant un livre croient trouver un homme, sont tout surpris de trouver un auteur. »

L'opinion de Condorcet n'a pas de valeur par elle-même; il n'a pas d'autorité. Mais il est un écho du xviiie siècle. Le xviiie siècle est l'ennemi intime de Pascal; Condorcet est son interprète. C'est comme interprète des sentiments du xviiie siècle à l'endroit de l'auteur des *Provinciales* qu'il mérite d'être consulté. Si Pascal n'avait pas été un géomètre, il ne voudrait pas l'entendre nommer. Mais Pascal a fait des découvertes en physique, en géométrie; il s'impose à Condorcet qui le loue en grinçant des dents. Il le haït et il a honte de l'avouer. Il n'a aucune des qualités d'un juge. Il est un sectaire, un terroriste avant la lettre, à l'âme étroite et fanatique. Il juge Pascal et les *Provinciales* en fanatique. A l'entendre, la plaisanterie des *Provinciales* n'a pas de sel; elle ne fait rire que les Théologiens qui sont une poignée de misérables et qui exercent sur Pascal une intimidation constante. « La crainte d'être accusé d'impiété et de profanation l'oblige d'émousser ses plaisanteries et de les resserrer dans un cercle trop étroit... Il parle souvent des hérésies des Jésuites

---

1. *Pensées*.

sur la Grâce, avec une chaleur qui ne pouvoit échauffer que les Théologiens de son parti... Il a respecté leur intolérance et leur fanatisme... Il n'a vengé que les Jansénistes au lieu de venger le genre humain. » Le genre humain est le client de Condorcet. Il est de l'école de J.-J. Rousseau qui aime le genre humain et se dispense d'aimer ses enfants qu'il jette à la voirie. Bref, le défaut des *Provinciales*, « c'est d'avoir été écrites par un Janséniste ». Une objection fondée que Condorcet avait entendu faire, c'est que l'auteur des *Provinciales* feint de croire que tous les Casuistes sont des Jésuites. Eh bien! non; ils appartiennent à tous les ordres religieux. Ceci est exact; le Casuisme, qui est l'Opportunisme en matière de morale, n'est pas propre aux Jésuites. Cependant ils étaient à la tête de l'école casuiste. D'autre part, si cette conduite est plus habile que juste, Pascal représente la faiblesse qui « oppose un peu de ruse à la force ».

Quoi qu'on en puisse dire, les *Provinciales* subsistent comme chef-d'œuvre littéraire. Ce n'est plus le sujet qui intéresse; ce n'est plus la polémique; les ouvrages de polémique ne durent pas. Quel est le secret du crédit que le livre conserve? Ce sont, selon M. Nisard[1], trois qualités de l'œuvre qui caractérisent le génie : la méthode, l'invention et le style. Il n'y a plus à parler du style. Mais la méthode et l'invention, auxquelles tout lecteur n'est pas sensible, en sont les supports non apparents. « Par la méthode, dit M. Nisard, laquelle consiste à proportionner chaque lettre au sujet qui y est traité, à en disposer les parties dans l'ordre le plus naturel, à n'y faire entrer que les détails qui s'y rapportent et à faire valoir chacun par la place qu'il occupe, à approprier en un mot l'écrit au lecteur, quel ouvrage surpasse les *Provinciales*? Si l'on entend en outre la méthode dans le sens cartésien, quelle plus belle application connaissons-nous de cet art de chercher la vérité dont Descartes avait donné les règles!

---

1. D. Nisard : *Histoire de la littérature française*, t. II, p. 214 et suivantes de l'édit. de 1844.

Aucune preuve n'y est admise qui ne soit évidente, et dont l'évidence ne se puisse percevoir par la raison. Les faits ont pu être contestés ; l'esprit le plus droit, engagé dans un parti, peut-il échapper à des erreurs de fait? Mais les inductions sont incontestables..... Mais quel que soit ce mérite de composition dans les *Provinciales*, l'invention m'en paraît la partie la plus admirable. Proportionner, approprier, est une œuvre de la raison. Il y suffit d'un très bon esprit, et l'exemple qui en a été donné par d'autres y peut beaucoup aider. L'invention, c'est le génie. Non que la raison n'y ait la plus grande part, comme dans toute œuvre de génie, mais une autre faculté lui fournit ses plus ingénieuses ressources et lui présente les idées sous la forme de sentiments ou de personnages vivants : c'est l'imagination. Ce que Pascal imagine pour rendre sa matière agréable, et non seulement pour varier ses pensées, mais pour les présenter sous les formes les plus diverses ; ce qu'il montre d'invention pour faire sortir la vérité d'où on l'attend le moins, pour en rendre l'effet plus sûr, pour n'en rien laisser perdre, rappelle toutes les grâces des dialogues de Platon, auxquels on a fort judicieusement comparé les *Provinciales*. La fiction de ce bon père Jésuite, qui dans six des *Provinciales* (de la 4ᵉ à la 11ᵉ) sert si agréablement de plastron à Pascal, est une création du comique le plus fin. J'entends celui qui tire le ridicule de l'observation la plus exacte et la plus délicate, plutôt que de certains contrastes inattendus d'où naît le plaisir passager et sans solidité de la surprise. S'il est vrai que l'idée en soit venue à Pascal du Gorgias de Platon, combien j'en trouve l'imitation bien plus originale que le modèle! Le bon père Jésuite, qui trahit sa Société sans le savoir, et qui professe honnêtement une méchante morale, sera toujours bien plus dans la nature que Gorgias, lequel ne paraît pas dupe de sa fausse rhétorique. Arrêtons-nous quelques instants sur cette piquante image de l'homme de bonne foi dans un parti malhonnête.

« Que voulait l'auteur des *Provinciales*? Attaquer la Morale des Jésuites et déshonorer la Compagnie par ses propres doctrines. Un autre, Arnauld peut-être, se serait borné à en énumérer tous les points condamnables ; mais quelque habileté qu'il eût mise à les disposer selon leur degré de gravité, cette accusation en forme eût été monotone, et la vérité, même prenant cette allure de plaidoyer, eût été suspecte. Pascal imagine donc une suite de petits dialogues entre lui et un casuiste de la Société, bonhomme au fond, mais si plein de l'esprit et de la morale de sa Compagnie qu'il accepte la responsabilité de tout ce que Pascal en dénonce et qu'il lui révèle d'abondance ce que celui-ci feint d'en ignorer. La vivacité du dialogue entre deux interlocuteurs dont l'un joue l'autre, la malice de Pascal et la naïveté du père, l'inattendu des incidents, un art infini pour les varier, font de ces lettres comme les actes d'une petite pièce qu'on suit avec l'intérêt qui s'attache à un ouvrage de théâtre. »

Ce bon père est une ancienne connaissance ; Pascal veut la renouveler et va le consulter. Quelques menues flatteries lui concilient la bienveillance du père. Cette bienveillance acquise, Pascal le met sur le chapitre du jeûne. Pascal ne peut pas supporter le jeûne. Qu'il y mette de la bonne volonté, articule d'abord le père. Eh bien, oui, mais il ne peut pas. Le père y songe : — Est-ce qu'il n'a pas quelque difficulté à dormir sans souper ? — Hélas ! — Alors, il n'est pas obligé de jeûner. Le père ouvre sa bibliothèque et lui montre Escobar. La conversation s'engage, animée, cordiale. Pascal possède l'art d'encourager sa bonne humeur au point qu'elle devient de la jubilation. « La candeur du père, continue M. Nisard, ajoute à l'énormité de la Morale qu'il professe, et ses aveux chargent d'autant plus la Société qu'ils sont moins d'un complice qui sait qu'il fait mal et qui en triomphe, que d'un homme engagé sans le savoir dans une doctrine criminelle. Son interlocuteur ne perd pas une occasion d'en tirer parti. Tantôt il joue si bien l'étonné que le père, prenant ses exclamations pour des cris d'adhésion involontaire, s'empresse de compléter la révélation qui l'a si fort touché. Tantôt il feint l'indignation pour rendre plus fortes les apologies du père; tantôt il loue comme sagesse l'odieuse complaisance de certaines maximes pour exciter le Père à en faire connaître qui vont encore plus loin. Une autre fois, il affectera de ne pas comprendre pour que l'explication soit plus catégorique. Le plus grand nombre de ses questions et de ses réflexions a ce caractère de double entente, si piquant au théâtre, par lequel on blâme ce qu'on paraît approuver et on loue ce qu'on paraît blâmer. Mais l'emploi en est peut-être plus délicat dans un écrit destiné à la lecture que dans une pièce de théâtre, et la même finesse, qui dans l'écrit touche si juste, serait froide ou ne serait pas sentie au théâtre. »

Le Pascal des *Pensées* est au même titre que Saint-Cyran l'ascète triste de la *Dévotion aisée* du père Le Moine qu'il cite dans les petites lettres [1]. « Je ne nie pas qu'il ne se voie des dévots qui sont pâles et mélancoliques de leur complexion, qui aiment le silence et la retraite et qui n'ont que du flegme dans les veines et de la terre sur le visage. » Lors des *Provinciales* il n'en est pas encore là; il ressemble à ceux « qui sont d'une complexion plus heureuse et qui ont abondance de cette humeur douce et chaude, et de ce sang bénin et rectifié qui fait la joie ». Chacune de ses homélies est une saynète qu'on lit au lieu d'aller la voir jouer.

Les Jansénistes, qui avaient toujours deux ou trois expéditions en cours, en ayant entrepris une contre le théâtre, Racine, élevé chez eux, mais qui était jeune et qu'ils n'avaient pu retenir, leur rappelle durement les *Provinciales* dans une lettre (1664) que Boileau l'empêcha de faire imprimer : « Dites-moi, messieurs, qu'est-ce qui se passe dans les comédies? On y joue un valet fourbe, un bourgeois avare, un marquis extravagant, et tout ce qu'il y a dans le monde de plus digne de risée. J'avoue que le Provincial a mieux choisi

---

1. IXe provinciale.

ses personnages : il les a cherchés dans les couvents[1] et dans la Sorbonne ; il a introduit sur la scène tantôt des Jacobins, tantôt des docteurs, et toujours des Jésuites. Combien de rôles leur fait-il jouer! Tantôt il amène un Jésuite bonhomme, tantôt un Jésuite méchant et toujours un Jésuite ridicule. Reconnoissez donc que puisque nos comédies ressemblent si fort aux vôtres, il faut bien qu'elles ne soient pas si criminelles. » L'argument de Racine porta. L'intention de faire juger par le public la morale des Casuistes, de transporter la discussion du terrain de la théologie où elle était confinée, dans la rue où on devait s'en emparer, avait déterminé Pascal à user de tout le prestige que les ressources de l'art peuvent fournir à un sujet placé hors de la portée du commun. Il en est résulté en même temps qu'un chef-d'œuvre littéraire une révolution dans les mœurs.

VIII

Les personnages des *Provinciales* sont des théologiens, des docteurs, des écrivains ascétiques, quelques-uns entourés d'une auréole, tous respectés, accoutumés à vivre à l'ombre du cloître, loin de la foule et de l'irrévérence ordinaire aux propos de celle-ci. Pascal les cite à comparaître devant elle. Ils se gourment, se contredisent au moins ; ils sont convaincus de n'être ni si graves ni si austères qu'ils en ont la réputation. Les Prophètes, les Pères de l'Église, les Saints, quelquefois Dieu lui-même interviennent dans le dialogue. Le langage qu'ils tiennent n'est souvent pas conforme à la Tradition. Dieu se livre à l'ironie, les Prophètes se mettent en colère, les Saints rient et font des mots. On accusa Pascal de « tourner les choses saintes en raillerie ». Pascal, s'il ne l'avoue pas, a

---

[1] Sans doute en vertu de l'axiome qu'il est « plus aisé de trouver des moines que des raisons ».

conscience de n'être pas tout à fait sans reproche de ce côté. Il se défend vivement. « Ce reproche, mes Pères, dit-il, est bien surprenant et bien injuste. Car en quel lieu trouvez-vous que je tourne les choses saintes en raillerie ? Vous marquez en particulier le *Contract Mohatra* et l'*Histoire de Jean d'Alba*. Mais est-ce cela que vous appelez des choses saintes? Vous semble-t-il que le Mohatra soit une chose si vénérable que ce soit un blasphème de n'en pas parler avec respect, et les leçons du Père Bauny sur le larcin qui portèrent Jean d'Alba à le pratiquer contre vous-mêmes sont-elles si sacrées que vous ayez le droit de traiter d'impies ceux qui s'en moquent? Quoi ! mes Pères, les imaginations de vos écrivains passeront pour des vérités de la foi ? » Ce n'est pas cela et Pascal ne l'ignore pas : c'est le ton qu'il emploie, c'est le sujet même de la discussion, ce sont les personnes qu'il juge et la manière dont il invoque leur témoignage qui jettent du ridicule sur des choses qu'on a coutume de traiter avec moins de liberté. C'était nouveau. Il n'était pas nouveau qu'on raillât les moines, les vices des moines, les pratiques du culte : les conteurs du moyen âge et Rabelais tout récemment avaient bouffonné là-dessus. Il était nouveau qu'on raillât et qu'on discutât l'objet même de la Théologie, et plus le talent de Pascal était grand, plus l'autorité que le vrai talent obtient toujours était considérable, plus l'effet devait dépasser le but qui était honorable et n'aspirait qu'à flétrir ce qui méritait d'être flétri. Tout de suite du ton de Pascal on descend à celui des pamphlétaires borgnes :

> Le père Annat est rude
> Et me dit fort souvent
> Qu'un péché d'habitude
> Est un crime fort grand.
> De peur de lui déplaire,
> Je change La Vallière
> Et prends la Montespan.

Le glaive des *Provinciales* avait deux tranchants, l'un religieux, l'autre politique. On n'apercevra pas le second avant longtemps, sinon par intervalle; on n'en aura peur que dans la main des encyclopédistes. L'autre apparut tout de suite. Les trois premiers actes de *Tartufe* sont de 1664, sept ans après les *Provinciales* et deux ans après la mort de Pascal. Le roi, dans l'ardeur des passions de la jeunesse, ne vit pas d'inconvénient à ce qu'on les lui jouât à Versailles; Monsieur les fit jouer à Villers-Cotterets et le prince de Condé au Raincy. C'était la revanche de Molière contre les Jansénistes au moment précis où ils proscrivaient son métier. La ballade de La Fontaine à Escobar est aussi de 1664. Molière et La Fontaine n'étaient pas des dissidents du Christianisme; ils étaient hors du Christianisme. Ils ne se soucient pas de la Morale des Casuistes; elle est au contraire à leur usage; ils ne se soucient pas davantage de l'hypocrisie : c'est au réel de la piété qu'ils en veulent, non à sa contrefaçon. Cette contrefaçon est encore à leur usage, puisque, hostiles à la Piété chrétienne, ils professent n'en attaquer que la feinte.

On a comparé la mélancolie de Molière à celle de Pascal. Elles n'ont presque rien de commun. Pascal a eu des joies jusqu'à la fin. Il écrit dans un fragment de lettre à Mlle de Roannez : « Priez toujours, dit saint Paul, rendez grâces toujours, réjouissez-vous toujours. » S'il n'était pas malade, il serait encore, à la veille de sa mort, de ceux qui « ont abondance de cette humeur douce et chaude et de ce sang bénin et rectifié qui fait la joie » et qui déborde dans les *Provinciales*. « Molière, dit Sainte-Beuve à qui est dû le parallèle de la mélancolie de Pascal et de celle de Molière [1], autant que Montaigne et que Pascal, avait toisé et jugé en tous sens cette scène de la vie, les honneurs, la naissance, la qualité, la propriété, le mariage, toutes les coutumes; il savait autant qu'eux, à point nommé, le revers de cette tapisserie, le dessous et le creux de ces planches sur lesquelles il marchait;

---

1. *Histoire de Port-Royal*, t. III, p. 275 de la 4e édition.

mais il ne prenait pas la chose si en glissant que Montaigne et, comme lui, il ne la *coulait* pas ; — et il ne la serrait pas non plus comme Pascal jusqu'à lui faire rendre gorge, jusqu'à la forcer d'exprimer l'énigme. Jeune, il avait irrésistiblement cédé à un double penchant qu'il unissait dans un même transport, l'amour du théâtre et l'amour, — cette même alliance que Pascal a si tendrement exprimée dans une pensée qui veut être sévère[1]. » L'amour le trahit, comme l'amour et le monde avaient trahi Pascal. Il essaye de se distraire par le théâtre, par le succès hallucinant, par le travail qui broie, comme Pascal par les *Provinciales,* par les pratiques ascétiques et par l'étude acharnée. Une note aiguë et convulsive qui leur échappe à chacun, à l'improviste, indique que leurs efforts sont vains. Sainte-Beuve les met en présence dans une entrevue imaginaire. Molière nihiliste et Pascal ascète se comprennent à peu près. Molière « se met à entamer, en général, le monde, la vie, la destinée, et ce grand doute et ce malheur immense au sein duquel l'homme est englouti, — malheur d'autant plus grand que la pensée, plus grande dans l'homme, se fait plus égale à le comprendre. Celui qui tra-

---

1. « Tous les grands divertissements sont dangereux pour la vie chrétienne; mais entre tous ceux que le monde a inventés, il n'y en a point qui soit plus à craindre que la comédie. C'est une représentation si naturelle et si délicate des passions, qu'elle les émeut et les fait naître dans notre cœur et surtout celle de l'amour, principalement lorsqu'on le représente fort chaste et fort honnête. Car, plus il paroît innocent aux âmes innocentes, plus elles sont capables d'en être touchées. Sa violence plaît à notre amour-propre qui forme aussitôt un désir de causer les mêmes effets que l'on voit si bien représentés; et l'on se fait en même temps une conscience fondée sur l'honnêteté des sentiments qu'on y voit, qui éteint la crainte des âmes pures, lesquelles s'imaginent que ce n'est pas blesser la pureté, d'aimer d'un amour qui leur semble si sage. Ainsi l'on s'en va de la comédie, le cœur si rempli de toutes les beautés et de toutes les douceurs de l'amour, l'âme et l'esprit si persuadés de son innocence, qu'on est tout préparé à recevoir ses premières impressions ou plutôt à chercher l'occasion de les faire naître dans le cœur de quelqu'un pour recevoir les même plaisirs et les mêmes sacrifices que l'on a vus si bien dépeints dans la comédie. » Cette pensée est de celles qui ne semblent pas appartenir à *l'Apologie de la religion chrétienne.*

duisit Lucrèce semble tout d'un coup devenu pareil à lui de plainte et d'accent, en présence du grave solitaire. Chose remarquable! à chaque pas d'abord que fait l'entretien, ces deux hommes sont d'accord : Molière parle et s'ouvre amèrement; Pascal écoute et approuve; et toute la misère et la contradiction de la nature avec ses générosités manquées et ses sottes rechutes, ce faux sens commun qui n'en est pas un et qui n'est que le trompe-l'œil du grand nombre; cette soi-disant liberté et volonté souveraine qui, chez les Alexandre comme chez les Sganarelle, s'en va trébucher à son plus beau moment et se casse le nez dans sa victoire[1]; toute cette déception infinie se déroule et défile en mille saillies grimaçantes; toujours ils semblent d'accord, jusqu'à ce point où Molière ayant tout dit et terminant dans le silence ou par quelque éclat de dérision, Pascal, à son tour, reprend et continue. Il reprend et repasse chaque misère, mais dans un certain sens suivi; et de tout ce marais immense, de cette immersion universelle où nage, comme elle peut, la pauvre nature humaine naufragée, il arrive au bas de l'unique colline. Il y prend pied et la gravit en insistant : il monte dans son discours, il monte avec une sorte d'effroi qui perce dans ses paroles, il monte sous le poids de toutes ces misères cette rude pente du Golgotha; et, à mesure qu'il s'y élève, il fait voir de là comment tout s'y range et l'ordonnance que cela prend; tant qu'enfin saisissant et serrant d'un violent amour le pied de la Croix qui règne au sommet, il crie le mot *salut* et force son interlocuteur étonné à reconnaître, du moins de là, aux choses de notre univers le seul aspect qui ne soit pas risible ou désolé. »

Molière s'en va rêveur, trouvant qu'un si grand esprit a des idées singulières. Eh bien! non, Molière ne s'en va pas ainsi, ne trouve pas que Pascal est singulier. Il aurait plutôt envie d'en faire Alceste; Tartufe n'en est que l'épreuve à

---

1. *Festin de Pierre*, acte III, scène 1re.

l'envers. Au fond, il est de l'avis de Pascal. Au point de vue de l'art, les *Provinciales* lui on fourni des matériaux, des situations, des termes, toute une langue. La grâce, les scrupules, les accommodements, la direction d'intention, montrent le bout du nez à chaque scène de *Tartufe*, et la Casuistique d'Escobar, le vrai modèle de Tartufe, est le fondement sur lequel la pièce est construite. Tartufe levant les scrupules d'Elmire, c'est Escobar qui distingue :

> Je puis vous dissiper ces craintes ridicules,
> Madame, et je sais l'art de lever les scrupules.
> Le ciel défend, de vrai, certains contentements ;
> Mais on trouve avec lui des accommodements.
> Selon divers besoins, il est une science
> D'étendre les liens de notre conscience
> Et de rectifier le mal de l'action
> Avec la pureté de notre intention.

Entre Pascal et Molière la différence est moindre que Sainte-Beuve n'imagine. Il n'y a pas d'instrument dont il ne soit permis d'abuser. Le rire aigu des *Provinciales* a été un outil de destruction morale, mais il a rendu des services éminents! La Casuistique qu'il a détruite n'était pas un mythe ; l'hypocrisie d'Onuphre, dévot, athée selon les circonstances, c'est-à-dire n'ayant de conviction que l'envie servile de plaire à un maître, est encore moins un mythe ; c'était de l'opportunisme religieux. Cet esprit, car c'est un esprit, tout le monde en a pris à sa fantaisie ou à sa taille, selon son dessein, son intérêt, sa mauvaise foi, sa médiocrité ; ce dernier cas est celui de Gibbon. Il déclare dans ses mémoires que la raillerie des *Provinciales* a fait son éducation d'historien ; elle lui a appris à dénigrer le monde romain de la Décadence. « Les *Lettres Provinciales*, écrit-il, que j'ai relues presque tous les ans avec un nouveau plaisir, m'ont appris à manier l'arme de l'ironie grave et modérée et à l'appliquer même à des sujets ecclésiastiques. » Il a appris surtout à l'appliquer à des sujets ecclésiastiques.

Pascal aurait-il eu plus de succès qu'il n'en aurait eu le

désir s'il avait pu le prévoir? En s'en prenant à la morale des Casuistes, a-t-il atteint la Morale du Christianisme, ce qu'il aurait certes fait contre son intention? Après Tartufe, après Onuphre, après ce que vient de dire Gibbon, après l'usage qu'on a fait depuis de la raillerie dont il a fourni le modèle, on le croirait. Le mal est plus apparent que réel. La raillerie ne tue que ce qui est déjà mort. On peut railler les Alpes tant qu'on voudra, elles ne tomberont point. Est-ce que la raillerie de Scarron a fait tomber l'*Énéide*? Est-ce que la *Pucelle* de Voltaire a déshonoré le nom de Jeanne d'Arc? La raillerie voltairienne a rendu à l'Évangile une vitalité qu'il semblait avoir perdue. La Renaissance avait nourri d'autres espérances. L'événement leur a donné tort. Au XVII° et au XVIII° siècle, l'action des *Provinciales* et de *Tartufe* contre le Christianisme paraissait formidable. Baillet, janséniste, historien de Descartes, débute ainsi sur Molière, dans ses *Jugements des Savants* : « M. Molière est un des plus dangereux ennemis que le siècle ou le monde ait suscités à l'Église de Jésus-Christ. » On dit : Qui a fait Tartufe fera Don Juan. La première lecture de *Tartufe* eut lieu chez Ninon et c'est là qu'il devait naître. Il ne s'agit pas de l'intention, mais de l'effet produit. Qui a fait Onuphre devait écrire les Dialogues sur le Quiétisme et le chapitre XVI des *Caractères*. Puis est venue une grande poussée, Bayle, Fontenelle, les *Lettres persanes*, Voltaire, d'Alembert, Diderot, les feuillistes de l'École de Grimm, puis le rasoir national, puis les sectes contemporaines. Cette cohue aurait fondé la *Morale des honnêtes gens*.

La Morale des honnêtes gens existe; le mouvement d'opinion déterminé par les *Provinciales* a contribué à la créer, mais la Morale des honnêtes gens n'en est pas uniquement la fille; elle est en même temps la fille de bien autre chose. Eh! répond Sainte-Beuve, les *Provinciales* ont détruit en Morale la Scolastique. Or qu'est-ce que la Scolastique? C'est la morale chrétienne disséquée, mise en maximes, appliquée aux circonstances de chaque siècle, de chaque race, de chaque climat. Mais peut-on objecter, puisqu'on a pu l'approprier aux circonstances de chaque siècle, de chaque climat, de chaque race, sans qu'elle en mourût, le triomphe de la Morale des honnêtes gens ne la fera pas mourir encore cette fois, à supposer que les *Provinciales* soient responsables du triomphe de cette Morale, naturellement avec *Tartufe* et les suites de l'inoculation occasionnée par les *Provinciales*.

Maintenant qu'est-ce que la Morale des honnêtes gens? Eh! mon Dieu! répond Sainte-Beuve, ce n'est pas l'idéal : « Aussi inférieure à la vraie Morale chrétienne que supérieure à la *fausse et odieuse méthode jésuitique*[1], cette morale des honnêtes gens n'est pas la vertu, mais un composé de bonnes habitudes, de bonnes manières, d'honnêtes procédés reposant d'ordinaire sur un fond plus ou moins généreux, sur une nature plus ou moins *bien née*. *Être bien né*, comme on dit, avoir autour soi d'honorables exemples, avoir reçu une éducation qui ait entretenu nos sentiments, ne pas manquer de conscience, se soucier surtout d'une juste considération, voilà avec mille variantes qu'on suppose aisément, avec plus de feu et de générosité quand on est jeune, avec plus de dépendance et de calcul bien entendu après trente ans, voilà ce qui compose à peu près cette Morale des relations ordinaires, telle que nous l'offre tout d'abord la surface de la Société aujourd'hui, et qui même y pénètre assez avant. Depuis la chute de l'ancienne société et des anciennes classes cette Morale est surtout celle qui apparaît aux premières couches; je parle de la France. Il y entre des résultats philosophiques; il y reste des habitudes et des maximes chrétiennes. C'est un compromis, mais qui par là même suffit aux besoins du jour. Dans ce qu'elle a de mieux, je dirai que c'est

---

[1]. L'auteur de *Port-Royal* sacrifie aux préjugés de la rue. Cette *fausse et odieuse méthode jésuitique* est le fruit de l'esprit de transaction nécessaire à ceux qui ont à gouverner. C'est le possible appliqué à la conduite de chacun, comme chez les hommes d'État, la Politique est le possible appliqué aux événements et à l'administration des intérêts généraux.

du Christianisme rationalisé, ou plutôt *utilisé*, passé à l'état de pratique sociale utile. On a détruit en partie le temple, mais les morceaux en sont bons, et on les emploie, on les exploite sans trop s'en rendre compte. » Est-ce bon? demande l'auteur de *Volupté*. Oui, socialement. Vue de près, la chose est douteuse. Sainte-Beuve cite Pascal d'après la leçon des *Pensées* publiée sous les auspices de *Port-Royal :* « Les inventions des hommes vont en avançant de siècle en siècle : la bonté et la malice du monde en général reste la même. » Pascal ne dit réellement pas cela. C'est Condorcet qui le lui fait dire. Condorcet alors aurait prêté des armes contre lui-même. Puisqu'on marche, que le progrès est une loi de la nature, le bien et le mal doivent marcher du même pas. Mais il déplaît à Condorcet que le mal progresse. Dans l'école philosophique il était admis qu'on avançait vers l'âge d'or, où il n'y aurait plus de mal. De fait Pascal estime que le mal va croissant comme le bien. « La nature, dit-il[1], agit par progrès : *itus et reditus*[2]. Elle passe et revient, puis va plus loin, puis deux fois moins, puis plus que jamais... La nature de l'homme n'est pas d'aller toujours. Elle a ses allées et ses venues... Les inventions de l'homme de siècle en siècle vont de même. La bonté et la malice du monde en général *en est de même : plerumque gratæ principibus vices.* » C'est très différent du texte de Condorcet, qui, à l'ordinaire, falsifie dans l'intérêt de ses théories personnelles. La Civilisation avance et recule selon Pascal. Vico enseignera qu'elle va en rond et qu'en somme elle ne bouge pas dans le champ limité où elle évolue. Pascal ne le pense pas ; il imaginerait plutôt que les cercles qu'elle décrit sont des spirales et que si elle semble repasser dans le sentier qu'elle a déjà parcouru, ce n'est qu'une apparence. Elle passe dans le voisinage et un peu plus haut. Ce qui demeure de l'observation, c'est que Sainte-Beuve et Condorcet se

---

1. *Pensées*, t. Ier, p. 202-203 de l'édition Faugère.
2. Vico copiera cela : *Corsi e ricorsi*, mais c'est l'*itus et reditus* de Pascal qui est l'original.

trompent également sur l'opinion de Pascal. Dans sa dissertation sur l'autorité en matière philosophique, Pascal considère de préférence les inventions des hommes, leurs expériences scientifiques, leurs moyens d'améliorer leur condition vis-à-vis de la nature et des êtres vivants qu'ils exploitent et dominent. En Morale, il a la même doctrine ; il ne pense pas que « la bonté et la malice du monde en général restent les mêmes » ; il pense au contraire que le bien croît avec les siècles et le mal aussi, qu'ils ont un progrès parallèle.

Quel rapport la *Morale des honnêtes gens* peut-elle avoir avec cette doctrine? Elle en a un qui est évident. La Morale des honnêtes gens est la morale bourgeoise. Elle s'est un peu abaissée depuis le xviie siècle parce qu'elle s'est étendue à des millions d'hommes qui n'y avaient point de part et qui y sont maintenant associés par leur condition et leur éducation. Elle est de beaucoup antérieure au xviie siècle. Elle était à cette époque confinée dans la haute bourgeoisie. Celle d'en bas y aspirait; elle était encore confondue à beaucoup d'égards avec la classe des artisans. Mais la haute bourgeoisie avait acquis un rang et une indépendance qui la rendaient fière et lui donnaient le désir d'être digne de ces avantages. Elle emplissait les parlements, l'église, la finance, l'administration. Ce qu'il y avait de commerce et d'industrie était dans ses mains. Elle était instruite et se croyait appelée à une grande destinée. Port-Royal en est l'organe par le but qu'il se propose et la condition des membres qui le recrutent. C'est lui qui a éduqué, discipliné, formé, armé en guerre cette bourgeoisie des villes, embryon des classes parlementaires du xixe siècle, qui ont essayé, elles aussi, d'avoir un Port-Royal dans l'école doctrinaire, et un Saint-Cyran dans la personne de M. Royer-Collard. Port-Royal a collaboré à la formation de la Morale des honnêtes gens, avec le théâtre, la littérature, la vie de salon et dix autres causes qui échappent à une nomenclature. Ce n'est pas que la Morale des honnêtes gens soit la morale de Port-Royal. Il demandait plus ; il a obtenu beaucoup moins qu'il ne demandait. L'auteur des *Provinciales* a-t-il sa part à revendiquer dans l'élaboration de la Morale des honnêtes gens? Oui, certes. Il y était hostile par tempérament et en aurait eu horreur s'il avait prévu qu'on lui attribuerait quelque chose de la paternité de cette Morale des honnêtes gens. Mais il est descendu un jour jusqu'à elle dans un intérêt de propagande. C'est une complicité de fait, contraire à son intention. Il n'est pas l'homme des compromis et des moyennes entre l'esprit du monde et l'esprit évangélique.

La Morale des honnêtes gens est en pratique un progrès immense : elle a élargi le champ de la civilisation, agrégé à celle-ci des classes entières restées de temps immémorial, non à l'état de nature, mais à ce demi-état de nature qui est l'état rural, ou bien au-dessous de l'état rural, celui de la plèbe urbaine.

La Morale des honnêtes gens a acquis l'empire. Sainte-Beuve, qui lui appartenait d'une manière si complète, en augure mal : « Cette Morale des honnêtes gens, dit-il [1], rentre plutôt dans les inventions des hommes, et si elle est un progrès en ce sens, elle va peu au delà; elle n'affecte guère le fonds général de bonté ou de malice humaine. Quand survient quelque grande crise, quand quelque grand fourbe, quelque criminel heureux, s'empare de la Société pour la pétrir à son gré, cette Morale des honnêtes gens devient insuffisante; elle se plie et s'accommode, trouvant mille raisons de colorer ses cupidités et ses bassesses; on en a eu des exemples. » Pascal en avait eu plusieurs sous les yeux. Il avait assisté à une crise : c'était la Fronde. De ces grands fourbes qui pétrissent la Société au gré de leur ambition, il en avait vu poser dix devant lui. Il avait vu Richelieu. Il était jeune et Richelieu avait l'avantage de servir l'intérêt public. Après lui il en avait surgi d'autres, dans le jeu desquels il était plus aisé de voir clair. Il y avait eu Retz, il y avait eu

---

[1]. *Port-Royal*, t. III, p. 261-262 de l'édition citée.

Beaufort, il y avait eu Condé, et au-dessous d'eux vingt autres qui n'étaient que des comparses. Tous avaient des adhérents; devant tous la Morale des honnêtes gens avait composé, s'était accommodée aux circonstances, avait trouvé de bonnes raisons de colorer son attitude. Elle s'était résignée à être la proie du plus fort; elle en avait même tiré argument. Cela l'avait confirmée, fortifiée, engagée à persévérer; cela lui avait montré la Fortune se jouant du droit, des intérêts, du repos de chacun, marchant sur les croyances, sur les mœurs, sur la tradition, le visage impassible. Tous s'étaient rangés afin de la laisser passer, les Jansénistes comme les autres. Les disciples de Saint-Cyran avaient même négocié avec elle. Quoi qu'on puisse prétendre, le fond général de bonté et de malice humaines qu'il y a en circulation avait été affecté par les événements. La bonté de quelques-uns avait crû; la malice de beaucoup avait également crû. Ce sont des sortes de mêlées de caractères, de personnalités que trempe l'orage, qui n'auraient pas eu l'occasion de se manifester en temps normal. Tout le personnel historique du xviie siècle a été vanné par les troubles qui ont agité la dictature de Richelieu et par la Fronde. Pascal en est sorti armé; il n'est pas de ceux que le vent a couchés à terre, mais il est de ceux qui ont eu à lui résister. Ce ne fut pas la Morale des honnêtes gens qui l'y a aidé. Quand souffle la bise, elle se réfugie dans un coin et attend une accalmie. Si on va la dénicher dans son coin, elle tient la conduite qu'on veut, use du langage qu'on veut. Elle ne pratique d'autre vertu que la patience, qui est en effet une vertu précieuse. « Un des procédés, dit encore Sainte-Beuve, une des ressources de cette Morale est d'ignorer volontiers tout le mal qu'elle ne voit pas directement et qui ne saute pas aux yeux. La Société, dont la façade et les principaux étages ont en général, aux moments bien ordonnés, une apparence honnête et convenable, cache dans ses caves et dans ses souterrains bien des vilenies; et quelquefois c'est une bien mince cloison, celle du cœur seul, qui en sépare.

Quand tout cela ne déborde pas visiblement, la Morale des honnêtes gens n'en tient nul compte et ne suppose même pas que cela soit. »

Mais cela débordait! Cela n'aurait pas débordé que Pascal était assez perspicace pour voir derrière la façade. Comment veut-on qu'avec sa fierté et sa loyauté il ait fait des avances à la Morale des honnêtes gens? Eh! objectent les adversaires de Pascal, les *Provinciales* sont là. Il a sacrifié aux dieux du jour; il a consenti à se servir du stylet des pamphlétaires. Soit. Cependant la Morale des honnêtes gens, c'était celle qui était cachée dans la robe des Casuistes. Il l'a combattue avec les armes qu'elle emploie, voilà tout. Il l'a fait en bonne compagnie. La Morale des honnêtes gens était cachée aussi sous la toge de Cicéron, qui n'a jamais trouvé une bonne cause à plaider. C'était celle des légistes du Bas-Empire; elle a aidé Philippe le Bel à détruire les Templiers, Philippe le Bon à livrer la France aux Anglais. Elle a servi à Louis XI; elle s'est appelée L'Hôpital; Henri IV et Richelieu lui ont souri; Louis XIV s'en est emparé. Ce fut lui qui la mit aux mains de Molière et de La Bruyère. Bossuet a consenti plusieurs fois à lui prêter son concours; puis elle est tombée en quenouille, c'est-à-dire aux mains des gens de lettres, et dernièrement elle s'est appelée Prudhomme, ce qui est son nom véritable. Les Casuistes qui en avaient fait leur pupille lui avaient rendu un fort mauvais service : ils avaient voulu la séquestrer. Grâce à Pascal, elle s'est retournée contre eux avec succès. Depuis, elle n'entend plus qu'on lui mette des lisières, qu'Escobar et les Casuistes l'aient à eux tout seuls et la fustigent avec son propre bâton. « Son triomphe, observe avec raison Sainte-Beuve, ne se marque jamais mieux que lorsqu'elle a affaire à de faux dévots, à une fausse morale, qui, sous air d'austérité, est corrompue, calculée, cupide, comme elle. Oh! alors, elle se révolte, elle se sent meilleure, elle se proclame violée. Car, bien qu'elle soit assez pleine elle-même d'accommodements et que Philinte ne dise guère jamais non tout court à ce qui est mal, Philinte reste honorable ; il ne prétend pas d'ailleurs à la haute vertu sainte; mais ceux qui, en y prétendant, font le contraire sont odieux. Toutes les fois donc qu'elle a été aux prises avec ces sortes d'ennemis la Morale dont je parle a été dans son beau. »

Pascal n'est pas Philinte ; il est, au contraire, Alceste; mais dans les *Provinciales*, et par le ton seulement qu'il y a mis, il a consenti une fois à jouer le rôle de Philinte. Il ne l'a pas fait par choix. Le cas était urgent. La Morale des honnêtes gens était derrière les Casuistes ; il a battu ceux-ci avec leurs propres troupes et il ne s'est résigné au subterfuge que parce que les Casuistes avaient l'autorité dans leur manche. L'ironie de Pascal et son langage « divertissant », selon son expression, ne sont que des outils de l'écrivain. Il en a voulu faire un bon emploi. Il a sans doute dépassé le but. Ses outils étaient trop bien forgés. Ils ont fait plus de besogne qu'il n'attendait d'eux. Ce n'est pas de sa faute qu'on les ait employés à détruire ce qu'il voulait édifier. Le siècle ne faisait bonne figure que sous la pression de Louis XIV. « Il faut que vous sachiez, écrit Nicole, que la grande hérésie du monde n'est plus le Calvinisme ou le Luthéranisme, que c'est l'Athéisme, et qu'il y a de toutes sortes d'athées, de bonne foi, de mauvaise foi, de déterminés, de vacillants et de tentés. » Il n'y a pas besoin que Nicole l'affirme ; les documents abondent. La foi d'en bas, l'éclat de la hiérarchie catholique, la gloire de Louis XIV, quelques grandes voix auxquelles la postérité réserve son attention, couvrent cette réalité brutale. Elle est visible même aux étrangers : « Plût à Dieu que tout le monde fût au moins déiste, écrit Leibnitz en 1696, c'est-à-dire bien persuadé que tout est gouverné par une souveraine sagesse. » On ne l'était pas; cet état de choses remonte à travers les guerres de Religion, à la Renaissance italienne, qui était un retour au Nihilisme de la Décadence. Ceux qui n'étaient pas persuadés qu'il y eût une Providence, ce n'était pas le peuple, c'étaient les lettrés, la noblesse, le clergé, ceux dont tout à l'heure Voltaire ne sera pas le chef, mais l'amuseur en titre, et qui payeront cela de leurs têtes et de leur condition en 1789. Les institutions les contiennent en même temps qu'elles leur font un rang et de la sécurité. Ceux qui en ont le dépôt respectent officiellement la Providence. Richelieu y croyait-il ? Ses paroles disent oui, ses actes disent non. Mazarin y croyait-il ? Il y croyait dans le même esprit que Richelieu. Retz n'en prenait même pas la peine, quoiqu'il fût lié avec Port-Royal. La Rochefoucauld et le cercle qui l'entoure observent les convenances vis-à-vis d'elle. Mme de La Fayette et Mme de Sévigné s'inclinent devant la Providence, qu'elles considèrent comme une grandeur d'établissement, pour employer le style de Pascal. Personne n'en a plus souci dans leur voisinage. La Providence entre dans la vie des grands comme l'étiquette. Elle relève du goût, elle est l'assaisonnement de la vie publique, un titre de propriété au rang qu'on occupe. S'il n'y en a point, on usurpe, car les institutions dont on bénéficie reposent sur la notion d'une Providence. Elle est à la mode. On en aurait pu dire ce que Voltaire disait de Dieu : Nous nous saluons, mais nous ne nous parlons pas. A huis clos, on est libre penseur avec la même effronterie que plus tard chez le baron d'Holbach. Les ministres du roi le sont; on peut citer Lionne. Le type du genre est ce fonctionnaire intime nommé Rose, d'abord secrétaire de Retz, puis au service de Mazarin qui le cède au roi. Il mourut à l'âge de plus de quatre-vingts ans, en 1701, un des quatre secrétaires du cabinet. *Il avait la plume.* « Avoir la plume, dit Saint-Simon, c'est être faussaire public et faire par charge ce qui coûterait la vie à tout autre. Cet exercice consiste à imiter si exactement l'écriture du Roi qu'elle ne se puisse distinguer de celle que la plume contrefait. » Rose avait été ami de Molière et membre de l'Académie française. Le Clergé avait essayé de le circonvenir à son lit de mort : « Ma chère amie, dit-il à sa femme, si ces messieurs, quand ils m'auront enterré, vous offrent des messes pour me tirer plus vite du purgatoire, épargnez-vous cette dépense-là : je prendrai patience. »

Ceux qui étaient dans les charges ou étaient revêtus d'un office ecclésiastique se tenaient coi. Encore ne le faisaient-ils pas tous. Un jour la princesse Palatine, de concert avec l'abbé Bourdelot et le prince de Condé, complotent de brûler un morceau de la *vraie croix*. Quand Chaumette monte sur les tours de Notre-Dame et crie à Dieu : Descends de là-haut, si tu y es, et écrase-moi de ta foudre, ce n'est qu'un plagiaire de Condé, de l'abbé Bourdelot et de la princesse Palatine qui, en brûlant un morceau de la vraie croix, avaient envie de narguer la Providence en face. Le morceau de la vraie croix refusa de brûler, ce qui refroidit le zèle de la princesse. Molière n'aurait pas fait cela. La Palatine et Condé mettent dans leur opinion la violence qu'il y a dans leur vie. Le vulgaire des athées, Ninon, Saint-Evremond, Saint-Réal, les poètes Hesnault, Lainez, Saint-Pavin, Mme des Houlières, ne poussent pas si loin. Ils sont d'ailleurs astreints aux règles de la prudence.

Tant que le roi est jeune, il tolère à peu près tout. A partir de 1685, c'est-à-dire de la Révocation de l'Édit de Nantes, il n'y a plus à s'y fier. Cette année-là Mme Deshoulières fit baptiser sa fille, poète et bel esprit comme elle et âgée de vingt-neuf ans, ce qui laisserait croire qu'elle n'avait pas fait sa première communion[1]. Ce n'est pas un accident; quiconque a des intérêts à la Cour ou désire n'être pas mis à l'index régularisé sa situation. Quelques-uns qui voyaient venir la réaction religieuse n'avaient pas attendu jusque-là. Condé lui-même, que sa gloire et sa qualité de Prince du sang auraient défendu suffisamment, avait abjuré les libres allures de sa jeunesse. C'est l'heure des conversions, ou mieux de l'hypocrisie érigée en maxime d'État. « Le siècle de plus en plus auguste, dit Sainte-Beuve, renferme ses secrets; c'est l'heure du très

---

1. Mme Deshoulières, qui avait été la maîtresse du prince de Condé (voir à ce sujet une lettre insérée au t. VI des *Mélanges publiés par la Société des bibliophiles*), avait sans doute contracté à la petite cour que Condé tenait à Bruxelles les sentiments qu'elle a affichés depuis.

hardi et très prudent La Bruyère. Mais consultez pour lors les Dangeau; glissez-vous dans les coulisses! Le libertinage d'esprit prend déjà les formes de la Régence; il oserait tout s'il n'était vigoureusement réprimé. La jeune cour a des infamies païennes qu'il faut céler: les poètes Ferrand et Jean-Baptiste Rousseau arrivent à temps pour y fournir les refrains. Cependant, de côté, j'ai vu Bayle et Fontenelle cheminer à pas discrets, les Vendôme avec Chaulieu sous les roses du Temple; Le Sage après Regnard, la race des railleurs; en un mot, tout ce qui se prépare et va sortir. Il m'est échappé une fois de dire du grand règne qu'il m'apparaissait comme un pont magnifique, orné d'admirables statues. Cette image est surtout vraie si on l'applique aux idées; elles ont traversé ce pont et passé dessous pour reparaître aussitôt après et plutôt grossies. »

C'est le courant de la Renaissance qui continue le Nihilisme et le plaisir romain évoqués par les Humanistes, qui poursuivent leur marche. La Réforme est parvenue à enrayer le mouvement dans le nord et en Angleterre; en France, il y eut une résistance organisée par les éléments catholiques de la nation; les Huguenots, surtout la noblesse huguenote, penchaient vers le Nihilisme. Le peuple était resté profondément chrétien. La Ligue fut l'interprète politique de sa résistance. La lutte continua avec des alternatives variées de succès et de revers. Dans la première moitié du xviie siècle, il y eut un puissant mouvement de rénovation religieuse sous la direction de saint François de Sales, du cardinal de Bérulle, de Saint-Cyran, de saint Vincent de Paul. Dix ordres religieux s'étaient mis à l'œuvre. L'Oratoire et Port-Royal agissaient en haut; les Jésuites faisaient de la conciliation entre les deux esprits. Louis XIV fit, de l'entreprise commencée sous les auspices des ordres religieux et du Clergé, une politique d'État: il voulut être le chef du parti catholique en Europe et il le fut. Officiellement, l'œuvre de Louis XIV lui a survécu trois quarts de siècle. Le fond humaniste persista. On ne l'aperçoit pas sous les pompes de la littérature d'alors;

du moins il faut y regarder de très près. On a contesté au grand roi la paternité de cette littérature du siècle qui porte aujourd'hui son nom. Elle naquit pourtant à son ordre et vécut de son autorité royale. Le roi avait confiance dans l'avenir, et ceux qui, dans le domaine des lettres, s'inspiraient de lui partageaient sa confiance.

Aucun n'avait plus de confiance que Bossuet. Il était d'humeur optimiste, et, du haut de son génie, son œil planait avec sérénité sur les misères qu'il ne daignait pas connaître. Ce n'est pas qu'il y fût insensible. Dans l'oraison funèbre de la princesse Palatine et dans celle du prince de Condé, il omet, avec une réserve que la circonstance commande, ce qui, dans le passé de ses clients, pourrait gêner un panégyriste. Il y a dans cette réserve autant d'insouciance que d'égards envers les morts. Il méprise l'incrédulité plus qu'il ne la redoute : « Siècle vainement subtil, crie-t-il aux libres penseurs dans l'oraison funèbre de la princesse Palatine, où l'on veut pécher avec raison, où la foiblesse veut s'autoriser par des maximes, où tant d'âmes insensées cherchent leur repos dans le naufrage de la foi ! » Il ne lui fait pas peur, comme il le lui explique dans son sermon *sur l'Église*.

Le libre penseur moderne peut encore en prendre sa part. Écoutez, c'est l'Église qui parle par la bouche de Bossuet à ceux qui croient l'anéantir la semaine prochaine : « Mes enfants, je ne m'étonne pas de tant de traverses; j'y suis accoutumée dès mon enfance. Ces mêmes ennemis qui m'attaquent m'ont déjà persécutée dès ma jeunesse... Remarquez mon antiquité, considérez mes cheveux gris! Ces cruelles persécutions dont on a tourmenté mon enfance m'ont-elles empêchée de parvenir à cette vénérable vieillesse? Si c'étoit la première fois, j'en serois peut-être troublée; maintenant la longue habitude fait que mon cœur ne s'en émeut pas. » C'est l'auteur du *Discours sur l'histoire universelle* qui a cette confiance superbe. Lui aussi a fait un long voyage à travers les crimes des hommes. Il n'en a pas été ému; les scènes qui ont frappé son regard n'ont pas mis une ride à son front. Il estime, toute réflexion faite, qu'on ne pourra pas se passer du Christianisme. Ce n'est pas la raillerie des *Provinciales* qui l'inquiète, ce n'est point *Tartufe*, ce n'est point *Onuphre*, ce n'est point Spinosa. Ce ne sont pas les ennemis de l'Église. La haine qu'ils lui témoignent montre qu'elle les préoccupe. Il prévoit beaucoup pis, l'indifférence du xixe siècle, celle à qui s'en prendra Lamennais : *Quum in profundum venerit, contemnit.* Bossuet la considère avec moins de sang-froid que l'hostilité ouverte. Dans un sermon prêché à la cour *Sur la divinité de la Religion*, après avoir jeté le ridicule à poignées sur les railleurs et les libertins qui croient renverser un culte par un bon mot, il ajoute : « Ce n'est pas le vice le plus commun, et je vois un autre malheur bien plus universel dans la Cour. Ce n'est point cette ardeur inconsidérée de vouloir aller trop avant; c'est une extrême négligence de tous les mystères. Qu'ils soient ou qu'ils ne soient pas, les hommes trop dédaigneux ne s'en soucient plus et n'y veulent pas seulement penser; ils ne savent s'ils croient ou ne croient pas, tout prêts à vous avouer tout ce qu'il vous plaira, pourvu que vous les laissiez agir à leur mode et passer la vie à leur gré. » Cette disposition intérieure présage pis : « Je prévois, dit Bossuet, que les libertins et les esprits forts pourront être discrédités non par aucune horreur de leurs sentiments, mais parce qu'on tiendra tout dans l'indifférence, excepté les plaisirs et les affaires. » C'est ce qui allait arriver sous la Régence. Eh bien, il n'est pas troublé; il sait par expérience et par intelligence qu'il y a dans la foi à l'Évangile « une racine qui ne sèche pas ». Aussi le grain de sel des petites lettres ne l'effraye pas. Il voudrait les avoir faites s'il n'avait pas fait ses livres. Il laisse à Bourdaloue le soin de tonner contre le *Tartufe* dans son sermon *Sur l'hypocrisie*. Il ne voudrait pas avoir fait *Tartufe* comme les petites lettres, mais il n'est pas probable qu'il y trouve les horreurs de Bourdaloue. Bossuet n'en est pas plus doux à Molière. Dans une lettre au père Caffaro, contemporaine de ses *Maximes sur la comédie*, il exécute Molière sans miséricorde. Qu'on ne lui parle pas des équivoques grossières dont les pièces de Molière sont pleines : « Ne m'obligez pas, dit-il, à les répéter; songez seulement si vous oserez soutenir à la face du ciel des pièces où la vertu et la piété sont toujours ridicules, la corruption toujours défendue et toujours plaisante, et la pudeur toujours offensée. » Bossuet a des griefs plus sérieux contre la comédie. La comédie, c'est le rire éternel. Or le rire déprave. Il invoque le témoignage de Platon : « Si ce philosophe trouve si foible cet esprit de lamentation et de plainte que la tragédie vient émouvoir, il n'approuve pas davantage *cette pente aveugle et impétueuse à se laisser emporter par l'envie de rire* que la comédie remue[1]. » Bossuet ne rit pas. Molière, qui est mort en riant, c'est-à-dire au sortir d'une représentation où il s'appliquait à faire rire le public, lui paraît digne des imprécations de l'Écriture : Malheur à vous qui riez, car vous pleurerez. « Il a fait voir à notre siècle, dit-il, le fruit qu'on peut espérer de la morale du théâtre qui n'attaque que le ridicule du monde en lui laissant cependant toute sa corruption. La postérité saura peut-être la fin de ce poète comédien qui, en jouant son *Malade imaginaire* ou son *Médecin par force*, reçut la dernière atteinte de la maladie dont il mourut peu d'heures après et passa des plaisanteries du théâtre, parmi lesquelles il rendit presque le dernier soupir, au tribunal de celui qui dit : Malheur à vous qui riez, car vous pleurerez[2]. »

Pascal a ri un jour, quoiqu'il l'ait expié ensuite. Ce rire d'un jour, ce sont les *Provinciales*. Leur crédit littéraire et leur influence sociale viennent de ce que le héros de *Port-Royal* a consenti à descendre des hauteurs du Christianisme dans le champ de foire où l'humanité s'agite et à se mêler un instant à ses amusements. Eh bien, les *Provinciales*, selon

---

1. *Maximes et réflexions sur la comédie*, 1 vol. in-12, 1694, p. 63 de l'édit. orig.
2. *Ibid.*

De Maistre, doivent à une cause différente encore leur popularité. Cette cause existe. Il convient de n'en pas surfaire l'importance ; il serait puéril de ne pas reconnaître qu'il y a une part à lui faire dans la gloire survivante du livre. « Je dis de plus, écrit De Maistre qui vient de prétendre que Pascal est un géomètre et un physicien médiocre qu'une faction a fait valoir[1], je dis de plus que le mérite littéraire de Pascal n'a pas été exagéré. Aucun homme de goût ne saurait nier que les *Lettres Provinciales* ne soient un fort joli libelle et qui fait époque même dans notre langue, puisque c'est le premier ouvrage véritablement français qui ait été écrit en prose. Je n'en crois pas moins qu'une grande partie de la réputation dont il jouit est due de même à l'esprit de faction, intéressé à faire valoir l'ouvrage, et encore plus peut-être à la qualité des hommes qu'il attaquait. C'est une observation incontestable et qui fait beaucoup d'honneur aux Jésuites, qu'en leur qualité de *Janissaires de l'Église catholique,* ils ont toujours été l'objet de la haine de tous les ennemis de cette Église. Mécréants de toute couleur, protestants de toutes les classes, jansénistes surtout n'ont jamais demandé mieux que d'humilier cette fameuse société ; ils devaient donc porter aux nues un livre destiné à lui faire tant de mal. Si les *Lettres Provinciales*, avec le même mérite littéraire, avaient été écrites contre les Capucins, il y a longtemps qu'on n'en parlerait plus. Un homme de lettres français de premier ordre, mais que je n'ai pas le droit de nommer[2], me confessait un jour, tête à tête, qu'il n'avait pu supporter la lecture des *Petites Lettres*. La monotonie du plan est un grand défaut de l'ouvrage : c'est toujours un Jésuite qui dit des bêtises et qui

---

1. *De l'Église gallicane,* dans son rapport avec le Souverain Pontife pour servir de suite à l'ouvrage intitulé : *Du Pape,* p. 76 et suivantes de l'édition de Lyon, 1844, 1 vol. in-8°. De Maistre confond à dessein l'Église gallicane de Bossuet avec le Jansénisme, afin d'en avoir plus facilement raison.

2. C'est son éditeur de Lyon qui, dans une note, confirme modestement la vérité de l'assertion de M. de Maistre.

a lu tout ce que son ordre a écrit. Mme de Grignan, au milieu même de l'effervescence contemporaine, disait déjà en bâillant : *C'est toujours la même chose,* et sa spirituelle mère l'en grondait[1]. L'extrême sécheresse des matières et l'imperceptible petitesse des écrivains attaqués dans ces Lettres achèvent de rendre le livre assez difficile à lire. Au surplus, si quelqu'un veut s'en amuser, je ne combats de goûts contre personne; je dis seulement que l'ouvrage a dû aux circonstances une grande partie de sa réputation, et je ne crois pas qu'aucun homme impartial me contredise sur ce point. »

Que les *Provinciales* aient dû aux circonstances une grande partie de leur réputation, on n'en saurait disconvenir. La durée de leur réputation a une cause analogue, la haine des Jésuites. Ils étaient trop puissants ; on ne les aimait pas. Les *Provinciales* étaient un acte d'accusation dressé contre eux. Cette qualité leur a servi de passeport. Ce sont les *Provinciales* qui, après les avoir humiliés et tenus en échec durant cent ans, ont fait prononcer leur arrêt de mort en 1764. Leur omnipotence dans l'État était-elle une présomption téméraire? Non; à la veille de disparaître, ils font encore peur à Montesquieu, qui est un homme modéré et peu enclin à se forger des chimères. Il affirme qu'il a peur des Jésuites : « Si, écrit-il, j'offense quelque Grand, il m'oubliera, je l'oublierai; je passerai dans une autre province, dans un autre royaume; mais si j'offense les Jésuites à Rome, je les trouverai à Paris; partout ils m'environnent; la coutume qu'ils ont de s'écrire sans cesse entretient leurs inimitiés. » Il y a quelque perfidie dans ces paroles ; ce sont des paroles de polémiste, d'ennemi, non d'observateur qui est neutre. Mais l'universalité de l'ordre, sa cohésion, son esprit de suite, sa situation auprès des pouvoirs le rendaient redoutable en effet. Il est possible que cette considération ait agi sur Pascal, qui est le type de l'esprit particulier, tandis que la Compagnie de Jésus est le type

---

1. Lettre du 21 décembre 1689.

de l'esprit de corps, de l'absence d'opinion personnelle, de la soumission passive aux supérieurs à qui chaque membre de la Société obéit *perinde ac cadaver*. C'est le sens individualiste que poursuit De Maistre dans les *Provinciales* ; c'est le principe d'autorité qu'il défend dans les Jésuites : il est autoritaire, nourri du lait de la Raison d'État. Pascal et les Jansénistes sont des ennemis personnels, mais il a raison d'affirmer que la haine des Jésuites fut et demeure une cause efficace de la réputation que les *Provinciales* ont conservée.

IX

Leur action a disparu. Si les *Pensées* de Pascal n'existaient pas, son nom ne serait désormais qu'un souvenir. Par les *Pensées*, il reste un écrivain moderne et on peut lui préjuger un long avenir. Voltaire n'existe plus guère que dans l'histoire littéraire, quoiqu'on n'ait pas entièrement cessé de le rééditer. Montesquieu et Rousseau sont presque aussi vieux que lui : les *Pensées* de Pascal subsistent. Elles possèdent la saveur âcre qu'elles avaient au sortir de la plume du maître. Il y a quarante ans, la découverte du manuscrit autographe des *Pensées* a été un événement public. Quel autre ouvrage composé il y a deux cents ans provoquerait aujourd'hui une émotion comparable à celle que produisit la découverte du manuscrit autographe des *Pensées* ? Jusqu'en 1844, on n'en avait que le spectre. Pascal était mort en 1662, au fort de la persécution contre les Jansénistes. On ne songea point tout de suite à recueillir les fragments de son *Apologie de la Religion chrétienne*. Le moment eût été mal choisi. Avancer qu'on n'y songea pas tout de suite est peut-être aller un peu loin : on consulta ; il est probable qu'on ne savait que résoudre. Cependant la vie de Pascal par Mme Périer est de 1667. Comme elle devait figurer en tête des *Pensées*, la résolution de les publier était donc déjà prise.

L'année suivante (1668), un comité de publication fut réuni sous les auspices du duc de Roannez. On y avait placé Arnauld, Nicole, Tréville, Dubois de la Chaise. Étienne Périer, neveu de Pascal, y représentait la famille, au nom de M. Périer, son père, à peine convalescent d'une maladie grave. Le Père Brienne, de l'Oratoire, remplissait la fonction de secrétaire du Comité. La *paix de l'Église* était proche. Elle eut, en effet, lieu en 1669. La nécessité de n'y porter aucune atteinte, au lendemain de sa conclusion, rendait la tâche du Comité malaisée. D'abord le classement des pièces était presque impossible, l'entente à établir sur les remaniements à faire presque aussi impossible. La famille apportait des scrupules à ne point vouloir qu'on entamât la pensée du mort ; elle ne consentait qu'aux suppressions indispensables. Les membres jansénistes du comité, toujours sur le qui-vive, entendaient refondre tout à leur convenance. C'était leur méthode accoutumée ; d'autre part, il y avait à sauvegarder la cause de Port-Royal de plusieurs côtés à la fois, du côté de l'Autorité attentive et soupçonneuse, du côté du Public qu'il fallait ménager, enfin du côté de Pascal lui-même, inégal, contradictoire, écrivant « par humeur », absorbé par la préoccupation unique d'exprimer son idée actuelle. « M. de Roannez, écrit Brienne (16 novembre 1668) à Mme Périer, est très content et assurément on peut dire que lui et ses amis ont extrêmement travaillé... Nous allons encore faire une revue, monsieur votre très cher fils et moi, après laquelle il n'y aura plus rien à refaire. » Mme Périer est inquiète ; elle est fidèle à la mémoire de son frère ; elle craint qu'on ne défigure sa pensée de façon à la rendre méconnaissable. Brienne la rassure — lettre du 7 décembre 1668 — ; on ne touchera à rien d'essentiel. La mémoire de Pascal lui est dans une telle vénération que, quand il n'y aurait que lui tout seul, il ferait prévaloir les intentions de Mme Périer : « Si M. de Roannez et ceux qui ont pris la peine de revoir ces fragments avoient prétendu substituer leurs pensées à la place de celles de *notre saint* ou les changer de manière à ce qu'on ne pût pas dire sans mensonge ou sans équivoque qu'on les donne au public telles qu'on les a trouvées, sur de petits méchants morceaux de papier, après sa mort », il n'y consentirait pas. On ne modifie pas le sens; on se contente d'éclaircir, d'embellir. Si l'auteur était vivant, il approuverait l'opération. D'ailleurs, le comité tout entier est d'accord, ratifie les quelques changements qui étaient nécessaires. Brienne envoie un spécimen de la manière dont on s'y est pris; on ne pouvait pas faire moins. Il avait fait de l'opposition à quelques modifications proposées ; mais quoi? Il a fallu s'y résoudre. Il tient autant que Mme Périer au souvenir du cher défunt : on n'a rien ajouté, on n'a que retranché. Cependant Étienne Périer avait résisté : c'est un Auvergnat opiniâtre. On voit la chose d'ici. La famille est absente, du moins elle n'est représentée que par un jeune homme de vingt-six ans. Port-Royal était à même de faire ce qu'il voulait, sauf à subir le contrôle du duc de Roannez, ami de Pascal certes, mais inexpérimenté et inféodé à ces Messieurs. On est sincère au point de vue chrétien, sinon au point de vue littéraire, et l'infidélité littéraire n'est pas une pure infidélité de forme : on éteint les hardiesses et on défigure le style de Pascal, qui chez lui emporte le fond comme chez la plupart des écrivains de race.

Le but à atteindre étant de propagande religieuse et janséniste, l'approbation des évêques et des docteurs était indispensable. Le Camus, depuis évêque de Grenoble et cardinal, avait manifesté des scrupules, signalés dans une lettre d'Antoine Arnauld du mois de novembre 1669, alors que le livre était déjà imprimé, car il fut mis en vente à la fin de l'année. La lettre d'Arnauld est à M. Périer, qui paraît avoir eu du regret de ce qu'on avait fait sans son aveu. Il y a des nécessités regrettables. « Souffrez, Monsieur, dit Arnauld, que je vous dise qu'il ne faut pas être trop difficile ni si religieux à laisser un ouvrage tel qu'il est sorti des mains de l'auteur, quand on le veut exposer à la censure publique ; on ne sauroit être trop exact, trop *respectueux de la stricte orthodoxie*[1] quand on a affaire à des ennemis d'aussi méchante humeur que les nôtres. » Arnauld évite de faire allusion à l'usage constant de Port-Royal et emprunté à divers ordres religieux, notamment aux Jésuites. Pascal explique dans les *Provinciales* que la moindre opinion d'un membre de l'Institut des Jésuites engage toute la Compagnie. Elle revise et approuve les livres, avant qu'ils soient livrés à l'impression : donc elle prend la responsabilité de tout ce qu'ils contiennent. Ce raisonnement lui avait servi à démontrer que la Morale des Casuistes était celle de la Compagnie. L'argument était sans réplique. Les livres publiés sous les auspices de Port-Royal étaient dans un cas identique, bien que la Maison ne se crût pas responsable des sentiments de chacun de ses membres : on les revisait. C'était de principe. Les *Pensées* ne pouvaient être soustraites à la règle. Seulement elles appartenaient à la famille. Il fallait obtenir son consentement et, comme on attendait beaucoup de l'ouvrage, on parlementait, on faisait des concessions, quitte à les éluder en détail. Arnauld et Nicole étaient les reviseurs attitrés de Port-Royal. Ce sont eux qu'on emploie dans l'affaire des *Pensées*; les autres membres du comité sont des adjoints dont l'office est de ménager les susceptibilités de la famille Pascal. Puis, dans la circonstance, on était guetté par des ennemis acharnés. On désirait n'être pas contraint plus tard de recourir à des apologies. C'est l'inconvénient des livres qui engagent la responsabilité d'autres personnes que l'auteur ; il est rare qu'ils arrivent intacts au lecteur.

La mémoire de Pascal n'a pas à rougir de ces précautions, continue Arnauld : « C'est la conduite que nous avons tenue touchant les *Considérations sur les dimanches et les fêtes*, de

---

1. Le manuscrit autographe, conservé à la Bibliothèque nationale, explique cette réflexion mystérieuse d'Arnauld. On avait retranché ou détourné du sens fourni par le manuscrit les morceaux qui auraient pu exposer Port-Royal à l'accusation d'hérésie formelle.

M. de Saint-Cyran, que feu Savreux a imprimées ; quelques-uns de nos amis les avoient revues avant l'impression, et M. Nicole, *qui étoit fort exact*[1], les ayant encore examinées depuis l'impression, lui avoit fait faire beaucoup de cartons. » Ce n'était pas une discipline propre aux ordres religieux ; c'était dès lors une politique commune aux partis et aux sectes politiques qui ont besoin de maintenir parmi leurs adhérents l'unité de direction, sans laquelle il est impossible de poursuivre un dessein commun. La Censure en est issue. On y a renoncé sous la pression du sens individuel blessé. Un auteur moderne mourrait plutôt que de laisser déchiqueter son œuvre, fût-ce par un comité d'amis intéressés comme lui au succès de cette œuvre. Il est certain que cela nuit au talent, à la forme littéraire d'un livre. Jadis on préférait l'utile à la vanité de l'auteur. Il n'était pas non plus entendu comme aujourd'hui qu'une œuvre littéraire, comme un tableau, n'aspire à autre chose qu'à la qualité de monument artistique. Le fond a disparu ; la façon est tout. On veut arriver avec elle tout entière aux yeux ou à l'oreille de l'amateur, car il est convenu qu'il n'y a plus que des amateurs. Port-Royal était étranger à cet excès d'amour-propre né sur les tréteaux de la publicité. Tout le monde s'alignait dans l'intérêt commun. Mais aligner l'originalité de Pascal, ce n'était pas commode. Aussi Arnauld en est-il pour ses frais ; il tue la pensée du maître, afin de la contraindre à passer sous le joug. Il n'y a pas de justice absolue, professe Pascal. Alors on est obligé de s'arranger de celle qui existe et qui est un à peu près. Celle qui existe, c'est la Coutume, et la pratique de cette justice est la loyauté. Cette doctrine est fort au-dessus de la médiocrité d'Arnauld. Il distingue afin de faire passer l'énormité de l'assertion de Pascal. Eh ! Pascal n'entend pas parler de la justice qui est une vertu : celle-là est absolue. Il veut parler du Droit, de la justice *quæ jus est*. Encore Arnauld s'en défie ;

---

[1]. Fort attentif à ne pas donner prise à l'ennemi.

il craint bien que ce ne soit une réminiscence de Montaigne, échappée à Pascal par inadvertance, ce qui est contraire à la pensée intime de Pascal exprimée sans équivoque. Le texte modifié d'Arnauld sur la Justice avait été admis à grand'peine. Il figure dans un exemplaire des *Pensées* portant la date de 1669 et acquis récemment par la Bibliothèque nationale. On le chercherait en vain dans les exemplaires de la première édition des *Pensées* avec la date de 1670. Dans l'intervalle de l'impression et de la publication, on avait supprimé le passage et c'était juste. Dans le manuscrit autographe, en effet [1], il y a bien cette ébauche informe : — V, *Veri juris*. Nous n'en avons plus : si nous en avions, nous ne prendrions pas pour règles de justice de suivre les mœurs de son pays. — C'est là que, ne pouvant trouver le juste, on a trouvé le fort, etc. — On aurait pu insérer le fragment confirmé ailleurs plus en détail. Ce n'est pas là-dessus que portait l'objection d'Arnauld ; c'était sur les deux passages suivants du manuscrit : — J'ai passé longtemps de ma vie en croyant qu'il y avoit une Justice et en cela je ne me trompois pas, car il y en a une selon que Dieu nous l'a voulu révéler. Mais je ne le prenois pas ainsi et c'est en quoi je me trompois ; car je croyois que notre Justice étoit essentiellement juste et que j'avois de quoi la connoître et en juger. — Mais je me suis trouvé tant de fois en faute de jugement droit, qu'enfin je suis entré en défiance de moi et puis des autres. J'ai vu tous les pays et hommes changeants ; et ainsi après bien des changements de jugement touchant la véritable justice, j'ai connu que notre nature n'étoit qu'un continuel changement et je n'ai plus changé depuis, et si je changeois, je confirmerois mon opinion. — Eh bien, ces deux morceaux sont barrés dans l'Autographe, et les membres du Comité, si frappés qu'ils pussent être de la valeur de l'idée de Pascal, ont pu croire qu'ils se conformaient à son intention en la retranchant [2].

1. Voir Faugère, t. II, p. 129.
2. L'opinion de Pascal sur la justice naturelle a préoccupé Sainte-

On remania jusqu'au dernier moment dans le sens de la prudence et de la timidité. Les amis de Pascal n'étaient pas plus de son école que de son mérite. Arnauld, raisonneur à outrance, sec, dur, opiniâtre, attaché à la lettre, jaloux de sa réputation et de la sécurité de Port-Royal, atténuait, décolorait, supprimait ; Nicole, plus moraliste, moins disputeur, tenace au même degré, était offusqué sans cesse dans ce qu'il y avait en lui de médiocre. Outre le soin de ne pas compromettre Port-Royal, il n'était pas fâché d'éteindre un peu les

Beuve qui se demande si cette manière de concevoir la Justice et, par suite, la Politique, qui est l'application de la Justice aux intérêts sociaux, ne serait pas celle de Hobbes et de Machiavel. Ce l'est à coup sûr. Mais c'était aussi celle de Montaigne. Si Pascal ne la devait pas à lui-même, on pourrait croire que c'est encore un souvenir de Montaigne, qui fut une de ses principales lectures. Sainte-Beuve, à propos de la Justice de Pascal, de Hobbes et de Montaigne, cite en note de *Port-Royal*, t. III, p. 382 de la 4ᵉ édition, une idée verte d'un de ses amis qui pourrait être Mérimée. Il la donne à cause de cette *verdeur*. « Depuis qu'il y a des Sociétés, lui disait cet ami inconnu, que l'homme vit et naît en civilisation, et qu'on lui enseigne la Justice, il s'est créé en lui, dans son cerveau, des *traces*, et comme un organe acquis de la Justice ; il y en a qui naissent avec ce sentiment-là très énergique, comme il y en a qui naissent avec l'instinct de la littérature. Dans les races d'animaux domestiques, on crée ainsi à la longue des organes par l'éducation. Mais laissez ces animaux retourner dans les bois, laissez l'homme rentrer dans sa vie sauvage primitive, et ces organes acquis et surajoutés vont vite disparaître et s'abolir pour faire place à la pure nature. Jusqu'à ce que quelques hommes puissants et rares, quelques génies qui comprennent la nature des choses, rassemblent de nouveau ces peuplades errantes et réinventent la Société en en cachant la base et en la recouvrant d'un autel. » L'ami ajoutait : « La plus belle invention des hommes est la Justice. Ceux qui croient qu'elle n'est pas une invention, mais une qualité inhérente à la nature, sont portés à en diminuer tellement les conditions essentielles dans la Société, et les garanties, que l'invention se trouve alors fort compromise, et que les hommes à chaque commotion imprévue, faute de liens suffisants qui les retiennent, sont en danger de rétrograder vers la violence et la brutalité naturelles. »

Pascal n'aurait pas trouvé ces théories étranges. Elles ne sont qu'une traduction de sa propre théorie de la Coutume. Quant au danger de voir les sociétés retourner à la violence et à la brutalité naturelles, on le sent mieux au lendemain des révolutions. On était, au XVIIᵉ siècle, à même comme aujourd'hui d'avoir cette sensation très vive. Pascal n'aurait pas même répugné à l'invention de la Justice. Il lui aurait suffi de constater que l'homme ne l'étend qu'aux êtres de son espèce.

rayons de la pensée du maître. L'abbé de Saint-Pierre raconte qu'en 1687, il recherchait le commerce de Nicole et allait fréquemment lui faire visite chez lui. Nicole demeurait place du Puits-l'Ermite, près de la Pitié. Il était célèbre; l'abbé de Saint-Pierre aspirait à le devenir. Il courait partout voir de près ce que c'était que la célébrité. Et puis Nicole avait vécu dans l'intimité de Pascal. L'abbé désirait connaître son impression sur Pascal et sur Mme de Longueville que Nicole avait pratiquée par Tréville, un des habitués de Mme de Longueville durant sa retraite. L'abbé de Saint-Pierre fut très étonné d'entendre Nicole préférer l'esprit de Tréville à celui de Pascal. Que signifie ici le mot esprit? Le jugement, la manière de penser ordinaire, peut-être l'humeur et la facilité de vivre. Ce n'était sans doute pas le génie de Tréville que Nicole préférait. Le récit de l'abbé de Saint-Pierre permettrait de s'y tromper. « Il est vrai, dit-il, que M. de Tréville contoit agréablement et parloit très facilement et en termes très propres; mais comme je le connoissois aussi un peu moi-même, je ne voyois pas qu'il dût le préférer par l'étendue et la force de l'esprit à M. Pascal. » L'abbé a des perplexités. N'aurait-il pas pu estimer trop haut Pascal qu'il n'a point connu, ou point assez haut M. de Tréville qu'il n'a rencontré qu'avec des femmes? Nicole vint à son secours : « M. Nicole me dit un jour en parlant de M. Pascal, que c'étoit *un ramasseur de coquilles*. Je compris par ces termes qu'il falloit ou diminuer de l'estime que je faisois de M. Pascal ou de l'estime que je faisois du *discernement* de M. Nicole. » Oh! non. Le discernement de Nicole n'a pas à intervenir à cette occasion. Sans faire de Pascal le cas qu'en fait la postérité, Nicole en discernait la supériorité; mais il était encore plus envieux de Pascal qu'il a délayé dans ses *Essais de Morale* qu'il n'en était le disciple. Nicole avait assisté aux vicissitudes de caractère et de santé de Pascal, à la confection des *Provinciales*, écrites sur des notes recueillies à la hâte, souvent fournies par lui, Nicole; il avait vu éclore les *Pensées*. Ces chiffons de papier, ce désordre, les incohérences et les tâtonnements de la main-d'œuvre, l'avaient scandalisé. Il ne voyait pas le Maître dans celui qu'il avait assisté, coudoyé, conseillé, corrigé. Cette cuisine des *Provinciales* et des *Pensées,* il y avait présidé. Il ne lui en était rien revenu. Tout l'honneur était allé au metteur en œuvre de ses notes. Il n'avait été considéré que comme un secrétaire. N'était-ce pas injuste? Enfin il avait surpris telle ou telle pensée empruntée à Montaigne et à peine retournée. Pascal n'était pas seulement un ramasseur de coquilles, c'était un plagiaire. C'est l'éternelle histoire des grands hommes qui n'ont pas de prestige aux yeux de leur valet de chambre.

En définitive, dans cette édition de 1670 des *Pensées,* édition si laborieuse et dans laquelle on eut tant de peine à se mettre d'accord, Pascal a été livré aux bêtes, c'est-à-dire sacrifié ou approprié à des intérêts étrangers à l'œuvre elle-même : « Il n'y a pas eu d'autre censure que celle de la médiocrité sur le génie », selon l'expression de Victor Cousin[1]. Les modifications du sens pouvaient convenir à la Politique de Port-Royal. Que dire des injures faites au style? Le procédé, quand il s'agit de Pascal, est un abus criant de la méthode de revision en usage parmi les écrivains de Port-Royal. « Il a traité Pascal, dit Victor Cousin[2], comme il avait fait Saint-Cyran; et après en avoir adouci souvent les pensées pour les rendre plus édifiantes, il en a, sans aucun scrupule, corrigé le style pour le rendre plus exact, plus régulier, plus naturel, selon le modèle de style naturel et tranquille qu'il s'était formé. Port-Royal avait beaucoup d'esprit et souvent de la grandeur; il a donc laissé passer l'esprit et la grandeur de Pascal; mais il a fait sans pitié main basse sur tout ce qui trahissait le plus profond de sa pensée et de son âme; et comme cette âme éclate à toutes les lignes que traçait la main mourante de Pascal, Port-Royal était condamné à tout

---

1. *Des pensées de Pascal,* p. viii de l'avant-propos de l'édition de 1843.
2. *Ibidem.*

corriger et à tout altérer. » A la rigueur, Port-Royal en avait le droit; il disposait de l'un des siens avec la tolérance, sinon l'aveu de la famille. Condorcet, au xviiie siècle, a achevé de corrompre le texte déjà si maltraité, cette fois dans un intérêt malhonnête et grossier, celui de faire dire à Pascal qu'il était de l'école de Condorcet.

Le petit in-12 de Port-Royal parut au commencement de l'année 1670. L'achevé d'imprimer est du 2 janvier. On avait écarté comme inopportune la vie de Pascal, écrite par Mme Périer, qu'on remplaça par une préface de l'abbé Périer. Port-Royal n'est pas nommé. Quand la préface mentionne que Pascal, après sa conversion de 1654, s'est retiré à Port-Royal des Champs, elle énonce simplement qu'il s'est retiré à la campagne. Malgré des précautions infinies, il y eut des obstacles à tourner. Hardouin de Péréfixe, archevêque de Paris et historien d'Henri IV, insistait auprès de l'éditeur pour qu'on insérât dans le volume un mensonge, c'est-à-dire que Pascal, à son lit de mort, avait répudié les *Provinciales*. La mise en vente avait eu lieu déjà. Desprez ne vit d'autre moyen de s'en tirer, que de mettre seconde édition sur les exemplaires qu'il avait encore en magasin. De cette façon, le public étant désormais en possession de toute une édition, il était inutile d'opérer des changements nouveaux.

Le succès fut immédiat. Ce n'était pas un succès d'aujourd'hui. Le nombre de ceux qui étaient en état de lire les *Pensées* était restreint. Il y en eut tout de suite trois éditions néanmoins. On était à l'heure des Moralistes et des grandes œuvres du règne. On avait deux éditions des *Maximes* de La Rochefoucauld et on était à la veille de la troisième (1671); Le *Tartufe* et le *Misanthrope* étaient récents; La Fontaine avait donné les premiers livres de ses *Fables*; Racine, *Britannicus*; Boileau était en pleine floraison; au-dessus d'eux tous, Bossuet avait inauguré la série de ses *Oraisons funèbres*. Il n'y avait pas de mois qui ne vît éclore un chef-d'œuvre. L'admiration qu'avaient excitée les *Provinciales* changea de physionomie. On avait applaudi l'ardent polémiste ; on s'inclina devant le Moraliste ; une note plus grave fut imprimée à sa gloire. Tillemont, dans une lettre à Mme Périer, met Pascal à côté de saint Augustin. Tillemont est de Port-Royal dont saint Augustin est le patriarche. La comparaison de Tillemont témoigne de l'impression exercée sur lui par les *Pensées*. Elle n'est pas moindre chez les profanes. Le concert est unanime. Mme de La Fayette dit que « c'étoit un méchant signe pour ceux qui ne goûteroient pas ce livre ». Six mois après, dans son *Éducation d'un prince*[1], Nicole inséra les *Trois discours sur la condition des grands*, considérés depuis comme une partie intégrante des *Pensées*. Elles devaient attendre jusqu'en 1728[2], un autre complément, la conversation entre Pascal et M. de Sacy sur Épictète et Montaigne. L'année précédente (1727), les *Fragments sur les miracles* avaient été publiés dans la troisième lettre de Colbert, évêque de Montpellier[3], à l'évêque de Soissons. Quelques autres morceaux avaient paru çà et là. Le livre existait ou à peu près tel qu'il devait rester, sauf les altérations de Condorcet et quelques additions de Bossut (1779), jusqu'à la publication du manuscrit autographe par M. Prosper Faugère (1844).

Un fait étrange est qu'au xviie siècle, ni dans la chaire ni ailleurs, les orateurs et les écrivains catholiques ne citent l'auteur des *Pensées* comme apologiste du Christianisme. Il l'était, mais on ne l'avouait pas volontiers. Dans les rangs du Clergé, le souvenir des *Provinciales* pesait sur sa mémoire. On avait conscience de son autorité, mais on aurait craint d'être accusé d'être un janséniste, et, jusqu'en 1764, les Jésuites veillaient au maintien de cette tradition salutaire. Plus

1. *De l'éducation d'un prince*, divisée en trois parties, dont la dernière contient divers traités utiles à tout le monde (sans nom d'auteur). 1 vol. in-12. Paris, veuve Charles Savreux, 1670. Il y en eut une réimpression en 1671 sous le pseudonyme de *Chanteresne*.
2. Au t. V, 2e partie, des *Mémoires de littérature et d'histoire* du père Des Molets.
3. OEuvres de messire Jacques-François Colbert, t. II.

tard on sera bien aise, quoique prétende de Maistre, de l'avoir là. Jusqu'à nouvel ordre, on se tait. Ni Bossuet, ni Fénelon, ni Malebranche, ni Fléchier, ni Massillon ne font d'allusion publique au mérite des *Pensées*. On n'est pas hostile : on est neutre et secrètement sympathique. On ne juge pas à propos de s'engager pour ou contre Pascal, parce qu'il est considéré comme un homme de parti. On s'exposerait, au surplus, à la malveillance du pouvoir. D'autre part, Pascal a une personnalité indépendante. Il n'a pas le respect des choses établies, de la hiérarchie, des formes concrètes du Christianisme. Il viendra, quand le Christianisme lui-même sera mis en cause, comme un arbre à déraciner. Cela n'empêche point l'auteur des *Pensées* d'être, avec Bossuet et Leibnitz, de 1670 jusqu'à la Régence, le maître en quelque sorte des esprits. On s'incline devant lui, on en parle avec discrétion et recueillement.

Ce qui démontre avec évidence la place qu'il tenait dans le camp de la tradition religieuse, c'est que ce fut contre lui que l'école voltairienne ouvrit le feu au début de la campagne des philosophes contre le Christianisme. Les *Lettres philosophiques* de Voltaire (1734) sont une date dans la renommée de Pascal, et celle-ci sera concentrée à l'avenir dans les *Pensées*, car dès lors les *Provinciales* sont mortes, ne sont plus qu'un point d'histoire et un document littéraire. Voltaire est le premier qui ait osé se prendre à Pascal depuis la polémique occasionnée par les *Provinciales*. Le père Hardouin l'avait bien rangé parmi les athées[1]. On n'y avait pas pris garde. Hardouin était un excentrique; il avait plus de bizarrerie que de savoir, bien qu'il eût un savoir immense. Sa bizarrerie l'avait privé d'autorité, comme il arrive quelquefois. Il n'y avait vraiment pas moyen d'attacher de l'importance au raisonnement d'un homme qui avait attribué, à grand renfort d'érudition, l'*Énéide* à un moine du moyen âge. Ce

---

[1]. *Opera varia*, 1733.

n'est pas que, dans son attaque contre Pascal, il n'y eût quelques bonnes raisons. Il est certain que le Dieu de Pascal n'est pas le Dieu juif, qui boit, mange, hait, se repent et fait la banque ; ce n'est pas non plus le Dieu idolâtre du vulgaire. Il a reculé dans les profondeurs du ciel. Mais la grossièreté du Dieu de Hardouin nuisit plus à la considération d'Hardouin qu'à celle de Pascal. Si léger qu'il soit, Voltaire a plus de sens. Ce n'est pas au Dieu de Pascal qu'il en veut, comme les Jésuites, au profit desquels il a essayé de réfuter les *Provinciales,* tâche ingrate, du reste, à laquelle il eut bientôt l'habileté de renoncer. C'est au Christianisme qu'il rêve de nuire, et il en considère Pascal comme un apologiste plus autorisé qu'Hardouin et de plus de crédit. Il ne s'attaque pas non plus à Bossuet ou à Fénelon, hommes de transaction, à moitié politiciens et à moitié casuistes ; c'est à Pascal dominant le siècle de la hauteur de sa pensée. « Je vous avoue, écrit Voltaire à Formont (juin 1733), que si, malgré ma faiblesse, je pouvais porter quelques coups à ce vainqueur de tant d'esprits et secouer le joug dont il les a affublés, j'oserais presque dire avec Lucrèce :

> Quare *superstitio*[1] pedibus subjecta vicissim
> Obteritur, nos exæquat victoria cœlo.

Au reste, je m'y prendrai avec précaution et je ne critiquerai que les endroits qui ne sont point tellement liés avec notre sainte religion, qu'on ne puisse déchirer la peau de Pascal sans faire saigner le Christianisme. » Il lui conviendrait assez de faire saigner le Christianisme, mais il n'ose pas ; on verra plus tard. Dans son roman de *Candide,* Voltaire, que la vieillesse a désillusionné, entreprend de bafouer l'optimisme de Leibnitz. Il a mené une existence d'optimiste. C'est en qualité d'optimiste, d'homme heureux, renté, célèbre, qu'il poursuit Pascal, morose, malade, qui imagine que la terre

---

1. Il y a *relligio* dans Lucrèce.

est noire et l'homme méchant, parce que ses nerfs crient de douleur. Dans le pamphlet dirigé par lui contre Machiavel, Voltaire le juge sans l'avoir lu dans sa langue qu'il ne connaissait pas, souvent sans l'avoir lu même dans une traduction. Il était d'abord bien disposé à l'égard de Machiavel ; il l'avait qualifié de grand homme, épithète que Montesquieu gardera à l'auteur du *Prince*. Frédéric II l'avait converti ; il médit de Machiavel en vue de plaire à Frédéric, machiavéliste retors qui se moque de Voltaire et de l'Opinion, afin de pouvoir jouer de l'un et de l'autre.

Dans la guerre déclarée aux *Pensées* de Pascal, le gros argument de Voltaire ressemble un peu à celui du peintre Courbet contre l'auteur de l'Évangile : — Moi, je suis peintre ; je fais mon métier. Pourquoi fait-il des religions ? Est-ce que c'est un métier ça ? — Pascal s'occupe de ce qui ne le regarde pas ; c'est un laïc. Il n'est pas chargé d'interpréter les doctrines du Christianisme. N'est-ce pas ridicule de prétendre en savoir autant que Jésus-Christ et les Apôtres ? « C'est vouloir soutenir un chêne en l'entourant de roseaux... Pourquoi vouloir aller plus loin que l'Écriture ? N'y a-t-il pas de la témérité à croire qu'elle a besoin d'appui[1] ? » La vérité est que Voltaire n'est ni un métaphysicien ni un moraliste ; il n'est pas en état d'aborder le fond des *Pensées* : ce fond est au-dessus de lui. Il balbutie, ergote sur les mots, discute un incident, cherche une contradiction qu'il ne trouve pas. Sur le chapitre de la grandeur et de la misère de l'homme qui sert d'introduction à l'œuvre et qui en est le morceau de résistance, Voltaire plaisante et nie. Ses raisons lui auraient fait pitié à lui-même si elles avaient été d'un autre. « Cette prétendue duplicité de l'homme, dit-il, est une idée aussi absurde que métaphysique ; j'aimerois autant dire que le chien qui mord et qui caresse est double ; que la poule, qui a tant de soin de ses petits et qui ensuite les abandonne jus-

1. *Lettres philosophiques*, p. 279 de l'édition d'Amsterdam. 1 vol. in-12, Lucas, 1734.

qu'à les méconnoître, est double; que la glace, qui représente des objets différents, est double; que l'arbre, qui est tantôt chargé, tantôt dépouillé de feuilles, est double. » La suffisance du futur chantre de Mme de Pompadour défie la discussion. On hausse les épaules et l'on passe. Eh bien! en présence de cette réfutation lumineuse et profonde, les lecteurs de Voltaire se pâmaient d'aise. Le résumé des arguments de Voltaire est que l'homme et la nature sont d'une simplicité admirable. Ils n'ont rien de secret; il n'y a pas de mystère dans le monde. En chercher où personne n'en voit est d'une âme biscornue et éprise d'illusions fantastiques. Il est inutile de se forger à soi-même des chimères. Pourquoi se tourmenter inutilement? L'homme est-il malheureux parce qu'il connaît à peine quelques attributs de la matière? Non. Il est trop curieux. Qu'il se tienne à sa place et passe joyeusement la journée : *carpe diem*. Le jugement de Pascal n'était pas sain ; son intelligence était détraquée ; la règle des partis appliquée à chercher l'existence de Dieu est « un jeu indécent et puéril ». C'est comme le petit nombre des élus; il est attentatoire à la justice et à la majesté divines. Dieu serait un misérable s'il avait créé l'homme afin de le perdre. La Grâce qu'il accorde ou qu'il refuse à son gré serait de l'arbitraire. Il ne faut pas qu'on le prenne pour un tyran imbécile et fantasque. Ce serait se moquer de lui et l'insulter en même temps. D'ailleurs, il existe, établit Voltaire contre Pascal. « Votre raisonnement, lui crie-t-il avec importance, ne serviroit qu'à faire des athées, si la voix de toute la nature ne nous crioit qu'il y a un Dieu avec autant de force que ces subtilités ont de foiblesse. » Voltaire donnant une leçon de théologie à Pascal et lui parlant du haut d'un nuage, comme un maître d'école à cheval sur la grammaire à un enfant de quatre ans qui récite son alphabet, est une scène digne de Molière. Eh! que Pascal le laisse tranquille; le voilà inquiet parce qu'il ne peut point palper Dieu dans sa main comme on palpe un écu de six livres : « Autant se désespérer de n'avoir pas quatre pieds ou deux ailes. » Pascal, au surplus, est un barbare : « S'il y a un Dieu, dit-il, il ne faut aimer que lui et non les créatures. » Voltaire lui répond du ton d'Henri Monnier : « Il faut aimer et très tendrement les créatures ; il faut aimer sa patrie, sa femme, son père, ses enfants, et il faut si bien les aimer que Dieu nous les fait aimer malgré nous. Les principes contraires sont propres à faire des barbares raisonneurs. »

Ce n'est pas à Voltaire que viendrait la sensation de Pascal que « nous sommes ici-bas comme quelqu'un qu'on auroit porté endormi dans une île déserte et qui s'y réveilleroit en sursaut ». En pareil cas, Voltaire s'étirerait les membres et regarderait autour de lui, afin de voir s'il y a des fraises à cueillir. Il est dans le courant du jour. On a la paix, du bien-être, de l'esprit. Que faut-il de plus ? Candide sera moins gai. En 1734, Voltaire est jeune, adulé, à la mode. Il n'y a que des roses dans sa pensée. S'il avait assisté aux exercices de la démocratie florentine brûlant frère Girolamo en grande pompe, ou seulement aux exercices de Retz et de Condé pendant la Fronde, il entendrait mieux Machiavel et Pascal. Il ne les entendrait peut-être pas à cause de sa légèreté, mais il les sentirait. On applaudit aux invectives de Voltaire contre l'auteur des *Pensées*. Il n'y eut qu'une protestation venant de Hollande. Elle émanait du fils d'un réfugié de l'édit de Nantes, nommé Boullier[1]. Boullier était un réformé rigide, d'un bon sens grave, d'une érudition sûre et non sans agrément. Voltaire avait dépeint la mélancolie de Pascal comme une hallu-

1. *Sentiments de M...* sur la critique des *Pensées* de Pascal, par M. de Voltaire. Il y en a des éditions (1 vol. in-12) de 1741 et 1753. Sainte-Beuve (*Port-Royal*, t. III) soupçonne que l'œuvre de Boullier a dû paraître antérieurement dans un recueil périodique. Boullier (David Renaud), théologien protestant, est né à Utrecht en 1699. Il mourut à Londres en 1759. Il était l'ennemi de l'école philosophique et a écrit quelques ouvrages. Il a laissé, outre ses sentiments sur la critique des *Pensées* de Pascal par Voltaire : 1° un *Essai philosophique sur l'âme des bêtes* (1727); 2° des *Discours philosophiques sur les causes finales, l'inertie de la matière et la liberté des actions humaines* (1769).

cination maladive, et les maux inhérents à la nature humaine comme imaginaires. « Que diriez-vous, lui demande Boullier, d'un homme qui, ayant vu dans les épîtres de saint Paul l'affreux tableau qu'il y fait de la corruption humaine, s'exprimeroit de la manière suivante : Il me paroît, en général, que l'esprit dans lequel saint Paul écrit étoit de montrer l'homme dans un jour odieux. Il s'acharne à nous peindre tous méchants et malheureux. Il impute à l'essence de notre nature — le péché originel — ce qui n'appartient qu'à certains hommes ; il dit éloquemment des injures au genre humain. J'ose prendre le parti de l'humanité — c'est l'expression de Voltaire relative à Pascal — contre ce misanthrope sublime ; j'ose assurer que nous ne sommes ni si méchants ni si malheureux qu'il le dit. » Voltaire dirait que c'est bien là ce qu'il pense de saint Paul, mais qu'il n'ose pas l'écrire. Boullier, comme précaution oratoire, avoue que le sort de l'homme est supportable. C'était l'avis commun et provisoire dans cette société optimiste qui précéda l'avènement de la Terreur. L'homme ne sent pas sa misère. En est-il moins misérable ? La misère de Pascal, aurait-il pu ajouter, n'est pas une misère vulgaire. Elle est la fille du génie, d'une contemplation solitaire des conditions de la vie, qui est un accident propre à Pascal ; cette misère est celle d'un homme qui a jeté un regard profond sur le mystère de la nature et celui de notre destinée, mystère dans lequel il souffre de ne pouvoir entrer, ce dont Voltaire ne souffre pas. Boullier ne dit pas à Voltaire qu'il rumine ; il le lui insinue : — Votre humanité joviale, dit-il, mange, boit, dort, rit et chante du matin au soir dans un palais, construit avec la sueur et le sang d'un millier de générations. Prenez garde ; elle n'est pas si gaie qu'elle le semble ; elle rit et chante en vue de se distraire des maux qu'elle cache. Elle prévoit qu'elle n'est qu'une hôtesse d'un jour dans ce palais. Lequel est le plus sage d'oublier ou de prévoir ? Eh bien ! Pascal cherchait un remède à cela. Est-ce un barbare ? Non. — Par contre, Voltaire est un évaporé, dit Boullier, qui vit hors de lui-même ; il n'a ni vu ni tâté son âme ; il est comme les poètes bachiques qui trouvent dans l'orgie une distraction courte, qui n'empêchera pas demain d'arriver. Il suit le conseil de Saint-Évremond : « Je ne veux, disait ce Pétrone moderne, avoir sur rien de commerce trop long et trop sérieux avec moi-même. » Et Boullier achève d'assommer Voltaire par ces paroles tirées de saint Paul[1] : — *Animalis autem homo non percipit ea quæ sunt spiritus Dei.*

C'était parler dans le désert. Pourtant Vauvenargues joignit sa pauvre voix de moraliste qui devait mourir à la fleur de l'âge, dans un grenier, à la protestation de Boullier. Son opinion sur Pascal était que « c'étoit l'homme de la terre qui savoit mettre la vérité dans un plus beau jour ». D'Alembert, Diderot et la secte encyclopédique étouffèrent tout autre bruit que le leur ; Condorcet, on l'a déjà vu, opéra sur les *Pensées*, comme ceux qui grattent sur une traite la somme qui y est inscrite. Pascal est un malheur public ; il est « un de ces génies extraordinaires qui ont plus de droit à notre admiration qu'à notre *reconnaissance* ». Son autorité est nuisible. Il continue d'être « le vainqueur de tant d'esprits » à qui Voltaire et l'*Encyclopédie* n'ont pu arracher sa victoire ; la nature a voulu manifester en lui « sa puissance ». Condorcet a eu l'idée de s'informer de la vie de Pascal chez ceux qui en ont écrit. Ils ne lui ont rapporté que des modèles d'intolérance, raconté que « des pratiques misérables ». Il prend une à une les vertus de Pascal et essaye de les salir. « Mme Périer, dit-il, se donne beaucoup de peine pour prouver que Pascal étoit chaste, comme s'il lui eût été possible de ne pas l'être ! » Il a pitié de son « amour sensible pour l'office divin et surtout pour les petites heures ». Sans doute, Pascal a pesé l'air, assujetti aux règles du calcul les effets du hasard ; ses éditeurs ont mis du soin à recueillir les fruits scientifiques

---

1. Épître aux Corinthiens, II, vers. 14.

de ses travaux « dans le dessein, non d'en faire honneur à Pascal, mais de donner de la valeur à des misères scolastiques ou mystiques, en les appuyant du nom de cet homme célèbre ». Les erreurs matérielles abondent sous la plume de Condorcet dans le prétendu *Éloge* dont il a fait précéder son édition des *Pensées*. Il n'a pas étudié le sujet. Ainsi, il imagine que Pascal a écrit les *Provinciales* en vue d'empêcher la condamnation d'Arnauld qui était une affaire faite. Dans les notes de son éloge, on trouve de soi-disants extraits de la morale des Casuistes qui sont de pure invention et, de plus, dignes du marquis de Sade. Une citation suffira à en indiquer le ton et la forme. Cette note est au bas de la page 30 : « Par exemple, ils (les Casuistes) demandent quelle espèce de péché il y a à coucher avec le diable, si le sexe sous lequel le diable juge à propos de paroître change l'espèce du péché. Ils répondent que non, mais qu'il y a complication ; et ils appellent cette espèce *bestialité,* quoique le diable ne soit pourtant pas si bête ; ainsi lorsque le diable prend la forme d'une religieuse, il y a bestialité, avec complication d'inceste spirituel. Ils demandent si une religieuse qui donne un rendez-vous à son amant, sur la brèche du monastère, et qui a la précaution de n'avoir hors du couvent que la moitié du corps, échappe par ce moyen au crime d'avoir violé la clôture ; si un homme qui entretiendroit cinq filles, et qui, en reconnaissance de leurs services, auroit promis de dire un *Ave Maria* pour chacune, pécheroit en accomp'issant ce vœu ou en ne l'accomplissant pas, etc. Tout cela est fort curieux et surtout fort important pour le bonheur de l'humanité (qui préoccupe avant tout Condorcet). Cependant, c'est ce qu'on a appelé longtemps, et ce que, dans les écoles, on appelle encore *la Morale.* » Condorcet espère bien qu'on en fera bientôt une autre. Voltaire a tort de nier, à propos des *Pensées* de Pascal, que l'homme ne soit misérable et méchant. Il l'est vraiment, mais pourquoi ? De longues erreurs l'ont abruti et corrompu ; les maux qu'elles ont accumulés sur lui l'ont rendu méchant. L'homme reviendra bon très prochainement. Cette assertion peut être considérée comme la conclusion de l'édition des *Pensées* de Pascal par Condorcet. Il fonde son espoir sur un livre de Craig intitulé : *Theologiæ christianæ principia mathematica*[1]. Craig a calculé, dit Condorcet, « d'après un fort beau calcul sur la loi selon laquelle décroissent les motifs de crédibilité, qu'il n'y aura plus, en 3150, de motifs raisonnables de croire la Religion Chrétienne ». Ce serait trop long. « Un compatriote de Craig — Pierre Peterson — a résolu le même problème ; mais il assigne une autre loi au décroissement des motifs de crédibilité, et il prétend que c'est vers 1789 que la Religion Chrétienne cessera d'être croyable... Ce qui le confirme dans son opinion, c'est que la comète de 1661 doit reparoître vers la même époque[2]. »

Le goût de Condorcet, que certaines locutions des *Provinciales* avaient offensé, n'est pas plus satisfait du style des *Pensées*. Il « est souvent obscur, incorrect, sans harmonie » ; Pascal « y est à la fois un homme très éloquent et un mauvais modèle d'éloquence. On peut dire la même chose de Corneille et de Bossuet. Quiconque tenteroit d'imiter ces hommes célèbres, sans avoir un génie de la même trempe, n'imiteroit que leurs défauts et ne parviendroit qu'à se former un style ridicule ». C'étaient les idées courantes du temps et l'écho en est venu jusqu'à nous. La haine que la littérature du siècle de Louis XIV inspirait aux philosophes s'étendait à la manière d'écrire des grands écrivains comme à leurs sentiments. On ne haïssait réellement que ceux-ci ; mais le meilleur moyen d'en ôter l'amour était d'en décrier la forme.

---

1. 1 vol. in-4°. Londres, 1699. Craig, philosophe et mathématicien écossais de la seconde moitié du xviie siècle, qui s'était chargé de faire connaître en Angleterre les travaux de Leibnitz sur le calcul différentiel, avait eu ensuite l'idée plus singulière d'appliquer l'algèbre aux données du témoignage humain.

2. Peterson a publié son livre à Londres en 1701 sous le titre de : *Animadversiones in Joannis Craig principia mathematica*.

« Nulle part, dit Sainte-Beuve, la supériorité morale de Pascal n'a été sentie par Voltaire ni par Condorcet. » Ils ne la sentent pas parce qu'ils ne l'ont pas ; mais elle leur est encore plus odieuse qu'étrangère. Pourtant elle leur est étrangère à un degré qu'on n'imaginerait pas. Condorcet *plaint* Pascal de ne pas sentir l'amitié ; Voltaire, reprenant quelques mois avant de mourir l'édition que Condorcet avait faite des *Pensées* et dans un but analogue, ajoute avec attendrissement à cette plainte de Condorcet : « On sent, en lisant ces lignes, qu'on aimerait mieux avoir pour ami l'auteur de l'*Éloge* de Pascal que Pascal lui-même. » Cette bouffonnerie d'un compère a scandalisé Sainte-Beuve. « Le temps, dit-il[1], *ce grand révélateur* même ici-bas, a fait voir, quand est venu l'orage, s'il était aussi bon et jusqu'au bout aussi sûr d'être l'ami de Condorcet que celui de Pascal. » Voltaire et Condorcet exploitaient, au détriment des *Pensées* de Pascal, le crédit temporaire dont ils disposaient. Ils préparaient à leur insu le mot que Chateaubriand accole à leur commentaire : « On croit voir les ruines de Palmyre, restes superbes du génie et du temps au pied desquels l'Arabe du désert a bâti sa misérable hutte[2]. » Dans les notes qu'il a ajoutées à la deuxième édition du *Génie du christianisme*[3], Chateaubriand revient sur la manière dont Voltaire et Condorcet ont traité les *Pensées* de Pascal. Ils s'étaient mis à deux afin d'en ruiner l'autorité. Cela, Chateaubriand le savait. La faiblesse du commentaire de Voltaire l'étonne. Il était dans sa quatre-vingt-quatrième année ; son intelligence déclinait, mais ses passions et sa mauvaise foi n'avaient pas décru. Les deux augures, Voltaire et Condorcet, se font des compliments aux dépens de l'homme aux *Pensées*. Il n'est que le secrétaire de Port-Royal ; Condorcet est le secrétaire de Marc-Aurèle. Chateaubriand ne con-

---

1. *Port-Royal*, livre III, p. 413 de la 4ᵉ édition.
2. *Génie du christianisme*, 3ᵉ partie, livre II, ch. vi.
3. Paris, 1803, 2 vol. in-8. Cette édition est celle qui contient la dédicace au premier consul.

naît pas le manuscrit autographe des *Pensées*; il n'a pas confronté les éditions de Port-Royal avec celles de Condorcet et de Voltaire. Il aperçoit néanmoins sans effort que Condorcet et Voltaire ont dénaturé le texte en cent endroits différents, notamment en vue de faire croire à l'athéisme de Pascal. « Par exemple, observe Chateaubriand, lorsqu'il dit que *la raison de l'homme seule ne peut arriver à une démonstration parfaite de l'existence de Dieu*, on triomphe, on s'écrie qu'il est beau de voir M. de Voltaire prendre le parti de Dieu contre Pascal. En vérité, c'est bien se jouer du sens commun et compter sur la bonhomie du lecteur. N'est-il pas évident que Pascal raisonne en *chrétien* qui veut presser l'argument de *la nécessité d'une Révélation?* » Ce n'est qu'un des moyens employés : on a dérangé l'ordre accoutumé des *Pensées*. Dans quel but? Dans celui de leur faire signifier ce qu'elles ne signifient pas. « On conçoit combien il est aisé d'altérer un passage en rompant la chaîne des idées et en séparant deux membres de phrase pour en faire deux sens complets. Il y a une adresse, une ruse, une intention cachée dans cette édition qui l'auroit rendue dangereuse si les notes n'avoient heureusement détruit tout le fruit qu'on s'en étoit promis. » On ne s'avise pas de tout; qui veut trop démontrer ne démontre rien.

X

Les *Pensées* bénéficièrent de l'épreuve subie en 1789 par les théories générales du xviiie siècle. La réaction fut immédiate et hors de mesure. Dès 1803, dans un discours sur la vie et les œuvres de Pascal placé en tête d'une édition nouvelle des *Pensées*[1], l'auteur anonyme avance que « chez aucun peuple et dans aucun temps, il n'a existé de plus grand génie que Pascal ». Chateaubriand, Joubert, Royer-Collard, la jeune

1. 2 vol. in-8°, chez Renouard.

université impériale apportent de l'empressement à réhabiliter les *Pensées*, vilipendées par Voltaire et Condorcet, aux applaudissements des ennemis du Christianisme et de tout le glorieux passé de la nation. Le retentissement obtenu par le *Génie du christianisme* et le brevet d'immortalité décerné à l'auteur des *Pensées* furent comme une vengeance tirée de Voltaire et de Condorcet. « Les sentiments de Pascal, écrivait Chateaubriand, sont remarquables surtout par la profondeur de leur tristesse et par je ne sais quelle immensité : on est suspendu au milieu de ces sentiments comme dans l'infini. Les métaphysiciens parlent de cette *pensée abstraite* qui n'a aucune propriété de la matière, qui touche à tout sans se déplacer, qui vit d'elle-même, qui ne peut périr, parce qu'elle est indivisible, et qui prouve péremptoirement l'immortalité de l'âme : cette définition de la pensée semble avoir été suggérée aux métaphysiciens par les écrits de Pascal. » Aux Nihilistes qui méprisent Pascal parce qu'il a cru, Chateaubriand jette ces paroles de Bossuet : « Qu'ont-ils vu, ces rares génies, qu'ont-ils vu plus que les autres? Quelle ignorance est la leur et qu'il seroit aisé de les confondre, si, foibles et présomptueux, ils ne craignoient point d'être instruits! Car peuvent-ils avoir vu mieux les difficultés à cause qu'ils y succombent, et que les autres *qui les ont vues* les ont méprisées? Ils n'ont rien vu, ils n'entendent rien ; ils n'ont pas même de quoi établir le néant auquel ils espèrent après cette vie, et ce misérable partage ne leur est pas assuré. » Joubert à *la plume d'or* n'est pas si enthousiaste des *Pensées*. Il est plutôt un disciple de Confucius qu'un fils de l'Évangile. Le ver du néant l'a mordu au cœur ; on ne sait pas même s'il croit en Dieu. Il se tait là-dessus. C'est un sage à la façon d'Épicure. Le *Saint* qu'il invoque est quelque chose de platonicien qui n'a pas de corps. Le souffle puissant de Pascal ne le remue pas. Cependant il a du goût et c'est par le goût que lui et l'auteur des *Pensées* communient. Cette misanthropie forte et douce de Pascal le pénètre. Il estime que Pascal n'a rien *inventé;* il « conçoit fortement » ; quant à ses doctrines sur les lois, la justice, la coutume, ce sont des pensées de Montaigne rafraîchies. Derrière la pensée de Pascal, il entrevoit un esprit ferme, « exempt de toute passion ». C'est ici qu'il ne l'entend pas, car on n'eut jamais plus de passion que Pascal. Joubert qui n'en a pas, qui est une harpe qui résonne, douce, harmonieuse et sans force, se sent attiré tout de même. Il en cause avec un frisson. S'il allait être saisi de la fièvre? Il se gare avec prudence. Certes, Royer-Collard n'était point taillé sur le modèle de Pascal. Peut-être pensait-il à Pascal quand il a dit : — On ne fait point au scepticisme sa part. — Il n'était pas sceptique ; il ne s'occupait ni de croire ni de ne pas croire. C'était un politicien grave, chez qui la gravité était une méthode adoptée en vue d'acquérir de l'autorité. Les doctrines de Port-Royal lui plaisaient fort : « Quelle doctrine, monsieur, quelle doctrine ! » Dieu n'avait point dit à sa vanité revêche : *Ducam eam ad solitudinem et loquar ad cor ejus.* Il détestait de tout son cœur la solitude, le recueillement et l'esprit dont se nourrissait Pascal. Mais il a répandu le souvenir de Port-Royal dans l'Université. Pascal est venu à la suite comme par surcroît. Vivant, Pascal n'aurait pas ôté son chapeau à Royer-Collard. Malgré tout, la gloire des *Pensées* était imprimée sur le collet de l'habit de Royer-Collard, taillé dans le manteau de M. de Sacy. « Le plus mondain et le plus émancipé des Port-Royalistes, dit Sainte-Beuve [1], il s'est aisément trouvé l'homme le plus grave et le plus autorisé de son temps : toute une souche de vieux chrétiens et de braves esprits reparaissait à l'improviste en sa personne. Parlant de cette sainte race à laquelle il tenait surtout par sa mère, de cette génération de gens de bien dévoués à la *vérité,* il ajoutait excellemment en leur rapportant l'honneur de sa vertu : *de n'avoir pas pensé à moi dans ma vie publique, cela me vient d'eux.* Cet homme qui fut un monument n'est plus ;

---

1. *Port-Royal,* t. IV, p. 105 de la 4ᵉ édition.

et nous sommes tombés à un temps où personne n'a plus le droit de dire de soi de telles paroles. » Il n'avait pas le droit de les dire non plus. Elles dénotent un orgueil qui n'est pas ordinaire, et derrière cet orgueil il n'y a pas mal d'hypocrisie : l'hypocrisie de la vertu. C'était cet orgueil qui lui faisait répondre à un homme d'État de la Restauration qui lui demandait de la part du roi (Louis XVIII) s'il voulait être nommé comte par ordonnance : — *comte vous-même.* Il y avait ce côté dans Port-Royal et c'en est le mauvais. C'est celui-là que voyait de Maistre ; c'est celui-là qui l'a induit à se livrer sur la personne de Pascal à des sévices illégitimes. De Maistre n'est pas l'ennemi de Pascal : il l'entend. Il déclare admirer sincèrement les *Pensées*. Dans la région des esprits où tous les deux habitent, ils sont voisins. De Maistre est sensible à la grandeur d'âme et qui en eut plus que Pascal ? Mais Pascal est un solitaire, un individualiste ; de Maistre est un ami de la Raison d'État. Sa Raison d'État n'est pas la Raison d'État civile, celle des gouvernements laïcs. La Raison d'État de de Maistre est la Raison d'État religieuse, celle des Thomistes du moyen âge : une vaste monarchie religieuse à deux têtes, le Saint-Siège et l'Empire ; le Saint-Siège gouverne les âmes, l'empereur gouverne les corps, c'est-à-dire les intérêts matériels. Il n'y a plus de Saint-Empire. Dix nationalités ont surgi de ses ruines. La monarchie pontificale est toujours là ; de Maistre en est le champion. Les chefs d'État qui remplacent l'Empereur sont des lieutenants civils de cette autorité religieuse qui s'étend à l'ensemble de la Civilisation chrétienne. Pascal est un opposant à cet idéal de de Maistre. De Maistre le poursuit à ce titre. Pascal a une règle intérieure ; il personnifie la résistance à la Raison d'État ecclésiastique. De Maistre flaire en lui un hérétique, non un hérétique à l'Évangile, mais un hérétique à l'autorité pontificale, un sectaire. Ce n'est point à Pascal philosophe, ascète, moraliste, apologiste du Christianisme, ni même au géomètre ou au physicien qu'il en veut : c'est à

Pascal qui n'obéit point au Saint-Siège, qui ne consent pas à se soumettre aux décisions des évêques, de la Sorbonne. Il n'aurait aucune chance de faire agréer ses raisons, s'il l'avouait. Aussi, par rancune, s'en prend-il au philosophe, au géomètre, et comme il n'a pas de crédit comme philosophe et comme géomètre, parce qu'il est diplomate, il se cache derrière Leibnitz pour attaquer Pascal qui vient justement de reconquérir le terrain perdu par lui au xviii° siècle. Il atténue même la bonne opinion que Leibnitz a de Pascal, qu'il connaît assez peu et dont il est jaloux. « Il arriva, dit Leibnitz, que M. Pascal trouva quelques vérités profondes et extraordinaires en ce temps-là sur la cycloïde. » Leibnitz annonce non sans quelque fierté qu'il a élargi le sentier ouvert par Pascal. Il avoue néanmoins qu'il a travaillé dans un champ déjà labouré, tandis que Pascal *inventait*. De Maistre n'en tient pas compte et continue de citer : « Ce grand homme — Leibnitz — ajoute avec cette conscience de lui-même que personne ne sera tenté de prendre pour de l'orgueil [1] : « J'oserai dire que mes méditations sont le fruit d'une application bien plus grande et bien plus longue que celle que M. Pascal avoit donnée aux matières élevées de la Théologie, outre qu'il n'avoit pas étudié l'histoire ni la jurisprudence avec autant de soin que je l'ai fait ; et cependant l'une et l'autre sont requises pour établir certaines vérités de la Religion chrétienne. » Ici de Maistre s'arrête, tandis que Leibnitz ajoute : « Il est vrai que son génie extraordinaire suppléoit à tout ; mais souvent l'application et l'information sont aussi nécessaires que le génie. » Il y a une manière de citer. De Maistre n'avait sous la main que les *Pensées de Leibnitz* [2], comme il en avertit. Mais précisé-

---

1. *De l'Église gallicane,* livre Ier, ch. ix, p. 68 de l'édition de 1844. 1 vol. in-8°. Lyon, chez Lesne.

2. 2 vol. in-8°. Paris, 1803. L'ouvrage qui est anonyme, mais de l'abbé Emery, supérieur de Saint-Sulpice, est la deuxième édition d'un autre intitulé : *Esprit de Leibnitz.*

ment le complément de l'opinion de Leibnitz qu'il ne cite pas s'y trouve. Il y a donc un peu d'habileté dans le procédé.

Du reste, il possède l'art de prendre les gens par leur côté faible. Il est aisé de concevoir que, la Théologie morale étant une science d'observation et d'expérience, la connaissance de l'histoire et de la jurisprudence lui est d'un grand secours. Leibnitz l'avait; Pascal ne l'avait pas. Quoique le génie supplée à tout, c'est un avantage que Leibnitz a sur Pascal. Pascal en a d'autres. Il a l'élévation et la supériorité de l'intelligence. Ce sont des détails dans lesquels de Maistre n'entre pas. Sent-il au moins cette élévation et cette supériorité intellectuelle de Pascal? Oui, évidemment, mais il esquive l'occasion de les reconnaître. Il a une thèse à démontrer; il n'est pas impartial. Ce qu'il en dirait ne militerait pas en faveur de sa théorie. Il ne pèche pas seulement par omission; il dénigre, se moque des contes de Mme Périer « sur la miraculeuse enfance de son frère », attribue à Torricelli l'idée de la pesanteur de l'air, à Descartes le mérite de l'expérience, sans nier que Pascal ne l'ait faite.

Il confond à dessein Pascal avec Port-Royal. « Je doute, écrit-il[1], que l'histoire présente dans ce genre — énergie, action et force d'attraction — rien d'aussi extraordinaire que l'établissement de l'influence de Port-Royal. Quelques sectaires mélancoliques, aigris par les poursuites de l'autorité, imaginèrent de s'enfermer dans une solitude pour y bouder et y travailler à l'aise. Semblables aux lames d'un aimant artificiel dont la puissance résulte de l'assemblage, ces hommes, unis et serrés par un fanatisme commun, produisent une force totale capable de soulever les montagnes. L'orgueil, le ressentiment, la rancune religieuse, toutes les passions aigres et haineuses se déchaînent à la fois; l'esprit de parti concentré se transforme en rage incurable. Des ministres, des

---

1. *De l'Église gallicane*, l. Ier, ch. v.

magistrats, des savants, des femmelettes[1] de premier rang, des religieux fanatiques, tous les ennemis du Saint-Siège, tous ceux de l'Unité, tous ceux d'un ordre célèbre, leur antagoniste naturel, tous les parents, tous les amis, tous les clients des premiers personnages de l'association, s'allient au foyer commun de la révolte. Ils crient, ils s'insinuent, ils calomnient; ils ont des imprimeurs, des correspondances, des facteurs, une *caisse invisible*[2]. Bientôt Port-Royal pourra désoler l'Église gallicane, braver le Souverain Pontife, impatienter Louis XIV, influer dans ses conseils, interdire les imprimeries à ses adversaires, en imposer enfin à la suprématie. Ce phénomène est grand sans doute; un autre néanmoins le surpasse infiniment; c'est la réputation mensongère de vertus et de talent construite par la secte comme on construit une maison ou un navire et libéralement accordée à Port-Royal avec un tel succès, que, de nos jours même, elle n'est pas encore effacée. » De Maistre exagère, bien qu'il y ait une part de vérité dans ce tableau. La réputation de Pascal elle-même a gagné à ce jeu; le secours qu'il a prêté à Port-Royal, il l'a reçu de lui.

En définitive, ce n'est point Pascal que vise de Maistre. Quand il entreprit sa campagne dans l'intérêt du Saint-Siège, car son *Traité de l'Église gallicane* n'est qu'un appendice au livre du *Pape*, l'autorité pontificale relevait d'une grave maladie. La Révolution française avait mis son existence en question. Elle sortait de ses ruines. En France, l'esprit gallican de l'Ancien Régime reprenait du terrain, menaçait de se reconstituer. C'est contre lui que de Maistre s'escrime. Il voit avec la perspicacité qui le distingue que les Jansénistes en ont été les coopérateurs; ils reprennent aussi du terrain.

---

1. Quand de Maistre est en colère, les injures ne lui coûtent rien; il appelle quelque part la mère Agnès Arnauld « la plus grande femelle de l'ordre ».

2. De Maistre veut parler de la *boîte à Perrette*, venue beaucoup plus tard, au xviiie siècle.

C'est à l'esprit gallican que de Maistre s'attaque. Les Jansénistes en forment l'aile gauche. La gloire de Pascal leur est un drapeau. C'est le prestige exercé par le nom de Pascal comme appui aux revendications gallicanes qui le met en colère. Pascal lui-même n'y est pas pour grand'chose. De Maistre ne le nie pas; il en a peur. Or il a l'habitude de saisir corps à corps ceux qui lui font peur. C'est un aventurier, un irresponsable. On n'accusera que lui de son intempérance de langage; il le sait parfaitement. Ses injures à la personne de Pascal font partie de sa méthode; il aime les personnalités, non qu'il soit méchant ou inconsidéré, par amour du bruit, comme moyen de frapper les indifférents, de les contraindre à la discussion sur des matières où ils passeraient volontiers leur chemin, si on ne piquait leur amour-propre. Son humeur batailleuse offusquait ses amis. — Prenez-vous-en aux opinions, lui disait-on; respectez les personnes; il suffit d'avoir raison d'un argument; il est inutile de fustiger celui qui en emploie un mauvais. Montrez-lui qu'il a tort. — « Soyez bien persuadé, répondait-il, que ceci est une illusion française. Nous en avons tous et vous m'avez trouvé assez docile en général pour n'être pas scandalisé si je vous dis qu'on n'a rien fait contre les opinions tant qu'on n'a pas attaqué les personnes..... Il est très certain que vous avez fait en France une douzaine d'apothéoses au moyen desquelles il n'y a plus moyen de raisonner. En faisant descendre tous ces dieux de leurs piédestaux, pour les déclarer simplement grands hommes — c'est le cas de Pascal — on ne leur fait, je crois, aucun tort, et l'on vous rend un grand service [1]. » Cet aristocrate est en même temps un iconoclaste. Les grands noms sont des idoles qui lui déplaisent. Il va droit à eux et les poignarde de son stylet. Il va droit à Pascal, comme il a été droit à Voltaire. Sa théorie des personnalités qu'il faut déconsidérer, si l'on veut déconsidérer les opinions qu'elles

---

1. J.-Z. Collombet : *Lettres inédites de M. de Maistre*, in-8°. Lyon, 1843, p. 44.

couvrent de leur autorité, n'est pas conforme au genre de
politesse qui a cours dans le monde littéraire; mais elle est
fondée. Elle traduit l'axiome banal : Tant vaut l'homme, tant
vaut la chose. La règle de respecter les personnes, de ne combattre que leurs doctrines, est une règle bonne à insérer
dans un règlement parlementaire. Elle est bonne à empêcher
qu'on ne se batte à la tribune ou dans la salle où l'on déli-
bère. Dans la presse, elle maintient une modération relative;
elle évite les polémiques violentes, les duels, les procès. On
a coutume de l'observer, d'ailleurs, vis-à-vis de ceux qui
vivent, par prudence autant que dans l'intérêt de la paix; on
ne l'observe pas en réalité. Dans les Lettres comme dans
la Politique, les opinions et les œuvres ne tombent qu'avec
ceux qui ont ces opinions ou ont accompli ces œuvres. On
peut vérifier le fait tous les jours. On n'observe d'ailleurs
pas avec les morts la règle prudente de respecter les personnes; on a mis en maxime la pratique contraire : on ne
doit aux morts que la vérité. Vérité ici signifie des égards.
Comment parvient-on le mieux à déconsidérer la gloire militaire? en injuriant ceux qui l'ont obtenue. Comment parvient-
on à déconsidérer une idée, un système? en déconsidérant
ceux qui les ont émis. C'est à peu près l'histoire des vicissitudes de l'Opinion. Les idées, les mœurs, les gouvernements
tombent avec ceux qui les représentent. Le sentiment de de
Maistre n'est pas un paradoxe. C'était par l'injure personnelle qu'avait procédé l'école philosophique contre les hommes
et les choses de la Tradition, et en particulier Voltaire et Condorcet contre les *Pensées* de Pascal et contre Pascal. De
Maistre leur emprunte l'arme dont ils ont fait un usage si
efficace. Ils ont détruit par l'injure; ils seront détruits de la
même manière. Il dit à chacun : *Patere legem quam ipse
fecisti*. Il explique fort bien qu'il obéit à une méthode. Cette
méthode était merveilleusement d'accord avec son humeur.

Sainte-Beuve, qui l'admire plus qu'il ne lui plaît d'en

convenir, est tout heureux de le prendre sur le fait, c'est-à-dire donnant carrière à son humeur savoyarde comme par mesure hygiénique. « J'imagine, écrit-il[1], que de Maistre, à Pétersbourg, s'éveillait presque chaque matin dans cet état-là, — l'ardeur de Roland. — Son talent était à jeun, son glaive était altéré. Il fallait qu'il abordât sur l'heure, qu'il passât *au fil de l'esprit* un nom, une idée quelconque en crédit, qu'il souffletât quelque opinion, reine du monde..... L'homme du monde, l'homme de cour et de qualité prenait le dessus, la belle humeur s'en mêlait..... C'est ainsi que sans une goutte de fiel dans le cœur il semble avoir poussé à son comble la faculté du mépris, de l'outrage. Il est l'homme qui, à tout bout de champ, a dit le plus volontiers à son frère : *raca*, c'est-à-dire : vous êtes un sot. Cet homme assurément veut faire enrager le monde. » Certes; c'est un Montaigne catholique et réactionnaire, sanguin, jovial. Sa belle santé s'épanouit en éclats de verve. Il est au pôle opposé de Pascal, pessimiste au même degré, quand il n'est pas en train de s'amuser et de narguer l'univers en manière de distraction aristocratique. Pourquoi se serait-il gêné? Est-ce que les philosophes du xviiie siècle s'étaient gênés? Est-ce qu'ils n'avaient pas souillé de leurs quolibets tout ce qu'il y a de noble et de grand dans la nature? De Maistre est mieux doué qu'eux du côté de l'intelligence. Il se vante de n'avoir pas « la tête plate » de Locke, la légèreté polissonne et gouailleuse de Voltaire, le fanatisme étroit et sombre de Condorcet, la suffisance maigre de d'Alembert; il rougirait d'être confondu avec Diderot dans « la canaille des esprits ». Dieu lui a octroyé, outre de l'intelligence, la hauteur d'âme et de caractère, le verbe insolent, une imagination débridée et hautaine. Il prend sa revanche du xviiie siècle. Cet Athénien des Alpes brigue les suffrages de Lutèce restée révolutionnaire et jacobine. Il ne la flatte pas, n'essaye pas de lui insinuer ses opinions

---

1. *Port-Royal*, t. III, p. 250 de la 4e édition.

féodales : il l'insulte. « Celle-ci, je crois l'avoir remarqué déjà, dit Sainte-Beuve[1] qui aime avant tout qu'on s'occupe d'elle, fût-ce pour l'insulter et pour la battre pourvu qu'on l'amuse, celle-ci s'est montrée reconnaissante. Certes, M. de Maistre a beaucoup choqué en France, de prime abord : il a choqué d'autant plus que, n'étant pas Français et ayant à sa date les opinions les plus antifrançaises qui se puissent imaginer, il y a joint le style le plus à la française et qu'il s'est trouvé tout d'abord un grand écrivain d'ici avec les idées de l'autre pôle. Il a introduit l'ennemi le plus déclaré dans le cœur de la place et sous les airs de la Nation. C'est ainsi que, tout en choquant, il a été lu ; et bientôt pour le châtier ou pour le récompenser, qu'a-t-on fait? on s'est mis tout simplement à l'admirer comme écrivain, à se récrier devant lui, devant son imagination, devant sa hauteur de vues et son talent d'expression, en amateur qu'on est des belles choses. »

Il n'a pas nui au nom de Pascal. Il l'a secoué devant la foule aburie. On ne saurait disconvenir que le nom de l'auteur des *Pensées* ne grandisse chaque année depuis le commencement du XIXe siècle. Ses ennemis et ses amis ont également contribué à ce résultat de la polémique engagée sur lui. Les *Provinciales* ne servent plus guère que de modèle littéraire à étudier. L'ascendant des *Pensées* va croissant. A mesure que l'empire de la Raison semble s'étendre, celui de son contradicteur s'affirme davantage.

Dans les *Pensées*, Pascal est l'adversaire de la Raison. Il en a vu poindre le règne dans les œuvres de Descartes. Il a résolu de s'opposer à cet avènement. Dans l'intention de Pascal, il n'est pas douteux que *l'Apologie de la religion chrétienne* ne dût être un duel contre Descartes. Descartes veut *séculariser* la pensée, en faire un instrument de précision propre à mesurer et à peser la matière. Il avoue lui-même n'avoir songé, durant sa vie, à autre chose qu'à améliorer la condi-

---

[1]. *Port-Royal*, t. III, p. 250 de la 4e édition.

tion matérielle de l'homme. Sa philosophie aspire à être la philosophie des sciences naturelles. Pascal, dans les *Pensées*, lui oppose la philosophie de la vie. Ces deux points de vue opposés indiquent la différence qu'il y a entre eux. Pascal, dans les *Pensées*, cite rarement Descartes; il l'a toujours présent à la mémoire. « Descartes, que vous estimez tant », lui écrit le chevalier de Méré avant sa conversion. Il l'estime, oui; mais il ne l'aime pas; il le redoute plutôt. C'est contre la Raison de Descartes qu'il écrit dans les *Pensées* : « Le cœur a ses raisons que la Raison ne connoît point : on le sent en mille choses. » Les preuves de l'existence de Dieu par la raison que donne Descartes ne le convainquent pas. Il lui répond : « C'est le cœur qui sent Dieu et non la Raison. Voilà ce que c'est que la Foi : *Dieu sensible au cœur*... Le cœur a son ordre, l'esprit a le sien qui est par principes et démonstrations. Le cœur en a un autre... Jésus-Christ, saint Paul ont l'ordre de la charité, non de l'esprit, car ils vouloient échauffer, non instruire. Saint Augustin de même. »

Le caractère non seulement rationaliste, mais de Théologie des intérêts, qui est celui de la philosophie de Descartes, n'était pas inconnu des contemporains. On était cartésien à Port-Royal. Sacy ne l'était pas. On objectait à Sacy que Descartes avait détrôné Aristote, le rationaliste empirique qui dominait depuis si longtemps dans les écoles. Eh bien, oui, disait Sacy, il a substitué la philosophie de *cabinet* à la philosophie d'*école* : les deux se valent. Aristote avait usurpé dans l'Église, à côté de l'Écriture sainte, une place dont Descartes l'a dépossédé. Descartes vis-à-vis d'Aristote est « comme un voleur qui en vient tuer un autre et lui enlever ses dépouilles ». Il n'y a pas de mal à tuer Aristote. Sacy espère bien qu'il viendra quelqu'un qui tuera Descartes, et ce sera Pascal. Descartes est vraiment un ennemi à détruire. D'après Sacy, il y a deux idées de Dieu dans la création du monde. La première est de manifester sa puissance, la seconde de représenter les choses invisibles dans les choses visibles. « M. Descartes, dit

Sacy[1], détruit l'une et l'autre. Le soleil est un bel ouvrage, lui dit-on. Point du tout, répond-il, c'est un amas de rognures. Au lieu de reconnoître les choses invisibles dans les visibles, dans le soleil, par exemple, qui est comme le Dieu de la nature, et de voir en tout ce qu'il produit dans les plantes, l'image de la Grâce, il prétend, au contraire, rendre raison de tout par de certains crochets qu'ils se sont imaginés. Je les compare à des ignorants qui verroient un admirable tableau, et qui, au lieu d'admirer un tel ouvrage, s'arrêteroient à chaque couleur en particulier et diroient : Qu'est-ce que ce rouge-là ? De quoi est-il composé ? c'est de telle chose ou c'est d'une autre ; au lieu de contempler tout le dessein dont la beauté charme les Sages qui le considèrent. Je ne prétends pas, dit M. Descartes, dire les choses comme elles sont en effet. Le monde est un si grand objet qu'on s'y perd ; mais je le regarde comme un chiffre. Les uns tournent et retournent les lettres de cet alphabet et trouvent quelque chose ; moi, j'ai aussi trouvé quelque chose, mais ce n'est peut-être pas ce que Dieu a fait. Ces gens-là, disoit M. de Sacy, cherchent la vérité à tâtons, et c'est un grand hasard quand ils la trouvent. Je les regarde comme je regardois l'autre jour l'enseigne du *Cadran*, en passant sur le pont Notre-Dame : le cadran disoit vrai alors, et je disois : passons vite, il n'y fera pas bon bientôt. C'est la vérité qui l'a rencontré, il n'a pas rencontré la vérité. Il ne dit vrai qu'une fois par jour. » Pascal est un peu l'élève de Sacy, au génie près, et c'est encore Sacy qui en fait la remarque à propos de l'entretien qu'ils eurent ensemble sur Épictète et Montaigne : « M. Pascal est extrêmement estimable, en ce que, n'ayant pas lu les Pères de l'Église, il a de lui-même, par la pénétration de son esprit, trouvé les mêmes vérités qu'ils ont trouvées. »

Ce sont ces vérités-là qu'il exprime dans les *Pensées*, dans

---

1. *Mémoires de Fontaine* (Royaumont).

lesquelles il essaye, en opposition avec Descartes, de mettre la philosophie du sentiment, c'est-à-dire la philosophie de la vie, à la place de la philosophie de Descartes, qui néglige l'homme systématiquement et s'en tient à l'étude du monde extérieur. Ce plan, qui n'avait été ressaisi par personne, l'a été, il y a quarante ans, par Victor Cousin. Cette découverte qui n'était pas, en effet, de médiocre importance, a valu aux *Pensées* et à l'auteur des *Pensées* le plus rude assaut que l'un et les autres aient eu à subir depuis le XVIIe siècle. Ni l'écrivain ni le penseur n'ont eu à en souffrir chez Pascal. Ils ont, au contraire, pris dans l'histoire des Lettres et de la Pensée une situation qu'ils n'avaient pas encore eue.

Sainte-Beuve raconte dans la préface du tome III de son *Histoire de Port-Royal* qu'il avait conçu le plan de son œuvre dès les débuts de la monarchie de Juillet. Il en avait exécuté les travaux préliminaires, y avait dépensé des efforts persévérants. Il était seul à s'occuper du sujet. On ne le lui enviait pas. Il dit quelque part ailleurs que des personnes qui l'interrogeaient sur ses projets littéraires, ayant appris de lui qu'il songeait à une Histoire de Port-Royal, avaient trouvé l'entreprise singulière. On avait tant écrit là-dessus ; Port-Royal dormait dans sa tombe. Pourquoi ouvrir cette tombe ? C'était vieux, usé, sans relation avec les curiosités modernes de la Pensée. Il avait laissé dire et continué. Il avait eu le temps de laisser mûrir son idée, de l'approfondir, d'aller à Lausanne (1837) exposer, dans une chaire publique, les premiers résultats de ses recherches. Il avait rédigé deux volumes à son aise. Le second venait de paraître quand la scène changea. L'*Éloge de Pascal,* mis au concours par l'Académie française, avait attiré l'attention sur Pascal. Dix concurrents se disputaient le prix partagé, en 1842, entre M. Prosper Faugère et Bordas-Demoulin. Ce fut l'occasion et l'origine des investigations de M. Faugère sur Pascal et sa sœur Jacqueline. Mais à qui revenait l'initiative de la mise au concours de l'éloge de Pascal ? Le point n'est pas élucidé. Toujours est-il que Sainte-

Beuve écrit du concurrent au prix d'éloquence offert au meilleur éloge de Pascal : « Un de leurs juges et de leurs maîtres, un grand écrivain et l'un des plus grands esprits de ce temps-ci, promoteur et agitateur en toute carrière, — c'est nommer M. Cousin, — *évoqua* brusquement à lui la cause, entama l'œuvre avec un entrain de verve et un éclat de plume qui étaient faits pour susciter en foule les imitateurs, les contradicteurs mêmes, et à la fois pour ralentir ceux qui ne s'attendaient point à *une irruption si redoutable.* » Le héros de *Volupté* en fut très affecté, et il y avait de quoi. Pascal était le plus gros morceau de son *Histoire de Port-Royal* et il craignait qu'on ne le lui confisquât, préoccupation d'autant mieux fondée qu'on faisait appel à toutes les trompettes de la renommée et qu'on avait l'air de procéder à la découverte de l'Amérique. « Les résultats qu'on proclamait coup sur coup chaque matin, continue Sainte-Beuve, étaient nouveaux, imprévus ; ils ne l'étaient peut-être pas pour ceux qui avaient de longue main étudié la matière, tout à fait autant qu'ils le semblaient au public et, pour tout dire, aux auteurs eux-mêmes dans le premier éblouissement de la découverte ; ils étaient pourtant assez neufs et littérairement assez piquants ; ils étaient surtout présentés, quand c'était M. Cousin qui parlait, avec un assez magnifique talent et dans une plénitude de langage assez au niveau des Auteurs du grand siècle pour justifier l'intérêt excité et le retentissement universel. »

Sainte-Beuve, interloqué, s'arrêta court. Il désespérait de pouvoir retenir le sujet que Victor Cousin avait *évoqué* à son tribunal. Cousin en avait assez l'habitude. Il aimait à récolter. Il était riche de son propre acquis, riche de savoir comme de talent. Le savoir ne lui déplaisait pas, mais il lui paraissait dur à se procurer. Il ne lui était pas indifférent d'envoyer d'abord les autres en reconnaissance dans les régions à découvrir. Dans ces cas-là, hasardait Sainte-Beuve dans la conversation, car il ne se serait pas hasardé à l'écrire, Victor

Cousin avait une méthode qui lui réussissait souvent. Se proposait-il de traiter, soit dans un livre, soit dans son cours de Sorbonne, une question qui avait besoin d'être élaborée, il mettait l'affaire au concours. Par ses élèves, par ses disciples, par l'Académie française, par l'Académie des sciences morales dont il était membre, quelquefois par les Recueils qu'il avait à sa dévotion, il provoquait au travail les hommes de bonne volonté; puis, quand la charrue avait remué la terre dans le champ à défricher, il arrivait et faisait lui-même la moisson. Dans son cabinet, Sainte-Beuve expliquait cela par le menu, énumérait les faits, faisait rire ses interlocuteurs aux dépens du chef de l'École éclectique. Il avait conservé un mauvais souvenir de la conduite de Victor Cousin lors de l'invention du manuscrit autographe des *Pensées*. Tant que Victor Cousin avait été là, il n'avait pas soufflé un mot. Plus tard, il a exhalé sa rancune d'une manière un peu sournoise dans une note enfouie dans un volume de son *Histoire de Port-Royal*[1]. Il commence par citer Nicole[2]: « Comme les biens du monde, dit Nicole, étant naturellement communs, deviennent propres à ceux qui s'en sont saisis, — *occupantis fiunt*, — et qu'il y auroit de l'injustice à les en déposséder, il y a de même une certaine convention d'honnêteté entre les Gens de lettres, que lorsque quelque ouvrage est échu à quelque auteur et qu'il s'en est médiocrement bien acquitté et d'une manière qui a satisfait le monde, un autre auteur ne doit point le troubler dans ce partage et doit chercher d'autre matière pour exercer son esprit et ses talents. De sorte que le monde veut qu'on garde à peu près, sur ce point, la règle que saint Paul observoit dans la prédication de l'Évangile. » La règle de saint Paul était de ne pas aller fonder une église dans une ville où un autre prédicateur de l'Évangile était en train d'en fonder une. Bah! dit Sainte-Beuve, on n'a plus aujourd'hui ce genre de délicatesse. Les

1. Tome III, p. 416 de la 4ᵉ édition.
2. *Nouvelles lettres.*

écrivains n'ont plus de scrupules; le monde n'y regarde plus de si près. On se plaindrait inutilement. Il ne se plaint donc pas, mais il n'est pas fâché de signaler un aveu de Victor Cousin : « Mon cher ami, me disait un jour un homme de lettres à qui je me plaignais d'un pareil procédé qu'il avait eu à mon égard (M. Cousin), je crois être aussi délicat qu'un autre au fond; mais, je l'avoue, je suis grossier dans la forme. Le mot est lâché, ajoute Sainte-Beuve. Telles sont et seront de plus en plus les mœurs littéraires aujourd'hui et dans l'avenir : les délicats et qui le sont pour la forme comme pour le fond (ce qui est inséparable) en doivent prendre leur parti. »

Une altercation du même genre eut lieu entre Victor Cousin et M. Prosper Faugère, lauréat de l'*Éloge* de Pascal mis au concours par l'Académie française. Cousin avait eu l'idée d'aller consulter le manuscrit autographe des *Pensées* qui était à la bibliothèque du roi. Qui la lui a suggérée? Qui lui a donné connaissance du fait que le manuscrit autographe de Pascal était à la bibliothèque du roi ? On pourrait pousser plus loin : qui a eu le premier l'idée de mettre l'*Éloge* de Pascal au concours ? Il est possible que ce soit Victor Cousin. Il n'en demeure pas moins responsable vis-à-vis de Sainte-Beuve qui longtemps auparavant avait son Histoire de Port-Royal sur le chantier. M. Faugère a publié le premier le texte complet du manuscrit autographe des *Pensées*[1]. Cousin avait été au-devant de la publication de M. Faugère ; son rapport à l'Académie française[2] est de 1843, et antérieurement il en avait inséré la substance au *Journal des Savants* (avril-novembre 1842). Il n'explique rien concernant l'origine de l'entreprise commencée sur Pascal. M. Faugère se plaignit comme Sainte-Beuve du

1. *Pensées, fragments et lettres* de Blaise Pascal publiées pour la première fois conformément aux manuscrits originaux en grande partie inédits par M. *Prosper Faugère*. 2 vol. in-8°. Paris, 1844 (Andrieux).
2. *Des Pensées de Pascal*, rapport à l'Académie française sur la nécessité d'une nouvelle édition de cet ouvrage par M. V. Cousin. 1 vol. in-8°. Paris, 1843 (Ladrange).

tort qu'on faisait à ses travaux. Il avait eu le temps néanmoins de prévenir un plus grand tort. Dans la préface de la première édition de son *Rapport*, Victor Cousin annonçait l'intention éventuelle de publier une édition du texte autographe telle qu'il la concevait. M. Faugère a suivi les règles indiquées par Victor Cousin, qui récrimine vivement contre lui dans la préface de la troisième édition de son rapport (1847, in-8º) :

« Je n'ai emprunté à personne, écrit Victor Cousin, les principes de critique qui sont dans le *Rapport à l'Académie française*. J'ai le premier distingué les parties différentes et souvent étrangères dont se compose le livre des *Pensées*; j'ai séparé tout ce qui appartient véritablement au grand ouvrage que méditait Pascal, *l'Apologie de la religion chrétienne*, et j'ai eu l'idée très simple, il est vrai, mais dont apparemment on ne s'était pas avisé, de restituer dans leur sincérité la pensée et le style de ce grand maître, d'après le manuscrit autographe conservé à la bibliothèque du roi [1] : enfin, ce projet de restitution, je ne l'ai pas seulement exposé ; je l'ai exécuté sur les morceaux les plus étendus, les plus célèbres, les plus importants. Voilà le service que j'ai rendu aux lettres : *d'obscures menées ne l'effaceront point*. On a beau dérober les principes que j'ai établis, en ayant l'air de les combattre; tous les faux semblants ne servent de rien. Suivre les règles

---

1. Encore une fois ceci est incomplet. Qui a découvert le manuscrit et la valeur du manuscrit ? Le plus clair est qu'on n'en sait rien. Victor Cousin s'abstient de toucher à ce point et M. Faugère dit simplement au début de sa préface : « On savait depuis longtemps, dans le public lettré, que le texte imprimé des *Pensées* de Pascal n'était pas entièrement conforme aux manuscrits posthumes de ce grand homme; mais ce fait n'avait été que très vaguement indiqué. Les *manuscrits attestent* que les premiers éditeurs avaient modifié quelques-unes des *Pensées*, lit-on au tome XI, p. 7 (1835) des *Annales de philosophie chrétienne* de M. Bonnetty, sous la signature de Th. Foisset, et ce n'est que dans ces derniers temps qu'il a été exposé avec le développement nécessaire et a reçu la notoriété qui lui manquait. » D'où il résulte qu'on ne sait à qui revienne la découverte du manuscrit autographe et celle de sa valeur.

posées par un autre jusqu'à les compromettre par une application outrée, ce n'est point les inventer, tout comme réimprimer à grand bruit des pièces qui ont déjà vu le jour sans citer le premier éditeur, ce n'est pas les publier pour la première fois. »

Ce conflit est maintenant de l'histoire ancienne. Il demeure constant néanmoins que Victor Cousin s'est introduit par la fenêtre dans la maison de Pascal. Il y avait plusieurs années que Sainte-Beuve en tenait la porte. D'autre part, on peut supposer que Victor Cousin avait convoqué les Gens de lettres à grand bruit en vue de leur faire déblayer un terrain qu'il se promettait lui-même d'explorer. M. Faugère était accouru. Le voyant en possession de documents précieux, Victor Cousin s'était empressé d'intervenir et de confisquer les pièces à son profit. Son intervention ne fut pourtant pas sans fruit. Outre le *Discours sur les passions de l'amour*, qui fut, selon son expression, la récompense de ses travaux sur Pascal, il a rendu à Pascal des services qu'il énumère lui-même : 1° il a publié le premier un grand nombre de morceaux inédits pris dans l'autographe des *Pensées* ; 2° il a rétabli le texte des *Pensées* sur des points essentiels avec une autorité qu'on est unanime à lui reconnaître ; 3° il a su distinguer les altérations qui défiguraient le texte authentique ; 4° il a rendu leur physionomie originelle à de grands morceaux souvent confondus ou arbitrairement séparés, ce qui leur ôtait une part considérable de leur sens ; 5° il a rendu à Pascal les neuf fragments de lettres à Mlle de Roannez, dont on ne possédait qu'un ; 6° il a enfin mis au jour diverses pièces, les unes de Pascal, les autres relatives à Pascal, qu'il a eu la patience de rechercher avec l'opiniâtreté qui était une de ses vertus.

Le gros de son butin, dira-t-on, se compose surtout de variantes. Il en convient : il n'est pas assez grand seigneur pour dédaigner ce mérite obscur. Il a jadis consumé ses nuits sur les variantes de Platon ; les vestiges épars d'un monument de notre langue l'intéressaient au moins autant. Il a fait mieux : « J'ai, dit-il[1], dressé une sorte d'inventaire des locutions les plus remarquables qui se rencontrent dans les fragments cités, comme ont fait plusieurs éditeurs des classiques grecs et latins. Si cet humble exemple était suivi pour un certain nombre de nos classiques[2], nous aurions enfin un dépôt fidèle du bon langage et le fondement nécessaire du dictionnaire historique de la langue française confié à l'Académie. »

Mais il était en même temps érudit, critique, amateur de haute littérature et philosophe. Dans l'affaire du manuscrit autographe des *Pensées*, ce n'est d'abord que l'écrivain qui le préoccupe chez Pascal. Ce goût de la haute littérature n'est pas en lui une tendance passagère ; il y sacrifiera tout à l'heure sa gloire de chef d'école. En attendant, il a une vengeance à tirer de Pascal. Pascal est son ennemi personnel, croirait-on. Il admire l'écrivain ; il a des griefs terribles contre le métaphysicien et le moraliste. Il n'a pas vu d'une façon formelle que Pascal a entrepris son *Apologie du Christianisme* dans l'intention de faire échec à la philosophie de Descartes. L'hostilité qu'il a contre les opinions religieuses de Pascal le lui fait pressentir. Dans l'édition de 1843 de son rapport intitulé : *Des Pensées de Pascal*, il se contente de mettre Pascal en contradiction avec lui-même. Il observe que dans les *Provinciales* Pascal est le fauteur de l'esprit nouveau, de la Raison cartésienne, tandis que dans les *Pensées* il en est l'adversaire. « Aussi, dit-il, est-ce surtout aux *Provinciales* que le nom de Pascal demeure attaché ; c'est là, c'est du courage avec lequel il prit en main une cause bonne ou

---

1. *Des Pensées de Pascal*, avant-propos de l'édition de 1843, p. xii.
2. La chose est en train de se faire ; elle est même très avancée et on commence à abuser du procédé. Il y a des variantes inutiles ou à peu près. D'autre part, le lecteur a besoin d'être ménagé. Si on continue, le texte de nos grands écrivains ne sera bientôt plus qu'une sorte d'argument comme Cousin en a mis aux traités de Platon, qui servira de prétexte à une érudition désastreuse, car elle empêchera de lire le texte.

mauvaise en soi, mais injustement opprimée; c'est dans la mâle conviction qu'il opposa à ce scepticisme déguisé qui s'appelait le Probabilisme, c'est précisément de ce dogmatisme admirable du sens commun et de la vertu que Pascal tire sa popularité. » Sa popularité, oui ; son importance actuelle, non. Il est avéré qu'en dehors des polémistes qui s'exercent à la discussion et des écoliers qui y cherchent des modèles littéraires, on ne lit plus les *Provinciales*. Cousin affirme que les *Pensées*, au contraire des *Provinciales*, n'eurent point d'éclat. Ce n'est vrai qu'en apparence. Elles eurent moins de retentissement immédiat, quoiqu'on en fît de nombreuses éditions, parce qu'elles ne s'adressaient point, comme les *Provinciales*, à des passions qui allumaient les contemporains. Elles ont paré depuis à ce désavantage par une vitalité intérieure qu'elles conservent et que les *Provinciales* n'ont plus. Une preuve *ad hominem* qu'on en pourrait donner à Victor Cousin est qu'il n'a pas pris la peine de s'occuper des *Provinciales*, et que les *Pensées* l'ont passionné durant plusieurs années. Il objecte que les maîtres du langage et de l'opinion au xviie siècle ne citent pas les *Pensées*. On a vu plus haut pourquoi cet argument est sans valeur. Les susdits maîtres du Langage et de l'Opinion sont dans la main du pouvoir quand ils sont laïcs, et dans la main de l'autorité ecclésiastique — ce sont eux qui la détiennent — quand ils sont d'Église. Or Pascal est en mauvaise odeur à Versailles comme à Rome. On se compromettrait à le citer, et on est trop bon courtisan. Il est vrai que dans la conversation Boileau n'hésite pas à le préférer aux Anciens, ni Bossuet à déclarer que s'il n'avait pas fait ses propres livres, il voudrait avoir fait les *Provinciales*; — il ne dit pas les *Pensées*. — Il l'aurait dit si on le lui avait demandé.

Bref, Pascal écrivant les *Provinciales* est au sentiment de Cousin un homme de génie; s'il l'est encore lorsqu'il écrit les *Pensées*, par contre il est presqu'un renégat. Il a quitté les vraies doctrines de Port-Royal, qui sont des doctrines cartésiennes et rationalistes. Est-ce que la Logique de Port-Royal n'est pas cartésienne? Cousin l'analyse : elle condamne Pyrrhon et Montaigne. Dans le *Premier Discours,* elle combat la maxime qu'il n'y a rien dans l'entendement qui n'ait été d'abord dans le sens — *nihil est in intellectu quod non prius fuerit in sensu;* — dans le *Premier Chapitre de la première partie,* elle défend Descartes contre Gassendi et contre Hobbes; la *Quatrième partie* (De la Méthode) est empruntée à Descartes presqu'en entier. On n'a pas seulement pris dans ses ouvrages imprimés, mais dans un traité manuscrit, rédigé en latin, publié plus tard dans les *Opera posthuma*[1] et traduit, pour la première fois, dans l'édition que lui, Cousin, a faite des œuvres de Descartes. A la rigueur, la *Logique* ne représente qu'Arnauld, bien que Nicole y ait collaboré. Est-ce que Nicole n'a pas réuni dans un ouvrage spécial[2] ces preuves naturelles de l'existence de Dieu et de l'immortalité de l'âme que méprise Pascal? Est-ce qu'Arnauld ne commence pas sa carrière par une défense des *Méditations* de Descartes? Il défend même Descartes contre Malebranche[3]. Malebranche, lui aussi,

1. Amsterdam, 1711.
2. *Discours contenant en abrégé les preuves naturelles de l'existence de Dieu et de l'immortalité de l'âme.* Oui, Nicole a écrit ce discours, mais il n'y va que d'une jambe. « Je suis persuadé, dit-il, que les preuves naturelles ne laissent pas d'être solides et proportionnées à certains esprits; elles ne sont pas à négliger. Il y en a d'abstraites et de métaphysiques comme j'ai dit, et je ne vois pas qu'il soit raisonnable de prendre plaisir à les décrier. » Sont-ce là des paroles d'où l'on puisse inférer que Nicole est cartésien? Ce ton douteux se laisse entrevoir en particulier dans la manière dont il présente les preuves naturelles de l'existence de Dieu : « Quelques efforts, dit-il, que fassent les Athées pour effacer l'impression que la vue de ce grand monde forme naturellement dans tous les hommes qu'il y a un Dieu qui en est l'auteur, il ne sauroit l'étouffer entièrement, tant elle a de racines fortes et profondes dans notre esprit... La Raison n'a qu'à suivre son instinct naturel pour se persuader qu'il y a un Dieu. »
3. Dans le *Traité des vraies et des fausses idées*, Cologne, 1683. Cousin renvoie au chapitre XXIV du livre d'Arnauld. Arnauld y soutient, au nom des principes cartésiens, la clarté de la notion de l'âme, puis dans les chapitres XXV et XXVI, les preuves cartésiennes de l'existence de Dieu, attaquées par Gassendi et contestées par Malebranche. En 1692, Arnauld reprend

LA VIE ET LES ŒUVRES DE PASCAL. CCXXXI

est cartésien ; Bossuet et Fénelon sont cartésiens ; Leibnitz est cartésien. Depuis Descartes jusqu'à nos jours, il n'y eut dans le monde philosophique, du moins en France, que deux hommes qui ne l'aient pas été. Ce sont Huet et Lamennais. Pascal est presque seul et il a commencé par être cartésien dans les *Provinciales*. La conclusion de Victor Cousin est que Pascal est un Jésuite déguisé. Bossuet et Fénelon sont hostiles à la maxime « péripatéticienne et jésuitique tant célébrée par Huet : il n'y a rien dans l'entendement qui n'y ait été introduit par la voie des sens, et contre cette autre maxime de la Compagnie que toute certitude se réduit à la simple probabilité ». Victor Cousin équivoque à plaisir. Le Probabilisme et la Métaphysique n'ont rien à faire ensemble. Le Probabilisme ne concerne que la Morale. Il est fondé sur le principe que dans chacun de nos actes il y a les circonstances à considérer, et que celles-ci en déterminent le caractère. C'est vrai des actes moraux, c'est vrai en politique. Les Casuistes et les hommes d'État sont d'accord ; l'expérience est d'accord avec

---

contre Huet (*Traité de la foiblesse de l'esprit humain*) la défense de Descartes : « Je ne sais, dit-il, ce qu'on peut trouver de bon dans le livre de M. Huet contre M. Descartes, si ce n'est le latin ; car je n'ai jamais vu de si chétif livre pour ce qui est de la justesse d'esprit et de la solidité du raisonnement. C'est renverser la Religion que d'outrer le Pyrrhonisme autant qu'il fait, car la foi est fondée sur la Révélation, dont nous devons être assurés par la connoissance de certains faits. Il n'y a donc point de faits humains qui ne soient incertains, s'il n'y a rien sur quoi la foi puisse être appuyée. Or que peut tenir pour certain et pour évident celui qui soutient que cette proposition, *je pense, donc je suis*, n'est pas évidente, et qui préfère les Sceptiques à M. Descartes, en ce que ce dernier, ayant commencé à douter de tout ce qui pouvoit paroître n'être pas tout à fait clair, a cessé de douter quand il en est venu à faire cette réflexion sur lui-même : cogito, ergo sum? au lieu, dit M. Huet, que les sceptiques ne sont point arrêtés là et qu'ils ont prétendu que cela étoit incertain et pouvoit être faux, ce qui a été regardé par saint Augustin aussi bien que par M. Descartes comme la plus grande de toutes les absurdités; parce qu'il n'y a rien certainement dont nous puissions moins douter que de cela. Il y a cent autres égarements dans le livre de M. Huet; mais celui-là est le plus grossier de tous. » (*Lettres d'Arnauld*, t. III.) Huet est un disciple de Pascal ; son orthodoxie n'a d'ailleurs pas été soupçonnée.

eux. La vérité est étrangère à cela. Le Probabilisme n'examine que les données de la volonté, tandis que la vérité est du ressort de l'intelligence.

XI

A travers le décousu qui résulte de l'état d'imperfection dans lequel Pascal les a laissées, les *Pensées* continuent d'être le programme d'une philosophie qui est la philosophie de la vie, comme nous l'avons déjà observé, opposée à la philosophie de la nature qui subordonne l'homme au monde extérieur et fait de lui un esclave. Sous des noms différents, ces deux philosophies existent de temps immémorial et se partagent le domaine des consciences comme celui des intérêts. Cousin, rationaliste, éclectique, fils de Descartes et père de l'état scientifique ou positiviste réclamé comme état naturel de l'homme par les écoles qui lui ont succédé, est revenu à son attaque dirigée contre les *Pensées* de Pascal dans la préface de la troisième édition [1] de son livre intitulé : *Des Pensées de Pascal*.

Quoi qu'il prétende, Pascal n'est pas sceptique; mais la certitude lui vient d'une autre source que celle d'où Cousin la fait dériver. Pascal, dans les *Pensées*, se propose de ruiner la Raison cartésienne : c'est le but poursuivi par les *Pensées*. A la Raison cartésienne ou empirique il substitue une faculté qui a une longue histoire aussi : c'est le sentiment ou faculté religieuse. Le Christianisme, dans la persuasion de Pascal, est fondé sur elle. La Raison de Descartes ne lui est pas seulement antipathique, elle lui est suspecte. Derrière elle il entrevoit Spinosa, puis le Nihilisme aux yeux duquel le sentiment ou faculté religieuse est de l'atavisme, c'est-à-dire une puissance déchue, contemporaine de l'enfance de

---

[1]. *Des Pensées de Pascal*, 3ᵉ édition. 1 vol. in-8°. Paris, 1847. Ladrange et Joubert.

l'homme, condamnée à disparaître aujourd'hui que l'homme est parvenu à l'âge viril.

Voilà dans quel sens Cousin pose en principe que Pascal est sceptique. Il avait découvert cette qualité de Pascal dans les *Pensées* dès 1829. Il s'appuyait alors sur l'édition des *Pensées* donnée par Port-Royal, puis sur celle de Bossut. Le manuscrit autographe est encore plus explicite. On avait atténué la forme du Scepticisme de Pascal, parce qu'il était réellement effrayant. Comment! Pascal est un sceptique? Eh! oui. Le sceptique rejette toute autorité philosophique. Eh bien, Descartes aussi rejette toute autorité philosophique. Attendez: Descartes rejette l'autorité des noms propres; Pascal rejette l'autorité de la Raison; il professe que toute la philosophie ne vaut pas une heure de peine. C'est incroyable et il a l'audace d'ajouter : « Se moquer de la philosophie, c'est vraiment philosopher. » N'est-ce pas une plaisanterie comme il y en a tant dans les *Provinciales?* Oh! non, dit Cousin : c'est le résumé de ce qu'il pense de la philosophie cartésienne. Écoutez : — Il faut dire, en gros : cela se fait par figure et mouvement, car cela est vrai; mais de dire quelle figure et quel mouvement, et composer la machine, cela est ridicule, car cela est inutile et incertain et pénible. — C'était déjà l'avis de Sacy cité tout à l'heure, et sans doute Sacy tenait cela de Pascal. Les bras de Cousin lui tombent. Que répond-il? Rien. On lui demande des raisons; il articule des noms propres; il crie Platon, Aristote, Descartes, Locke, Reid, Kant; il en appelle à l'amour-propre de quiconque se croit un philosophe : « Qui que vous soyez qui aspirez à l'honneur d'être philosophe, c'est à vous, monsieur, que ce discours s'adresse. » N'est-ce pas scandaleux? Alors Cousin va au manuscrit autographe et lit : « Pyrrhonisme : le Pyrrhonisme est le vrai. » Cousin relève la tête d'un air plein d'angoisse ; ceux qui l'ont vu opérer s'en souviennent. Il prononce : Entendez-vous? Puis il a recours à une nouvelle série de noms propres. Ceux qui arrivent cette fois ce sont Pythagore, Anaxagore, Zénon, Épicure, « et vous, ô Socrate, qui êtes mort pour la cause de la vérité et de Dieu ». Cousin lève les bras au ciel et au bout de cinq minutes de silence reprend : « Non, le seul sage, c'est Pyrrhon. »

Il y a pis dans le manuscrit des *Pensées*. Cousin se penche dessus et lit : « Qu'est-ce que la pensée? Qu'elle est sotte! Humiliez-vous, raison impuissante; taisez-vous, nature imbécile! » Sur ces dernières paroles, la voix manque à Cousin. Si on lui objecte : c'est un accès d'humeur. Ne serait-ce pas l'outrecuidance de la raison cartésienne qui lui aurait donné sur les nerfs? Au fait, il a un autre principe de certitude : c'est l'intérêt, le cœur, le sentiment, et c'est de ce principe que tout le monde a l'habitude de se servir, hors ceux qui professent dans une chaire. Encore feraient-ils bien d'y recourir une fois de temps en temps. Cousin est obligé d'en convenir, et, en effet, il lit dans le manuscrit : « Nous connoissons la vérité non seulement par la Raison, mais encore par le cœur : c'est de cette dernière sorte que nous connoissons les premiers principes, et c'est en vain que *le raisonnement, qui n'y a point de part,* essaye de les combattre. Les Pyrrhoniens, qui n'ont que cela pour objet, y travaillent inutilement. Nous savons que nous ne rêvons point, quelque impuissance où nous soyons de le prouver par raison. Cette impuissance ne conclut autre chose que la foiblesse de notre Raison, mais non pas l'inexactitude de toutes nos connoissances comme ils le prétendent, car la connoissance des premiers principes, comme il y a espace, temps, mouvement, nombre, est aussi ferme qu'aucune de celles que nos raisonnements nous donnent, et c'est sur ces connoissances du cœur et de l'instinct qu'il faut que la Raison s'appuie et qu'elle y fonde tout son discours. Le cœur sent qu'il y a trois dimensions dans l'espace et que les nombres sont infinis, et la Raison démontre ensuite qu'il n'y a point deux nombres carrés dont l'un soit le double de l'autre. Les principes se sentent, les propositions se concluent et le tout avec certitude, quoique par différentes voies ; et il est aussi inutile et aussi ridicule que la Raison demande au cœur des preuves de ces premiers principes pour vouloir y consentir, qu'il seroit ridicule que le cœur demandât à la Raison un sentiment de toutes les propositions qu'elle démontre pour vouloir les recevoir. Cette impuissance ne doit donc servir qu'à humilier la Raison qui voudroit juger de tout, mais non pas à combattre notre certitude comme s'il n'y avoit que la Raison capable de nous instruire. Plût à Dieu que nous n'en eussions, au contraire, jamais besoin et que nous connussions toute chose par instinct et par sentiment. » Il y a donc une certitude ; Pascal n'est donc pas sceptique. Cette certitude est celle de l'instinct, celle du cœur, celle du sentiment. C'est la certitude que l'on a toujours admise, celle du sens commun. Pascal, loin de la nier, la revendique, l'oppose à la certitude métaphysique de Descartes, celle qui ne se sent pas, procède du raisonnement, n'est accessible qu'à quelques-uns, qui ne s'entendent pas sur la valeur qu'elle a, ne sont pas d'accord entre eux et n'arrivent à convaincre personne qu'eux-mêmes, s'ils sont convaincus, ce qui est douteux. — Votre instrument ratiocinant, leur déclare Pascal, est une machine à disputer, un métier d'école qui répugne à la nature, une lueur vacillante, une lanterne à l'aide de laquelle vous plongez dans l'obscur, distinguez les ténèbres. — Cousin n'est pas content et on se l'explique. Il déclare qu'il adhère à cette théorie de la certitude, ce qui n'est pas vrai, car il n'y adhère que du bout des lèvres. C'est la ratiocination que Pascal méprise. Cousin n'ose pas le lui reprocher ouvertement. Il se borne à dire que Pascal n'a pas inventé cette doctrine de l'évidence par l'instinct, par le cœur, par le sentiment. « Elle court, dit-il, les rues. Elle est vulgaire chez les Platoniciens et chez les Cartésiens. Elle diffère un peu néanmoins du *je pense, donc je suis*, de Descartes. Descartes raisonne, Pascal constate. » En vain Cousin l'accuse d'emboîter le pas à Platon et à Descartes, personne ne voudra le croire.

— Mon Dieu! dit Cousin, Pascal se moque de nous. Le premier venu sait que le raisonnement n'est pas la Raison; il n'y a pas jusqu'à Molière qui ne l'ait dit :

> Et le raisonnement en bannit la Raison.

Il fait une querelle de mots : — La Raison est la puissance naturelle de connaître. — « Non, répond Pascal, instinct et Raison, marque de deux natures. » Et ailleurs : « Le cœur a ses raisons que la Raison ne connaît pas. » L'instinct de Pascal, Cousin l'appelle intuition. C'est le patrimoine du sens commun. Il y a d'autres sources de certitude : la déduction, l'induction. Pascal ne nie pas absolument que la déduction et l'induction ne vaillent quelque chose. Il affirme que ce quelque chose est peu, qu'il n'est pas sûr, que c'est de l'expérimentation, que l'impossibilité de s'y fier est ce qui lui fait croire à la faiblesse de la raison et contester « ces longues chaînes de vérités liées entre elles qu'on nomme les sciences humaines ». Toute la discussion se réduit à ceci : Pascal n'admet que la certitude de ce qu'on lui *montre;* Cousin admet la certitude de ce qu'on lui *démontre.* Cousin est de l'école des sophistes, Pascal de l'école de ceux qui méprisent la Sophistique. Le débat, du reste, s'étend beaucoup plus loin que de la Raison au raisonnement. Par « instinct et Raison, marque de deux natures », Pascal entend deux ordres de faits dont l'application à la Société crée deux civilisations différentes. L'instinct ou sentiment, ou cœur, comme on voudra, est la source de la foi, dont le règne social est la civilisation théologique, chrétienne ; au contraire, la Raison qui l'exclut, le proscrit, quand on l'applique à la Société, est le règne des intérêts, un état de choses dont la Société romaine de la décadence est le modèle et la société idéale rêvée par les Positivistes modernes, un autre modèle.

L'infériorité relative de Pascal, celle que Leibnitz lui reproche à juste titre, est de n'avoir étudié suffisamment ni l'histoire ni la jurisprudence. Il n'en a pas eu le loisir. Les mathématiques d'abord et la mort ensuite l'en ont empêché.

Une intelligence comme la sienne, aidée de la puissance d'élocution qu'on lui connaît, si l'histoire de la décadence classique lui avait été familière, et encore mieux, si l'Orient bouddhique ne lui avait pas été inconnu, aurait pu joindre à la théorie des exemples qui l'eussent consacrée. Pyrrhon lui sert beaucoup et il le goûte, mais il ne soupçonne pas ce qu'a fait Pyrrhon. Quand on dit Pyrrhon, il convient de concevoir un état mental dont Pyrrhon n'est que le représentant. Aristote, qui n'est lui non plus qu'un chiffre, représente l'état mental opposé, le règne de la Raison dans le monde gréco-romain. Pyrrhon a vaincu Aristote. Ce fut quand Aristote fut vaincu et Pyrrhon vainqueur que le Christianisme est venu. Pyrrhon lui a servi d'introducteur. Pascal n'en sait rien ; mais, à tout hasard, il en sait gré à Pyrrhon : il le devine. Selon l'expression de Leibnitz : « Son génie suppléoit à tout. » Il a suppléé dans le cas actuel à la connaissance de la décadence romaine.

Ce génie éclate, au désespoir de Cousin, dans le court exposé que fait Pascal dans les *Pensées* de la doctrine pyrrhonienne : « Nous supposons, dit-il, que tous les hommes conçoivent de même sorte, mais nous le supposons bien gratuitement, car nous n'en avons aucune preuve. Je sais bien qu'on applique ces mots dans les mêmes occasions, et que toutes les fois que deux hommes voient un corps changer de place ils expriment tous deux la vue de ce même objet par les mêmes mots, en disant l'un et l'autre qu'il s'est mû ; et de cette conformité d'application on tire une puissante conjecture d'une conformité d'idées ; mais cela n'est pas absolument convaincant de la dernière conviction, quoiqu'il y ait bien à parier pour l'affirmative, puisqu'on sait qu'on tire souvent les mêmes conséquences de suppositions différentes. Cela suffit pour embrouiller au moins la matière, non que cela éteigne absolument la clarté naturelle qui nous assure de ces choses. » Cousin estime que Pascal est en contradiction avec ce qu'il vient d'avancer auparavant, c'est-à-dire qu'il y a une certitude. Il n'y a pas de contradiction. C'est le raisonnement qui est en défaut; ce n'est pas l'instinct et la certitude demeure, même sans la foi et la révélation. En effet Pascal reprend : « Les principales forces des Pyrrhoniens (je laisse les moindres) sont que nous n'avons aucune certitude de la vérité des principes, hors la Foi et la révélation. » Il s'agit des Pyrrhoniens du Christianisme, ceux de l'antiquité hellénique n'ayant pas les secours de la foi et de la Révélation, sinon en ce que nous les sentons naturellement en nous. Ici Cousin triomphe un instant. Pascal, en effet, doute des données du sentiment. Il a la certitude, mais c'est de la Foi qu'il la tient : « Ce sentiment naturel, dit-il, de la certitude des premiers principes n'est pas une preuve convaincante de leur vérité, puisque, n'y ayant point de certitude hors la foi, si l'homme est créé par un Dieu bon, par un démon méchant ou à l'aventure, il est en doute si ces principes nous sont donnés ou véritables, ou faux, ou incertains, selon notre origine. De plus que personne n'a d'assurance, hors la foi, s'il veille ou s'il dort, vu que durant le sommeil on croit veiller aussi fermement que nous le faisons, on croit voir les espaces, les figures, les mouvements, on sent couler le temps, on le mesure, et enfin on agit de même qu'éveillé ; de sorte que la moitié de la vie se passant en sommeil, par notre propre aveu ou quoi qu'il nous en paroisse, nous n'avons aucune idée du vrai, tous nos sentiments étant alors des illusions. Qui sait si cette autre partie de la vie où nous pensons veiller n'est pas un autre sommeil, un peu différent du premier, dont nous nous éveillons quand nous pensons dormir, comme on rêve souvent qu'on rêve, en faisant un songe sur l'autre ? Voilà les principales forces de part et d'autre ; je laisse les moindres, comme les discours qu'on fait contre les Pyrrhoniens, contre les impressions de la coutume, de l'éducation, des mœurs, des pays, et les autres choses semblables qui, quoiqu'elles entraînent la plus grande partie des hommes communs qui ne dogmatisent que sur ces vains fondements, sont renversées par le moindre souffle des Pyrrhoniens. On n'a qu'à voir leurs livres ; si on n'est pas assez persuadé, on le deviendra vite et peut-être trop. »

Comme dernière charge contre la certitude du sentiment, Pascal indique l'incertitude de notre origine, qui enferme celle de notre nature, ce à quoi on n'a pas répondu depuis que le monde dure. Vous voyez bien qu'il est sceptique et jusqu'où il va, s'écrie Cousin. Eh bien, non. Il se propose uniquement de montrer la faiblesse de la Raison cartésienne. Qu'elle réponde si elle peut aux objections qu'il vient de lui présenter. Quant à lui, il est bien tranquille. « Je mets en fait, dit-il, qu'il n'y a jamais eu de Pyrrhonien effectif et parfait. *La nature soutient la Raison impuissante* et l'empêche d'extravaguer jusqu'à ce point. » La nature, demande Cousin, n'est donc pas impuissante? Non, c'est la Raison, c'est Cousin qui en porte les guêtres.

Il y a un point d'ailleurs que Cousin ne veut pas entendre et il y met de la mauvaise volonté. Quand Pascal, nous le répétons, s'écrie : « L'homme dira-t-il qu'il possède certainement la vérité, lui qui, si peu qu'on le pousse, ne peut en montrer aucun titre et est forcé de lâcher prise? », il veut acculer l'homme à la révélation, lui en montrer la nécessité. Il poursuit son but qui est de persuader, comme dans une autre direction, il l'a fait dans les *Provinciales*. Il est apologiste ; il l'a déclaré d'avance. Il exagère un peu, comme un avocat qui plaide une cause et qui a en vue de persuader le juge. C'est une application des règles qu'il trace dans son morceau *Sur l'art de persuader*.

En réalité, Pascal, dans les *Pensées*, n'est pas sceptique au sens exact de l'expression. Il ne doute que de la Raison conçue à la façon cartésienne, c'est-à-dire comme machine à raisonner. C'est un instrument très imparfait selon Pascal, et la science qu'il sert à construire est un château de cartes qui s'écroule au moindre souffle de vent, qu'on essaye en vain de reconstruire au risque de le voir tomber de nouveau. Pascal ne dit nulle part, mais pense certainement que les systèmes des philosophes sont des poèmes spéciaux dont la Raison fait les frais; c'est en quoi ils diffèrent des poèmes ordinaires où, au lieu de la Raison, on emploie l'imagination et les passions. Et les poèmes proprement dits sont plus amusants et d'une lecture plus facile.

Et puis si l'on veut se rendre compte des opinions de Pascal sur l'impuissance de la Raison et la difficulté d'atteindre la vérité par elle, il importe de ne pas perdre de vue qu'il est dominé par le terrible dogme de saint Paul et de saint Augustin, le dogme de la *Grâce*. Il n'y a guère que de la Grâce dans le monde, c'est-à-dire de la volonté, de l'action. C'était aussi la pensée dominante de saint Thomas d'Aquin qui définit Dieu *un acte pur*, actus purus. S'il n'y a que de la volonté dans le monde, il n'y a rien qui dure, en d'autres termes pas de vérité, mais des formes changeantes, ce que la Scolastique appelait des *êtres nominaux*. Les idées se modifient peu; il n'y a que la manière de les exprimer qui se renouvelle constamment.

La Grâce agit à travers le monde; elle fait et défait les êtres. L'homme n'a guère à s'occuper d'elle, sinon pour voir qu'elle est immense et que vis-à-vis d'elle il n'est qu'un insecte insignifiant. Dans notre vie infime, Pascal estime qu'il n'y a que de la coutume, qui est encore une façon de Grâce abaissée à notre petitesse. Les enfants reçoivent la coutume de leur père comme les animaux le goût de la chasse : « Les pères, dit-il, craignent que l'amour naturel des enfants ne s'efface. Quelle est donc cette nature sujette à être effacée ?... J'ai bien peur que la nature ne soit elle-même une première coutume comme la coutume est une seconde nature. » Cela s'étend à n'importe quoi, même aux lois de la nature, qui sont des habitudes de la matière. Quelle part de vérité permanente peut-il y avoir dans des habitudes qui varient ainsi ? Mais l'auteur des *Pensées* s'appesantit de préférence sur la part de vérité qu'il peut y avoir dans l'homme et dans la Société. Il énonce que la mode fait la Justice comme elle fait l'agrément : « Rien suivant la seule Raison n'est juste de soi. La Coutume fait toute l'équité par cela seul qu'elle est reçue ; c'est le fondement mystique de son autorité. » Il n'est pas sceptique. Il a au contraire soif de la vérité, de la certitude. Il en cherche partout et n'en trouve pas. Il n'en trouve pas dans les données de la Raison ; il n'en trouve pas dans ce qu'elle dit de Dieu ; il n'en trouve pas dans les institutions ; il n'en trouve pas dans les mœurs. Il en est réduit à accepter le témoignage de l'instinct, du cœur, du sentiment. Peuh ! il s'en défie également : on prend ce qu'on a sous la main.

Ces vérités de tout ordre que Pascal conteste ont été prouvées par les philosophes selon Cousin. Eh ! répond à Cousin Alexandre Vinet[1], « ils ont dû les prouver. Si leurs démonstrations sont admirables, cela signifie sans doute qu'ils y ont employé une grande puissance, qui suppose nécessairement une grande résistance. Il a donc fallu les prouver, ces vérités, et les prouver à grands renforts d'arguments. Quelle humiliation ! Il a fallu prouver à l'homme, je dis à l'homme le plus érudit, le mieux organisé, qu'il ne s'était pas créé lui-même et que la volonté, l'intelligence, la faculté d'aimer qu'il trouve en lui, attestent l'existence d'une intelligence, d'une volonté, d'un amour suprêmes ! Quand ces choses-là ont besoin d'être prouvées, les prouve-t-on jamais bien ? Je veux dire : les rend-on évidentes, actuelles ? Et quelque forte que soit cette preuve, produit-elle jamais l'effet de nous rendre l'objet présent prochain et sensible ? Et s'il ne l'est pas, je veux dire : si elle ne nous met pas Dieu dans le cœur, ne trouverons-nous pas trop aisément dans les fascinations

---

1. *Études sur Pascal*, chap. VII : Sur le Pyrrhonisme de Pascal et sur sa Religion Personnelle.

d'une dialectique abstraite—car la dialectique a aussi ses fascinations — mille moyens de nous soustraire à cette vérité, ou, si vous le voulez, de nous la dérober à nous-mêmes? La logique n'est-elle jamais aux prises avec la logique et peut-on sûrement prévoir un terme à cette lutte si le bon sens du cœur n'intervient pas comme arbitre? Et le cœur a-t-il toujours du bon sens? Le cœur souvent ne fait-il pas défaut? »

L'éminent professeur de Lausanne ne laisse rien debout de l'accusation de Cousin. — Vous voulez établir, lui dit-il, que Pascal était à la fois sceptique et altier, qu'il l'est à dessein, qu'il veut montrer qu'il n'y a pas de certitude hors de la foi, que son projet d'enfermer l'homme entre la foi et le doute absolu est un attentat commis au préjudice de la philosophie qui est indépendante de la foi, qui est en possession de la certitude. Vos arguments ne portent pas. D'abord, ils émanent d'hommes élevés à l'école du Christianisme, ensuite la foi à l'Évangile implique peu de foi à l'enseignement de la raison pure. — Les Anciens avaient la raison pure comme Cousin. On ne sache pas qu'ils en aient tiré des preuves de l'existence de Dieu. Ces preuves sont d'origine chrétienne : Cousin laïcise et Descartes laïcisait déjà. En définitive, Pascal n'est pas plus athée que sceptique; il n'est que persuadé de l'insuffisance de la Raison; il y supplée par la Foi. A-t-il cru par désespoir? La lecture des *Pensées* autorise à le supposer. On le lui reproche : « Un Christianisme qui a pris racine dans la douleur d'être athée n'est pas un Christianisme de bon aloi. » La Raison n'a pas eu de part à la conversion de Pascal. Non, évidemment, puisque c'est l'impuissance de la Raison à lui procurer la certitude qui l'a engagé à chercher la certitude ailleurs.

Aux yeux de Cousin, Pascal n'a même pas de conviction chrétienne. Son Christianisme est un calcul d'intérêt. Il n'y a pas de preuve de l'existence de Dieu, mais l'homme est intéressé à ce qu'il y ait une Providence. Dieu est ou il n'est pas. Il y a autant de chance d'un côté que de l'autre. Parions qu'il est. S'il arrive qu'il ne soit pas, « vous avez deux choses à perdre, écrit Pascal, le vrai et le bien, et deux choses à dégager, votre raison et votre volonté, votre connaissance et votre béatitude ; et votre nature a deux choses à fuir, l'erreur et la misère ». Jouons Dieu à croix ou pile ; si par hasard Dieu existe, « il y a l'infini à gagner ». — C'est fort bien, dit son interlocuteur, mais « n'y a-t-il pas moyen de voir le dessous du jeu »? — Le dessous du jeu, c'est l'Évangile. — Sans doute, dit encore son interlocuteur, « mais je suis fait d'une telle sorte que je ne puis croire. Que voulez-vous donc que je fasse? — Eh bien, prenez de l'eau bénite, faites dire des messes. Vous y gagnerez toujours ceci que vous serez tranquille. Cela vous apaisera ; à la longue cela vous abêtira. — Eh ! dit l'autre, c'est ce que je crains. — Et pourquoi ? « qu'avez-vous à perdre ? »

Il y a une difficulté : ce n'est pas Pascal qui parle ainsi ; il a la foi. Il discute avec quelqu'un qui ne l'a pas. Pascal lui offre la médication qu'on donne à un incurable. Cela ne le guérira pas ; cela calmera ses douleurs. Où est là dedans la *dévotion convulsive* de Pascal qu'a découverte Cousin ? Pascal est de sang-froid. Le raisonnement de Pascal à l'incrédule est-il mauvais ? Non. « C'est un homme, dit Alexandre Vinet[1], que son cœur porte vers l'Évangile, qui ne peut s'empêcher de voir dans l'Évangile le repos et la règle de sa vie, mais qui est arrêté sur le seuil et depuis longtemps par des doutes invincibles. C'est à cet homme que Pascal s'adresse et qu'il dit, non pas de croire, mais d'agir comme s'il croyait, de vivre en chrétien avant de penser en chrétien. Il semble lui dire : un élément de conviction vous échappe et n'est pas au pouvoir de votre raison qui évidemment est à bout et n'y entend plus rien. Entrez et vous verrez de dedans ce qu'on ne peut voir de dehors. Pratiquez le Christianisme et vous le connaîtrez. — Mais comment cela me mènera-t-il au Christia-

---

1. *Études sur Pascal*, ch. vii.

nisme? demande ce candidat au Christianisme. — « Pour vous démontrer que cela y mène, répond Pascal, c'est que cela diminue les passions qui sont vos grands obstacles. » — L'apôtre saint Jean donnait jadis le même conseil : « Si quelqu'un, dit-il[1], veut faire la volonté de Dieu, il connaîtra si ma doctrine vient de Dieu ou si je parle de mon chef. » Saint Jean ne dit pas : faites dire des messes, prenez de l'eau bénite, abêtissez-vous. La pensée est la même. Pascal veut dire : accoutumez-vous au Christianisme ; vous y prendrez du goût comme on prend goût à ce qu'on fait souvent. Le conseil est très sage et d'accord avec la théorie ordinaire de Pascal touchant les effets de la Coutume. Cousin n'imagine pas que dans le conseil précédent Pascal emprunte à l'Évangile de saint Jean : il suppose que l'auteur des *Pensées* copie Montaigne : « Pour nous assagir, dit Montaigne, il nous faut abestir[2]. » Socrate et Marc-Aurèle, crie Cousin du haut de son faux-col, ont connu d'autres voies. Cousin vide son cornet. Il ramasse les coquilles de couleur sceptique qu'on rencontre çà et là dans les *Pensées;* il reprend l'amulette de Condorcet. Bref, Pascal est un janséniste. C'est très grave. Sous le règne de Louis XIV, Cousin n'aurait pas osé dénoncer le Jansénisme. Il n'est pas un délateur. Il n'y a plus de danger maintenant : « On peut, écrit-il[3], dire aujourd'hui toute la vérité sur le Jansénisme. Le père Annat et le père Letellier ne sont pas là pour nous entendre et porter nos paroles à l'oreille de Louis XIV. Port-Royal n'est plus : la charrue a passé sur le saint monastère ; ses ruines même auront bientôt péri. Nous le visitions il y a quelques jours, une carte fidèle à la main, et c'est à grand'peine si nous pouvions reconnaître quelques-uns de ces lieux vénérables. Le temps n'a pas respecté davantage l'esprit qui les anima. Une tra-

---

1. Évangile de saint Jean, ch. VII, verset 17.
2. *Essais*, livre II, chap. XII.
3. Préface de la 3ᵉ édition du rapport intitulé : *Des Pensées de Pascal*, p. XXXII.

dition languissante subsiste à peine dans deux humbles congrégations vouées au service des enfants et des pauvres. Quelques frères de saint Antoine, quelques sœurs de sainte Marthe, voilà ce qui reste de ce grand peuple de Port-Royal, qui remplissait jadis les ordres religieux, les parlements, les universités. A Paris, dans un coin du faubourg Saint-Jacques et du faubourg Saint-Marceau, trois ou quatre familles nourrissent un culte obscur pour ces illustres mémoires : on y parle entre soi avec respect et recueillement des vertus et des infortunes de la mère Angélique, de sa sœur et de sa nièce : on y prononce presqu'à voix basse les grands noms de M. Arnauld et de M. Pascal ; on fait en secret des vœux pour la bonne cause ; on déteste les Jésuites et surtout on en a peur. Chaque jour emporte quelques-unes de ces âmes qui ne se renouvellent plus. Port-Royal est tombé dans le domaine de l'histoire. Nous pouvons donc le juger avec respect, mais avec liberté. Et d'ailleurs, nous aussi nous avons appris à leur école à préférer la vérité à toutes choses, — sauf à des places —; et puisqu'aujourd'hui on s'arme de ce grand nom pour attaquer ce qui nous est la vérité, et la première de toutes les vérités, à savoir le pouvoir légitime de la Raison et les droits de la philosophie [1], c'est Port-Royal lui-même qui, au besoin, nous animerait à le combattre. » Quel est donc le crime des Jansénistes ? Ils ont un Christianisme immodéré et intempérant; ils penchent au Calvinisme; ils exagèrent et faussent la double doctrine du péché originel et de la grâce. Le péché originel suppose que la nature humaine est corrompue. La nature humaine corrompue, ce sont la Raison et la Volonté qui sont viciées. La Raison ne voit plus le bien; la Volonté ne peut plus l'accomplir. Cousin défend la doctrine catholique contre les Jansénistes. Elle soutient que la Raison est capable de voir le bien, que la volonté peut l'accomplir. Pascal, lui, soutient le contraire : la Raison et la Volonté sont

---

1. Quels pourraient bien être les droits de la philosophie? C'était en 1847 le droit de refuser la liberté d'enseignement à ses adversaires.

impuissantes. Il faut qu'elles soient aidées par la Grâce. Cette conclusion est forcée. Il croit à la Grâce parce qu'il est sceptique, et il est sceptique parce qu'il est janséniste. Il ne pouvait pas ne pas être sceptique, « par ce motif décisif qu'il est janséniste ». Notez que dans l'introduction de la première édition de son rapport, Cousin prétend que les Jansénistes sont Cartésiens. On a vu ses raisons et les citations qu'il donne à l'appui. Maintenant, qu'on consulte les *Pensées*, on y découvrira partout « les principes avoués et l'esprit de Port-Royal ». Quant à la philosophie, « elle ne redoute ni Pascal ni personne ». En attendant, elle est tombée au pouvoir des disciples d'Auguste Comte, elle végète dans l'arrière-boutique des pharmaciens et ce ne sont pas les souvenirs éclectiques laissés par Cousin qui l'en tireront.

Le livre des *Pensées* reste debout. Cousin n'a pu l'entamer. Personne depuis Cousin n'a osé entreprendre de l'attaquer en face. Il est une de ces œuvres destinées à traverser les siècles et à entrer dans la tradition comme facteurs de l'esprit général. Au souffle qui l'anime, les Nihilistes d'aujourd'hui opposent une théorie désespérante. L'humanité, « engendrée un matin, à bord d'un vaisseau qu'elle n'a pas vu partir et qu'elle ne verra pas arriver, passagère agitée sur cette terre qu'elle ne dirige pas, n'a pas de loi qui la lie nécessairement au grand système extérieur. Qu'elle se remue à fond de cale ou sur le pont, qu'elle se précipite à la poupe ou à la proue, cela ne change rien à la marche immuable. » Ce n'est que la traduction d'un mot des *Pensées*, que l'incertitude de l'origine de l'homme emporte celle de sa nature. Il est évident qu'il est embarqué sur un navire qu'il n'a pas vu partir et qu'il ne verra peut-être pas arriver; il ne l'est pas du tout que son sort n'est pas lié « nécessairement au grand système extérieur ». On ne le lui fera pas croire; on ne le désintéressera pas de la recherche des causes finales et tant que la question des causes finales le préoccupera, il se courbera sur les *Pensées* de Pascal.

Ce n'est pas l'avis de Sainte-Beuve, qui n'est à ce sujet qu'un amateur, quoiqu'il soit un amateur perspicace. A l'en croire, le livre est mort; le fond n'intéresse plus; il n'est plus qu'un monument littéraire et philologique. On a démoli l'édifice dont on a replacé les pierres à moitié taillées dans leur désordre primitif. « Le livre, évidemment, dit-il[1], dans son état de décomposition et percé à jour comme il est, ne saurait plus avoir aucun effet d'édification sur le public. Comme œuvre apologétique, on peut dire qu'il a fait son temps. Il n'est plus qu'une preuve extraordinaire de l'âme et du génie de l'homme, un témoignage individuel de sa foi[2].

---

1. *Port-Royal*, t. III, p. 415 de la 4ᵉ édition.
2. L'assertion de Sainte-Beuve que les *Pensées* de Pascal n'ont désormais plus de valeur apologétique ni de valeur d'édification a causé une vive émotion dans la Suisse française où, sous les auspices d'Alexandre Vinet, le nom et les écrits de Pascal avaient fait éclore une petite église dévouée à sa mémoire et cherchant en lui une sorte de guide spirituel. Sainte-Beuve, dans un appendice au t. III de son *Histoire de Port-Royal*, sous le titre de : *Encore un débat sur Pascal*, résume la discussion soulevée par lui. Elle a été ouverte par M. Astié dans son édition des *Pensées de Pascal disposées suivant un plan nouveau*[a]. M. Astié annonce que l'origine de son édition est due aux deux remarques de Sainte-Beuve que le livre des *Pensées* « était percé à jour » et que comme œuvre apologétique « il avait fait son temps ». Il refusait de souscrire à la sentence. En cherchant le moyen de montrer par le fait qu'elle était injuste, M. Astié s'était souvenu d'un aperçu où Sainte-Beuve explique, à propos de l'édition de M. Faugère, comment « chaque époque ainsi va refaisant une édition à son usage; ce sont les aspects et comme les perspectives du même homme qui changent en s'éloignant. Il ne me paraît pas du tout certain que l'édition actuelle, que nous proclamons la meilleure, soit la définitive. » M. Astié a voulu prouver qu'une autre disposition des matières pouvait rendre aux *Pensées* leur caractère édifiant. Sainte-Beuve lui était venu au secours. « Il est bien vrai, en effet, écrivait-il, que le jour où, soit machinalement, soit à la réflexion, l'aspect du monde n'offrirait plus tant de mystère, n'inspirerait plus surtout aucun effroi; où ce que Pascal appelle la perversité humaine ne semblerait plus que l'état naturel et nécessaire d'un fonds mobile et sensible; où, par un renouvellement graduel et par un élargissement de l'idée de moralité, l'activité des passions et leur satisfaction dans de certaines limites sembleraient assez légitimes; le jour où le cœur humain se flatterait d'avoir comblé son abîme; où cette terre d'exil, déjà

[a] 2 vol. in-18. Paris et Lausanne. Bridel, 1857.

Pascal y gagne, mais son but y perd. » Est-ce vrai? Non. L'homme a besoin de connaître sa condition. Un besoin n'est peut-être pas une preuve que celle qu'il rêve est la sienne, mais c'est une preuve qu'il n'en quittera pas la recherche. Ce sera toujours l'apologue du compagnon d'Edwin, conseillant

riante et commode, le serait devenue au point de laisser oublier toute patrie d'au delà, et de paraître la demeure définitive, ce jour-là, l'argumentation de Pascal aura fléchi. » Ces conditions ont rassuré M. Astié ; elles ne seront pas remplies demain ; Pascal a du champ devant lui. Le jour où ses *Pensées* auront vieilli, le Christianisme lui-même aura vieilli. L'argument qui s'applique aux *Pensées* s'applique aussi au Christianisme ; si leur sort est commun, Pascal peut être tranquille. L'édition Astié, exécutée avec cette préoccupation, eut du retentissement dans le monde protestant de la Suisse française et même de France. M. Vuillemin en jugeait en ces termes (novembre 1857) dans la *Revue chrétienne*, dirigée par M. de Pressensé, aujourd'hui sénateur : « Il nous semble, s'il était encore au milieu de nous, voir M. Vinet, l'interprète le plus intelligent et le plus sympathique qu'ait encore eu Pascal — cela ne faisait pas l'éloge de Sainte-Beuve qui cite sans sourciller — sourire à cette édition qu'il a inspirée et que M. Astié a consacrée à sa mémoire bénie. » « On m'a pris mon Pascal », disait-il en parlant de je ne sais laquelle des éditions qu'il a connues : « Pascal, dirait-il s'il avait celle-ci en main, mon Pascal m'a été rendu. »

D'autres critiques « plus jeunes et plus verts », observe Sainte-Beuve, n'abondèrent pas dans ce sens ; M. Astié avait confisqué Pascal. Ils estimaient qu'en effet les *Pensées* avaient fait leur temps. Tout au plus admettaient-ils que le tableau de la nature humaine par lequel ouvrent les *Pensées* restait vivant. Sans doute, l'idée de la chute rend compte de quelques-uns des phénomènes du cœur humain ; elle est loin de les expliquer tous. Quant aux contradictions métaphysiques de la Raison, Hegel les explique aussi bien que Pascal. Les preuves historiques ont été mises à terre par l'exégèse actuelle et la science comparée des religions. Ainsi, contre M. Renan « les coups du grand athlète ne portent plus ».

Le grand athlète, s'il était là, se mettrait au niveau des preuves historiques, et peut-être M. Renan ferait-il une médiocre figure devant lui.

Toujours est-il que l'école de Vinet fut scandalisée. M. Ernest Naville répondit dans la *Bibliothèque universelle* (juillet 1858) par un article intitulé : *l'Apologie de Pascal a-t-elle vieilli?* Devant la doctrine du *péché* et de la *chute*, les arguties de l'érudition ne sont qu'un atome. M. Ernest Naville pensait d'ailleurs qu'un « avantage marqué de la solution chrétienne, c'est de laisser au principe de l'univers le caractère auguste de sa parfaite unité, de ne pas faire remonter jusqu'à l'essence éternelle la source première de contradictions et de désordres qui restent imputables à la créature seulement ». La conclusion de M. Naville sur les *Pensées* est celle-ci : « Ces fragments sont encore une source vive de pensées qui conduisent

à son maître l'adoption du Christianisme qu'un missionnaire annonçait aux Saxons de la Grande-Bretagne : « Tu te souviens peut-être, ô roi, d'une chose qui arrive parfois dans les jours d'hiver lorsque tu es assis à table avec tes capitaines

à la vérité, d'arguments qui ne vieillissent pas... L'Apologie de Pascal reste utile... Pascal n'a pas seulement fait un livre, il est lui-même une apologie vivante. Il a soumis ce front glorieux au joug de la foi ; il a prosterné devant la croix de Jésus-Christ cette tête ceinte aux yeux des hommes d'une si brillante auréole. Ce fait aussi est un argument. Il ne suffit pas à prouver que l'Évangile soit vrai, il suffit à prouver que l'Évangile est respectable. »

M. Edmond Schérer intervint à son tour dans la *Nouvelle revue de Théologie* (juillet-août 1858). On aurait pu prévoir quel serait son avis : « L'Apologie de Pascal, écrit-il, est aujourd'hui nulle ; elle a vieilli, vieilli tout entière, méthode et arguments. Ainsi que l'a dit M. Rambert, il n'en reste que la préface, c'est-à-dire le tableau de la nature humaine. Mais ce tableau n'est pas un moyen d'apologie, c'est une étude morale. Pascal a fait son temps comme apologiste, il n'est plus aujourd'hui qu'un des plus éloquents de nos moralistes. » Le jugement de M. Schérer est plus hostile au Christianisme qu'aux *Pensées*. Les *Pensées* et le Christianisme ne s'en porteront pas plus mal. Il y eut néanmoins de l'émoi parmi les orthodoxes de l'Église réformée qui s'étaient adjugé la gloire de Pascal. M. de Pressensé eut recours aux gémissements. « L'école critique, dit Sainte-Beuve avec quelque malice, faisait sentir son nerf à l'école sentimentale. » Pascal n'a pas plus à se soucier de l'une que de l'autre. Il sourit au blâme comme à l'éloge. Il est également indifférent aux observations de M. Frédéric Chavannes qui, au nom de la théologie protestante, résumant dans le *Lien* (29 janvier et 12 février 1859) les arguments produits de part et d'autre, faisait ressortir la parenté de Pascal et de Saint-Cyran avec Calvin et les réformés du xvie siècle. Cette parenté est de celles qu'il y a toujours entre des gens qui agitent les mêmes questions et se meuvent dans le même océan de la théologie évangélique.

De cette prise d'armes, Sainte-Beuve ne consent à retenir qu'une chose : c'est que si dans l'Église catholique on tend à rejeter les Jansénistes comme hérétiques, dans l'Église réformée on les considère comme des cousins, sinon des frères. Il y a sans doute quelque vérité dans cette remarque. Pascal y échappe. Le monde français, qui, en gros, a l'instinct catholique plutôt que l'instinct réformé, ne repousse point Pascal. Il le repousserait s'il ne sentait battre en lui un cœur qui bat à l'unisson du sien. Le génie littéraire de Pascal ne le sauverait pas. On a repoussé l'*Institution chrétienne* de Calvin que Bossuet appelle (*Variations*) le plus grand écrivain français du xvie siècle ; on ne repousse pas les *Pensées* qui subsistent, n'en déplaise à M. Edmond Schérer qui est un écrivain réformé et non un écrivain français.

et tes hommes d'armes, qu'un bon feu est allumé, que ta salle est bien chaude, mais qu'il pleut, neige et vente au dehors. Vient un petit oiseau qui traverse la salle à tire-d'aile, entrant par une porte, sortant par l'autre; l'instant de ce trajet est pour lui plein de douceur; il ne sent plus ni pluie ni orage; mais cet instant est rapide; l'oiseau fuit en un clin d'œil et de l'hiver il repasse dans l'hiver. Telle me semble la vie des hommes sur la terre et sa durée d'un moment comparée à la longueur du temps qui la précède et qui la suit. Ce temps est ténébreux et incommode pour nous. Il nous tourmente par l'impossibilité de le connaître. Si donc la nouvelle doctrine peut nous en apprendre quelque chose d'un peu certain, elle mérite que nous la suivions. »

C'est le caractère des *Pensées* de Pascal comme ce fut, il y a deux mille ans, le caractère du Christianisme. On ne détournera pas l'homme d'espérer, de tourner avec anxiété son regard du côté où il croit voir poindre une lumière ou une espérance. L'auteur des *Pensées* attire; Pascal, dit M. Vinet[1], « est un homme touché de l'infortune de sa race, et s'il s'exagère son infortune — ce qui dans son point de vue n'est guère possible — ce n'est pas du moins à plaisir; il n'élargit la plaie que pour mieux la guérir. Cette humanité de la pensée et du cœur est peut-être ce que son livre a de plus caractéristique. C'est une compassion tendre et austère où on sent du respect et une sorte de piété envers l'homme. Ce respect, cette piété, reposent sur l'idée que l'homme est l'expression la plus intime de la pensée créatrice, l'émanation la plus directe de l'essence divine, et, à l'égard de la création, la clef de la voûte, qui tombe et qui s'écroule avec lui. » Aussi n'y a-t-il pas de jugement littéraire plus que de jugement doctrinal à formuler sur les *Pensées*. Elles ne sont point une œuvre de littérature. On n'en peut pas refaire la doctrine; on n'en peut pas prévoir le style. La doctrine, ce sont des mor-

---

1. *Études sur Pascal*, ch. vi : *Théologie du livre des Pensées*.

ceaux de papier sur lesquels Pascal a jeté ses idées à la hâte et sans suite, sans qu'il soit permis d'apercevoir ce qu'il en voulait faire. On a entrepris de ranger ces matériaux, de deviner le secret de leur emploi. On n'est parvenu qu'à des suppositions plus ou moins plausibles. Ce qu'on prend pour une opinion qu'il a peut n'être qu'une objection qu'il se fait, un trait qu'il prête à ceux qu'il voulait combattre, un essai de pensée à remanier, à mesurer, un indice préparatoire, un souvenir propre à retrouver une piste, à lui rendre présents une imagination, un point de vue, un éclair qui aura traversé son intelligence. Il en est de même de sa rédaction. Ce n'est qu'une pierre d'attente. Pascal est un maître consommé dans l'art d'écrire. Tout est original en lui, l'invention, la disposition, la mise en œuvre. Ce qu'il a laissé est incorrect, jeté comme au hasard; l'invention elle-même reste un mystère. Dans le recueil, il y a des morceaux qui n'ont aucun rapport avec le sujet, qui sont peut-être, comme on a vu, des ébauches faites chez Mme de Sablé ou au sortir de chez elle, des maximes dans le genre de celles de La Rochefoucauld; à deux pas, il y a de la rhétorique, puis de la critique. L'œuvre, dans son entier, est comme une prière à Dieu, à qui l'auteur demande de l'éclairer, non afin qu'il puisse éclairer autrui, mais afin d'être lui-même éclairé et convaincu. « Il semble, dit M. Désiré Nisard [1], qu'on devrait trouver dans une prière quelque abandon, quelque enthousiasme, une confiance qui ne pèse plus ses motifs et que l'homme qui prie n'ait plus rien à rechercher sur l'existence et les attributs de l'être auquel il adresse sa prière. Celle de Pascal n'a point ce caractère. C'est une argumentation passionnée dans laquelle un homme mortel raisonne avec Dieu. Du fond de l'humilité la plus absolue il lie sa cause à la bonté de Dieu par des rapports si invincibles qu'il rend évidentes les dispositions de la Providence divine à son égard;

---

[1]. *Histoire de la littérature française*, t. II, p. 195 de la 1re édition (1844).

et, s'il m'est permis de me servir de mots si profanes, il l'enchaîne dans ses propres attributs comme on enchaînerait un juge dans les devoirs et les responsabilités de sa charge... Mais ce n'est ni par l'enthousiasme du psalmiste, ni par l'imagination échauffée des ascètes que cette prière s'élève, c'est par des raisons qui se déduisent les unes des autres et se succèdent comme les degrés d'une échelle mystique. On sent qu'aucun échelon ne manquera sous les pieds de Pascal. Telle est la force de cette logique qu'elle vous engage invinciblement dans la situation de celui qui prie ; on oublie l'écrivain sublime pour le chrétien convaincu, et si on résiste à le suivre, ce n'est pas sans une secrète inquiétude. Car qui peut estimer sa raison plus forte que celle dont Pascal fait le sacrifice à la foi ? » Du reste, qu'il prie, qu'il raisonne ou qu'il constate un fait moral ou métaphysique, il n'enseigne pas, n'expose pas, ne sollicite ni la contradiction ni l'aveu de qui que ce soit. C'est lui qui parle et c'est à lui qu'il parle. De sorte que les *Pensées* ne sont pas un livre, mais une peinture de Pascal.

Une révolution s'est opérée depuis peu dans l'histoire littéraire. On ne demande plus guère aux écrivains ce qu'ils disent, mais ce qu'ils sont. On assiste à leur pensée comme à une féerie. Leurs ouvrages sont des salles de spectacle. On a tant vu passer d'idées à l'horizon qu'on n'en examine plus que l'attitude et la couleur. C'est la fin de l'autorité en matière pensante. L'extrême abondance a produit ce résultat. Il y a trop de livres :

> Dans l'Olympe farouche et sinistre des livres
> . . . .
> La cendre, qui du livre est l'austère rosée,
> Leur arrive à travers les astres tamisée.
>
> (Victor Hugo.)

Si les livres pullulent, les individualités ne sont pas communes. Ce sont elles qu'on admire. Elles sont comme des étoiles au firmament. L'homme s'admire en elles. Elles figu-

rent dans l'histoire les plus beaux échantillons de la race.
Celle de Pascal est sans parallèle. C'est surtout ce qui subsiste
de son œuvre et la rendra durable. Ses ouvrages ne sont
pour ainsi dire qu'un monument élevé à sa mémoire. Il peut
dire comme le psalmiste[1] : *Singularis ego sum;* il a une cime
élevée; il n'est pas de ceux qui lèchent la terre : *inimici Dei
terram lingunt :* les ennemis de Dieu lèchent la terre. Quand
il professe que la grandeur des gens d'esprit est invisible aux
rois, aux riches, aux capitaines, à tous les grands de chair,
il parle de la sienne. « Les grands génies, dit-il, ont leur
empire »; il a le sien et c'est un empire qu'une bataille ne
renverse pas comme celui de Darius. Quand il dit encore que
la grandeur de la Sagesse est en Dieu, il parle encore de lui.
Il a cette grandeur-là aussi : elle « est invisible aux charnels »
et même aux gens d'esprit. Tout le monde ne la voit pas.
Quelques-uns de chaque génération la voient en lui. A la
longue cela fait une gloire aussi répandue que les gloires
vulgaires. Il l'aurait méprisée si on la lui avait annoncée.
Que lui importe? Mais il en a conscience. « Tous les corps,
écrit-il, le firmament, les étoiles, la terre et ses royaumes,
ne valent pas le moindre des esprits, car il connaît tout cela
et soi, et les corps rien. » Il le sait et n'en est pas fier. Il
aspire à plus haut que cette grandeur, car il ajoute : « Tous
les corps ensemble et tous les esprits ensemble et toutes leurs
productions ne valent pas le moindre mouvement de charité. » Cela, c'est le Saint, qui est le Surnaturel, et c'est cette
grandeur-là que Pascal possède. Sa misanthropie prétendue
n'est que le culte du Saint. Il ne hait pas les méchants, il
s'en tient à l'écart. Ils sont nombreux du reste : c'est pourquoi il ne demande rien aux hommes; il est sincère, fidèle ;
il fait son devoir vis-à-vis d'eux et néanmoins s'en tient à
distance. L'expérience lui a donné d'eux une mauvaise opinion. Il leur souhaite de guérir. Ce sont les sentiments qu'on

---

[1]. Psaume CXL, 10.

ne prête pas aux solitaires de l'Église primitive, mais qu'ils avaient en réalité. Il n'y a pas d'autre moyen d'expliquer leur résolution de vivre dans la retraite.

Pascal est bourru plutôt que misanthrope. Quoi qu'il en soit, sa misanthropie fait partie de son individualité.

Alexandre Vinet, recherchant les marques de l'individualité de Pascal[1], entreprend d'opposer l'individualité à l'individualisme. La distinction est chimérique. L'individualisme est une individualité de bas aloi, égoïste, envieuse, petite, antisociale, soit, mais une espèce du genre dont l'individualité est le nom commun. Chacun a son individualité, mais chacun n'a pas de l'individualité; ceci est plus vrai. On a ses défauts et ses qualités personnels; on reçoit du dehors et on réagit contre le dehors. Il y a peu d'hommes qui soient tout à fait passifs. Chacun a donc son individualité. Avoir de l'individualité n'est pas la même chose; c'est en avoir à un point qui frappe le regard d'autrui. Même alors, l'individualité est fréquente. « L'individualité, dit fort bien Vinet[2], est la base de notre valeur propre; car pour que nous soyons quelque chose, il faut d'abord que nous soyons, ou, en d'autres termes, que nos qualités soient à nous. Dans ce sens, l'individualité est rare; et l'on n'exagère pas en disant que la plupart des hommes, au lieu d'habiter chez eux, vivent chez autrui et sont comme en loyer dans leurs opinions et dans leur morale, à plus ou moins long terme, mais cette différence n'est rien. L'intelligence et le développement de l'esprit ne sont pas des gages tout à fait assurés de l'individualité. Pascal ne la trouvait pas commune chez les écrivains : — Certains auteurs, dit-il, parlant de leurs ouvrages, disent : mon livre, mon commentaire, mon histoire. Ils sentent leurs bourgeois qui ont pignon sur rue et toujours un *chez moi* à la bouche. Ils feraient mieux de dire : notre livre, notre com-

---

1. *Études sur Pascal*, 3ᵉ édition, p. 305. 1 vol. in-12. Paris, Sandoz. Sans date.
2. *Loc. cit.*

mentaire, notre histoire, vu que d'ordinaire il y a plus en cela du bien d'autrui que du leur. — Quant à Pascal, il a pignon sur rue et rien n'empêche qu'il ne dise *Mes Pensées*. Sa voix n'est pas un écho, ou si c'est un écho, c'est celui de la conscience[1]. J'entends de la conscience intellectuelle aussi bien que de la conscience morale. Tout esprit a probablement des idées à soi[2]; mais tout esprit ne pénètre pas jusqu'à ses propres idées à travers ces couches successives formées des idées d'autrui ou de tout le monde, dont les nôtres sont toujours recouvertes à une certaine hauteur. Il s'agit donc d'arriver jusqu'à soi-même. La sonde de cette espèce de puits artésien n'est ni la logique ni l'analyse qui peuvent bien, en certains sujets, nous conduire jusqu'à la vérité, mais non pas jusqu'à nous-mêmes. Cette sonde, à laquelle je ne cherche pas à donner un nom, est quelque chose de plus natif et de moins compliqué. C'est un certain courage d'esprit, peut-être de caractère, qui ne distingue pas toujours les plus habiles ni les plus savants, et qui, pour ne pas conduire immédiatement à la vérité, n'en est pas moins un des plus précieux instruments de cette recherche, parce que, avant de chercher et pour bien chercher, il faut d'abord avoir trouvé ce *moi* qui est l'agent de la recherche. Nous avons une grande obligation à ceux qui ont su démêler et reconnaître leur propre voix au milieu du mélange confus de tant de voix étrangères, où la nôtre se perd si facilement, jusqu'à nous devenir la plus étrangère de toutes. »

1. D'une conscience qui est la sienne. Tout le monde en a une faite à sa taille.

2. C'est peut-être ce que Pascal a voulu faire entendre lorsqu'il a dit : — A mesure qu'on a plus d'esprit, on trouve qu'il y a plus d'hommes originaux; — c'est qu'avec de l'esprit on les oblige à l'être ou à se montrer ce qu'ils sont. Descartes avait déjà dit : — En la corruption de nos mœurs, il y a peu de gens qui veuillent dire tout ce qu'ils croient; mais c'est aussi à cause que plusieurs l'ignorent eux-mêmes, car l'action de la pensée par laquelle on croit une chose étant différente de celle par laquelle on connaît qu'on la croit, elles sont souvent l'une sans l'autre. — *Discours de la méthode.* » Note d'Alexandre Vinet.

Le soin de découvrir notre voix parmi les voix confuses qui se sont introduites dans la conscience, font corps avec elle et la contrefont, est, en effet, la marque essentielle de l'individualité, ou, si l'on veut, de l'originalité. Elle est plus commune qu'on ne pense. Il y en a des échantillons partout. On n'y fait pas attention parce qu'ils manquent de relief et ont l'air de plants sauvages dépourvus de saveur et de tonalité. Ils n'ont pas été cultivés. Le défaut de culture les conserve. L'Arabe errant dans le désert, le pâtre des montagnes, le paysan fixé comme un végétal sur le coin de terre qui l'a vu naître, sont originaux, ont une individualité. Ils n'ont ni l'occasion ni le pouvoir de la manifester. Elle vit en eux à l'état instinctif; l'intempérie du dehors a mis sur elle une croûte qui l'empêche de s'épanouir; mais elle n'a été altérée par aucun élément étranger. C'est le danger de la culture. Elle développe cette vie intérieure; mais elle y introduit des sucs de toute sorte qui, sous prétexte de la nourrir, et ils la nourrissent, en effet, lui font perdre sa sève native. Elle ressemble désormais à ces objets qui ont été manipulés quinze fois et ne sont plus que des produits artificiels.

L'éducation privée est à plusieurs égards un préservatif, bien qu'un préservatif incomplet. Elle permet d'échapper au moule dans lequel on broie les âmes soumises à l'éducation publique. Le permet-elle réellement? Pas d'une manière absolue. Les produits étrangers lui arrivent par la conversation, par les livres, par les mœurs que la Société impose à tous ses membres, quelque précaution qu'ils prennent en vue d'échapper à son action. Pascal reçut l'éducation privée; il fut élevé par son père. Il eut plus d'une contrainte à subir néanmoins. Le côté mathématique de son éducation est également à consulter. Il lui forma la Raison et l'Imagination. Les mathématiques donnent autant d'essor à l'imagination que leur rigueur donne de précision à la pensée. La spéculation morale lui fut interdite. L'incident ne fit qu'en aiguiser en lui le goût. Il se jeta plus tard dessus comme un homme qui en a faim et soif et il appréciera très haut ce genre d'étude. « La Science des choses extérieures, écrit-il, ne me consolera pas de l'ignorance de la Morale aux temps d'affliction; mais la Science des mœurs me consolera toujours de l'ignorance des Sciences extérieures. »

Vinet, qui a scruté le caractère de Pascal, est persuadé que les mathématiques qui ont été toute la préoccupation de la jeunesse de Pascal ont préservé son individualité. Elles ne la lui ont pas donnée. Est-ce que l'École polytechnique en fournit une à ceux qui n'en ont pas? Les causes de l'individualité de Pascal sont inconnues. Ce fut la nature qui la lui octroya. Tout ce qu'on peut ajouter est qu'elle ne lui fut ravie par aucune circonstance extérieure. S'il y en avait une qui avait pu lui servir, ç'auraient été les livres de Saint-Cyran et l'étude du Christianisme. Il s'en défend : « On a beau dire, il faut avouer que la Religion chrétienne a quelque chose d'étonnant! C'est parce que vous y êtes né, dira-t-on. Tant s'en faut; je me roidis contre par cette raison-là même, de peur que cette prévention-là ne me suborne[1]. » Il n'y a pas de danger qu'elle le suborne, mais elle le détache des choses reçues, de ce qu'on admet sans examen, du banal courant. Le Christianisme est par lui-même une originalité. Il n'y a jamais eu qu'une poignée de Chrétiens, selon Saint-Cyran. On est original par cela même qu'on est chrétien, hors des appétits communs, des passions vulgaires, de ce qui subjugue la plupart des hommes, ne le fût-on que par la pensée. De plus, le Christianisme émancipe. L'expression de *liberté chrétienne*, familière aux hommes des temps apostoliques, n'est pas un vain mot. Elle délie des mœurs « de la chair ». Il y a d'autres sources extérieures de l'individualité de Pascal. La première, sans contredit, est cette doctrine de la Grâce, en vertu de laquelle il n'y a point de lois dans la nature, mais un arbitraire pur, en d'autres termes,

---

1. *Pensées*, t. II, p. 357 de l'édition Faugère.

de la volonté, cette force intime et inconnue dont l'effet, dans le langage des païens, était la Fortune; la seconde est l'amour du vrai, une passion janséniste, dont Pascal avait fait la boussole de son âme. Il croit ce qu'il estime être le vrai, quoi qu'il puisse lui en coûter. C'est encore une passion chrétienne, celle des martyrs. Elle n'a souci ni de la politique, ni de l'intérêt, ni de quoi que ce soit. Elle se consulte et suit l'impulsion qui sort de sa propre persuasion : « C'est, dit Pascal, le consentement de vous-même à vous-même et la voix constante de votre Raison et non des autres, qui doit vous faire croire. » Personne n'a eu plus de dédain de l'autorité. C'est l'application à la Morale des principes émis par lui dans son introduction au traité du Vide : *De l'autorité en matière de philosophie,* où il professe que le genre humain est comme un homme qui aurait vécu durant des milliers d'années, d'où il résulte que les Anciens sont des enfants, et les Modernes les véritables Anciens. L'amour du vrai devient chez lui l'originalité par excellence. Ce n'est pas un don qu'il ait par hasard ; c'est un système : « Il faut, dit-il, qu'on ne puisse dire d'un homme ni il est mathématicien, ni prédicateur, ni éloquent, mais il est honnête homme. Cette qualité universelle me plaît seule. *Ne quid nimis,* de peur qu'une qualité ne l'emporte et ne fasse baptiser. » Un homme qu'on peut baptiser ne s'appartient plus : il est un instrument au service de la qualité qui domine en lui. Ne déguisez rien, appelez les choses par leur nom : vous serez original. L'originalité de Pascal est une conviction de tous les jours; elle lui échappe à chaque instant. Il ne peut se contenir. Les *Pensées* sont remplies de cette violence à tout mettre sous son aspect naturel : « Masquer la nature et la déguiser : plus de rois, de papes, d'évêques, mais auguste monarque... point de Paris, capitale du royaume. » Il hait l'enflure, le sublime. « Ce n'est pas, dit-il, dans les choses extraordinaires et bizarres que se trouve l'excellence de quelque genre que ce soit. On s'élève pour y arriver et on s'en éloigne : il faut le plus souvent s'abaisser. » La passion du naturel et de la simplicité ne l'empêche pas de songer à l'art. Quand il trouve un adjectif qui peint et promet de faire image, il le note : — Vertu *apéritive* d'une clef, *attractive* d'un croc... beauté d'omission. — S'il rencontre une forte maxime dans l'Écriture sainte, il la note encore : — Quand le fort armé possède son bien, ce qu'il possède est en paix[1]. — L'éloquence est d'être vrai; cette éloquence se moque de l'autre et cette éloquence est en même temps de la Morale. Il en résume ainsi les règles : « L'on écrit souvent des choses que l'on ne prouve qu'en obligeant tout le monde à faire réflexion sur soi-même et à trouver la vérité dont on parle. C'est en cela que consiste la force des preuves de ce que je dis. »

Il n'estime pas les poètes[2], mais il est lui-même le poète de la vérité morale. Chez qui a-t-elle rencontré un accent

1. Saint Luc, XI, 21.
2. On lui attribue pourtant, quoique l'attribution soit incertaine, deux petites pièces de vers trouvées a Fontenay-le-Comte derrière deux tableaux dans une maison où il fit un court séjour :

> Les plaisirs innocents ont choisi pour asile
> Ce palais où l'art semble épuiser son pouvoir.
> Si l'œil de tous côtés est charmé de le voir,
> Le cœur à l'habiter goûte un plaisir tranquille.
>   On y voit dans mille canaux
>   Folâtrer de jeunes Naïades;
>   Les Dieux de la terre et des eaux
>   Y choisissent leurs promenades;
>   Mais les maîtres de ces beaux lieux
> Nous y font oublier et la terre et les cieux.
>
> De ces beaux lieux, jeune et charmante hôtesse,
>   Votre crayon m'a tracé le dessin :
>   J'aurois voulu suivre de votre main
>   La grâce et la délicatesse.
> Mais pourquoi n'ai-je pu, peignant ces dieux en l'air
> Pour rendre plus brillante une aimable déesse,
>   Lui donner vos traits et votre air!

Leur origine supposée leur donne seule de l'intérêt. Il n'est pas moins piquant de les trouver tracés à l'envers de deux tableaux de la main d'un homme qui a écrit de la peinture : — Quelle vanité que la peinture qui nous fait admirer le portrait des choses dont nous n'admirons pas l'original !

plus énergique et plus communicatif? « Mais en général, dit Alexandre Vinet[1], c'est Pascal lui-même qui est la poésie de son livre les *Pensées*. Ce qu'il y a d'emporté dans sa pensée, de souverain dans ses mépris, de tragique, oserons-nous dire, dans la position qu'il prend devant nous comme individu et comme homme, voilà la poésie de Pascal. Elle est là plutôt que dans sa pensée, où le comble de la vérité ne laisse pas de produire quelques-uns des effets de la poésie... La poésie[2] vit d'association d'idées au moyen desquelles elle modifie la vie assez profondément; or Pascal associait des idées selon des lois plus sévères et ne se prêtait pas volontiers à celles que l'imagination a instituées dans son royaume. Toutefois, il est toujours quelques points par où la passion communique avec l'imagination ; la passion ne peut pas éternellement se passer d'images, et c'est ainsi que, de temps en temps, entraînant Pascal dans le pays des figures, elle le fait poète. » Et quoi de plus poétique que son roseau pensant, ses rivières qui sont des chemins qui marchent et ce drame de l'homme dont la nature est incertaine parce que son origine est incertaine, qui fait toute la trame des *Pensées*?

Cependant, la marque la plus saisissante de l'individualité de Pascal, c'est la puissance. Il est impérieux, il a autorité. Tacite ni Shakespeare ne donnent l'idée de la domination qu'il exerce. Il prend son lecteur à la gorge ; il en gouverne la raison, la volonté, le cœur, l'imagination. Voltaire, qui l'appelle le vainqueur de tant d'esprits, est transporté d'indignation. Il se sert de sa supériorité « comme les Rois de leur puissance » ; on ne conçoit pas ce despote : « Il ne fallait commencer que par avoir raison. » C'est par là qu'il commence et qu'il finit et c'est ce qui indigne Voltaire qui, n'ayant pas de quoi lui répondre, se met en colère. C'est qu'il a une passion violente. C'est par elle qu'il avait de l'autorité

---

1. *Études sur Pascal*, X : *Pascal, non l'écrivain, mais l'homme.*
2. La haine de Pascal contre la poésie n'est pas une erreur du goût ; il poursuit en elle la Muse des sens.

dans sa famille. Il gouverne son père, ses sœurs, ses amis. Le duc de Roannez est à sa dévotion ; Mlle de Roannez lui obéit comme on obéit à Dieu ; Sacy, Nicole, Arnauld sont subjugués ; dans l'affaire du Formulaire, il envoie promener Port-Royal, le Clergé, le Pape ; les hommes de chair ne pèsent pas un fétu dans sa balance. Il sent d'instinct qu'il n'y a pas une âme vivante qui lui aille à la cheville. Il a sur la postérité le prestige qu'il a eu sur les contemporains. Il parle de haut à toutes les facultés dont on peut être fier. Enfin il plaît ; il se plaint de n'avoir pas assez approfondi l'art de plaire ; c'est une faiblesse de sa nature. Il plaît néanmoins parce qu'il aime les hommes ; il plaît en maître, mais il ne veut plaire qu'aux bons : « Il faut plaire, dit-il, à ceux qui ont les sentiments humains et tendres. » C'est encore à ceux-là qu'il plaît ; c'est par eux que sa mémoire est respectée et montrée comme respectable. Sa puissance est surtout une puissance d'amour : on l'aime même quand on ne se résigne pas à le suivre. « La piété de Pascal a tout le caractère d'une passion », dit Alexandre Vinet ; il n'y a pas un mot de lui qui ne soit un mot passionné. On ne pourrait pas lui appliquer le vers célèbre :

> Sans haine et sans amour, il vécut pour penser.

L'amour et la haine sont les deux onguents dont il a enduit chacune de ses pensées. Sa vie entière est une passion. Sa conversion elle-même en est un jeu. « Ce qu'il y avait en lui de passionné, dit encore Alexandre Vinet, et qui n'avait pu guère jusqu'alors s'assouvir que sur des idées, trouva en Dieu de quoi se satisfaire ; car il y trouvait à la fois un *Être* et la *Vérité*. » C'est par là qu'il est fort, qu'il est un écrivain incomparable et qu'il dure, que ses écrits demeurent un champ à part et le plus riche dans le patrimoine de notre langue.

L. DEROME.

PRINCIPAUX OUVRAGES A CONSULTER SUR LA VIE ET LES ŒUVRES DE PASCAL

— La meilleure source d'information sur Pascal, sinon la plus abondante, sera toujours sa vie écrite par Mme Périer, sa sœur. « Les vies qui font le mieux connaître les hommes supérieurs sont toujours celles qui ont été écrites de leur temps, dit fort bien M. Ernest Havet dans son édition des *Pensées*. Mais ici l'écrivain est la sœur même de Pascal, sœur tout à fait digne de son frère. Personne n'était plus près de lui, dans tous les sens de cette expression, et ne pouvait donner de lui une idée plus vraie et plus vive. D'ailleurs les sentiments les plus élevés soutiennent ses paroles. Toute fière qu'elle est de la gloire de ce nom qui est le sien, ce n'est pas une vanité ordinaire qui l'anime; le grand homme, le saint, est à ses yeux un instrument des desseins de Dieu, en qui elle vénère la grâce elle-même. Sa notice est un monument inséparable des *Pensées*, inspirée du même esprit et qu'on lit avec le même respect. » Elle fut écrite en 1667 et on se proposait de l'insérer à la tête de l'édition de 1670 des *Pensées*. Elle fut écartée par des motifs puisés dans le désir de ne pas troubler la paix religieuse qui venait d'être conclue (1669). Il fut encore question de la placer dans l'édition de 1678. On l'ajourna de nouveau. Elle parut pour la première fois dans une édition hollandaise de 1684, réimprimée à Amsterdam en 1688 (Abraham Wolfgang). On l'avait insérée l'année précédente (1687) dans une édition de Paris.

— Filleau de la Chaise : « *Discours sur les Pensées de M. Pascal*, où on essaye de faire voir quel estoit son dessein. » Il devait servir de préface à l'édition de 1670 des *Pensées*. Les amis de Pascal le trouvèrent trop long. Il fut publié à part en 1672 avec un autre discours « sur les preuves du livre de Moyse qui n'avoit pas esté fait pour voir le jour, non plus que le traité où l'on fait voir qu'il y a des démonstrations d'une autre espèce et aussi certaines que celles de la géométrie et qu'on en peut donner de telles pour la Religion Chrétienne ». C'est un commentaire des *Pensées* fait dans l'esprit de Port-Royal par un des adhérents. Il est plein d'aperçus originaux éclos au souffle qui a présidé à l'éclosion du livre des *Pensées*. On l'a attribué à Dubois de la Cour; il est bien de Filleau de la Chaise.

— *Mémoires pour servir à l'histoire de Port-Royal*. Utrecht, 1740-1742. 3 vol. in-12. Ces mémoires contiennent des pièces originales et des renseignements de première main sur l'intérieur de Port-Royal et sur Pascal. Sainte-Beuve en a tiré une riche moisson.

— *Jacqueline Pascal*, par Victor Cousin. 1 vol. in-12. Paris, Didier, 1845 (9e édition en 1878). Documents très nombreux sur la famille Pascal, les démêlés de Blaise avec sa sœur cadette au moment de l'entrée de celle-ci à Port-Royal (1653) et sur la deuxième conversion de Pascal (1654), outre des morceaux inédits et sur Domat, ami intime de Pascal.

— *Lettres, opuscules et mémoires* de Mme Périer et de Jacqueline, sœur de Pascal, et de Marguerite Périer, sa nièce, publiés sur les manuscrits originaux par M. Prosper Faugère. 1 vol. in-8°. Paris, 1845, Vaton. Les pièces réunies dans ce volume sont beaucoup plus importantes et plus nombreuses que celles du recueil de Victor Cousin. On y trouve, en dehors d'une correspondance étendue de Jacqueline et de ses poésies, un excellent mémoire extrait des papiers de Marguerite Périer « sur la vie de M. Pascal », l'acte de baptême de ce dernier, sa généalogie et un extrait de son testament.

— *Des Pensées de Pascal*, rapport à l'Académie française sur la nécessité d'une nouvelle édition de cet ouvrage, par Victor Cousin. 1 vol. in-8°. Paris, Ladrange, 1843. 3e édition, 1847. 1 vol. in-8°. La publication du rapport de Cousin a été une ère dans l'histoire des écrits de Pascal. La préface de la 3e édition, tirée à part, a eu un grand retentissement, à cause de l'apologie de Descartes et du réquisitoire de Cousin contre Pascal.

— *Pensées, fragments et lettres* de Blaise Pascal, publiés pour la première fois conformément aux manuscrits originaux, en grande partie inédits, par M. Prosper Faugère. 2 vol. in-8°. Paris, Andrieux, 1844. Sans parler du texte et des notes qui l'accompagnent, l'historique des *Pensées* et les vues sur Pascal consignées dans l'introduction ont un intérêt que les travaux de Sainte-Beuve n'ont pas effacé.

— *Pensées de Pascal*, publiées dans leur texte authentique, précédées de la vie de Pascal par Mme Périer avec un supplément et d'une étude littéraire, et accompagnées d'un commentaire suivi, par Ernest Havet. 1 vol. in-8°. Dezobry, 1852, 3e édition, Delagrave, 2 vol. in-8°, Paris, 1879. Cette édition, destinée à l'enseignement public, se recommande par l'étendue du travail qu'elle a coûté et par les études qui lui servent d'introduction. M. Havet est hostile au Christianisme et n'entend pas toujours Pascal, mais il en sent la grandeur et le haut caractère.

— *Les Provinciales*, ou les lettres écrites par Louis de Montalte à un provincial de ses amis et aux révérends pères Jésuites, publiées sur la dernière édition revue par Pascal avec les variantes des éditions précédentes et leur réfutation, consistant en introductions et nombreuses notes historiques, littéraires, philosophiques et théologiques, par l'abbé Maynard. 2 vol. in-8°, 1851, Didot.

— *Pascal, sa vie et son caractère, ses écrits et son génie*, par l'abbé Maynard. 2 vol. in-8°. Paris, Didot, 1851. Il y a plus de zèle que de lumières dans les travaux de M. l'abbé Maynard sur Pascal. Il n'est d'ailleurs pas impartial et on pouvait s'y attendre.

— *Études sur Blaise Pascal*, par A. Vinet. 1 vol. in-8°. Paris, 1848, 1856. Il y en a une troisième édition in-12 et sans date (Sandoz et Fischbacher). L'auteur de ces études, qui est un des bons moralistes du xixe siècle et un adepte de l'*École du respect*, ce qui vaut peut-être davantage, s'est longuement occupé de Pascal. « Si l'on réunissait dans un petit volume, écrivait Sainte-Beuve dans le *Journal des Débats* (17 mai 1847), les articles de M. Vinet sur Pascal, on aurait, selon moi, les conclusions les plus exactes auxquelles on puisse atteindre sur cette grande nature si controversée. » On peut souscrire à ce jugement, quoique Vinet soit parfois maigre. Le volume que Sainte-Beuve désirait a été publié par les amis de Vinet après sa mort, arrivée en 1847. Ce sont des leçons faites dans une chaire durant une période de quinze ans. Les *Pensées* en sont le principal objet, bien que les études contiennent un chapitre sur les *Provinciales*, un sur la *Vie de Jésus-Christ*, retrouvée par M. Faugère, et des opinions sur la personne de Pascal.

— *Histoire de Port-Royal*, par C.-A. Sainte-Beuve. 5 vol. in-8°. Paris, 1840-1862. On en a une quatrième édition. Paris, Hachette, 1878, 7 vol. in-18, dont un de tables. Cet ouvrage est un monument élevé à la mémoire de Port-Royal par un étranger, qui n'est pas néanmoins un ennemi. C'est aussi un monument élevé à la mémoire de Pascal. Pascal en est le centre et la plus haute colonne. Le livre III, qui le regarde exclusivement, n'y prend pas moins d'un volume, la fin du tome II et les deux tiers du tome III. Il y a là à peu près tout ce qu'on a dit de bon et de vrai sur Pascal, outre ce que Sainte-Beuve en pense lui-même. Sainte-Beuve considère Pascal du dehors, mais en juge sympathique, avec une pénétration et une abondance de vues qui laissent loin derrière elles ceux qui l'avaient précédé.

Pascal et ses écrits ont été l'objet de recherches et de jugements qu'il serait trop long d'énumérer. Nous citerons encore quelques-unes des publications qui le concernent :

— *Life and letters of Blaise Paschal*, two vol. in-8°. London, 1744.

— Bossut, éditeur des œuvres : *Discours sur la vie et les ouvrages de Blaise Pascal*, 1 vol in-8°. Paris, 1781.

— Reuchlin (Hermann) : *Pascal's Leben und der Geist Seiner Schriften* 1 vol. in-8°. Stuttgart, 1840.

— Henry Rogers : *Génie et écrits de Pascal*, article anonyme de la *Revue d'Édimbourg* (janvier 1847), traduit en français par M. Prosper Faugère. In-8°. Paris, Amyot et Vaton, 1847.

On ne lira pas non plus sans fruit le *Discours sur la vie et les œuvres de Pascal*, qui sert d'introduction aux œuvres dans l'édition Lefèvre. (5 vol. in-8°. 1819), et l'*Essai sur les meilleurs ouvrages écrits en prose dans la langue françoise et particulièrement sur les lettres provinciales de Pascal*, qui est également inséré au tome Ier de l'édition Lefèvre des *Œuvres de Pascal* et dû à François de Neufchateau.

NOTICE

SUR LES LETTRES ÉCRITES A

UN PROVINCIAL

NOTICE

SUR LES LETTRES ÉCRITES A

UN PROVINCIAL

Les dix-huit lettres provinciales parurent dans le délai de quatorze mois. La première est du 23 janvier 1656, la dernière du 24 mars 1657. C'étaient des feuilles volantes imprimées par cahiers de huit pages. Les quinze premières lettres ont huit pages in-4°; la seizième en a douze. L'auteur avertit qu'il « n'a pas eu le loisir de la faire plus courte ». La dix-septième retombe à la dimension de huit pages ; mais la dix-huitième remonte à douze. Bien qu'elles aient toutes huit pages, à l'exception de deux, elles ne sont pas toutes d'égale étendue. On serre le texte selon le plus ou moins d'abondance des matières.

Les trois premières sont en assez gros caractères, avec des lignes espacées; les caractères deviennent plus serrés et plus fins à partir de la quatrième. A mesure qu'il avance, l'auteur, « de plus en plus écrivain et maître de sa plume, dit Sainte-Beuve, s'était fait une loi de réduire et de faire tomber juste, à une certaine mesure, chaque petit acte, observant en cela une idée de proportion et de nombre. »

Les Contemporains ont fait de ces petits cahiers, ayant chacun une pagination séparée, un recueil factice dont on connaît un assez grand nombre d'exemplaires dans plusieurs desquels des pièces, qui ne sont pas de Pascal, mais qui ont trait à la polémique engagée par lui avec les Jésuites, sont intercalées. Pendant la publication, ou immédiatement après qu'elle fut terminée, les Jansénistes, de leur côté, ont réuni les dix-huit lettres en un recueil factice pourvu d'un titre à part, d'un *Avertissement anonyme,* mais qu'on sait être de Nicole, d'un *Rondeau aux RR. PP. Jésuites sur leur morale accommodante*[1], et la plupart des exemplaires de cette dernière catégorie portent la rubrique de Cologne, chez Pierre de la Vallée.

Ces premières impressions sont très diverses. On les a réunies à l'aventure; il y a souvent des cahiers de trois ou quatre impressions différentes dans le même exemplaire. Il est rare de trouver deux exemplaires identiques. Il en existe des impressions simultanées, des réimpressions textuelles et non textuelles. Il est avéré maintenant que les deux premières provinciales ont été imprimées par Petit, un des libraires de Port-Royal. Savreux, qu'on avait arrêté comme le vrai coupable, n'eut pas de peine à démontrer que ce n'était pas lui qui « avait fait le coup ». On lit dans les mémoires manuscrits de Beaubrun : « Comme les deux premières lettres provinciales rendoient la censure ridicule — la censure d'Arnauld par la Sorbonne — et ruinoient tout le fruit que la Cour et les ennemis de M. Arnauld s'étoient proposés d'en retirer, on fit une recherche exacte pour découvrir qui en étoit l'auteur. On courut partout chez les imprimeurs, et comme M. Charles Savreux étoit connu pour très lié à Messieurs de Port-Royal, on ne manqua pas de jeter les yeux sur lui, et sur quelques soupçons on l'arrêta (2 février 1656). On saisit tout ce

---

1. Voici ce rondeau :

> Retirez-vous, péchés; l'adresse sans seconde
> De la troupe fameuse en Escobars féconde
> Nous laisse vos douceurs sans leur mortel venin.
> On les goûte sans crime; et ce nouveau chemin
> Mène sans peine au ciel dans une paix profonde.
>
> L'enfer y perd ses droits; et si le diable en gronde,
> On n'aura qu'à lui dire : Allez, esprit immonde;
> De par Bauny, Sanchez, Castro, Gans, Tambourin,
> Retirez-vous.
>
> Mais, ô pères flatteurs, sot qui sur vous se fonde,
> Car l'auteur inconnu qui par lettres vous fronde,
> De votre politique a découvert le fin ;
> Vos probabilités sont proches de leur fin ;
> On en est revenu : cherchez un nouveau monde,
> Retirez-vous.

Cette pièce, assez plate, est le fond sur lequel La Fontaine a brodé sa *Ballade d'Escobar.*

qu'on trouva chez lui; on lui prit bien des choses et entre autres un paquet sur lequel étoit écrit le nom de M. l'abbé de Pontchâteau, qui, effectivement, lui appartenoit, dans lequel il se trouva une lettre de M. le cardinal de Richelieu, son oncle [1]. » Savreux fut arrêté trois fois.

M. de Saint-Gilles [2] écrit à la date du 18 août 1656 : « Depuis environ trois mois en ça, c'est moi qui, immédiatement, ai fait imprimer par moi-même les quatre dernières *Lettres au Provincial,* sçavoir : la 7º, 8ᵉ, 9ᵉ et 10ᵉ. D'abord il falloit fort se cacher et il y avoit du péril; mais depuis deux mois, tout le monde et les magistrats eux-mêmes prenant grand plaisir à voir dans ces pièces d'esprit la Morale des Jésuites naïvement traictée, il y a plus de liberté et moins de péril; ce qui n'a pourtant pas empêché que la dépense n'en ait été et n'en soit encore extraordinaire [3]. »

On colportait aussi les *Provinciales* manuscrites, comme beaucoup de pamphlets et de chansons qu'il eût été dangereux de livrer à l'impression. Messieurs de Port-Royal faisaient exécuter ces copies et les envoyaient eux-mêmes, ce qui arriva pour M. d'Andilly à Fabert alors en garnison à Sedan. Fabert écrit à M. d'Andilly (9 avril 1656) : « Je vous renvoie la copie des lettres jointes à la vôtre du trois de ce mois, que vous m'avez fait l'honneur de m'écrire avec tant de bonté que je ne puis assez vous en remercier; je puis vous assurer qu'elles n'ont été vues de personne parce que vous me l'avez défendu; car autrement, j'ai des amis ici auxquels je les aurois fait voir, les empêchant d'en prendre des copies; mais c'est assez, monsieur, que vous m'ayiez ordonné d'en user autrement. » Le 8 mai suivant, Fabert écrit de nouveau à M. d'Andilly, de sa maison de campagne de Nanteuil, près Paris : « Je vous rends, monsieur, très humbles grâces des copies des lettres que vous m'avez envoyées; j'userai des unes discrètement, et des autres selon l'intention avec laquelle

---

1. Archevêque de Lyon et frère du ministre de Louis XIII.
2. Pièces annexes aux mémoires de Beaubrun.
3. L'abbé de Beaubrun, fils du peintre de ce nom, fut plus tard l'exécuteur testamentaire de Nicole dont il a laissé une vie manuscrite ainsi qu'une vie de M. de Pontchâteau. Il a contribué à la continuation de la traduction de la Bible de Sacy.

elles sont faites. » Fabert est de plus en plus enchanté des *Provinciales* à mesure qu'elles se multiplient. Il écrit le 8 octobre (1656) à M. d'Andilly : « La treizième lettre est tout à fait admirable, et si ceux contre qui elle parle étoient bien conseillés, ils ne donneroient plus matière à se faire bourrer de la sorte. »

Saint-Gilles, qui se vantait tout à l'heure d'avoir fait imprimer lui-même plusieurs des *Provinciales,* et qui en faisait passer à l'étranger, trop remuant et aventurier d'ailleurs, de plus compromis comme agent de Retz, fort mal vu à ce titre de Mazarin et de Séguier, fut décrété de prise de corps, condamné par le Châtelet, trompetté dans Paris. Mais on ne l'avait pas; il avait appris à se cacher. On parvint à calmer Mazarin et il put continuer sa propagande. Le tirage allait croissant à chaque lettre. Un ami de M. Périer, en lui envoyant la dix-septième, l'avertit de ne pas la montrer tout de suite parce qu'il « n'y en a encore que douze mille de tirées ». On en a besoin de beaucoup plus et « il pourroit survenir quelque changement ». On faisait ces changements à bâtons rompus, de tirage à autre. Du reste, on réimprimait les premières; de sorte que les tirages in-4° de l'ouvrage sont dans le cas des publications actuelles qui se font par livraisons; si elles ont du succès, on réimprime le commencement sans avertir que c'est une réimpression. Les changements, les tirages successifs, la difficulté de suivre les uns et les autres, rendent aujourd'hui moralement impossible la tâche de rechercher la leçon primitive de Pascal. Il y a quelques exceptions. Au début de la sixième provinciale, l'auteur, faisant allusion à sa seconde visite au bon père Jésuite, écrit : « Je ferai mon récit plus exactement que l'autre, car j'y portai des tablettes pour marquer les citations des passages, et je fus bien fâché de n'en avoir point apporté dès la première fois. Néanmoins si vous êtes en peine de quelqu'un de ceux que je vous ai cités dans l'autre lettre (la 5ᵉ), faites-le-moi savoir, je vous satisferai facilement. » Il est clair que les exemplaires in-4° de la 5ᵉ lettre, dans lesquels l'indication des passages manque, sont du premier tirage, et ceux où l'indication des passages existe, d'un tirage postérieur. Au surplus, l'avertissement a disparu dans le texte définitif. Il attirait l'attention sur une invraisemblance.

Afin de retrouver la leçon primitive, M. l'abbé Maynard, dans l'introduction à son édition des *Provinciales*[1], croit pouvoir établir les deux règles suivantes : 1° quand tous les exemplaires de l'édition in-4° sont conformes, la leçon qu'ils portent est originale; 2° quand ils diffèrent, la leçon des éditions suivantes a été corrigée; l'autre est originale. Il y aurait plus d'une objection à opposer à ces deux règles. D'abord, jusqu'ici aucun éditeur des *Provinciales* n'a pu consulter un assez grand nombre d'exemplaires de l'édition in-4° pour pouvoir conclure à une leçon uniforme; puis la leçon des éditions suivantes n'est pas nécessairement corrigée quand elle diffère des textes connus de l'édition in-4° : elle peut venir d'un tirage disparu et il doit y en avoir plusieurs qui ont disparu. Ceci n'a, en fait, qu'une importance secondaire; les différences sont petites. Le texte définitif, tel qu'on le trouve dans l'édition in-8° de 1659, qu'on sait avoir été revue par Pascal, est toujours le bon. Celui de l'édition elzévirienne de 1657 (1 vol. petit in-12, Cologne, Pierre de la Vallée), dont il y a une réimpression sous la même date, a-t-il été revu par Pascal? Il est difficile de le savoir au juste. Si Pascal a revu ce texte, ce doit être le texte de la première impression sous cette date, celle que les bibliophiles préfèrent et qu'on reconnaît à ce signe que l'expression *moines mendiants*, qu'elle porte en tête de la page 3, a été remplacée par celle de *religieux mendiants* dans la seconde. Les éditions elzéviriennes de 1657 renferment, outre l'*avertissement* qui existe dans plusieurs des tirages in-4°, mais non dans tous les exemplaires, car il a été imprimé à part et joint seulement aux exemplaires que les éditeurs avaient encore en magasin au moment de l'impression de cet avertissement; les deux éditions elzéviriennes de 1657, disons-nous, renferment, outre l'*Avertissement*, le *Rondeau aux PP. Jésuites*, la *Réfutation de la réponse des Jésuites à la douzième lettre*, une *Lettre anonyme* au père Annat[2], quelques morceaux annexes avec une pagination à part.

Le texte authentique, c'est-à-dire le dernier que Pascal ait eu sous les yeux, est celui de l'édition in-8° de 1659 (Cologne, Nicolas Schoute). La réponse au père Annat y est omise, mais on y

---

1. Page XXIX.
2. A propos de sa brochure : *La Bonne foi des Jansénistes dans la citation des auteurs.*

a joint un grand nombre de pièces divisées en cinq parties avec une pagination différente de celle du livre. Il n'est pas sûr, d'ailleurs, que toutes les modifications introduites dans cette édition soient de Pascal. L'abbé Goujet avance, dès la sixième provinciale, que « cette lettre a été revue par M. Nicole». Nicole en a peut-être revu d'autres; il est possible encore que plusieurs *reviseurs* de Port-Royal l'aient aidé. Pascal aura acquiescé aux modifications du fond, ne se réservant que les corrections de style. Ce n'est qu'une supposition, mais elle est vraisemblable. Pascal n'avait pas de prétention à l'exactitude du côté de la Théologie. Par contre, il n'y avait pas à lui apprendre les règles du style. Il atténue souvent, dans cette édition de 1659, les mots crus qui lui ont échappé dans l'ardeur de la composition. La sobriété ordinaire de sa langue l'engage, d'autre part, à supprimer les mots exagérés, comme *atroces, détestables, horribles;* il remplace *vertement* par *fortement* qui est moins sémillant. Il élimine aussi quelques traces de l'ancienne langue du xvi° siècle : *je vas vous dire, avoir accoutumé.* Il en laisse quelques-unes, non par affectation, mais parce que ce qui nous paraît maintenant avoir été déjà vieux en 1659 ne le semblait pas alors et n'est devenu visible que depuis. Les vieux mots et l'Académie française le font également sourire. Au commencement de la troisième provinciale, il se fait répondre par son provincial : « Voicy ce que m'en écrit (des deux premières provinciales) un de Messieurs de l'Académie, des plus illustres entre ces hommes tous illustres. » Si le provincial était membre de l'Académie, « je condamnerois, dit-il, d'autorité, je bannirois, je proscrirois, *peu s'en faut que je ne die,* j'exterminerois de tout mon pouvoir ce pouvoir prochain qui fait tant de bruit pour rien ».

L'histoire des *Provinciales,* parallèle à celle de la lutte des Jésuites et des Jansénistes, serait presqu'une histoire des opinions religieuses en Europe aux xvii° et xviii° siècles. Elles n'avaient d'abord remué les passions qu'en France. Pourtant dès 1657 on en publiait une traduction anglaise à Londres, par J. G. (pour Royston, 1 vol. in-12), avec un frontispice gravé par Vaughan et où figurent les portraits de Loyola, Lessius, Molina et Escobar, dans la seconde édition également in-12 de 1658. Cette même année 1658, la traduction latine de Nicole, sous le nom de William Wendrock (1 vol. petit in-8°, Coloniæ apud Nic. Schouten), avec des notes et plusieurs dissertations, les répandit partout avec un succès supérieur à celui qu'elles avaient eu en France. « On assure, dit Sainte-Beuve [1], que Nicole avait relu plusieurs fois Térence avant de la commencer ; c'était du moins comprendre la difficulté en homme d'esprit. Cette traduction popularisa véritablement le victorieux pamphlet en Europe. Les universités des Pays-Bas et les *savants en us* de toute langue purent désormais goûter à leur manière, et sous une forme un peu plus compacte, ce qui avait si fort charmé Mme de Sablé. Aussi les attaques contre Montalte, doublé de Wendrock, en vinrent-elles aux dernières extrémités. »

Les Jésuites, qui jusque-là avaient parlementé en français avec Pascal, parlementèrent aussi en latin avec Wendrock (Bernardi Stubrockii — Honorati Fabri — Soc. Jesu notæ in notas Will. Wendrockii ad Montalti litteras in disquisitiones Pauli Irenaei [2], *Coloniæ, Ioan. Busaens,* 1659, in-8°). L'intervention de plus en plus active des puissances venait au secours de leurs arguments. Le 18 octobre 1657 on avait affiché sur les murs de Paris les mesures édictées contre les *Provinciales* par la congrégation romaine de l'*Index ;* le parlement d'Aix les avait condamnées au feu. Il est vrai qu'on n'avait mis sur le bûcher qu'un *Almanach,* c'est-à-dire une biche à la place d'Iphigénie. Sainte-Beuve [3] cite à ce sujet des paroles de M. de Rémusat [4], qui sont déjà de circonstance sous le règne de Louis XIV : « La liberté plaisait à la bonne compagnie, la première puissance de cette époque. Les livres qui flattaient son esprit furent donc accueillis avec empressement. Tel qui en requérait la lacération eût rougi de ne pas les avoir dans sa bibliothèque ; et plus d'un lisait par goût la page qu'il faisait brûler par convenance. » Le Parlement de Bordeaux refusa même de brûler par convenance

---

1. *Port-Royal,* t. III, p. 211 de la 4ᵉ édition.

2. Paul Irénée est un des noms de Nicole qui a pris une douzaine de pseudonymes : *de Rosny, de Recourt, de Betincourt, de Bercy, Wendrock, Damvilliers, Barthélemy, Mombrigny, de Chanteresne.* Ses noms sont aussi nombreux que ses logements.

3. *Loc. cit.*

4. *De la liberté de la presse,* 1819.

— arrêt du 6 juin 1660 — après avoir consulté la Faculté de théologie de Bordeaux qui avait déclaré l'ouvrage « exempt d'hérésie ». Il est vrai que sur cet avis les professeurs de la Faculté de théologie de Bordeaux furent suspendus de leurs fonctions. Le Tellier et La Vrillière, passant à Bordeaux, avaient annoncé que le Roi allait faire juger le livre par des évêques et une commission de Théologiens. Les commissaires rendirent leur jugement le 7 septembre (1660). Ils attestaient « que les hérésies de Jansénius condamnées par l'Église étoient soutenues et défendues tant dans les *Lettres de Louis de Montalte* et dans les *Notes de William Wendrock* que dans les *Disquisitions* adjointes de *Paul Irénée* (toujours Nicole) ; que cela étoit si manifeste que si quelqu'un le nioit, il falloit nécessairement ou qu'il n'eût pas lu ledit livre ou qu'il ne l'eût pas entendu, ou, qui pis est, qu'il ne crût point hérétique ce qui avoit comme tel été condamné par les Souverains Pontifes, par l'Église gallicane et par la Sacrée Faculté de théologie de Paris ; que la détraction et pétulance — *malœdicentiam et petulantiam* — étoient tellement familières à *ces trois auteurs,* qu'à la réserve des Jansénistes, ils ne pardonnoient à la condition de personne, non pas même au Souverain Pontife, au Roi, aux évêques et aux principaux ministres du Royaume, à la Sacrée Faculté de théologie de Paris ni aux ordres religieux, et que ledit livre étoit digne de la peine ordonnée de droit pour les libelles diffamatoires et livres hérétiques. » Un arrêt du conseil ordonna la destruction de la traduction de Nicole comme en témoigne la pièce suivante : — Arrêt du conseil du 23 septembre 1660, portant qu'un livre intitulé : *Lud. Montaltii Litteræ Provinciales,* sera lacéré et brûlé, ensemble la sentence du lieutenant civil donnée en conséquence dudit arrêt et le procès-verbal de l'exécution, avec le jugement des prélats et docteurs qui ont examiné le livre. *Paris, imprimerie du roy, 1660, in-4°.*

Il y eut des difficultés. L'abbé Goujet, dans sa *Vie de Nicole,* soutient que Phélyppeaux (La Vrillière) aurait hésité à signer l'arrêt du 23 septembre. Ce n'est pas probable. Ce fut le procureur du Roi au Châtelet qui refusa de sceller avant que les formalités d'usage fussent remplies. L'affaire, déférée à Séguier, garde des sceaux, rencontra de nouveaux obstacles. Séguier, ami des Jésuites et habitué à sévir contre les Jansénistes, craignait que la violence du procédé n'allât contre le but. Néanmoins, le 1ᵉʳ octobre, il apposa le sceau sur une injonction du roi et de la reine mère. L'arrêt fut exécuté le 14, après une sentence exécutoire rendue le 8 par le lieutenant civil.

Ce qui démontre que la cause était gagnée devant le Public, c'est qu'on n'inquiéta pas les personnes. On faisait son devoir strictement au point de vue légal, sans se dissimuler ce que ce devoir avait d'impuissance effective. Proscrites à Rome et brûlées à Paris, les *Provinciales* n'en faisaient pas moins leur tour du monde. Le Pape, la Sorbonne, les évêques, l'Assemblée générale du Clergé de 1682, puis celle de 1700, avaient dû flétrir les livres des Casuistes dénoncés par Pascal, ce qui provoque la colère de De Maistre. Qu'on vienne lui vanter la piété, la vie austère des Jansénistes. « Tout ce rigorisme, dit-il [1], ne peut être en général qu'une mascarade, l'orgueil qui se déguise de toutes les manières, même en humilité. Toutes les sectes, pour faire illusion aux autres et surtout à elles-mêmes, ont besoin de rigorisme ; mais la *véritable morale relâchée* dans l'Église catholique, c'est la désobéissance. » De Maistre ne pardonne pas à Bossuet, sur la proposition duquel les Casuistes avaient été condamnés par l'Assemblée générale du Clergé en 1700. Bossuet s'était écrié : « Si, contre toute vraisemblance et par des considérations que je ne veux ni supposer ni admettre, l'Assemblée se refusoit à prononcer un jugement digne de l'Église gallicane, seul j'élèverois la voix dans un si pressant danger ; seul je révèlerois à toute la terre une si honteuse prévarication ; seul je publierois la censure de tant d'erreurs monstrueuses. » La condamnation avait été prononcée à l'unanimité. C'était la revanche de l'arrêt du 23 septembre 1660. Le rapprochement n'est pas imaginaire.

L'affaire des *Provinciales* et des Casuistes avait été ravivée inopinément en 1694 par le livre du père Daniel, intitulé : *Entretiens de Cléandre et d'Eudoxe sur les Lettres au Provincial*. Les Jésuites, sur l'accueil fait à l'œuvre du père Daniel, avaient supprimé une partie de l'édition. Mais le père Daniel s'était ravisé en 1696 et avait remis l'ouvrage en circulation dès cette année.

---

[1] *De l'Eglise gallicane*, l. Iᵉʳ, ch. xi.

Il y en avait eu une vingtaine d'éditions coup sur coup [1]. L'effet avait été de faire relire les *Provinciales*. Dans des lettres manuscrites de M. Vuillart à M. de Préfontaine, communiquées à Sainte-Beuve, on lit à la date du 26 janvier 1697 : « Quoiqu'il y ait une espèce de prescription après quarante ans, pour une réponse aux *Lettres Provinciales,* le père Daniel, jésuite, a publié de nouveau la sienne, qui avoit reçu peu d'accueil lorsqu'elle parut la première fois, il y a deux ou trois ans. Il a tâché de la répandre à la petite cour d'Angleterre qui est à Saint-Germain. Le duc de Berwick l'a vue ; et comme il a trouvé plus de sel dans les morceaux des *Provinciales* qui sont cités que dans ce que dit le jésuite pour les réfuter, il a voulu avoir les lettres entières. Elles lui ont tellement piqué le goût qu'il en a paru très friand. Il en a communiqué sa bonne opinion aux autres seigneurs et aux mylords qui en ont envoyé chercher diligemment à Paris. A peine nos libraires leur en ont-ils pu fournir assez d'exemplaires et assez tôt à leur gré. » Afin de pouvoir suivre Wendrock à l'étranger, le père Jouvency avait mis en latin l'œuvre du père Daniel. La traduction du père Jouvency fut mise à l'*index* à Rome, ni plus ni moins que les *Provinciales*. A un de ses confrères qui le lui reprochait, le père Daniel répondit : « Vous savez mieux que moi, vous qui êtes sur les lieux, que de ce qu'un livre est mis à l'*Indice,* il ne s'ensuit pas toujours qu'il contienne une mauvaise doctrine. Il ne faut pour cela qu'avoir manqué à observer certaines rubriques que le Saint-Siège a autrefois sagement prescrites et qui ne sont point en usage en France. » Il se peut aussi que ce fût un moyen tenté en vue d'étouffer la question de la morale relâchée qui faisait toujours du bruit et allait attirer sur les Casuistes la condamnation prononcée en 1700 par l'Assemblée générale du Clergé de France. Toujours est-il que l'œuvre du père Daniel suggéra à une zélée janséniste, du nom de Mlle de Joncoux, l'idée de traduire en français les notes et dissertations dont Nicole avait accompagné sa traduction latine des *Provinciales* [2]. La guerre entre les

---

1. Dès 1697, il y en a une (Cologne, chez Pierre Marteau, à l'Arbre-Sec, 1 vol. in-12) qui porte le chiffre de dixième.

2. Les *Provinciales*... avec les notes de Guillaume Wendrock traduites en françois sur la cinquième édition de 1679 (par Françoise Marguerite

Jansénistes et les Jésuites se poursuivait, et les *Provinciales* continuaient d'y servir d'aliment, ce qui devait durer jusqu'à la destruction des Jésuites, après quoi les *Provinciales* cessent d'alimenter la polémique religieuse. La traduction de Mlle de Joncoux leur fut comme une renaissance. Vuillart écrit à M. de Préfontaine, le 15 octobre 1699 : « Vous aurez bientôt, monsieur, une excellente et très naturelle version françoise des notes de Wendrock en trois volumes in-12... C'est une nouvelle bombe qui tombe sur la Société. Ce qui est humiliant pour elle, c'est qu'on assure que c'est une nouvelle Débora qui porte ce coup aux ennemis du peuple de Dieu, et une personne du sexe étant, dit-on, l'auteur de cette version. Je tâcherai que cela parte mercredi prochain. J'ai lu hier la préface composée de ce qu'il y a de meilleur dans les trois préfaces de l'édition latine. Ce précieux élixir est un chef-d'œuvre et pour les choses et pour le style. » Le bon janséniste revient à la traduction de Mlle de Joncoux dans une seconde lettre à M. de Préfontaine du 28 janvier 1700 : « Si Dieu vous amène ici à ce printemps, monsieur, il ne tiendra qu'à vous de ne pas vous en retourner dans votre solitude, sans avoir connu la *traductice* (sic) dont l'ouvrage vous fait tant de plaisir. Elle a l'esprit solide et net, pénétrant et vif, agréable et naturel. Elle est simple et modeste, craint autant d'être connue qu'une autre de bien moindre talent le pourroit désirer. Elle a l'esprit fort cultivé par l'étude des belles-lettres et de la belle philosophie. Elle a le goût fin et le discernement juste. Il n'y a que ses amis bien particuliers qui connoissent tout ce qu'elle vaut. Ce qui me revient et m'édifie, c'est sa piété. Elle en a beaucoup, et de celle surtout que l'on sent, même avant qu'on l'apprenne, selon le beau mot de saint Cyprien, *Quæ sentitur antequam discitur,* et qui est celle qu'on reçoit dans l'école du Saint-Esprit, *ubi docet unctio.* Elle est fort disciple de cette incomparable maîtresse. Au reste, rien n'est plus uni et plus aisé que son air et toutes ses manières. Elle est franche et a toujours le cœur sur les lèvres. Elle aime bien ses amis et leur

---

de Joncoux), nouvelle édition augmentée de la vie de l'auteur, par Mme Périer. Cologne (en France), chez Schouten, 1700. 2 vol. in-12. Il en existe plusieurs éditions à cette date dont celle en 3 vol. in-12, avec une lettre de Polémarque à Eusèbe et une lettre d'un théologien à Polémarque.

est très bonne amie, officieuse, généreuse au dernier point. Après tout cela, je ne puis vous cacher qu'elle est beaucoup des miennes ; et je la regarde comme une de mes plus précieuses acquisitions. » Il ne tient à rien que ce ne soit une Mère de l'Église.

Les *Provinciales* allument les passions religieuses comme au jour de leur apparition. C'est cela qui était à constater. Les Jésuites à la mer, les *Provinciales* y tombent avec eux, c'est-à-dire qu'on ne les édite plus, qu'on ne les lit plus, que leur influence est finie et leur histoire terminée. Elles appartiennent désormais aux lettrés. Le spectacle inspire à Condorcet une réflexion amère et pleine de sens, ce qui est rare dans les notes qui émaillent son édition des *Pensées*. Il craint que « la destruction des Jésuites n'ait plus été l'ouvrage du Jansénisme que de la Raison. Peut-être le genre humain est-il condamné à être toujours esclave des préjugés, et ne fera-t-il que changer d'erreurs. Cela peut tenir à la prodigieuse inégalité des esprits, de laquelle il résulte nécessairement qu'il y aura toujours des opinions que la multitude adoptera sans les entendre. » L'achat donne titre au diamant, dit Montaigne. La haine des Jésuites, tant qu'ils furent là, avait fait des *Provinciales* un livre populaire. Il cessa de l'être dès qu'ils eurent disparu.

LETTRES ÉCRITES

À

UN PROVINCIAL

AVERTISSEMENT

SUR LES DIX-HUIT LETTRES

OÙ SONT EXPLIQUÉS LES SUJETS QUI SONT TRAITÉ DANS CHACUNE[1]

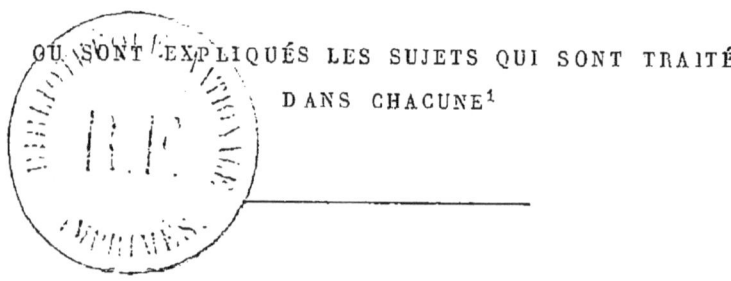

L'avantage que l'Église a reçu de ces Lettres, qui ont paru sous le nom de l'*Ami du Provincial,* m'a fait juger qu'il seroit utile de les ramasser en un corps pour les rendre plus durables et même plus fortes en les assemblant; parce qu'il est sans doute qu'elles se confirment et se soutiennent. C'est ce qui m'a porté à en faire imprimer ce Recueil, où j'ai joint aussi quelques autres pièces[2] qui y ont du rapport[3]. Et afin que ceux qui voudront les voir soient avertis d'abord des sujets qui y sont traités, j'ai jugé à propos d'en donner ici l'éclaircissement en peu de paroles.

1. *Préface* placée en tête du recueil factice des *Provinciales*, publié en 1656, sous la rubrique de Cologne et reproduite par l'édition in-8° (1659). On la croit de Nicole.

2. L'expression « c'est ce qui m'a porté à en faire imprimer ce recueil » n'est que relativement vraie. La préface composée pour une réimpression in-4° de 1657 a été mise en tête d'un grand nombre d'exemplaires formés du recueil des premières impressions qui n'étaient pas encore écoulées.

3. Ces pièces, qui ont une pagination à part, ne sont pas toujours les mêmes. Quelquefois, ce sont les *factums* des Curés de Paris et de Rouen; le plus souvent ce sont des extraits de censures prononcées contre les livres des Casuistes de la Compagnie de Jésus.

AVERTISSEMENT

Les premières Lettres furent faites au commencement de l'année dernière (1656) au temps où la Seconde Lettre de M. Arnauld étoit examinée en Sorbonne, dans ces Assemblées où il se passoit tant de choses si extraordinaires, que tout le monde avoit envie et même intérêt d'entendre le sujet dont il s'agissoit en ces disputes. Mais comme l'obscurité des termes scolastiques, dont on les couvroit à dessein, n'en laissoit l'intelligence qu'aux Théologiens, les autres personnes, en étant exclues, demeuroient dans une curiosité inutile et dans l'étonnement de voir tant de préparations qui paroissoient à tout le monde, pour des questions qui ne paroissoient à personne. Ce fut alors que ces Lettres furent publiées, et qu'on eut la satisfaction d'y voir l'éclaircissement de toutes ces difficultés. On apprit par là qu'on examinoit deux questions; l'une qui n'étoit que *de fait* et par conséquent facile à résoudre : l'autre, *de foi*, où consistoit toute la difficulté. Cette question de foi étoit de savoir si on devoit approuver ou condamner une proposition de M. Arnauld, qu'il avoit prise de deux Pères de l'Église, saint Augustin et saint Chrysostôme. Tous les docteurs, de part et d'autre, demeuroient d'accord qu'elle étoit catholique dans les écrits de ces Pères; mais les adversaires de M. Arnauld prétendoient qu'elle étoit hérétique dans la Lettre, et les défenseurs soutenoient, au contraire, qu'étant fidèlement rapportée, elle ne pouvoit être que catholique. Il s'agissoit donc de montrer cette différence que ses adversaires essayoient de faire voir; mais ses défenseurs détruisoient si puissamment cette prétendue diversité, que, pour le pouvoir condamner, il falloit leur ôter la liberté de répondre en restreignant leurs avis à une demi-heure que l'on régloit par une horloge de sable. Ce fut ce manque de liberté qui les obligea de quitter l'Assemblée et de protester de nullité de tout ce qui s'y feroit.

Cependant les adversaires de M. Arnauld, étant restés seuls en Sorbonne, dirent tout ce qu'ils voulurent et s'étendirent particulièrement sur trois points touchant la Grâce, qui sont expliqués dans ces Lettres.

Le premier, qui fut sur ce qu'ils appellent *Pouvoir prochain,* est expliqué dans la première.

Le second, qui est sur la *Grâce suffisante,* est traité dans la seconde.

Le dernier, qui est sur ce qu'ils nomment *Grâce actuelle,* est éclairci dans la quatrième.

Et la troisième, qui fut faite incontinent après la Censure, fait voir la parfaite conformité de la proposition de M. Arnauld avec celle des saints Pères, qui est telle que les docteurs qui l'ont censurée n'y ont pu remarquer aucune différence. Aussi ces quatre Lettres expliquèrent toute cette matière par le récit de quelques conférences que l'auteur rapporte qu'il a eues avec divers docteurs.

Il y représente une personne peu instruite de ces différends, comme le sont ordinairement les gens du monde dans l'état desquels il se met et se fait éclaircir de ces questions insensiblement par ces docteurs qu'il consulte, en leur proposant ses doutes et recevant leurs réponses, avec tant de clarté et de naïveté que les moins intelligents entendirent ce qui sembloit n'être réservé qu'aux plus habiles.

Dans les six Lettres suivantes, qui sont les 5, 6, 7, 8, 9, 10, il explique toute la Morale des Jésuites, par le récit de quelques entretiens entre lui et l'un de leurs Casuistes, où il représente encore une personne du monde qui se fait instruire et qui, apprenant des maximes tout à fait étranges, s'en étonne et, n'osant pas néanmoins faire paroître l'horreur qu'il en conçoit, les écoute avec toute la modération qu'on peut garder. Sur quoi, ce père, le jugeant susceptible de ses principes, les lui découvre naïvement. Ce n'est pas qu'il ne le voie souvent surpris ; mais comme il croit que cet étonnement ne vient que de ce que ces maximes lui sont nouvelles, il ne laisse pas de continuer, et ne se met en peine que de le rassurer par les meilleures raisons dont leurs plus grands auteurs les ont appuyées.

Par ce moyen, la vraisemblance qu'il est nécessaire de garder dans les dialogues est ici toujours observée ; car ce père est un bon homme, comme ils en ont plusieurs parmi eux, qui haïroit la malice de sa Compagnie s'il en avoit connoissance, mais qui ne pense pas seulement à s'en défier, tant il est rempli de respect pour ses Auteurs, dont il reçoit toutes les opinions comme saintes ; aussi il s'attache exactement à ne rien dire qui ne soit pris de leurs ouvrages, dont il cite toujours les propres termes, pour confirmer tout ce qu'il avance ; mais se croyant assez fort, quand il les a pour garants, il ne craint point de publier ce qu'ils ont enseigné. Sur cette assurance, il expose toute leur Morale comme la meilleure chose du monde et la plus facile pour sauver un grand nombre d'âmes, sans s'apercevoir que ce qu'ils ont donné comme une conduite chrétienne et prudente pour soutenir la foiblesse des fidèles n'est autre chose qu'un relâchement politique et flatteur pour s'accommoder aux passions déréglées des hommes. Voilà le caractère de ce père, et celui qui l'écoute, ne voulant ni le choquer ni consentir à sa doctrine, la reçoit avec une raillerie ambiguë, qui découvriroit assez son esprit à une personne moins prévenue que le Casuiste, qui étant pleinement persuadé que cette Morale est véritablement celle de l'Église, parce qu'elle est celle de sa Société, s'imagine aisément qu'un autre le croit de même.

Ce style est continué de part et d'autre jusqu'à de certains points essentiels, où celui qui les entend a peine à retenir l'indignation qu'excite une profanation si insupportable qu'ils ont faite de la Religion. Il se retient néanmoins pour apprendre tout; mais enfin, le père venant à déclarer leurs derniers excès pour lesquels ils ont retranché de la Morale chrétienne la nécessité d'aimer Dieu, qui en est la fin, en établissant qu'il suffit qu'on ne le haïsse pas, il s'emporte là-dessus et, rompant avec ce Jésuite, finit cette sorte d'entretien avec la Dixième Lettre.

On voit par là combien il est avantageux que cette matière soit traitée par dialogues, puisque cela a donné lieu à celui qui a fait ces Lettres d'y découvrir non seulement les maximes des Jésuites, mais encore la manière fine et adroite dont ils l'insinuent dans le monde, ce qui paroît par les palliations que ce père rapporte de leurs auteurs les plus célèbres, au travers desquelles on ne voit que trop clairement les desseins qu'ils ont eus dans l'établissement de leur Morale.

On y connoît que l'objet principal des Jésuites n'est pas proprement de corrompre les mœurs des Chrétiens ni aussi de les réformer, mais de s'attirer tout le monde par une conduite accommodante. Qu'ainsi, comme il y a des personnes de toutes sortes d'humeurs, ils ont été obligés d'avoir des maximes de toute façon pour les satisfaire; et, parce qu'ils ont été obligés par là d'avoir des opinions contraires les unes aux autres pour contenter tant d'humeurs contraires, il a fallu qu'ils aient changé la véritable règle des mœurs, qui est l'Évangile et la Tradition, parce qu'elle conserve partout un même esprit; et qu'ils y en aient substitué une autre qui fût souple, diverse, maniable à tout sens et capable de toutes sortes de formes, et c'est ce qu'ils appellent *la Doctrine de la Probabilité.*

Cette doctrine consiste en ce point qu'une opinion peut être suivie en sûreté de conscience, lorsqu'elle est soutenue par quatre docteurs graves, ou par trois, ou par deux, ou même par un seul, et qu'un docteur étant consulté peut donner un conseil tenu pour probable par d'autres, encore qu'il croie certainement qu'il soit faux ; *quamvis ipse doctor hujus modi sententiam speculative falsam et se sibi certo persuadeat,* comme dit Layman, jésuite, et qu'ainsi, pouvant conseiller les deux opinions opposées, il agira prudemment de donner celle qui sera la plus agréable à celui qui le consulte, *si hæc illi favorabilior seu exoptatior sit* [1].

Cette corruption, qui est le fondement de toutes les autres, est expliquée dans la *Cinquième,* dans la *Sixième* et aussi dans la *Treizième,* où on voit manifestement que c'est de cette source que sont sortis tous leurs égarements, et qu'elle en peut produire une infinité d'autres, puisque l'esprit de l'homme est capable de former une infinité d'opinions nouvelles et monstrueuses, et que, selon cette pernicieuse règle, la fantaisie de ces docteurs qui les inventent suffit pour les rendre sûres en conscience. Aussi c'est de là que sont procédées les incroyables licences qu'ils ont données aux personnes de toutes sortes de conditions, prêtres, religieux, bénéficiers, gentilshommes, domestiques, gens d'affaires et de commerce, magistrats, riches, pauvres, usuriers, banqueroutiers, larrons, femmes

---

1. Si Nicole, à supposer qu'il soit l'auteur de la *préface*, n'était pas si étranger à la Jurisprudence, il ne trouverait pas étrange cette doctrine que les Casuistes ont empruntée au Droit romain.

perdues, et même jusqu'aux sorciers, comme il se voit dans ces Six Lettres : car on trouve leurs relâchements sur l'Aumône, la Simonie et les Larcins domestiques dans la *Sixième*.

Leurs permissions de tuer pour toutes sortes d'offenses contre la vie, l'honneur et le bien, dans la *Septième*;

Leurs dispenses de restitutions dans la *Huitième*;

Leurs facilités de se sauver sans peine et parmi les douceurs et les commodités de la vie, dans la *Neuvième*;

Et enfin la *Dixième*, qui finit, comme j'ai déjà dit, par la dispense de l'amour de Dieu, explique, dès l'entrée, les adoucissements qu'ils ont apportés à la Confession, qui sont tels, que les péchés qu'ils n'ont pu excuser sont si aisés à effacer par leurs nouvelles méthodes, que, comme ils le disent eux-mêmes, *les crimes s'expient aujourd'hui plus allégrement qu'ils ne se commettent.*

Les Jésuites voyant le tort que ces Lettres leur faisoient de tous côtés, et que le silence l'augmentoit, se crurent obligés de répondre; mais c'est à quoi ils se trouvèrent infiniment embarrassés, car il n'y a que deux questions à faire sur ce sujet. L'une, savoir si leurs Casuistes ont enseigné ces opinions, et c'est une vérité de fait qui ne peut être désavouée; l'autre, savoir si ces opinions ne sont pas impies et insoutenables, et c'est ce qui ne peut être révoqué en doute, tant ces égarements sont grossiers. Ainsi ils travaillèrent sans fruit et avec si peu de succès, qu'ils ont laissé toutes leurs entreprises imparfaites : car ils firent d'abord un écrit qu'ils appelèrent *Première Réponse*, mais il n'y en eut point de seconde. Ils produisirent de même la *Première et la Seconde Lettre à Philarque* sans que la troisième ait suivi. Ils commencèrent depuis un plus long ouvrage qu'ils appelèrent *Impostures*, dont ils promirent quatre parties ; mais après en avoir produit la première et quelque chose de la seconde, ils en sont demeurés là. Et enfin le père Annat étant venu le dernier au secours de ces Pères, a fait paroître son dernier livre qu'il appelle *la Bonne foi des Jansénistes*, qui n'est qu'une redite, et qui est sans doute la plus foible de toutes leurs productions : de sorte qu'il a été bien facile à l'auteur de ces *Lettres* de se défendre, et c'est ce qu'il fait sur les principaux points dans les *Lettres* dont il me reste à parler.

Il répond dans la *Onzième* au reproche qu'ils lui font d'avoir usé de quelques railleries dans ses *Lettres :* ce qui est le plus injuste du monde, car ce sont leurs propres passages qui en sont la matière, et qui sont, en effet, le plus souvent si ridicules et si extravagants qu'ils ne doivent se prendre qu'à eux-mêmes de la risée qu'ils causent. On en jugera en les voyant; outre que l'Auteur ne pouvoit prendre une meilleure voie pour continuer cette conversation et témoigner en même temps l'éloignement qu'il en avoit, qu'en tournant en raillerie ce qu'il y avoit de ridicule dans ces maximes, et en remettant à un autre temps d'en confondre sérieusement l'impiété ; en sorte, néanmoins, qu'il marquoit assez dès lors à ceux qui ont un peu d'intelligence l'aversion qu'il en avoit, et qu'il devoit faire paroître en son lieu. C'étoit donc, sans doute, la manière la plus naturelle, et dont il fait voir qu'il a usé selon toutes les règles que les Pères de l'Église ont données pour ne blesser ni la Religion ni la Charité par les railleries. Il vient ensuite dans les 12, 13, 14 aux reproches qu'ils lui ont voulu faire de n'avoir pas fidèlement rapporté les passages de leurs auteurs. Sur quoi il donne premièrement les preuves de la fidélité exacte de ses citations, et prenant de là occasion de traiter de nouveau les matières sur lesquelles ils l'avoient accusé d'imposture, il leur reproche leur opiniâtreté à les soutenir et opposant les maximes de l'Église à leurs égarements sur la Simonie, sur l'Aumône, sur l'Homicide et le reste, et particulièrement sur ce qui regarde la Doctrine de la Probabilité, il les confond si puissamment que s'ils s'étoient plaints de sa raillerie, ils ont eu bien plus de sujet de se plaindre de son sérieux.

Mais après avoir montré leur mauvaise foi dans ces calomnies particulières, dont ils avoient voulu le noircir, il en découvre la source et le principe général dans la *Quinzième*, où il produit la maxime la plus surprenante de toute leur Politique, qui est que, selon leur Théologie, ils pensent pouvoir sans crime calomnier ceux dont ils se croient injustement attaqués et leur imputer des crimes qu'ils savent être faux, afin de leur ôter toute créance : ce qu'on auroit peine à s'imaginer si l'on n'en avoit vu les preuves dans cette Lettre par le grand nombre de leurs auteurs et même de leurs Universités entières, qui le confirment si puissamment, que c'est aujourd'hui le plus autorisé et le plus ferme de leurs principes ; ce qui a fait dire à Caramuel, un de leurs meilleurs amis : *que cette opinion est soutenue par tant de Casuistes, que si elle n'étoit probable et sûre en conscience, à peine y en auroit-il aucune qui le fût en toute la Théologie*. Aussi dans la réponse qu'ils ont faite à la *Quinzième* qui ne leur reproche presque que ce seul point, ils n'ont osé le désavouer, non plus qu'aucun des passages de leurs auteurs qu'il a rapportés dans cette Lettre pour prouver qu'ils le soutiennent. Il est vrai qu'il l'avoit montré d'une manière qui leur ôtoit tout moyen de s'en défendre, car il fait voir non seulement qu'ils l'enseignent publiquement dans leurs livres, mais encore qu'ils le pratiquent ouvertement dans leur conduite.

Il en rapporte plusieurs exemples insignes dans cette *Quinzième*, et c'est ce qu'il continue dans la *Seizième*, à laquelle ils n'ont point du tout reparti.

J'estime qu'après avoir vu cette maxime si constamment établie, on ne trouvera pas étrange qu'ils l'aient mise en usage contre l'Auteur des Lettres, puisqu'il leur importoit si fort de rendre sa fidélité suspecte, et que leur conscience qui pouvoit seule les en retenir s'accorde doucement avec la calomnie, par cette doctrine qui l'exempte de tout crime. Mais autant qu'il leur a été facile par ce principe de le calomnier sans scrupule, autant il lui a été facile par la force de la vérité de se laver de ces vains reproches d'imposture, et de cette autre accusation continuelle d'hérésie qu'ils lui font dans tous leurs écrits, et, entre autres, le père Annat dans sa *Bonne foi*. A quoi il répond par la *Dix-septième*, où il fait voir non seulement qu'il n'est pas hérétique, mais que même il n'y a pas d'Hérétiques dans l'Église, et que le différend que les Jésuites ont avec leurs adversaires sur le sujet des Cinq Propositions condamnées par le pape Innocent X, qui sert de prétexte à toutes leurs accusations, n'est autre chose qu'une question de fait touchant le sens de Jansénius, qui ne peut en aucune sorte être matière d'hérésie. C'est ce qu'il démêle si nettement et qu'il prouve si fortement, que ceux qui voudront s'en instruire y apprendront tout l'état de cette dispute qui fait aujourd'hui tant de bruit, et que les Jésuites déguisent si fort, qu'on sera surpris de voir combien on est éloigné de l'entendre, quand on ne la sait que par leurs entretiens, leurs livres ou leurs sermons. Aussi le père Annat, se voyant si solidement réfuté, entreprit de soutenir la cause de sa Compagnie, en répondant à cette *Dix-septième* Lettre. Mais cela n'a servi qu'à donner un nouveau jour à ce différend, par la *Dix-huitième*, qui fait voir que ce Jésuite, étant pressé de montrer en quoi consiste l'hérésie qu'ils imputent à leurs adversaires, il ne l'a pu mettre que dans une erreur que tous les Catholiques détestent, et qui n'est soutenue que par les seuls Calvinistes. De sorte qu'il y a sujet de louer Dieu de voir l'Église délivrée de l'appréhension qu'on lui vouloit donner d'une nouvelle hérésie, puisqu'il ne se trouve personne dans sa Communion qui ne condamne les dogmes qu'il faudroit soutenir selon les Jésuites mêmes, pour être du nombre de ces prétendus nouveaux hérétiques.

Voilà les principales matières qui sont traitées dans ces *Lettres* qui ont été appelées *Provinciales*, parce que les premières ayant été adressées, sans aucun nom, à une personne de la campagne, l'imprimeur les publia sous ce titre : *Lettres écrites à un Provincial par un de ses amis.*

Je voudrois bien pouvoir dire maintenant quelque chose de celui duquel nous les tenons, mais le peu de connoissance qu'on[1] en a, en ôte le moyen ; car on ne sait de lui que ce qu'il en a voulu dire. Il s'est fait connoître depuis par le nom de *Louis de Montalte*. Tout ce qu'on sait de lui est qu'il a déclaré plusieurs fois qu'il n'est ni prêtre ni docteur. Les Jésuites ont amplifié cette déclaration, car ils font comme s'il avoit dit qu'il n'est pas théologien, ce que je n'ai trouvé en aucun endroit de ses *Lettres*. Mais il ne faut que les voir pour juger de ce qu'il sait en la véritable Théologie et pour connoître en même temps, par la manière ferme et généreuse dont il combat les erreurs d'un corps aussi puissant qu'est la Compagnie des Jésuites, quel

---

1. *On*, c'est-à-dire Nicole, ne connait pas du tout Pascal, quoiqu'il en soit pour ainsi dire le secrétaire et lui ait fourni la plupart des notes ont servi à faire les *Provinciales.*

est son zèle pour la Religion. Enfin sa fidélité paroîtra de même à tout le monde quand on voudra vérifier sur les Casuistes la vérité de ses citations. Il me semble que rien ne montre mieux sa sincérité que ce qu'il a ajouté à la fin de la *Seizième* Lettre pour rétracter un mot qu'il avoit mis dans la *Quinzième,* touchant une personne qu'il avoit accusée, sur un bruit commun et sans la nommer, d'être Auteur de quelques réponses qu'on avoit faites à ses *Lettres.* Cette peine qu'il témoigne de ressentir pour une faute si légère, et qui l'a porté à en faire un désaveu public, fait assez voir combien il seroit incapable de supporter le reproche de sa conscience s'il avoit imputé faussement à des Religieux des impiétés si étranges, et combien il seroit prêt à le reconnoître sincèrement. Aussi il en est tellement éloigné qu'il n'a pas même rapporté contre eux tout ce qu'il auroit pu faire. Car il les a épargnés en des points si essentiels et si importants, que tous ceux qui ont l'entière connoissance de leurs maximes ont estimé et aimé sa retenue ; et il a cité si exactement tous les passages qu'il allègue, qu'il paroît bien qu'il ne désire autre chose sinon qu'on les aille chercher dans les Originaux mêmes. Ceux qui en voudront prendre la peine, y trouveront, plus que dans les *Lettres,* comme ont fait les Curés de Paris et de Rouen. Car aussitôt que ces *Lettres* parurent, ceux de Rouen voulurent examiner ces citations, afin de demander la Censure ou des *Lettres* ou des Casuistes qui y sont cités, selon qu'ils les y trouveroient ou contraires ou conformes. C'est ce qui paroît par une lettre d'un curé de Rouen qui écrit à un de ses amis le commencement de cette histoire. Je l'ai mise aussi dans ce recueil[1], et on y trouvera ces mots:

---

1. Il est inutile de répéter qu'il s'agit de quelques éditions ou exemplaires factices.

Pour procéder mûrement en cette affaire et ne s'y pas engager mal à propos, les Curés de Rouen délibérèrent, dans une de leurs Assemblées, de consulter les livres d'où l'on disoit qu'étoient tirées les propositions et les maximes pernicieuses que M. le curé de Saint-Maclou avoit décriées dans ses sermons, et d'en faire des recueils et des extraits fidèles, afin d'en demander la condamnation par les voies canoniques si elles se trouvoient dans les Casuistes de quelque qualité et condition qu'ils fussent : et si elles ne s'y trouvoient pas, abandonner cette cause et poursuivre en même temps la Censure des Lettres au Provincial, qui alléguoient ces doctrines et qui en citoient les Auteurs. Six d'entre eux furent nommés de la Compagnie pour s'employer à ce travail. Ils y vaquèrent un mois entier avec toute la fidélité et toute l'exactitude possibles. Ils cherchèrent les textes attaqués, ils les trouvèrent dans leurs Originaux et dans leur source mot pour mot comme ils étoient cotés ; ils en firent les extraits et rapportèrent le tout à leurs confrères dans une seconde Assemblée, en laquelle, pour une plus grande précaution, il fut arrêté que ceux d'entre eux qui voudroient être plus éclaircis sur ces matières se rendroient avec les députés en un lieu où étoient les livres, pour les consulter derechef et en faire telle conférence qu'ils voudroient. Cet ordre fut gardé et les cinq ou six jours suivants, il se trouva jusqu'à dix ou onze curés à la fois, qui firent encore la recherche des passages, qui les collationnèrent sur les Auteurs et en demeurèrent satisfaits. Pouvoit-on apporter plus de circonspection en cette procédure ?

Ce fut ensuite de cette recherche que les Curés demandèrent en corps, à leur Archevêque, la condamnation de ces erreurs et écrivirent pour cela à ceux de Paris, qui s'unirent aussitôt à eux et à tous ceux du royaume pour demander ensemble à leurs prélats la Censure si nécessaire, tant des maximes citées dans ces lettres que d'un grand nombre d'autres qu'ils ont eux-mêmes découvertes et présentées au clergé [1]. Ce qui montre combien l'Auteur des Lettres a été fidèle dans ce qu'il a reproché aux Jésuites, et combien il leur en pouvoit reprocher davantage ainsi que je l'ai déjà dit.

Voilà l'état où sont aujourd'hui les choses et la suite que ces Lettres ont eue, qui est sans doute très avantageuse à l'Église, puisqu'il y a sujet de louer Dieu de ce qu'un venin si dangereux a été si utilement découvert, et qu'en même temps les Curés et Pasteurs d'un grand royaume se sont unis, pour avertir de s'en garder, les peuples qui leur sont commis. C'est pour cette raison que j'ai cru devoir joindre à ces Lettres les diverses pièces des Curés de Paris et de Rouen avec une excellente Lettre de l'Archevêque de Malines sur le même sujet, afin qu'en voyant d'un côté la corruption de la Morale des Jésuites et les excès dont l'homme est capable quand il est abandonné de Dieu, on voie en même temps, de l'autre, que Dieu n'abandonne point son Église, et qu'elle n'est pas entraînée par les corruptions des particuliers, qui s'égarent en préférant leurs propres lumières à ses lumières incorruptibles [2].

---

1. Ces maximes ont été condamnées solennellement et à l'unanimité par l'Assemblée générale du Clergé de France, tenue en 1700, et sur le réquisitoire de Bossuet.

2. Cette *préface*, un peu trop Janséniste, porte, dans l'édition in-8° de 1659, des *Provinciales*, la date du 5 mai 1657. Elle n'a pas de date dans les exemplaires des éditions in-4° qui la contiennent.

CORNELIUS JANSENIUS

né en 1585 mort en 1638

LETTRES ÉCRITES

A

UN PROVINCIAL[1]

LETTRE I

Des disputes de Sorbonne, et de l'invention du Pouvoir Prochain dont les Molinistes[2] se servirent pour faire conclure la censure de M. Arnauld[3].

De Paris, ce 23 janvier 1651.

MONSIEUR,

Nous étions bien abusés. Je ne suis détrompé que

---

1. Ce titre a prévalu. Les éditions du temps portent : *Lettres écrites à un Provincial par un de ses amis.* C'est du moins le titre adopté pour les dix premières *Lettres* dans les éditions in-4°. Le père Bouhours — *Remarques nouvelles sur la langue française,* page 276 de l'édition publiée à Amsterdam, 1693, 1 vol. in-12 — constate que *provincial* se prend toujours en mauvaise part. Le mot paraît venir de l'imprimeur; quant au provincial désigné, on suppose, sans en être sûr, que c'était Leroy, abbé de Hautefontaine, janséniste, correspondant d'Arnauld et de Nicole.

2. Molinistes, partisans de Molina (Louis), jésuite et théologien espagnol, né à Cuença (Nouvelle-Castille) en 1535, mort à Madrid en 1600. L'ouvrage qui l'a rendu célèbre — *De concordia gratiæ et liberi arbitrii et appendix ad eamdem concordiam* — occasionna bientôt entre les Jésuites et les Dominicains une querelle déférée dès 1602 à la congrégation romaine *de auxiliis.* Les Dominicains accusaient Molina de semi-pélagianisme.

3. Sous-titre introduit par Nicole dans sa traduction latine signée du nom de Wendrock. Les sous-titres des lettres suivantes sont également de Nicole. Nous en prévenons une fois pour tout. Dans les éditions in-4° de la première *Provinciale,* on trouve après ces mots : *Lettre écrite à un provincial par un de ses amis,* ce complément : *sur le sujet des disputes présentes de la Sorbonne.* Les lettres suivantes n'ont pas de sous-titre dans les éditions in-4°. — Antoine Arnauld (1612-1694), dit le *grand Arnauld,*

d'hier ; jusque-là j'ai[1] pensé que le sujet des disputes de Sorbonne étoit bien important, et d'une extrême conséquence pour la Religion. Tant d'Assemblées d'une Compagnie aussi célèbre qu'est la Faculté de théologie de Paris, et où il s'est passé tant de choses si extraordinaires et si hors d'exemple, en font concevoir une si haute idée, qu'on ne peut croire qu'il n'y en ait un sujet bien extraordinaire.

Cependant vous serez bien surpris quand vous apprendrez, par ce récit, à quoi se termine un si grand éclat ; et c'est ce que je vous dirai en peu de mots, après m'en être parfaitement instruit.

On examine deux questions ; l'une de fait, et l'autre de droit.

Celle de fait consiste à savoir si M. Arnauld est téméraire pour avoir dit dans sa Seconde Lettre[2] : « Qu'il a lu exactement le livre de Jansénius[3], et qu'il n'y a point

---

théologien et controversiste célèbre, vingtième enfant, quatrième et dernier fils d'Arnauld l'avocat, frère de Mme Lemaitre, est un des personnages les plus connus du xviie siècle.

1. Il aurait été plus correct d'écrire : *j'avois pensé*.

2. A un duc et pair qui était le duc de Luynes (10 juillet 1655). On l'accusait d'avoir, dans cette seconde lettre : 1º entrepris de justifier les doctrines exposées par Jansénius dans l'*Augustinus* et contesté que les Cinq Propositions, condamnées comme étant dans le livre de Jansénius, s'y trouvassent ; 2º d'avoir reproduit la première des Cinq Propositions de Jansénius en disant que « l'Évangile et les Pères nous montroient dans la personne de saint Pierre un juste à qui la Grâce nécessaire pour agir avoit manqué ».

3. Jansénius (Corneille Jansen, — fils de Jean —, dit), auteur célèbre de la doctrine sur la Grâce et la Prédestination contenue dans son livre intitulé : *Augustinus* et qui a donné son nom au *Jansénisme*. Théologien, évêque d'Ypres (Belgique), il est né en 1585 à Acquoi, petit village situé près de Leerdam (Hollande), et mort de la peste le 6 mai 1638. L'abbé de Saint-Cyran (Jean Duvergier de Hauranne), ami et protecteur de Jansénius, est à bien meilleur titre que lui le chef de l'École janséniste sur qui a déteint la grandeur de son caractère.

trouvé les propositions condamnées par le feu pape; et néanmoins que, comme il condamne ces propositions en quelque lieu qu'elles se rencontrent, il les condamne dans Jansénius, si elles y sont. »

La question sur cela[a] est de savoir s'il a pu, sans témérité, témoigner par là qu'il doute que ces propositions soient de Jansénius, après que Messieurs les Évêques ont déclaré qu'elles sont[b] de lui.

On propose l'affaire en Sorbonne. Soixante et onze docteurs entreprennent sa défense et soutiennent qu'il n'a pu répondre autre chose à ceux qui, par tant d'écrits, lui demandoient s'il tenoit que ces propositions fussent dans ce livre, sinon qu'il ne les y a pas vues, et que néanmoins il les condamne, si elles y sont.

Quelques-uns même, passant plus avant, ont déclaré que, quelque recherche ils en aient faite, ils ne les y ont jamais trouvées, et que même ils y en ont trouvé de toutes contraires. Ils ont demandé ensuite avec instance que[c], s'il y avoit quelque docteur qui les y eût vues, il voulût les montrer[1]; que c'étoit une chose si facile, qu'elle ne pouvoit être refusée, puisque c'étoit un moyen sûr de les réduire

---

[a] *Sur cela* n'est pas dans le texte in-4°. C'est la leçon in-8° (1659).
[b] *Qu'elles y sont*, lit-on dans le texte in-4°.
[c] *En demandant avec instance que,* dans le texte in-4° où la phrase n'est pas coupée.

---

1. Les cinq propositions ne sont pas *en toutes lettres* dans l'*Augustinus*, mais elles sont l'âme du livre, au sentiment de Bossuet qui s'y connaissait. En voici le texte :

« 1° Il y a des commandements que l'homme juste ne peut observer, Dieu ne lui accordant pas une grâce suffisante; 2° dans l'état de nature et de péché, la Grâce est irrésistible; 3° pour acquérir quelque mérite devant Dieu, il n'est pas besoin que l'homme soit affranchi de la nécessité d'agir; il suffit qu'il ne soit pas contraint d'agir; 4° dire que l'homme dans l'état de nature peut résister à la Grâce prévenante ou y céder est semi-pélagien; 5° dire que le Christ est mort pour tous est semi-pélagien. »

tous, et M. Arnauld même ; mais on le leur a toujours refusé. Voilà ce qui s'est passé[a] de ce côté-là.

De l'autre part se sont trouvés quatre-vingts docteurs séculiers, et quelque quarante Religieux mendiants[b], qui ont condamné la proposition de M. Arnauld sans vouloir examiner si ce qu'il avoit dit étoit vrai ou faux, et ayant même déclaré qu'il ne s'agissoit pas de la vérité, mais seulement de la témérité de sa proposition.

Il s'en est de plus trouvé[c] quinze qui n'ont point été pour la Censure, et qu'on appelle indifférents.

Voilà comment s'est terminée la question de fait, dont je ne me mets guère en peine ; car, que M. Arnauld soit téméraire ou non, ma conscience n'y est pas intéressée. Et si la curiosité me prenoit de savoir si ces propositions sont dans Jansénius, son livre n'est pas si rare, ni si gros que je ne puisse le lire tout entier pour m'en éclaircir, sans en consulter la Sorbonne.

Mais, si je ne craignois aussi d'être téméraire, je crois que je suivrois l'avis de la plupart des gens que je vois, qui, ayant cru jusqu'ici, sur la foi publique, que ces propositions sont dans Jansénius, commencent à se défier du contraire, par le refus bizarre qu'on fait de les montrer, qui est tel, que je n'ai encore vu personne qui m'ait dit les y avoir vues. De sorte que je crains que cette Censure ne fasse plus de mal que de bien, et qu'elle ne donne à ceux qui en sauront l'histoire une impression tout opposée à la conclusion ; car, en vérité, le monde devient méfiant et ne croit les choses que quand il les voit. Mais, comme j'ai déjà dit, ce point-là est peu important, puisqu'il ne s'agit point de la Foi.

[a] *Se passa,* dans le texte in-4º.
[b] *Moines,* dans l'in-4º, au lieu de *religieux.*
[c] *Trouvé de plus,* dans l'in-4º.

LETTRE I.

Pour la question de droit, elle semble bien plus considérable, en ce qu'elle touche la Foi. Aussi j'ai pris un soin particulier de m'en informer. Mais vous serez bien satisfait de voir que c'est une chose aussi peu importante que la première.

Il s'agit d'examiner ce que M. Arnauld a dit dans la même lettre : « Que la Grâce, sans laquelle on ne peut rien, a manqué à saint Pierre, dans sa chute. » Sur quoi nous pensions, vous et moi, qu'il étoit question d'examiner les plus grands principes de la Grâce, comme si elle n'est pas donnée à tous les hommes, ou bien si elle est efficace; mais nous[1] étions bien trompés. Je suis devenu grand théologien en peu de temps, et vous en allez voir des marques.

Pour savoir la chose au vrai, je vis M. N., docteur de Navarre, qui demeure près de chez moi, qui est, comme vous le savez, des plus zélés contre les Jansénistes; et comme ma curiosité me rendoit presque aussi ardent que lui, je lui demandai[a] s'ils ne décideroient pas formellement que « la Grâce est donnée à tous[b] », afin qu'on n'agitât plus ce doute. Mais il me rebuta rudement et me dit que ce n'étoit pas là le point; qu'il y en avoit de ceux de son côté qui tenoient que la Grâce n'est pas donnée à tous; que les examinateurs mêmes avoient dit en pleine Sorbonne que cette opinion est *problématique*, et qu'il étoit lui-même dans ce sentiment : ce qu'il me confirma par ce passage, qu'il dit être célèbre, de saint Augustin : « Nous savons que la Grâce n'est pas donnée à tous les hommes. »

[a] *Je lui demandai d'abord,* dans l'in-4º et les éditions in-12 de 1657.
[b] *A tous les hommes,* dans le texte in-4º.

1. On dirait maintenant : « nous nous étions ».

Je lui fis excuse d'avoir mal pris son sentiment et le priai de me dire s'ils ne condamneroient donc pas au moins cette autre opinion des Jansénistes qui fait tant de bruit, « que la Grâce est efficace, et qu'elle détermine notre volonté à faire le bien ». Mais je ne fus pas plus heureux en cette seconde question. Vous n'y entendez rien, me dit-il. Ce n'est pas là une hérésie ; c'est une opinion orthodoxe : tous les Thomistes[1] la tiennent ; et moi-même je l'ai[a] soutenue dans ma Sorbonique[2].

Je n'osai[b] lui proposer mes doutes ; et même[c] je ne savois plus où étoit la difficulté, quand, pour m'en éclaircir, je le suppliai de me dire en quoi consistoit[d] donc l'hérésie de la proposition de M. Arnauld. C'est, me dit-il[e], en ce qu'il ne reconnoît pas que les Justes aient le pou-

[a] *L'ai* au lieu de *je l'ai*, dans l'in-4º.
[b] *Plus*, dans l'in-4º.
[c] *Même*, qui figure dans l'in-4º et les in-12 de 1657, est retranché dans l'in-8º de 1659.
[d] *Donc* n'est pas dans l'in-4º.
[e] *Ce me dit-il*, dans l'in-4º et les in-12. Dans l'in-8º, Pascal a écarté *ce me dit-il* comme une locution vieillie.

1. Partisans de la doctrine de saint Thomas d'Aquin, considérée surtout au point de vue de la Grâce et de la Prédestination.
2. Sorbonique, une des trois thèses que les bacheliers en théologie étaient obligés de soutenir en personne, au cours de leur *licence*. Le candidat argumentait pendant douze heures consécutives contre tout venant. « L'origine des *Sorboniques* vient d'un certain cordelier qui, ayant été refusé à une thèse, demanda à entrer en lice et à soutenir la discussion contre tout venant et sur toutes sortes de sujets, depuis huit heures du matin jusqu'à huit heures du soir. Depuis ce temps, tout candidat est obligé de subir cet exercice, très convenable à une poitrine de cordelier, mais qu'on adoucit par ce qu'on appelle *le bouillon* : ce sont deux heures d'intervalle qu'on accorde au soutenant pour dîner. Mais alors quelqu'un monte en chaire et dispute pour tenir en haleine l'assemblée. Cette espèce de gymnastique théologique se renouvelle tous les deux ans par un discours d'apparat. » Bachaumont, *Mémoires secrets*, au 6 juillet 1770.
Cette pratique s'est perpétué dans l'examen des thèses de doctorat, notamment de doctorat ès lettres et de doctorat en théologie. C'est ce qu'on appelle *la soutenance*.

voir d'accomplir les commandements de Dieu en la manière que nous l'entendons.

Je le quittai après cette instruction; et, bien glorieux de savoir le nœud de l'affaire, je fus trouver M. N., qui se portoit de mieux en mieux, et qui eut assez de santé pour me conduire chez son beau-frère, qui est janséniste, s'il y en eut jamais, et pourtant fort bon homme. Pour en être mieux reçu, je feignis d'être fort des siens et lui dis : Seroit-il bien possible que la Sorbonne introduisît dans l'Église cette erreur, que « tous les Justes ont toujours le pouvoir d'accomplir les commandements » ? Comment parlez-vous ? me dit mon docteur. Appelez-vous erreur un sentiment si catholique, et que les seuls Luthériens et Calvinistes combattent ? Eh quoi ! lui dis-je, n'est-ce point votre opinion ? Non, me dit-il; nous l'anathématisons comme hérétique et impie. Surpris de cette réponse, je connus bien que j'avois trop fait le janséniste, comme j'avois l'autre fois été trop moliniste; mais ne pouvant m'assurer de[a] sa réponse, je le priai de me dire confidemment s'il tenoit que « les Justes eussent toujours un pouvoir véritable d'observer les préceptes ». Mon homme s'échauffa là-dessus, mais d'un zèle dévot, et dit qu'il ne déguiseroit jamais ses sentiments pour quoi que ce fût : que c'étoit sa créance ; et que lui et tous les siens la défendroient jusqu'à la mort, comme étant la pure doctrine de saint Thomas et de saint Augustin, leur maître.

Il m'en parla si sérieusement, que je n'en pus douter; et sur cette assurance, je retournai chez mon premier docteur, et lui dis, bien satisfait, que j'étois sûr[b] que la paix seroit bientôt en Sorbonne : que les Jansé-

---

[a] *Sur* au lieu de *de* dans l'in-12 et dans quelques exemplaires de l'in-4º, mais la leçon *de* est dans la plupart des exemplaires de l'in-4º.
[b] *Certain*, dans l'in-4º et l'in-12.

nistes étoient d'accord du pouvoir qu'ont les Justes d'accomplir les préceptes ; que j'en étois garant, et que je le ᵃ leur ferois signer de leur sang. Tout beau! me dit-il ; il faut être Théologien pour en voir la fin. La différence qui est entre nous est si subtile, qu'à peine pouvons-nous la marquer nous-mêmes ; vous auriez trop de difficulté à l'entendre. Contentez-vous donc de savoir que les Jansénistes vous diront bien que tous les Justes ont toujours le pouvoir d'accomplir les commandements : ce n'est pas de quoi nous disputons ; mais ils ne vous diront pas que ce pouvoir soit *prochain*[1] ; c'est là le point.

ᵃ *Le* manque dans l'in-4° et l'in-12.

---

1. « Il est constant que les termes de *pouvoir prochain* et de *puissance prochaine* sont très équivoques. Les Thomistes, quand ils parlent de la Grâce, entendent par ces termes une certaine vertu intérieure qui ne produit jamais l'action si elle n'est aidée d'un secours efficace de Dieu (c'est le terme *in potentia* de saint Thomas d'Aquin, exprimant une simple possibilité). Les Molinistes, au contraire, entendent un pouvoir qui renferme tout ce qui est nécessaire pour agir (le possible et le désir de réaliser ce possible). Alvarez distingue avec soin ces deux sens et, s'attachant à celui des Thomistes, il rejette celui des Molinistes et soutient que sans la grâce efficace (la piété actuelle) il ne peut y avoir de *pouvoir prochain* en ce dernier sens. Mais parce que le sens des Molinistes est plus naturel et plus conforme à la notion commune de pouvoir, M. Arnauld avoit dit simplement dans sa lettre *que la Grâce sans laquelle nous ne pouvons vaincre les tentations avoit manqué à saint Pierre ;* ce qu'il entendoit du *pouvoir prochain,* comme il l'a protesté lui-même. Cependant ses ennemis forment le dessein de condamner cette proposition. Mais, se voyant divisés en deux partis, les uns voulant passer pour Thomistes et les autres se déclarant ouvertement pour Molina, ils eurent peur que cette division ne fût un obstacle au dessein qu'ils avoient d'opprimer M. Arnauld. C'est pourquoi ils feignirent pour un temps une union qui ne consistoit qu'en des mots équivoques qu'on n'expliquoit point et que chacun interprétoit différemment. Ils choisirent les termes de *pouvoir prochain.* Tous s'en servoient également, mais un parti les entendoit dans un sens et l'autre dans un autre. C'est ce malicieux artifice et non le *pouvoir prochain* en lui-même, que notre auteur, également éloquent et enjoué, tourne en ridicule sans s'écarter dans ses railleries de l'exactitude qu'on doit garder quand on traite de matières théologiques. Il dépeint toute cette fourberie avec les

Ce mot me fut nouveau et inconnu. Jusque-là j'avois entendu les affaires ; mais ce terme me jeta dans l'obscurité, et je crois qu'il n'avoit été inventé que pour brouiller. Je lui en demandai donc l'explication ; mais il m'en fit un mystère et me renvoya, sans autre satisfaction, pour demander aux Jansénistes s'ils admettoient ce pouvoir *prochain*. Je chargeai ma mémoire de ce terme, car mon intelligence n'y avoit aucune part. Et, de peur de l'oublier[a], je fus promptement retrouver mon janséniste, à qui je dis incontinent, après les premières civilités : Dites-moi, je vous prie, si vous admettez le *pouvoir prochain ?* Il se mit à rire et me dit froidement : Dites-moi vous-même en quel sens vous l'entendez, et alors je vous dirai ce que j'en crois. Comme ma connoissance n'alloit pas jusque-là, je me vis en terme[1] de ne pouvoir lui ré-

---

[a] *D'oublier*, dans le texte in-8º de 1659.

---

couleurs les plus agréables, mais sans rien outrer. Il soutient qu'on ne doit point regarder comme des termes consacrés pour exprimer la Foi, ni exiger des personnes de recevoir avec un respect religieux, des mots nouveaux et barbares, qui ne sont établis par aucun endroit de l'Écriture, des Conciles ou des Pères. Mais il est bien éloigné de vouloir condamner quelques théologiens célèbres qui s'en sont quelquefois servis dans un bon sens, c'est-à-dire dans le sens des Thomistes et avec les précautions nécessaires, car ils n'auroient pas voulu en user indifféremment en toutes rencontres, moins encore en parlant au peuple. » Note de Nicole.

L'étude des motifs de la volonté, si familière aux Casuistes catholiques et aux Jurisconsultes, est une des plus nobles occupations auxquelles les moralistes puissent se livrer. C'est elle qui a fait le Droit et créé l'idée de Justice, mais elle est fort délicate, réservée à quelques spécialistes. Le ridicule est de vouloir en disputer dans une chaire ou dans une assemblée, et surtout de vouloir imposer une opinion particulière en une matière ondoyante où tout dépend des circonstances, souvent de l'état de conscience de ceux qui en parlent : *non gemmas ante porcos*.

1. En *terme*. Sur le point de, en condition de, à comparer avec le passage suivant de la 2ᵉ *Provinciale* : « *En quels termes* sommes-nous réduits, s'il n'y a que les Jansénistes qui ne se brouillent ni avec la Foi ni avec la Raison ? »

pondre; et néanmoins pour ne pas rendre ma visite inutile, je lui dis au hasard : Je l'entends au sens des Molinistes. A quoi mon homme, sans s'émouvoir : Auxquels des Molinistes, me dit-il, me renvoyez-vous? Je les lui offris tous ensemble, comme ne faisant qu'un même corps et n'agissant que par un même esprit.

Mais il me dit : Vous êtes bien peu instruit. Ils sont si peu dans les mêmes sentiments, qu'ils en ont de tout contraires. Mais[a], étant tous unis dans le dessein de perdre M. Arnauld, ils se sont avisés de s'accorder à employer ce terme de *prochain,* que les uns et les autres diroient ensemble, quoiqu'ils l'entendissent diversement, afin de parler un même langage, et que, par cette conformité apparente, ils pussent former un corps considérable, et composer un plus grand nombre, pour l'opprimer avec assurance.

Cette réponse m'étonna; mais, sans recevoir ces impressions des méchants desseins des Molinistes, que je ne veux pas croire sur sa parole, et où je n'ai point d'intérêt, je m'attachai seulement à savoir les divers sens qu'ils donnent à ce mot mystérieux de *prochain.* Il [b] me dit : Je vous en éclaircirois de bon cœur; mais vous y verriez une répugnance et une contradiction si grossière, que vous auriez peine à me croire. Je vous serois suspect. Vous en serez plus sûr en l'apprenant d'eux-mêmes, et je vous en donnerai les adresses. Vous n'avez qu'à voir séparément un nommé M. Le Moine[1] et le père

[a] Le *mais*, retranché dans les éditions modernes, se trouve dans l'in-4º. Il est nécessaire au sens, quoiqu'il soit une répétition.
[b] Il y a *mais* dans le texte in-4º.

1. Le père Le Moine, docteur de Sorbonne. « M. Le Moine est un docteur de la maison de Sorbonne que le cardinal de Richelieu engagea à se déclarer contre Jansénius, qu'il n'avoit jamais lu, non plus que saint Augustin. Ce docteur, pour se débarrasser plus facilement des passages de

LETTRE I.

Nicolaï[1]. Je ne connois ni l'un ni l'autre[a], lui dis-je. Voyez donc, me dit-il, si vous ne connoîtriez point quelqu'un de ceux que je vous vas[2] nommer; car ils suivent les sentiments de M. Le Moine. J'en connus en effet quelques-uns. Et ensuite il me dit : Voyez si vous ne connoissez point des dominicains qu'on appelle Nouveaux Thomistes, car ils sont tous comme le père Nicolaï. J'en connus aussi entre ceux qu'il me nomma; et, résolu de profiter de cet avis et de sortir d'affaire, je le quittai et allai[b] d'abord chez un des disciples de M. Le Moine.

Je le suppliai de me dire ce que c'étoit[c] qu'*avoir le pouvoir prochain de faire quelque chose*. Cela est aisé,

[a] *Je n'en connois pas un,* dans le texte in-4º.
[b] *Fus,* dans le texte in-4º.
[c] *C'étoit* est la bonne leçon, celle du texte in-4º et in-12 que n'adopte pas l'abbé Maynard qui préfère le texte incorrect *c'est* donné par l'édit. in-8º de 1659.

---

saint Augustin, a voulu dans notre siècle se faire l'auteur d'un nouveau système sur la Grâce. Il distingue la grâce d'action d'avec celle de prière. Il soutient que celle-ci n'est que suffisante et que la grâce d'action est toujours efficace. Cette opinion a fait quelque bruit dans la Sorbonne. Il a eu même la hardiesse de la mettre dans un livre qu'il a fait imprimer; mais ayant été repoussé fortement par des écrits latins et françois et surtout par l'*Apologie pour les saints Pères,* où il est fort maltraité, il a pris depuis le parti de cabaler en secret, au lieu de répondre. C'est lui qui, avec quelques docteurs de sa sorte, a excité la tempête contre M. Arnauld, dont il est ennemi déclaré et qu'il croit auteur de l'*Apologie,* et ceux de sa faction l'ayant fait nommer député et juge dans sa propre cause, il s'est vengé de l'*Apologie pour les saints Pères* par la censure de la lettre de M. Arnauld. » Note de Nicole.

1. Le père Nicolaï, dominicain, n'était pas Thomiste comme la plupart de ses confrères chez qui c'était une grâce d'état, saint Thomas ayant été dominicain. « On dit qu'il remplit les commentaires qu'il fait sur la *Somme* de saint Thomas, de ses réponses ou pour mieux dire de ses rêveries... S'il ne peut s'empêcher d'écrire, il a grande raison de le faire d'une manière que ce qu'il écrira ne soit lu de personne, et il en a assurément trouvé le secret par le moyen qu'il a choisi. » Note de Nicole.

2. *Vas* pour *vais,* qui revient fréquemment sous la plume de Pascal, est une des rares expressions qui laissent quelquefois apercevoir que son style a vieilli.

me dit-il : c'est avoir tout ce qui est nécessaire pour la faire, de telle sorte qu'il ne manque rien pour agir. Et ainsi, lui dis-je, avoir le *pouvoir prochain* de passer une rivière, c'est avoir un bateau, des bateliers, des rames, et le reste, en sorte que rien ne manque. Fort bien, me dit-il. Et avoir le pouvoir prochain *de voir*, lui dis-je, c'est avoir bonne vue et être en plein jour, car qui auroit bonne vue dans l'obscurité n'auroit pas le pouvoir prochain de voir, selon vous, puisque la lumière lui manqueroit, sans quoi on ne voit point. Doctement, me dit-il. Et par conséquent, continuai-je, quand vous dites que tous les Justes ont toujours le pouvoir prochain d'observer les commandements, vous entendez qu'ils ont toujours toute la grâce nécessaire pour les accomplir ; en sorte qu'il ne leur manque rien de la part de Dieu. Attendez, me dit-il ; ils ont toujours ce qui est nécessaire pour les observer, ou du moins pour prier Dieu[a]. J'entends bien, lui dis-je ; ils ont tout ce qui est nécessaire pour prier Dieu de les assister, sans qu'il soit nécessaire qu'ils aient aucune nouvelle grâce de Dieu pour prier. Vous l'entendez, me dit-il. Mais il n'est donc pas nécessaire qu'ils aient une grâce efficace pour prier Dieu ? Non, me dit-il, suivant M. Le Moine.

Pour ne point perdre de temps, j'allai aux Jacobins[1] et demandai ceux que je savois être des Nouveaux Thomistes. Je les priai de me dire ce que c'est que *pouvoir pro-*

---

[a] Les éditions modernes portent *pour le demander à Dieu*. L'in-4º a *pour prier Dieu*. C'est la vraie leçon comme l'indique le contexte : « J'entends bien, lui dis-je ; ils ont tout ce qui est nécessaire pour prier Dieu de les assister sans qu'il soit nécessaire qu'ils aient une nouvelle grâce de Dieu pour prier. » Cette phrase est le commentaire de « pour prier Dieu » et commenterait mal « pour le demander à Dieu ». Le texte in-8º porte au lieu de *pour prier Dieu*, « pour la demander à prier Dieu », ce qui offre une différence de sens considérable.

1. Dominicains.

chain. N'est-ce pas celui, leur dis-je, auquel il ne manque rien pour agir? Non, me dirent-ils. Mais, quoi! mon père, s'il manque quelque chose à ce pouvoir, l'appelez-vous *prochain?* et direz-vous, par exemple, qu'un homme ait, la nuit, et sans aucune lumière, le *pouvoir prochain de voir?* Oui-da, il l'auroit, selon nous, s'il n'est pas aveugle. Je le veux bien, leur dis-je; mais M. Le Moine l'entend d'une manière contraire. Il est vrai, me dirent-ils; mais nous l'entendons ainsi. J'y consens, leur dis-je; car je ne dispute jamais du nom, pourvu qu'on m'avertisse du sens qu'on lui donne. Mais je vois par là que, quand vous dites que les Justes ont toujours le *pouvoir prochain* pour prier Dieu, vous entendez qu'ils ont besoin d'un autre secours pour prier, sans quoi ils ne prieront jamais. Voilà qui va bien, me répondirent mes pères en m'embrassant, voilà qui va bien : car il leur faut de plus une grâce efficace qui n'est pas donnée à tous, et qui détermine leur volonté à prier; et c'est une hérésie de nier la nécessité de cette grâce efficace pour prier.

Voilà qui va bien, leur dis-je à mon tour; mais, selon vous, les Jansénistes sont Catholiques, et M. Le Moine Hérétique; car les Jansénistes disent que les Justes ont le pouvoir de prier, mais qu'il faut pourtant une grâce efficace; et c'est ce que vous approuvez. Et M. Le Moine dit que les Justes prient sans grâce efficace; et c'est ce que vous condamnez. Oui, dirent-ils; mais M. Le Moine appelle ce pouvoir *pouvoir prochain*[a].

Quoi[b]! mes pères, leur dis-je, c'est se jouer des pa-

---

[a] « Mais M. Le Moine appelle ce pouvoir, *pouvoir prochain* », est la leçon des textes in-4º et in-12. L'abbé Maynard corrige : « mais nous sommes d'accord avec M. Le Moine, en ce que nous appelons *prochain*, aussi bien que lui, le pouvoir que les Justes ont de prier, ce que ne font pas les Jansénistes ». C'est un commentaire arbitraire substitué au texte. Nicole, qui a autorité ici, maintient le texte in-4º et in-12 ainsi que Mˡˡᵉ de Joncoux, qui écrit sous la direction des Jansénistes.

[b] Il y a dans le texte in-4º : *Mais quoi*.

roles de dire que vous êtes d'accord à cause des termes communs dont vous usez, quand vous êtes contraires dans le sens. Mes pères ne répondent[a] rien ; et sur cela, mon disciple de M. Le Moine arriva par un bonheur que je croyois extraordinaire ; mais j'ai su depuis que leur rencontre n'est pas rare, qu'ils sont continuellement mêlés les uns avec les autres.

Je dis donc à mon disciple de M. Le Moine : Je connois un homme qui dit que tous les Justes ont toujours le pouvoir de prier Dieu ; mais que néanmoins ils ne prieront jamais sans une grâce efficace qui les détermine, et laquelle Dieu ne donne pas toujours à tous les Justes. Est-il hérétique? Attendez, me dit mon docteur ; vous me pourriez surprendre. Allons donc[b] doucement, *distinguo ;* s'il appelle ce pouvoir *pouvoir prochain,* il sera thomiste, et partant catholique ; sinon, il sera janséniste, et partant hérétique. Il ne l'appelle, lui dis-je, ni prochain, ni non prochain. Il est donc hérétique, me dit-il ; demandez-le à ces bons pères. Je ne les pris pas pour juges, car ils consentoient déjà d'un mouvement de tête ; mais je leur dis : Il refuse d'admettre ce mot de *prochain* parce qu'on ne le veut pas expliquer. A cela, un de ces pères voulut en apporter sa définition ; mais il fut interrompu par le disciple de M. Le Moine, qui lui dit : Voulez-vous donc recommencer nos brouilleries? ne sommes-nous pas demeurés d'accord de ne point expliquer ce mot de *prochain,* et de le dire de part et d'autre sans dire ce qu'il signifie? A quoi le Jacobin consentit.

Je pénétrai par là dans leur dessein, et leur dis en

---

[a] La plupart des éditions modernes portent *répondirent,* ce qui est contraire au sens, puisque l'auteur parle au présent, et aux textes in-4º et in-8º qui ont *répondent.*
[b] *Donc* est la leçon originale de l'in-4º, supprimée dans le texte in-12 et rétablie dans l'in-8º.

me levant pour les quitter : En vérité, mes pères, j'ai grand'peur que tout ceci ne soit une pure chicanerie; et quoi qu'il arrive de vos Assemblées, j'ose vous prédire que, quand la Censure seroit faite, la paix ne seroit pas établie. Car, quand on auroit décidé qu'il faut prononcer les syllabes *prochain*, qui ne voit que, n'ayant point été expliquées, chacun de vous voudra jouir de la victoire? Les Jacobins diront que ce mot s'entend en leur sens. M. Le Moine dira que c'est au sien ; et ainsi il y aura bien plus de disputes pour l'expliquer que pour l'introduire : car, après tout, il n'y auroit pas grand péril à le recevoir sans aucun sens, puisqu'il ne peut nuire que par le sens. Mais ce seroit une chose indigne de la Sorbonne et de la Théologie d'user de mots équivoques et captieux sans les expliquer. Car enfin, mes pères, dites-moi, je vous prie, pour la dernière fois, ce qu'il faut que je croie pour être Catholique. Il faut, me dirent-ils tous ensemble, dire que tous les Justes ont le *pouvoir prochain*, en faisant abstraction de tout sens : *abstrahendo a sensu thomistorum, et a sensu aliorum theologorum.*

C'est-à-dire, leur dis-je en les quittant, qu'il faut prononcer ce mot des lèvres, de peur d'être hérétique de nom. Car est-ce que le mot est de l'Écriture? Non, me dirent-ils. Est-il donc des Pères, ou des Conciles, ou des Papes? Non. Est-il donc de saint Thomas? Non. Quelle nécessité y a-t-il donc de le dire, puisqu'il n'a ni autorité, ni aucun sens de lui-même[a]? Vous êtes opiniâtre, me dirent-ils : vous le direz, ou vous serez hérétique, et M. Arnauld aussi, car nous sommes le plus grand nombre;

---

[a] Il faudrait ajouter ici : « Combien y a-t-il, mon père, que c'est un article de foi? Ce n'est tout au plus que depuis les mots de *pouvoir prochain;* et je crois qu'en naissant il a fait cette hérésie et qu'il n'est né que pour ce seul dessein ». Note du manuscrit *autographe* des *Pensées.* Voir l'édit. Faugère des *Pensées*, t. Ier, p. 302.

et, s'il est besoin, nous ferons venir tant de Cordeliers que nous l'emporterons.

Je les viens de quitter sur cette dernière[a] raison, pour vous écrire ce récit, par où vous voyez qu'il ne s'agit d'aucun des points suivants, et qu'ils ne sont condamnés de part ni d'autre : — 1. Que la grâce n'est pas donnée à tous les hommes. 2. Que tous les Justes ont toujours le pouvoir d'accomplir les commandements de Dieu. 3. Qu'ils ont néanmoins besoin pour les accomplir, et même pour prier, d'une grâce efficace qui détermine invinciblement leur volonté. 4. Que cette grâce efficace n'est pas toujours donnée à tous les Justes, et qu'elle dépend de la pure miséricorde de Dieu[1]. — De sorte qu'il n'y a plus que le mot *prochain* sans aucun sens qui court risque.

Heureux les peuples qui l'ignorent! heureux ceux qui ont précédé sa naissance! Car je n'y vois plus de remède, si Messieurs de l'Académie, par un coup d'autorité, ne bannissent de la Sorbonne ce mot barbare qui cause tant de divisions[b]. Sans cela, la Censure paraît assurée ; mais je vois qu'elle ne fera point d'autre mal que de rendre la Sorbonne méprisable[c] par ce procédé, qui lui ôtera l'au-

---

[a] *Solide* au lieu de *dernière*, dans le texte in-4º.

[b] Il y a dans les textes in-4º et in-12 : « Si Messieurs de l'Académie ne bannissent, par un coup d'autorité, ce mot *barbare de Sorbonne*, qui cause tant de divisions. » Cette leçon est la véritable. Elle est adoptée par Nicole et Mlle de Joncoux. — Les *Provinciales*, 3 vol. in-12, 1709, sans lieu ni nom d'imprimeur. — Pascal veut dire que ce mot barbare est un mot de Sorbonne, c'est-à-dire de l'argot théologique. Nous conservons néanmoins la leçon commune, qui est celle de l'in-8º; édition dans laquelle Pascal a supprimé les mots *barbare de Sorbonne* de peur qu'ils ne fussent considérés comme une injure à la Sorbonne.

[c] Le texte in-4º porte *méprisable*, et c'est bien ce qu'entendait Pascal. Dans les éditions in-12 de 1657 on a remplacé *méprisable* par *moins considérable*, ce qui était une concession aux adversaires du Jansénisme. Toutefois *méprisable* a été rétabli dans l'in-8º.

---

1. Ce sont quatre des cinq propositions condamnées dans *Jansénius*.

torité qui[a] lui est si[b] nécessaire en d'autres rencontres.

Je vous laisse cependant dans la liberté de tenir pour le mot *prochain*, ou non; car[c] j'aime trop mon prochain pour le persécuter sous ce prétexte. Si ce récit ne vous déplaît pas, je continuerai de vous avertir de tout ce qui se passera.

Je suis, etc.

[a] *Laquelle* au lieu de *qui* dans le texte in-8º.
[b] *Si* n'est pas dans l'in-4º.
[c] « Je vous aime trop pour vous », dans le texte in-12.

LETTRE II[1]

De la grâce suffisante[2].

De Paris, ce 29 janvier 1656.

Monsieur,

Comme je fermois la lettre que je vous ai écrite, je fus visité par M. N., notre ancien ami, le plus heureusement du monde pour ma curiosité; car il est très informé des

1. « Seconde lettre écrite à un Provincial par un de ses amis » dans les éditions du temps.
2. « Les Molinistes entendent par grâce suffisante une grâce qui renferme tout ce qui est nécessaire pour agir et qui, sans autre secours, a quelquefois son effet. Montalte (Pascal) rejette entièrement cette notion avec le terme et, en cela, il a tous les Thomistes pour lui. Ainsi il dispute avec les Molinistes pour le terme et pour la chose. Il dispute aussi avec les Nouveaux Thomistes, mais bien différemment, car il est presque d'accord avec eux pour la chose et il dispute seulement du nom. Ceux-ci, par le terme de grâce suffisante, n'entendent pas une grâce qui n'ait pas besoin d'autre chose pour agir et qui peut quelquefois produire seule l'action, mais une grâce qui donne certaine vertu intérieure, qui excite des actes imparfaits, qui attire la volonté vers le bien, sans néanmoins la fléchir si elle n'est accompagnée d'une grâce efficace. Or qui n'avouera pas que cette grâce se trouve souvent dans les Justes, même lorsqu'ils pèchent? Aussi Montalte ne le nie point et il feroit encore moins de difficulté de l'admettre dans les Justes qui veulent et qui tâchent de faire le bien. Mais la question est de savoir si on doit appeler ou ne pas appeler cette grâce *suffisante*, ce qui n'est qu'une pure question de nom qui ne convient nullement à la gravité des Théologiens, à moins que la nécessité ne les oblige à entrer dans ces sortes de disputes. » Note de Nicole.

Les Dominicains étaient Thomistes ou partisans de saint Thomas d'Aquin, un des leurs. Ils avaient fait cause commune avec les Molinistes et les Nouveaux Thomistes, qui atténuaient la doctrine de saint Thomas contre Arnauld. En d'autres termes, ils avaient abandonné saint Thomas afin de s'allier aux Jésuites, partisans de Molina, un des leurs aussi.

questions du temps, et il sait parfaitement le secret des Jésuites, chez qui il est à toute heure, et avec les principaux. Après avoir parlé de ce qui l'amenoit chez moi, je le priai de me dire, en un mot, quels sont les points débattus entre les deux partis.

Il me satisfit sur l'heure, et me dit qu'il y en avoit deux principaux : le premier, touchant le *pouvoir prochain;* le second touchant la *grâce suffisante.* Je vous ai éclairci du premier dans la précédente[1]; je vous parlerai du second dans celle-ci.

Je sus donc, en un mot, que leur différend, touchant la *grâce suffisante,* est en ce que les Jésuites prétendent qu'il y a une grâce donnée généralement à tous les hommes[a], soumise de telle sorte au Libre Arbitre, qu'il la rend efficace ou inefficace à son choix, sans aucun nouveau secours de Dieu, et sans qu'il manque rien de sa part pour agir effectivement ; ce qui fait[b] qu'ils l'appellent *suffisante,* parce qu'elle seule suffit pour agir, et que les Jansénistes, au contraire, veulent qu'il n'y ait aucune grâce actuellement suffisante, qui ne soit aussi efficace, c'est-à-dire que toutes celles qui ne déterminent point la Volonté à agir effectivement sont insuffisantes pour agir, parce qu'ils disent qu'on n'agit jamais sans *grâce efficace.* Voilà leur différend.

Et m'informant après de la doctrine des Nouveaux Thomistes : Elle est bizarre, me dit-il. Ils sont d'accord avec les Jésuites d'admettre une *grâce suffisante* donnée à tous les hommes ; mais ils veulent néanmoins que les hommes

---

[a] *Les hommes* sont ajoutés dans les éditions postérieures à l'in-4º.
[b] Il y a dans l'in-4º *et c'est pourquoi* au lieu de *ce qui fait.*

---

1. *Provinciale.*

n'agissent jamais avec cette seule grâce, et qu'il faille, pour les faire agir, que Dieu leur donne une *grâce efficace* qui détermine réellement leur volonté à l'action, et laquelle Dieu ne donne pas à tous. De sorte que, suivant cette doctrine, lui dis-je, cette grâce est *suffisante* sans l'être. Justement, me dit-il : car, si elle suffit, il n'en faut pas davantage pour agir ; et si elle ne suffit pas, elle n'est pas *suffisante*.

Mais, lui dis-je, quelle différence y a-t-il donc entre eux et les Jansénistes? Ils diffèrent, me dit-il, en ce qu'au moins les Dominicains ont cela de bon, qu'ils [a] ne laissent pas de dire que tous les hommes ont la *grâce suffisante*. J'entends bien, répondis-je [b] ; mais ils le disent sans le penser, puisqu'ils ajoutent qu'il faut nécessairement, pour agir, avoir une *grâce efficace, qui n'est pas donnée à tous*. Ainsi, s'ils sont conformes aux Jésuites par un terme qui n'a pas de sens, ils leur sont contraires, et conformes aux Jansénistes, dans la substance de la chose. Cela est vrai, dit-il. Comment donc! lui dis-je, les Jésuites sont-ils unis avec eux? et que ne les combattent-ils aussi bien que les Jansénistes, puisqu'ils auront toujours en eux de puissants adversaires, lesquels [c], soutenant la nécessité de la grâce efficace qui détermine, les empêchent d'établir celle qu'ils veulent [d] être seule suffisante.

Les Dominicains sont trop puissants, me dit-il [e], et la Société des Jésuites est trop politique pour les choquer ouvertement. Elle se contente d'avoir gagné sur eux qu'ils

[a] *Ont cela de bon qu'ils* est omis dans l'édition in-8º.
[b] Il y a *lui dis-je* dans l'in-4º au lieu de *répondis-je*.
[c] *Qui*, dans l'in-4º.
[d] *Que vous dites*, dans l'in-4º et l'in-8º au lieu de *qu'ils veulent*.
[e] Au lieu de : « Les Dominicains sont trop puissants, me dit-il », ce qui est la leçon de l'édition in-12, il y a dans l'édition in-8º : « Il ne le faut pas, me dit-il ; il faut ménager davantage ceux qui sont puissants dans l'Église ». L'in-8º continue en ces termes : « la Société est trop politique pour agir autrement . »

admettent au moins le nom de *grâce suffisante,* quoiqu'ils l'entendent en un autre sens. Par là elle a cet avantage qu'elle fera passer leur opinion pour insoutenable, quand elle jugera à propos, et cela lui sera aisé ; car, supposé que tous les hommes aient des grâces suffisantes, il n'y a rien de plus naturel que d'en conclure que la grâce efficace n'est donc pas nécessaire pour agir[a], puisque la suffisance de ces grâces générales excluroit la nécessité de toutes les autres. Qui dit *suffisant* marque[b] tout ce qui est nécessaire pour agir ; et il serviroit de peu aux Dominicains de s'écrier qu'ils donnent[c] un autre sens au[d] mot *suffisant* : le peuple, accoutumé à l'intelligence commune de ce terme, n'écouteroit pas seulement leur explication. Ainsi la Société profite assez de cette expression que les Dominicains reçoivent, sans les pousser davantage ; et si vous aviez la connoissance des choses[e] qui se sont passées sous les papes Clément VIII et Paul V, et combien la Société fut traversée dans l'établissement de la grâce suffisante par

[a] *Pour agir* est omis dans l'in-8º.
[b] *Dit* au lieu de *marque* dans l'in-8º.
[c] *Prennent en* pour *donnent,* dans l'in-4º.
[d] *Le* au lieu *d'au,* dans l'in-8º.
[e] « Et combien la Société fut traversée par les Dominicains dans l'établissement de sa grâce suffisante, vous ne vous étonneriez pas de voir qu'elle évite de se brouiller avec eux », leçon de l'in-8º. On a beaucoup remanié ce passage. Il y a dans l'in-4º : « Il ne le faut pas, me dit-il ; il faut ménager davantage ceux qui sont puissants dans l'Église. Les Jésuites se contentent d'avoir gagné sur eux qu'ils admettent au moins le nom de grâce suffisante, quoiqu'ils l'entendent comme il leur plaît. Par là, ils ont cet avantage qu'ils font, quand ils veulent, passer leur opinion pour ridicule et insoutenable. Car, supposé que tous les hommes aient des grâces suffisantes, il n'y a rien de si facile que d'en conclure que la grâce efficace n'est pas nécessaire, puisque cette nécessité excluroit la suffisance qu'on suppose. Et il ne serviroit de rien de dire qu'on l'entend autrement, car l'intelligence publique de ce terme ne donne point de lieu à cette explication. Qui dit suffisant, dit tout ce qui est nécessaire ; c'en est le sens propre et naturel. Or si vous aviez la connoissance des choses qui se sont passées autrefois, vous sauriez que les Jésuites ont été si éloignés de voir leur doctrine établie, que vous admireriez de la voir en si beau train. Si vous saviez combien les Dominicains y ont apporté d'obstacles sous les papes Clément VIII et Paul V, vous ne vous étonneriez pas de voir qu'ils ne se brouillent pas avec eux et qu'ils consentent qu'ils gardent leur opinion, pourvu que la leur soit libre et principalement quand les Dominicains la favorisent par ces paroles dont ils ont consenti de se servir publiquement. » En examinant ces variantes de près, on peut imaginer combien la rédaction des *Provinciales* a dû être laborieuse.

les Dominicains, vous ne vous étonneriez pas de voir qu'elle ne se brouille pas avec eux, et qu'elle consent qu'ils gardent leur opinion, pourvu que la sienne soit libre, et principalement quand les Dominicains la favorisent par le nom de *grâce suffisante*, dont ils ont consenti de se servir publiquement.

Elle[a] est bien satisfaite de leur complaisance. Elle n'exige pas qu'ils nient la nécessité de la grâce efficace ; ce seroit trop les presser : il ne faut pas tyranniser ses amis ; les Jésuites ont assez gagné. Car le monde se paye de paroles : peu approfondissent les choses ; et ainsi le nom de *grâce suffisante* étant reçu des deux côtés, quoique avec divers sens, il n'y a personne, hors les plus fins Théologiens, qui ne pense que la chose que ce mot signifie soit tenue aussi bien par les Jacobins[1] que par les Jésuites, et la suite fera voir que ces derniers ne sont pas les plus dupes.

Je lui avouai que c'étoient d'habiles gens ; et, pour profiter de son avis, je m'en allai droit aux Jacobins, où je trouvai à la porte un de mes bons amis, grand janséniste, car j'en ai de tous les partis, qui demandoit quelque autre père que celui que je cherchois. Mais à force de prières, je l'engageai à m'accompagner et demandai un de mes Nouveaux Thomistes. Il fut ravi de me revoir : Eh bien ! mon père, lui dis-je, ce n'est pas assez que tous les hommes aient un *pouvoir prochain*, par lequel pourtant ils n'agissent en effet jamais, il faut encore

---

[a] Leçon in-8º : « La Société est bien satisfaite de leur complaisance ».
Leçon in-4º : « Ils sont bien satisfaits de leur complaisance. Ils n'exigent pas. »

---

1. *Jacobins*, nom donné dès le xiiiᵉ siècle aux Dominicains de France, parce que les premiers qui vinrent s'établir à Paris habitaient une maison de la rue Saint-Jacques.

LETTRE II.

qu'ils aient une *grâce suffisante* avec laquelle ils agissent aussi peu. N'est-ce pas là l'opinion de votre école? Oui, dit le bon père; et je l'ai bien dit ce matin en Sorbonne J'y ai parlé toute ma demi-heure ; et, sans le *sable*[1], j'eusse bien fait changer ce malheureux proverbe qui court déjà dans Paris : « Il opine du bonnet comme un moine en Sorbonne. » Et que voulez-vous dire par votre demi-heure et par votre sable? lui répondis-je; taille-t-on vos avis à une certaine mesure? Oui, me dit-il, depuis quelques jours. Et vous oblige-t-on de parler demi-heure[2]? Non. On parle aussi peu qu'on veut. Mais non pas tant que l'on veut, lui dis-je. O la bonne règle pour les ignorants! O l'honnête prétexte pour ceux qui n'ont rien de bon à dire! Mais enfin, mon père, cette grâce donnée à tous les hommes est *suffisante?* Oui, dit-il. Et néanmoins elle n'a nul effet *sans grâce efficace?* Cela est vrai, dit-il. Et tous les hommes ont la *suffisante,* continuai-je, et tous n'ont pas l'*efficace.* Il est vrai, dit-il. C'est-à-dire, lui dis-je, que tous ont assez de grâce, et que tous n'en ont pas

---

1. Le sable. « Montalte touche en passant avec beaucoup d'esprit, l'artifice dont les Molinistes se servirent pour avancer la Censure (d'Arnauld). Se voyant vivement poussés sur la question de droit par les docteurs qui défendoient M. Arnauld et accablés d'une infinité de preuves, ils obtinrent par le moyen de M. le chancelier (Séguier) pour faire taire ces docteurs, que personne n'auroit la liberté de parler plus d'une demi-heure, qu'on mesureroit au sable, loi d'autant plus ridicule que chacun parloit autant qu'il vouloit sur la question de fait, qui étoit beaucoup plus facile et n'étoit presque d'aucune conséquence; ce qui auroit été bien plus raisonnable à l'égard de la question de droit, parce que sur celle-ci il falloit expliquer toute la Tradition, détruire un grand nombre de calomnies et éclaircir une infinité d'équivoques. Mais c'étoit cela même que les Molinistes appréhendoient et, pour l'éviter, ils introduisirent dans la Sorbonne une servitude nouvelle et pernicieuse et chassèrent par ce moyen de leurs Assemblées ceux de leurs confrères qui ne pouvoient ni ne devoient souffrir qu'on leur ôtât la liberté. » Note de Nicole.

2. « Parler demi-heure », parler durant une demi-heure, locution tombée en désuétude.

assez ; c'est-à-dire que cette grâce suffit, quoiqu'elle ne suffise pas ; c'est-à-dire qu'elle est suffisante de nom et insuffisante en effet. En bonne foi, mon père, cette doctrine est bien subtile. Avez-vous oublié, en quittant le monde, ce que le mot *suffisant* y signifie ? Ne vous souvient-il pas qu'il renferme tout ce qui est nécessaire pour agir ? Mais vous n'en avez pas perdu la mémoire ; car, pour me servir d'une comparaison qui vous sera plus sensible, si l'on ne vous servoit à table[a] que deux onces de pain et un verre d'eau par jour[b], seriez-vous content de votre prieur, qui vous diroit que cela seroit suffisant pour vous nourrir[c], sous prétexte qu'avec autre chose qu'il ne vous donneroit pas, vous auriez tout ce qui vous seroit nécessaire pour vous nourrir ? Comment donc vous laissez-vous aller à dire que tous les hommes ont la *grâce suffisante* pour agir, puisque vous confessez qu'il y en a une autre absolument nécessaire pour agir, que tous n'ont pas ? Est-ce que cette créance est peu importante, et que vous abandonnez à la liberté des hommes de croire que la grâce efficace est nécessaire ou non ? Est-ce une chose indifférente de dire qu'avec la grâce suffisante on agit en effet ? Comment, dit ce bon homme, indifférente ! C'est une *hérésie*, c'est une *hérésie* formelle. La nécessité de la *grâce efficace* pour agir effectivement est *de foi* ; il y a *hérésie* à la nier.

Où en sommes-nous donc ? m'écriai-je, et[d] quel parti dois-je ici[e] prendre ? Si je nie la grâce suffisante, je suis janséniste ; si je l'admets comme les Jésuites, en sorte que

---

[a] *A dîner*, dans l'in-4º ; *à table* est la leçon in-8º.
[b] Leçon de l'in-12 et de l'in-8º ; *par jour* manque dans l'in-4º.
[c] *Pour bien dîner*, dans l'in-4º, au lieu de *pour vous nourrir*.
[d] *Et* est ajouté dans l'in-12 et l'in-8º.
[e] *Donc* au lieu *d'ici*, dans l'in-4º.

la grâce efficace ne soit pas nécessaire, je serai *hérétique*, dites-vous. Et si je l'admets comme vous, en sorte que la grâce efficace soit nécessaire, je pèche contre le sens commun, et je suis *extravagant*, disent les Jésuites. Que dois-je donc faire dans cette nécessité inévitable d'être ou extravagant, ou hérétique, ou janséniste? Et en quels termes sommes-nous réduits, s'il n'y a que les Jansénistes qui ne se brouillent ni avec la Foi ni avec la Raison, et qui se sauvent tout ensemble de la folie et de l'erreur ?

Mon ami janséniste prenoit ce discours à bon présage, et me croyoit déjà gagné. Il ne me dit rien néanmoins ; mais en s'adressant à ce père : Dites-moi, je vous prie, mon père, en quoi vous êtes conformes aux Jésuites. C'est, dit-il, en ce que les Jésuites et nous reconnoissons les *grâces suffisantes* données à tous. Mais, lui dit-il, il y a deux choses dans ce mot de *grâce suffisante* : il y a le son, qui n'est que du vent ; et la chose qu'il signifie, qui est réelle et effective. Et ainsi, quand vous êtes d'accord avec les Jésuites touchant le mot *suffisante*, et que vous leur êtes[a] contraires dans le sens, il est visible que vous êtes contraires touchant[b] la substance de ce terme, et que vous n'êtes d'accord que du son. Est-ce là agir sincèrement et cordialement? Mais quoi ! dit le bon homme, de quoi vous plaignez-vous, puisque nous ne trahissons personne par cette manière de parler ? car dans nos Écoles, nous disons ouvertement que nous l'entendons d'une manière contraire aux Jésuites. Je me plains, lui dit mon ami, de ce que vous ne publiez pas de toutes parts que vous entendez par grâce suffisante la grâce qui n'est pas suffisante. Vous êtes obligés en conscience, en changeant ainsi

---

[a] *Que vous leur êtes* est ajouté dans l'in-12 et l'in-8°
[b] *Pour*, dans l'in-4° et non *touchant*.

le sens des termes ordinaires de la Religion, de dire que, quand vous admettez une *grâce suffisante* dans tous les hommes, vous entendez qu'ils n'ont pas de grâces suffisantes en effet. Tout ce qu'il y a de personnes au monde entendent le mot de *suffisant* en un même sens ; les seuls Nouveaux Thomistes l'entendent en[a] un autre. Toutes les femmes, qui font la moitié du monde ; tous les gens de la Cour, tous les gens de guerre, tous les magistrats, tous les gens de Palais, les marchands, les artisans, tout le peuple ; enfin toutes sortes d'hommes, excepté les Dominicains, entendent par le mot de *suffisant* ce qui renferme tout le nécessaire. Presque[b] personne n'est averti de cette singularité. On dit seulement par toute la terre[1] que les Jacobins tiennent que tous les hommes ont des *grâces suffisantes*. Que peut-on conclure de là[c], sinon qu'ils tiennent que tous les hommes ont toutes les grâces qui sont nécessaires pour agir ; et principalement en les voyant joints d'intérêt[d] et d'intrigue avec les Jésuites, qui l'entendent de cette sorte ? L'uniformité de vos expressions, jointe à cette union de parti, n'est-elle pas une interprétation manifeste

[a] *D'un,* dans l'in-4º.
[b] *Presque* est ajouté dans l'in-12 et l'in-8º.
[c] *De là,* ajouté dans l'in-12 et l'in-8º.
[d] *D'intérêts,* dans l'in-4º.

1. *Par toute la terre* est un peu exagéré. Il n'est pas probable que les Chinois s'inquiétassent de ce que tenaient les Jacobins sur la grâce suffisante, ni même qu'ils sussent qu'il y eût des Jacobins au monde. Alors comme aujourd'hui, le paysan était penché sur sa charrue, le marchand coupait son morceau de toile en quatre, les hommes vaquaient à leurs occupations journalières. La grâce suffisante n'intéressait que quelques athlètes combattant dans un cirque et persuadés, à tort, de l'importance de ce qu'ils pensaient ou ne pensaient pas de la grâce suffisante. Pascal s'amuse dans son coin aux dépens des Jésuites qui cherchent à deviner d'où viennent les coups :

    Sævit atrox volscens, nec teli conspicit usquam
    Auctorem, nec quo se ardens immittere possit.

et une confirmation de l'uniformité de vos sentiments?

Tous les fidèles demandent aux Théologiens quel est le véritable état de la Nature depuis sa corruption. Saint Augustin et ses disciples répondent qu'elle n'a plus de grâce suffisante qu'autant qu'il plaît à Dieu de lui en donner. Les Jésuites sont venus ensuite et[a] disent que tous ont des grâces effectivement suffisantes. On consulte les Dominicains sur cette contrariété. Que font-ils là-dessus? ils s'unissent aux Jésuites; ils font par cette union le plus grand nombre : ils se séparent de ceux qui nient ces grâces suffisantes; ils déclarent que tous les hommes en ont. Que peut-on penser de là, sinon qu'ils autorisent les Jésuites? Et puis ils ajoutent que néanmoins ces grâces suffisantes sont inutiles sans les efficaces, qui ne sont pas données à tous.

Voulez-vous voir une peinture de l'Église dans ces différents avis? Je la considère comme un homme qui, partant de son pays pour faire un voyage, est rencontré par des voleurs qui le blessent de plusieurs coups et le laissent à demi mort. Il envoie quérir trois médecins dans les villes voisines. Le premier, ayant sondé les plaies, les juge mortelles, et lui déclare qu'il n'y a que Dieu qui lui puisse rendre ses forces perdues. Le second, arrivant ensuite, voulut le flatter, et lui dit qu'il avoit encore des forces suffisantes pour arriver en sa maison, et, insultant[b] contre le premier, qui s'opposoit à son avis, forma[c] le dessein de le perdre. Le malade en cet état douteux, apercevant de loin le troisième, lui tend les mains, comme à celui qui le devoit déterminer. Celui-ci, ayant considéré ses blessures et su l'avis des deux premiers,

[a] *Qui* au lieu de *et* dans l'in-8º.
[b] *Insulta,* dans l'in-8º.
[c] *Et forma,* dans l'in-4º.

embrasse le second, s'unit à lui, et tous deux ensemble se liguent contre le premier et le chassent honteusement; car ils étoient plus forts en nombre. Le malade juge à ce procédé qu'il est de l'avis du second; et le lui demandant en effet, il lui déclare affirmativement que ses forces sont suffisantes pour faire son voyage. Le blessé néanmoins, ressentant sa foiblesse, lui demande à quoi il les jugeoit telles. C'est, lui dit-il, parce que vous avez encore vos jambes; or les jambes sont les organes qui suffisent naturellement pour marcher. Mais, lui dit le malade, ai-je toute la force nécessaire pour m'en servir, car il me semble qu'elles sont inutiles dans ma langueur? Non certainement, dit le médecin; et vous ne marcherez jamais effectivement, si Dieu ne vous envoie un secours extraordinaire[a] pour vous soutenir et vous conduire. Eh quoi! dit le malade, je n'ai donc pas en moi les forces suffisantes et auxquelles il ne manque rien pour marcher effectivement? Vous en êtes bien éloigné, lui dit-il. Vous êtes donc, dit le blessé, d'avis contraire à votre compagnon touchant mon véritable état? Je vous l'avoue, lui répondit-il.

Que pensez-vous que dit le malade? Il se plaignit du procédé bizarre et des termes ambigus de ce troisième médecin. Il le blâma de s'être uni au second, à qui il étoit contraire de sentiment et avec lequel il n'avoit qu'une conformité apparente, et d'avoir chassé le premier, auquel il étoit conforme en effet. Et, après avoir fait essai de ses forces, et reconnu par expérience la vérité de sa foiblesse, il les renvoya tous deux; et, rappelant le premier, se mit entre ses mains, et, suivant son conseil, il demanda à Dieu les forces qu'il confessoit n'avoir pas; il en reçut miséricorde,

---

[a] Il y a dans l'in-4º *son secours du ciel* au lieu d'*un secours extraordinaire*.

et, par son secours, arriva heureusement dans sa maison[1].

Le bon père, étonné d'une telle parabole, ne répondit rien. Et je lui dis doucement pour le rassurer : Mais, après tout, mon père, à quoi avez-vous pensé de donner le nom de *suffisante* à une grâce que vous dites qu'il est de foi de croire qu'elle est insuffisante en effet? Vous en parlez, dit-il, bien à votre aise. Vous êtes libre et particulier; je suis Religieux et en communauté. N'en savez-vous pas peser la différence? Nous dépendons des Supérieurs; ils dépendent d'ailleurs. Ils ont promis nos suffrages : que voulez-vous que je devienne? Nous l'entendîmes à demi-mot; et cela nous fit souvenir de son confrère, qui a été relégué à Abbeville pour un sujet semblable.

Mais, lui dis-je, pourquoi votre communauté s'est-elle engagée à admettre cette grâce? C'est un autre discours, me dit-il. Tout ce que je vous en [a] puis dire, en un mot, est que notre ordre a soutenu autant qu'il a pu la doctrine de saint Thomas, touchant la grâce efficace. Combien s'est-il opposé ardemment à la naissance de la doctrine de Molina! combien a-t-il travaillé pour l'établissement de la nécessité de la grâce efficace de Jésus-Christ! Ignorez-vous ce qui se fit sous Clément VIII et Paul V, et que, la mort prévenant l'un, et quelques affaires d'Italie empêchant l'autre de publier sa bulle, nos armes sont demeurées au Vatican? Mais les Jésuites, qui, dès le commencement de

[a] *En* est supprimé dans l'in-8°.

1. « Il y a, dans la bouche de l'antijanséniste, l'éloquente et vive parabole de l'Église comparée à un homme en voyage, qui est attaqué et blessé par les voleurs : trois médecins surviennent, dont deux menteurs, qui se coalisent pour chasser le bon. Il faut relire cet endroit qui présage les éloquentes péroraisons de la dixième lettre, de la quatorzième et l'apostrophe de la seizième, toutes parties où le railleur s'efface, où reparait le chrétien sérieux. » Sainte-Beuve, *Port-Royal*, t. III, p. 64-65 de la 4ᵉ édition.

l'hérésie de Luther et de Calvin [1], s'étoient prévalus du peu de lumières qu'a le peuple pour en discerner l'erreur d'avec[a] la vérité de la doctrine de saint Thomas, avoient en peu de temps répandu partout leur doctrine avec un tel progrès, qu'on les vit bientôt maîtres de la créance des peuples, et nous en état d'être décriés comme des calvinistes [2] et traités comme les Jansénistes le sont aujourd'hui, si nous ne tempérions la vérité de la grâce efficace par l'aveu, au moins apparent, d'une *suffisante*. Dans cette extrémité, que pouvions-nous mieux faire, pour sauver la vérité sans perdre notre crédit, sinon d'admettre le nom de grâce suffisante, en niant qu'elle soit telle en effet? Voilà comment la chose est arrivée.

Il nous dit cela si tristement, qu'il me fit pitié, mais non pas à mon second, qui lui dit : Ne vous flattez point d'avoir sauvé la vérité ; si elle n'avoit point eu d'autres

---

[a] « Pour discerner l'erreur de cette hérésie d'avec », dans le texte in-4º.

---

1. « Mais les Jésuites qui, dès le commencement de l'hérésie de Luther et de Calvin. » Au commencement de l'hérésie de Luther et de Calvin, il n'y avait pas de Jésuites. L'acte d'institution de la compagnie est de 1539 et la bulle de Paul III : *regimini militantis ecclesiæ*, qui consacre l'existence légale de la Société, est du 27 septembre 1540.

2. Les opinions des Thomistes sur le Libre Arbitre leur valurent un moment d'être accusés de Calvinisme comme les Jansénistes. Le jésuite Ripalda explique ingénument le motif de cette accusation, dit Nicole. « Bannez, écrit Ripalda, et la plupart de ses disciples commencèrent à qualifier le sentiment de Molina de Pélagianisme dans leurs disputes publiques, dans leurs entretiens particuliers et dans leurs écrits... Nos auteurs, pour se justifier de cette accusation, accusèrent à leur tour le sentiment opposé de Calvinisme. »

Nicole, après avoir cité ce texte, ajoute avec son indulgence ordinaire pour les Jésuites : « Voilà comme ils renouvellent de nos jours ce qui avoit été pratiqué autrefois par ces Donatistes dont parle saint Augustin, *qui calomnioient les autres pour cacher leurs crimes et pour empêcher par ces faux bruits qu'on ne s'instruisît de la vérité.* » Nicole rappelle, en même temps que l'aveu de Ripalda, que la congrégation romaine *de auxiliis* a condamné soixante propositions de Molina.

protecteurs, elle seroit périe [1] en des mains si foibles. Vous avez reçu dans l'Église le nom de son ennemi : c'est y avoir reçu l'ennemi même. Les noms sont inséparables des choses. Si le mot de grâce *suffisante* est une fois affermi, vous aurez beau dire que vous entendez par là une grâce qui est insuffisante, vous n'y serez pas reçus [a]. Votre explication seroit odieuse dans le monde ; on y parle plus sincèrement des choses moins importantes : les Jésuites triompheront ; ce sera leur grâce suffisante en effet, et non pas la vôtre, qui ne l'est que de nom, qui passera pour établie [b] et on fera un article de foi du contraire de votre créance.

Nous souffririons tous le martyre, lui dit le père, plutôt que de consentir à l'établissement de la *grâce suffisante au sens des Jésuites*; saint Thomas, que nous jurons de suivre jusqu'à la mort, y étant directement contraire. A quoi mon ami, plus sérieux que moi, lui dit : Allez, mon père, votre ordre a reçu un honneur qu'il ménage mal. Il abandonne cette Grâce qui lui avoit été confiée, et qui n'a jamais été abandonnée depuis la création du monde. Cette Grâce victorieuse, qui a été attendue par les Patriarches, prédite par les Prophètes, apportée par Jésus-Christ, prêchée par saint Paul, expliquée par saint Augustin, le plus grand des Pères, embrassée [c] par ceux qui l'ont suivie, confirmée par saint Bernard, le dernier des Pères, soutenue par saint Thomas, l'ange de l'École, transmise de lui à

---

[a] Il y a dans l'in-4º, au lieu de *vous n'y serez pas reçus*, « vous ne serez point écoutés ».

[b] Il y a dans l'in-8º : « Ce sera en effet leur grâce suffisante qui passera pour établie et non pas la vôtre qui ne l'est que de nom ».

[c] *Maintenue*, dans l'in-4º et l'in-12.

---

1. On dirait maintenant : *elle aurait péri*.

votre ordre, maintenue ª par tant de vos Pères, et si glorieusement défendue par vos Religieux sous les papes Clément et Paul : cette Grâce efficace, qui avoit été mise comme en dépôt entre vos mains, pour avoir, dans un saint ordre à jamais durable, des Prédicateurs qui la publiassent au monde jusqu'à la fin des temps, se trouve comme délaissée pour des intérêts si indignes. Il est temps que d'autres mains s'arment pour sa querelle ; il est temps que Dieu suscite des disciples intrépides au docteur de la Grâce, qui, ignorant les engagements du siècle, servent Dieu pour Dieu. La Grâce peut bien n'avoir plus les Dominicains pour défenseurs, mais elle ne manquera jamais de défenseurs, car elle les forme elle-même par sa force toute-puissante. Elle demande des cœurs purs et dégagés ; et elle-même les purifie et les dégage des intérêts du monde, incompatibles avec les vérités de l'Évangile. Pensez-y bien ᵇ, mon père, et prenez garde que Dieu ne change ce flambeau de sa ᶜ place, et qu'il ᵈ ne vous laisse dans les ténèbres et sans couronne, pour punir ᵉ la froideur que vous avez pour une cause si importante à son Église [1].

ª *Appuyée*, dans l'in-4º et l'in-12. Ces deux textes ayant déjà *maintenue* deux lignes plus haut, ont évité une répétition.
ᵇ Au lieu de *pensez-y bien*, le texte in-4º porte *prévenez ces menaces*.
ᶜ « De place » dans l'in-4º, au lieu de « de sa place » qui est la leçon in-8º.
ᵈ *Qu'il* est omis dans l'in-4º.
ᵉ « Pour punir la froideur que vous avez pour une cause si importante à son Église » est un membre de phrase ajouté dans les éditions postérieures à l'in-4º, où il n'existe pas.

1. « Par cette distinction qu'il fait de lui et de l'ami janséniste, Pascal se donne le moyen de rester léger et badin quand il veut, tout en devenant éloquent par la voix de son second, et de façon indirecte, en avertissant de la chose éloquente, ce qui n'est jamais inutile près du public. Tout ce qu'il met dans la bouche de *cet ami plus sérieux que lui* pourrait être signé Saint-Cyran. Mais il ne s'abandonne pourtant pas au delà des bornes, et quand cet ami s'échauffe un peu trop, il tourne court et lève la séance, laissant le trait enfoncé à point et assaisonné au bout, du sel habituel. » Sainte-Beuve, *Port-Royal*, t. III, p. 65 de la 4ᵉ édition.

Il en eût bien dit davantage, car il s'échauffoit de plus en plus ; mais je l'interrompis, et dis en me levant : En vérité, mon père, si j'avois du crédit en France, je ferois publier à son de trompe : « ON FAIT A SAVOIR[1] que quand les Jacobins disent que la grâce suffisante est donnée à tous, ils entendent que tous n'ont pas la grâce qui suffit effectivement. » Après quoi vous le diriez tant qu'il vous plairoit, mais non pas autrement. Ainsi finit notre visite.

Vous voyez donc par là que c'est ici une *suffisance* politique pareille au *pouvoir prochain*. Cependant je vous dirai qu'il me semble qu'on peut sans péril douter du *pouvoir prochain*, et de cette grâce *suffisante*, pourvu qu'on ne soit pas Jacobin.

En fermant ma lettre, je viens d'apprendre que la Censure est faite ; mais comme je ne sais pas encore en quels termes, et qu'elle ne sera publiée que le 15 février, je ne vous en parlerai que par le premier ordinaire[2].

Je suis, etc.

---

1. *On fait à savoir* était une formule consacrée qui est encore en usage dans plusieurs de nos provinces.
2. Le prochain courrier.

RÉPONSE DU PROVINCIAL

AUX DEUX PREMIÈRES LETTRES DE SON AMI[a], ETC.

Du 2 février 1656[1].

Monsieur,

Vos deux lettres n'ont pas été pour moi seul. Tout le monde les voit, tout le monde les entend, tout le monde les croit. Elles ne sont pas seulement estimées par les Théologiens; elles sont encore agréables aux gens du monde, et intelligibles aux femmes mêmes[2].

[a] Texte in-4° : « Réponse du Provincial aux deux premières lettres ».

---

1. Cette date du 2 février 1656 n'existe pas dans le texte in-4°.
2. L'anonyme qu'il garde autorise Pascal à se louer lui-même sans froisser le lecteur. Il « savait l'homme, il savait quand et en quelle mesure on peut oser avec lui ; il savait qu'il y a une certaine manière de se louer à la face des autres qui, loin de les choquer, les guide. On peut aller presque droit à la rencontre de ce vent de l'amour-propre en sachant, moyennant certains biais, en enfler adroitement ses voiles. L'homme est ainsi fait, nous dit-il dans une *Pensée*, qu'à force de lui dire qu'il est un sot, il le croit. Il y a une certaine manière de lui dire ce qu'on est soi-même et ce qu'on veut, qui lui en dessine et lui en achève l'idée. » Sainte-Beuve, *Port-Royal*, t. III, p. 66 de la 4ᵉ édition.
Sans doute, mais l'anonyme peut seul permettre à Pascal cette audace, qui n'est pas dans les mœurs littéraires du temps et aurait été jugée sévèrement chez quelqu'un qui aurait eu moins d'esprit, car ce n'est qu'une espièglerie. Il l'entend bien ainsi et se sauve par là. Depuis, on a fait du chemin dans l'éloge de soi-même. « L'abbé Prévost et Walter Scott, dit encore Sainte-Beuve (*loc. cit.*), faisaient des articles sur eux-mêmes dans les journaux. C'était impartial et flatteur comme le jugement du public.

Voici ce que m'en écrit un de Messieurs de l'Académie, des plus illustres entre ces hommes tous illustres, qui n'avoit encore vu que la première[1] : « Je voudrois que la

---

Ainsi déjà Pascal. Les *Petites lettres*, après tout, ne furent qu'un journal, une espèce de *Gazette*, comme disait l'abbé Leroi, qui parut durant un an, une ou deux fois par mois. Ceci est dit dans la supposition que les billets insérés et cités ne sont qu'une feinte et un jeu de l'auteur. Il se peut cependant que ces billets aient été réellement écrits, surtout le billet adressé à une dame par une personne qu'on s'abstient de désigner d'aucune sorte et de laquelle on dit seulement : — Vous voudriez bien savoir qui est la personne qui en écrit de la sorte, mais contentez-vous de l'honorer sans la connoître et quand vous la connoîtrez, vous l'honorerez bien davantage. — Si j'en crois un indice qui est dans la petite lettre de Racine contre *Port-Royal*, il s'agirait là de Mlle de Scudéry, à qui l'on payait ainsi à l'avance les éloges qu'on lui devra pour la page de la *Clélie* sur le saint Désert. » On peut remarquer, en outre, qu'il y a un grain de plaisanterie sous la plume de Pascal se louant lui-même. Quand, de nos jours, Balzac rendait compte lui-même de ses livres dans les journaux, il ne plaisantait pas.

1. Dans une note, au tome III de *Port-Royal* (p. 603 et suiv. de la 4ᵉ édition), Sainte-Beuve revient sur l'incident des deux billets insérés par Pascal dans la réponse à la seconde Provinciale. Il rappelle d'abord un court commentaire inséré par lui dans le *Bulletin du bibliophile* (septembre 1858) : « Tout le monde a lu en tête de la troisième Provinciale, disait-il dans sa communication au *Bulletin du bibliophile*, la *réponse* que l'auteur suppose que le *Provincial* lui adresse, et dans laquelle il y a deux billets insérés, tout à son éloge : l'un est censé d'un des Académiciens les plus illustres; l'autre est attribué à une personne que l'on ne veut *marquer* et désigner *en aucune sorte*, et dont il est dit : « Contentez-vous de « l'honorer sans la connoître, et quand vous la connoîtrez, vous l'honorerez « bien davantage. » De qui sont ces deux billets? N'est-ce qu'une invention adroite de l'auteur et, de sa part, une manière indirecte de se louer? Ou sont-ils des personnes en effet connues et que les lecteurs, bien informés alors, se nommaient tout bas? Les commentateurs et moi-même autrefois, qui me suis occupé de l'examen des *Provinciales*, nous avons négligé de le dire; j'avais même adopté, faute d'indices dans l'autre sens, la première supposition, et je m'y tenais. J'en étais resté là jusqu'à ces derniers temps. Mais, venant à relire la première des deux petites lettres où Racine retourne contre ses anciens maîtres de Port-Royal l'art et l'ironie des *Provinciales*, j'y ai remarqué deux passages qui répondent à la question.

« On se rappelle que la lettre de Racine fut provoquée pour un mot dur de Nicole, qui, dans l'une de ses *Imaginaires*, avait lancé l'anathème contre les auteurs de romans et de comédies, qu'il appelait des *empoisonneurs publics* et des *gens horribles parmi les Chrétiens*. « Pourquoi voulez-vous,

Sorbonne, qui doit tant à la mémoire de feu M. le Cardinal, voulût reconnoître la juridiction de son Académie françoise. L'auteur de la Lettre seroit content : car, en qualité d'aca-

« lui disait Racine, que ces ouvrages d'esprit soient une occupation peu
« honorable devant les hommes et horribles devant Dieu ? Faut-il, parce que
« Des Maretz a fait autrefois un roman et des comédies, que vous preniez
« en aversion tous ceux qui se sont mêlés d'en faire ? Vous avez assez d'en-
« nemis : pourquoi en chercher de nouveaux ? Oh ! que le Provincial étoit
« bien plus sage que vous ! Voyez comme il flatte l'Académie dans le
« temps même qu'il persécute la Sorbonne ! Il n'a pas voulu se mettre tout
« le monde sur les bras ; il a ménagé les faiseurs de romans ; il s'est fait
« violence pour les louer... » Un peu plus loin, dans cette lettre pleine de
malice, Racine raconte la jolie anecdote du volume de la *Clélie*, qu'on envoya à Port-Royal, à cause de l'endroit où il était question du saint Désert
et de M. d'Andilly, le patriarche. « L'on fit venir au Désert le volume qui
« parloit de vous ; il courut de main en main, et tous les solitaires vou-
« lurent voir l'endroit où ils étoient traités *d'illustres*. Ne lui a-t-on pas
« même rendu (à Mlle de Scudéry) ses louanges dans une des *Provinciales*
« (il y a ici une confusion de date dans la mémoire de Racine : les louanges
« du tome VI de la *Clélie* ne vinrent que deux ans après la Troisième
« Provinciale) ; et n'est-ce pas elle que l'auteur entend, lorsqu'il parle
« *d'une personne qu'il admire sans la connoître?* » Ceci achève de nous
fixer, et il devient évident que c'est à Mlle de Scudéry que s'applique, sauf
une légère différence dans les termes, le passage cité plus haut, dans lequel il est dit : « Contentez-vous de l'honorer sans la connoître. » Par
conséquent, le billet cité est d'elle. Et maintenant que nous le savons, il
nous est facile en effet de reconnaître sa manière spirituelle et son agrément apprêté... Quand elle louait ainsi les *Provinciales*, Mlle de Scudéry
ne se doutait pas que le goût sévère et fin dont elles étaient le premier
modèle allait avoir pour effet de la vieillir elle-même et de la *suranner*, elle
et ses œuvres, de vingt-cinq ans en un jour.

« Si le second billet cité dans cette *Réponse du Provincial* est de
Mlle de Scudéry, il est bien évident que le premier billet doit être aussi
d'un personnage réel, et il n'est pas difficile de conjecturer de qui, vrai-
semblablement, il peut être. Quel est en effet l'Académicien qu'on pouvait
à cette date désigner comme *des plus illustres entre ces hommes tous illustres*, et à qui cette emphase même, cette solennité d'éloge ne déplaisaient
pas ? Balzac était mort ; Gomberville, sur le compte duquel les méchants
connaisseurs avaient d'abord essayé de mettre les *Provinciales*, était plus
occupé à s'en défendre qu'à les louer. Je ne vois guère que Chapelain qui
ait pu écrire le majestueux billet qui faisait à ce point autorité. Il était,
on le sait, fort en correspondance avec M. d'Andilly. Le style du billet ne
dément pas la supposition, mais plutôt la confirme... Au moment où les
Provinciales commencèrent à paraître, en 1656, les deux plus grandes

démicien, je condamnerois d'autorité, je bannirois, je proscrirois; peu s'en faut que je ne *die*, j'exterminerois de tout mon pouvoir ce pouvoir prochain qui fait tant de bruit pour rien, et sans savoir autrement ce qu'il demande. Le mal est que notre pouvoir académique est un pouvoir fort éloigné et borné. J'en suis marri; et je le suis encore beaucoup de ce que tout mon petit pouvoir ne sauroit m'acquitter envers vous [1], etc. »

autorités littéraires universellement reconnues et régnantes étaient Chapelain et Mlle de Scudéry : celle-ci avait la vogue et l'autre le poids. C'était donc un coup d'art et d'habileté à Pascal, de les mettre pour soi tout d'abord, de les intéresser et de les envelopper, pour ainsi dire, dès les premiers jours, dans son succès, dût-on ensuite, et le moment passé, ne pas trop expliquer ce qui devenait obscur, et ne pas se vanter de les avoir loués. »

Cette communication au *Bulletin du bibliophile* avait provoqué un essai de réfutation de M. l'abbé Flottes (Montpellier, 1858). L'abbé Flottes, qui a passé sa vie à étudier quatre sujets : *Pascal, Huet, saint Augustin, Port-Royal*, ne manquait pas d'autorité. C'est pourquoi Sainte-Beuve insiste et croit l'affaire assez importante pour mériter une mention dans un appendice de son *Port-Royal*. Il a observé que précisément, à cette époque des *Provinciales* (1656-1657), Racine, élève de Port-Royal-des-Champs, disciple de Lancelot et de M. Le Maître, et d'ailleurs fort curieux, était à même d'être bien informé : « Il a dû questionner autour de lui, pour tout ce qui l'intéressait, et recevoir des réponses ; il a su les secrets, dont plus tard il a abusé; et notez qu'il n'a pas été contredit ni démenti sur certain endroit délicat de sa lettre, dans lequel il dénonçait chez ses Anciens Maîtres une contradiction piquante. »

De sorte que les deux billets de la *Réponse du Provincial* aux deux premières Lettres de Pascal paraissent d'une manière avérée être de Mlle de Scudéry et Chapelain. Ce n'est pourtant qu'une supposition très vraisemblable.

1. Ce monsieur de l'Académie, dont le pouvoir est plus éloigné que celui de la Grâce, sert à Pascal à monter à l'Académie française *une scie* qui n'est pas encore usée : c'est un homme illustre entre des hommes tous illustres. « Voilà, dit Sainte-Beuve (*Port-Royal*, t. III, p. 67 de l'édition citée), la plaisanterie une fois trouvée contre l'Académie et les Quarante, qui va être éternelle. Il est vrai que Pascal la place dans la bouche d'un Provincial qui est censé tout admirer de Paris : son trait de légère satire devient en même temps un trait de costume et de caractère... Et quand il fait parler l'Académicien, Pascal, notons-le encore, simule un

Et voici ce qu'une personne, que je ne vous marquerai en aucune sorte, en écrit à une dame qui lui avoit fait tenir la première de vos Lettres.

« Je vous suis plus obligée que vous ne pouvez vous l'imaginer de la Lettre que vous m'avez envoyée ; elle est tout à fait ingénieuse et tout à fait bien écrite. Elle narre sans narrer ; elle éclaircit les affaires du monde les plus embrouillées ; elle raille finement ; elle instruit même ceux qui ne savent pas bien les choses, elle redouble le plaisir de ceux qui les entendent. Elle est encore une excellente apologie, et, si l'on veut, une délicate et innocente censure. Et il y a enfin tant d'art, tant d'esprit et tant de jugement en cette Lettre, que je voudrois bien savoir qui l'a faite, etc. »

Vous voudriez bien aussi savoir qui est la personne qui en écrit de la sorte ; mais contentez-vous de l'honorer sans la connoître, et, quand vous la connoîtrez, vous l'honorerez bien davantage.

Continuez donc vos Lettres sur ma parole, et que la Censure vienne quand il lui plaira : nous sommes fort bien disposés à la recevoir. Ces mots de *pouvoir prochain* et de *grâce suffisante*, dont on nous menace, ne nous feront plus de peur. Nous avons trop appris des Jésuites, des Jacobins et de M. Le Moine, en combien de façons on

---

style un peu plus ancien, plus suranné que le sien propre, lequel ne l'est pas du tout : *peu s'en faut que je ne die... j'en suis marri*. Ainsi, en un temps où l'Académie réglait véritablement et fixait le langage, Pascal, ce m'est évident, la trouve déjà un peu surannée et un peu arriérée, nonobstant Vaugelas. Il la devance ; il use, pour mieux réussir dans le monde, du langage du monde même, du dernier langage. » Il en sort, il vient d'y vivre durant quatre ou cinq ans ; il n'en est pas content, puisqu'il l'a quitté. Provisoirement, il en raille la langue sans amertume. Bientôt, il passera à la haine des mœurs du monde et le mépris du monde deviendra une des marques de son originalité.

les tourne, et combien il y a peu de solidité en ces mots nouveaux[a] pour nous en mettre en peine. Cependant je serai toujours, etc.

[a] « Et quelle est la solidité de ces mots nouveaux », éd. in-4º.

LETTRE III[a]

Injustice, absurdité et nullité de la Censure de M. Arnauld.

De Paris, ce 9 février 1656[1].

Monsieur,

Je viens de recevoir votre Lettre, et en même temps l'on m'a apporté une copie manuscrite de la Censure. Je me suis trouvé aussi bien traité dans l'une, que M. Arnauld l'est mal dans l'autre. Je crains qu'il n'y ait de l'excès des deux côtés, et que nous ne soyons pas assez connus de nos juges. Je m'assure que, si nous l'étions davantage, M. Arnauld mériteroit l'approbation de la Sorbonne, et moi la Censure de l'Académie. Ainsi nos intérêts sont tout contraires. Il doit se faire connoître pour défendre son innocence, au lieu que je dois demeurer dans l'obscurité pour ne pas perdre ma réputation. De sorte que, ne pouvant paroître, je vous remets le soin de m'acquitter envers mes célèbres approbateurs, et je prends celui de vous informer des nouvelles de la Censure.

Je vous avoue, monsieur, qu'elle m'a extrêmement

---

[a] « Troisième lettre écrite à un Provincial pour servir de réponse à la précédente », dans les éditions du temps.

1. Il en circula des exemplaires le 12. La publication récente de la Censure d'Arnauld en doubla le succès. « Ce succès, dit M. de Saint-Gilles cité par Sainte-Beuve, choqua de plus en plus les adversaires, qui faisoient mettre des *mouchards* (*sic*) à toutes les imprimeries : ce qui augmenta beaucoup les frais d'impression. »

surpris. J'y pensois voir condamner les plus horribles hérésies du monde; mais vous admirerez, comme moi, que tant d'éclatantes préparations se soient anéanties sur le point de produire un si grand effet.

Pour l'entendre avec plaisir, ressouvenez-vous, je vous prie, des étranges impressions qu'on nous donne depuis si longtemps des Jansénistes. Rappelez dans votre mémoire les cabales, les factions, les erreurs, les schismes, les attentats, qu'on leur reproche depuis si longtemps; de quelle sorte on les a décriés et noircis dans les chaires et dans les livres, et combien ce torrent, qui a eu tant de violence et de durée, étoit grossi dans ces dernières années, où on les accusoit ouvertement et publiquement d'être non seulement hérétiques et schismatiques, mais apostats et infidèles : « de nier le mystère de la transsubstantiation, et de renoncer à Jésus-Christ et à l'Évangile ».

Ensuite de tant d'accusations si surprenantes[a], on a pris le dessein d'examiner leurs livres pour en faire le jugement. On a choisi la Seconde Lettre de M. Arnauld, qu'on disoit être remplie des plus grandes[b] erreurs. On lui donne pour examinateurs ses plus déclarés ennemis. Ils emploient toute leur étude à rechercher ce qu'ils y pourroient reprendre; et ils en rapportent une proposition touchant la Doctrine, qu'ils exposent à la Censure.

Que pouvoit-on penser de tout ce procédé, sinon que cette proposition, choisie avec des circonstances si remarquables, contenoit l'essence des plus noires hérésies qui se puissent imaginer? Cependant elle est telle, qu'on n'y voit rien qui ne soit si clairement et si formellement ex-

---

[a] *Si atroces,* dans l'in-4° et l'in-12.
[b] *Détestables,* dans l'in-4° et l'in-12.

primé dans les passages des Pères que M. Arnauld a rapportés en cet endroit, que je n'ai vu personne qui en pût comprendre la différence. On s'imaginoit néanmoins qu'il y en avoit beaucoup[a], puisque, les passages des Pères étant sans doute catholiques, il falloit que la proposition de M. Arnauld y fût extrêmement[b] contraire pour être hérétique.

C'étoit de la Sorbonne qu'on attendoit cet éclaircissement. Toute la Chrétienté avoit les yeux ouverts pour voir dans la Censure de ces docteurs ce point imperceptible au commun des hommes. Cependant M. Arnauld fait ses apologies, où il donne en plusieurs colonnes sa proposition, et les passages des Pères d'où il l'a prise, pour en faire paroître la conformité aux moins clairvoyants.

Il fait voir que saint Augustin dit, en un endroit qu'il cite : « Que Jésus-Christ nous montre un juste en la personne de saint Pierre, qui nous instruit par sa chute de fuir la présomption. » Il en rapporte un autre du même Père, qui dit : « Que Dieu, pour montrer que sans la Grâce on ne peut rien, a laissé saint Pierre sans Grâce[1]. » Il en

---

[a] Éd. in-4º : *une terrible.*
[b] Éd. in-4º et in-12 : *horriblement.*

---

1. Textes de saint Augustin cités par Arnauld : « Secutus est (Petrus) Dominum passurum, sed tunc non potuit sequi passurus. Promisit se moriturum pro illo, et non potuit nec cum illo; plus enim ausus erat quam ejus capacitas sustinebat. Plus promiserat quam poterat. » *Opera*, t. X, sermo 106, cap. I, édit. Lov.; t. V, sermo 296, cap. I, édit. Bened.

« Quid est homo sine gratia Dei, nisi quod fuit Petrus quum negaret Christum? Et ideo beatum Petrum paululum Dominus subdeseruit, ut in illo totum hominum genus posset agnoscere, nihil se sine Dei gratia prævalere. » *Opera*, t. X, sermo 124, édit. Lov.; *id.*, t. V, append. serm. 79, édit. Bened.

L'abbé Maynard, qui a recueilli ces textes, objecte contre eux que les sermons dont ils sont tirés paraissaient *douteux* aux éditeurs de Louvain,

donne un autre de saint Chrysostome, qui dit : « Que la chute de saint Pierre n'arriva pas pour avoir été froid envers Jésus-Christ, mais parce que la Grâce lui manqua ; et qu'elle n'arriva pas tant par sa négligence que par l'abandon de Dieu, pour apprendre à toute l'Église que sans Dieu l'on ne peut rien. » Ensuite de quoi il rapporte sa proposition accusée, qui est celle-ci : « Les Pères nous montrent un juste en la personne de saint Pierre, à qui la Grâce, sans laquelle on ne peut rien, a manqué. »

C'est sur cela qu'on essaye en vain de remarquer comment il se peut faire que l'expression de M. Arnauld soit autant différente de celles des Pères que la vérité l'est de l'erreur, et la Foi de l'Hérésie : car où en pourroit-on trouver la différence ? Seroit-ce en ce qu'il dit : « Que les Pères nous montrent un juste en la personne de saint Pierre ? » Mais[a] saint Augustin l'a dit en mots propres. Est-ce en ce qu'il dit : « Que la Grâce lui a manqué ? » Mais le même saint Augustin qui dit, « que saint Pierre étoit juste », dit « qu'il n'avoit pas eu la Grâce en cette rencontre. » Est-ce en ce qu'il dit : « Que sans la Grâce on ne peut rien ? » Mais n'est-ce pas ce que saint Augus-

---

[a] *Mais* est omis dans le texte in-8°.

---

supposés à d'autres éditeurs, que les Benédictins en ont dit : *stylus re vera non sapit Augustinum.*

Les suivants ne sont pas contestés : « nisi desertus, non negaret, nisi respectus, non fleret. » T. X, hom. IV, inter XI, ultimas, édit. Lov. ; t. V, serm. 285, édit. Benedict.

L'abbé Maynard donne le texte entier : « Amare Dominum interrogatus in corde suo, præsumpserat se pro eo etiam moriturum. Viribus suis, hoc tribuerat : nisi paulisper a regente desereretur, non sibi demonstraretur. » Puis venait la citation d'Arnauld et saint Augustin ajoute : « Odit Deus præsumptores de viribus suis. »

Saint Chrysostome serait trop long à citer. Ces textes n'offrent d'ailleurs qu'un intérêt rétrospectif aujourd'hui.

tin dit au même endroit, et ce que saint Chrysostome même avoit dit avant lui, avec cette seule différence, qu'il l'exprime d'une manière bien plus forte, comme en ce qu'il dit : « Que sa chute n'arriva pas par sa froideur, ni par sa négligence, mais par le défaut de la Grâce, et par l'abandon de Dieu[1] ? »

Toutes ces considérations tenoient tout le monde en haleine, pour apprendre en quoi consistoit donc[a] cette diversité, lorsque cette Censure si célèbre et si attendue a enfin paru après tant d'Assemblées. Mais, hélas ! elle a bien frustré notre attente. Soit que les docteurs Molinistes[b] n'aient pas daigné s'abaisser jusqu'à nous en instruire, soit pour quelque autre raison secrète, ils n'ont fait autre chose que prononcer ces paroles : « Cette proposition est téméraire, impie, blasphématoire, frappée d'anathème et hérétique. »

Croiriez-vous, monsieur, que la plupart des gens, se voyant trompés dans leur espérance, sont entrés en mauvaise humeur, et s'en prennent aux censeurs mêmes ? Ils tirent de leur conduite des conséquences admirables pour l'innocence de M. Arnauld. Eh quoi ! disent-ils, est-ce là tout ce qu'ont pu faire, durant si longtemps, tant de docteurs si acharnés sur un seul, que de ne trouver dans tous ses ouvrages[2] que trois lignes à reprendre, et qui

[a] *Donc* est ajouté dans les éditions in-12 et in-8º.
[b] L'in-4º porte : *ces bons Molinistes* au lieu de *les docteurs Molinistes*.

1. Ici les adversaires de Pascal l'accusent non de fausser directement les textes qu'il cite, mais de les arranger ou de n'en donner que des lambeaux, de manière à en altérer le sens. Dans le cas actuel, comme le texte entier a été produit tout à l'heure, l'allégation est peu fondée.

2. L'abbé Maynard observe avec raison que, dans la circonstance, la *Lettre* d'Arnauld *à un duc et pair* était seule en cause. Il est juste d'ajouter néanmoins qu'on n'aurait pas songé à incriminer sa Lettre s'il n'avait pas écrit ses autres ouvrages.

sont tirées des propres paroles des plus grands docteurs de l'Église grecque et latine? Y a-t-il un auteur qu'on veuille perdre, dont les écrits n'en donnent un plus spécieux prétexte? et quelle plus haute marque peut-on produire de la Foi de cet illustre accusé?

D'où vient, disent-ils, qu'on pousse tant d'imprécations qui se trouvent dans cette Censure, où l'on assemble tous ces termes[a] de « poison, de peste, d'horreur, de témérité, d'impiété, de blasphème, d'abomination, d'exécration, d'anathème, d'hérésie », qui sont les plus horribles expressions qu'on pourroit former contre Arius, et contre l'Antechrist même, pour combattre une hérésie imperceptible, et encore sans la découvrir? Si c'est contre les paroles des Pères qu'on agit de la sorte, où est la Foi et la Tradition? Si c'est contre la proposition de M. Arnauld, qu'on nous montre en quoi elle en est différente; puisqu'il ne nous en paroît autre chose qu'une parfaite conformité. Quand nous en reconnoîtrons le mal, nous l'aurons en détestation; mais tant que nous ne le verrons point, et que nous n'y trouverons[b] que les sentiments des saints Pères, conçus et exprimés en leurs propres termes, comment pourrions-nous l'avoir sinon en une sainte vénération?

Voilà de quelle sorte ils s'emportent; mais ce sont des gens trop pénétrants. Pour nous, qui n'approfondissons pas tant les choses, tenons-nous en repos sur le tout. Voulons-nous être plus savants que[c] nos maîtres? n'entreprenons pas plus qu'eux. Nous nous égarerions dans cette recherche. Il ne faudroit rien pour rendre cette

---

[a] Au lieu de *tous ces termes*, il y a dans l'in-4º : *tous les plus terribles termes*. C'est un exemple des atténuations fréquentes faites plus tard au point de vue du bon goût et quand l'ardeur de la polémique se fut refroidie.

[b] *Verrons*, dans l'in-4º.

[c] *Messieurs nos maîtres*, dans l'in-4º.

Censure hérétique. La vérité est si délicate, que pour ª peu qu'on s'en retire, on tombe dans l'erreur : mais cette erreur est si déliée, que, pour peu qu'on s'en éloigne [b], on se trouve dans la vérité [c]. Il n'y a qu'un point imperceptible entre cette proposition et la Foi. La distance en est si insensible, que j'ai eu peur, en ne la voyant pas, de me rendre contraire aux docteurs de l'Église, pour me rendre trop conforme aux docteurs de Sorbonne; et, dans cette crainte, j'ai jugé nécessaire de consulter un de ceux qui, par politique [d], furent neutres dans la première question, pour apprendre de lui la chose véritablement. J'en ai donc vu un fort habile que je priai de me vouloir marquer les circonstances de cette différence, parce que je lui confessai franchement que je n'y en voyois aucune.

A quoi il me répondit en riant, comme s'il eût pris plaisir à ma naïveté [e] : Que vous êtes simple de croire qu'il y en ait ! Et où pourroit-elle être ? Vous imaginez-vous que, si l'on en eût trouvé quelqu'une, on ne l'eût pas marquée hautement, et qu'on n'eût pas été ravi de l'exposer à la vue de tous les peuples dans l'esprit desquels on veut décrier M. Arnauld? Je reconnus bien, à ce peu de mots, que tous ceux qui avoient été [f] neutres dans la première question ne l'eussent pas été dans la seconde. Je ne laissai pas néanmoins de vouloir ouïr ses raisons, et de lui dire : Pourquoi donc ont-ils attaqué cette proposition ? A quoi il me repartit : Ignorez-vous ces

---

[a] *Si peu,* dans l'in-4º.
[b] Au lieu de *pour peu qu'on s'en éloigne,* il y a dans l'in-4º : *sans même s'en éloigner.*
[c] Toute la phrase et supprimée dans l'in-8º.
[d] *Par politique* est ajouté dans les éditions postérieures à l'in-4º.
[e] *Comme s'il eût pris plaisir à ma naïveté* est ajouté dans les éditions postérieures à l'in-4º.
[f] *Étoient,* dans l'in-4º.

deux choses^a, que les moins instruits de ces affaires connoissent : l'une^b, que M. Arnauld a toujours évité de dire rien qui ne fût puissamment fondé sur la Tradition de l'Église; l'autre^c, que ses ennemis ont néanmoins résolu de l'en retrancher à quelque prix que ce soit, et qu'ainsi les écrits de l'un ne donnant aucune prise aux desseins des autres, ils ont été contraints, pour satisfaire leur passion, de prendre une proposition telle quelle, et de la condamner sans dire en quoi ni pourquoi; car vous ne savez pas comment les Jansénistes les tiennent en échec et les pressent si furieusement, que la moindre parole qui leur échappe contre les Principes des Pères, on les voit incontinent accablés par des volumes entiers, où ils sont forcés de succomber; de sorte qu'après tant d'épreuves de leur foiblesse, ils ont jugé plus à propos et plus facile de censurer que de repartir, parce qu'il leur est bien plus aisé de trouver des moines que des raisons[1] ?

^a *Ces deux choses* manque dans l'in-4° ainsi que l'incidente : *que les moins instruits de ces affaires connoissent.*
^b *L'une* manque dans l'in-4°.
^c *L'autre* manque aussi, ce qui est une conséquence de l'omission de *ces deux choses*. La phrase est ainsi construite : « Ignorez-vous que M. Arnauld a toujours évité de dire rien qui ne fût puissamment fondé sur la Tradition de l'Église et que ses ennemis... »

---

1. « Toutes les plaisanteries futures sur les Censures de la Sorbonne sont recélées dans ce seul mot : Ils ont jugé plus à propos et plus facile de censurer que de repartir, parce qu'il leur est bien plus aisé de trouver des moines que des raisons. Voilà du coup la Sorbonne décriée sans retour. Quand elle se mêlera d'atteindre, au xviiie siècle, des livres illustres, Buffon ou Jean-Jacques, on ne le prendra pas avec elle sur un autre ton. A partir de Pascal, être docteur de Sorbonne est devenu, pour le monde et aux yeux des profanes, un désagrément, un ridicule, comme d'être chanoine par exemple depuis le *Lutrin*. Le docte *bonnet* ne s'est pas plus relevé de cet affront des *Provinciales* que la *calotte* de Chapelain de la parodie de Boileau. Arnauld fut le dernier dont on put dire que la *beauté* du doctorat l'avait déçu... Les *Provinciales* avaient pour but de créer un parti *d'indifférents favorables;* elles ont réussi et trop bien pour leur cause : *receperunt mercedem suam*. Les *Provinciales* ont créé les amis

Mais, quoi ! lui dis-je, la chose étant ainsi, leur Censure est inutile : car quelle créance y aura-t-on en la voyant sans fondement, et ruinée par les réponses qu'on y fera ! Si vous connoissiez l'esprit du peuple, me dit mon docteur, vous parleriez d'une autre sorte. Leur Censure, toute censurable qu'elle est, aura presque tout son effet pour un temps; et quoiqu'à force d'en montrer l'invalidité il soit certain qu'on la fera entendre, il est aussi véritable que d'abord la plupart des esprits en seront aussi fortement frappés que de la plus juste du monde. Pourvu qu'on crie dans les rues : « Voici la Censure de M. Arnauld,

de *Port-Royal*, comme Mme de Sévigné, par exemple, comme La Fontaine, — comme vous, peut-être, qui me lisez, comme moi peut-être qui écris; — elles auraient conquis Montaigne. De ces alliés-là, on n'exigeait que peu : *ce serait trop les presser, il ne faut pas tyranniser ses amis.* (Pascal le dit des Jésuites dans la Seconde Provinciale.) Ces Jansénistes amateurs, tout en préconisant les illustres solitaires, le grand Arnauld, le fameux M. Nicole, allaient bientôt redisant du fond, non point tout à fait comme Pascal à la fin de sa troisième *Provinciale : ce sont des disputes de Théologiens et non pas de Théologie,* mais par un léger changement qui ne leur en paraissait pas un : ce sont des disputes de Théologiens *et* de Théologie. » Sainte-Beuve, *Port-Royal*, t. III, p. 69-70 de l'édition déjà citée.

Cela est évident. Pourtant Pascal n'a pas tort de dire que les Théologiens de la Sorbonne « ont jugé plus à propos et plus facile de censurer que de repartir ». Il y avait de cela une raison qu'il leur était interdit d'avouer : c'était la doctrine des Pères de l'Église qu'ils censuraient dans la personne d'Arnauld. Ce n'était pas avouable. Quel motif avaient-ils de censurer les Pères, y compris saint Paul et saint Augustin? C'est que, au xvie siècle, les Réformés avaient opposé les Doctrines et les Mœurs de l'Église primitive aux Doctrines et aux Mœurs de l'Église historique, de celle qui était debout. Les Doctrines et les Mœurs de l'Église primitive avaient servi aux Réformés à battre en brèche le Catholicisme historique qui, lui aussi, a sa légitimité, qu'il était injuste d'attaquer, mais qui ne pouvait décemment se défendre d'avoir changé, puisqu'il professe être immuable. De fait, Arnauld a raison et ses citations sont vraies ; ce qui n'est pas vrai chez lui, c'est la prétention qu'il a de n'être pas un Réformé de la famille de Calvin et, de plus, un brouillon hargneux et de mauvaise foi. Pascal, sans s'en douter, lui a jeté son bonnet de docteur à terre; Arnauld ne l'a pas ramassé. « S'il ne le tua pas du même coup, dit avec raison Sainte-Beuve, il le fit vieillir en un an de quarante. »

voici la condamnation des Jansénistes », les Jésuites auront leur compte. Combien y en aura-t-il qui la lisent[1]? combien peu de ceux qui la liront qui l'entendent[2]? combien peu qui aperçoivent qu'elle ne satisfait point aux objections? Qui croyez-vous qui prenne la chose à cœur, et qui entreprenne de les examiner à fond? Voyez donc combien il y a d'utilité en cela pour les ennemis des Jansénistes. Ils sont sûrs par là de triompher, quoique d'un vain triomphe à leur ordinaire, au moins durant quelques mois. C'est beaucoup pour eux. Ils chercheront ensuite quelque nouveau moyen de subsister. Ils vivent au jour la journée. C'est de cette sorte qu'ils se sont maintenus jusqu'à présent, tantôt par un catéchisme où un enfant condamne leurs adversaires, tantôt par une Procession où la grâce suffisante mène l'efficace en triomphe, tantôt par une Comédie où les diables emportent Jansénius; une autre fois par un Almanach, maintenant par cette Censure[3].

1. On dirait maintenant « qui la liront ».
2. Même observation.
3. En vue de confirmer les dernières assertions de Pascal, depuis celle où il reproche aux Jésuites de vivre au jour le jour, Nicole (*Note à la Troisième Provinciale*) relève quatre impertinences commises récemment par les Jésuites, qui étaient d'habiles metteurs en scène : « La première est ce Catéchisme comique qu'ils ont accoutumé de faire à Paris, dans leur superbe église de Saint-Louis, bâtie aux dépens du peuple. Dans ce Catéchisme, ils empruntent souvent la langue des enfants pour dire des injures à leurs adversaires, et ils leur enseignent moins la Foi que la calomnie... La seconde est cette procession solennelle ou, pour mieux dire, cette mascarade d'écoliers qu'ils firent au carnaval, en 1651, dans la ville de Mâcon. Un jeune homme bien fait, déguisé en fille et orné de tous les ajustements convenables à ce sexe, y traînoit un évêque (Jansénius) lié derrière lui qui suivoit dans une triste contenance, le visage couvert de crêpe et une mitre de papier en dérision sur sa tête, et, afin que personne n'ignorât ce qui étoit marqué par cette nymphe, qui paroissoit dans un si pompeux appareil, elle avoit un écriteau qui apprenoit à tout le monde qu'elle étoit la *grâce suffisante*. Une troupe de jeunes gens suivoit, dont une partie célébroit son triomphe et l'autre insultoit au malheur de l'évêque infortuné. Les Fous étoient dans l'admiration et les Sages dans le gémissement; ceux-

En vérité, lui dis-je, je trouvois tantôt à redire au procédé des Molinistes ; mais après ce que vous m'avez dit, j'admire leur prudence et leur politique. Je vois bien qu'ils ne pouvoient rien faire de plus judicieux ni de plus sûr. Vous l'entendez, me dit-il : leur plus sûr parti a toujours été de se taire. Et c'est ce qui a fait dire à un

là louaient l'adresse des Jésuites à faire des mascarades et ceux-ci étoient indignés jusqu'au fond du cœur de voir des Religieux si peu convenables à leur état.

« La troisième impertinence est du même genre : c'est une tragédie qu'ils firent au collège de Clermont, où ils représentèrent Jansénius emporté par les diables.

« Mais la quatrième, que Montalte appelle un *Almanach*, leur a coûté bien cher, et ils se sont repentis plus d'une fois d'une telle invention. On débite ordinairement en France, au mois de janvier, un grand nombre d'images, avec un calendrier, qu'on appelle des Almanachs. Les Jésuites trouvèrent que ce moyen étoit propre à insinuer leurs calomnies dans l'esprit des simples. Ils firent donc un Almanach où Jansénius étoit représenté habillé en évêque, avec des ailes de diable et escorté de *l'Ignorance*, de *l'Erreur* et de la *Tromperie*. On y voyoit d'un côté le Pape, assisté de la *Religion* et de la *Puissance de l'Église*, qui lançoit des foudres contre lui, et, de l'autre, le Roi environné du *Zèle divin*, de la *Piété*, de la *Concorde* et de la *Justice*, qui le poursuivoit avec son sceptre et l'épée de la Justice, et les malheureux Jansénistes, en habits grotesques, qui, désolés et chassés de tous côtés, se réfugioient chez les Calvinistes.

« Cet Almanach ayant été répandu dans le menu peuple, faisoit grand bruit parmi les harengères et les revendeuses de la halle, lorsque peu de temps après parut un écrit imprimé qui contenoit environ mille vers et qui peignoit ce bel Almanach de couleurs bien plus nobles et plus agréables. Il avoit pour titre : *les Enluminures du fameux Almanach des pères Jésuites*. On n'avoit encore rien vu en France de si bien fait en ce genre, ni rien qui dépeignît les Jésuites d'une manière plus juste et plus naturelle ; de sorte qu'après avoir bien raillé les autres, ils le furent à leur tour, et la scène étant changée, on vit tout d'un coup ceux que l'orgueil rendoit insupportables, n'oser presque plus se montrer. » C'est, en effet, une des pièces les plus goguenardes de cette littérature satirique qu'on a nommée la littérature de la Fronde. Les Jansénistes, du reste, faisaient à huis clos ce que les Jésuites faisaient dans les rues de Mâcon. Aux petites écoles de Port-Royal-des-Champs, les jeunes pensionnaires embarquaient sur un bateau de papier, dans le canal qui traversait le jardin, une poupée revêtue du costume d'Escobar ; le jésuite se noyait, naturellement, et on battait des mains.

savant théologien : « Que les plus habiles d'entre eux sont ceux qui intriguent beaucoup, qui parlent peu et qui n'écrivent point. »

C'est dans cet esprit que, dès le commencement des Assemblées, ils avoient prudemment ordonné que si M. Arnauld venoit en Sorbonne, ce ne fut que pour y exposer simplement ce qu'il croyoit, et non pas pour y entrer en lice contre personne. Les examinateurs s'étant voulu un peu écarter de cette méthode, ils ne s'en sont pas bien trouvés. Ils se sont vus trop fortement[a] réfutés par son[b] Second Apologétique.

C'est dans ce même esprit qu'ils ont trouvé cette rare et toute nouvelle invention de la demi-heure et du sable. Ils se sont délivrés par là de l'importunité de ces fâcheux docteurs qui entreprenoient de réfuter toutes leurs raisons, de produire les livres pour les convaincre de fausseté, de les sommer de répondre, et de les réduire à ne pouvoir répliquer[c].

Ce n'est pas qu'ils n'aient bien vu que ce manquement de liberté, qui avoit porté un si grand nombre de docteurs à se retirer des Assemblées, ne feroit pas de bien à leur Censure; et que l'acte de protestation de nullité qu'en avoit fait M. Arnauld, dès avant qu'elle fût conclue, seroit un mauvais préambule[d] pour la faire recevoir favorablement. Ils croient assez que ceux qui ne sont pas préoccupés[e] considèrent pour le moins autant le jugement de soixante-dix docteurs, qui n'avoient rien à gagner en

[a] *Vertement,* dans l'in-4° et l'in-12.
[b] Ibidem *le* au lieu de *son.*
[c] Texte in-4° de ce passage : « Ils se sont délivrés par là de l'importunité de ces *fâcheux* docteurs qui *prenoient plaisir à* réfuter toutes leurs raisons, *à* produire les livres pour les convaincre de fausseté, *à* les sommer de répondre et *à* les réduire à ne pouvoir répliquer.
[d] Texte in-4° : « Et que l'acte de M. Arnauld seroit un mauvais préambule ».
[e] *Ibid.* « dupes ».

défendant M. Arnauld, que celui d'une centaine d'autres, qui n'avoient rien à perdre en le condamnant.

Mais, après tout, ils ont pensé que c'étoit toujours beaucoup d'avoir une Censure, quoiqu'elle ne soit que d'une partie de la Sorbonne et non pas de tout le corps; quoiqu'elle soit faite avec peu ou point de liberté, et obtenue par beaucoup de menus moyens qui ne sont pas des plus réguliers ; quoiqu'elle n'explique rien de ce qui pouvoit être en dispute ; quoiqu'elle ne marque point en quoi consiste cette hérésie, et qu'on y parle peu, de crainte de se méprendre. Ce silence même est un mystère pour les simples ; et la Censure en tirera cet avantage singulier, que les plus critiques et les plus subtils théologiens n'y pourront trouver aucune mauvaise raison.

Mettez-vous donc l'esprit en repos, et ne craignez point d'être hérétique en vous servant de la proposition condamnée. Elle n'est mauvaise que dans la Seconde Lettre de M. Arnauld. Ne vous en voulez-vous pas fier à ma parole ? croyez-en M. Le Moine, le plus ardent des examinateurs, qui, en parlant encore ce matin à un docteur de mes amis, qui lui demandoit [a] en quoi consiste cette différence dont il s'agit, et s'il ne seroit plus permis de dire ce qu'ont dit les Pères : « Cette proposition, lui a-t-il excellemment répondu, seroit catholique dans une autre bouche ; ce n'est que dans M. Arnauld que la Sorbonne l'a condamnée. » Et ainsi admirez les machines du Molinisme, qui font dans l'Église de si prodigieux renversements, que ce qui est catholique dans les Pères devient hérétique dans M. Arnauld ; que ce qui étoit hérétique dans les semi-Pélagiens devient orthodoxe dans les écrits des Jésuites ; que la doc-

---

[a] Texte in-4º : « qui *a dit,* encore ce matin à un docteur de mes amis, *sur ce qu'il* lui demandoit. »

trine si ancienne de saint Augustin est une nouveauté insupportable; et que les inventions nouvelles qu'on fabrique tous les jours à notre vue passent pour l'ancienne Foi de l'Église. Sur cela il me quitta.

Cette instruction m'a servi [a]. J'y ai compris que c'est ici une hérésie d'une nouvelle espèce. Ce ne sont pas les sentiments de M. Arnauld qui sont hérétiques ; ce n'est que sa personne. C'est une hérésie personnelle. Il n'est pas hérétique pour ce qu'il a dit ou écrit, mais seulement pour ce qu'il est M. Arnauld. C'est tout ce qu'on trouve à redire en lui. Quoi qu'il fasse, s'il ne cesse d'être, il ne sera jamais bon catholique. La Grâce de saint Augustin ne sera jamais la véritable tant qu'il la défendra. Ce seroit un coup sûr, et presque le seul moyen de l'établir et de détruire le Molinisme, tant il porte de malheur aux opinions qu'il embrasse [b].

Laissons donc là leurs différends. Ce sont des disputes de Théologiens, et non pas de Théologie. Nous, qui ne sommes point docteurs, n'avons que faire à leurs démêlés. Apprenez des nouvelles de la Censure à tous nos amis, et aimez-moi autant que je suis, monsieur,

Votre très humble et très obéissant serviteur,

E. A. A. B. P. A. F. D. E. P [1].

[a] Texte in-4º : « m'a ouvert les yeux », au lieu de *m'a servi*.
[b] Au lieu de : « tant il porte de malheur aux opinions qu'il embrasse », il y a dans manuscrit autographe des *Pensées* cette variante : « Il faut donc que M. Arnauld ait de bien mauvais sentiments pour infecter (ainsi) ceux qu'il embrasse. »

---

1. Les initiales se traduisent : « Et ancien ami, Blaise Pascal, Auvergnat, fils d'Étienne Pascal. » C'était une énigme que l'auteur des *Provinciales* donnait à deviner aux révérends pères jésuites. Il a retranché cette fin de lettre à partir de *Je suis*, dans l'édition in-8º de 1659.

LETTRE IV[1]

De la Grâce actuelle toujours présente et des Péchés d'ignorance.

De Paris, ce 25 février 1656.

Monsieur,

Il n'est rien tel que les Jésuites[2]. J'ai bien vu des Jacobins, des docteurs et de toute sorte de gens; mais une pareille

---

1. « *Quatrième lettre écrite à un Provincial par un de ses amis* » dans l'in-4°.
2. Après sa Troisième *Provinciale*, Pascal tourne court. Il a jusqu'ici traité de la Grâce ; il entre brusquement dans la Morale des Jésuites. Le père Daniel, dans ses *Entretiens de Cléandre et d'Eudoxe* (1ᵉʳ entretien, p. 14 de la dixième édition, Cologne, 1697), explique les choses à sa façon : « Jamais, dit-il, parti n'avoit été plus malmené et plus accablé par les puissances ecclésiastiques et par les puissances séculières, lorsque ces habiles gens firent changer tout à coup la scène et, au moment que les uns les plaignoient, que les autres les blâmoient et que quelques-uns les insultoient, ils se firent les acteurs d'une comédie qui fit oublier aux spectateurs tout ce qui venoit de se passer. Ils donnèrent le change au public presque sans qu'il s'en aperçût et le firent prendre aux Jésuites, sur lesquels ils rabattirent tout court, après avoir d'abord fait semblant d'en vouloir à la Sorbonne. Ils les mirent sur la défensive et les poussèrent si vivement qu'ils s'attirèrent les applaudissements d'une grande partie de ceux qui n'avoient pour eux un peu auparavant que des sentiments d'indignation. Enfin plusieurs, après les avoir regardés pendant quelque temps comme les corrupteurs de la Foi, s'accoutumèrent insensiblement à les considérer comme les défenseurs et les restaurateurs de la Morale chrétienne et de la Discipline de l'Église. » Ce n'était pas tout à fait sans raison. On a prétendu que c'était sur le conseil du chevalier de Méré que Pascal avait changé de batterie et s'en était pris à la Morale des Jésuites. Ce conseil, qui était bon s'il a été donné, n'explique pas l'événement. Le fait est que les Jansénistes condamnés dans la personne d'Arnauld par les docteurs de Sorbonne avaient envoyé des députés à Rome et que les

visite¹ manquoit à mon instruction. Les autres ne font que les copier. Les choses valent toujours mieux dans leur source. J'en ai donc vu un des plus habiles, et j'y² étois accompagné de mon fidèle Janséniste, qui vint[a] avec moi aux Jacobins. Et comme je souhaitois particulièrement d'être éclairci sur le sujet d'un différend qu'ils ont avec les Jansénistes, touchant ce qu'ils appellent la *Grâce actuelle*, je dis à ce bon père que je lui serois fort obligé s'il vouloit m'en instruire ; que je ne savois pas seulement ce que ce terme signifioit : je le priai donc de me l'expliquer [b]. Très volontiers, me dit-il ; car j'aime les gens curieux. En voici la définition. Nous appelons « Grâce actuelle une inspiration de Dieu³ par laquelle il nous fait connoître sa volonté, et par laquelle il nous excite à la vouloir accomplir ». Et en quoi, lui dis-je, êtes-vous en dispute avec les Jansénistes sur ce sujet ? C'est, me répondit-il, en ce que nous voulons que Dieu donne des grâces actuelles à tous les hommes à chaque tentation : parce que nous soutenons que, si l'on n'avoit pas à chaque tentation la Grâce actuelle pour n'y point pécher, quelque péché que l'on commît, il ne pourroit jamais être imputé. Et les Jansénistes disent,

[a] *Fut* au lieu de *vint*, dans l'in-4° et l'in-12.
[b] Textes in-4° et in-12 : « et je le priai de me l'expliquer ».

Jésuites avaient eu l'art d'empêcher la démarche d'aboutir. Pascal, en s'attaquant à leur Morale, se venge de leurs artifices romains.

1. Celle qu'il va raconter.
2. *J'y*, c'est-à-dire : j'étois accompagné quand j'allai chez lui. La tournure *j'y* est beaucoup plus courte, mais incorrecte.
3. C'est ce que, dans l'idiome laïc, on appelle une inspiration subite, une idée qui vient à l'improviste avec le désir de la réaliser et quelquefois des vues sur les moyens d'y parvenir. Cela peut être une émotion comme une idée. Dieu envoie particulièrement la Grâce actuelle aux écrivains, aux artistes, à ceux que l'occasion met en présence d'une action héroïque à accomplir ou d'un sentiment nouveau à exprimer.

au contraire, que les péchés commis sans Grâce actuelle ne laissent pas d'être imputés : mais ce sont des rêveurs. J'entrevoyois ce qu'il vouloit dire ; mais, pour le lui faire encore expliquer plus clairement, je lui dis : Mon père, ce mot de *Grâce actuelle* me brouille ; je n'y suis pas accoutumé : si vous aviez la bonté de me dire la même chose sans vous servir de ce terme, vous m'obligeriez infiniment. Oui, dit le père ; c'est-à-dire que vous voulez que je substitue la définition à la place du défini : cela ne change jamais le sens du discours ; je le veux bien. Nous soutenons donc, comme un principe indubitable, « qu'une action ne peut être imputée à péché, si Dieu ne nous donne, avant que de la commettre, la connoissance du mal qui y est, et une inspiration qui nous excite à l'éviter ». M'entendez-vous maintenant ?

Étonné d'un tel discours, selon lequel tous les péchés de surprise, et ceux qu'on fait dans un entier oubli de Dieu, ne pourroient être imputés [a], je me tournai vers mon Janséniste, et je connus bien, à sa façon, qu'il n'en croyoit rien. Mais, comme il ne répondoit mot [b], je dis à ce père : Je voudrois, mon père, que ce que vous dites fût bien véritable, et que vous en eussiez de bonnes preuves. En voulez-vous, me dit-il aussitôt ; je m'en vas vous en fournir, et des meilleures : laissez-moi faire. Sur cela, il alla chercher ses livres. Et je dis cependant[1] à mon ami : Y en a-t-il quelque autre qui parle comme celui-ci ? Cela vous est-il si nouveau ? me répondit-il. Faites état que jamais les

---

[a] Entre *imputés* et *je me tournai* on trouve dans l'in-8º : « puisque, avant de les ommettre, on n'a ni la connoissance du mal qui y est, ni la pensée de l'éviter ».
[b] *Point* au lieu de *mot* dans le texte in-8º.

---

1. Pendant ce temps-là. *Cependant* est ici employé au sens étymologique.

Pères, les Papes, les Conciles, ni l'Écriture, ni aucun livre de piété, même dans ces derniers temps, n'ont parlé de cette sorte : mais que pour des Casuistes, et des Nouveaux Scolastiques, il vous en apportera un beau nombre. Mais quoi ! lui dis-je, je me moque de ces auteurs-là, s'ils sont contraires à la Tradition. Vous avez raison, me dit-il. Et à ces mots, le bon père arriva chargé de livres ; et m'offrant le premier qu'il tenoit : Lisez, me dit-il, la Somme des péchés du père Bauny[1], que voici, et de la cinquième édition encore, pour vous montrer que c'est un bon livre[2]. C'est dommage, me dit tout bas mon Janséniste, que ce livre-là ait été condamné à Rome, et par les évêques de France. Voyez, dit le père, la page 906. Je lus donc, et je trouvai ces paroles : « Pour pécher et se rendre coupable devant Dieu, il faut savoir que la chose qu'on veut faire ne vaut rien, ou au moins en douter, craindre, ou bien juger que Dieu ne prend plaisir à l'action à laquelle on s'occupe, qu'il la défend, et nonobstant la faire, franchir le saut et passer outre. »

Voilà qui commence bien, lui dis-je. Voyez cependant, me dit-il, ce que c'est que l'envie. C'étoit sur cela que M. Hallier[3], avant qu'il fût de nos amis, se moquoit du père Bauny, et lui appliquoit ces paroles : *Ecce qui tollit*

---

1. Bauny (Étienne), né à Mousson (Champagne) en 1565, mort à Saint-Pol-de-Léon en 1649, était entré en 1593 dans la Compagnie de Jésus, avait été durant seize ans professeur de Théologie morale et confesseur du cardinal de La Rochefoucauld. Il a laissé une *Théologie morale* en 4 vol. in-folio et une *Somme des péchés* mise à l'index à Rome, malgré les efforts du cardinal de La Rochefoucauld, son protecteur (1640), et censurée par une Assemblée du Clergé réunie à Mantes en 1642.

2. Un livre qui arrivait à la cinquième édition était alors un bon livre.

3. Hallier (M. François), docteur de Sorbonne et syndic de la Faculté, d'abord Janséniste, passa ensuite au Molinisme. Il fut envoyé à Rome afin d'y poursuivre la condamnation des Cinq Propositions extraites de Jansénius. Il mourut évêque de Cavaillon.

peccata mundi : « Voilà celui qui ôte les péchés du monde ! » Il est vrai, lui dis-je, que voilà une rédemption nouvelle, selon le père Bauny.

En voulez-vous, ajouta-t-il, une autorité plus authentique ? Voyez ce livre du père Annat [1]. C'est le dernier qu'il a fait contre M. Arnauld ; lisez la page 34, où il y a une oreille [2], et voyez les lignes que j'ai marquées avec du crayon ; elles sont toutes d'or. Je lus donc ces termes : « Celui qui n'a aucune pensée de Dieu, ni de ses péchés, ni aucune appréhension, c'est-à-dire, à ce qu'il me fit entendre, aucune connoissance de l'obligation d'exercer des actes d'amour de Dieu, ou de contrition, n'a aucune grâce actuelle pour exercer ces actes; mais il est vrai aussi qu'il ne fait aucun péché en les omettant, et que, s'il est damné, ce ne sera pas en punition de cette omission. » Et quelques lignes plus bas : « Et on peut dire la même chose d'une coupable commission. »

Voyez-vous, me dit le père, comme [a] il parle des péchés d'omission, et de ceux de commission ? car il n'oublie rien. Qu'en dites-vous ? O que cela me plaît ! lui répondis-je ; que j'en vois de belles conséquences ! Je perce déjà dans les suites : que de mystères s'offrent à moi ! Je vois, sans comparaison, plus de gens justifiés par cette ignorance et

---

[a] Textes in-4° et in-12 : *comment* au lieu de *comme*.

---

1. Annat (le père François), jésuite, né à Rodez (Aveyron) en 1590, mort à Paris en 1670, confesseur de Louis XIV. Il avait été nommé à cette charge en 1654 et avait été Provincial de son ordre. On a de lui trois volumes in-4° d'œuvres (1666). Selon l'auteur du *Menagiana*, son nom de famille était *Canard* (*Anas* en latin). Il l'aurait latinisé afin d'échapper au ridicule.

2. *Réponse à quelques demandes touchant la Première Lettre de M. Arnauld*, mai 1655. Arnauld lui avait répondu à son tour dans sa *Seconde Lettre à un duc et pair*.

cet oubli de Dieu que par la Grâce et les sacrements. Mais, mon père, ne me donnez-vous point une fausse joie? N'est-ce point ici quelque chose de semblable à cette *suffisance* qui ne suffit pas? J'appréhende furieusement le *distinguo :* j'y ai déjà été attrapé. Parlez-vous sincèrement? Comment! dit le père en s'échauffant, il n'en faut pas railler. Il n'y a point ici d'équivoque. Je n'en raille pas, lui dis-je; mais c'est que je crains à force de désirer.

Voyez donc, me dit-il, pour vous en mieux assurer, les écrits de M. Le Moine, qui l'a enseigné en pleine Sorbonne. Il l'a appris de nous, à la vérité; mais il l'a bien démêlé. O qu'il l'a fortement établi! Il enseigne que, pour faire qu'une action soit *péché,* il faut que *toutes ces choses se passent dans l'âme.* Lisez et pesez chaque mot. Je lus donc en latin ce que vous verrez ici en françois : « 1. D'une part, Dieu répand dans l'âme quelque amour qui la penche vers la chose commandée; et de l'autre part, la concupiscence rebelle la sollicite au contraire. 2. Dieu lui inspire la connoissance de sa foiblesse. 3. Dieu lui inspire la connoissance du médecin qui la doit guérir. 4. Dieu lui inspire le désir de sa guérison. 5. Dieu lui inspire le désir de le prier et d'implorer son secours. »

Et si toutes ces choses ne se passent dans l'âme, dit le jésuite, l'action n'est pas proprement péché, et ne peut être imputée, comme M. Le Moine le dit en ce même endroit et dans toute la suite.

En voulez vous encore d'autres autorités? En voici. Mais toutes modernes, me dit doucement mon Janséniste. Je le vois bien, dis-je; et, en m'adressant à ce père, je lui dis : O mon père, le grand bien que voici pour des gens de ma connoissance! Il faut que je vous les amène. Peut-être n'en avez-vous guère vus qui aient moins de péchés, car ils ne pensent jamais à Dieu; les vices ont prévenu leur raison : « Ils n'ont jamais connu ni leur infirmité, ni le médecin qui la peut guérir. Ils n'ont jamais pensé à désirer la santé de leur âme, et encore moins à prier Dieu de la leur donner »; de sorte qu'ils sont encore dans l'innocence du baptême[a] selon M. Le Moine. « Ils n'ont jamais eu de pensée d'aimer Dieu, ni d'être contrits de leurs péchés; » de sorte que, selon le père Annat, ils n'ont commis aucun péché par le défaut de charité et de pénitence : leur vie est dans une recherche continuelle de toutes sortes de plaisirs, dont jamais le moindre remords n'a interrompu le cours. Tous ces excès me faisoient croire leur perte assurée; mais, mon père, vous m'apprenez que ces mêmes excès rendent leur salut assuré. Béni soyez-vous, mon père, qui justifiez ainsi les gens! Les autres apprennent à guérir les âmes par des austérités pénibles : mais vous montrez que celles qu'on auroit crues le plus désespérément malades se portent bien. O la bonne voie pour être[b] heureux en ce monde et en l'autre! J'avois toujours pensé qu'on péchoit[c] d'autant plus qu'on pensoit moins à Dieu; mais, à ce que je vois, quand on a pu gagner une fois sur soi de n'y plus penser du tout, toutes choses deviennent pures pour l'avenir. Point de ces pécheurs à demi, qui ont quelque amour pour la vertu; ils seront tous damnés, ces demi-pécheurs; mais pour ces francs pécheurs, pécheurs endurcis, pécheurs sans mélange, pleins et achevés, l'Enfer ne les tient pas; ils ont trompé le diable à force de s'y abandonner[1].

[a] Textes in-4º et in-12 : *baptismale,* au lieu de *du baptême.*
[b] Texte in-4º : *bien* heureux.
[c] Textes in-4º et in-12 : *péchât.*

1. Ils boivent l'iniquité comme de l'eau, selon la parole de l'Écriture;

LETTRE IV.

Le bon père, qui voyoit assez clairement la liaison de ces conséquences avec son principe, s'en échappa adroitement: et, sans se fâcher, ou par douceur, ou par prudence, il me dit seulement : Afin que vous entendiez comment nous sauvons ces inconvénients, sachez que nous disons bien que ces impies dont vous parlez seroient sans péché s'ils n'avoient jamais eu de pensées de se convertir, ni de désirs de se donner à Dieu. Mais nous soutenons qu'ils en ont tous et que Dieu n'a jamais laissé pécher un homme sans lui donner auparavant la vue du mal qu'il va faire, et le désir, ou d'éviter le péché, ou au moins d'im-

---

ils sont dans un repos de conscience absolu : le péché d'habitude n'en est plus un. Ce ne sont pas là des niaiseries théologiques comme on pourrait le croire : Pascal a en vue ces professions malhonnêtes par elles-mêmes dans lesquelles on a des scrupules à l'origine. D'abord on a des remords, puis on s'y met et on les pratique en toute tranquillité d'âme. C'est au contraire quand on a manqué d'habileté, qu'on a des remords. Quelques exemples feront mieux sentir la chose. Prenez un hôtelier du quartier latin qui fait crédit et marque, comme on dit, la dépense de son client *à la fourchette*. S'il lui arrive d'oublier son jeu deux jours de suite, il a des remords, calcule sa perte, prend des résolutions viriles : désormais, il y veillera. Prenez encore l'homme dont le métier est de *faire l'article*, c'est-à-dire de mentir toute la journée sur le prix de la marchandise qu'il offre à vendre. S'il arrive par hasard que la langue *lui fourche*, c'est-à-dire d'avoir déclaré la vérité par mégarde, il se reproche le fait comme une mauvaise action. Voilà le péché de Pascal, celui qu'on pratique sans rougir, dont on a fait une honnêteté professionnelle, celle qui a cours sous le nom de *Morale des honnêtes gens* et qui ferait honte à un brigand des Abruzzes : c'est le *Commerce*.

Ceci est, qu'on ne s'y trompe pas, la question de la Grâce suffisante dépouillée de son appareil théologique. Les Jansénistes disaient : l'homme qui a l'habitude de vendre à faux poids a connaissance de ce qu'il fait, et comme il continue de vendre à faux poids il n'a pas la Grâce suffisante, celle qui l'engagerait à se corriger. Les Casuistes répondaient : il n'a pas de remords, l'habitude lui a ôté de fait la connaissance du mal qu'il fait : donc il ne pèche pas. Ils ajoutaient qu'il pourrait craindre d'être découvert. Alors il aurait la grâce suffisante, « la grâce véritable qui fait accomplir les préceptes et éviter le péché ». Vous êtes des Pélagiens, dit Nicole aux Casuistes ; saint Augustin vous condamne et moi aussi.

plorer son assistance[1] pour le pouvoir éviter : et il n'y a que les Jansénistes qui disent le contraire.

Eh quoi? mon père, lui repartis-je, est-ce là l'hérésie des Jansénistes, de nier qu'à chaque fois qu'on fait un péché, il vient un remords troubler la conscience, malgré lequel on ne laisse pas de *franchir le saut et de passer outre?* comme dit le père Bauny. C'est une assez plaisante chose d'être hérétique pour cela. Je croyois bien qu'on fût damné pour n'avoir pas de bonnes pensées; mais qu'on le soit pour ne pas croire que tout le monde en a, vraiment je ne le pensois pas[a]. Mais, mon père, je me tiens obligé en conscience de vous désabuser, et de vous dire qu'il y a mille gens qui n'ont point ces désirs, qui pèchent sans regret, qui pèchent avec joie, qui en font vanité. Et qui peut en savoir plus de nouvelles que vous? Il n'est pas que vous ne confessiez quelqu'un de ceux dont je parle, car c'est parmi les personnes de grande qualité qu'il s'en rencontre d'ordinaire. Mais prenez garde, mon père, aux dangereuses suites de votre maxime. Ne remarquez-vous pas quel effet elle peut faire dans ces libertins qui ne cherchent qu'à douter de la Religion? Quel prétexte leur en offrez-vous, quand vous leur dites, comme une vérité de foi, qu'ils sentent, à chaque péché qu'ils commettent, un avertissement et un désir intérieur de s'en abstenir? Car n'est-il pas visible qu'étant convaincus, par leur propre expérience, de la fausseté de votre doctrine en ce point, que vous dites être de foi, ils en étendront la conséquence

---

[a] Variante du manuscrit autographe des *Pensées* : « Je croyois bien qu'on fût damné pour n'avoir pas eu de bonnes pensées; mais pour croire que personne n'en a, cela m'est nouveau. »

---

1. L'assistance de Dieu. L'idée est claire; mais il y a de l'amphibologie dans les termes.

à tous les autres? Ils diront que si vous n'êtes pas véritables en un article, vous êtes suspects en tous : et ainsi vous les obligerez à conclure ou que la Religion est fausse, ou du moins que vous en êtes mal instruits.

Mais mon second, soutenant mon discours, lui dit : Vous feriez bien, mon père, pour conserver votre doctrine, de n'expliquer pas aussi nettement que vous nous avez fait ce que vous entendez par *Grâce actuelle*. Car comment pourriez-vous déclarer ouvertement, sans perdre toute créance dans les esprits, « que personne ne pèche qu'il n'ait auparavant la connoissance de son infirmité, celle du médecin, le désir de la guérison, et celui de la demander à Dieu » ? Croira-t-on, sur votre parole, que ceux qui sont plongés dans l'avarice, dans l'impudicité, dans les blasphèmes, dans le duel, dans la vengeance, dans les vols, dans les sacrilèges, aient véritablement le désir[a] d'embrasser la chasteté, l'humilité, et les autres vertus chrétiennes?

Pensera-t-on que ces philosophes, qui vantoient si hautement la puissance de la Nature, en connussent l'infirmité et le médecin? Direz-vous que ceux qui soutenoient, comme une maxime assurée, « que ce n'est pas Dieu qui donne la vertu[b], et qu'il ne s'est jamais trouvé personne qui la lui ait demandée », pensassent à la lui demander eux-mêmes?

Qui pourra croire que les Épicuriens, qui nioient la Providence divine, eussent des mouvements de prier Dieu? eux qui disoient, « que c'étoit lui faire injure de l'implorer dans nos besoins, comme s'il eût été capable de s'amuser à penser à nous » ?

[a] Textes in-4º et in-12 : « de véritables désirs ».
[b] Textes in-4º et in-12 : « Que Dieu ne donne point la vertu », au lieu de « Que ce n'est pas Dieu qui donne la vertu ».

Et enfin comment s'imaginer que les Idolâtres et les Athées aient dans toutes les tentations qui les portent au péché, c'est-à-dire une infinité de fois en leur vie, le désir de prier le vrai Dieu, qu'ils ignorent, de leur donner les vraies vertus[a] qu'ils ne connoissent pas[1] ?

Oui, dit le bon père d'un ton résolu, nous le dirons; et plutôt que de dire qu'on pèche sans avoir la vue que l'on fait mal, et le désir de la vertu contraire, nous soutiendrons que tout le monde, et les impies et les infidèles, ont ces inspirations et ces désirs à chaque tentation; car vous ne sauriez me montrer, au moins par l'Écriture, que cela ne soit pas.

Je pris la parole à ce discours pour lui dire : Eh quoi ! mon père, faut-il recourir à l'Écriture pour montrer une chose si claire ? Ce n'est pas ici un point de foi, ni même de raisonnement; c'est une chose de fait : nous le voyons, nous le savons, nous le sentons.

Mais mon Janséniste, se tenant dans les termes que le père avoit prescrits, lui dit ainsi : Si vous voulez, mon père, ne vous rendre qu'à l'Écriture, j'y consens; mais au

---

[a] Textes in-4º et in-12 : « Le désir de prier le *véritable* Dieu qu'ils ignorent, de leur donner les *véritables* vertus ».

---

1. Les Épicuriens qui ne prient pas Dieu parce qu'ils ne croient pas à la Providence et par suite sont dépourvus de la Grâce, les Idolâtres et les Athées qui n'ont pas de mouvement vers la vertu parce qu'ils ne la connaissent pas, c'est déjà la doctrine de Pascal dans les *Pensées : la Grâce par Jésus-Christ*. C'était la doctrine de Baïus et de Jansénius qui la tenaient de saint Paul. L'Église catholique a condamné ceux qui professent que toutes les actions des infidèles sont des péchés. Elle n'affirme rien ; c'est l'affirmation qu'elle condamne. A son exemple, de Maistre laisse à la Providence le secret de son intention. « Veut-elle agréer, dit-il (*De l'Église gallicane*, livre I, ch. XI), d'une manière que j'ignore les pénitences d'un fakir ? Je m'en réjouis et je la remercie... Sur tout cela, je ne sais rien et que m'importe ? Je m'en repose sur celui qui ne peut être injuste. Le salut des autres n'est pas mon affaire ; j'en ai une terrible sur les bras, c'est le mien. »

moins ne lui résistez pas : et puisqu'il est écrit, « que Dieu n'a pas révélé ses jugements aux Gentils, et qu'il les a laissés errer dans leurs voies », ne dites pas que Dieu a éclairé ceux que les Livres Sacrés nous assurent « avoir été abandonnés dans les ténèbres et dans l'ombre de la mort ».

Ne vous suffit-il pas, pour entendre l'erreur de votre principe, de voir que saint Paul se dit *le premier des pécheurs,* pour un péché qu'il déclare avoir commis *par ignorance et avec zèle ?*

Ne suffit-il pas de voir par l'Évangile que ceux qui crucifioient Jésus-Christ avoient besoin du pardon qu'il demandoit pour eux, quoiqu'ils ne connussent point la malice de leur action, et qu'ils ne l'eussent jamais faite, selon saint Paul, s'ils en eussent eu la connoissance ?

Ne suffit-il pas que Jésus-Christ nous avertisse qu'il y aura des persécuteurs de l'Église qui croiront rendre service à Dieu en s'efforçant de la ruiner ; pour nous faire entendre que ce péché, qui est le plus grand de tous, selon l'Apôtre, peut être commis par ceux qui sont si éloignés de savoir qu'ils pèchent, qu'ils croiroient pécher en ne le faisant pas ? Et enfin ne suffit-il pas que Jésus-Christ lui-même nous ait appris qu'il y a deux sortes de pécheurs, dont les uns pèchent avec connoissance, et les autres sans connoissance ; et qu'ils seront tous châtiés, quoiqu'à la vérité différemment ?

Le bon père, pressé par tant de témoignages de l'Écriture, à laquelle il avoit eu recours, commença à lâcher pied ; et laissant pécher les Impies sans inspiration, il nous dit : Au moins vous ne nierez pas que les Justes ne pèchent jamais sans que Dieu leur donne... Vous reculez, lui dis-je en l'interrompant, vous reculez, mon père : **vous** abandonnez le principe général, et, voyant qu'il ne vaut plus rien à l'égard des Pécheurs, vous voudriez entrer en composition, et le faire au moins subsister pour les Justes. Mais cela étant, j'en vois l'usage bien raccourci ; car il ne servira plus à guère de gens[1], et ce n'est quasi pas la peine de vous le disputer.

Mais mon second, qui avoit, à ce que je crois, étudié toute cette question le matin même, tant il étoit prêt sur tout, lui répondit : Voilà, mon père, le dernier retranchement où se retirent ceux de votre parti qui ont voulu entrer en dispute. Mais vous y êtes aussi peu en assurance. L'exemple des Justes ne vous est pas plus favorable. Qui doute qu'ils ne tombent souvent dans des péchés de surprise sans qu'ils s'en aperçoivent? N'apprenons-nous pas des Saints mêmes combien la concupiscence leur tend de pièges secrets, et combien il arrive ordinairement que, quelque sobres qu'ils soient, ils donnent à la volupté ce qu'ils pensent donner à la seule nécessité, comme saint Augustin le dit de soi-même dans ses Confessions?

Combien est-il ordinaire de voir les plus zélés s'emporter dans la dispute à des mouvements d'aigreur pour leur propre intérêt, sans que leur conscience leur rende sur l'heure d'autre témoignage, sinon qu'ils agissent de la sorte pour le seul intérêt de la vérité, et sans qu'ils s'en aperçoivent quelquefois que[2] longtemps après!

Mais que dira-t-on de ceux qui se portent avec ardeur

---

1. Pascal soutient ici la théorie de Saint-Cyran « qu'il n'y a et qu'il n'y a jamais eu qu'une poignée de vrais chrétiens ». C'est la théorie dite de *la voie étroite*, du petit nombre des Justes, c'est-à-dire des élus. Il y a un sermon célèbre de Massillon *sur le petit nombre des élus*. Massillon appartient de fait à l'École janséniste, quoiqu'il ne soit pas officiellement considéré comme un janséniste. De nos jours, Lacordaire qui n'était qu'un demi-chrétien, a prêché *sur le grand nombre des élus*.

2. *Que* pour *sinon* est tombé en désuétude.

à des choses effectivement mauvaises, parce qu'ils les croient effectivement bonnes, comme l'Histoire Ecclésiastique en donne des exemples : ce qui n'empêche pas, selon les Pères, qu'ils n'aient péché dans ces occasions ?

Et sans cela, comment les Justes auroient-ils des péchés cachés? Comment seroit-il véritable que Dieu seul en connoît et la grandeur et le nombre ; que personne ne sait s'il est digne d'amour ou de haine, et que les plus saints doivent toujours demeurer dans la crainte et dans le tremblement, quoiqu'ils ne se sentent coupables en aucune chose, comme saint Paul le dit de lui-même ?

Concevez donc, mon père, que les exemples et des Justes et des Pécheurs renversent également cette nécessité que vous supposez pour pécher, de connoître le mal et d'aimer la vertu contraire, puisque la passion que les Impies ont pour les vices témoigne assez qu'ils n'ont aucun désir pour la vertu ; et que l'amour que les Justes ont pour la vertu témoigne hautement qu'ils n'ont pas toujours la connoissance des péchés qu'ils commettent chaque jour, selon l'Écriture.

Et il est si vrai[a] que les Justes pèchent en cette sorte, qu'il est rare que les grands saints pèchent autrement. Car comment pourroit-on concevoir que ces âmes si pures, qui fuient avec tant de soin et d'ardeur les moindres choses qui peuvent déplaire à Dieu aussitôt qu'elles s'en aperçoivent, et qui pèchent néanmoins plusieurs fois chaque jour, eussent à chaque fois, avant que de tomber « la connoissance de leur infirmité en cette occasion, celle du médecin, le désir de leur santé, et celui de prier Dieu de les secourir », et que, malgré toutes ces inspirations,

---

[a] Textes in-4º et in-12 : « véritable. »

ces âmes si zélées *ne laissassent pas de passer outre* et de commettre le péché?

Concluez donc, mon père, que ni les Pécheurs, ni même les plus Justes, n'ont pas toujours ces connoissances, ces désirs et toutes ces inspirations, toutes les fois qu'ils pèchent. Et ne dites plus, avec vos Nouveaux Auteurs, qu'il est impossible qu'on pèche quand on ne connoît pas la Justice, mais dites plutôt, avec saint Augustin et les Anciens Pères, qu'il est impossible qu'on ne pèche pas quand on ne connoît pas la Justice : *Necesse est ut peccet, a quo ignoratur justitia.*

Le bon père, se trouvant aussi empêché de soutenir son opinion au regard des Justes qu'au regard des Pécheurs, ne perdit pas pourtant courage, et après avoir un peu rêvé : Je m'en vas bien vous convaincre, nous dit-il[1]. Et reprenant son père Bauny à l'endroit même

---

1. Le morceau qui commence par « le bon père se trouvant aussi empêché » est une des meilleures pages des *Provinciales*. « Ce bon père casuiste, dit Sainte-Beuve (*Port-Royal*, t. III, p. 111 de l'édition déjà citée), qui ne fait qu'un du bon père de la quatrième lettre et du bon père casuiste des lettres suivantes, ce bon père casuiste qui révèle si volontiers les secrets du métier, car il aime, dit-il, les gens curieux; si accueillant, si caressant, qui ne se tient pas dès qu'on l'écoute, tant c'est pour lui un art chéri dont il est plein que cette moelle du Casuisme, comme pour d'autres les coquillages ou les papillons, comme pour le Diphile de La Bruyère, les oiseaux; qui sait produire si à point le père Bauny que voici et de la cinquième édition encore; qui vous fait prendre dans sa bibliothèque le livre du père Annat contre M. Arnauld, juste à cette page où il y a une oreille; qui, tout fier de trouver dans son père Bauny le Philosophe cité tant bien que mal en latin, vous serre malicieusement les doigts et vous dit avec un œil qui rit de plaisir et d'innocente vanité: Vous savez bien que c'est Aristote; ce bonhomme qui nous expose sur chaque point *la grande méthode dans tout son lustre* et nous donne la recette bénigne selon laquelle il faut pour chaque opinion que *le temps la mûrisse peu à peu;* qui, si vous le piquez au jeu, ne sait rien d'impossible à ses docteurs, et vous dit pour peu que vous ayez l'air de douter de vos cas difficiles, absolument comme on dirait d'une charade : *proposez-les pour voir :* cet excellent personnage, toujours bouche ouverte à l'hameçon et si habile à nous faire dévider l'écheveau, mériterait

LETTRE IV.

qu'il nous avoit montré : Voyez, voyez la raison sur laquelle il établit sa pensée. Je savois bien qu'il ne manquoit pas de bonnes preuves. Lisez ce qu'il cite d'Aristote, et vous verrez qu'après une autorité si expresse, il faut brûler les livres de ce Prince des philosophes, ou être de notre opinion. Écoutez donc les principes qu'établit le père Bauny : il dit premièrement « qu'une action ne peut être imputée à blâme lorsqu'elle est involontaire ». Je l'avoue, lui dit mon ami. Voilà la première fois, leur dis-je, que je vous ai vus d'accord. Tenez-vous-en là, mon père, si vous m'en croyez. Ce ne seroit rien faire, me dit-il : car il faut savoir quelles sont les conditions nécessaires pour faire qu'une action soit volontaire. J'ai bien peur, répondis-je, que vous vous brouilliez là-dessus[1]. Ne craignez point, dit-il,

un nom qui le distinguât entre tous, et qui le fixât dans la mémoire, de Pathelin, de Macette, de Tartuffe, d'Onuphre, sans pourtant le rendre aussi odieux, car il y va, le pauvre homme, dans la pleine innocence de son cœur. Je proposerais bien de l'appeler *Alain*, puisqu'à n'en pas douter, c'est lui dans la personne d'Alain, dont Boileau s'est souvenu quand il a dit au chant IV du *Lutrin*, de ce *Lutrin* qui n'achève pas mal toute cette parodie de la Sorbonne entamée par les *Provinciales :*

> Alain tousse et se lève, Alain ce savant homme
> Qui de Bauny vingt fois a lu toute la Somme,
> Qui possède Abelly, qui sait tout Raconis,
> Et même entend, dit-on, le latin d'A-Kempis.
> ....
> Consultons sur ce point quelque auteur signalé,
> Voyons si des Lutrins Bauny n'a point parlé.

« Mais cet Alain, s'il a été autrefois notre bonhomme de père, n'est plus pourtant le même dans Boileau ; il a pris de l'embonpoint, de l'importance, il tousse et se rengorge. Non, notre bonhomme de père de chez Pascal n'est pas encore Alain et il faut le laisser sans nom ; il a bien su vivre sans cela. »

1. Ils vont se brouiller en effet. Un acte volontaire, pour le bon père comme pour le vulgaire, est un acte qu'on peut faire ou ne pas faire indifféremment. Il n'en est pas ainsi chez le Janséniste qui vient de lire Hobbes, qui se souvient d'avoir lu dans Luther que « l'homme est libre comme un cheval dans les jambes de son cavalier » et qui n'ignore point, au surplus, qu'un acte volontaire dans le sens où le prend le bon père serait un effet sans cause.

ceci est sûr ; Aristote est pour moi. Écoutez bien ce que dit le père Bauny : « Afin qu'une action soit volontaire, il faut qu'elle procède d'homme qui voie, qui sache, qui pénètre ce qu'il y a de bien et de mal en elle. VOLUNTARIUM EST, dit-on communément avec le Philosophe (vous savez bien que c'est Aristote, me dit-il en me serrant les doigts), *quod fit a principio cognoscente singula, in quibus est actio :* si bien que, quand la volonté, à la volée et sans discussion, se porte à vouloir ou abhorrer, faire ou laisser quelque chose avant que l'entendement ait pu voir s'il y a du mal à la vouloir ou à la fuir, la faire ou la laisser, telle action n'est ni bonne ni mauvaise, d'autant qu'avant cette perquisition, cette vue et réflexion de l'esprit dessus les qualités bonnes ou mauvaises de la chose à laquelle on s'occupe, l'action avec laquelle on la fait n'est volontaire. »

Hé bien ! me dit le père, êtes-vous content ? Il semble repartis-je, qu'Aristote est de l'avis du père Bauny ; mais cela ne laisse pas de me surprendre. Quoi, mon père ! il ne suffit pas, pour agir volontairement, qu'on sache ce que l'on fait, et qu'on ne le fasse que parce qu'on le veut faire ; mais il faut de plus « que l'on voie, que l'on sache et que l'on pénètre ce qu'il y a de bien et de mal dans cette action » ? Si cela est, il n'y a guère d'actions volontaires dans la vie, car on ne pense guère à tout cela. Que de jurements dans le jeu, que d'excès dans les débauches, que d'emportements dans le carnaval qui ne sont point volontaires, et par conséquent ni bons, ni mauvais, pour n'être point accompagnés de ces *réflexions d'esprit sur les qualités bonnes ou mauvaises* de ce que l'on fait ! Mais est-il possible, mon père, qu'Aristote ait eu cette pensée ? car j'avois ouï dire que c'étoit un habile homme ? Je m'en vas vous en éclaircir, me dit mon Janséniste. Et ayant demandé au père la Morale d'Aristote, il l'ouvrit au commencement du troisième livre, d'où le père Bauny a pris les paroles qu'il en rapporte, et dit à ce bon père : Je vous pardonne d'avoir cru, sur la foi du père Bauny, qu'Aristote ait été de ce sentiment. Vous auriez changé d'avis, si vous l'aviez lu vous-même. Il est bien vrai qu'il enseigne « qu'afin qu'une action soit volontaire il faut connaître les particularités de cette action, SINGULA *in quibus est actio* ». Mais qu'entend-il par là, sinon les circonstances particulières de l'action, ainsi que les exemples qu'il en donne le justifient clairement, n'en rapportant point d'autres que de ceux où l'on ignore quelqu'une de ces circonstances, comme « d'une personne qui, voulant monter une machine, en décoche un dard qui blesse quelqu'un ; et de Mérope, qui tua son fils en pensant tuer son ennemi », et autres semblables ?

Vous voyez donc par là quelle est l'ignorance qui rend les actions involontaires ; et que ce n'est que celle des circonstances particulières qui est appelée par les Théologiens, comme vous le savez fort bien, mon père, l'*ignorance du fait*. Mais, quant à celle du *droit*, c'est-à-dire quant à celle du bien et du mal qui est en l'action, de laquelle seule il s'agit ici, voyons si Aristote est de l'avis du père Bauny. Voici les paroles de ce Philosophe : « Tous les méchants ignorent ce qu'ils doivent faire et ce qu'ils doivent fuir ; et c'est cela même qui les rend méchants et vicieux. C'est pourquoi on ne peut pas dire que, parce qu'un homme ignore[a] ce qu'il est à propos qu'il fasse pour satisfaire à son devoir, son action soit involontaire. Car

---

[a] « Par ce qu'un homme ignore » est omis dans quelques exemplaires in-4°, non dans la plupart, comme l'avance l'abbé Maynard. Ce membre de phrase figure en effet dans trois exemplaires in-4° que nous avons sous les yeux.

cette ignorance dans le choix du bien et du mal ne fait pas qu'une action soit involontaire, mais seulement qu'elle est vicieuse. L'on doit dire la même chose de celui qui ignore en général les règles de son devoir, puisque cette ignorance rend les hommes dignes de blâme, et non d'excuse. Et ainsi l'ignorance qui rend les actions involontaires et excusables est seulement celle qui regarde le fait en particulier, et ses circonstances singulières : car alors on pardonne à un homme, et on l'excuse, et on le considère comme ayant agi contre son gré. »

Après cela, mon père, direz-vous encore qu'Aristote soit de votre opinion? Et qui ne s'étonnera de voir qu'un philosophe païen ait été plus éclairé que vos docteurs en une matière aussi importante à toute la Morale, et à la conduite des âmes, qu'est la connoissance des conditions qui rendent les actions volontaires ou involontaires, et qui ensuite les excusent ou ne les excusent pas de péché? N'espérez donc plus rien, mon père, de ce Prince des Philosophes, et ne résistez plus au Prince des Théologiens, qui décide ainsi ce point, au livre I de ses Rétr., chap. xv : « Ceux qui pèchent par ignorance ne font leur action que parce qu'ils la veulent faire, quoiqu'ils pèchent sans qu'ils veuillent pécher. Et ainsi ce péché même d'ignorance ne peut être commis que par la volonté de celui qui le commet, mais par une volonté qui se porte à l'action, et non au péché, ce qui n'empêche pas néanmoins que l'action ne soit péché, parce qu'il suffit pour cela qu'on ait fait ce qu'on étoit obligé de ne point faire. »

Le père me parut surpris, et plus encore du passage d'Aristote, que de celui de saint Augustin. Mais, comme il pensoit à ce qu'il devoit dire, on vint l'avertir que madame la maréchale de... et madame la marquise de... le demandoient. Et ainsi, en nous quittant à la hâte : J'en parlerai, dit-il, à nos Pères ; et ils trouveront bien quelque réponse. Nous en avons ici de bien subtils. Nous l'entendîmes bien ; et quand je fus seul avec mon ami, je lui témoignai d'être étonné du renversement que cette doctrine apportoit dans la Morale. A quoi il répondit qu'il étoit bien étonné de mon étonnement. Ne savez-vous donc pas encore que leurs excès sont beaucoup plus grands dans la Morale que dans les autres matières[a] ? Il m'en donna d'étranges exemples, et remit le reste à une autre fois. J'espère que ce que j'en apprendrai sera le sujet de notre premier entretien.

Je suis, etc.

[a] Textes in-4º et in-12 : « dans la Morale que *dans la Doctrine* », au lieu de : « dans la Morale que *dans les autres matières* ».

LETTRE V

Dessein des Jésuites en établissant une nouvelle Morale. Deux sortes de Casuistes parmi eux : beaucoup de relâchés, et quelques-uns de sévères : raison de cette différence. Explication de la doctrine de la Probabilité[2]. Foule d'Auteurs modernes et inconnus mis à la place des saints Pères.

De Paris, ce 20 mars 1656.

Monsieur,

Voici ce que je vous ai promis : voici les premiers traits de la Morale de ces bons pères Jésuites, « de ces hommes

---

1. « Cinquième Lettre écrite à un Provincial par un de ses amis » dans les éditions du temps, sauf l'édition in-8°, où il y a simplement : cinquième Lettre.

2. Probabilité ou Probabilisme. Il y a deux systèmes de ce nom, tous les deux d'origine grecque, le Probabilisme logique et historique, ayant pour objet le degré de certitude des idées et des faits, et le Probabilisme moral, ayant pour objet le degré de bien ou de mal qu'il y a dans les actions humaines.

Le Probabilisme logique, issu de la Nouvelle Académie, a été professé par Arcésilas. « Je ne sais rien, disait Socrate, excepté que je ne sais rien. » Arcésilas ne sait même pas qu'il ne sait rien. En logique, il n'y a pas de criterium ; mais la vie pratique en exige un. Dans l'impuissance d'arriver au vrai, l'homme est obligé de s'en tenir au *probable*, c'est-à-dire au vraisemblable. Arcésilas décrit la science du *probable* sous le nom de vraisemblable, Πιθανόν, ce dont Carnéade fit un système de philosophie. On lui objecte : la connaissance du vraisemblable suppose la connaissance du vrai. Oui, certes ; mais le vrai n'est qu'un idéal ; on en approche le plus qu'on peut.

La Probabilité morale ou Probabilisme qu'on limite aujourd'hui volontiers à la Théologie et dans la Théologie à la Casuistique soi-disant inventée par les Jésuites, est l'outil à l'aide duquel on gouverne les Sociétés et les individus, depuis l'origine de la Civilisation. Le législateur et l'homme d'État n'ont pas d'autre moyen à leur disposition. Sans entrer sur ce terrain, il suffit d'observer que le Probabilisme a présidé à l'élaboration du

LETTRE V.

éminents en doctrine et en sagesse qui sont tous conduits par la Sagesse divine, qui est plus assurée que toute la

Droit romain et du Droit canonique, que notre Droit public tout entier n'est que de la Casuistique. Les Scolastiques ont pu abuser de l'étude des mobiles de la volonté, car la Casuistique n'est en réalité que l'art de juger des motifs de nos actes. La subtilité scolastique a brodé sur un sujet riche par lui-même, par vanité intellectuelle, par envie de montrer qu'elle était habile à examiner le caractère d'actes sinon indifférents, au moins dont la physionomie est obscure. On a fait de la Casuistique une profession à l'usage des confesseurs, des directeurs de conscience. Au fait, les Juristes ont fait la même chose au point de vue de la Jurisprudence civile. Pascal aurait pu les ridiculiser au même titre que les Casuistes de la Théologie.

Le Probabilisme contemporain du premier âge de l'Église catholique demeure le fond de son enseignement en ce qui concerne la Théologie morale. Il s'appuie sur ce fait que ce sont les circonstances d'un acte qui en déterminent la signification, le degré de malice ou de bonté. Il y a au-dessus de cette Casuistique un principe général du bien et du mal; un acte est plus ou moins bon selon qu'il s'approche plus ou moins du principe idéal du bien, plus ou moins mauvais selon qu'il est plus ou moins rapproché du principe du mal.

Comme objet d'étude, il n'y a pas de plus noble exercice de l'intelligence que le Probabilisme. Tout le monde est probabiliste dix fois par jour. *Le sens du relatif* dans lequel le Probabilisme se résume est une exigence quotidienne de la vie. Pascal, dans l'intérêt de la cause qu'il défend — il a la maladie géométrique et il en mourra — présente sous un très faux jour les doctrines probabilistes des Casuistes de la Compagnie de Jésus. Son premier tort est de feindre de croire qu'il n'y a de Casuistes que chez les Jésuites. Il n'y a pas de Théologien qui ne soit pour cela même un Casuiste; c'est donc aux Théologiens qu'il s'en prend. Puis une opinion probable n'est pas celle qu'il déclare telle : « une opinion est probable, dit-il, lorsqu'elle est fondée sur des raisons de quelque considération d'où il arrive quelquefois qu'un seul docteur fort grave peut rendre une opinion probable ». Est-ce que Pascal n'admet pas cela lui-même dans saint Augustin et avec raison ? Une opinion probable, quand on est de bonne foi à la définir, est une opinion dans laquelle, le pour et le contre étant pesés, on se détermine d'après les règles qui président au pesage des corps.

Depuis les *Provinciales*, les pamphlétaires qui n'ont pas, eux non plus, autant de jugement que le bouc de La Fontaine avait de barbe au menton, mais qui sont haineux et misérables à plaisir, ont accumulé sur les Casuistes les immondices puisées dans leur propre cœur. Leur méthode consiste à prendre un cas extrême examiné par un Casuiste, pour un exercice auquel le Casuiste a l'habitude de se livrer. Bayle, Diderot, Montesquieu, Voltaire leur ont donné l'exemple. La calomnie n'était pas leur métier ordinaire, mais c'étaient des hommes de parti qui l'employaient à l'occasion.

Philosophie ». Vous pensez peut-être que je raille : je le dis sérieusement, ou plutôt ce sont eux-mêmes qui le disent dans leur ᵃ livre intitulé : *Imago primi sæculi*[1]. Je ne fais que copier leurs paroles, aussi bien que dans la suite de cet éloge : « C'est une Société d'hommes, ou plutôt d'anges, qui a été prédite par Isaïe en ces paroles : Allez, anges prompts et légers. » La prophétie n'est-elle ᵇ pas claire? « Ce sont des esprits d'aigles ; c'est une troupe de phé-

---

ᵃ *Le,* dans l'in-12.
ᵇ Les textes in-12 et in-8º portent : « *n'en* est-elle », ce qui est moins correct.

---

1. L'*Imago primi sæculi* donne à Pascal beau jeu. Vitelleschi, général des Jésuites, avait voulu qu'on célébrât en 1640 le premier centenaire de la fondation de l'Institut. Quelques Jésuites de Flandre se mirent en frais d'éloquence et de poésie. On réunit en un volume leurs discours et leurs odes. La typographie et la gravure vinrent au secours. On célébra le passé de l'Institut; on lui promit un avenir qu'il ne devait pas avoir. C'étaient des *Jeux séculaires*, comme ceux de Domitien. Les poètes de Domitien promettaient à la domination romaine l'éternité. Le nom de *Ville éternelle* que Rome a conservé, date des jeux de Domitien. Les Jésuites du xviiᵉ siècle se promettaient aussi d'être éternels :

Je n'ai fait que passer ; ils n'étaient déjà plus.

Cela rappelle l'*Hymen et la Naissance* de 1811 (*l'Hymen et la Naissance* ou poésies en l'honneur de Leurs Majestés impériales et royales, 1 vol. in-8º, Paris, Didot, 1812, avec des gravures faites sur les dessins de Girodet). Les poètes impériaux voyaient aussi l'éternité au bout du mariage de Napoléon et de la naissance du roi de Rome :

Hymen, entends ces cris, ces vœux, ces chants d'ivresse,
Ce bronze triomphant qui tonne dans les airs !
Pour fixer les destins, c'est à toi que s'adresse
   La voix de l'Univers,

chantait Esménard. L'univers est à autre chose. Pascal, qui chante « pouilles » à la Compagnie de Jésus toute-puissante, n'est pas dépourvu de courage. Aujourd'hui que cette toute-puissance est évanouie, son rire semble cruel. L'*Imago primi sæculi* a servi de réquisitoire en 1762 au Parlement de Paris contre les Jésuites. On a feint d'y voir un programme de domination universelle. L'imputation était odieuse : ce n'était qu'un jeu d'esprit, une vanterie si l'on veut, comparable aux *Conformités de la vie de saint François à la vie de Jésus-Christ*, à l'*Origo seraphica familiæ franciscanæ*, aux *Entrailles de la sainte Vierge pour l'Ordre des frères prêcheurs*.

LETTRE V.

nix, un auteur ayant montré depuis peu qu'il y en a plusieurs. Ils ont changé la face de la Chrétienté. » Il le faut croire puisqu'ils le disent. Et vous l'allez bien voir dans la suite de ce discours, qui vous apprendra leurs maximes.

J'ai voulu m'en instruire de bonne sorte. Je ne me suis pas fié à ce que notre ami m'en avoit appris. J'ai voulu les voir eux-mêmes ; mais j'ai trouvé qu'il ne m'avoit rien dit que de vrai. Je pense qu'il ne ment jamais. Vous le verrez par le récit de ces conférences.

Dans celle que j'eus avec lui, il me dit de si étranges[a] choses, que j'avois peine à le croire ; mais il me les montra dans les livres de ces Pères : de sorte qu'il ne me resta à dire pour leur défense, sinon que c'étoient les sentiments de quelques particuliers qu'il n'étoit pas juste d'imputer au corps. Et, en effet, je l'assurai que j'en connoissois qui sont aussi sévères que ceux qu'il me citoit sont relâchés. Ce fut sur cela qu'il me découvrit l'esprit de la Société, qui n'est pas connu de tout le monde, et vous serez peut-être bien aise de l'apprendre. Voici ce qu'il me dit.

Vous pensez beaucoup faire en leur faveur, de montrer qu'ils ont de leurs Pères aussi conformes[b] aux maximes évangéliques que les autres y sont contraires ; et vous concluez de là que ces opinions larges n'appartiennent pas à toute la Société. Je le sais bien ; car si cela étoit, ils n'en souffriroient pas qui y fussent si contraires. Mais puisqu'ils en ont aussi qui sont dans une doctrine si licencieuse, concluez-en de même que l'esprit de la Société n'est pas celui de la sévérité chrétienne ; car, si cela étoit, ils n'en souffriroient pas qui y fussent si opposés. Eh quoi ! lui ré-

---

[a] *Plaisantes* au lieu d'*étranges* dans les textes in-4º et in-12.
[b] « Ils ont de leurs pères aussi conformes », locution qui revient à dire : Ils ont un certain nombre de leurs Pères aussi conformes aux maximes évangéliques que les autres (parmi leurs Pères) y sont contraires.

pondis-je, quel peut donc être le dessein du corps entier? C'est sans doute qu'ils n'en ont aucun d'arrêté, et que chacun a la liberté de dire à l'aventure ce qu'il pense. Cela ne peut pas être, me répondit-il; un si grand corps ne subsisteroit pas dans une conduite téméraire, et sans une âme qui le gouverne et qui règle tous ses mouvements : outre qu'ils ont un ordre particulier de ne rien imprimer sans l'aveu de leurs Supérieurs. Mais quoi! lui dis-je, comment les mêmes Supérieurs peuvent-ils consentir à des maximes si différentes? C'est ce qu'il faut vous apprendre, me répliqua-t-il.

Sachez donc que leur objet n'est pas de corrompre les mœurs : ce n'est pas leur dessein. Mais ils n'ont pas aussi pour unique but celui de les réformer : ce seroit une mauvaise Politique. Voici quelle est leur pensée. Ils ont assez bonne opinion d'eux-mêmes pour croire qu'il est utile et comme nécessaire au bien de la Religion que leur crédit s'étende partout, et qu'ils gouvernent toutes les consciences. Et parce que les maximes évangéliques et sévères sont propres pour gouverner quelques sortes de personnes, ils s'en servent dans ces occasions où elles leur sont favorables. Mais comme ces mêmes maximes ne s'accordent pas au dessein de la plupart des gens, ils les laissent à l'égard de ceux-là, afin d'avoir de quoi satisfaire tout le monde. C'est pour cette raison qu'ayant affaire à des personnes de toutes sortes de conditions et de [a] nations si différentes, il est nécessaire qu'ils aient des Casuistes assortis à toute cette diversité [1].

[a] *Des* au lieu de *de,* dans le texte in-8º, ce qui modifie quelque peu le sens.

1. Le fait est naturel et légitime. Il est pratiqué par quiconque a un pouvoir d'opinion à exercer. Les Jésuites se conformaient à la conduite ordinaire de l'Église catholique qui proportionne son enseignement à la condition de ceux qui le reçoivent. Cela est surtout visible chez elle, dans

LETTRE V.

De ce principe vous jugez aisément que s'ils n'avoient que des Casuistes relâchés, ils ruineroient leur principal dessein, qui est d'embrasser tout le monde, puisque ceux qui sont véritablement pieux cherchent une conduite plus sévère. Mais comme il n'y en a pas beaucoup de cette sorte, ils n'ont pas besoin de beaucoup de directeurs sévères pour les conduire. Ils ont peu pour peu[1]; au lieu que la foule des Casuistes relâchés s'offre à la foule de ceux qui cherchent le relâchement[2].

C'est par cette conduite *obligeante et accommodante,* comme l'appelle le père Petau[3], qu'ils tendent les bras à tout le monde : car, s'il se présente à eux quelqu'un qui soit tout résolu de rendre des biens mal acquis, ne craignez pas qu'ils l'en détournent ; ils loueront, au contraire,

l'organisation des ordres religieux. Elle a des ordres paysans, comme les Trappistes qui travaillent la terre et vivent de céréales, des ordres industriels, comme les Chartreux, qui fabriquent du vin, des liqueurs et des étoffes, des ordres destinés à vivre avec les populations ouvrières des villes, comme étaient les Franciscains et les Capucins, des ordres savants, comme les Bénédictins, des Théologiens et des Prédicateurs, comme les Dominicains. Les Jésuites avaient plus d'ambition : ils voulaient vivre en rapport avec toutes les conditions sociales et avaient approprié leur organisation à ce dessein. L'argument de Pascal porte donc contre l'Église, en général, comme il porte contre les Jésuites, comme il porte contre les Dominations politiques qui ont à cœur de se faire accepter des gouvernés et à se mettre au niveau des intérêts de chacun.

1. Comme il fallait peu de Jansénistes, les gens qui suivent la *voie étroite* n'étant qu'une poignée et les amateurs de la sagesse qu'il s'agissait d'entretenir dans le *culte de la vérité*, n'étant eux non plus qu'une poignée.

2. C'est-à-dire à presque tout le monde, aux partisans de la Morale dite des honnêtes gens.

3. Petau (Denis), jésuite, érudit, théologien, né à Orléans en 1583, mort en 1652 à Paris, dans sa cellule du collège de Clermont, où il était professeur. D'abord élève de Casaubon et de Synésius, il avait obtenu à dix-neuf ans une chaire de philosophie à l'Université de Bourges. Il l'avait quittée afin d'entrer dans la Compagnie de Jésus (1605). Il fut, durant vingt-deux ans, professeur de Théologie et on lui avait offert le Cardinalat, qu'il refusa. C'était un homme de mérite, dont on consulte encore divers ouvrages, et en particulier le *Rationarium temporum*.

et confirmeront une si sainte résolution ; mais qu'il en vienne un autre qui veuille avoir l'absolution sans restituer, la chose sera bien difficile, s'ils n'en fournissent des moyens dont ils se rendront les garants.

Par là ils conservent tous leurs amis et se défendent contre tous leurs ennemis ; car si on leur reproche leur extrême relâchement, ils produisent incontinent au public leurs directeurs austères, avec[a] quelques livres qu'ils ont faits de la rigueur de la loi chrétienne ; et les simples, et ceux qui n'approfondissent pas plus avant les choses, se contentent de ces preuves[1].

[a] Textes in-4° et in-12 : *et* au lieu d'*avec*.

---

1. Un excellent argument des Jésuites contre cet exposé de leur Politique est que Pascal ne leur reproche, en gros, que ce que les Protestants reprochaient à l'Église catholique et, dans cette conjoncture, les Jésuites avaient raison. Ils tirent de là néanmoins une conclusion exagérée : c'est que Pascal était un hérétique. Cette accusation d'hérésie excite la colère de Nicole : tant pis si les Jésuites ont fourni des armes à la Réforme contre l'Église catholique tout entière. Ce sont des pierres de scandale. Nicole invoque contre eux l'Écriture : « Vous m'avez troublé et vous m'avez rendu odieux aux Cananéens. » — « Cependant, continue Nicole, les Jésuites ne sont point touchés de tant de sujets qu'ils fournissent aux Hérétiques d'insulter les serviteurs du Dieu vivant ; mais ils prennent même avantage de ce scandale, ils s'en glorifient et, comme si les reproches des Hérétiques contre leurs maximes étaient des preuves aussi infaillibles de leur vérité que la décision d'un Concile OEcuménique, ils en prennent occasion de décrier comme des hérétiques tous ceux qui les combattent. Et non seulement ils veulent qu'on regarde les erreurs que les Hérétiques ont relevées comme autant de vérités certaines et hors d'atteinte ; mais ils veulent qu'on ait le même égard pour toutes les abominations des Casuistes, que les Hérétiques n'ont jamais reprochées à l'Église... Ils devraient avoir appris de saint Augustin que les Hérétiques sont à la vérité semblables aux chiens qui léchoient les plaies de Lazare, parce qu'à leur exemple, ils s'attachent aux plaies de l'Église pour en faire le sujet de leurs médisances, et qu'en cela ils sont injustes et impies de vouloir déshonorer la mère à cause des crimes de ses enfants et de publier que tout le corps est infecté parce qu'il y a quelques-uns de ses membres qui le sont ; mais que néanmoins, comme les chiens

LETTRE V.

Ainsi ils en ont pour toutes sortes de personnes et répondent si bien selon ce qu'on leur demande, que, quand ils se trouvent en des pays où un Dieu crucifié passe pour folie, ils suppriment le scandale de la Croix et ne prêchent que Jésus-Christ glorieux, et non pas Jésus-Christ souffrant : comme ils ont fait dans les Indes et dans la Chine, où ils ont permis aux Chrétiens l'Idolâtrie même, par cette subtile invention, de leur faire cacher sous leurs habits une image de Jésus-Christ, à laquelle ils leur enseignent de rapporter mentalement les adorations publiques qu'ils rendent à l'idole Cachincoam et à leur Keum-fucum [1], comme Gravina [2], dominicain, le leur reproche ; et comme le témoigne le Mémoire, en espagnol, présenté au roi d'Espagne Philippe IV, par les Cordeliers des îles Philippines, rapporté par Thomas Hurtado [3] dans son livre du *Martyre de la foi*, p. 427. De telle sorte que la congrégation des cardinaux *de Propagandâ fide* fut obligée de défendre particulièrement aux Jésuites, sous peine d'excommunication,

---

ne laissent pas de lécher de véritables plaies, les Hérétiques, aussi, ne laissent pas de reprendre quelquefois de véritables désordres. » Nicole a raison et les Jésuites n'ont pas tort.

1. Confucius.
2. Gravina (Dominique), de l'ordre de saint Dominique, maître du sacré palais, fonction pontificale empruntée au souvenir du bas-empire, né en 1573, mort en 1643. Il était entré chez les frères prêcheurs dès 1596. C'était un casuiste estimé. On a de lui, outre divers opuscules, une série de traités sous le titre commun de *De catholicis præscriptionibus*, 4 vol. in-folio.
3. Thomas Hurtado, clerc régulier, mineur, casuiste et controversiste espagnol, né à Tolède vers la fin du xvie siècle, mort en 1659. Il fut professeur de théologie à Rome, à Alcala et à Salamanque, et jouissait au xviie siècle d'une grande réputation. L'ouvrage le plus connu qu'il ait laissé est son *Resolutionum moralium libri IV*. Un opuscule de lui intitulé : *Resolutiones de unico martyrio* et dirigé contre le *De Martyrio per pestem* du père jésuite Théophile Rainaud, excita une longue polémique. Elle n'était pas terminée à l'époque où parurent les *Provinciales*.

de permettre des adorations d'idoles[a] sous aucun prétexte, et de cacher le mystère de la Croix à ceux qu'ils instruisent de la Religion, leur commandant expressément de n'en recevoir aucun au baptême qu'après cette connoissance, et leur ordonnant[b] d'exposer dans leurs églises l'image du Crucifix, comme il est porté amplement dans le décret de cette congrégation, donné le 9e juillet 1646, signé par le cardinal Capponi[1].

[a] Texte in-4º : « d'idole », au singulier.
[b] « Leur ordonnant » manque dans les textes in-4º et in-12.

1. Il est avéré que les Jésuites missionnaires en Chine aux XVIe et XVIIe siècles autorisèrent les néophytes indigènes à conserver les usages et les cérémonies locales qui n'étaient pas contraires au Christianisme. Cette tolérance allait-elle trop loin? On le leur a reproché. L'affaire des Cérémonies Chinoises fit beaucoup de bruit à Rome et en France à la fin du XVIIe siècle. Les Jésuites, à cette occasion, imitèrent l'Église primitive, qui s'accommoda des cérémonies païennes et dans les provinces, des usages locaux, en les appropriant au nouveau culte. En Gaule, où les fontaines étaient des lieux de pèlerinage, on construisit des chapelles près de ces fontaines, afin de détourner la dévotion traditionnelle des indigènes. Dans l'économie générale du culte, on adopta les cérémonies et une foule de noms propres à l'ancien culte. Le titre de souverain pontife est un emprunt à la hiérarchie païenne. Le *pontifex maximus* est devenu le souverain pontife; le *curatus* des quartiers de Rome est devenu le curé; le bâton augural, la crosse épiscopale; l'eau lustrale, qui succédait elle-même au sang des victimes, est devenue l'eau bénite; les fêtes de Cérès avec les processions dans les champs sont devenues les Rogations. On adopta jusqu'aux autels, jusqu'aux costumes sacerdotaux, jusqu'à l'encens qu'on brûle durant les offices. Il fallait concéder quelque chose aux traditions populaires, afin d'attirer les classes inférieures (pagani, paysans) au Christianisme. L'Évangile est au-dessus de ces détails matériels et personne, sauf les puritains de la Réforme, n'a songé à faire un crime à l'Église d'avoir agi de cette manière si politique. Les Jésuites de Chine n'ont pas eu plus de répugnance qu'elle n'avait eu jadis. Les pères Ruggieri et Ricci, qui débarquèrent au Céleste Empire en 1581, étudièrent la situation. Ils virent les Chinois très attachés à leurs cérémonies, au culte des Ancêtres, de leurs grands hommes, notamment de Confucius. Ils respectèrent ce qu'ils ne pouvaient empêcher et obtinrent ainsi des résultats qu'une tolérance moindre a fait perdre ensuite. Les Jésuites travaillaient en paix depuis cinquante ans, lorsqu'en 1633, il leur vint des concurrents de divers ordres, concurrents

LETTRE V. 143

Voilà de quelle manière[a] ils se sont répandus par toute la terre à la faveur *de la Doctrine des Opinions Probables*, qui est la source et la base de tout ce dérèglement. C'est

[a] Texte in-4º : *sorte* au lieu de *manière*.

qui voulurent faire du zèle et compromirent les fruits du labeur des Jésuites. Ceux-ci furent dénoncés par les Dominicains comme des fauteurs de l'idolâtrie. Le mémoire à Philippe IV est l'œuvre d'un faussaire du nom de Diego Collado, qui le présenta comme venant des Cordeliers des Philippines, puis le Dominicain Moralez soumit à la Propagande la question suivante : « Est-il permis de se prosterner devant l'idole Chin-chouan et de sacrifier à Confucius ? » La Congrégation de la Propagande répondit que non. Le décret est de 1645, non de 1646. Il est signé du cardinal Ginetti, non du cardinal Capponi qui n'existait pas. Pascal parle donc par à peu près comme on fait souvent dans un journal, et ses *Lettres provinciales* étaient un journal. Il en travaillait le style avec effort. Ses informations ne sont pas toujours sûres. La prohibition n'est pas prononcée contre les missionnaires Jésuites en particulier; elle concerne les autres missionnaires au même titre. Le décret est adressé : omnibus et singulis missionariis cujuscunque ordinis, religionis et instituti, etiam societatis Jesu. Il fut rapporté en 1656, sur une communication du père Martini, jésuite, qui revenait de Chine et déclara que les honneurs décernés à Confucius étaient des honneurs civils. La controverse continua, compliquée de la question des rites indigènes tolérés dans l'Inde comme en Chine, jusqu'à ce qu'en 1684, Maigrot, évêque de Conon, fut envoyé en Chine en qualité de vicaire apostolique. Quelques années après, le cardinal de Tournon, légat du saint-siège dans l'Inde, se brouilla avec les Jésuites de Pondichéry, à propos des usages locaux. Le saint-siège lui donna raison (1704) et l'envoya voir ce qui se passait en Chine. Les Jésuites le présentèrent à l'Empereur, qui, mécontent de ses hauteurs, le fit expulser de Chine. Il avait eu le temps de publier (1707) un mandement qui interdisait les Cérémonies Chinoises. Alors Maigrot fut renvoyé et le cardinal de Tournon remis aux Portugais, dans les mains desquels il mourut. Le saint-siège soutenait ses légats par des bulles de prohibition; les Jésuites résistaient. La guerre entre eux et la Cour romaine finit par les deux bulles de Benoît XIV : *ex quo singulari* (1742) et *omnium sollicitudinum* (1744) qui interdisaient définitivement les Cérémonies Chinoises. La ruine des travaux accomplis par les Jésuites en Chine depuis près de deux cents ans en fut la conséquence immédiate. C'est un événement historique aussi important que la destruction d'un empire, et dans le détail duquel il n'y a pas à entrer ici. Les Jésuites avaient fait de grandes choses dans l'extrême Orient. L'intolérance étroite des congrégations romaines fit avorter leur entreprise qu'admirait Leibnitz, dont les paroles méritent d'être citées : « On travaille en Europe... à procurer aux Chinois l'avantage inestimable

ce qu'il faut que vous appreniez d'eux-mêmes ; car ils ne le cachent à personne, non plus que tout ce que vous venez d'entendre, avec cette seule[a] différence, qu'ils couvrent leur prudence humaine et politique du prétexte d'une prudence divine et chrétienne ; comme si la Foi, et la Tradition qui la maintient, n'étoit[b] pas toujours une et invariable dans tous les temps et dans tous les lieux ; comme si c'étoit à la règle à se fléchir pour convenir au sujet qui doit lui être conforme ; et comme si les âmes n'avoient, pour se purifier de leurs taches, qu'à corrompre la loi du Seigneur ; au lieu « que la loi du Seigneur, qui est sans tache et toute sainte, est celle qui doit convertir les âmes » et les conformer à ses salutaires instructions !

Allez donc, je vous prie, voir ces bons pères, et je m'assure que vous remarquerez aisément, dans le relâchement de leur Morale, la cause de leur doctrine touchant la Grâce. Vous y verrez les vertus chrétiennes si inconnues et si dépourvues de la charité, qui en est l'âme et la vie ;

---

[a] *Seule* est ajouté dans l'in-8º.
[b] « N'étoit » devrait être mis au pluriel puisque la Foi et la Tradition sont énumérées. Mais comment dire que la Foi et la Tradition sont toujours *une et invariable?* Du reste, l'incorrection de la forme couvre une incorrection du fond beaucoup plus sérieuse. Pascal presse l'argument janséniste de l'immutabilité de la Foi et de la Tradition, ce qui est la négation pure et simple de l'histoire qui tient une si grande place dans le passé de l'Église.

---

de connoître et de professer la Religion chrétienne. Ce sont principalement les Jésuites qui s'en occupent, par l'effet d'une charité très estimable et que ceux mêmes qui les regardent comme leurs ennemis jugent digne des plus grands éloges. Je sais qu'Antoine Arnauld, personnage qu'on peut compter parmi les ornements de ce siècle et qui était au nombre de mes amis, emporté par son zèle, a fait à leurs missionnaires des reproches que je crois n'avoir pas toujours été assez sages, car il faut, à l'exemple de saint Paul, se faire tout à tous et il me semble que les honneurs rendus par les Chinois à Confucius et tolérés par les Jésuites ne devroient pas être pris pour une adoration religieuse. »

vous y verrez tant de crimes palliés, et tant de désordres soufferts, que vous ne trouverez plus étrange qu'ils soutiennent que tous les hommes ont toujours assez de Grâce pour vivre dans la piété de la manière qu'ils l'entendent. Comme leur Morale est toute païenne, la Nature suffit pour l'observer. Quand nous soutenons la nécessité de la grâce efficace, nous lui donnons d'autres vertus pour objet. Ce n'est pas simplement pour guérir les vices par d'autres vices; ce n'est pas seulement pour faire pratiquer aux hommes les devoirs extérieurs de la Religion; c'est pour une vertu plus haute que celle des Pharisiens et des plus sages du Paganisme. La loi et la raison sont des grâces suffisantes pour ces effets. Mais, pour dégager l'âme de l'amour du monde, pour la retirer de ce qu'elle a de plus cher, pour la faire mourir à soi-même, pour la porter et l'attacher uniquement et invariablement à Dieu, ce n'est l'ouvrage que d'une main toute-puissante. Et il est aussi peu raisonnable de prétendre que l'on a toujours un plein pouvoir, qu'il le seroit de nier que ces vertus, destituées d'amour de Dieu, lesquelles ces bons Pères confondent avec les vertus chrétiennes, ne sont pas en notre puissance.

Voilà comme[a] il me parla, et avec beaucoup de douleur; car il s'afflige sérieusement de tous ces désordres. Pour moi, j'estimai ces bons Pères de l'excellence de leur Politique, et je fus, selon son conseil, trouver un bon Casuiste de la Société. C'est une de mes anciennes connoissances, que je voulus renouveler exprès. Et comme j'étois instruit de la manière dont il « les[1] » falloit[b] traiter,

[a] Textes in-4º et in-12 : *comment*.
[b] Textes in-4º et in-12 : *faut*.

1. Les Jésuites.

je n'eus pas de peine à le mettre en train. Il me fit d'abord mille caresses, car il m'aime toujours[1]; et après quelques discours indifférents, je pris occasion du temps où nous sommes pour apprendre de lui quelque chose sur le Jeûne, afin d'entrer insensiblement en matière. Je lui témoignai donc que j'avois de la peine[a] à le supporter. Il m'exhorta à me faire violence; mais, comme je continuai à me plaindre, il en fut touché, et se mit à chercher quelque cause de dispense. Il m'en offrit en effet plusieurs qui ne me convenoient point, lorsqu'il s'avisa enfin de me demander si je n'avois pas de peine à dormir sans souper. Oui, lui dis-je, mon père, et cela m'oblige souvent à faire collation à midi et à souper le soir. Je suis bien aise, me répliqua-t-il, d'avoir trouvé ce moyen de vous soulager sans péché : allez, vous n'êtes point obligé à jeûner. Je ne veux pas que vous m'en croyiez; venez à la bibliothèque. J'y fus, et là, en prenant un livre : En voici la preuve, me dit il, et Dieu sait quelle ! C'est Escobar[2]. Qui est Escobar,

[a] Textes in-4° et in-12 : « que j'avois *bien* de la peine ».

---

1. C'est le Jésuite de la Quatrième Provinciale, celui qui « dit toujours des bêtises et a lu tous les livres écrits par les Pères de son ordre », comme parle de Maistre.

2. Escobar (Antoine de), de l'illustre famille de Mendoça, jésuite espagnol, né à Valladolid en 1589, mort en 1669 à Madrid. Il était érudit, d'une éloquence facile, renommé pour la douceur de son caractère et pour ses vertus. S'il est accommodant sur le Jeûne, il jeûnait lui-même. Il ne s'abstint de jeûner que durant la dernière année de sa vie; il était alors octogénaire. Il a employé sa longue existence à prêcher et à écrire une Théologie morale en sept volumes in-folio, plus cette petite Théologie morale en un volume in-8° où puise Pascal et rédigée sur les extraits de vingt-quatre Jésuites, qui représentent les vingt-quatre vieillards de l'Apocalypse. On a aussi de lui un poème en vers latins dont le sujet était saint Ignace de Loyola, fondateur de son institut. Il écrivait comme il parlait, d'abondance, ce qui explique les citations qu'il fait et le décousu de ses principes. Ce n'était pas un aigle, mais il était bon et fut regretté de tous ceux qui l'ont

LETTRE V.

lui dis-je, mon père? Quoi! vous ne savez pas qui est Escobar de notre Société, qui a compilé cette Théologie morale de vingt-quatre de nos Pères; sur quoi il fait, dans la préface, une allégorie de ce livre « à celui de l'Apocalypse qui étoit scellé de sept sceaux? Et il dit que Jésus l'offre ainsi scellé aux quatre animaux, Suarez[1],

connu. Il fut très surpris des *Provinciales*. Il alla trouver le duc d'Ossuna, qui était son ami et son pénitent : « Il y a cinq ans, lui dit-il, qu'on voulut ici me déférer à l'Inquisition, parce qu'on trouvoit ma doctrine trop sévère et voilà qu'en France un libelle répandu partout me fait passer pour un corrupteur de la Morale de Jésus-Christ. » En France, il avait, en effet, scandalisé jusqu'à La Fontaine qui était, comme on sait, de mœurs très sévères. On lit encore les vers que La Fontaine lui a consacrés après l'avoir lu dans Pascal :

> Veut-on monter sur les célestes tours?
> Chemin pierreux est grande rêverie :
> Escobar suit un chemin de velours;...
> Il ne dit pas qu'on peut tuer un homme
> Qui sans raison nous tient en altercas,
> Pour un fétu ou bien pour une pomme;
> Mais qu'on le peut pour quatre ou cinq ducats!
> Même il soutient qu'on peut en certains cas
> Faire un serment plein de supercherie;
> S'abandonner aux douceurs de la vie,
> S'il est besoin, conserver ses amours;
> Ne faut-il pas après cela qu'on crie :
> Escobar suit un chemin de velours!

(Extrait d'une ballade de La Fontaine, dont la publication remonte à 1711, mais dont Barbier a découvert une copie avec variantes, insérée dans le *Journal de Paris* du 11 avril 1811. La leçon de Barbier est celle qu'on trouve dans les éditions modernes des œuvres de La Fontaine.)

Molière avait fait comme La Fontaine; Boileau avait suivi; on a retenu de lui ces vers :

> Si Bourdaloue, un peu sévère,
> Nous dit : — Craignez la volupté!
> — Escobar, lui, dit-on, mon père,
> Nous la permet pour la santé.

Escobar est devenu synonyme de cafard :

> Parbleu! cette habit de cafard
> Me donne l'encolure et l'air d'un Escobar.
>
> (ALFR. DE MUSSET.)

Pascal a attaché le grelot qui sonne encore.

1. Suarez (François), jésuite espagnol, né à Grenade en 1548, mort à Lisbonne en 1617. C'est un des grands Théologiens de l'Église catholique,

Vasquez[1], Molina, Valentia[2], en présence de vingt-quatre Jésuites qui représentent les vingt-quatre vieillards? » Il lut toute cette allégorie, qu'il trouvoit bien juste, et par où il me donnoit une grande idée de l'excellence de cet ouvrage. Ayant ensuite cherché son passage du Jeûne : Le voici, me dit-il, au tr. 1, ex. 13, n. 67. « Celui qui ne peut dormir s'il n'a soupé, est-il obligé de jeûner? Nullement. » N'êtes-vous pas content? Non pas tout à fait, lui dis-je; car je puis bien supporter le jeûne en faisant collation le matin et soupant le soir. Voyez donc la suite, me dit-il; ils ont pensé à tout. « Et que dira-t-on, si on peut bien se passer d'une collation le matin en soupant le soir[a]? (*Me voilà.*) On n'est point encore obligé à jeûner, car personne n'est obligé à changer l'ordre de ses repas. » O la bonne raison, lui dis-je. Mais, dites-moi, continua-t-il, usez-vous de[b] beaucoup de vin? Non, mon père, lui dis-je, je ne le puis souffrir. Je vous disois cela, me répondit-il, pour vous avertir que vous en pourriez boire le matin, et quand il vous plairoit, sans rompre le Jeûne[3]; et cela soutient tou-

---

[a] Textes in-4º et in-12 : « Et que dira-t-on, *si on se peut passer* d'une collation le matin en soupant le soir? »

[b] Textes in-4º et in-12 : « Usez-vous beaucoup de vin? », au lieu de : « Usez-vous *de* beaucoup de vin? »

---

qu'on a placé, comme Bossuet, au rang de *docteur de l'Église*. On l'a aussi comparé à saint Thomas d'Aquin. Il y a eu longtemps dans les universités espagnoles une chaire *Suarezienne*. Sa *Defensio catholicæ fidei contra anglicanæ sectæ errores* a été brûlée en Angleterre par la main du bourreau, et condamnée en France par le Parlement de Paris.

1. Vasquez (Gabriel), jésuite espagnol, né en 1551 à Belmonte del Tajo, mort à Alcala en 1604. Benoît XIV l'appelle avec Suarez « les deux lumières de la Théologie ». Il a laissé dix volumes in-folio d'œuvres.

2. Valentia (Grégoire de), jésuite espagnol et commentateur de saint Thomas d'Aquin, né à Medina del Campo (Vieille-Castille) en 1551, mort à Naples en 1603. Son commentaire de la *Somme* de saint Thomas se compose de quatre volumes in-folio.

3. *Liquidum non frangit jejunium*, axiome monacal.

jours. En voici la décision au même lieu, n. 75 : « Peut-on, sans rompre le Jeûne, boire du vin à telle heure qu'on voudra, et même en grande quantité? On le peut, et même de l'hypocras. » Je ne me souvenois pas de cet hypocras, dit-il ; il faut que je le mette sur mon recueil. Voilà un honnête homme, lui dis-je, qu'Escobar. Tout le monde l'aime, répondit le père : il fait de si jolies questions ! Voyez celle-ci, qui est au même endroit, n. 38 : « Si un homme doute qu'il ait vingt et un ans, est-il obligé de jeûner? Non. Mais si j'ai vingt et un ans cette nuit à une heure après minuit, et qu'il soit demain jeûne, serai-je obligé de jeûner demain? Non ; car vous pourriez manger autant qu'il vous plairoit depuis minuit jusqu'à une heure, puisque vous n'auriez pas encore vingt et un ans : et ainsi ayant droit de rompre le Jeûne, vous n'y êtes point[a] obligé[1]. » O que cela est divertissant ! lui dis-je. On ne s'en peut tirer, me répondit-il ; je passe les jours et les nuits à le lire, je ne fais autre chose. Le bon père, voyant que j'y prenois plaisir, en fut ravi ; et continuant : Voyez, dit-il, encore ce trait de Filiutius[2], qui est un de ces vingt-quatre

[a] Textes in-4º et in-12 : « pas ».

1. Le pauvre homme copie saint Thomas d'Aquin (Sentences et Somme. 2. 2. quæst. 147 art. 6 ad secund.) : « Il y a deux espèces de jeûnes : le jeûne eucharistique, qui est rompu par toute espèce de liquide, même de l'eau...; le jeûne ecclésiastique, qui n'est rompu que par les choses que l'Église prétend interdire. Or elle ne prétend pas imposer l'abstinence des liquides qui servent moins à nourrir qu'à aider la digestion. Il est donc permis à ceux qui jeûnent de boire plusieurs fois. Si quelqu'un cependant buvait sans modération, il pourrait pécher et perdre le mérite du jeûne, de la même manière que s'il mangeait avec excès à un seul repas. » Escobar, dira-t-on, ne va pas jusqu'au bout. Eh ! non, c'est Pascal. Le pauvre homme ajoute : « Immoderatio autem potest temperantiam violare, sed non jejunium. Itaque quidquid potus est jejunium non frangit. »

2. Filiutius, en italien *Filiucci* (Vincent), théologien jésuite, né à Sienne (Toscane), mort en 1622. Il professa durant dix ans la Théologie morale au

Jésuites, t. II, tr. 27, part. 2, c. 6, n. 143 : « Celui qui s'est fatigué à quelque chose, comme à poursuivre une fille, *ad insequendam amicam*[a], est-il obligé de jeûner?

[a] Textes in-4° et in-12 : *ad persequendam*. Filiucci dit *insequendam*. Le texte in-8° supprime les mots latins.

Collège romain. Il mourut *Casuiste en chef* du saint office. Il a laissé divers ouvrages, parmi lesquels deux volumes in-folio de *Questions morales*.

A propos de Filiutius, Sainte-Beuve s'est accordé le malin plaisir de surprendre Pascal en flagrant délit d'infidélité. « Pascal, dit-il, après avoir cité ce passage (*Port-Royal*, t. III, p. 123-124 de la 4ᵉ édition), nous a avertis qu'il n'avait pas porté ses tablettes avec lui à cette première visite. S'il les avait eues, il aurait sans doute cité plus exactement le passage qu'il n'a rendu si gai qu'en le tronquant. Si on se procure, en effet, le gros traité latin in-folio des *Questions morales* (*Moralium quæstionum de christianis officiis et casibus conscientiæ*) de l'honnête Filiutius, on finit par trouver, au milieu d'une suite nombreuse de cas qui y sont successivement examinés, celui-ci qui, au premier abord, n'a rien de bien divertissant. C'est au tome second, traité XXVII, partie II, chapitre vi, 123. Il me faut citer le texte même dans sa lourdeur authentique, car la première infidélité de Pascal est de l'avoir rendu leste et plaisant : Dices secondo, an qui malo fine laboraret ut ad aliquem occidendum vel ad insequendam amicam, vel quid simile, teneretur ad jejunium. Respondeo talem peccaturum quidem ex malo fine, at sequuta defatigatione excusaretur a jejunio (et il cite comme autorité, Medina, puis il continue); nisi fieret in fraudem, secundum aliquos; sed melius alii, culpam quidem esse in apponenda causa fractionis jejunii, at, ea posita, excusari a jejunio. — Tu demanderas si celui qui se fatiguerait pour une mauvaise fin, comme qui dirait pour tuer son ennemi ou pour poursuivre sa maîtresse, ou pour toute autre chose de ce genre, serait obligé au Jeûne. Je réponds que celui-là aurait péché en tant que poursuivant une fin criminelle, mais que, s'étant mis une fois hors d'état, à force de fatigue, il serait exempt du Jeûne. A moins toutefois, disent quelques-uns, qu'il n'y ait mis une intention de fraude (l'intention de s'exempter). Pourtant, d'autres pensent plus justement que le péché consiste à s'être procuré une raison de rompre le Jeûne, mais que cette raison une fois produite, on est exempt du Jeûne. — Wendrock (Nicole) a beau s'évertuer, continue Sainte-Beuve, pour nous démontrer que Montalte a bien cité. Quoi! se peut-il, monsieur Nicole, que vous soyez d'une morale aussi relâchée en matière de citations? La différence de ce texte avec celui de Pascal saute aux yeux, en effet; l'honnête pénitencier Filiutius, écrivant pour les gens du métier, ne tranche pas la question de ce ton cavalier qu'on lui prête; il n'aboust pas d'emblée et indistinctement le libertin; il ne dit pas, en un mot, ce qu'on lui fait dire. On peut trouver subtiles les distinctions qu'il se pose, on peut se deman-

Nullement. Mais s'il s'est fatigué exprès pour être par là dispensé du Jeûne, y sera-t-il tenu? Encore qu'il ait eu ce dessein formé, il n'y sera point obligé. » Eh bien! l'eussiez-vous cru? me dit-il. En vérité, mon père, lui dis-je, je ne le crois pas bien encore. Eh quoi! n'est-ce pas un péché de ne pas jeûner quand on le peut? Et est-il permis de rechercher les occasions de pécher? ou plutôt n'est-on pas obligé de les fuir? Cela seroit assez commode. Non pas toujours, me dit-il; c'est selon. Selon quoi? lui dis-je. Ho, ho! repartit le père. Et si on recevoit quelque incommodité en fuyant les occasions, y seroit-on obligé à votre avis? Ce n'est pas au moins celui du père Bauny[1] que voici, p. 1084 : « On ne doit pas refuser l'absolution à ceux qui demeurent dans les occasions prochaines du péché, s'ils sont en tel état qu'ils ne puissent les quitter sans donner sujet au monde de parler, ou sans qu'ils en reçussent eux-mêmes de l'incommodité. » Je m'en réjouis, mon père; il ne reste plus qu'à dire qu'on peut rechercher les occasions de propos délibéré, puisqu'il est permis de ne les pas

---

der s'il y a lieu de mettre l'infraction du Jeûne un seul moment en balance avec les actes illicites qui sont mentionnés tout à côté; mais prenez garde, ces questions-là, si vous les poussez, atteignent aisément la Confession elle-même, et si vous restez au point de vue catholique, si vous admettez la juridiction de ce tribunal institué pour tout entendre en secret, même les plus misérables et les plus contradictoires aveux, si vous vous souvenez qu'il s'y présentait souvent des pénitents bien étranges, comme Louis XI, par exemple, ou Philippe II, ou Henri III (je parle des plus connus), pour qui c'était une affaire sérieuse de jeûner le lendemain d'un meurtre ou d'une course libertine, vous trouverez moins étranges les précautions et distinctions que Filiutius prescrivait à la date de 1626 et qu'on retrouverait plus ou moins chez les autres Casuistes de ce temps. »

1. Bauny (Étienne), théologien, casuiste, jésuite, né à Mousson (Champagne) en 1665, mort en 1649. Comme il était confesseur du cardinal de La Rochefoucauld, celui-ci voulut empêcher que la *Somme des péchés* du p. Bauny ne fût mise à l'index à Rome. Le P. Bauny, outre sa *Somme des péchés*, a laissé une *Théologie morale* en 4 vol. in-folio.

fuir. Cela même est aussi quelquefois permis, ajouta-t-il. Le célèbre casuiste Basile Ponce l'a dit et le père Bauny le cite et approuve son sentiment, que voici dans le Traité de la Pénitence, Pars. 1, q. 4, p. 94 : « On peut rechercher une occasion[a] directement et pour elle-même ; *primo et per se,* quand le bien spirituel ou temporel de nous ou de notre prochain nous y porte[1]. »

[a] Texte in-12 : « une occasion *de péché* directement et *pour* elle-même », au lieu de : « une occasion directement et pour elle-même ».

---

1. Pascal abuse, on ne saurait en disconvenir, de la facilité qu'il y a toujours à découvrir dans un corps aussi nombreux que celui des Jésuites et dans la foule obscure des Casuistes, de quoi alimenter sa verve. Il abuse en particulier du père Bauny, qui est un *pénitencier* et, par état, examine tous les cas qui peuvent se présenter. Il entre dans des détails qui ont parfois l'air singulier et ne le sont pas ; par exemple, ce fait d'un négociant que ses affaires mettent en relation ordinaire avec des femmes et des filles, ce qui lui est une occasion de pécher. Veut-on qu'il se fasse ermite ? comme dit encore Sainte-Beuve (*Port-Royal*, t. III, p. 125 de l'édition citée) : « Cette Cinquième Provinciale fut faite un peu vite, et l'on conçoit maintenant qu'au commencement de la suivante, Pascal, avant d'entamer le récit de sa seconde visite, ait dit qu'il le ferait *plus exactement* que l'autre. Il y avait eu des réclamations dans l'intervalle, des avertissements venus sans doute de ses amis mêmes, et il se tint plus en garde désormais. Quand le père Annat, dans son écrit intitulé *la Bonne foi des Jansénistes en la citation des auteurs* (décembre 1656), se mit en devoir de dénoncer les infidélités des dernières lettres publiées depuis Pâques, il ne put y relever que des inexactitudes de détail, assez réelles sans doute si on prend soi-même des lunettes de casuiste, mais de peu d'importance quant au fond des choses et à la suite du raisonnement... Pascal, comme tous les gens d'esprit qui citent, tire légèrement à lui ; il dégage l'opinion de l'adversaire plus nettement qu'elle ne se lirait dans le texte complet ; parfois, il *arrachait quatre mots* (expression du père Annat, qui rend bien le procédé impérieux dont se plaignait le bonhomme) de tout un passage, quand cela lui va et sert à ses fins ; il aide volontiers à la lettre ; enfin, dans cette ambiguïté d'autorités et de décisions, il lui arrive par moments aussi de se méprendre. C'est là tout ce qu'on peut dire, sans avoir le droit de mettre en doute sa sincérité. Ajoutons qu'il y a de l'homme du monde encore et de l'homme naturel dans le dégoût avec lequel il touche ces matières, si bien étiquetées par d'autres ; cela le mène à brusquer plus d'un cas et à passer outre à des distinctions subtiles qui n'existent pas pour lui. »

LETTRE V.

Vraiment, lui dis-je, il me semble que je rêve, quand j'entends des Religieux parler de cette sorte! Eh quoi, mon père, dites-moi, en conscience, êtes-vous dans ce sentiment-là? Non vraiment, me dit le père. Vous parlez donc, continuai-je, contre votre conscience? Point du tout, dit-il: je ne parlois pas en cela selon ma conscience, mais selon celle de Ponce[1] et du père Bauny; et vous pourriez les suivre en sûreté, car ce sont d'habiles gens. Quoi! mon père, parce qu'ils ont mis ces trois lignes dans leurs livres, sera-t-il devenu permis de rechercher les occasions de pécher? Je croyois ne devoir prendre pour règle que l'Écriture et la Tradition de l'Église, mais non pas vos Casuistes. O bon Dieu, s'écria le père, vous me faites souvenir de ces Jansénistes? Est-ce que le père Bauny et Basile Ponce ne peuvent pas rendre leur opinion probable? Je ne me contente pas du probable, lui dis-je, je cherche le sûr[2]. Je vois bien, me dit le bon père, que vous ne savez pas ce que c'est que la doctrine des opinions probables; vous parleriez autrement si vous le saviez. Ah! vraiment, il faut que je vous en instruise. Vous n'aurez pas perdu votre temps d'être venu ici, sans cela vous ne pouviez rien entendre. C'est le fondement et l'A B C de

---

1. Ponce de Léon (Basile), religieux Augustin, né à Grenade dans la seconde moitié du XVIe siècle, mort à Salamanque en 1629. Il quitta les avantages que pouvait lui procurer une naissance illustre, afin de se consacrer à l'étude de la Théologie et du Droit canon, qu'il enseigna à Alcala. Parmi ses traités de Théologie, on cite celui *De impedimentis matrimonii*, ses *Variæ disputationes*. On recueillit sous le nom de *Fama posthuma* (1 vol. in-4°, 1630) des éloges funèbres en prose et en vers composés en son honneur.

2. C'est-à-dire le géométrique. Il n'y a vraiment rien de plus éloigné de l'esprit de Pascal que la théorie des opinions probables. Elles sont du domaine des sciences morales. Pascal y viendra. Jusque-là, il n'a étudié que les sciences exactes et n'apprécie que leurs données, et ces données le rendent hostile à ce qui ne se démontre pas par $A + B$.

toute notre Morale. Je fus ravi de le voir tombé dans ce que je souhaitois[1]; et, le lui ayant témoigné, je le priai de m'expliquer ce que c'étoit qu'une opinion probable. Nos auteurs vous y répondront mieux que moi, dit-il. Voici comme ils en parlent tous généralement, et entre autres, nos vingt-quatre, *in princ.* ex. 3, n. 8 : « Une opinion est appelée probable, lorsqu'elle est fondée sur des raisons de quelque considération. D'où il arrive quelquefois qu'un seul docteur fort grave peut rendre une opinion probable. » Et en voici la raison[a] : « car un homme adonné particulièrement à l'étude ne s'attacheroit pas à une opinion, s'il n'y étoit attiré par une raison bonne et suffisante. » Et ainsi, lui dis-je, un seul docteur peut tourner les consciences et les bouleverser à son gré, et toujours en sûreté. Il n'en faut pas rire, me dit-il, ni penser combattre cette doctrine. Quand les Jansénistes l'ont voulu faire, ils y[b] ont perdu leur temps. Elle est trop bien établie. Écoutez Sanchez[2], qui est un des plus célèbres de nos

[a] « Au même lieu », dans le texte in-12 et quelques exemplaires du texte in-4º.
[b] Texte in-8º : « ils ont » au lieu de « ils y ont ».

1. Ce n'était pas difficile à prévoir. Le bon père ne résiste guère aux suggestions de son interlocuteur.
2. Sanchez (Thomas), jésuite espagnol et casuiste célèbre, né à Cordoue en 1551, mort à Grenade en 1610. Il est l'auteur du fameux traité *De Matrimonio*, que certains amateurs ont dans leur bibliothèque, sans qu'on puisse voir là chez eux un goût extraordinaire de la Théologie. Le livre était destiné aux Confesseurs, aux Théologiens et aux Jurisconsultes. Ce furent les Protestants et les Jansénistes qui ont dénoncé, dans quelques détails de l'œuvre de Sanchez, une corruption qui est dans la nature du sujet qu'il traite, non dans son intention. On peut chercher des détails du même genre chez les Moralistes, dans la plupart des grands écrivains, dans l'Écriture sainte, dans les Pères, dans certains livres de droit.
A ceux qui trouvent cela mauvais chez un Théologien qui traite une matière scabreuse, Sanchez répond par les paroles de saint Épiphane : « Non erubescam dicere quæ ipsi facere non erubescunt, ut modis omni-

pères, *Som.* Liv. I, chap. ix, n. 7 : « Vous douterez peut-être si l'autorité d'un seul docteur bon et savant rend une opinion probable : à quoi je réponds que oui ; et c'est ce qu'assurent Angelus[1], Sylvestre[2], Navarre[3], Emmanuel Sa[4], etc. Et voici comme on le prouve. Une opinion probable est celle qui a un fondement considérable : or l'autorité d'un homme savant et pieux n'est pas de petite considération, mais plutôt de grande considération ; car, écoutez bien cette raison : Si le témoignage d'un tel homme est de grand poids pour nous assurer qu'une chose se soit passée, par exemple, à Rome, pourquoi ne le sera-t-il pas de même dans un doute de Morale ? »

bus horrorem incutiam audientibus turpia quæ ab ipsis perpetrantur facinora. »

Outre son *Tractatus de matrimonio*, Sanchez a écrit quatre volumes in-folio de Théologie morale. Il est considéré comme un moraliste de premier ordre.

1. Angelus (Clavasius ou Clavasio ; son surnom lui vient d'un bourg voisin de Gênes, où il était né), religieux franciscain, mort à Coni (Piémont) en 1495, auteur, entre autres ouvrages, d'une *Somme des cas de conscience* (Summa angelica) qui a joui de quelque réputation. Angelus Clavasius était un familier de Sixte IV.

2. Sylvestre de Laval, capucin, auteur d'un livre intitulé : *les Justes grandeurs de l'Église romaine* (1611).

3. Cospilcueta (Martin), surnommé le *docteur Navarro*, jurisconsulte espagnol, conseiller intime de Charles-Quint et de Philippe II, né en 1493, mort en 1586. Il professa le Droit Canon à Salamanque, eut une grande réputation. Il a laissé trois volumes in-folio d'œuvres, Rome, 1590, plusieurs fois réimprimés.

4. Sa ou Saa (Emm.), jésuite et théologien portugais, né à Villaconde en 1530, mort en 1596 à Arone (Milanais). Précepteur de saint François de Borgia, duc de Gandie, troisième général de la Compagnie de Jésus, il fut désigné par saint Pie V pour faire partie de la commission chargée par le Concile de Trente de préparer une revision de la *Vulgate*. Saint Charles Borromée, à son tour, lui confia la mission de fonder à Milan le séminaire métropolitain, créé aussi sur l'ordre du Concile de Trente. Ce fut le Concile de Trente qui prescrivit aux évêques de fonder des séminaires dans leurs diocèses. Le clergé se recrutait auparavant dans les Universités. Les *Aphorismi confessariorum* d'Emmanuel Sa sont le seul ouvrage que l'on connaisse de lui en dehors de ses travaux sur l'Écriture Sainte.

La plaisante comparaison, lui dis-je, des choses du monde à celles de la conscience! Ayez patience ; Sanchez répond à cela dans les lignes qui suivent immédiatement. « Et la restriction qu'y apportent certains auteurs ne me plaît pas : que l'autorité d'un tel docteur est suffisante dans les choses de droit humain, mais non pas dans celles de droit divin ; car elle est de grand poids dans les unes[a] et dans les autres. »

Mon père, lui dis-je franchement, je ne puis faire cas de cette règle. Qui m'a assuré que dans la liberté que vos docteurs se donnent d'examiner les choses par la Raison, ce qui paroîtra sûr à l'un le paroisse à tous les autres? La diversité des jugements est si grande... Vous ne l'entendez pas, dit le père en m'interrompant ; aussi sont-ils fort souvent de différents avis ; mais cela n'y fait rien : chacun rend le sien probable et sûr[1]. Vraiment l'on sait bien qu'ils ne sont pas tous du même sentiment ; et cela n'en est que mieux. Ils ne s'accordent au contraire presque jamais[2]. Il y a peu de questions où vous ne trouviez que l'un dit oui, l'autre dit non. Et en tous ces cas-là, l'une et l'autre des opinions contraires est probable ; et c'est pourquoi Diana[3] dit sur un certain sujet, Part. 3, Tr. IV, r. 244 : « Ponce et Sanchez sont de contraires avis ; mais, parce

[a] Texte in-4º : « uns ».

---

1. Sûr veut dire acceptable et signifie qu'on peut le suivre, comme dans un cas soumis à un tribunal qui est obligé de fournir une solution : il choisit celle qu'il juge la meilleure.
2. De la même façon qu'une affaire soumise à plusieurs juridictions ne reçoit pas toujours la même solution.
3. Diana, théologien sicilien de la Congrégation des clercs réguliers, né à Palerme en 1595, mort à Rome en 1663. Il a été célèbre au xviie siècle. On a de lui une *Somme théologique* réimprimée sous le titre de *Résolutions morales* (8 vol. in-folio).

qu'ils étoient tous deux savants, chacun rend son opinion probable[1]. »

Mais, mon père, lui dis-je, on doit être bien embarrassé à choisir alors ! Point du tout, dit-il, il n'y a qu'à suivre l'avis qui agrée le plus. Eh quoi ! si l'autre est plus probable ? Il n'importe, me dit-il. Et si l'autre est plus sûr ? Il n'importe, me dit encore le père ; le voici bien expliqué. C'est Emmanuel Sa de notre Société, dans son aphorisme *de Dubio*, p. 179[2] : « On peut faire ce qu'on pense être permis selon une opinion probable, quoique le contraire soit plus sûr. Or l'opinion d'un seul docteur grave y suf-

---

[1]. Il en est de même en Jurisprudence. Aussi n'y a-t-il pas un jurisconsulte qui ne trouve étrange l'étonnement de Pascal en matière d'opinions probables. « Le père Étienne Dechamps, dit Sainte-Beuve (*Port-Royal*, t. III, p. 126, édit. cit.), publia, en 1659, un petit livre en latin intitulé : *Quæstio facti*, dans lequel il examine si la fameuse doctrine de la *Probabilité* est particulière aux Jésuites, si elle n'est pas très antérieure à eux, si elle n'a pas été dans un temps celle de toutes les Écoles et de tous les Ordres ; il soutient même que cette doctrine de la Probabilité, reçue sans contestation de tous les Théologiens, n'a été pour la première fois attaquée que par un jésuite, Paul Comitolus ou *Comitolo*, dont Wendrock (Nicole) aurait largement profité sans lui en faire honneur (Comitolus est cité dans la Dixième Provinciale). Cette dissertation du père Dechamps, toute composée de textes, sans déclamations, aurait pu faire de l'effet si l'affaire s'était jugée en pays latin, entre professeurs de Navarre et de Sorbonne, mais on ne la lut pas. Le père Daniel, bien plus tard et beaucoup trop tard, eut une idée assez ingénieuse : pour prouver que Pascal aurait pu, s'il l'avait voulu, imputer à tout autre ordre, aux Dominicains par exemple, tout aussi bien qu'aux Jésuites, la doctrine de la Probabilité, il s'amusa à substituer dans la Cinquième Provinciale des noms et des extraits d'auteurs Dominicains à ceux des auteurs Jésuites ; il y a suffisamment réussi. » Pourquoi ne mettre que des Jésuites là où tous les ordres religieux vont en corps ? demande Sainte-Beuve. Pourquoi, pourrait-on demander à Sainte-Beuve et à beaucoup d'autres, reprocher au Droit ecclésiastique d'avoir une Casuistique alors qu'on ne le reproche à aucun autre Droit, et qu'une Casuistique est le fond même d'un Droit quelconque ? On a évidemment abusé de l'ignorance du vulgaire et on continue d'en abuser. Sainte-Beuve, qui avait l'esprit très ouvert et peu de préjugés, n'a jamais songé à se poser à lui-même cette question.

[2]. Édition de Douai, 1623.

fit. » Et si une opinion est tout ensemble et moins probable et moins sûre, sera-t-il permis de la suivre, en quittant ce que l'on croit être plus probable et plus sûr? Oui, encore une fois, me dit-il; écoutez Filiutius, ce grand jésuite de Rome, *Mort. quæst.* Tr. 21, c. 4, n. 128 : « Il est permis de suivre l'opinion la moins probable, quoiqu'elle soit la moins sûre; c'est l'opinion commune des nouveaux auteurs. » Cela n'est-il pas clair? Nous voici bien au large, lui dis-je, mon révérend père. Grâce à vos *opinions probables,* nous avons une belle liberté de conscience. Et vous autres Casuistes, avez-vous la même liberté dans vos réponses? Oui, me dit-il, nous répondons aussi ce qu'il nous plaît, ou plutôt ce qu'il plaît à ceux qui nous interrogent; car voici nos règles, prises de nos Pères : Layman[1], *Theol. Mor.* L. I, tr. 1, c. 2, § 2, n. 7; Vasquez, *Dist.* 62, c. 9, n. 47 ; Sanchez ; *in Sum.*, L. I, c. 9, n. 23 ; et de nos vingt-quatre *in princ.* ex. 3, n. 24. Voici les paroles de Layman, que le livre de nos vingt-quatre a suivies : « Un docteur étant consulté peut donner un conseil, non seulement probable selon son opinion, mais contraire à son opinion, s'il est estimé probable par d'autres, lorsque cet avis contraire au sien se rencontre plus favorable et plus agréable à celui qui le consulte : Sɪ ꜰᴏʀᴛᴇ *et illi favorabilior seu exoptatior sit*[2]. Mais je dis de plus qu'il ne sera point hors de raison qu'il donne à ceux qui le consultent un avis tenu pour probable par quelque per-

---

1. Laymann (Paul), jésuite et théologien allemand, né à Inspruck en 1575, mort à Constance en 1635. Il professa les Cas de conscience et le Droit Canon successivement à Ingolstadt, à Munich et à Dilingen. On a de lui une *Théologie morale* (1 vol. in-folio). Muzzarelli a écrit de lui : doctissimus theologus moralis, aut nulli aut fere nulli secundus.

2. Les éditions in-12 omettent cette citation latine.

sonne savante, quand même il s'assureroit qu'il seroit absolument faux[1]. »

Tout de bon, mon père, votre doctrine est bien commode. Quoi! avoir à répondre oui et non à son choix? on ne peut assez priser un tel avantage. Et je vois bien maintenant à quoi vous servent les opinions contraires que vos docteurs ont sur chaque matière, car l'une vous sert toujours, et l'autre ne vous nuit jamais. Si vous ne trouvez votre compte d'un côté, vous vous jetez de l'autre, et toujours en sûreté. Cela est vrai, dit-il; et ainsi nous pouvons toujours dire avec Diana, qui trouva le père Bauny pour lui lorsque le père Lugo[2] lui étoit contraire :

Sæpe, premente deo, fert deus alter opem.
Si quelque dieu nous presse, un autre nous délivre.

J'entends bien, lui dis-je; mais il me vient une difficulté dans l'esprit : c'est qu'après avoir consulté un de vos docteurs et pris de lui une opinion un peu large, on sera peut-être attrapé si on rencontre un confesseur qui n'en soit pas, et qui refuse l'absolution si on ne change de senti-

---

1. La traduction de Pascal est inexacte. Il y a dans le texte de Laymann : quamvis idem doctor ejusmodi sententiam *speculative* falsam esse certo sibi persuadeat : « quoique *théoriquement* le même docteur estime cette opinion fausse. » « Quand même il *s'assureroit*, traduit Pascal, qu'il — cet avis — seroit absolument faux. » Il n'en est pas sûr; personnellement, il pense que cet avis n'est pas vrai. Il fait comme un avocat consultant qui expose à son client deux jurisprudences différentes sur le fait qu'on lui soumet et, en pratique, l'autorise à suivre celle que personnellement il blâme.

2. Lugo. Il y a deux Lugo. Tous les deux jésuites et casuistes. De plus ils étaient frères. Louis-François de Lugo, mort en 1650, enseigna en Espagne et en Amérique. Il a laissé entre autres ouvrages un traité *De Deo et Angelis*, puis un traité *De sacramentis*. L'autre, le cardinal Jean de Lugo, né à Madrid en 1583, mort en 1660, professeur de Théologie à Rome, élevé au cardinalat par Urbain VIII en 1643, a écrit : 1° un traité *De sacramentis in genere;* 2° un traité *De incarnatione* et 3° un traité *De justitia et jure.*

ment. N'y avez-vous point donné ordre, mon père? En doutez-vous? me répondit-il. On les a obligés à absoudre leurs pénitents qui ont des opinions probables, sur peine de péché mortel, afin qu'ils n'y manquent pas. C'est ce qu'ont bien montré nos Pères, et entre autres le père Bauny, pars. 1, Tr. 4, *de Pœnit.* q. 13, p. 93. « Quand le pénitent, dit-il, suit une opinion probable, le confesseur le doit absoudre, quoique son opinion soit contraire à celle du pénitent. » Mais il ne dit pas que ce soit un péché mortel de ne le pas absoudre. Que vous êtes prompt! me dit-il; écoutez la suite; il en fait une conclusion expresse: « Refuser l'absolution à un pénitent qui agit selon une opinion probable est un péché qui, de sa nature, est mortel. » Et il cite, pour confirmer ce sentiment, trois des plus fameux de nos pères, Suarez[1], Vasquez et Sanchez.

O mon père, lui dis-je, voilà qui est bien prudemment ordonné! Il n'y a plus rien à craindre. Un confesseur n'oseroit plus y manquer. Je ne savois pas que vous eussiez le pouvoir d'ordonner[a] sur peine de damnation. Je croyois que vous ne saviez qu'ôter les péchés; je ne pensois pas que vous en sussiez introduire; mais vous avez tout pouvoir, à ce que je vois. Vous ne parlez pas proprement, me dit-il. Nous n'introduisons pas les péchés, nous ne faisons que les remarquer. J'ai déjà bien reconnu deux ou trois fois que vous n'êtes pas bon scolastique. Quoi qu'il en soit, mon père, voilà mon doute bien résolu. Mais j'en ai un autre encore à vous proposer : c'est que je ne sais comment vous pouvez faire, quand les Pères de l'Église[b]

---

[a] « Le pouvoir *de rien* ordonner », dans le texte in-12.
[b] « De l'Église » manque dans les textes in-4° et in-12.

---

1. *Opera*, t. XIX, *de Sacram.* pars II, disp. 32, sect. 5; Vasquez, t. I, pars 2, disp. 62, c. 7, et Sanchez, ut supra n. 29.

sont contraires aux sentiments de quelqu'un de vos Casuistes.

Vous l'entendez bien peu, me dit-il. Les Pères étoient bons pour la Morale de leur temps ; mais ils sont trop éloignés pour celle du nôtre. Ce ne sont plus eux qui la règlent, ce sont les Nouveaux Casuistes. Écoutez notre père Cellot[1], *de Hier.* Lib. VIII, cap. 16, p. 744, qui suit en cela notre fameux père Reginaldus[2] : « Dans les questions de Morale, les Nouveaux Casuistes sont préférables aux Anciens Pères, quoiqu'ils fussent plus proches des Apôtres. Et c'est en suivant cette maxime que Diana parle de cette sorte, pag. 5, Tr. 8, reg. 31. « Les Bénéficiers sont-ils obligés de restituer leur revenu dont ils disposent mal ? Les Anciens [3]

---

1. Cellot, jésuite, érudit, orientaliste, né à Paris en 1588, mort dans cette ville en 1658. Outre son *De hierarchia*, il a laissé des poésies latines et des compositions oratoires.

2. Réginald (Valère), de son vrai nom Raynauld, jésuite et théologien, né en Franche-Comté en 1543, mort en 1623. Il fut élève de Maldonat et de Mariana, et professeur de Théologie morale à Dôle pendant vingt ans. Saint François de Sales le recommande à son Clergé dans son *Avertissement aux confesseurs* : « Le père Valère Réginald, de la Compagnie de Jésus, lecteur en Théologie à Dôle, a nouvellement mis en lumière un livre *De la prudence du confesseur* qui sera grandement utile à ceux qui le liront. » Il a de plus écrit un *Praxis fori* en deux volumes in-folio.

3. Si la sincérité de Pascal n'est pas ici en cause, il commet certainement une erreur. Par *Anciens* (veteres), ni Réginald ni Cellot n'entendent les Pères de l'Église, mais les Théologiens antérieurs à leur temps, et ils en donnent une raison, qui n'est pas si mauvaise : « Réginald, dit Cellot, se glorifie d'avoir moins suivi en beaucoup de points son sentiment que celui des autres et même des Auteurs récents, parce que, dit-il, les difficultés qui surgissent touchant la Foi doivent trouver leur solution dans les Anciens ; mais les difficultés relatives aux mœurs dans les écrivains modernes, qui ont profondément étudié la nature et les habitudes de notre temps. » Réginald, en effet, avait dit dans une courte préface, *ad candidum lectorem* : « Ne vous étonnez pas si, après plus de vingt années passées dans l'enseignement de la Théologie, je m'attache tellement aux traces des Auteurs, même modernes, que je ne paraisse presque rien donner du mien. Quelque pensée que je pusse avoir de moi, chose peu importante, j'ai dû avoir devant les yeux l'utilité des âmes pour la plus grande gloire de Dieu.

disoient qu'oui, mais les Nouveaux disent que non : ne quittons donc pas cette opinion qui décharge de l'obligation de restituer. » Voilà de belles paroles, lui dis-je, et pleines de consolation pour bien du monde. Nous laissons les Pères, me dit-il, à ceux qui traitent la Positive; mais pour nous qui gouvernons les consciences, nous les lisons peu, et ne citons dans nos écrits que les Nouveaux Casuistes. Voyez Diana, qui a tant[a] écrit ; il a mis à l'entrée de ses livres la liste des auteurs qu'il rapporte. Il y en a deux cent quatre-vingt-seize, dont le plus ancien est depuis quatre-vingts ans. Cela est donc venu au monde depuis votre Société ? lui dis-je. Environ, me répondit-il. C'est-à-dire, mon père, qu'à votre arrivée on a vu disparoître saint Augustin, saint Chrysostome, saint Ambroise, saint Jérôme, et les autres, pour ce qui est de la Morale[1]. Mais

---

[a] Textes in-4º et in-12 : « qui a *furieusement* écrit » au lieu de « qui a *tant* écrit ».

Or je savais que pour la décision des points de Foi, plus les auteurs sont anciens et plus leur sentiment a d'autorité, comme plus voisin de la Tradition et de la Doctrine apostolique ; mais dans les controverses morales, on doit avoir plus d'égards aux docteurs récents dont on aura constaté la science éminente, l'attention à étudier le sentiment des autres et à bien peser les circonstances nouvelles, de l'examen desquelles dépend la règle des actions; car ces circonstances sont si changeantes par la diversité des personnes, des lieux et des temps, que le plus souvent on ne peut rien faire autre chose que de tout abandonner à l'arbitrage d'un homme prudent qui, après avoir tout examiné et pesé, décide ce qui paraît le plus conforme à la raison. Or, en ce point, le principal rôle appartient aux auteurs récents, qui connaissent mieux l'état des mœurs actuelles. » *Citations fournies par l'abbé Maynard.*

Ce sont là des maximes très sages que Pascal aurait goûtées à l'heure où il écrivait les *Pensées*. Dans les *Provinciales*, il est l'adversaire des Jésuites et fait comme un avocat qui plaide une cause et qui ne considère que l'intérêt de son client, et ce client est *Port-Royal*.

1. Eh ! sans doute. On a vu tout à l'heure pourquoi, et si Pascal n'avait pas été encore à cette époque un peu novice dans l'étude des sciences morales qui allaient emplir les dernières années de sa vie, il aurait com-

LETTRE V.

au moins que je sache les noms de ceux qui leur ont succédé; qui sont-ils, ces nouveaux auteurs? Ce sont des gens bien habiles et bien célèbres, me dit-il. C'est Villalobos[1], Coninck[2], Llamas, Achokier, Dealkozer, Dellakrux, Veracruz[3], Ugolin, Tambourin[4], Fernandez[5], Martinez[6], Suarez,

pris sans effort que les mœurs du xviie siècle n'étaient plus celles des Grecs et des Romains de la Décadence, qu'à une autre race d'hommes et à un autre âge de la Société, il faut des règles différentes.

1. Villalobos (Jean de), jésuite espagnol et helléniste, né à Zamora en 1555, mort en 1593. Ce n'était pas un casuiste. Pascal veut peut-être parler du franciscain Villalobos, dont les œuvres ont servi à la compilation connue sous le nom d'*Epilogus summarum*.

2. Coninck (Gilles de), jésuite flamand, né à Bailleul (Nord) en 1551, mort à Louvain en 1633. C'était un disciple de Lessius. On a de lui un commentaire sur la *Somme* de saint Thomas d'Aquin.

3. Veracruz, Llamas, Achokier, Dealkozer, Dellakrux nous sont inconnus. Pascal choisit des noms obscurs, afin de rendre les Casuistes ridicules. Veracruz n'est pas inconnu tout à fait : Alphonse Guthierez, dit Veracruz, né à Caspueno, près de Tolède, mort en 1564, d'autres disent en 1580, professait la Théologie à Salamanque. Il entra ensuite dans l'ordre des Augustins, devint Provincial, visita les couvents de son ordre dans les Indes et en Amérique. Il a composé plusieurs ouvrages, parmi lesquels un *Speculum conjugiorum sive de Sacramento matrimonii*.

4. Tambourin. Si Ugolin est encore un illustre inconnu, Tambourin ne l'est pas. Tamburini (Thomas), né en 1591 à Caltanisetta, mort à Palerme en 1675, se fit jésuite à quinze ans (1606). Il fut consulteur du Saint-Office. On a de lui, entre autres ouvrages théologiques, un *Traité de la Confession*, réimprimé vingt fois de son vivant.

5. Fernandez (Antoine), jésuite portugais, né à Coïmbre en 1558, mort dans cette ville en 1628. Ascète, voyageur, il parcourut l'Inde, l'Abyssinie; il a publié des récits de voyage et un essai sur les mœurs des Éthiopiens.

6. Martinez (Jean Martinez Guijeno Siliceo) n'est pas un si petit personnage. Il est mort archevêque de Tolède, et il avait été précepteur de Philippe II. Il est mort en 1557. Paul IV l'avait fait cardinal deux ans auparavant. Martinez est un exemple de ce que peut quelquefois le mérite personnel joint à l'énergie du caractère. Il était fils d'un laboureur de Villagarcia (Castille). Il apprit la grammaire à Llerena, bourg situé à quelque distance de son pays natal, où il venait chaque samedi chercher le pain de la semaine. Son père n'en ayant pas eu longtemps à lui donner, il dut se faire sacristain de l'église de son village. Il trouva le moyen d'aller étudier la philosophie à Séville, d'où il résolut d'aller à Rome. En chemin, un gentilhomme de Valence le prit pour précepteur de ses enfants.

Henriquez[1], Vasquez, Lopez, Gomez, Sanchez, de Vechis, de Grassis, de Grassalis, de Pitigianis, de Graphæis, Squilanti, Bizozeri, Barcola, de Bobadilla, Simancha, Perez de Lara, Aldretta, Lorca, de Scarcia, Quaranta, Scophra, Pedrezza, Cabrezza, Bisbe, Dias, de Clavasio, Villagut, Adam à Manden, Iribarne, Binsfeld, Volfangi à Vorberg, Vosthery, Strevesdorf[2]. O mon père! lui dis-je tout effrayé, tous ces

L'amitié d'un moine lui permit enfin de se rendre à Rome, où il fit fortune comme théologien. Ce fut en cette qualité qu'il revint enseigner à Salamanque. Ce fut là que la faveur de Charles-Quint alla le trouver. La fortune aurait pu en faire Sixte-Quint, s'il n'avait eu l'ambition de retourner en Espagne.

1. Henriquez (Henri), jésuite et casuiste portugais, né à Porto en 1536, mort en 1608. C'était un homme indocile qui quitta les Jésuites pour se faire dominicain et revenir ensuite à la Compagnie de Jésus. Sa Théologie morale avait été censurée avant les *Provinciales*.

2. L'énumération est admirable; elle a fait rire cinq ou six générations aux dépens d'hommes dont plusieurs étaient des érudits éminents, des moralistes célèbres parmi les contemporains, des orateurs, des théologiens de renom, dont quelques-uns, comme Suarez, ont eu la réputation d'avoir du génie. Ce n'est plus de la discussion théologique, c'est de la critique littéraire, la mise au pilori des gloires et des vanités qui, à un moment donné, possédaient l'admiration du monde, pouvaient se promettre de vivre dans la postérité, et au bout de cinquante ans étaient des inconnus dont le nom paraissait grotesque. Prenez une série pareille dans une de nos académies du xviiie siècle, à l'Académie des inscriptions, à l'Académie des sciences, à l'Académie française et quand vous aurez fini de les nommer, répétez l'interrogation de Pascal: « Oh! mon père, tous ces gens-là étaient-ils chrétiens? ». On vous répondra par le même éclat de rire. Ces noms sont aujourd'hui inconnus au même degré; le nom de ceux qui les portaient et qui étaient des personnages a le même air bizarre. Pascal vit à une époque de renouvellement intellectuel. Il opère dans le domaine de la Théologie scolastique comme les auteurs de la Logique de Port-Royal dans celui de la Philosophie scolastique. Ses Casuistes, aux yeux des gens du monde, font le même effet que *barbara* et *baralipton*. Encore une fois, c'est de la critique littéraire. Pascal sort des salons; il livre à la risée des salons toute cette *crasse de séminaire*, comme dira tout à l'heure Saint-Simon, du Clergé de Louis XIV éclos dans les Universités, qu'on a eu le tort de ne pas recruter dans les grandes maisons de l'Ancien Régime. Chaque quart de siècle assiste à un renouvellement du même genre. Il y a aujourd'hui dans le monde des lettres et dans celui des sciences cinquante ou soixante personnalités qui sont en possession d'une autorité qu'on ne discute pas. Dans

gens-là étoient-ils chrétiens? Comment, chrétiens! me répondit-il. Ne vous disois-je pas que ce sont les seuls par lesquels nous gouvernons aujourd'hui la Chrétienté? Cela me fit pitié, mais je ne lui en témoignai rien, et lui demandai seulement si tous ces auteurs-là étoient Jésuites. Non, me dit-il, mais il n'importe ; ils n'ont pas laissé de dire de bonnes choses. Ce n'est pas que la plupart ne les aient prises ou imitées des nôtres ; mais nous ne nous piquons pas d'honneur, outre qu'ils citent nos Pères à toute heure et avec éloge. Voyez Diana, qui n'est pas de notre Société ; quand il parle de Vasquez, il l'appelle *le phénix des esprits*. Et quelquefois il dit « que Vasquez seul lui est autant que tout le reste des hommes ensemble[a], *Instar omnium* ». Aussi tous nos Pères se servent fort souvent de ce bon Diana ; car si vous entendez bien notre doctrine *de la Probabilité*, vous verrez[b] que cela n'y fait rien. Au contraire, nous avons bien voulu que d'autres que les Jésuites puissent[c] rendre leurs opinions probables, afin qu'on ne puisse pas nous les imputer toutes. Et ainsi, quand quelque auteur que ce soit en a avancé une, nous avons le droit de la prendre, si nous le voulons, par la doctrine des opinions probables, et nous n'en sommes pas les garants quand l'auteur n'est pas de notre corps. J'entends tout cela, lui dis-je. Je vois bien par là que tout est bien venu

---

[a] « Ensemble », leçon du texte in-8º ; le mot est ajouté.
[b] Textes in-4º et in-12 : « verrez *bien* » au lieu de « vous verrez ».
[c] « Puissent » au lieu de « pussent » est incorrect.

---

vingt ans, la plupart auront disparu ; d'autres leur auront succédé, destinés à disparaître avec la même rapidité. De près, elles ont l'air de vouloir dominer l'avenir ; à la distance de quelques années, on n'en voit plus qu'un pouce à l'horizon et ce peu qu'on voit sera à la veille de s'évaporer comme un village dans la brume aux yeux de celui qui voyage en chemin de fer : *sic transit gloria mundi.*

chez vous, hormis les anciens Pères[1], et que vous êtes les maîtres de la campagne. Vous n'avez plus qu'à courir.

Mais je prévois trois ou quatre grands inconvénients et de puissantes barrières qui s'opposeront à votre course. Et quoi? me dit le père tout étonné. C'est, lui répondis-je, l'Écriture Sainte, les Papes et les Conciles, que vous ne pouvez démentir, et qui sont tous dans la voie unique de l'Évangile. Est-ce là tout? me dit-il. Vous m'avez fait peur. Croyez-vous qu'une chose si visible n'ait pas été prévue, et que nous n'y ayons pas pourvu? Vraiment je vous admire, de penser que nous soyons opposés à l'Écriture, aux Papes ou aux Conciles! Il faut que je vous éclaircisse du contraire. Je serois bien marri[1] que vous crussiez que nous manquons à ce que nous leur devons. Vous avez sans doute pris cette pensée de quelques opinions de nos Pères qui paroissent choquer leurs décisions, quoique cela ne soit pas. Mais pour en entendre l'accord, il faudroit avoir plus de loisir. Je souhaite que vous ne demeuriez pas mal édifié de nous. Si vous voulez que nous nous revoyions demain, je vous en donnerai l'éclaircissement.

Voilà la fin de cette conférence, qui sera celle de cet entretien; aussi en voilà bien assez pour une lettre. Je m'assure que vous en serez satisfait en attendant la suite. Je suis, etc.

1. Inexactitude déjà signalée : *veteres* chez les Casuistes ne s'entend pas des Pères de l'Église, mais des Casuistes de l'âge précédent.

1. *Marri*, expression vieillotte que Pascal n'emploie pas pour son compte, mais qu'il prête « au bon père » et qui le met au rang de ses Casuistes.

LETTRE VI[1]

Différents artifices des Jésuites pour éluder l'autorité de l'Évangile, des Conciles et des Papes. Quelques conséquences qui suivent de leur doctrine sur la Probabilité. Leurs relâchements en faveur des Bénéficiers, des Prêtres, des Religieux et des Domestiques. Histoire de Jean d'Alba.

De Paris, ce 10 avril 1656.

Monsieur,

Je vous ai dit à la fin de ma dernière Lettre, que ce bon père jésuite m'avoit promis de m'apprendre de quelle sorte les Casuistes accordent les contrariétés qui se rencontrent entre leurs opinions et les décisions des Papes, des Conciles et de l'Écriture. Il m'en a instruit, en effet, dans ma seconde visite, dont voici le récit[a].

Ce bon père me parla[b] de cette sorte : Une des ma-

---

[a] Dans les textes in-4° et in-12, on lit après ces mots : *dont voici le récit :* « Je le ferai plus exactement que l'autre, car j'y portai des tablettes pour marquer les citations des passages, et je fus bien fâché de n'en avoir point apporté dès la première fois. Néanmoins, si vous étes en peine de quelques-uns de ceux que je vous ai cités dans l'autre Lettre, faites-le-moi savoir, je vous satisferai facilement ». La suppression de ce morceau est-elle une invraisemblance qu'on a essayé de faire disparaitre? Non; c'était une excuse d'avoir mal cité, surtout d'avoir abrégé les passages cités et d'en avoir mis plusieurs ensemble sans en avertir le lecteur. Il est clair que le retranchement du paragraphe reproduit plus haut vient de Nicole qui, dans ses notes latines traduites par Mlle de Joncoux, justifie Pascal en ces termes : « Étoit-il obligé de faire des extraits ennuyeux de toutes les propositions qu'il vouloit reprendre et de remplir ses Lettres d'une rapsodie de choses inutiles qui en auroit ôté toute la grâce? La fidélité qu'il devoit aux Jésuites l'obligeoit seulement à ne leur rien imputer que ce qu'ils enseignent véritablement. Et c'est ce qu'il a fait avec une exactitude qui va jusqu'au scrupule. » On a vu jusqu'à quel point cette allégation est fondée.

[b] *Donc* après *me parla* dans les textes in-4° et in-12.

---

1. « Cette lettre a été revue par M. Nicole ». *Note de l'abbé Goujet.* Dans les éditions du temps, sauf l'in-8° : « Sixième Lettre écrite à un Provincial par un de ses amis. »

nières dont nous accordons ces contradictions apparentes est par l'interprétation de quelque terme. Par exemple, le pape Grégoire XIV a déclaré que les Assassins sont indignes de jouir de l'asile des églises, et qu'on les en doit arracher. Cependant nos vingt-quatre vieillards disent, Tr. 6, ex. 4, n. 27 : « Que tous ceux qui tuent en trahison ne doivent pas encourir la peine de cette Bulle. » Cela vous paroît être contraire ; mais on l'accorde, en interprétant le mot d'*Assassin*, comme ils font par ces paroles : « Les Assassins ne sont-ils pas indignes de jouir du privilège des églises ! Oui, par la bulle de Grégoire XIV. Mais nous entendons par le mot d'Assassins ceux qui ont reçu de l'argent pour tuer quelqu'un en trahison. D'où il arrive que ceux qui tuent sans en recevoir aucun prix, mais seulement pour obliger leurs amis, ne sont pas appelés Assassins[1]. » De

---

1. Le Droit d'Asile, qui est antérieur au Christianisme, mais qu'il n'a pas aboli, les Bulles pontificales qui le réglementent, le sens à donner au mot Assassin, étonnent fort quand ils ne scandalisent pas le lecteur d'aujourd'hui : les mœurs ont bien changé. Le Droit d'Asile est né dans les contrées comme la Grèce antique, où la guerre civile et les vengeances privées étaient endémiques. Un vaincu n'était pas considéré comme un scélérat, et celui qui avait poursuivi, en l'absence fréquente de la justice distributive, la vengeance d'une querelle de famille, n'était pas non plus considéré comme un scélérat. Les mœurs féodales et démocratiques de l'Italie du moyen âge ressemblaient fort à celles de la Grèce antique. La *vendetta* était alors une institution. La Bulle de Grégoire XIV distingue entre ceux qui tuent. Celui qui tue pour de l'argent, l'assassin à gages ou celui qui commet un meurtre dans les conditions de l'assassinat moderne, n'est pas autorisé à jouir du Droit d'Asile ; mais celui qui a tué sur un champ de bataille, qui s'est livré à la *vendetta* soit pour son compte, soit pour celui de son maitre, n'est pas considéré comme un assassin, peut bénéficier du Droit d'Asile.

Telle qu'elle est présentée par Pascal, la querelle des Casuistes, à cet égard, a une physionomie odieuse. Les mœurs françaises ne la comprenaient pas. Il aurait fallu observer que la Bulle de Grégoire XIV n'avait été promulguée qu'en Italie et en Espagne, les deux patries modernes de la *vendetta :* l'Italie, parce qu'elle était la terre classique de la guerre civile et du brigandage ; l'Espagne, parce qu'au lendemain de l'expulsion des

même, il est dit dans l'Évangile : « Donnez l'Aumône de votre superflu. » Cependant plusieurs casuistes ont trouvé moyen de décharger les personnes les plus riches de l'obligation de donner l'Aumône. Cela vous paroît encore contraire ; mais on en fait voir facilement l'accord, en interprétant le mot *Superflu*; en sorte qu'il n'arrive presque jamais que personne en ait ; et c'est ce qu'a fait le docte Vasquez en cette sorte, dans son Traité de l'Aumône[1] : « Ce que les personnes du monde gardent pour relever leur condition et celle de leurs parents n'est pas appelé Superflu ; et c'est pourquoi à peine trouvera-t-on qu'il y ait du Superflu chez les gens du monde, et non pas même chez les Rois[2]. »

Aussi Diana ayant rapporté ces mêmes paroles de Vasquez, car il se fonde ordinairement sur nos Pères, il en conclut fort bien : « Que dans la question, si les riches sont obligés de donner l'Aumône de leur Superflu, encore que l'affirmative fût véritable, il n'arrivera jamais, ou presque jamais, qu'elle oblige dans la pratique[3]. »

Je vois bien, mon père, que cela suit de la doctrine

Maures, les guerres de race et de religion avaient survécu, non dans l'État, mais entre les familles.

1. *Opera moralia,* c. IV, n. 14.
2. Au sujet de l'Aumône comme à beaucoup d'autres points de vue, les Casuistes sont des praticiens ou, si l'on veut, des moralistes à la romaine. Ils sont par l'esprit en dehors du Christianisme : Pascal est chrétien ; il n'est pas comme eux *naturaliste*. Au lieu de raisonner, il sent ; aussi provoquent-ils son mépris. « Il y a deux préceptes touchant l'Aumône, écrit-il dans les *Pensées :* l'un de donner son Superflu dans les nécessités ordinaires des pauvres ; l'autre de donner même ce qui est nécessaire dans les nécessités extrêmes. » Il le fait comme il le dit. Ce n'est pas un mondain appliqué comme les Casuistes à flatter l'instinct des riches et des puissants. Ce ne sont pas ses clients ; ce sont, comme il les appelle, des hommes de chair. Il n'attend rien d'eux et ne songe pas à ménager leur budget.
3. T. IV, tr. vii, rect. 12 de l'édition de 1667.

de Vasquez ; mais que répondroit-on, si l'on objectoit qu'afin de faire son salut, il seroit donc aussi sûr, selon Vasquez, de ne point donner l'Aumône, pourvu qu'on ait assez d'ambition pour n'avoir point de Superflu, qu'il est sûr, selon l'Évangile, de n'avoir point d'ambition, afin d'avoir du Superflu pour en pouvoir donner l'Aumône[a] ? Il faudroit répondre, me dit-il, que toutes ces deux voies sont sûres selon le même Évangile ; l'une selon l'Évangile dans le sens le plus littéral et le plus facile à trouver ; l'autre, selon le même Évangile, interprété par Vasquez. Vous voyez par là l'utilité des interprétations.

Mais quand les termes sont si clairs qu'ils n'en souffrent aucune, alors nous nous servons de la remarque des circonstances favorables, comme vous verrez par cet exemple. Les Papes ont excommunié les Religieux qui quittent leur habit, et nos vingt-quatre vieillards ne laissent pas de parler en cette sorte, Tr. 6, ex. 7, n. 103 : « En quelles occasions un Religieux peut-il quitter son habit sans encourir l'excommunication ? » Il en rapporte plusieurs, et entre autres celles-ci : « S'il le quitte pour une cause honteuse, comme pour aller filouter, ou pour aller *incognito* en des lieux de débauche, le devant bientôt reprendre. » Aussi il[b] est visible que les Bulles ne parlent point de ces cas-là.

J'avois peine à croire cela, et je priai le père de me le montrer dans l'Original ; je vis que le Chapitre où sont ces paroles est intitulé : « Pratique selon l'école de la Société de Jésus ; *Praxis ex Societatis Jesu schola* » ; et j'y vis

---

[a] Textes in-4º et in-12 : « Mais que répondroit-on si on *m'objectoit*, qu'afin de faire son salut il seroit donc aussi sûr, selon Vasquez, *d'avoir assez d'ambition pour n'avoir point de superflu*, qu'il est sûr, selon l'Évangile, de n'avoir point d'ambition *pour donner l'aumône de son superflu.* »

[b] Texte in-4º : « *est-il* » au lieu de : *il est.*

ces mots : *Si habitum dimittat ut furetur occulte, vel fornicetur*. Et il me montra la même chose dans Diana, en ces termes : *Ut eat incognitus ad lupanar*. Et d'où vient, mon père, qu'ils les ont déchargés de l'excommunication en cette rencontre? Ne le comprenez-vous pas? me dit-il. Ne voyez-vous pas quel scandale ce seroit de surprendre un Religieux en cet état avec son habit de Religion? Et n'avez-vous point ouï parler, continua-t-il, comment on répondit à la première Bulle, *Contra sollicitantes?* et de quelle sorte nos vingt-quatre, dans un Chapitre aussi *de la Pratique de l'école de notre Société*, expliquent la Bulle de Pie V, *Contra clericos*, etc.? Je ne sais ce que c'est que tout cela, lui dis-je. Vous ne lisez donc guère Escobar? me dit-il. Je ne l'ai que d'hier, mon père, et même j'eus de la peine à le trouver. Je ne sais ce qui est arrivé depuis peu, qui fait que tout le monde le cherche[1]. Ce que je vous disois, repartit le père, est au tr. 1, ex. 8, n. 102. Voyez-le en votre particulier; vous y trouverez un bel exemple de la manière d'interpréter favorablement les Bulles. Je le vis en effet dès le soir même; mais je n'ose vous le rapporter, car c'est une chose effroyable[2].

Le bon père continua donc ainsi : Vous entendez bien maintenant comment on se sert des circonstances favorables? mais il y en a quelquefois de si précises, qu'on ne peut accorder par là les contradictions : de sorte que ce seroit bien alors que vous croiriez qu'il y en auroit. Par exemple, trois Papes ont décidé que les Religieux qui sont obligés par un vœu particulier à la vie quadragésimale

1. On le cherche afin de confronter les citations de Pascal. Il en est très flatté.
2. Il s'agit de la bulle de Pie V *Contra clericos sodomitas* et des peines qu'elle édicte contre eux.

n'en sont pas dispensés, encore qu'ils soient faits Évêques ; et cependant Diana dit « que, nonobstant leur décision, ils en sont dispensés ». Et comment accorde-t-il cela ? lui dis-je. C'est, répliqua le père, par la plus subtile de toutes les nouvelles méthodes, et par le plus fin de la Probabilité. Je vas vous l'expliquer. C'est que, comme vous le vîtes l'autre jour, l'affirmative et la négative de la plupart des opinions ont chacune quelque probabilité, au jugement de nos Docteurs, et assez pour être suivies avec sûreté de conscience. Ce n'est pas que le pour et le contre soient ensemble véritables dans le même sens, cela est impossible ; mais c'est seulement qu'ils sont ensemble[a] probables, et sûrs par conséquent.

Sur ce principe, Diana, notre bon ami, parle ainsi en la part. 5, tr. 13, r. 39 : « Je réponds à la décision de ces trois papes, qui est[b] contraire à mon opinion, qu'ils ont parlé de la sorte en s'attachant à l'affirmative, laquelle en effet est probable, à mon jugement même ; mais il ne s'ensuit pas de là que la négative n'ait aussi sa probabilité. » Et dans le même Traité, r. 65, sur un autre sujet, dans lequel il est encore d'un avis contraire à un Pape, il parle ainsi : « Que le Pape l'ait dit comme chef de l'Église, je le veux ; mais il ne l'a fait que dans l'étendue de la sphère de probabilités de son sentiment. » Or vous voyez bien que ce n'est pas là blesser les sentiments des Papes : on ne le souffriroit pas à Rome, où Diana est en si grand[c] crédit, car il ne dit pas que ce que les Papes ont décidé ne soit pas probable ; mais en laissant leur opinion dans toute la sphère de Probabilité, il ne laisse pas de dire que le con-

---

[a] *Ensemble* est la leçon du texte in-8º ; elle manque dans les textes in-4º et in-12.
[b] *Qui est* est la leçon in-8º ; elle manque aussi dans les textes in-4º et in-12.
[c] Leçon in-8º ; les textes in-4º et in-12 donnent « est en *un* si *haut* crédit » au lieu de « en si grand crédit ».

traire est aussi probable. Cela est très respectueux, lui dis-je. Et cela est plus subtil, ajouta-t-il, que la réponse que fit le père Bauny quand on eut censuré ses livres à Rome; car il lui échappa d'écrire contre M. Hallier, qui le persécuta alors furieusement : « Qu'a de commun la Censure de Rome avec celle de France[1]? » Vous voyez assez par là que, soit par l'interprétation des termes, soit par la remarque des circonstances favorables, soit enfin par la double probabilité du pour et du contre, on accorde toujours ces contradictions prétendues, qui vous étonnoient auparavant, sans jamais blesser les décisions de l'Écriture, des Conciles ou des Papes, comme vous le voyez. Mon révérend père, lui dis-je, que le monde est heureux de vous avoir pour maîtres[a]! Que ces probabilités sont utiles! Je ne savois pourquoi vous aviez pris tant de soin d'établir qu'un seul docteur, *s'il est grave*, peut rendre une opinion probable; que le contraire peut l'être aussi; et qu'alors on peut choisir du pour et du contre celui qui agrée le plus, encore qu'on ne le croie pas véritable, et avec tant de sûreté de conscience, qu'un confesseur qui refuseroit de donner l'absolution sur la foi de ces Casuistes seroit en état de damnation : d'où je comprends qu'un seul casuiste peut à son gré faire de nouvelles règles de Morale, et disposer, selon sa fantaisie, de tout ce qui re-

[a] « Que le monde est heureux de vous avoir pour maîtres! » est la leçon in-8°; la leçon in-4° et in-12 était moins agressive : « que *l'Église* est heureuse de vous avoir pour *défenseurs!* » Le texte in-4° porte en outre : « Vous voyez assez par là que, soit par l'interprétation des termes, soit par la remarque des circonstances favorables, soit enfin par la double probabilité du pour et du contre, on accorde toujours ces contradictions prétendues qui vous étonnoient auparavant, sans jamais blesser les décisions de l'Écriture, des Conciles et des Papes, comme vous le voyez, mon révérend père, lui dis-je, que l'Église est heureuse de vous avoir pour défenseurs! » On a coupé la phrase en deux; le sens est plus clair, mais il n'est plus le même.

1. Les décisions de la congrégation de l'*Index* n'ont pas de valeur en France. C'était, sous l'Ancien Régime, une des *Libertés de l'Église gallicane*.

garde la conduite des mœurs[a]. Il faut, me dit le père, apporter quelque tempérament à ce que vous dites. Apprenez bien ceci. Voici notre méthode, où vous verrez le progrès d'une opinion nouvelle, depuis sa naissance jusqu'à sa maturité.

D'abord le docteur *grave* qui l'a inventée l'expose au monde, et la jette comme une semence pour prendre racine. Elle est encore foible en cet état; mais il faut que le temps la mûrisse peu à peu[1]; et c'est pourquoi Diana, qui en a introduit plusieurs, dit en un endroit : « J'avance cette opinion; mais parce qu'elle est nouvelle, je la laisse mûrir au temps, *relinquo tempori maturandam*. » Ainsi, en peu d'années, on la voit insensiblement s'affermir; et, après un temps considérable, elle se trouve autorisée par la tacite approbation de l'Église, selon cette grande maxime du père Bauny : « Qu'une opinion étant avancée par quelques casuistes, et l'Église ne s'y étant point opposée, c'est un témoignage qu'elle l'approuve[2]. » Et c'est en effet par ce principe qu'il autorise un de ses sentiments dans son Traité VI, p. 312. Eh quoi, lui dis-je, mon père, l'Église, à ce compte-là, approuveroit donc tous les abus qu'elle souffre, et toutes les erreurs des livres qu'elle ne censure point? Disputez, me dit-il, contre le père Bauny. Je vous fais un récit, et vous contestez contre moi. Il ne faut ja-

---

[a] Textes in-4° et in-12 : « la conduite *de l'Église* ».

---

1. Eh bien! oui, elle deviendra une coutume. Dans les *Pensées*, Pascal enseigne que la Coutume est le moyen ordinaire par lequel on crée le Droit et la Justice. La Coutume est la Loi qui consacre la légitimité de la Conscience.

2. Cette dernière proposition du père Bauny, qui diffère beaucoup d'ailleurs de la précédente, a été condamnée dans le décret d'Alexandre VII (où elle a le n° 27), contre la Morale relâchée des Casuistes et par l'Assemblée générale du Clergé de France tenue en 1700 (où elle a le n° 121).

LETTRE VI.

mais disputer sur un^a fait. Je vous disois donc que, quand le temps a ainsi mûri une opinion, alors elle est tout à fait probable et sûre^b. Et de là vient que le docte Caramuel[1], dans la lettre où il adresse à Diana sa Théologie fondamentale, dit que ce grand « Diana a rendu plusieurs opinions probables qui ne l'étoient pas auparavant, *quæ antea non erant :* et qu'ainsi on ne pèche plus en les suivant, au lieu qu'on péchoit auparavant : *jam non peccant, licet ante peccaverint* ».

En vérité, mon père, lui dis-je, il y a bien à profiter auprès de vos docteurs. Quoi ! de deux personnes qui font les mêmes choses, celui qui ne sait pas leur doctrine pèche, celui qui la sait ne pèche pas ? Est-elle donc tout ensemble instructive et justifiante ? La loi de Dieu faisoit des prévaricateurs, selon saint Paul^c ; celle-ci fait qu'il n'y a presque que des innocents. Je vous supplie, mon père, de m'en bien informer ; je ne vous quitterai point que vous ne m'ayez dit les principales maximes que vos Casuistes ont établies.

Hélas ! me dit le père, notre principal but auroit été

---

^a Texte in-4º : « sur *le* fait » au lieu de : « sur *un* fait ».
^b Textes in-4º et in-12 : « alors elle est probable tout à fait et sûre ».
^c « Et », dans les textes in-4º et in-12 ; l'in-8º en le supprimant l'a remplacé par un « ; » et ainsi coupé la phrase en deux.

---

1. Caramuel (Jean), né à Madrid en 1606, mort évêque de Vignevano en 1682. Moine de Cîteaux, théologien, orientaliste, coadjuteur de l'archevêque de Mayence, diplomate, ingénieur, général en chef, que la paix de Westphalie rendit à ses travaux théologiques, Caramuel est une des figures les plus originales du XVIIe siècle. Il n'a pas écrit moins de soixante-dix-sept volumes, dont une trentaine de format in-folio. Il était riche ; il avait monté une imprimerie dans laquelle il éditait ses œuvres. C'était plutôt un ambitieux et un homme d'action qu'un Théologien ou un Écrivain. Si Escobar n'avait pas été là, Caramuel l'aurait remplacé, on ne peut pas dire avec honneur, mais avec retentissement. Ce n'est pas un Casuiste, mais un aventurier politique.

de n'établir point d'autres maximes que celles de l'Évangile dans toute leur sévérité ; et l'on voit assez par le règlement de nos mœurs que, si nous souffrons quelque relâchement dans les autres, c'est plutôt par condescendance que par dessein. Nous y sommes forcés. Les hommes sont aujourd'hui tellement corrompus, que, ne pouvant les faire venir à nous, il faut bien que nous allions à eux : autrement ils nous quitteroient; ils feroient pis, ils s'abandonneroient entièrement. Et c'est pour les retenir que nos Casuistes ont considéré les vices auxquels on est le plus porté dans toutes les conditions, afin d'établir des maximes si douces, sans toutefois blesser la vérité, qu'on seroit de difficile composition si l'on n'en étoit content ; car le dessein capital que notre Société a pris pour le bien de la Religion est de ne rebuter qui que ce soit, pour ne pas désespérer le monde[1].

1. A part le ton de persiflage par lequel Pascal témoigne de son mépris, la Doctrine qu'il prête à la Compagnie de Jésus est vraiment celle qu'elle pratiquait, et il n'y a pas à lui en savoir mauvais gré. L'Église catholique, que les Jésuites ont représentée avec grandeur durant plusieurs siècles, n'est pas seulement une Société religieuse, elle est en même temps une Société politique. Elle est obligée de vivre en communication constante avec les mœurs et avec l'opinion, « d'être toute à tous », comme les pouvoirs politiques proprement dits. Elle suit les fluctuations des Mœurs et de l'Opinion. Les hommes d'État, qui ont un empire à gouverner et sont à la hauteur de leur mission, ne font pas autrement. Les Jésuites étaient à leur manière des hommes d'Etat, s'accommodant aux nécessités de chaque époque et de chaque pays. C'était la condition du rôle qu'ils ont joué dans le monde. Il n'est pas étonnant au xviie siècle et en France que Louis XIV soit avec eux contre les Jansénistes. Ils étaient dans l'Ordre social ce qu'ils étaient dans l'Ordre des croyances ; ils collaboraient avec lui, l'aidaient à gouverner. Au contraire, les Jansénistes tendaient au renversement de son État. Ils avaient un idéal différent de celui des Jésuites. Ceux-ci servaient la Raison d'État; les Jansénistes étaient hostiles à la Raison d'État : ils servaient la raison individuelle, l'inviolabilité de la conscience. Les deux puissances, car c'étaient deux puissances, répondaient à deux courants opposés dans la Société. Les Jésuites étaient dans le courant de la centralisation, les Jansénistes dans le courant de l'opposition à la Raison d'État, à

Nous avons donc des maximes pour toutes sortes de personnes, pour les Bénéficiers, pour les Prêtres, pour les Religieux, pour les Gentilshommes, pour les Domestiques, pour les riches, pour ceux qui sont dans le commerce, pour ceux qui sont mal dans leurs affaires, pour ceux qui sont dans l'indigence, pour les femmes dévotes, pour celles qui ne le sont pas, pour les gens mariés, pour les gens déréglés : enfin rien n'a échappé à leur prévoyance. C'est-à-dire, lui dis-je, qu'il y en a pour le Clergé, la Noblesse et le Tiers-État : me voici bien disposé à les entendre.

Commençons, dit le père, par les Bénéficiers. Vous savez quel trafic on fait aujourd'hui des Bénéfices, et que s'il falloit s'en rapporter à ce que saint Thomas et les Anciens en ont écrit, il y auroit bien des Simoniaques dans l'Église[a]. C'est pourquoi il a été fort nécessaire que nos Pères aient tempéré les choses par leur prudence, comme ces paroles de Valentia, qui est l'un des quatre animaux d'Escobar, vous l'apprendront. C'est la conclusion d'un long discours, où il en donne plusieurs expédients, dont voici le meilleur à mon avis; c'est en la page 2042 du tome III. « Si l'on donne un bien temporel pour un bien spirituel, c'est-à-dire de l'argent pour un Bénéfice, et qu'on donne l'argent comme le prix du Bénéfice, c'est une Simonie visible; mais si on le donne comme le motif

---

[a] Dans le texte in-8º on a coupé la phrase en deux comme en beaucoup d'autres endroits et supprimé la conjonction *et* qui liait la précédente avec *c'est pourquoi*.

---

l'intérêt commun, dans le courant *libéral*, comme on dirait maintenant. Ils n'étaient que quelques-uns, jaloux de rester dans *la voie étroite*, tandis que les Jésuites ne quittaient point *la voie large*, celle du pouvoir et des concessions nécessaires à sa durée; Pascal le sait à merveille. La façon pénétrante dont il démêle leur conduite en est un sûr garant.

qui porte la volonté du collateur ᵃ à le conférer ᵇ, ce n'est point Simonie, encore que celui qui le confère ᶜ, considère et attende l'argent comme la fin principale. » Tannerus[1], qui est encore de notre Société, dit la même chose dans son tome III, p. 1519, quoiqu'il avoue que « saint Thomas y est contraire, en ce qu'il enseigne absolument que c'est toujours Simonie de donner un bien spirituel pour un temporel, si le temporel en est la fin ». Par ce moyen, nous empêchons une infinité de Simonies; car qui seroit assez méchant pour refuser, en donnant de l'argent pour un Bénéfice, de porter son intention à le donner comme *un motif* qui porte le Bénéficier à le résigner, au lieu de le donner comme *le prix* du Bénéfice? Personne n'est assez abandonné de Dieu pour cela. Je demeure d'accord, lui dis-je, que tout le monde a des grâces suffisantes pour faire un tel marché. Cela est assuré, repartit le père.

Voilà comment nous avons adouci les choses à l'égard des Bénéficiers[2]. Quant aux Prêtres, nous avons plusieurs maximes qui leur sont assez favorables. Par exemple,

---

ᵃ Texte in-4º : « du *Bénéficier* ».
ᵇ Le texte in-4º porte au lieu de : « à le conférer » une leçon différente suivie d'une citation latine qu'il conviendrait peut-être de rétablir. Il y a « à le *résigner*, non tanquam pretium beneficii sed tanquam motivum ad resignandum ». La réimpression in-12 de 1657 substitue au texte latin précédent, après avoir corrigé *résigner* par *conférer*, le suivant : tanquam motivum conferendi spirituale.
ᶜ Texte in-4º : « qui résigne » au lieu de : « qui le confère ».

---

1. Tanner (Adam), jésuite allemand, auteur d'une *Théologie scolastique* en quatre volumes in-folio, né à Inspruck (Tyrol) en 1572, mort en 1632.

2. Les Bénéfices et la Simonie étaient jadis une part considérable du Droit canon. Comme les Bénéfices ont disparu avec les Biens ecclésiastiques d'à peu près partout, ce n'est plus que de l'archéologie spéciale.

Concernant la collation des Bénéfices, l'Aumône et les restitutions, Pascal avait préparé des extraits de Diana, dont il n'a pas fait usage dans la sixième Provinciale, mais qu'on trouva dans le *manuscrit autographe*

celle-ci de nos vingt-quatre, Tr. 1, ex. 11, n. 96. : « Un prêtre qui a reçu de l'argent pour dire une messe peut-il recevoir de nouvel argent sur la même messe? Oui, dit

des *Pensées* (voir dans l'édition de Faugère des *Pensées*, t. Ier, p. 303-304-305).

« DIANA »

« Cela nous est fort utile. » (Barré.)

. . . .

« *Il est permis de ne point donner les Bénéfices qui n'ont pas charge d'âmes aux plus dignes.* Le concile de Trente semble dire le contraire, mais voici comme il le prouve : *car si cela étoit, tous les prélats seroient en état de damnation; car ils en usent tous de la sorte.*

Le Roi et le Pape ne sont pas obligés de choisir les plus dignes. Si cela étoit, le Roi et le Pape auroient une terrible charge.

Et ailleurs : *Si cette opinion n'étoit pas vraie, les pénitents et les confesseurs auroient bien des affaires, et c'est pourquoi j'estime qu'il faut la suivre dans la pratique.*

Et en un autre endroit où il met les conditions nécessaires pour qu'un péché soit mortel, il y met tant de circonstances, qu'à peine pêche-t-on mortellement; et, après l'avoir établi, il s'écrie : *O que le joug du Seigneur est doux et léger !*

Et ailleurs : *L'on n'est pas obligé de donner l'Aumône de son superflu dans les communes nécessités des pauvres : si le contraire étoit vrai, il faudroit condamner la plupart des riches et leurs confesseurs.*

Ces raisons-là m'impatientoient, lorsque je dis au père : Mais qui empêche de dire qu'ils le sont? C'est ce qu'il a prévu aussi en ce lieu, me répondit-il, où après avoir dit : *Si cela étoit vrai, les plus riches seroient damnés;* il ajoute : à cela, Arragonius nous répond qu'ils le sont aussi, et Bannez[1] ajoute de plus que leurs confesseurs le sont de même; mais je réponds avec Valentia, autre jésuite, et d'autres auteurs, qu'il y a plusieurs raisons pour excuser ces riches et leurs confesseurs.

J'étois ravi de ce raisonnement, quand il en finit par celui-ci :

Si cette opinion étoit vraie pour les restitutions, ô que de restitutions à faire !

O mon père, lui dis-je, la bonne raison ! Oh ! me dit le père, que voilà un homme commode ! — Oh ! mon père, répondis-je, sans vos Casuistes, qu'il y auroit de monde damné ! Oh ! que vous rendez large la voie qui mène au ciel ! Oh ! qu'il y a de gens qui la treuvent[2] ! »

---

1. Bannez, ou mieux Bannès et Bagnès (Dominique), casuiste dominicain, né à Mondragon, dans le Guipuzcoa, en 1527, mort en 1604 à Medina del Campo. On a de lui cinq ou six volumes in-folio sur la *Somme* de saint Thomas, plus des commentaires sur divers traités d'Aristote. Bannez a été le confesseur de sainte Thérèse et enseigna durant quarante ans la Théologie à Alcala, à Valladolid et à Salamanque.

2. « Treuvent » pour « trouvent » es un archaïsme très rare dans Pascal.

Filiutius, en appliquant la partie du sacrifice qui lui appartient comme prêtre à celui qui le paie de nouveau, pourvu qu'il n'en reçoive pas autant que pour une messe entière, mais seulement pour une partie, comme pour un tiers de messe. »

Certes, mon père, voici une de ces rencontres où le *pour* et le *contre* sont bien probables ; car ce que vous me dites ne peut manquer de l'être, après l'autorité de Filiutius et d'Escobar. Mais, en le laissant dans sa[a] sphère de Probabilité, on pourroit bien, ce me semble, dire aussi le contraire, et l'appuyer par ces raisons. Lorsque l'Église permet aux Prêtres qui sont pauvres de recevoir de l'argent pour leurs messes, parce qu'il est bien juste que ceux qui servent à l'autel vivent de l'autel, elle n'entend pas pour cela qu'ils échangent le sacrifice pour de l'argent et encore moins qu'ils se privent eux-mêmes de toutes les grâces qu'ils en doivent tirer les premiers. Et je dirois encore « que les Prêtres, selon saint Paul, sont obligés d'offrir le sacrifice, premièrement pour eux-mêmes, et puis pour le Peuple »; et qu'ainsi il leur est bien permis d'en associer d'autres au fruit du sacrifice, mais non pas de renoncer eux-mêmes volontairement à tout le fruit du sacrifice, et de le donner à un autre pour un tiers de messe, c'est-à-dire pour quatre ou cinq sous. En vérité, mon père, pour peu que je fusse *grave*, je rendrois cette opinion probable. Vous n'y auriez pas grande peine, me dit-il ; elle l'est visiblement; la difficulté étoit de trouver de la Probabilité dans le contraire des opinions qui sont manifestement bonnes[b] ; et c'est ce qui n'appartient qu'aux grands hommes[c]. Le père Bauny

---

[a] Textes in-4º et in-12 : « la » au lieu de « sa ».

[b] « Des opinions qui sont manifestement bonnes » est une leçon ajoutée dans le texte in-8º.

[c] Le texte in-8º substitue « grands personnages » à « grands hommes ».

y excelle. Il y a du plaisir de voir ce savant casuiste pénétrer dans le pour et le contre d'une même question qui regarde encore les Prêtres, et trouver raison partout, tant il est ingénieux et subtil.

Il dit en un endroit, c'est dans le Traité x, quest. x, part. 1, p. 474 : « On ne peut pas faire une loi qui obligeât les Curés à dire la messe tous les jours, parce qu'une telle loi les exposeroit indubitablement, *haud dubie,* au péril de la dire en péché mortel. » Et néanmoins dans le même Traité x, p. 441, il dit quelquefois « que les Prêtres qui ont reçu de l'argent pour dire la messe tous les jours ne peuvent pas s'excuser sur ce qu'ils ne sont pas toujours assez bien préparés pour la dire, parce qu'on peut toujours faire l'acte de contrition; et que s'ils y manquent, c'est leur faute et non pas celle de celui qui leur fait dire la messe ». Et pour lever les plus grandes difficultés qui pourroient les en empêcher, il résout ainsi cette question dans le même Traité, q. 33, page 457 : « Un Prêtre peut-il dire la messe le même jour qu'il a commis un péché mortel, et des plus criminels, en se confessant auparavant ? Non, dit Villalobos, à cause de son impureté. Mais Sancius[1] dit que oui, et sans péché ; je tiens son opinion sûre, et qu'elle doit être suivie dans la pratique : *et tuta et sequenda in praxi.* »

1. Sancius, en espagnol *Sanchez de Arevalo* (Rodriguez), prélat et homme politique espagnol, né en 1404 à Santa-Maria de Nieva (province de Ségovie), mort à Rome en 1470. L'ouvrage qui l'a fait ranger parmi les Casuistes et fait goûter par eux, est le *Speculum vitæ humanæ libri duo,* Romæ, 1468, un volume grand in-folio. C'est un tableau des avantages et des inconvénients de toutes les conditions humaines. On l'a réimprimé une douzaine de fois dans le cours du xve siècle, et souvent depuis. La dernière réimpression est de Francfort (1683, in-8°). On en connaît deux traductions françaises, l'une par le moine augustin Julien Macho (Lyon, 1477, in-folio), et l'autre par Pierre Farget, également moine augustin (Lyon, 1482, in-folio).

Quoi ! mon père, lui dis-je, on doit suivre cette opinion dans la pratique ? Un Prêtre qui seroit tombé dans un tel désordre oseroit-il s'approcher le même jour de l'autel, sur la parole du père Bauny ? et ne devroit-il pas[a] déférer aux anciennes lois de l'Église, qui excluoient pour jamais du sacrifice, ou au moins pour un long temps[b], les Prêtres qui avoient commis des péchés de cette sorte, plutôt que de s'arrêter aux nouvelles[c] opinions des Casuistes, qui les y admettent le jour même qu'ils y sont tombés ? Vous n'avez point de mémoire, dit le père; ne vous appris-je pas l'autre fois que, selon nos pères Cellot et Reginaldus[d], « on ne doit pas suivre, dans la Morale, les Anciens Pères, mais les Nouveaux Casuistes » ? Je m'en souviens bien, lui répondis-je ; mais il y a plus ici, car il y a les lois de l'Église. Vous avez raison, me dit-il ; mais c'est que vous ne savez pas encore cette belle maxime de nos Pères : « que les lois de l'Église perdent leur force quand on ne les observe plus, CUM *jam desuetudine abierunt*[1] », comme dit Filiutius, T. II, tr. 25, n. 33. Nous voyons mieux que les Anciens les nécessités présentes de l'Église. Si on étoit si sévère à exclure les Prêtres de l'autel, vous comprenez bien qu'il n'y auroit pas un si grand nombre de messes. Or la pluralité des messes apporte tant de gloire à Dieu, et d'utilité aux âmes, que

---

[a] Textes in-4º et in-12 : « ne devroit-il pas *plutôt* ».
[b] « Ou du moins pour un long temps », leçon nouvelle ajoutée dans le texte in-8º.
[c] Textes in-4º et in-12 : « que les nouvelles » après « de cette sorte », ce qui était incorrect.
[d] « Selon nos pères Cellot et Reginaldus » suit la citation dans les textes in-4º et in-12.

---

1. Cum jam desuetudine abierunt: *quand elles sont tombées en désuétude*. Elles sont sujettes à la prescription comme les Lois Civiles. C'est un lieu commun de Jurisprudence. Cette prescription est naturelle et nécessaire. Elles sont l'œuvre des circonstances ; elles tombent avec les circonstances qui en ont provoqué l'établissement.

j'oserois dire, avec notre père Cellot, dans son livre de la Hiérarchie, p. 611 de l'impression de Rouen[a], qu'il n'y auroit pas trop de prêtres, « quand non seulement tous les hommes et les femmes, si cela se pouvoit, mais que les corps insensibles, et les bêtes brutes même, *bruta animalia*, seroient changés en Prêtres pour célébrer la messe ».

Je fus si surpris de la bizarrerie[1] de cette imagination, que je ne pus rien dire, de sorte qu'il continua ainsi : Mais en voilà assez pour les Prêtres ; je serois trop long ; venons aux Religieux. Comme leur plus grande difficulté est en l'obéissance qu'ils doivent à leurs supérieurs, écoutez l'adoucissement qu'y apportent nos Pères. C'est Castrus Palaüs[2], de notre Société, *Op. mor.*, p. 1, disp. 2, p. 6 : « Il est hors de dispute, *non est controversia,* que le Religieux qui a pour soi une opinion probable n'est point tenu d'obéir à son Supérieur, quoique l'opinion du Supérieur soit la plus probable ; car alors il est permis au Religieux d'embrasser celle qui lui est la plus agréable, *quæ sibi gratior fuerit*, comme le dit Sanchez. Et encore que le commandement du Supérieur soit juste, cela ne vous oblige pas de lui obéir ; car il n'est pas juste de tous points et en toute manière, *non undequaque juste præcipit*, mais seulement probablement, et ainsi vous n'êtes engagé que probablement à lui obéir, et vous en êtes probable-

---

[a] Le texte in-4º a « impression de Rouen » au lieu de « l'impression de Rouen » qui est la leçon du texte in-8º.

---

1. « Pascal aurait dû commencer par là. Cette imagination est en effet bizarre ; mais qu'en conclure ? » *Note de l'abbé Maynard.*
Eh bien ! que le père Cellot est un imbécile ; et c'est probablement cela que Pascal voulait conclure de la citation qu'il en fait.
2. Castro Palao (Ferdinand de), jésuite et casuiste espagnol, né à Léon en 1581, mort en 1633. Il a laissé sept volumes in-folio d'œuvres.

ment dégagé ; *probabiliter obligatus et probabiliter deobligatus*[1]. » Certes, mon père, lui dis-je, on ne sauroit trop estimer un si beau fruit de la double Probabilité. Elle est de grand usage, me dit-il; mais abrégeons. Je ne vous dirai plus que ce trait de notre célèbre Molina, en faveur des Religieux qui sont chassés de leurs couvents pour leurs désordres. Notre père Escobar le rapporte, Tr. 6, ex. 7, n. 111, en ces termes : « Molina assure qu'un Religieux chassé de son monastère n'est point obligé de se corriger pour y retourner, et qu'il n'est plus lié par son vœu d'obéissance. »

Voilà, mon père, lui dis-je, les Ecclésiastiques bien à leur aise. Je vois bien que vos Casuistes les ont traités favorablement. Ils y ont agi comme pour eux-mêmes. J'ai bien peur que les gens des autres conditions ne soient pas si bien traités. Il falloit que chacun fît pour soi. Ils n'auroient pas mieux fait eux-mêmes, me repartit le père. On a agi pour tous avec une pareille charité, depuis les plus grands jusques aux moindres; et vous m'engagez, pour vous le montrer, à vous dire nos maximes touchant les Valets.

Nous avons considéré, à leur égard, la peine qu'ils ont, quand ils sont gens de conscience, à servir des Maîtres débauchés; car s'ils ne font tous les messages où ils les emploient, ils perdent leur fortune; et s'ils leur obéissent, ils en ont du scrupule[a]. C'est pour les en soulager que nos Vingt-quatre Pères, Tr. 7, ex. 4, n. 223, ont marqué les services qu'ils peuvent rendre en sûreté de conscience.

[a] Textes in-4º et in-12 : « *Et* c'est pour les en soulager ».

---

1. Castro Palao parle d'un Inférieur vis-à-vis de son Supérieur, ce qui n'est pas applicable à un Moine qui a fait vœu d'obéissance.

LETTRE VI.

En voici quelques-uns : « Porter des lettres et des présents; ouvrir les portes et les fenêtres; aider leur Maître à monter à la fenêtre, tenir l'échelle pendant qu'il y monte : tout cela est permis et indifférent. Il est vrai que pour tenir l'échelle il faut qu'ils soient menacés plus qu'à l'ordinaire, s'ils y manquoient; car c'est faire injure au Maître d'une maison d'y entrer par la fenêtre. »

Voyez-vous combien cela est judicieux? Je n'attendois rien moins, lui dis-je, d'un livre tiré de Vingt-quatre Jésuites. Mais, ajouta le père, notre père Bauny a encore bien appris aux Valets à rendre tous ces devoirs-là innocemment à leurs Maîtres, en faisant qu'ils portent leur intention non pas aux péchés dont ils sont les entremetteurs, mais seulement au gain qui leur en revient. C'est ce qu'il a bien expliqué dans sa Somme des péchés, en la page 710 de la première impression : « Que les Confesseurs, dit-il, remarquent bien qu'on ne peut absoudre les Valets qui font des messages déshonnêtes, s'ils consentent aux péchés de leurs Maîtres; mais il faut dire le contraire, s'ils le font pour leur commodité temporelle. » Et cela est bien facile à faire, car pourquoi s'obstineroient-ils à consentir à des péchés dont ils n'ont que la peine?

Et le même père Bauny a encore établi cette grande maxime en faveur de ceux qui ne sont pas contents de leurs gages; c'est dans sa Somme, pages 213 et 214 de la sixième édition : « Les Valets qui se plaignent de leurs gages peuvent-ils d'eux-mêmes les croître en se garnissant les mains d'autant de bien appartenant à leurs Maîtres, comme ils s'imaginent en être nécessaire pour égaler lesdits gages à leur peine? Ils le peuvent en quelques rencontres, comme lorsqu'ils sont si pauvres en cherchant condition, qu'ils ont été obligés d'accepter l'offre qu'on leur a faite, et que les autres Valets de leur sorte gagnent davantage ailleurs[1]. »

Voilà justement, mon père, lui dis-je, le passage de Jean d'Alba. Quel Jean d'Alba? dit le père; que voulez-vous dire? Quoi! mon père, ne vous souvenez-vous plus de ce qui se passa en cette ville[a] l'année 1647? et où étiez-vous donc alors? J'enseignois, dit-il, les cas de conscience dans[b] un de nos collèges assez éloigné de Paris. Je vois donc bien, mon père, que vous ne savez pas cette histoire; il faut que je vous la die[2]. C'étoit une personne d'honneur

[a] « En cette ville » est ajouté dans le texte in-8°.
[b] Textes in-4° et in-12 : « en » au lieu de « dans ».

1. Cette proposition de Bauny avait été censurée par les deux facultés théologiques de Paris et de Louvain. La Censure de la Faculté de Paris est de 1641. « *Proposition de Bauny :* — Si les Valets qui se plaignent de leurs gages les peuvent d'eux-mêmes croître en se garnissant les mains d'autant de bien appartenant à leurs maîtres, comme ils s'imaginent en être nécessaire pour égaler lesdits gages à leurs peines ? Ils le peuvent en quelques rencontres, etc. *Censure*: Cette doctrine est périlleuse, en y ajoutant même des restrictions, et ouvre la porte aux larcins domestiques. » La faculté de Louvain ne nomme pas Bauny; mais, après avoir rapporté sa proposition, elle déclare : « Cette proposition est fausse, poussant au larcin les hommes qui, d'eux-mêmes, sont naturellement portés au mal, n'étant propre qu'à troubler la paix des familles, particulièrement en ce qu'elle laisse aux Serviteurs et aux Servantes la liberté de juger de la récompense qui leur est due. »
Les Jésuites avaient répondu en invoquant divers passages de l'Écriture sainte, par exemple celui où les Hébreux, en quittant l'Égypte, emportent le bien de leurs Maîtres, celui où l'écrivain sacré montre Jacob, emmenant les troupeaux de Laban qui l'avait retenu injustement à son service. Nicole leur répond que leur justification ne vaut rien. Il ne veut pas, au surplus, discuter longuement là-dessus : « Il vaut mieux, dit-il, renvoyer les Jésuites au Parlement de Paris, que de se fatiguer à disputer d'une chose très certaine. » Les théories d'Escobar et de Bauny sur le vol domestique ont été condamnées de nouveau par Innocent XI (1679) et l'Assemblée générale du Clergé de France en 1700.

2. *Die* pour *dise*, quoique vieux, n'était pas hors d'usage. Pascal s'en moque à l'occasion comme dans la réponse du Provincial à ses deux premières lettres (peu s'en faut que je ne die), mais il l'emploie le plus rare-

LETTRE VI.

qui la contoit l'autre jour en un lieu où j'étois. Il nous disoit que ce Jean d'Alba, servant[a] vos Pères du collège de Clermont de la rue Saint-Jacques, et n'étant pas satisfait de ses gages, déroba quelque chose pour se récompenser ; que vos Pères s'en étant aperçus le firent mettre[b] en prison, l'accusant de vol domestique ; et que le procès en fut rapporté au Châtelet le sixième jour d'avril 1647, si j'ai bonne mémoire ; car il nous marqua toutes ces particularités-là, sans quoi à peine l'auroit-on cru. Ce malheureux, étant interrogé, avoua qu'il avoit pris quelques plats d'étain à vos Pères ; mais il soutint[c] qu'il ne les avoit pas volés pour cela, rapportant pour sa justification cette doctrine du père Bauny, qu'il présenta aux juges avec un écrit[d] d'un de vos Pères, sous lequel il avoit étudié les cas de conscience, qui lui avoit appris la même chose. Sur quoi M. de Montrouge[e], l'un[f] des plus considérés de cette compagnie, dit en[g] opinant « qu'il n'étoit pas d'avis que, sur des écrits de ces Pères, contenant une doctrine illicite, pernicieuse et contraire à toutes les lois naturelles, divines

---

[a] Dans quelques exemplaires du texte in-4º on trouve : « servant *de correcteur à* vos pères » au lieu de : « servant vos pères ».
[b] Textes in-4º et in-12 : « qu'ensuite vos pères le firent mettre » au lieu de : « que vos Pères s'en étant aperçus le firent mettre », ce qui est la leçon du texte in-8º, c'est-à-dire une leçon ajoutée.
[c] « Il soutint » ajouté dans le texte in-8º.
[d] Texte in-12 : « les écrits ».
[e] Texte in-12 : « feu M. de Montrouge ».
[f] Textes in-4º et in-12 : « qui étoit un » ou « qui est un ».
[g] Textes in-4º et in-12 : « opina et dit ».

---

ment possible sans doute. D'ordinaire, il cherche une autre locution ; il n'emploie pas *dise*. Les grands écrivains du xviie siècle font comme lui jusque vers 1680. Il y a encore dans la *Bérénice* de Racine (1670) : « Mais quoique je craignisse, il faut que je le die. » Ce sont les prosateurs qui ont introduit *dise* pour *die*. On le trouve dans La Bruyère : « On dit à la Cour du bien de quelqu'un pour deux raisons : la première afin qu'il apprenne que nous disons du bien de lui ; la seconde afin qu'il en *dise* de nous. » A partir de La Bruyère, l'expression *die* disparaît de la langue écrite.

et humaines, capable de renverser toutes les familles et d'autoriser tous les vols domestiques, on dût absoudre cet accusé; mais qu'il étoit d'avis que ce trop fidèle disciple fût fouetté devant la porte du Collège, par la main du bourreau, lequel en même temps brûleroit les écrits de ces Pères traitant du larcin, avec[a] défense à eux de plus enseigner une telle doctrine, sur peine de la vie. »

On attendoit la suite de cet avis qui fut fort approuvé, lorsqu'il arriva un incident qui fit remettre le jugement de ce procès. Mais cependant[1] le prisonnier disparut, on ne sait comment, sans qu'on parlât plus de cette affaire-là; de sorte que Jean d'Alba sortit, et sans rendre sa vaisselle. Voilà ce qu'il nous dit; et il ajoutoit à cela que l'avis de M. de Montrouge est aux registres du Châtelet, où chacun peut le voir. Nous prîmes plaisir à ce conte.

A quoi vous amusez-vous? dit le père; qu'est-ce que tout cela signifie? je vous parle des maximes de nos Casuistes; j'étois prêt à vous parler de celles qui regardent les Gentilshommes, et vous m'interrompez par des histoires hors de propos. Je ne vous le disois qu'en passant, lui dis-je, et aussi pour vous avertir d'une chose importante sur ce sujet, que je trouve que vous avez oubliée en établissant votre doctrine de la Probabilité. Eh quoi! dit le père, que pourroit-il y avoir de manque après que[b] tant d'habiles gens y ont passé? C'est, lui répondis-je, que vous avez bien mis ceux qui suivent vos opinions probables, en assurance à l'égard de Dieu et de la conscience;

---

[a] Textes in-4º et in-12 : *et* au lieu d'*avec*.
[b] « Après tant d'habiles gens *qui* y ont passé » dans l'in-4º et l'in-12.

---

1. *Cependant* est pris au sens étymologique du mot, pendant qu'on délibérait.

car, à ce que vous dites, on est en sûreté de ce côté-là en suivant un docteur grave : vous les avez encore mis en assurance du côté des Confesseurs, car vous avez obligé les Prêtres à les absoudre sur une opinion probable, à peine de péché mortel; mais vous ne les avez point mis en assurance du côté des Juges; de sorte qu'ils se trouvent exposés au fouet et à la potence en suivant vos Probabilités : c'est un défaut capital que cela. Vous avez raison, dit le père, vous me faites plaisir ; mais c'est que nous n'avons pas autant de pouvoir sur les Magistrats que sur les Confesseurs, qui sont obligés de se rapporter à nous pour les cas de conscience ; car c'est nous qui en jugeons souverainement. J'entends bien, lui dis-je ; mais si d'une part vous êtes les juges des Confesseurs, n'êtes-vous pas, de l'autre, les confesseurs des Juges? Votre pouvoir est de grande étendue : obligez-les d'absoudre les criminels qui ont une opinion probable, à peine d'être exclus des sacrements ; afin qu'il n'arrive pas, au grand mépris et scandale de la Probabilité, que ceux que vous rendez innocents dans la théorie soient fouettés ou[a] pendus dans la pratique. Sans cela, comment trouveriez-vous des disciples? Il y faudra songer, me dit-il, cela n'est pas à négliger. Je le proposerai à notre père Provincial. Vous pouviez néanmoins réserver cet avis à un autre temps, sans interrompre ce que j'ai à vous dire des maximes que nous avons établies en faveur des Gentilshommes, et je ne vous les apprendrai qu'à la charge que vous ne me ferez plus d'histoires.

Voilà tout ce que vous aurez pour aujourd'hui, car il faut plus d'une lettre pour vous mander tout ce que j'ai appris en une seule conversation. Cependant je suis, etc.

---

[a] Texte in-12 : « et » au lieu de « ou ».

LETTRE VII[1]

De la méthode de diriger l'Intention, selon les Casuistes. De la permission qu'ils donnent de tuer pour la défense de l'Honneur et des Biens, et qu'ils étendent jusqu'aux Prêtres et aux Religieux. Question curieuse proposée par Caramuel, savoir s'il est permis aux Jésuites de tuer les Jansénistes.

De Paris, ce 25 avril 1656.

Monsieur,

Après avoir apaisé le bon père, dont j'avois un peu troublé le discours par l'histoire de Jean d'Alba, il le[2] reprit sur l'assurance que je lui donnai de ne lui en plus faire de semblables; et il me parla des maximes de ses Casuistes touchant les Gentilshommes, à peu près en ces termes :

Vous savez, me dit-il, que la passion dominante des personnes de cette condition est ce Point d'Honneur qui les engage à toute heure à des violences qui paroissent bien contraires à la piété chrétienne ; de sorte qu'il faudroit les exclure presque tous de nos confessionnaux, si nos Pères n'eussent[3] un peu relâché de la sévérité de la Religion pour s'accommoder à la foiblesse des hommes. Mais comme ils vouloient demeurer attachés à l'Évangile

---

1. « Septième lettre écrite à un Provincial par un de ses amis », dans les éditions du temps.

La revision de cette lettre fut faite par M. Nicole (note de l'abbé Goujet).

2. Il reprit son discours.

3. On dirait aujourd'hui *ne se fussent* au lieu de *n'eussent*. Au XVIIe siècle, l'emploi du verbe avoir comme auxiliaire, là où on a substitué depuis le verbe être, était fréquent.

par leur devoir envers Dieu, et aux gens du monde par leur charité pour le Prochain [1], ils ont eu besoin de toute leur lumière pour trouver des expédients qui tempérassent les choses avec tant de justesse, qu'on pût maintenir et réparer son honneur par les moyens dont on se sert ordinairement dans le monde, sans blesser néanmoins sa conscience ; afin de conserver tout ensemble deux choses aussi opposées en apparence que la Piété et l'Honneur. Mais autant que [2] ce dessein étoit utile, autant l'exécution en étoit pénible ; car je crois que vous voyez assez la grandeur et la difficulté de cette entreprise. Elle m'étonne, lui dis-je assez froidement[a]. Elle vous étonne ? me dit-il : je le crois,

[a] « Assez froidement » est ajouté dans le texte in-8º.

---

1. « Comme ils vouloient demeurer attachés à l'Évangile par leur devoir envers Dieu, et aux gens du monde par leur charité pour le prochain. » Cette préoccupation ne quitte point Pascal. Montrer que le Christianisme des Jésuites est un Christianisme politique, qu'ils l'atténuent systématiquement, afin d'obtenir et de conserver la faveur des gens du monde et du pouvoir, voilà le fond même des *Provinciales* et aussi le fond de la lutte engagée entre les Jésuites et les Jansénistes. Les Jésuites sont des politiciens, disent les Jansénistes ; l'esprit qui les dirige est un continuel esprit de *transaction*. Au XVIe siècle, ils ont transigé avec la Renaissance qui était l'ennemi, c'est-à-dire le retour aux mœurs romaines de la décadence, que l'Évangile avait la mission de détruire, mission qu'il a accomplie. Ils ont introduit Vénus et Pan dans l'enseignement à côté de la Foi et de Jésus-Christ, ce qui était une trahison de la cause qu'ils avaient à défendre. Maintenant ils transigent avec les Rois, en vue d'avoir une part de leur puissance, d'être associés au gouvernement des États ; c'est encore une trahison. Ils accommodent la Morale chrétienne à leur intérêt, ils la marient à celle du monde contre laquelle fulminent les Écrits Apostoliques et ceux des Pères de l'Église. Les Jansénistes disent la vérité ; ce qu'ils ne disent pas, c'est que si les Jésuites et derrière eux l'Église catholique avaient voulu assujettir les nations au joug strict du Christianisme, les contraindre à suivre la *voie étroite* que les Jansénistes prétendent suivre, le Christianisme aurait été mis hors la loi. Au IVe siècle, il avait déjà dû composer, afin d'obtenir la direction de la Société romaine. C'est un état de choses nécessaire, et l'Église l'a reconnu elle-même en instituant chez elle des *Réguliers* et des *Séculiers*, c'est-à-dire des Chrétiens et des Demi-chrétiens.

2. « Que » serait maintenant considéré comme incorrect.

elle en étonneroit bien d'autres. Ignorez-vous que, d'une part, la loi de l'Évangile ordonne « de ne point rendre le mal pour le mal, et d'en laisser la vengeance à Dieu » ? et que, de l'autre, les lois du monde défendent de souffrir les injures, sans en tirer raison soi-même, et souvent par la mort de ses ennemis? Avez-vous jamais rien vu qui paroisse plus contraire? Et cependant, quand je vous dis que nos Pères ont accordé ces choses, vous me dites simplement que cela vous étonne. Je ne m'expliquois pas assez, mon père. Je tiendrois la chose impossible, si, après ce que j'ai vu de vos Pères, je ne savois qu'ils peuvent faire facilement ce qui est impossible aux autres hommes. C'est ce qui me fait croire qu'ils en ont bien trouvé quelque moyen, que j'admire sans le connoître, et que je vous prie de me déclarer.

Puisque vous le prenez ainsi, me dit-il, je ne puis vous le refuser. Sachez donc que ce principe merveilleux est notre grande méthode de *Diriger l'Intention*, dont l'importance est telle dans notre Morale, que j'oserois quasi la comparer à la doctrine de la Probabilité[1]. Vous en avez vu

---

1. La *Direction d'Intention*, dans la Morale des Jésuites, est l'application du Probabilisme à la conscience. Elle est à la conscience ce que le Probabilisme est aux actes de la volonté. La Direction d'Intention des Jésuites, s'il falloit en croire Sainte-Beuve (*Port-Royal*, t. III, p. 140-141 de l'édition citée), seroit la suivante: « Que sera-ce dès que l'esprit mondain et politique, cet esprit *confesseur des rois*, l'aura (la Compagnie de Jésus) en tous sens pénétrée et sera le moteur de ces puissants ressorts toujours subsistants? Au reste, pour le reconnaître vrai, cet esprit dénoncé et décrit par Pascal, cet esprit caressant, câlin, énervant, qui tente toujours et chatouille à l'endroit de l'intérêt, cet esprit diabolique et calomniateur et qui en même temps ne sait pas haïr d'une haine honnête et vigoureuse, qui est toujours prêt à vous flatter si vous revenez, comme ce Bon Père de la Cinquième Provinciale ; — il me fit d'abord mille caresses, car il m'aime toujours ; — qui vous offre toutes les facilités et toutes les dispenses, mais seulement si vous lui donnez des gages et si vous êtes à lui ; esprit adultère de l'Évangile tout à soi et aux siens ; qui est comme un petit souffle demi-

quelques traits en passant, dans de certaines maximes que je vous ai dites; car, lorsque je vous ai fait entendre comment les Valets peuvent faire en conscience de certains

parfumé, demi-empesté, mortel à l'âme chrétienne aussi bien qu'à l'âme naturelle, empoisonneur de Plutarque comme de saint Paul, et qui sous air de douceur et en l'adulant convoite éternellement le royaume de la terre, pour le reconnaître, cet esprit, et le proclamer vrai chez Pascal, nous n'avons pas besoin de l'aller étudier bien loin dans le passé. Tous ceux qui l'ont vu, qui l'ont senti à l'œuvre, qui l'ont haï en France sous la Restauration à laquelle il fut si homicide; tous ceux-là, à travers toutes les politesses de détail, toutes les exceptions et les réserves légitimes lui sauront dire en le démêlant dans son essence et en le détestant jusqu'au bout, dans sa moindre haleine : *toi, toujours toi.* Pascal, en son temps, l'avait senti tout en plein circulant partout et régnant; il en avait essuyé le fléau dans la personne de ses amis sacrifiés. De là la guerre à mort qu'il lui déclara. » Eh bien! oui, cet esprit, cette Direction d'Intention vers la faveur, le pouvoir, les richesses, par la flatterie, c'est l'esprit de courtisanerie. Quand il n'y a point de Cour il devient l'esprit de Coterie; c'est un esprit qui est très vieux. Les Jésuites ne l'ont point inventé. Alexandre Vinet disait qu'ils en avaient été « les Parrains » plus que les Pères. Il subsiste dans les salons, dans les Académies, dans les partis politiques même les plus avancés, où, suivant une expression récente et consacrée, il y a des *Jésuites rouges.*

L'indépendance du caractère et la haute moralité de Pascal ressortent de la haine qu'il lui portait. Il voulait se tenir droit. Pour appartenir à cet esprit, à cette *Direction d'Intention*, il faut obéir, flatter, se courber. Galilée ne l'avait pas. Un mathématicien jésuite du collège romain disait à un de ses amis : « Se il Galileo si avesse saputo mantenere l'affetto dei padri di questo collegio, viverebbe glorioso al mondo, e non sarebbe stata nulla delle sue disgrazie, et avrebbe potuto scrivere, ad arbitrio suo di ogni materia, dico anche del moto della terra. » « Si Galilée avait su garder l'amitié des pères de notre collège, il serait honoré de tout le monde; aucune disgrâce ne lui fût arrivée, il aurait pu écrire à son gré sur tous les sujets, même sur le mouvement de la terre. » Voir à ce sujet la lettre de Galilée extraite des manuscrits de Peiresc, au t. IV de l'*Histoire des sciences* de Libri.

Voltaire, qui admire les *Provinciales*, pense (*Siècle de Louis XIV*) qu'elles s'appuient sur un fondement qui était faux. Il ne comprend pas le mobile auquel Pascal obéit, qui est la défense de l'indépendance de l'âme contre la courtisanerie cachée sous un masque religieux. « L'élève du père Porée et l'auteur du *Mondain*, dit encore Sainte-Beuve (*loc. cit.*), s'accommoderait encore mieux, on le conçoit, des Jésuites que des Jansénistes. Il serait aisément de l'avis de cet homme d'esprit (de cet homme d'esprit court) qui disait : Les Jésuites sont, après tout, ceux qui ont tiré le meilleur parti d'une mauvaise Religion en l'éludant, ou plutôt en la corrompant; car c'est ce qui caractérise le mauvais, de ne redevenir un peu tolérable

messages fâcheux, n'avez-vous pas pris garde que c'étoit seulement en détournant leur intention du mal dont ils sont les entremetteurs, pour la porter au gain qui leur en revient? Voilà ce que c'est que *Diriger l'Intention*, et vous avez vu de même que ceux qui donnent de l'argent pour des Bénéfices seroient de véritables Simoniaques sans une pareille diversion. Mais je veux maintenant vous faire voir cette grande méthode dans tout son lustre sur le sujet de l'Homicide, qu'elle justifie en mille rencontres, afin que vous jugiez par un tel effet tout ce qu'elle est capable de produire. Je vois déjà, lui dis-je, que par là tout sera permis, rien n'en échappera. Vous allez toujours d'une extrémité à l'autre, répondit le Père : corrigez-vous de cela ; car, pour vous témoigner que nous ne permettons pas tout, sachez que, par exemple, nous ne souffrons jamais d'avoir l'intention formelle de pécher pour le seul dessein de pécher ; et que quiconque s'obstine à n'avoir point d'autre fin dans le mal que le mal même[a], nous rompons avec lui ;

---

[a] « Quiconque s'obstine à n'avoir point d'autre fin dans le mal que le mal même » est la leçon in-8°. Les textes in-4° et in-12 ont : « quiconque s'obstine à *borner son désir dans le mal pour le mal même* ».

---

que quand il a été corrompu. Les Jésuites, en bien des cas, ont procédé comme si au fond le Christianisme, dans son principe, était faux. Quant à Voltaire, on sait depuis peu une anecdote singulière, mais avérée, sur son compte : il eut l'idée de réfuter les *Provinciales*, d'en faire la contre-partie (comme il eut l'idée de réfuter *le Prince* de Machiavel ; ce n'étaient pas les idées qui lui faisaient défaut), et cela par ordre, pour complaire au cardinal de Fleury et au lieutenant de police Hérault. « Ces messieurs, le voyant prévenu contre les Jansénistes et ami du père Tournemine, voulurent l'engager à écrire pour la cause du Molinisme contre le Jansénisme, et il avoit commencé quelque chose dans le goût d'*Anti-Lettres Provinciales*. Il vint chez M. Hérault et lui dit qu'il ne pouvoit continuer, qu'il se déshonoroit, étant soupçonné de cela et regardé comme plume mercenaire, et il jeta son ouvrage au feu. » *Journal et Mémoires du marquis d'Argenson*, 4 octobre 1739. C'est Voltaire lui-même qui avait conté cette histoire au marquis d'Argenson.

cela est diabolique : voilà qui est sans exception d'âge, de sexe, de qualité. Mais quand on n'est pas dans cette malheureuse disposition, alors nous essayons de mettre en pratique notre méthode de *Diriger l'Intention,* qui consiste à se proposer pour fin de ses actions un objet permis. Ce n'est pas qu'autant qu'il est en notre pouvoir nous ne détournions les hommes des choses défendues ; mais, quand nous ne pouvons pas empêcher l'action, nous purifions au moins l'intention ; et ainsi nous corrigeons le vice du moyen par la pureté de la fin.

Voilà par où nos Pères ont trouvé moyen de permettre les violences qu'on pratique en défendant son Honneur ; car il n'y a qu'à détourner son intention du désir de vengeance, qui est criminel, pour le porter au désir de défendre son Honneur, qui est permis selon nos Pères. Et c'est ainsi qu'ils accomplissent tous leurs devoirs envers Dieu et envers les hommes. Car ils contentent le monde en permettant les actions ; et ils satisfont à l'Évangile en purifiant les intentions. Voilà ce que les Anciens n'ont point connu, voilà ce qu'on doit à nos Pères. Le comprenez-vous maintenant ? Fort bien, lui dis-je. Vous accordez aux hommes l'effet extérieur et matériel de l'action[a], et vous donnez à Dieu ce mouvement intérieur et[b] spirituel de l'intention ; et par cet équitable partage, vous alliez les lois humaines avec les divines. Mais, mon père, pour vous dire la vérité, je me défie un peu de vos promesses ; et je doute que vos Auteurs en disent autant que vous. Vous me faites tort, dit le Père ; je n'avance rien que je ne prouve, et par tant de passages, que leur nombre, leur autorité et leurs raisons vous rempliront d'admiration.

[a] Textes in-4º et in-12 : « la substance grossière des choses » au lieu de : « l'effet extérieur et matériel de l'action » qui est la leçon in-8º.
[b] « Intérieur et » ajouté dans le texte in-8º.

Car, pour vous faire voir l'alliance que nos Pères ont faite des maximes de l'Évangile avec celles du monde, par cette Direction d'Intention, écoutez notre père Reginaldus, *in praxi*, T. II, l. XXI, n. 62, p. 200 : « Il est défendu aux particuliers de se venger; car saint Paul dit aux[1] Rom. ch. 12 : Ne rendez à personne le mal pour le mal; et l'Eccl., ch. 28 : Celui qui veut se venger attirera sur soi la vengeance de Dieu, et ses péchés ne seront point oubliés. Outre tout ce qui est dit dans l'Évangile, du pardon des offenses, comme dans les chapitres 6 et 18 de saint Matthieu. » Certes, mon père, si après cela il dit autre chose que ce qui est dans l'Écriture, ce ne sera pas manque de la savoir. Que conclut-il donc enfin? Le voici, dit-il : « De toutes ces choses, il paroît qu'un homme de guerre peut sur l'heure même poursuivre celui qui l'a blessé ; non pas, à la vérité, avec l'intention de rendre le mal pour le mal, mais avec celle de conserver son Honneur : *Non ut malum pro malo reddat, sed ut conservet honorem.* »

Voyez-vous comment ils ont soin de défendre d'avoir l'intention de rendre le mal pour le mal, parce que l'Écriture le condamne? Ils ne l'ont jamais souffert. Voyez Lessius[2], *De Just.* Lib. II, c. IX, d. 12, n. 79 : « Celui qui a reçu un soufflet ne peut pas avoir l'intention de s'en venger; mais il peut bien avoir celle d'éviter l'infamie, et pour cela de repousser à l'instant cette injure, et même à

---

1. Aux Romains, c'est-à-dire dans l'Épître aux Romains.
2. Leys (Léonard), en latin Lessius, jésuite, théologien, né en 1554 dans un village du Brabant, mort à Louvain en 1623. Il avait été, à Rome, élève de Suarez. On a de lui deux volumes in-folio d'*OEuvres*, dont un traité *De Justitia et jure*. Saint François de Sales lui écrivait de ce traité (lettre datée d'Annecy, 26 août 1613): « J'ai vu, il y a quelques années, l'ouvrage très utile *De Justitia et jure*, que vous avez mis au jour, où vous résolvez avec autant de solidité que de netteté, et mieux qu'aucun Théologien que j'aie vu, les difficultés de cette partie de la Théologie. »

coups d'épée : *etiam cum gladio.* » Nous sommes si éloignés de souffrir qu'on ait le dessein de se venger de ses ennemis, que nos Pères ne veulent pas seulement qu'on leur souhaite la mort par un mouvement de haine. Voyez notre père Escobar, Tr. 5, ex. 5, n. 145 : « Si votre ennemi est disposé à vous nuire, vous ne devez pas souhaiter sa mort par un mouvement de haine, mais vous le pouvez bien faire pour éviter votre dommage. » Car cela est tellement légitime avec cette intention, que notre grand Hurtado de Mendoça[1] dit : « Qu'on peut prier Dieu de faire promptement mourir ceux qui se disposent à nous persécuter, si on ne le peut éviter autrement. » C'est au livre *De Spe*, Vol. II, d. 15, sect. 4, § 48.

Mon révérend père, lui dis-je, l'Église a bien oublié de mettre une oraison à cette intention dans ses prières[2]. On n'y a pas mis, me dit-il, tout ce qu'on peut demander à Dieu. Outre que cela ne se pouvoit pas; car cette opinion-là est plus nouvelle que le Bréviaire : vous n'êtes pas bon chronologiste. Mais, sans sortir de ce sujet, écoutez encore ce passage de notre père Gaspar Hurtado[3], *De Sub. pecc.*

---

1. Hurtado (Pierre), de l'illustre famille de Mendoça, né en 1578 dans les Asturies, mort en 1651, à Madrid, censeur du Saint-Office. La plupart de ses ouvrages sont restés manuscrits.

2. Elle en a mis souvent. Au moyen âge, beaucoup d'Ordres Religieux avaient des litanies à leur usage. Il y a des Ordres populaires dans les litanies desquels on trouve : Domine, libera nos a *castellis :* « Seigneur, délivrez-nous des châteaux »; dans d'autres: Domine, libera nos a *justitia :* « Seigneur, délivrez-nous de la Justice », de celle que rendait Gilles de Retz.

Les psaumes leur avaient donné l'exemple : Filia Babylonis misera, beatus qui retribuet tibi retributionem tuam, quam retribuisti nobis; beatus qui tenebit et allidet parvulos tuos ad petram : « Misérable fille de Babylone, heureux qui te rendra les maux que tu nous a faits ; heureux qui tiendra tes petits et leur écrasera la tête contre une pierre. » Cet esprit de vengeance est hébraïque, étranger au Christianisme, dont le symbole est un Agneau (agnus).

3. Hurtado (Gaspard), jésuite et théologien espagnol, né à Mondexar en

diff. 9, cité par Diana, p. 5, Tr. 14, r. 99 ; c'est l'un des Vingt-quatre Pères d'Escobar. « Un Bénéficier peut, sans aucun péché mortel, désirer la mort de celui qui a une pension sur son Bénéfice; et un fils celle de son père, et se réjouir quand elle arrive, pourvu que ce ne soit que pour le bien qui lui en revient, et non pas par une haine personnelle. »

O mon père! lui dis-je, voilà un beau fruit de la Direction d'Intention! Je vois bien qu'elle est de grande étendue; mais néanmoins il y a de certains cas dont la résolution seroit encore difficile, quoique fort nécessaire pour les Gentilshommes. Proposez-les pour voir, dit le père. Montrez-moi, lui dis-je, avec toute cette Direction d'Intention, qu'il soit permis de se battre en Duel. Notre grand Hurtado de Mendoça, dit le père, vous y satisfera sur l'heure, dans ce passage que Diana rapporte, page 5, Tr. 14, r. 99. « Si un Gentilhomme qui est appelé en Duel est connu pour n'être pas dévot, et que les péchés qu'on lui voit commettre à toute heure sans scrupule fassent aisément juger que, s'il refuse le Duel, ce n'est pas par la crainte de Dieu, mais par timidité; et qu'ainsi on dise de lui que c'est une poule et non pas un homme, *gallina et non vir*, il peut, pour conserver son Honneur, se trouver au lieu assigné, non pas véritablement avec l'intention expresse de se battre en Duel, mais seulement avec celle de se défendre, si celui qui l'a appelé l'y vient attaquer injustement. Et son action sera tout indifférente d'elle-même. Car quel mal y a-t-il d'aller dans un champ, de s'y promener en attendant un homme, et de se défendre si on l'y vient attaquer? Et ainsi il ne pèche en aucune manière,

---

1575, mort en 1646, à Alcala, où il était Doyen de la Faculté de Théologie et censeur du Saint-Office. Il a laissé huit volumes d'*OEuvres*.

puisque ce n'est point du tout accepter un Duel, ayant l'intention dirigée à d'autres circonstances. Car l'acceptation du Duel consiste en l'intention expresse de se battre, laquelle celui-ci n'a pas[1]. »

Vous ne m'avez pas tenu parole, mon père. Ce n'est pas là proprement permettre le Duel; au contraire, il le croit tellement défendu, que, pour le rendre permis, il évite de dire que c'en soit un[a]. Ho! ho! dit le père, vous commencez à pénétrer; j'en suis ravi. Je pourrois dire néanmoins qu'il permet en cela tout ce que demandent ceux qui se battent en Duel. Mais, puisqu'il faut vous répondre juste, notre père Layman le fera pour moi, en per-

---

[a] Textes in-4° et in-12 : « Au contraire, il évite de dire que c'en soit un, pour rendre la chose permise, tant il la croit défendue ».

---

1. Le Duel, ou droit de vengeance personnel, est antérieur à l'état social et aux lois écrites. Il est de Droit Naturel. Il n'y a de vrai juge d'une injure que celui qui l'a reçue. Depuis qu'il y a des sociétés, le législateur a toujours tendu à confisquer le Droit Naturel de vengeance au profit de l'État et de l'intérêt commun. Malgré cette tendance, il a toujours été obligé de faire au Duel sa part. Les Germains, qui ont envahi l'Europe au vᵉ siècle et qui n'avaient pas de droit public, ont laissé au droit de vengeance privée un champ très large. Le monde féodal est imprégné de ce droit. L'Église, héritière de la Tradition romaine et encline à la douceur en vertu de sa propre Tradition, n'a cessé d'être hostile au droit de vengeance privée. Les mœurs du moyen âge ont été plus fortes qu'elle. Elle céda. Pierre le Chantre, qui écrit vers 1180 — codex manuscrit de l'abbaye de Saint-Victor conservé à la Bibliothèque nationale — le constate dans les termes suivants : « Quelques églises jugent et ordonnent le Duel entre leurs Paysans et les font combattre dans la Juridiction de l'Église, en la cour de l'évêque ou de l'archidiacre, comme on fait à Paris. Sur quoi le pape Eugène consulté répondit: Usez-en selon votre coutume : — utimini consuetudine vestra. » La situation n'est pas autre en Espagne qu'ailleurs. Le Casuiste Hurtado essaye de tourner la difficulté ecclésiastique, car l'Église ne consent que de fait, à la manière casuiste, par des subterfuges. Cependant Diana, qui le cite, continue, ce que ne fait point Pascal. Mais Hurtado ajoute que ce sentiment, quoique probable en spéculation, est extrêmement difficile à suivre dans la pratique, et il prescrit le contraire dans son livre *De Charitate*.

mettant le Duel en mots propres, pourvu qu'on Dirige son Intention à l'accepter seulement pour conserver son Honneur ou sa fortune. C'est au Liv. III, ar. III, page 3, c. III, n. 2 et 3 : « Si un soldat à l'armée, ou un gentilhomme à la Cour, se trouve en état de perdre son Honneur ou sa fortune, s'il n'accepte un Duel, je ne vois pas que l'on puisse condamner celui qui le reçoit pour se défendre. » Petrus Hurtado dit la même chose, au rapport de notre célèbre Escobar, au Tr. 1, ex. 7, n. 96 et au n. 98 ; il ajoute ces paroles de Hurtado : « Qu'on peut se battre en Duel pour défendre même son Bien, s'il n'y a que ce moyen de le conserver ; parce que chacun a le droit de défendre son Bien, et même par la mort de ses ennemis. » J'admirai sur ces passages de voir que la piété du Roi emploie sa puissance à défendre et à abolir le Duel dans ses États, et que la piété des Jésuites occupe leur subtilité à le permettre et à l'autoriser dans l'Église. Mais le bon père étoit si en train, qu'on lui eût fait tort de l'arrêter, de sorte qu'il poursuivit ainsi : Enfin, dit-il, Sanchez (voyez un peu quels gens je vous cite !) passe outre[a] ; car il permet non seulement de recevoir, mais encore d'offrir le Duel en Dirigeant bien son Intention. Et notre Escobar le suit en cela au même lieu, n. 97. Mon père, lui dis-je, je le quitte, si cela est ; mais je ne croirai jamais qu'il l'ait écrit, si je ne le vois. Lisez-le donc vous-même, me dit-il ; et je lus en effet ces mots dans la Théologie morale de Sanchez, Liv. II, c. XXXIX, n. 7. « Il est bien raisonnable de dire qu'un homme peut se battre en Duel pour sauver sa Vie, son Honneur, ou son Bien en une quantité considérable, lorsqu'il est constant qu'on les lui veut ravir injustement par des procès et des chicaneries, et qu'il n'y a que ce seul

---

[a] « Passe outre » est la leçon in-8º ; les textes in-4º et in-12 ont : « fait plus ».

moyen de les conserver. Et Navarrus dit fort bien qu'en cette occasion il est permis d'accepter et d'offrir le Duel : *Licet acceptare et offerre duellum.* Et aussi qu'on peut tuer en cachette son ennemi. Et même, en ces rencontres-là, on ne doit point user de la voie du Duel, si on peut tuer en cachette son homme, et sortir par là d'affaire : car, par ce moyen, on évitera tout ensemble, et d'exposer sa vie en un combat, et de participer au péché que notre ennemi commettroit par un Duel.[1] »

1. Ce que Pascal cherche à rendre odieux chez les Casuistes, ce n'est pas le fait qu'ils autorisent le Duel. Les passions surexcitées sous la Fronde auraient trouvé ridicule qu'on voulût l'interdire. Ce que Pascal essaye de mettre en relief, c'est la mauvaise foi qu'il y a dans les raisons invoquées par les Casuistes. Aussi l'opinion révoltante de Navarro qu'on peut tuer son ennemi en cachette était réellement de nature à indigner les contemporains et ce qui les indignait sans doute davantage et nous indigne au même degré, c'est l'hypocrisie audacieuse du Casuiste : on tue son ennemi en cachette afin de lui rendre service ; on lui évite le péché qu'il y aurait à se battre en Duel. Aussi partage-t-on un moment — car, à la réflexion, on en rabat, — la colère de Pascal contre cette Société de malheur, qu'il estime être et qui est, en effet, par ses Casuistes, le *fléau de la vérité*, c'est-à-dire de la sincérité.

« Quand Prométhée, dit Horace, pétrit pour la première fois le limon humain et y fit entrer une parcelle de chaque race d'animaux, il y mit, tout au fond de notre poitrine, une étincelle de la colère du lion — insani leonis vim — cette étincelle aveugle, mais qui, modérée et entourée comme il faut, demeure une partie essentielle à tout homme généreux et qui ne périt pas nécessairement dans le Chrétien.... Pascal, au sein des plus hautes lumières, possédait intacte cette faculté franche d'indignation morale. Il n'y en a plus trace dans le cœur humain maté par le Jésuitisme, et alors ce n'est pas d'ordinaire la seule et divine mansuétude qui l'a remplacée. » Sainte-Beuve, *Port-Royal*, t. III, p. 144 de l'éd. cit. En ce qui précède comme dans une note relative à la *Direction d'Intention* (p. 93), Sainte-Beuve craint qu'on ne se méprenne sur son dessein. Il n'en a pas aux personnes, mais au système. La célèbre brochure de M. de Ravignan intitulée : *De l'existence et de l'institut des Jésuites* (1844), lui fournit l'occasion de produire à cet égard quelques témoignages modernes à l'appui de son propre avis. C'est d'abord celui de Royer-Collard qui disait à Sainte-Beuve de M. de Ravignan : « J'ai lu sa brochure, elle est bien ; mais j'ai dit en finissant : *Voilà un homme qui se croit jésuite*, il a la candeur de croire qu'il l'est ; il est vrai que si on lui montrait ce que c'est que les Jésuites,

Voilà, mon père, lui dis-je, un pieux guet-apens : mais, quoique pieux, il demeure toujours guet-apens, puisqu'il est permis de tuer son ennemi en trahison. Vous ai-je dit, répliqua le père, qu'on peut tuer en trahison? Dieu m'en garde ! Je vous dis qu'on peut tuer en cachette,

il ne le croirait pas. Il y a place dans l'Ordre pour de tels hommes ; mais cela ne prouve rien si ce n'est pour ces individus. » Le duc Victor de Broglie disait également de la brochure de M. de Ravignan : « Il prouve très bien que d'autres que les Jésuites ont soutenu le Probabilisme, le Régicide ; mais il ne répond pas à la vraie objection. Pour moi, je ne fais aux Jésuites qu'un reproche : c'est qu'ils sont un *gouvernement* et ils en ont tous les inconvénients. » L'objection s'adresse à l'Église catholique comme à eux. Enfin Dupin aîné disait au même Sainte-Beuve à propos de la même brochure : « Je ne l'ai pas encore lue, je lui accorderai tout ce qu'il voudra *individuellement*, j'accorderai qu'il y a eu, qu'il y a des *individus* jésuites honnêtes gens, gens aimables, grands prédicateurs, grands mathématiciens ; mais comme Association, comme Ordre, ils n'ont eu que ce qu'ils méritaient. Les meilleurs peuvent à l'instant devenir mauvais et funestes par leur loi d'obéissance : c'est toujours le *bâton dans la main du vieillard*. En France, on a senti cela d'instinct ; tout ce qu'il y a eu de généreux, de sain et d'intègre s'est du premier jour révolté contre eux, et comme Ordre, je ne sais qu'un éloge qu'on pourrait leur donner avec vérité. Il faut les louer de toutes les vertus qu'ils ont suscitées et fomentées contre eux par leur présence. »

Eh bien ! oui, ce sont des niveleurs spirituels : ils tuent l'initiative, l'originalité dans les individus comme dans l'État, au point de vue civil comme au point de vue religieux. Au XVIe siècle, où il y avait trop de l'une et trop de l'autre, grâce à la Réforme, à la Renaissance, au conflit de deux Civilisations qui cherchaient à se dévorer, ils sont venus à une heure propice, ils ont accompli une grande tâche de pacification morale ; leur rôle à cet égard est terminé il y a longtemps.

« Pour être impartial, continue Sainte-Beuve, jusqu'au bout, j'ajouterai que dans la Nouvelle France, la position a changé et que ce n'est pas toujours la marque *d'un très brave esprit* de les poursuivre et surtout d'en avoir peur. » C'est au contraire la marque d'un très petit esprit. La qualité de leurs ennemis les ferait aimer. Les préjugés, l'ignorance, la haine, l'envie, tout ce qu'il y a de vil et de bas dans la nature humaine s'acharne sur eux. Les honorer et les respecter, c'est protester.

Il y a un phénomène qui fait peur à Sainte-Beuve : être jésuite et catholique commence à devenir synonyme. Il lui paraît grave que tous les catholiques français paraissent « avoir désormais pour unique principe, sur chaque question plus ou moins romaine, de se considérer et d'être au premier mot d'ordre venu de Rome, *comme le bâton dans la main du vieil-*

et de là vous concluez qu'on peut tuer en trahison, comme si c'étoit la même chose. Apprenez d'Escobar, Tr. 6, ex. 4, n. 26, ce que c'est que tuer en trahison, et puis vous parlerez. « On appelle tuer en trahison, quand on tue celui qui ne s'en défie en aucune manière. Et c'est pourquoi

lard. » Si telle chose arrivait — di omen avertant, Sainte-Beuve ne perd jamais son latin —, il verrait là « bien des dangers pour l'avenir ».

Les Jésuites n'acceptent pas le caractère qu'on leur prête. Comme ils ont perdu ou à peu près perdu leur situation politique, on les laisse dire et ils n'excitent guère plus que des haines platoniques. Au XVIIe siècle, écrasés sous le poids des *Provinciales*, mais ayant conservé leur situation politique et sentant qu'ils sont menacés de la perdre, ils se plaignent avec éloquence quelquefois de l'injustice des accusations, accumulées contre eux par les Jansénistes. Le père Daniel (*Entretiens de Cléandre et d'Eudoxe*, 2e entretien) fait valoir en ces termes le mal fondé des griefs qu'on a contre eux : « On en voit, dit-il des Jésuites, quelques-uns à la Cour en crédit, en réputation, respectés, applaudis, honorés — le père La Chaise, Bourdaloue, Bouhours lui-même, tout à l'heure Hardouin — de la bienveillance ou de la confiance des princes — même du public — tandis qu'un très grand nombre meurent de froid et de faim dans les forêts du Canada ; d'autres vont ruiner, de gaieté de cœur, leur santé pour le reste de leur vie dans les îles de l'Amérique méridionale où, de trente qui y passeront, il ne s'en trouvera pas deux qui ne succombent avec le temps à la malignité de l'air, sans parler des gibets de l'Angleterre, des feux et des fosses du Japon, qui ont été le partage d'un grand nombre de leurs missionnaires. Car on le dit nettement et on l'imprime publiquement : les Jésuites qui sont en ces pays-là ne valent pas mieux que ceux de France. Qu'on dise tant qu'on voudra qu'ils trafiquent et qu'ils s'enrichissent dans ces pays éloignés : ce serait mettre un peu trop au commerce, et je ne sache guère de marchands qui voulussent l'être à ce prix. Ces bons pères iront donc se faire rôtir et manger tout vivants par les Iroquois, passer les hivers dans les bois avec les Sauvages, sans autre retraite qu'une cabane d'écorce où la fumée aveugle et étouffe ceux qui s'y mettent à l'abri du froid, et cela pour avoir l'honneur d'établir partout la Morale relâchée, d'étendre la gloire de leur Société, et pour donner lieu aux prédicateurs qu'on prie quelquefois de prêcher le jour de saint Ignace de faire compliment aux Jésuites de Paris sur leur zèle, sur leurs fonctions et sur leurs travaux apostoliques ? Si cela est, je ne désespère pas qu'on ne voie naître un jour quelque société de brigands qui, s'unissant tous dans le dessein de voler, de piller, de tuer, conviendront ensemble que quelques-uns d'entre eux jouiront paisiblement du butin et du fruit des fatigues des autres, sans jamais s'exposer à aucun péril ; et que ceux-ci, après avoir bien volé et bien pillé, sans tirer nul profit de leur peine, se feront pendre et rompre tout

celui qui tue son ennemi n'est pas dit le tuer en trahison, quoique ce soit par derrière ou dans une embûche : *licet per insidias, aut a tergo percutiat.* » Et au même Traité, n. 56 : « Celui qui tue son ennemi avec lequel il s'étoit réconcilié, sous promesse de ne plus attenter à sa vie, n'est pas absolument dit le tuer en trahison, à moins qu'il n'y eût entre eux une amitié bien étroite : *arctior amicitia*[1]. »

Vous voyez par là que vous ne savez pas seulement ce que les termes signifient, et cependant vous parlez comme un Docteur. J'avoue, lui dis-je, que cela m'est nouveau ;

---

vifs sur les échafauds, uniquement pour la gloire et pour l'intérêt de leurs compagnons. »

Ce que dit le père Daniel est très spécieux et vrai à plusieurs égards. Le gros des membres de la Compagnie étaient zélés et sincères ; ils donnaient leur vie et leur santé aux œuvres de la Compagnie sans espoir de récompense. Il y avait à côté de cela l'esprit de corps et l'ambition, comme dans une armée qui entre en campagne. La moitié de ceux qui la composent mourront de misère ou sous le feu de l'ennemi ; parmi les autres, la plupart ne gagneront rien que des rhumatismes et une retraite misérable, quelques-uns seulement auront de l'honneur, du pouvoir, des richesses. Tout le monde pourtant y va de bon cœur ; tous ont l'espérance d'être distingués par la fortune. L'homme est ainsi fait et les Jésuites d'alors étaient faits comme tout le monde. Cela ne touche en rien à l'esprit de l'institution dont le but était la soif du pouvoir et de la domination dans l'intérêt de l'Église si l'on veut, mais à côté de l'intérêt de l'Église, dans celui des personnes et au détriment du Christianisme apostolique et sévère que les Jansénistes avaient le souci de défendre contre les Jésuites.

1. Tout ceci paraît odieux et épouvantable, est étranger à nos mœurs. Ce l'était déjà au XVIIe siècle. Ce n'a jamais été français. Ce n'est pas de la Théologie non plus ; ce n'est pas de la Casuistique. Ce sont des doctrines puisées à l'école des tyrans italiens du moyen âge. Encore est-ce beaucoup pis. Les tyrans italiens, Alexandre VI, César Borgia, Machiavel, et ailleurs Louis XI, Commines, Louis XII, Henri VIII, Charles-Quint et *tutti quanti*, avaient au moins comme excuse la Raison d'État « qui permet de biaiser.... de coudre la peau du renard à celle du lion ». En matière privée, c'est la théorie du crime sans circonstances atténuantes, la trahison et la duplicité érigées en préceptes de conduite. Il importe d'ailleurs d'observer que ces théories sont l'œuvre de Casuistes Italiens et Espagnols qui spéculent au point de vue des mœurs propres à leur pays.

et j'apprends de cette définition qu'on n'a peut-être jamais tué personne en trahison ; car on ne s'avise guère d'assassiner que ses ennemis; mais, quoi qu'il en soit, on peut donc[a], selon Sanchez, tuer hardiment, je ne dis plus en trahison, mais seulement par derrière, ou dans une embûche, un calomniateur qui nous poursuit en justice? Oui, dit le père, mais en Dirigeant bien l'Intention ; vous oubliez toujours le principal. Et c'est ce que Molina soutient aussi, Tome IV, Tr. 3, disp. 12. Et même, selon notre docte Reginaldus, Livre XXI, c. v, n. 57 : « On peut tuer aussi les Faux Témoins qu'il suscite contre nous. » Et enfin, selon nos grands et célèbres pères Tannerus et Emmanuel Sa, on peut de même tuer et les Faux Témoins et le Juge, s'il est de leur intelligence. Voici ses mots, Tr. 3, disp. 4, q. 8, n. 83 : « Sotus[1], dit-il, et Lessius disent qu'il n'est pas permis de tuer les Faux Témoins et le Juge qui conspirent à faire mourir un innocent; mais Emmanuel Sa et d'autres auteurs ont raison d'improuver ce sentiment-là, au moins pour ce qui touche la conscience. » Et il confirme encore, au même lieu, qu'on peut tuer et Témoins et Juge.

Mon père, lui dis-je, j'entends maintenant assez bien

---

[a] « Donc » est ajouté dans le texte in-8º.

---

1. Soto (Dominique), dominicain espagnol, né à Ségovie en 1494, mort à Salamanque en 1560. Il était fils d'un jardinier. Ses succès comme commentateur d'Aristote fixèrent l'attention de Charles-Quint, qui l'envoya, en 1548, siéger au Concile de Trente et, à son retour, voulut en faire son confesseur et lui donner l'évêché de Ségovie. Soto refusa, mais ne put se dérober aux négociations importantes qui lui furent imposées par l'Empereur. Outre ses commentaires sur Aristote, on a de lui un grand nombre de traités sur des sujets théologiques. Les principaux sont : *De natura et gratia, De justitia et jure, De secretis tegendis, De pauperum causa, De cavendo juramento cum abusu.* Il a joui d'une réputation immense. Son nom serait oublié maintenant s'il n'était mentionné dans les *Provinciales*.

votre principe de la Direction d'Intention ; mais j'en veux bien entendre aussi les conséquences, et tous les cas où cette méthode donne le pouvoir de tuer. Reprenons ceux que vous m'avez dits, de peur de méprise ; car l'équivoque seroit ici dangereuse. Il ne faut tuer que bien à propos, et sur bonne opinion probable. Vous m'avez donc assuré qu'en Dirigeant bien son Intention, on peut, selon vos Pères, pour conserver son Honneur, et même son Bien, accepter un Duel, l'offrir quelquefois, tuer en cachette un faux accusateur, et ses Témoins avec lui, et encore le Juge corrompu qui les favorise ; et vous m'avez dit aussi que celui qui a reçu un soufflet peut, sans se venger, le réparer à coups d'épée. Mais, mon père, vous ne m'avez pas dit avec quelle mesure. On ne s'y peut guère tromper, dit le père ; car on peut aller jusqu'à le tuer. C'est ce que prouve fort bien notre savant Henriquez[1], Liv. XIV, c. x, n. 3, et d'autres de nos Pères rapportés par Escobar, Tr. 1, ex. 7, n. 48, en ces mots : « On peut tuer celui qui a donné un soufflet, quoiqu'il s'enfuie, pourvu qu'on évite de le faire par haine ou par vengeance, et que par là on ne donne pas lieu à des meurtres excessifs et nuisibles à l'État. Et la raison en est, qu'on peut ainsi courir après son Honneur, comme après du bien dérobé ; car encore que votre Honneur ne soit pas entre les mains de votre ennemi, comme seroient des hardes qu'il vous auroit volées, on peut néanmoins le recouvrer en la même manière, en donnant des marques de grandeur et d'autorité, et s'acquérant par là l'estime des hommes. Et, en effet, n'est-il pas véritable que celui qui a reçu un soufflet est réputé sans Honneur, jus-

---

1. Henriquez (Henri), jésuite portugais, né à Porto en 1536, mort à Tivoli en 1608. Il avait quitté les Jésuites afin d'entrer dans l'Ordre de Saint-Dominique. On a de lui une *Théologie morale*.

qu'à ce qu'il ait tué son ennemi ? » Cela me parut si horrible, que j'eus peine à me retenir ; mais, pour savoir le reste, je le laissai continuer ainsi : Et même, dit-il, on peut, pour prévenir un soufflet, tuer celui qui veut le donner, s'il n'y a que ce moyen de l'éviter. Cela est commun dans nos Pères. Par exemple, Azor [1], *Inst. mor.*, Part. 3, Liv. II, p. 105 (c'est encore l'un des Vingt-quatre Vieillards) : « Est-il permis à un homme d'honneur de tuer celui qui lui veut donner un soufflet, ou un coup de bâton ? Les uns disent que non ; et leur raison est que la vie du prochain est plus précieuse que notre Honneur : outre qu'il y a de la cruauté à tuer un homme pour éviter seulement un soufflet. Mais les autres disent que cela est permis ; et certainement je le trouve Probable, quand on ne peut l'éviter autrement ; car, sans cela, l'Honneur des innocents seroit sans cesse exposé à la malice des insolents. » Notre grand Filiutius, de même, Tome II, tr. 29, c. III, n. 50 ; et le père Héreau [2], dans ses écrits de l'Homicide ;

---

1. Azor (Jean), casuiste espagnol et humaniste, né en 1542 à Lorca, dans le royaume de Murcie, mort à Rome en 1607. On a de lui trois volumes in-folio d'*Institutions morales* souvent réimprimées et dont Bossuet, dans ses *Statuts synodaux*, a cru devoir recommander la lecture. Son originalité et ses paradoxes expliqueraient à eux seuls la vogue de ses *Institutions morales*, succès qui faisait dire à un homme d'esprit que ce n'était pas « le premier Azor venu ».

2. Héreau ou mieux Airault, fils de Pierre Airault, avocat au Parlement de Paris, puis lieutenant-criminel d'Angers. « Il avoit un fils, dit Moreri, de Pierre Airault, qui se rendit jésuite à son insu, et comme il souhaitoit de l'avoir auprès de lui, il employa l'autorité de Henri III pour le retirer. Le roi écrivit deux lettres à Rome en sa faveur pour obliger les Jésuites de lui rendre son fils, qui avoit déjà passé trois années chez eux. » On ne sache pas qu'ils le lui rendirent, mais le père en prit occasion d'écrire un *Traité de la puissance paternelle* plusieurs fois réimprimé. On conteste l'authenticité des extraits d'Airault, de Flahaut et de Lecourt. On les aurait tirés d'un procès-verbal fait en 1643 ou 1644, à la requête de l'Université de Paris, sous la dictée de Saint-Amour. « Louis Garin de Saint-Amour,

Hurtado de Mendoça, in 2, 2, disp. 170, sect. 16, § 137 ; et Bécan[1], *Som.*, T. I, q. 64, *De Homicid.* ; et nos pères Flahaut et Lecourt, dans leurs écrits que l'Université, dans sa troisième requête, a rapportés tout au long pour les décrier, mais elle n'y a pas réussi ; et Escobar au même lieu, n. 48, disent tous les mêmes choses. Enfin cela est si généralement soutenu, que Lessius le décide comme une chose qui n'est contestée d'aucun Casuiste, Liv. II, c. ix, d. 12, n. 77 ; car il en rapporte un grand nombre qui sont de cette opinion, et aucun qui soit contraire ; et même il allègue, n. 77, Pierre Navarre, qui, parlant généralement des affronts, dont il n'y en a point de plus sensible qu'un soufflet, déclare que, selon le consentement de tous les Casuistes, *ex sententia omnium licet contumeliosum occi-*

---

lit-on dans les *Anecdotes de Port-Royal* ou *Histoire secrète du Jansénisme,* ouvrage manuscrit dont quelques morceaux ont passé sous les yeux de Sainte-Beuve, fils du cocher de Louis XIII, que Sa Majesté aimoit fort à cause de son adresse à bien mener son carrosse et quelques autres bonnes qualités qui étoient dans *ce cocher du corps* (par opposition à son fils, qui devait être *cocher de l'esprit*) ; ce Louis, dis-je, de Saint-Amour, de fils de cocher, devint par son savoir-faire Recteur de l'Université de Paris et ensuite de la Maison et Société de Sorbonne. Il avoit un corps et une mine plus propres encore à mener le carrosse du roi qu'à porter le bonnet et le chapeau sur les bancs de la Sorbonne, qui plioient sous les pieds de cet autre Hercule. » Il était janséniste et il faisait du zèle. « On craignoit plus Saint-Amour tout seul, dit Brienne, que tout le parti janséniste ensemble... Aujourd'hui à Paris, demain à Rome, et de là comme un fantôme porté en l'air ou sur le cheval de Pacolet, on le voit au *prima mensis,* où la seconde lettre de M. Arnauld alloit être censurée tout d'une voix. Mais combien ne fit-il point revenir de docteurs à son avis ? » Qu'était-ce que le livre d'Héreau ou Airault, *De l'Homicide,* et les livres des pères Flahaut et Lecourt ? On ne sait. Pascal se serait-il servi d'un procès-verbal sans avoir recours aux livres eux-mêmes ? On ne le sait pas davantage.

1. Bécan (Martin), jésuite flamand, né à Hilvarembec (Brabant) en 1561, mort en 1624 à Vienne (Autriche), où il était confesseur de l'empereur Ferdinand II. Il avait écrit plusieurs ouvrages, parmi lesquels une *Somme de la Théologie scolastique* en un vol. in-folio.

dere, si aliter ca injuria arceri nequit. En voulez-vous davantage [a] ?

Je l'en remerciai, car je n'en avois que trop entendu ; mais pour voir jusqu'où iroit une si damnable doctrine, je lui dis : Mais, mon père, ne sera-t-il point permis de tuer pour un peu moins ? Ne sauroit-on Diriger son Intention en sorte qu'on puisse tuer pour un démenti ? Oui, dit le père, et selon notre père Baldelle [1], Liv. III, disp. 24, n. 24, rapporté par Escobar au même lieu, n. 49 : « Il est permis de tuer celui qui vous dit : Vous avez menti, si on ne peut le réprimer autrement. » Et on peut tuer de la même sorte pour des médisances, selon nos Pères ; car Lessius, que le père Héreau, entre autres, suit mot à mot, dit, au lieu déjà cité : « Si vous tâchez de ruiner ma réputation par des calomnies devant les personnes d'honneur, et que je ne puisse l'éviter autrement qu'en vous tuant, le puis-je faire ? Oui, selon des Auteurs Modernes, et même encore que le crime que vous publiez soit véritable, si toutefois il est secret, en sorte que vous ne puissiez le découvrir selon les voies de la Justice ; et en voici la preuve. Si vous me voulez ravir l'Honneur en me donnant un soufflet, je puis l'empêcher par la force des armes : donc la même défense est permise quand vous me voulez faire la même injure avec la langue. De plus, on peut empêcher les affronts :

---

[a] « Enfin cela est si généralement soutenu... en voulez-vous davantage ? » au lieu de ce texte qui est celui de l'in-8°, il y a dans les éditions in-4° et in-12 : « Enfin, cela est si généralement soutenu que Lessius, L. 11, c. 9, d. 12, n. 77, en parle comme d'une chose autorisée par le consentement universel de tous les Casuistes. *Il est permis*, dit-il, *selon le consentement de tous les Casuistes, ex sententia omnium, de tuer celui qui veut donner un soufflet ou un coup de bâton, quand on ne le peut éviter autrement.* »

---

1. Baldello (Nicolas), jésuite et casuiste italien, né à Cortone en 1573, mort en 1655 à Rome, où il était professeur de Théologie. On a de lui deux volumes in-folio de Théologie morale.

donc on peut empêcher les médisances. Enfin l'Honneur est plus cher que la vie. Or on peut tuer pour défendre sa vie : donc on peut tuer pour défendre son Honneur [1]. »

Voilà des arguments en forme. Ce n'est pas là discourir, c'est prouver. Et enfin ce grand Lessius montre au même endroit n. 78, qu'on peut tuer même pour un simple geste, ou un signe de mépris. « On peut, dit-il, attaquer et ôter l'Honneur en plusieurs manières, dans lesquelles la défense paroît bien juste ; comme si on veut donner un coup de bâton, ou un soufflet, ou si on veut nous faire affront par des paroles ou par des signes ; *sive per signa.* »

O mon père, lui dis-je, voilà tout ce qu'on peut souhaiter pour mettre l'Honneur à couvert ; mais la vie est bien exposée, si, pour de simples médisances, ou [a] des gestes désobligeants, on peut tuer le monde en conscience. Cela est vrai, me dit-il ; mais comme nos Pères sont fort

---

[a] Textes in-4° et in-12 : « et » au lieu de « ou ».

---

1. Cette doctrine est d'enseignement commun et non une lubie de Casuiste. Est-ce que les poètes, les romanciers, les hommes d'État, les moralistes, depuis Lucrèce, qui meurt d'avoir perdu l'honneur, ne crient pas sur les toits : l'honneur vaut mieux que la vie ? Ils sont pris au mot par les Casuistes, et l'indignation excitée par la théorie des Casuistes démontre de reste combien ces hauts sentiments sont des lieux communs oratoires. Au fait, Lessius raconte l'opinion d'autrui et, ce que ne dit point Pascal, ce n'est pas la sienne, car il ajoute : « Je n'approuve pas non plus ce sentiment dans la pratique : *verum hoc quoque sententia mihi in praxi non probatur,* parce qu'il donnerait lieu à une infinité de meurtres secrets, au grand dommage de la République. Dans le droit de défense, en effet, il faut toujours veiller à ce que l'usage n'en tourne pas au détriment de l'État, car alors il ne faut pas le permettre. Ajoutez que, quand bien même ce sentiment serait vrai dans la spéculation, à peine cependant pourrait-il avoir lieu dans la pratique. Car, ou l'outrage vous a été fait, ou non. Dans le premier cas, vous ne l'éteindrez pas dans le sang de son auteur ; dans le second, il n'est presque jamais sûr que vous ne puissiez l'empêcher par un autre moyen. En conséquence, nous ne devons pas user de cette sorte de défense. » *Citation de l'abbé Maynard.*

circonspects, ils ont trouvé à propos de défendre de mettre cette doctrine en usage en ces petites occasions ᵃ ; car ils disent au moins « qu'à peine doit-on la pratiquer : *practice vix probari potest* ». Et ce n'a pas été sans raison ; la voici. Je le ᵇ sais bien, lui dis-je ; c'est parce que la loi de Dieu défend de tuer. Ils ne le prennent pas par là, me dit le père : ils le trouvent permis en conscience, et en ne regardant que la vérité en elle-même. Et pourquoi le défendent-ils donc? Écoutez-le, dit-il. C'est parce qu'on dépeupleroit un État en moins de rien, si on en tuoit tous les médisants. Apprenez-le de notre Reginaldus, T. II, liv. XXI, n. 63, page 261 : « Encore que cette opinion qu'on peut tuer pour une médisance ne soit pas sans Probabilité dans la théorie, il faut suivre le contraire dans la Pratique ; car il faut toujours éviter le dommage de l'État dans la manière de se défendre. Or il est visible qu'en tuant le monde de cette sorte, il se feroit un trop grand nombre de meurtres [1]. » Lessius en parle de même au lieu déjà cité : « Il faut prendre garde que l'usage de cette maxime ne soit nuisible à l'État, car alors il ne faut pas le permettre; *tunc enim non est permittendus.* »

Quoi ! mon père, ce n'est donc ici qu'une défense de Politique, et non pas de Religion ? Peu de gens s'y arrêteront, et surtout dans la colère ; car il pourroit être assez probable qu'on ne fait pas de tort à l'État de le purger d'un

---

ᵃ Les textes in-4° et in-12 : au lieu « en ces petites occasions », portent : « en de certaines occasions, comme pour les simples médisances ».
ᵇ « Le » est la leçon de l'in-8° ; les autres textes ont « la ».

---

1. Une remarque qu'il importe de ne pas perdre de vue est que par ces mots : au point de vue spéculatif ou *speculative*, les Casuistes entendent l'état de nature et par ces autres mots : en pratique, *in praxi*, ils entendent l'état de société; de sorte que leurs doctrines ne sont pas aussi féroces qu'elles en ont l'air.

méchant homme. Aussi, dit-il, notre père Filiutius joint à cette raison-là une autre bien considérable, T. II, tr. 29, ch. III, n. 51. « C'est qu'on seroit puni en Justice, en tuant le monde pour ce sujet[1]. » Je vous le disois bien, mon père, que vous ne feriez jamais rien qui vaille, tant que vous n'auriez point les Juges de votre côté. Les Juges, dit le père, qui ne pénètrent pas dans les consciences, ne jugent que par le dehors de l'action, au lieu que nous regardons principalement à l'Intention. Et de là vient que nos maximes sont quelquefois un peu différentes des leurs. Quoi qu'il en soit, mon père, il se conclut fort bien des vôtres qu'en évitant les dommages de l'État[a], on peut tuer les médisants en sûreté de conscience, pourvu que ce soit en sûreté de sa personne.

Mais, mon père, après avoir si bien pourvu à l'Honneur, n'avez-vous rien fait pour le Bien? Je sais qu'il est de moindre considération, mais il n'importe. Il me semble qu'on peut bien Diriger son Intention à tuer pour le conserver. Oui, dit le père, et je vous ai touché quelque chose qui vous a pu donner cette ouverture. Tous nos Casuistes s'y accordent, et même on le permet, « [2] encore que l'on ne craigne plus aucune violence de ceux qui nous ôtent notre Bien, comme quand ils s'enfuient ». Azor, de notre Société, le prouve, Liv. II, ch. I, q. 20, p. 127.

Mais, mon père, combien faut-il que la chose vaille pour nous porter à cette extrémité? « Il faut, selon Regi-

---

[a] « En évitant les dommages de l'État » est ajouté dans le texte in-8°.

---

1. « On seroit puni en Justice. » C'est une considération notable. Alors il y a intérêt à renoncer au droit naturel.
2. Les mots guillemetés sont de Pascal et non d'Azor, comme il le laisse croire.

naldus, T. II, liv. XXI, ch. v, n. 66, et Tannerus, T. III, n. 2, 2, disp. 4, q. 8, d. 4, n. 69, que la chose soit de grand prix au jugement d'un homme prudent. » Et Layman et Filiutius en parlent de même. Ce n'est rien dire, mon père : où ira-t-on chercher un homme prudent, dont la rencontre est si rare, pour faire cette estimation ? Que ne déterminent-ils exactement la somme ? Comment ! dit le père, étoit-il si facile, à votre avis, de comparer la vie d'un homme et d'un Chrétien à de l'argent [1] ? C'est ici où je veux vous faire sentir la nécessité de nos Casuistes. Cherchez-moi, dans tous les Anciens Pères, pour combien d'argent il est permis de tuer un homme. Que vous diront-ils ? sinon, *non occides.* « Vous ne tuerez point. » Et qui a donc osé déterminer cette somme ? répondis-je. C'est, me dit-il, notre grand et incomparable Molina [2], la gloire de notre Société, qui, par sa prudence inimitable, l'a estimée « à six ou sept ducats, pour lesquels il assure qu'il est permis de tuer, encore que celui qui les emporte s'enfuie ». C'est en son Tom. IV, Tr. 3, disp. 16, d. 6. Et il dit de plus au même endroit : « Qu'il n'oseroit condamner d'aucun péché un homme qui tue celui qui lui veut ôter une chose de la valeur d'un écu, ou moins : *unius aurei, vel minoris adhuc valoris* [3]. » Ce qui a porté Escobar à

---

1. Les lois franques et, en général, les lois germaniques des temps mérovingiens le faisaient.
2. L'assertion est inexacte. C'est évidemment en vertu d'une tradition remontant aux invasions germaniques que certains Casuistes ont entrepris de le faire. D'ailleurs, Molina n'enseigne rien de pareil. Il estime qu'il n'est pas permis de tuer un voleur qui se sauve, pour une somme minime, comme serait celle de quatre ou cinq ducats. « Mettons-en six ou sept, dit Pascal. » C'est lui qui fixe ce chiffre ridicule.
3. Texte de Molina : « Si quelqu'un voulait enlever une chose de la valeur d'un écu ou moins, malgré la résistance du maître ou du gardien, je n'oserais pas condamner celui qui, pour le protéger, tuerait l'injuste agresseur, en conservant la modération d'une légitime défense. » Molina

établir cette règle générale, n. 44, « que régulièrement on peut tuer un homme pour la valeur d'un écu, selon Molina ».

O mon père ! d'où Molina a-t-il pu être éclairé pour déterminer une chose de cette importance sans aucun secours de l'Écriture, des Conciles, ni des Pères ? Je vois bien qu'il a eu des lumières bien particulières et bien éloignées de saint Augustin sur l'Homicide, aussi bien que sur la Grâce. Me voici bien savant sur ce chapitre ; et je connois parfaitement qu'il n'y a plus que les gens d'Église qui s'abstiendront de tuer ceux qui leur feront tort en leur Honneur ou en leur Bien[a]. Que voulez-vous dire ? répliqua le père. Cela seroit-il raisonnable, à votre avis, que ceux qu'on doit le plus respecter dans le monde fussent seuls exposés à l'insolence des méchants ? Nos Pères ont prévenu ce désordre, car Tannerus, T. III, d. 4, q. 8, d. 4, n. 76 et 77, dit : « Qu'il est permis aux Ecclésiastiques et aux Religieux même de tuer, pour défendre non seulement leur vie, mais aussi leur Bien, ou celui de leur communauté. » Molina, qu'Escobar rapporte, n. 43 ; Bécan, Summ. p. 3, Tr. II, c. 64, q. 7, *De Hom.*, concl. 2, n. 14 ; Reginaldus, L. XXI, c. V, n. 68 ; Layman, L. III, Tr. 3, p. 3, c. III, n. 4 ; Lessius, Liv. II, c. IX, d. 11, n. 72 ; et les autres se servent tous des mêmes paroles.

Et même, selon notre célèbre père Lamy[1], il est per-

---

[a] « Il n'y a plus que les gens d'Église qui s'abstiendront de tuer ceux qui leur feront tort en leur honneur ou en leur bien » est la leçon in-8°. Les textes in-4° et in-12 ont : « Il n'y a plus que les gens d'Église *qu'on puisse offenser et pour l'honneur et pour le bien, sans craindre qu'ils tuent ceux qui les offensent* ».

---

prévoit le cas de légitime défense ; ce n'est plus l'écu qui est en cause, mais la personne qu'on attaque afin de le prendre et qui se défend.

1. Amici (François), théologien et jésuite italien, né à Cosenza en 1578, mort à Gratz en 1651. On a de lui neuf volumes in-folio d'*Œuvres* théologiques. Sa doctrine sur l'Homicide, attaquée dans la Quatorzième Provinciale, est au tome V.

mis aux Prêtres et aux Religieux de prévenir ceux qui les veulent noircir par des médisances, en les tuant pour les en empêcher. Mais c'est toujours en Dirigeant bien l'Intention. Voici ses termes, T. V, disp. 36, n. 118 : « Il est permis à un Ecclésiastique ou à un Religieux de tuer un calomniateur qui menace de publier des crimes scandaleux de sa Communauté ou de lui-même, quand il n'y a que ce seul moyen de l'en empêcher, comme s'il est prêt à répandre ses médisances si on ne le tue promptement : car, en ce cas, comme il seroit permis à ce Religieux de tuer celui qui lui voudroit ôter la vie, il lui est permis aussi de tuer celui qui lui veut ôter l'Honneur ou celui de sa Communauté, de la même sorte qu'aux gens du monde[1]. » Je ne savois pas cela, lui dis-je, et j'avois cru simplement le contraire sans y faire de réflexion sur ce que j'avois ouï dire que l'Église abhorre tellement le sang[2], qu'elle ne permet pas seulement aux juges ecclésiastiques d'assister aux jugements criminels. Ne vous arrêtez pas à cela, dit-il, notre père Lamy prouve fort bien cette doctrine, quoique, par un trait d'humilité bienséant à ce grand homme, il la soumette aux lecteurs prudents. Et Caramuel, notre illustre défenseur, qui la rapporte dans sa Théologie fondamentale, p. 543, la croit si certaine, qu'il soutient « que le

1. Il convient d'observer qu'ici encore, Pascal force un peu le sens des Casuistes. Le livre eut un assez grand nombre d'éditions. Le passage incriminé ne figure que dans la première. De plus, c'est un cas rare qu'Amici examine comme une curiosité de controverse. Il dit d'ailleurs expressément : « Nolumus hæc ita a nobis dicta sint, ut communi sententiæ adversentur, sed solum disputandi gratia propositas. — Si nous parlons ainsi, ce n'est pas afin de nous éloigner de l'opinion ordinaire, mais afin de montrer le pour et le contre. »

2. « Ecclesia abhorret a sanguine », axiome en usage dans les Écoles de Théologie. C'est en vertu de cet axiome qu'à la bataille de Bouvines, un évêque français assommait les Allemands à coups de massue : il ne versait pas de sang.

contraire n'est pas probable »; et il en tire des conclusions admirables, comme celle-ci, qu'il appelle la conclusion des conclusions, *conclusionum conclusio* : « Qu'un Prêtre non seulement peut, en de certaines rencontres, tuer un calomniateur, mais encore qu'il y en a où il doit le faire : *etiam aliquando debet occidere.* » Il examine plusieurs questions nouvelles sur ce principe; par exemple celle-ci : *Savoir si les Jésuites peuvent tuer les Jansénistes ?* Voilà, mon père, m'écriai-je, un point de Théologie bien surprenant ! et je tiens les Jansénistes déjà morts par la doctrine du père Lamy. Vous voilà attrapé, dit le père : Caramuel conclut le contraire des mêmes principes. Et comment cela, mon père ? Parce, me dit-il, qu'ils ne nuisent pas à notre réputation. Voici ses mots, n. 1146 et 1147, p. 547 et 548 : « Les Jansénistes appellent les Jésuites Pélagiens ; pourra-t-on les tuer pour cela ? Non, d'autant que les Jansénistes n'obscurcissent non plus l'éclat de la Société qu'un hibou celui du soleil; au contraire, ils l'ont relevée, quoique contre leur intention : *occidi non possunt, quia nocere non potuerunt.* »

Eh quoi ! mon père, la vie des Jansénistes dépend donc seulement de savoir s'ils nuisent à votre réputation ? Je les tiens peu en sûreté, si cela est. Car s'il devient tant soit peu probable qu'ils vous fassent tort, les voilà tuables sans difficulté. Vous en ferez un argument en forme; et il n'en faut pas davantage avec une Direction d'Intention pour expédier un homme en sûreté de conscience. O qu'heureux sont les gens qui ne veulent pas souffrir les injures, d'être instruits en cette doctrine ! Mais que malheureux sont ceux qui les offensent ! En vérité, mon père, il faudroit autant avoir affaire à des gens qui n'ont point de Religion, qu'à ceux qui en sont instruits jusqu'à cette Direction. Car enfin l'Intention de celui qui blesse ne soulage point celui qui est blessé. Il ne s'aperçoit point de cette Direction secrète, et il ne sent que celle du coup qu'on lui porte. Et je ne sais même si on n'auroit pas moins de dépit de se voir tuer brutalement par des gens emportés, que de se sentir poignarder consciencieusement par des gens dévots.

Tout de bon, mon père, je suis un peu surpris de tout ceci; et ces questions du père Lamy et de Caramuel ne me plaisent point. Pourquoi? dit le père : êtes-vous Janséniste? J'en ai une autre raison, lui dis-je. C'est que j'écris de temps en temps à un de mes amis de la campagne ce que j'apprends des maximes de vos Pères. Et quoique je ne fasse que rapporter simplement et citer fidèlement leurs paroles, je ne sais néanmoins s'il ne se pourroit pas rencontrer quelque esprit bizarre qui, s'imaginant que cela vous fait tort, ne tirât de vos principes quelque méchante conclusion. Allez, me dit le père, il ne vous en arrivera point de mal, j'en suis garant. Sachez que ce que nos Pères ont imprimé eux-mêmes, et avec l'approbation de nos Supérieurs, n'est ni mauvais, ni dangereux à publier.

Je vous écris donc sur la parole de ce bon père; mais le papier me manque toujours, et non pas les passages. Car il y en a tant d'autres, et de si forts, qu'il faudroit des volumes pour tout dire.

Je suis, etc.

LETTRE VIII[1]

Maximes corrompues des Casuistes touchant les Juges, les Usuriers, le Contrat Mohatra, les Banqueroutiers, les Restitutions, etc. Diverses extravagances des mêmes Casuistes.

De Paris, ce 28 mai 1656.

Monsieur,

Vous ne pensiez pas que personne eût la curiosité de savoir qui nous sommes; cependant il y a des gens qui essayent de le deviner, mais ils rencontrent mal[2]. Les uns me prennent pour un docteur de Sorbonne : les autres attribuent mes Lettres à quatre ou cinq personnes, qui, comme moi, ne sont ni prêtres ni ecclésiastiques. Tous ces faux soupçons me font connoître que je n'ai pas mal réussi dans le dessein que j'ai eu de n'être connu que de vous[3], et du bon père qui souffre toujours mes visites, et dont je souffre toujours les discours, quoique avec bien de la peine. Mais je suis obligé à me contraindre; car il ne les

---

1. « Huitième Lettre écrite à un Provincial par un de ses amis. »
Ce fut encore M. Nicole qui revit cette lettre. *Note de l'abbé Goujet.*
2. Pascal fait-il allusion aux noms de ceux qu'on mettait en avant, comme auteurs des *Provinciales*, qu'on attribuait soit à Gomberville, soit à Leroy, abbé de Hautefontaine, soit à d'autres personnes? Il se pourrait qu'il songeât à la scène qui venait d'avoir lieu à l'auberge du *Roi David* (rue du Poirier), où il fit un court séjour, entre son beau-frère M. Périer et le Père jésuite du Frétat. (Voir l'Introduction.) Dans ce dernier cas, les exemplaires qui séchaient sur le lit de M. Périer auraient été des exemplaires de la Septième Provinciale et non de la Septième et de la Huitième, comme le raconte sa nièce Marguerite Périer dans ses *Mémoires* (recueil d'Utrecht).
3. Momentanément.

continueroit pas, s'il s'apercevoit que j'en fusse si choqué ; et ainsi je ne pourrois m'acquitter de la parole que je vous ai donnée de vous faire savoir leur Morale. Je vous assure que vous devez compter pour quelque chose la violence que je me fais. Il est bien pénible de voir renverser toute la Morale Chrétienne par des égarements si étranges, sans oser y contredire ouvertement. Mais, après avoir tant enduré pour votre satisfaction, je pense qu'à la fin j'éclaterai pour la mienne [1], quand il n'aura plus rien à me dire. Cependant je me retiendrai autant qu'il me sera possible ; car plus je me tais, plus il me dit de choses. Il m'en apprit tant la dernière fois, que j'aurois bien de la peine à tout dire. Vous verrez des principes bien commodes pour ne point restituer[a]. Car, de quelque manière qu'il pallie ses maximes, celles que j'ai à vous dire ne vont en effet qu'à favoriser les Juges corrompus, les Usuriers, les Banqueroutiers, les Larrons, les Femmes perdues et les Sorciers, qui sont tous dispensés assez largement de restituer [2] ce qu'ils gagnent chacun dans leur métier. C'est ce que le bon père m'apprit par ce discours.

Dès le commencement de nos entretiens, me dit-il, je me suis engagé à vous expliquer les maximes de nos Auteurs pour toutes sortes de conditions. Vous avez déjà vu

---

[a] « Vous verrez des principes bien commodes pour ne point restituer », est la leçon in-8°. Il y avait dans les textes in-4° et in-12 : « Vous verrez que *la bourse y a été aussi malmenée que la vie le fut la dernière fois.* »

---

1. Il s'est déjà quelque peu donné carrière. Il le fera de plus en plus. Il se le propose à lui-même ; mais il le propose aussi au lecteur afin de nourrir sa curiosité. Il possède dès lors à fond l'habileté dont il fournira les règles dans son *Art de persuader*.

2. Cette affaire des Restitutions est un des plus gros lièvres levés par Pascal, qui en a levé beaucoup. Elle donna lieu à de longues controverses au cours desquels Claude Joly publia (1665) son *Traité des Restitutions des Grands*, qu'on lit encore.

celles qui touchent les Bénéficiers, les Prêtres, les Religieux, les Domestiques ᵃ et les Gentilshommes : parcourons maintenant les autres, et commençons par les Juges.

Je vous dirai d'abord une des plus importantes et des plus avantageuses maximes que nos Pères aient enseignées en leur faveur. Elle est de notre savant Castro Palao, l'un de nos Vingt-quatre Vieillards. Voici ses mots : « Un juge peut-il, dans une question de Droit, juger selon une opinion probable, en quittant l'opinion la plus probable ? Oui, et même contre son propre sentiment : *imo contra proprium opinionem* [1]. » Et c'est ce que notre père Escobar rapporte aussi au Tr. 6, ex. 6, n. 45. O mon père ! lui dis-je, voilà un beau commencement ! les Juges vous sont bien obligés : et je trouve bien étrange qu'ils s'opposent à vos Probabilités, comme nous l'avons remarqué quelquefois, puisqu'elles leur sont si favorables. Car vous leur ᵇ donnez par là le même pouvoir sur la fortune des hommes que vous vous êtes donné sur les consciences. Vous voyez, me dit-il, que ce n'est pas notre intérêt qui nous fait agir; nous n'avons eu égard qu'au repos de leurs consciences, et c'est à quoi notre grand Molina a si utilement travaillé, sur le sujet des présents qu'on leur fait. Car, pour lever

---

ᵃ « Valets » dans les textes in-4º et in-12 au lieu de « Domestiques » qui est la leçon in-8º.
ᵇ « Leur » est la leçon in-4º et in-12 ; il manque dans le texte in-8º.

---

1. L'extrait est d'Escobar qui rapporte, il est vrai, une opinion de Castro Palao. Elle figure au nº 2, parmi les propositions condamnées par Innocent XI en 1679, mais sous cette forme un peu différente : « Je regarde comme probable qu'un juge peut juger selon une opinion moins probable. » Le cas est très complexe. Les Jurisconsultes ont écrit là-dessus des volumes. Dans les causes criminelles, il est convenu que l'accusé bénéficie toujours de l'opinion la moins probable. Dans les causes civiles, la Législation et la Jurisprudence varient suivant les circonstances et l'objet dont il s'agit.

LETTRE VIII.

les scrupules qu'ils pourroient avoir d'en prendre en de certaines rencontres, il a pris le soin de faire le dénombrement de tous les cas où ils en peuvent recevoir en conscience, à moins qu'il n'y[a] eût quelque loi particulière qui le leur défendît. C'est en son T. I, tr. 2, d. 88, n. 6. Les voici : « Les Juges peuvent recevoir des présents des parties, quand ils les leur donnent ou par amitié ou par reconnoissance, de la justice qu'ils ont rendue, ou pour les porter à la rendre à l'avenir, ou pour les obliger à prendre un soin particulier de leur affaire, ou pour les engager à les expédier promptement[1]. » Notre savant Escobar en parle encore au Tr. 6, ex. 6, n. 43, en cette sorte : « S'il y a plusieurs personnes qui n'aient pas plus de droit d'être expédiées l'une que l'autre, le Juge qui prendra quelque chose de l'une, à condition, *ex pacto*, de l'expédier la première, péchera-t-il ? Non, certainement, selon Layman : car il ne fait aucune injure aux autres selon le Droit Naturel, lorsqu'il accorde à l'un, par la considération de son présent, ce qu'il pouvoit accorder à celui qu'il lui eût plu : et même, étant également obligé envers tous par l'égalité de leur droit, il le devient davantage envers celui qui lui fait ce don, qui l'engage à le préférer aux autres : et cette préférence semble pouvoir être estimée pour de l'argent : *Quæ obligatio videtur pretio æstimabilis*[2]. »

---

[a] « A moins qu'il *y* eut » sans négation dans les différents textes du temps, ce qui est incorrect.

---

1. C'est une constatation des mœurs judiciaires du xviie siècle, non une opinion de casuiste. Les Casuistes mettent le Droit là où ils voient le Fait ; ce n'est pas cette remarque qui a dû concilier à Pascal les Jansénistes des Parlements.

2. Alexandre VII (Fabio Chigi, 1655-1667) a condamné cette proposition sous la forme suivante (26e de son décret) : « Lorsque les plaideurs ont

Mon révérend père, lui dis-je, je suis surpris de cette permission, que les premiers Magistrats du Royaume ne savent pas encore. Car M. le Premier Président a rapporté un ordre dans le Parlement pour empêcher que certains greffiers ne prissent de l'argent pour cette sorte de préférence : ce qui témoigne qu'il est bien éloigné de croire que cela soit permis à des Juges; et tout le monde a loué une réformation si utile à toutes les parties. Le bon père, surpris de ce discours, me répondit : Dites-vous vrai? je ne savois rien de cela. Notre opinion n'est que probable, le contraire est probable aussi. En vérité, mon père, lui dis-je, on trouve que M. le Premier Président a plus que probablement bien fait, et qu'il a arrêté par là le cours d'une corruption publique, et soufferte durant trop longtemps. J'en juge de la même sorte, dit le père; mais laissons cela[a], laissons les Juges. Vous avez raison, lui dis-je; aussi bien ne reconnoissent-ils pas assez ce que vous faites pour eux. Ce n'est pas cela, dit le père; mais c'est qu'il y a tant de choses à dire sur tous, qu'il faut être court sur chacun.

Parlons maintenant des Gens d'affaires. Vous savez que la plus grande peine qu'on ait avec eux est de les détourner de l'Usure; et c'est aussi à quoi nos Pères ont pris un soin particulier; car ils détestent si fort ce vice, qu'Es-

---

[a] « Laissons cela » est la leçon du texte in-4° qui paraît préférable aux autres, qui ont uniformément : « passons cela ». Il est vrai qu'il y a la répétition : « laissons es Juges ». Mais Pascal enseigne lui-même qu'il n'y a pas d'inconvénient à répéter le même mot plusieurs fois de suite quand le sens l'exige.

---

pour eux des opinions également probables, un juge peut recevoir de l'argent pour prononcer en faveur de l'un préférablement à l'autre. » Il est évident que même dans la supposition où le Juge serait placé dans le cas de l'âne de Buridan — un picotin d'avoine à droite et un autre à gauche de la même contenance — s'il opte pour de l'argent, il vend le Droit.

cobar dit au Tr. 3, ex. 5, n. 1, « que de dire[1] que l'Usure n'est pas péché, se seroit une hérésie ». Et notre père Bauny, dans sa Somme des péchés, ch. xiv, remplit plusieurs pages des peines dues aux Usuriers. Il les déclare « infâmes durant leur vie, et indignes de sépulture après leur mort ». O mon père! je ne le croyois pas si sévère. Il l'est quand il le faut, me dit-il; mais aussi ce savant casuiste ayant remarqué qu'on n'est attiré à l'Usure que par le désir du gain, il dit au même lieu : « L'on n'obligeroit donc pas peu le monde, si, le garantissant des mauvais effets de l'Usure, et tout ensemble du péché qui en est la cause, on lui donnoit le moyen de tirer autant et plus de profit de son argent par quelque bon et légitime emploi, que l'on en tire des Usures ». Sans doute, mon père, il n'y auroit plus d'Usuriers après cela. Et c'est pourquoi, dit-il, il en a fourni une « méthode générale pour toutes sortes de personnes; gentilshommes, présidents, conseillers, etc. », et si facile, qu'elle ne consiste qu'en l'usage de certaines paroles qu'il faut prononcer en prêtant son argent; ensuite desquelles on peut en prendre du profit, sans craindre qu'il soit usuraire, comme il est sans doute[2] qu'il l'auroit été autrement. Et quels sont donc ces termes mystérieux, mon père? Les voici, me dit-il, et en mots propres; car vous savez qu'il a fait son Livre de la Somme des péchés en françois, *pour être entendu de tout le monde,* comme il le dit dans la préface : « Celui à qui on demande de l'argent répondra donc en cette sorte : Je n'ai point d'argent à prêter; si en[3] ai bien à mettre à profit

1. « Dit... que de dire », est une négligence de style commune à toutes les éditions du temps.
2. « Comme il est sans doute », c'est-à-dire « comme il est hors de doute ».
3. « En » n'est pas dans le texte, mais est nécessaire au sens.

honnête et licite. Si désirez la somme que demandez pour la faire valoir par votre industrie à moitié gain, moitié perte, peut-être m'y résoudrai-je. Bien est vrai qu'à cause qu'il y a trop de peine à s'accommoder pour le profit, si vous m'en voulez assurer un certain, et quant aussi mon sort principal, qu'il ne coure fortune, nous tomberions bien plus tôt d'accord, et vous ferai toucher argent dans cette heure[1]. » N'est-ce pas là un moyen bien aisé de gagner de l'argent sans pécher ? Et le père Bauny n'a-t-il pas raison de dire ces paroles, par lesquelles il conclut cette méthode : « Voilà, à mon avis, le moyen par lequel quantité de personnes dans le monde, qui, par leurs Usures, extorsions et contrats illicites, provoquent la juste indignation de Dieu, se peuvent sauver en faisant de beaux, honnêtes et licites profits ? »

O mon père ! lui dis-je, voilà des paroles bien puissantes[a] ! Sans doute elles ont quelque vertu occulte pour chasser l'Usure, que je n'entends pas : car j'ai toujours pensé que ce péché consistoit à retirer plus d'argent qu'on n'en a prêté. Vous l'entendez bien peu, me dit-il. L'Usure ne consiste presque, selon nos Pères, qu'en l'intention de prendre ce profit comme usuraire. Et c'est pourquoi notre

---

[a] A la suite de « voilà des paroles bien puissantes », on trouve dans les textes in-4º et in-12 la phrase suivante supprimée dans l'in-8º : « Je vous proteste que si je ne savois qu'elles viennent de bonne part, je les prendrois pour quelques-uns de ces mots enchantés qui ont pouvoir de rompre un charme. »

---

1. Le prêt de Bauny est ce que l'Ancienne Théologie nommait le *Prêt de négoce* ou prêt de Société. Il diffère du prêt à intérêt qui n'est autorisé par la Théologie dans aucune circonstance, en ce que l'argent qu'on prête courant un risque, il est juste qu'on soit indemnisé de ce risque. Aujourd'hui l'affaire va de soi ; au xviiᵉ siècle encore, le *Prêt de négoce* était mal vu par les Théologiens sévères qui le considéraient comme une forme déguisée du *Prêt à intérêt* qualifié d'Usure et condamné à ce titre par une Tradition unanime dans l'Église.

LETTRE VIII.

père Escobar fait éviter l'Usure par un simple détour d'intention; c'est au Tr. 3, ex. 5, n. 4, 33, 44. « Ce seroit Usure, dit-il, de prendre du profit de ceux à qui on prête, si on l'exigeoit comme dû par justice ; mais, si on l'exige comme dû par reconnoissance, ce n'est point Usure. » Et n. 3 : « Il n'est pas permis d'avoir l'intention de profiter de l'argent prêté immédiatement; mais de le prétendre par l'entremise de la bienveillance de celui à qui on l'a prêté[a], *mediâ benevolentiâ*, ce n'est point Usure [1]. »

[a] « De celui à qui on l'a prêté » est ajouté dans le texte in-8º.

---

1. Les Grecs et les Romains, à l'exemple des Phéniciens et des Carthaginois, admettaient l'Usure ou prêt à intérêt qui était un des ressorts de leur Civilisation. L'intérêt se nommait Τόχος chez les Grecs, *fœnus* à Rome. A Athènes, centre de la vie commerciale de la Grèce, la moyenne de l'intérêt était 12 0/0 par an ; à Rome, la loi des douze Tables l'avait également fixé à 12 0/0 par an. Ce fut le taux légal jusqu'à Justinien (vıᵉ siècle de notre ère) qui l'abaissa à 4 0/0 pour les Grands, 8 0/0 pour les Commerçants et 6 0/0 pour les autres personnes. Cet abaissement du taux de l'intérêt était une concession faite au Christianisme qui refusa néanmoins de transiger. Il condamnait l'intérêt en lui-même. Ce n'était pas une tradition juive. Les Juifs avaient toujours fait l'Usure. Ils ne la faisaient pas de juif à juif : « Tu ne prêteras point à Usure à ton frère, afin que l'Éternel ton Dieu te bénisse en tout ce à quoi tu mettras la main dans le pays où tu vas entrer pour le posséder », disait le *Deutéronome* (ch. XXXIII, verset 20). Il était permis de prêter à intérêt aux Étrangers et c'était le métier commun de la nation juive. Le Christianisme proscrivit le prêt à intérêt d'une manière absolue : « Mutuum date, nihil inde sperantes », lit-on dans l'*Évangile* de saint Luc (ch. IV, verset 35). Les Écrits Apostoliques et les Pères de l'Église sont d'accord à interpréter le texte de saint Luc, dans le sens d'une prohibition absolue. Le motif? demandera-t-on. Le Christianisme voulait tuer la Société césarienne, industrielle, commerciale, fondée sur le bien-être et l'exploitation du plus grand nombre. C'étaient les esclaves et les pauvres qu'il avait en vue de libérer de leur joug. Ils étaient d'ailleurs sa force contre la Société officielle. Accessoirement, il se proposait de mettre la Société au régime de l'Ascétisme, de l'appauvrir, de tarir les sources du luxe, des richesses et de la corruption qu'il mettait dans l'usage du luxe et des richesses. Il n'en put venir complètement à bout là où l'invasion ne détruisit pas le Césarisme. Ailleurs, il l'emporta; le prêt à l'intérêt fut interdit par les Conciles qui étaient son pouvoir exécutif, comme il l'était déjà dans les Livres de ses docteurs. Charlemagne aurait

Voilà de subtiles méthodes ; mais une des meilleures, à mon sens (car nous en avons à choisir), c'est celle du Contrat Mohatra. Le Contrat Mohatra, mon père ? Je vois bien, dit-il, que vous ne savez ce que c'est. Il n'y a que le nom d'étrange. Escobar vous l'expliquera au Tr. 3, ex. 3, n. 36 : « Le Contrat Mohatra est celui par lequel on achète des étoffes chèrement et à crédit, pour les revendre au même instant à la même personne argent comptant et à bon marché. » Voilà ce que c'est que le Contrat Mohatra : par où vous voyez qu'on reçoit une certaine somme comptant, en demeurant obligé pour davantage. Mais, mon père, je crois qu'il n'y a jamais eu qu'Escobar qui se soit servi de ce mot-là : y a-t-il d'autres livres qui en parlent ? Que vous savez peu les choses [1] ! me dit le père.

---

voulu se soustraire à la règle ; il lui fut enjoint de céder par le Concile d'Aix-la-Chapelle (789). La chose resta jugée jusqu'à la Réforme. L'envie de se soustraire à la prohibition de l'Usure et de la Banque fut une des causes du succès de la Réforme au xvie siècle. Avant la fin du siècle, il y avait des Banques en Allemagne, dans les Pays-Bas, en Angleterre ; il n'y en eut pas dans les pays restés catholiques. En France, l'autorisation de fonder une Banque d'État fut refusée à Louis XIV par l'Assemblée générale du Clergé de France, sur le rapport de Bossuet (1700). Il y fallut 1789 ; on avait pourtant tourné la difficulté de différentes manières, par des constitutions de rente, par des contrats de change et par d'autres moyens, tous peu efficaces si l'on en juge par la prospérité matérielle des États protestants comparée à celle des États catholiques.

En pratique, l'Église elle-même a cédé : dans le cours du xixe siècle, le Gouvernement pontifical a plusieurs fois emprunté. Mais l'Évangile, les Pères de l'Église et la Tradition sont toujours là. Les Casuistes ne sont pas encore parvenus à déraciner entièrement la Tradition ; ce n'est pas qu'on n'eût souvent essayé. Dans une note de son édition des *Provinciales*[1] l'abbé Maynard est assez d'avis que si le gain n'est pas perçu *en vertu du prêt*, mais *à l'occasion* du prêt, il n'y a pas Usure. C'est jouer sur les mots.

1. Voici touchant le Contrat Mohatra une note de l'abbé Maynard (t. Ier, p. 359) qui est Théologien : « Oui, Pascal *savait peu les choses*. Le mot Mohatra est un mot barbare, ainsi que ses synonymes *barata* ou *stoco*, mais fort usité en Espagne ; plusieurs Théologiens ont excusé le *Mohatra*,

1. Tome Ier, p. 357.

LETTRE VIII.

Le dernier livre de Théologie morale qui a été imprimé cette année même à Paris parle du Mohatra, et doctement;

parce que les deux contrats dont il se forme, l'achat au prix le plus élevé et la vente au plus bas prix, sont justes en soi (c'est une assertion gratuite). Tout dépend de l'intention des contractants : 1° S'il intervient entre eux un pacte explicite ou implicite, il y a usure palliée, l'acheteur ne voulant pas la marchandise, mais l'argent, et le vendeur ne cherchant qu'un profit usuraire. De ces deux contrats, licites séparément, résulte un contrat illicite. Et c'est en ce sens qu'Innocent XI a condamné cette proposition, la quarantième de son décret : — Le contrat Mohatra est licite, même au regard de la même personne, et malgré la convention préalable de revendre aussitôt avec intention de gain. — Mais s'il n'était intervenu aucun pacte, et que l'acheteur offrît librement au vendeur une marchandise qu'il pourrait revendre à qui bon lui semblerait, le marchand ne commettrait pas d'injustice en la rachetant au plus bas prix pourvu qu'il restât dans les limites du juste prix; car il n'est pas de pire condition que tous les autres qui pourraient certainement acheter, et d'un autre côté, il ne résulte pas alors des deux ventes un seul et unique contrat. Or Escobar a expressément marqué et enjoint toutes ces conditions au lieu même que va tout à l'heure citer Pascal. Quant à *l'intention principale de profiter dans celui qui vend et rachète*, Escobar ne décide rien pour son compte. Il se contente de dire que Molina (T. II, tr. 2, disp. 310, n. 5) exige que cette intention préalable n'existe pas au moment de la vente; puis il ajoute que *Salas ne l'exige pas*. Il y aurait tout au plus dans ce cas *usure mentale*. De plus, il est bien clair que si des lois positives proscrivaient ce contrat ou le frappaient de nullité, Escobar le regarderait comme illicite ou comme nul : il n'envisage la question qu'en elle-même et théoriquement, et il la résout bien. Enfin presque toujours la charité sera blessée par un semblable contrat (alors pourquoi le défendez-vous ou plutôt pourquoi voulez-vous excuser Escobar de le défendre?); les Théologiens le reconnaissent et tracent à cet égard des règles sages et sévères aux Confesseurs. Mais c'est là une question différente; on n'envisage ici le Mohatra que sous le rapport de la rigoureuse justice. »

D'abord *Mohatra* n'est pas un mot barbare comme *barata* et *stoco* qui n'ont pas de sens en eux-mêmes. Mohatra est tiré de l'arabe *Mokhâtara*, « vente où l'on court des risques », Dozy. C'est, dit Littré au mot *Mohatra*, un « contrat illicite par lequel un usurier vend une marchandise à un très haut prix et la rachète immédiatement lui-même ou par des personnes interposées à un très bas prix, mais argent comptant. » Il y a deux opérations, dit M. l'abbé Maynard, et chacune est juste en elle-même : 1° Il est permis de vendre à très haut prix. Dans l'espèce, cela revient toujours à ceci : le vendeur, c'est-à-dire l'usurier, exploite le besoin d'argent qu'il connaît chez l'acheteur. On tolère parfois le procédé; on ne le déclare pas juste. Mais le vendeur court un risque? Non, puisqu'il rachète et rentre en

il est intitulé *Epilogus Summarum*[1]. C'est un abrégé de toutes les Sommes de Théologie, pris de nos pères Suarez, Sanchez, Lessius, Fagundez[2], Hurtado, et d'autres casuistes célèbres, comme le titre le dit. Vous y verrez donc en la page 54 : « Le Mohatra est quand un homme, qui a affaire de vingt pistoles, achète d'un marchand des étoffes pour trente pistoles, payables dans un an, et les lui revend à l'heure même pour vingt pistoles comptant. » Vous voyez bien par là que le Mohatra n'est pas un mot inouï. Eh bien! mon père, ce contrat-là est-il permis? Escobar, répondit le père, dit au même lieu, « qu'il y a des lois qui le défendent sous des peines très rigoureuses ». Il est donc utile, mon père? Point du tout, dit-il : car Escobar, en ce même endroit, donne des expédients pour[a] le rendre permis. « Encore même, dit-il, que celui qui vend et achète ait pour intention principale le dessein de profiter, pourvu seulement qu'en vendant il n'excède pas le plus haut prix des étoffes de cette sorte, et qu'en rachetant il

---

[a] « De » au lieu de « pour » dans les textes in-4º et in-12.

---

possession de sa marchandise. Mais s'il ne rachète pas? Il n'y a plus *Mohatra*. Mais s'il rachète par hasard? Est-il de pire condition qu'un autre? Oui, puisqu'il vient d'accomplir un acte usuraire. Ensuite, il n'y a plus *Mohatra* : le Mohatra suppose la vente et le rachat convenus d'avance; d'ailleurs, s'il rachète sans que cela ait été convenu d'avance et qu'il n'y ait plus qu'*usure mentale*, ce n'est donc rien?

Le mieux qu'on puisse dire de ce marché emprunté aux pires traditions judaïques est que si l'on est parfois obligé de le tolérer, cette tolérance doit être accompagnée de mépris. La Justice n'a rien à démêler avec lui; Pascal *savait beaucoup de choses* à cet égard.

1. L'*Epilogus summarum* est une compilation du franciscain Soria-Buitron. Il a puisé dans Villalobos, franciscain comme lui, et dans quelques casuistes de la Compagnie de Jésus. Les Jésuites ne sont pas entièrement responsables de ce que contient l'*Epilogus summarum*.

2. Fagundez (Étienne), jésuite portugais, né à Viane en 1577, mort à Lisbonne en 1645. Il a laissé cinq volumes in-folio d'*OEuvres* théologiques, dont deux sur le Décalogue.

n'en passe pas le moindre, et qu'on n'en convienne pas auparavant en termes exprès ni autrement. » Mais Lessius, *De Just.* Liv. II, ch. xxi, d. 16, dit « qu'encore même qu'on eût vendu dans l'intention de racheter à moindre prix[a], on n'est jamais obligé à rendre ce profit, si ce n'est peut-être par charité, au cas que celui de qui on l'exige fût dans l'indigence, et encore pourvu qu'on le pût rendre sans s'incommoder » : *Si commode potest.* Voilà tout ce qui se peut dire. En effet, mon père, je crois qu'une plus grande indulgence seroit vicieuse. Nos Pères, dit-il, savent si bien s'arrêter où il faut! Vous voyez assez[b] par là l'utilité du Mohatra.

J'aurois bien encore d'autres méthodes à vous enseigner; mais celles-là suffisent, et j'ai à vous entretenir de ceux qui sont mal dans leurs affaires. Nos Pères ont pensé à les soulager selon l'état où ils sont; car, s'ils n'ont pas assez de bien pour subsister honnêtement, et tout ensemble pour payer leurs dettes[c], on leur permet d'en mettre une partie à couvert en faisant Banqueroute à leurs créanciers. C'est ce que notre père Lessius a décidé, et qu'Escobar confirme au Tr. 3, ex. 2, n. 163 : « Celui qui fait Banqueroute peut-il, en sûreté de conscience, retenir de ses biens autant qu'il est nécessaire pour faire subsister sa famille avec honneur, *ne indecore vivat?* Je soutiens que oui avec Lessius; et même encore qu'il les eût gagnés par des injustices et des crimes connus de tout le monde, *ex injustitia et notorio delicto,* quoiqu'en ce cas il n'en

---

[a] Textes in-4º et in-12 : « qu'encore même qu'on en fût convenu » au lieu de « qu'encore même qu'on eût vendu dans l'intention de racheter à moindre prix »; on avait sans doute représenté à Pascal « qu'encore même qu'on en fût convenu » n'était pas dans Lessius et dans l'édition in-8º, il a tenu compte de l'observation.

[b] Textes in-4º et in-12 : « bien » au lieu d' « assez ».

[c] Textes in-4º et in-12 : « Et payer leurs dettes tout ensemble » au lieu de : « et tout ensemble pour payer leurs dettes », qui est la leçon in-8º.

puisse pas retenir en une aussi grande quantité qu'autrement[1]. » Comment! mon père, par quelle étrange charité voulez-vous que ces biens demeurent plutôt à celui qui les a gagnés par ses voleries[a], pour le faire subsister avec honneur, qu'à ses créanciers, à qui ils appartiennent légitimement[b]? On ne peut pas, dit le père, contenter tout le monde, et nos Pères ont pensé particulièrement à soulager ces misérables. Et c'est encore en faveur des indigents que notre grand Vasquez, cité par Castro Palao, T. I, tr. 6, d. 6, p. 6, n. 12, dit que, « quand on voit un voleur résolu et prêt à voler une personne pauvre, on peut, pour l'en détourner, lui assigner quelque personne riche en particulier, pour la voler au lieu de l'autre ». Si vous n'avez pas Vasquez, ni Castro Palao, vous trouverez la même chose dans votre Escobar; car, comme vous le savez, il n'a presque rien dit qui ne soit pris de Vingt-quatre des plus célèbres de nos Pères; c'est au Tr. 5, ex. 5, n. 120 : « La Pratique de notre Société pour la charité envers le prochain. »

Cette charité est véritablement extraordinaire[c], mon

---

[a] Textes in-4º et in-12 : « qui les a volés par ses concussions », au lieu de « qui les a gagnés par ses voleries ».

[b] Textes in-4º et in-12 : « et que vous réduisez par là dans la pauvreté » après « à qui ils appartiennent légitimement ».

[c] Textes in-4º et in-12 : « grande », au lieu de « extraordinaire ».

---

1. L'opinion d'Escobar est claire; mais comme il la donne sans commentaire et qu'il l'emprunte à Lessius, on objecte à Pascal qu'il a dû aussi prendre les motifs de Lessius et que par *ne indecore vivat*, il ne convient pas d'entendre : de quoi vivre en grand seigneur, mais de quoi n'être pas réduit à mendier, en d'autres termes le strict nécessaire, *necessaria alimenta*. Il est vrai que Lessius dit : *de quoi vivre selon son état*, ce qui peut aller loin ; on ajoute : c'était le droit. Puisque c'était le droit, le Banqueroutier, car il s'agit de lui comme du simple failli, n'avait pas besoin de *mettre à couvert* ce qu'il jugeait bon, il n'avait qu'à laisser faire la Justice. On répondra sans doute que la plupart du temps, la Justice aurait mangé ce qui restait de *son huître*.

père, de sauver la perte de l'un par le dommage de l'autre. Mais je crois qu'il faudroit la faire entière, et que celui qui a donné ce conseil seroit ensuite obligé en conscience de rendre à ce riche le bien qu'il lui auroit fait perdre[a]. Point du tout, me dit-il, car il ne l'a pas volé lui-même, il n'a fait que le conseiller à un autre[b]. Or écoutez cette sage résolution de notre père Bauny sur un cas qui vous étonnera donc encore bien davantage, et où vous croiriez qu'on seroit beaucoup plus[c] obligé de restituer. C'est au ch. XIII de la Somme. Voici ses propres termes françois : « Quelqu'un prie un soldat de battre son voisin, ou de brûler la grange d'un homme qui l'a offensé. On demande si, au défaut du soldat, l'autre qui l'a prié de faire tous ces outrages doit réparer du sien le mal qui en sera issu. Mon sentiment est que non. Car à restituer nul n'est tenu, s'il n'a violé la Justice. La viole-t-on quand on prie autrui d'une faveur? Quelque demande qu'on lui en fasse, il demeure toujours libre de l'octroyer ou de la nier. De quelque côté qu'il incline, c'est sa volonté qui l'y porte; rien ne l'y oblige que la bonté, que la douceur et la facilité de son esprit. Si donc ce soldat ne répare le mal qu'il aura fait, il n'y faudra astreindre celui à la prière duquel il aura offensé l'innocent. » Ce passage pensa rompre notre entretien : car je fus sur le point d'éclater de rire de la *bonté* et *douceur* d'un brûleur de grange, et de ces étranges raisonnements qui exemptent de Restitution le premier et

---

[a] Textes in-4º et in-12 : « Mais je crois qu'il faudroit la faire entière, *et qu'on* seroit ensuite obligé en conscience de rendre à ce riche le bien *qu'on* lui auroit fait perdre », au lieu de : « Mais je crois qu'il faudroit la faire entière et que celui qui a donné ce conseil seroit ensuite obligé en conscience de rendre à ce riche le bien qu'il lui auroit fait perdre ».

[b] Textes in-4º et in-12 : « Point du tout, me dit-il, car *on* ne l'a pas volé *soi-même, on* n'a fait que le conseiller à un autre », au lieu de : « Point du tout, me dit-il; car il ne l'a pas volé lui-même, et il n'a fait que le conseiller à un autre ».

[c] Textes in-4º et in-12 : « bien plus », au lieu de : « beaucoup plus ».

véritable auteur d'un incendie, que les Juges n'exempteroient pas de la mort[a]; mais si je ne me fusse retenu, le bon père s'en fût offensé, car il parloit sérieusement, et me dit ensuite du même air :

Vous devriez reconnoître par tant d'épreuves combien vos objections sont vaines; cependant vous nous faites sortir par là de notre sujet. Revenons donc aux personnes incommodées, pour le soulagement desquelles nos Pères, comme entre autres Lessius, Liv. II, ch. XII, n. 12, assurent « qu'il est permis de dérober non seulement dans une extrême nécessité, mais encore dans une nécessité grave, quoique non pas extrême[1] ». Escobar le rapporte aussi au Tr. 1, ex. 9, n. 29. Cela est surprenant, mon père : il n'y a guère de gens dans le monde qui ne trouvent leur nécessité grave, et à qui vous ne donniez par là le pouvoir de dérober en sûreté de conscience. Et quand vous en réduiriez la permission aux seules personnes qui sont effectivement en cet état, c'est ouvrir la porte à une infinité de larcins, que les Juges puniroient nonobstant cette nécessité grave, et que vous devriez réprimer à bien plus forte raison, vous qui devez maintenir parmi les hommes non seulement la Justice, mais encore la Charité, qui est détruite par ce principe. Car enfin n'est-ce pas la violer, et faire tort à son prochain, que de lui faire perdre son bien pour en profiter soi-même? C'est ce qu'on m'a appris jusqu'ici. Cela n'est pas toujours véritable, dit le père; car notre grand Molina nous a appris, T. II, tr. 2, disp. 328, n. 8, « que l'Ordre de la Charité n'exige pas qu'on se prive d'un

---

[a] Textes in-4° « de la corde », au lieu de : « de la mort ».

---

1. La morale civile, comme la Théologie, admet que dans les cas graves les biens deviennent communs.

profit pour sauver par là son prochain d'une perte pareille ». C'est ce qu'il dit pour montrer ce qu'il avoit entrepris de prouver en cet endroit-là. « Qu'on n'est pas obligé en conscience de rendre les biens qu'un autre nous auroit donnés, pour en frustrer ses créanciers. » Et Lessius, qui soutient la même opinion, la confirme par ce même principe au Livre II, ch. xx, dist. 19, n. 168.

Vous n'avez pas assez de compassion pour ceux qui sont mal à leur aise; nos Pères ont eu plus de charité que cela. Ils rendent justice aux pauvres aussi bien qu'aux riches. Je dis bien davantage, ils la rendent même aux pécheurs. Car encore qu'ils soient fort [a] opposés à ceux qui commettent des crimes, néanmoins ils ne laissent pas d'enseigner que les biens gagnés par des crimes peuvent être légitimement retenus. C'est ce que Lessius enseigne généralement, Lib. II, ch. xiv, d. 8. « On n'est point, dit-il, obligé, ni par la Loi de nature, ni par les Lois positives, *c'est-à-dire par aucune loi,* de rendre ce qu'on a reçu pour avoir commis une action criminelle, comme pour un adultère, encore même que cette action soit contraire à la Justice. » Car, comme dit encore Escobar en citant Lessius, Tr. 1, ex. 8, n. 59 : « Les biens qu'une femme acquiert par l'adultère sont véritablement gagnés par une voie illégitime, mais néanmoins la possession en est légitime » : *Quamvis mulier illicite acquirat, licite tamen retinet acquisita* [b]. Et c'est pourquoi les plus célèbres de nos Pères décident formellement que ce qu'un Juge prend d'une

---

[a] Textes in-4º et in-12 : « bien », au lieu de : « fort ».

[b] Textes in-4º et in-12 : « c'est ce que dit Lessius, L. II, c. 10, d. 6, n. 46 : les biens acquis par l'Adultère sont véritablement gagnés par une voie illégitime; mais néanmoins la possession en est légitime. Quamvis mulier illicite acquirat, licite retinet acquisita », au lieu de : « c'est ce que Lessius enseigne... licite tamen retinet acquisita ». Dans le texte in-8º, Pascal rend à Escobar ce qu'il avait attribué inexactement à Lessius, à qui néanmoins Escobar emprunte.

des parties qui a mauvais droit pour rendre en sa faveur un arrêt injuste, et ce qu'un soldat reçoit pour avoir tué un homme, et ce qu'on gagne par les crimes infâmes, peut être légitimement retenu. C'est ce qu'Escobar ramasse de nos Auteurs, et qu'il assemble au Tr. 3, ex. 1, n. 23, où il fait cette règle générale : « Les biens acquis par des voies honteuses, comme par un meurtre, une sentence injuste, une action déshonnête, etc., sont légitimement possédés, et on n'est point obligé à les restituer. » Et encore au Tr. 5, ex. 5, n. 53 : « On peut disposer[1] de ce qu'on reçoit pour des homicides, des sentences[a] injustes, des péchés infâmes, etc., parce que la possession en est juste, et qu'on acquiert le domaine et la propriété des choses que l'on y gagne. » O mon père ! lui dis-je, je n'avois pas ouï parler de cette voie d'acquérir, et je doute que la Justice l'autorise et qu'elle prenne pour un juste titre l'assassinat, l'injustice et l'adultère. Je ne sais, dit le père, ce que les Livres de Droit en disent ; mais je sais bien que les nôtres, qui sont les véritables règles des consciences, en parlent comme moi. Il est vrai qu'ils en exceptent un cas auquel ils obligent à restituer. C'est « quand on a reçu de l'argent de ceux qui n'ont pas le pouvoir de disposer de leur bien, tels que sont les enfants de famille et les Religieux ». Car notre grand Molina les en excepte au T. I, *De Just.* tr. 2, disp. 94. *Nisi mulier accepisset ab eo qui alienare non potest, ut a religioso et filiofamilias.* Car alors il faut leur rendre leur argent. Escobar cite ce passage au Tr. 1, ex. 8, n. 59, et il confirme la même chose au Tr. 3, ex. 1, n. 23.

Mon révérend père, lui dis-je, je vois les Religieux

[a] Textes in-4º et in-12 : « arrêts », au lieu de « sentences ».

1. Escobar dit : *faire l'aumône ;* il ne dit pas disposer.

mieux traités en cela que les autres¹. Point du tout, dit le père ; n'en fait-on pas autant pour tous les Mineurs généralement, au nombre desquels² les Religieux sont toute leur vie ? Il est juste de les excepter. Mais à l'égard de tous les autres, on n'est point obligé de leur rendre ce qu'on reçoit d'eux pour une mauvaise action. Et Lessius le prouve amplement au Lib. II, *De Just.*, c. xiv, d. 8, n. 52. « Car, dit-il, une méchante action[a] peut être estimée pour de l'argent, en considérant l'avantage qu'en reçoit celui qui la fait faire, et la peine qu'y prend celui qui l'exécute ; et c'est pourquoi on n'est point obligé à restituer ce qu'on reçoit pour la faire, de quelque nature qu'elle soit, homicide, sentence[b] injuste, action sale (car ce sont les exemples dont il se sert dans toute cette matière³), si ce n'est qu'on eût reçu de ceux qui n'ont pas le pouvoir de disposer de leur bien. Vous direz peut-être que celui qui reçoit de l'argent pour un méchant coup, pèche, et qu'ainsi il ne peut ni le prendre ni le retenir. Mais je réponds qu'après que la chose est exécutée, il n'y a plus aucun péché ni à payer, ni à en recevoir le payement. » Notre grand Filiutius entre plus encore dans le détail de la pratique. Car il marque « qu'on est obligé en conscience de payer différemment les actions de cette sorte, selon les dif-

---

[a] Au lieu de : « car, dit-il, une méchante action », il y a dans les textes in-4° et in-12 : « ce qu'on reçoit, dit-il, pour une action criminelle n'est point sujet à restitution par aucune justice naturelle, parce qu'une méchante action... »

[b] Textes in-4° et in-12 : « arrêt », au lieu de : « sentence ».

---

1. Pascal se moque. Il sait à merveille que les Moines, ayant fait vœu de pauvreté, n'ont rien en propre et ne peuvent pas disposer du bien de leur communauté.

2. Les Moines ne sont pas des mineurs. Les mineurs n'ont pas renoncé comme eux au droit de propriété ; ils n'en jouissent pas encore.

3. La réflexion contenue dans la parenthèse est ajoutée dans le texte in-8°.

férentes conditions des personnes qui les commettent, et que les unes valent plus que les autres ». C'est ce qu'il établit sur de solides raisons, au Tr. 31, c. ɪx, n. 231 : *Occultæ fornicariæ debetur pretium in conscientia, et multo majore ratione, quam publicæ. Copia enim quam occulte facit mulier sui corporis, multo plus valet quam ea quam publica facit meretrix; nec nulla est lex positiva quæ reddat eam incapacem pretii. Idem dicendum de pretio promisso virgini, conjugatæ, moniali, et cuicumque aliæ. Est enim omnium eadem ratio*[1].

1. Aux dénonciations de Pascal, les Jésuites répondirent (*Apologie pour les Casuistes contre les calomnies des Jansénistes, par un Théologien et professeur en droit canon,* — le père Georges Pirot, jésuite. — Paris, 1657, in-4°; Cologne, 1658, in-12. Le livre fut censuré par un grand nombre d'évêques et condamné, le 21 août 1659, par le pape Alexandre VII qui en défendit la lecture sous les peines édictées par le Concile de Trente. Les vicaires généraux de Retz en avaient de leur côté publié une Censure, — Paris, 1658, in-4° — à laquelle aurait collaboré Pascal) que leur doctrine était *tirée des livres des Saints et autorisée par tous les jurisconsultes.* Puisqu'ils l'avouent, il y a lieu de s'étonner que le père Pirot la mette au nombre des *impostures* de Pascal? Nicole, qui n'est pas fâché d'appuyer sur un point si intéressant de la Morale des Jésuites, leur répond à son tour dans une dissertation en forme : *De l'impudence des Jésuites, qui étendent aux Honnêtes femmes, aux Filles et aux Religieuses, ce que les Lois n'accordent qu'aux Prostituées* (note à la 8ᵉ provinciale).

« Parmi les Casuistes, dit Nicole, il y a trois opinions sur la matière : 1° il y en a qui croient qu'on ne peut rien recevoir en payement d'une action mauvaise, et que, si on a reçu quelque chose, on est obligé de restituer; 2° d'autres, parmi lesquels saint Thomas d'Aquin et saint Antonin, distinguent entre les actions mauvaises et les actions simplement honteuses et tolérées par les Lois, comme le commerce des Prostituées. Celles-ci ne sont pas obligées de restituer. La récompense des actions que les Lois punissent n'est pas légitime; on est obligé de la restituer; 3° enfin, continue Nicole, la troisième — et c'est le sentiment des Jésuites — n'oblige point à restituer ce qu'on a reçu pour un crime de quelque nature qu'il soit.

« Montalte, qui n'avoit dessein dans ses Lettres que de combattre les opinions des Casuistes qui étoient manifestement corrompues, n'a point voulu parler de la seconde des trois opinions que je viens de rapporter, qu'on n'est pas obligé absolument à restituer un gain honteux, mais permis par les Lois, tel qu'est celui des Femmes Publiques et des Comédiens. Il n'a

LETTRE VIII.

Il me fit voir ensuite, dans ses Auteurs, des choses de cette nature si infâmes, que je n'oserois les rapporter, et dont il auroit eu horreur lui-même (car il est bon homme),

repris que la troisième, sur laquelle il se voyoit appuyé de saint Thomas, de saint Antonin et de tous les Jurisconsultes. Il a donc évité de dire en aucun endroit que les Femmes Publiques fussent obligées de restituer. Car, encore une fois, il ne vouloit pas s'arrêter à disputer sur des choses douteuses, tandis qu'il avoit à combattre tant de dérèglements manifestes. Or qu'a fait l'Apologiste? Il passe sous silence le gain des adultères, des homicides, des sentences injustes, et des autres crimes contre la Justice, qui est le seul gain que Montalte prétend qu'on doit restituer; il se jette sur le gain des Femmes Publiques, dont Montalte ne parle point. — Il en parle bien un peu, quoiqu'en latin et sans insister. — Il cherche de toute part des preuves pour appuyer l'opinion de ceux qui veulent qu'elles ne soient point obligées à restituer. Et il prouve, en effet, qu'il y a plusieurs Auteurs qui sont de ce sentiment. Que peut-on dire, après cela, à un homme qui s'emporte, qui crie à l'imposture, qui prend le ciel et la terre à témoins, qui charge les gens d'injures, et qui cependant ne sait pas ce qu'on lui objecte? Que dire à un homme qui ignore une chose aussi commune que l'est, même parmi les Casuistes, la différence extrême qu'il faut mettre à cet égard entre la condition des Femmes Publiques et celle des Honnêtes femmes ou des Filles? On a jugé à propos, dans quelques villes, d'y souffrir des Femmes Publiques pour éviter de plus grands désordres. Ainsi, quelque infâme que soit cette profession, elle a néanmoins trouvé sa place dans les Républiques à cause de cette utilité. On l'a tolérée, parce qu'on l'a jugée nécessaire en certains lieux, pour empêcher les hommes de se porter à de plus grands crimes. Ce qui a fait dire à saint Augustin que, si l'on faisoit mourir les Femmes Publiques, on donneroit lieu à de plus grands désordres. Il étoit donc juste qu'en laissant la vie à ces sortes de personnes on leur laissât aussi le moyen de subsister. Le gain qu'elles font n'est donc pas tant une récompense de leur crime qu'un présent que les Lois leur accordent à cause de cette utilité qu'on prétend qu'elles apportent au public. C'est une amende à laquelle la République condamne les méchants, et qu'elle adjuge à ces malheureuses, et non le salaire de leur commerce criminel qui, par lui-même, ne mérite que le châtiment.

« Il n'en est pas de même des Honnêtes Femmes, des Filles et des Religieuses. Les Lois punissent très sévèrement leur incontinence, bien loin de la tolérer. On ne peut donc rien conclure pour elles de l'indulgence que les Lois ont pour les Femmes Publiques. Quoi! parce que les Lois, pour empêcher qu'on n'attente à la chasteté des femmes mariées, tolèrent le gain des Femmes Publiques, on voudroit que ce qu'une femme mariée reçoit pour un adultère, c'est-à-dire pour le crime même que les Lois ont eu intention de prévenir en souffrant les Femmes Publiques, fût aussi un gain permis et légitime? Une femme, suivant les auteurs de la seconde opinion, fait une

sans le respect qu'il a pour ses Pères, qui lui fait recevoir avec vénération tout ce qui vient de leur part. Je me taisois cependant, moins par le dessein de l'engager à con-

action infâme en se prostituant. Mais, parce qu'elle est prostituée, elle ne fait pas une action infâme en recevant ce qu'on lui offre, c'est-à-dire que l'infâmie de sa profession excuse la honte du gain qu'elle fait. Donc, puisque la condition d'une Honnête Femme et d'une Fille est entièrement différente de celle des Prostituées, elles font une action infâme, non seulement en se laissant corrompre, mais même en recevant le prix de leur crime. Que les Jésuites n'abusent donc plus de l'exemple des Femmes Publiques, pour défendre la doctrine criminelle de leurs Casuistes. Qu'ils cessent de mettre à prix les Adultères, les Homicides, et, ce qu'on ne peut dire sans horreur, la chasteté même des vierges consacrées à Dieu. S'ils ont encore quelque pudeur, qu'ils rougissent d'entendre cette étrange décision de Lessius, (L. II, c. 14, n. 73), que Montalte a sagement supprimée, écrivant en françois et que j'ose à peine rapporter en latin : *quod opere malo est acceptum, non est restituendum, nisi forte quis præter communem æstimationem excesserit : ut si meretrix quæ usuram sui corporis concedere solet uno aureo, ab aliquo juvene extorserit quinquaginta tanquam pretium. Hoc tamen non habet locum in ea quæ putatur honesta : ut si matrona aliqua vel filia centum aureos pro usura corporis accipiat, ab eo qui dare poterat, retinere potest. Nam tanti et pluris potest suam pudicitiam æstimare. Res enim quæ certum pretium non habent, neque ad vitam sunt necessariæ, sed voluptatis causâ quæruntur, arbitrio venditoris possunt æstimari.*

« Voilà, mes pères, quelles sont les maximes abominables de vos Auteurs. Ils estiment plus les crimes à proportion qu'ils sont plus grands et qu'ils méritent de plus grands châtiments. Et ils ne mettent point d'autre différence entre les Prostituées et les Honnêtes Femmes, sinon que celles-ci peuvent vendre plus cher leur infâmie, et se réserver pour des acheteurs pécunieux qui puissent en même temps satisfaire leur passion et leur avarice.

« ..... Ainsi, pour ramasser en peu de mots tout ce que j'ai dit sur ce sujet, j'ai établi, comme autant de principes constants, qu'on ne peut vendre le crime; qu'on ne peut vendre l'impudicité, ni l'injustice, ni l'homicide; que ces actions, toutes les autres semblables, sont au-dessous de tout prix et ne méritent que le châtiment; que s'il n'est permis de rien acheter avec de la fausse monnaie, il l'est encore moins de rien acheter par des crimes; que ce commerce est défendu non seulement par la Loi Positive, mais encore par la Loi Divine; que, sur cette question, il faut prendre le contre-pied de l'opinion des Casuistes; qu'au lieu qu'ils prétendent que le gain qui vient du crime est légitime et permis, s'il n'est point défendu par les lois civiles, on doit croire au contraire que ce gain est tou-

tinuer cette matière, que par la surprise de voir des livres de Religieux pleins de décisions si horribles, si injustes et si extravagantes tout ensemble. Il poursuivit donc en liberté son discours, dont la conclusion fut ainsi. C'est pour

jours illicite, à moins que ces mêmes lois ne le permettent, et que, dans les rencontres où elles le permettent, on ne peut le regarder que comme une récompense non du crime, mais de l'utilité qui fait tolérer de certains crimes, et comme un don qui vient moins de ceux qui achètent le crime, que de la République, qui se rachète par là du danger qu'elle craint qu'ils n'en commettent de plus grands.

« Je souhaite même qu'on entende ce que je dis ici, de manière qu'on n'en infère pas que je dispense absolument les Femmes Publiques de restituer, car mon dessein est de ne rien définir sur cette question. Je sais qu'elle est contestée entre les Casuistes. En effet, il y a bien des choses qui sont permises par les Lois Humaines et qui ne le sont pas selon la Justice éternelle. Comme les Lois Humaines n'ont pour but que de maintenir la Société civile, elles tolèrent les crimes qui ne sont pas opposés au bien de cette Société. Ainsi l'indulgence qu'elles ont pour les Femmes Publiques n'est pas une preuve certaine qu'elles puissent en conscience retenir ce qu'elles ont gagné par leurs crimes. Aussi voyons-nous que celles que Dieu a retirées de leur vie scandaleuse par une véritable conversion, comme ces pécheresses que leur pénitence a rendues si célèbres dans l'Église, et que nous honorons comme des saintes, — sainte Marie-Madeleine, par exemple, — ont regardé avec tant d'horreur les richesses qui étoient le prix de leurs crimes, qu'elles les ont même jugées indignes d'être distribuées aux pauvres, et dignes seulement d'être jetées au feu pour être réduites en cendres. Il est presque impossible que toutes celles qui retourneront sincèrement à Dieu n'entrent dans les mêmes sentiments, qu'elles n'aient de même en horreur toutes ces marques de leurs dérèglements, et qu'elles n'y renoncent entièrement. »

La doctrine de Nicole, qui est celle des Jansénistes, est purement théorique et spéculative. La Pratique ne s'y conforme pas. Les Jansénistes étaient un petit groupe de Moralistes légiférant dans leur coin. S'ils avaient eu une Société à gouverner, il aurait fallu en rabattre. Les Casuistes étaient des praticiens enseignant au nom de l'Église qui avait une Société à gouverner, était obligée d'être possible. La loi civile est de l'avis des Casuistes contre Nicole, même au point de vue spéculatif. Dans le cas des femmes qui vendent leur honneur, elle considère qu'elles ont la propriété de leur corps et peuvent en aliéner l'usage. Celles qui ne sont pas courtisanes de profession ne sauraient être de pire condition que les autres. Leur prix dépend de celui qu'elles attachent à leur honneur. Son élévation ne les oblige pas davantage à restituer : « Il n'y a pas de prix courant établi », dit l'abbé Maynard (t. Ier, p. 379).

cela, dit-il, que notre illustre Molina (je crois qu'après cela vous serez content) décide ainsi cette question : « Quand on a reçu de l'argent pour faire une méchante action, est-on obligé à le rendre? Il faut distinguer, dit ce grand homme; si on n'a pas fait l'action pour laquelle on a été payé, il faut rendre l'argent; mais si on l'a faite, on n'y est point obligé : *si non fecit hoc malum, tenetur restituere; secus, si fecit.* » C'est ce qu'Escobar rapporte au Tr. 3, ex, 2, n. 138.

Voilà quelques-uns de nos principes touchant la Restitution. Vous en avez bien appris aujourd'hui, je veux voir maintenant comment vous en aurez profité. Répondez-moi donc. « Un juge qui a reçu de l'argent d'une des parties pour rendre un jugement[a] en sa faveur est-il obligé à le rendre? » Vous venez de me dire que non, mon père. Je m'en doutois bien, dit-il; vous l'ai-je dit généralement? Je vous ai dit qu'il n'est pas obligé de rendre, s'il a fait gagner le procès à celui qui n'a pas bon droit. Mais quand on a droit, voulez-vous qu'on achète encore le gain de sa cause, qui est dû légitimement? Vous n'avez pas de raison. Ne comprenez-vous pas que le Juge doit la Justice, et qu'ainsi il ne la peut pas vendre; mais qu'il ne doit pas l'injustice, et qu'ainsi il peut en recevoir de l'argent? Aussi tous nos principaux Auteurs, comme Molina, Disp. 94 et 99 ; Reginaldus, Lib. X, n. 184, 185 et 187; Filiutius, Tr. 31, n. 220 et 228; Escobar, Tr. 3, ex. 1, n. 21 et 23; Lessius, Lib. II, c. xiv, d. 8, n. 55, enseignent tous uniformément : « Qu'un juge est bien obligé de rendre ce qu'il a reçu pour faire justice, si ce n'est qu'on le lui eût donné par libéralité; mais qu'il n'est jamais obligé à

---

[a] « Pour rendre un jugement » est la leçon in-8º; la leçon in-4º et in-12 est : « pour faire un arrêt ».

rendre ce qu'il a reçu d'un homme en faveur duquel il a rendu un arrêt injuste. »

Je fus tout interdit par cette fantasque décision; et pendant que j'en considérois les pernicieuses conséquences, le père me préparoit une autre question, et me dit : Répondez donc une autre fois avec plus de circonspection. Je vous demande maintenant : « Un homme qui se mêle de deviner est-il obligé de rendre l'argent qu'il a gagné par cet exercice? » Ce qu'il vous plaira, mon révérend père, lui dis-je. Comment, ce qu'il me plaira! Vraiment vous êtes admirable! Il semble, de la façon que vous parlez, que la vérité dépende de notre volonté. Je vois bien que vous ne trouveriez jamais celle-ci de vous-même. Voyez donc résoudre cette difficulté-là à Sanchez; mais aussi c'est Sanchez. Premièrement il distingue en sa Somme, L. II, c. XXXVIII, n. 94, 95 et 96 : « Si ce Devin ne s'est servi que de l'astrologie et des autres moyens naturels, ou s'il a employé l'art diabolique : car il dit qu'il est obligé de restituer en un cas, et non pas en l'autre. » Diriez-vous[a] bien maintenant auquel? Il n'y a pas là de difficulté, lui dis-je. Je vois bien, répliqua-t-il, ce que vous voulez dire. Vous croyez qu'il doit restituer au cas qu'il se soit servi de l'entremise des Démons? Mais vous n'y entendez rien; c'est tout au contraire. Voici la résolution de Sanchez, au même lieu : « Si ce Devin n'a pris[b] la peine et le soin de savoir, par le moyen du Diable, ce qui ne se pouvoit savoir autrement, *si nullam operam apposuit ut arte diaboli id sciret*, il faut qu'il restitue; mais s'il en a pris la peine, il n'y est point obligé. » Et d'où vient cela,

---

a 2ᵉ édition in-12 : « direz-vous », au lieu de « diriez-vous ».
b Textes in-4º et in-12 : « n'a *pas* pris », au lieu de : « n'a pris », qui est la leçon in-8º.

mon père? Ne l'entendez-vous pas? me dit-il. C'est parce qu'on peut bien deviner par l'art du Diable, au lieu que l'astrologie est un moyen faux. Mais, mon père, si le Diable ne répond pas à la vérité, car il n'est guère plus véritable que l'astrologie [1], il faudra donc que le Devin restitue par la même raison? Non pas toujours, me dit-il. *Distinguo*, dit Sanchez sur cela. « Car si le Devin est ignorant en l'art diabolique, *si sit artis diabolicæ ignarus*, il est obligé à restituer [2]; mais s'il est habile sorcier, et qu'il ait fait ce qui est en lui pour savoir la vérité, il n'y est point obligé; car alors la diligence d'un tel Sorcier peut être estimée pour de l'argent : *diligentia a mago apposita est pretio æstimabilis.* » Cela est de bon sens, mon père, lui dis-je ; car voilà le moyen d'engager les Sorciers à se rendre savants et experts en leur art, par l'espérance de gagner du bien légitimement, selon vos maximes, en servant fidèlement le public. Je crois que vous raillez, dit le père ; cela n'est pas bien : car si vous parliez ainsi en des lieux où vous ne fussiez pas connu, il pourroit se trouver des gens

---

1. Est-ce que Pascal ne croirait pas au Diable? Quoi qu'il en soit, il ne croit pas à l'astrologie. Il y aurait pu croire, grâce à certains côtés de son esprit; par exemple, à ses idées sur la Fortune et le Hasard. Richelieu, qui ne croyait pas à grand'chose, y croyait; Wallenstein croyait à l'astrologie. Voltaire l'excuse : « L'astrologie, dit-il, s'appuie sur des bases bien meilleures que la magie; car si personne n'a vu ni farfadets, ni dives, ni démons, ni péris, ni cacodémons, on a vu souvent des prédictions d'astrologues s'accomplir. » C'était une croyance commune au xvie siècle parmi les plus grands hommes. Il en restait quelque chose au xviie et dans celui-ci Napoléon croyait « à son étoile ».

2. Sanchez est plus sévère que le *Digeste* où on lit, ch. xv *de injuriis* § *Si quis astrologus:* Si un astrologue ou celui qui s'est engagé à quelque divination illicite, étant consulté sur un vol, désigne comme coupable quelque autre que le voleur, on n'a pas d'action contre lui en réparation de dommage. » Est-ce parce que le fait d'avoir recours à lui est une sottise dont on mérite d'être puni ? Le législateur s'abstient de motiver sa décision.

qui prendroient mal vos discours, et qui vous reprocheroient de tourner les choses de la Religion en raillerie. Je me défendrois facilement de ce reproche, mon père ; car je crois que, si on prend la peine d'examiner le véritable sens de mes paroles, on n'en trouvera aucune qui ne marque parfaitement le contraire, et peut-être s'offrira-t-il un jour, dans nos entretiens, l'occasion de le faire amplement paroître[1]. Ho! ho! dit le père, vous ne riez plus. Je vous confesse[a], lui dis-je, que ce soupçon que je me voulusse railler des choses saintes me seroit bien sensible, comme il seroit bien injuste[b]. Je ne le disois pas tout de bon, repartit le père ; mais parlons plus sérieusement. J'y suis tout disposé, si vous le voulez, mon père ; cela dépend de vous. Mais je vous avoue que j'ai été surpris de voir que vos Pères ont tellement étendu leurs soins à toutes sortes de conditions, qu'ils ont voulu même régler le gain légitime des Sorciers. On ne sauroit, dit le père, écrire pour trop de monde, ni particulariser trop les cas, ni répéter trop souvent les mêmes choses en différents livres. Vous le verrez bien par ce passage d'un des plus graves de nos Pères. Vous le pouvez juger, puisqu'il est aujourd'hui notre Père Provincial : c'est le révérend père Cellot, en son Livre VIII de la Hiérarch., ch. XVI, § 2. « Nous savons, dit-il, qu'une personne qui portoit une grande somme d'ar-

---

[a] « Je vous confesse » est la leçon in-8º ; les textes in-4º et in-12 ont : « je vous avoue ».

[b] Textes in-4º et in-12 : « me seroit *aussi* sensible *qu'il* seroit injuste », au lieu de : « me seroit bien sensible, comme il seroit bien injuste ».

---

1. Pascal sait à merveille qu'on l'accusera et qu'on l'accuse déjà de railler les choses de la Religion et que ce n'est pas tout à fait à faux. Mais le but qu'il poursuit, but supérieur à l'inconvénient de scandaliser quelques âmes faibles, l'engage à persévérer. Cependant il s'excuse. Voir l'introduction.

gent pour la restituer par ordre de son confesseur, s'étant arrêtée en chemin chez un libraire, et lui ayant demandé s'il n'y avoit rien de nouveau, *num quid novi?* il lui montra un nouveau livre de Théologie morale, et que, le feuilletant avec négligence et sans penser à rien, il tomba sur son cas et y apprit qu'il n'étoit point obligé à restituer : de sorte que, s'étant déchargé du fardeau de son scrupule, et demeurant toujours chargé du poids de son argent, il s'en retourna bien plus léger en sa maison : *abjecta scrupuli sarcina, retento auri pondere, levior domum repetiit.* »

Eh bien, dites-moi, après cela, s'il est utile de savoir nos maximes[1]. En rirez-vous maintenant? Et ne ferez-vous pas plutôt, avec le père Cellot, cette pieuse réflexion sur le bonheur de cette rencontre? « Les rencontres de cette sorte sont en Dieu l'effet de sa Providence, en l'ange gardien l'effet de sa conduite, et en ceux à qui elles arrivent, l'effet de leur Prédestination. Dieu[2], de toute éternité, a voulu que la chaîne d'or de leur salut dépendît d'un tel auteur, et non pas de cent autres qui disent la même chose, parce qu'il n'arrive pas qu'ils les rencontrent. Si celui-là n'avoit écrit,

---

1. Au moment de traduire les *Provinciales* en latin, Nicole se mit à lire Térence. Son latin est plus lourd que celui de Térence; mais la langue de Térence elle-même aurait été trop lourde ici. Le dialogue de Molière n'atteint pas à l'esprit de Pascal. L'esprit de Molière est parfois contourné, son originalité laborieuse. La bonne humeur infinie qu'on sent derrière la simplicité de Pascal est supérieure à celle de La Fontaine dans ses meilleurs jours. Il n'en aura pas éternellement. Il est destiné à vérifier la maxime de La Rochefoucauld : « Le caprice de notre humeur est encore plus bizarre que celui de la fortune. » Autant il sera noir à l'époque des *Pensées*, autant il a ici de gaieté lumineuse et pétillante :

Le temps, qui change tout, change aussi nos humeurs.

2. C'était Saint-Cyran qui inspirait ces réflexions philosophiques au pauvre père Cellot. Pascal n'en dit pas un mot, mais il pose le buste de Cellot sur une étagère dans son cabinet des grotesques.

celui-ci ne seroit pas sauvé. Conjurons donc, par les entrailles de Jésus-Christ, ceux qui blâment la multitude de nos Auteurs, de ne leur pas envier les livres que l'élection éternelle de Dieu et le sang de Jésus-Christ leur ont acquis. »
Voilà de belles paroles, par lesquelles ce savant homme prouve si solidement cette proposition qu'il avoit avancée : « Combien il est utile qu'il y ait un grand nombre d'auteurs qui écrivent de la Théologie morale ! *Quam utile sit de theologia morali multos scribere !* »

Mon père, lui dis-je, je remettrai à une autre fois à vous déclarer mon sentiment sur ce passage, et je ne vous dirai présentement autre chose, sinon que, puisque vos maximes sont si utiles, et qu'il est si important de les publier, vous devez continuer à m'en instruire ; car je vous assure que celui à qui je les envoie les fait voir à bien des gens. Ce n'est pas que nous ayons autrement l'intention de nous en servir, mais c'est qu'en effet nous pensons qu'il sera utile que le monde en soit bien informé. Aussi, me dit-il, vous voyez que je ne les cache pas ; et pour continuer, je pourrai bien vous parler, la première fois, des douceurs et des commodités de la vie que nos Pères permettent pour rendre le salut aisé et la Dévotion facile, afin qu'après avoir appris jusqu'ici ce qui touche les conditions particulières, vous appreniez ce qui est général pour toutes, et qu'ainsi il ne vous manque rien pour une parfaite instruction. Après que ce père m'eut parlé de la sorte, il me quitta [1].

Je suis, etc.

Post-scriptum. — J'ai toujours oublié à vous dire qu'il y a des Escobars de différentes impressions. Si vous en

---

1. Cette dernière phrase et ajoutée dans le texte in-8°.

achetez, prenez de ceux de Lyon, où il y a à l'entrée[a] une image d'un agneau qui est sur un livre scellé de sept sceaux, ou de ceux de Bruxelles de 1651. Comme ceux-là sont les derniers, ils sont meilleurs et plus amples que ceux des éditions précédentes de Lyon, des années 1644 et 1646 [1].

[a] Textes in-4º et in-12 : « où à l'entrée, il y a », au lieu de : « où il y a à l'entrée ».

1. « Depuis tout ceci, on en a imprimé une nouvelle édition à Paris, « chez Piget, plus exacte que toutes les autres. Mais on peut encore bien « mieux apprendre les sentiments d'Escobar dans la *Grande Théologie* « *morale*, imprimée à Lyon[a]. »

[a] Les textes in-4º et in-12 n'ont pas ce §, qui paraît être de la rédaction de Nicole, qui a sans doute jugé à propos de modifier le texte in-8º qui n'était plus exact et qu'il n'est pourtant pas inutile de reproduire : « Mais on peut encore bien mieux apprendre les sentiments d'Escobar dans la grande Théologie morale, *dont il y a déjà deux volumes in-folio imprimés à Lyon. Ils sont très dignes d'être vus, pour connoître l'horrible renversement que les Jésuites font de la Morale de l'Église.* »

LETTRE IX[1]

De la fausse Dévotion à la sainte Vierge que les Jésuites ont introduite. Diverses facilités qu'ils ont inventées pour se sauver sans peine, et parmi les douceurs et les commodités de la vie. Leurs maximes sur l'Ambition, l'Envie, la Gourmandise, les Équivoques, les Restrictions mentales, les Libertés qui sont permises aux filles, les Habits des femmes, le Jeu, le Précepte d'entendre la messe.

De Paris, ce 3 juillet 1656.

Monsieur,

Je ne vous ferai pas plus de compliment que le bon père m'en fit la dernière fois que je le vis. Aussitôt qu'il m'aperçut, il vint à moi et me dit, en regardant dans un livre qu'il tenoit à la main : « Qui vous ouvriroit le Paradis, ne vous obligeroit-il pas parfaitement? Ne donneriez-vous pas des millions d'or pour en avoir une clef, et entrer dedans quand bon vous sembleroit? Il ne faut point entrer en de si grands frais; en voici une, voire cent à meilleur compte[2]. » Je ne savois si le bon père lisoit, ou s'il par-

1. Neuvième Lettre écrite à un Provincial par un de ses amis. — « Le plan de cette Lettre fut fourni à M. Pascal par M. Nicole. » Note de l'abbé Goujet.

2. Ces paroles sont extraites du livre du père Barry, intitulé : *le Paradis ouvert à Philagie par cent dévotions à la mère de Dieu*. Le père Barry (Paul de), jésuite et écrivain ascétique, né à Leucate en 1587, est mort en 1661 à Avignon. Il fut Provincial des Jésuites de la Province de Lyon. Il est l'auteur de quelques ouvrages mystiques, écrits sans talent, mais dont quelques-uns se distinguent par la bizarrerie de leur titre. Il y en a un, le *Pensez-y bien*, qui n'est pas encore sorti de la circulation. La citation de Pascal n'est pas tout à fait textuelle. Le père Barry écrit : « Qui vous ou-

loit de lui-même. Mais il m'ôta de peine en disant : Ce sont les premières paroles d'un beau livre du père Barry de notre Société, car je ne dis jamais rien de moi-même. Quel livre, lui dis-je, mon père? En voici le titre, dit-il : « Le Paradis ouvert à Philagie, par cent dévotions à la mère de Dieu, aisées à pratiquer. » Eh quoi! mon père, chacune de ces Dévotions aisées suffit pour ouvrir le ciel? Oui, dit-il; voyez-le encore dans la suite des paroles que vous avez ouïes : « Tout autant de Dévotions à la mère de Dieu que vous trouverez en ce livre sont[a] autant de clefs du ciel qui vous ouvriront le Paradis tout entier, pourvu que vous les pratiquiez » : et c'est pourquoi il dit dans la conclusion, « qu'il est content si on en pratique une seule ».

Apprenez-m'en donc quelqu'une des plus faciles, mon père. Elles le sont toutes, répondit-il : par exemple, « saluer la sainte Vierge au rencontre de ses images ; dire le petit chapelet des dix plaisirs de la Vierge; prononcer souvent le nom de Marie; donner commission aux Anges de lui faire la révérence de notre part; souhaiter de lui bâtir plus d'églises que n'ont fait tous les monarques ensemble; lui donner tous les matins le bonjour, et sur le tard le bonsoir; dire tous les jours l'*Ave Maria*, en l'honneur du cœur de Marie ». Et il dit que cette Dévotion-là assure, de plus, d'obtenir le cœur de la Vierge. Mais, mon père, lui dis-je, c'est pourvu qu'on lui donne aussi le sien? Cela n'est point

---

[a] Il y a dans Barry : « en ce livret, ce sont », au lieu de : « en ce livre sont ».

---

vriroit le Paradis, ne vous obligeroit-il pas parfaitement? Que ne donneriez-vous pas pour en avoir une clef et pour entrer dedans quand bon vous sembleroit? Si vous êtes amoureux du ciel, je tiens pour assuré que vous donneriez des millions d'or s'ils étoient en votre possession, pour avoir cette précieuse clef. Il ne faut point entrer en de si grands frais; en voici une et même cent, à meilleur compte. »

nécessaire, dit-il, quand on est trop attaché au monde. Écoutez-le : « Cœur pour cœur, ce seroit bien ce qu'il faut ; mais le vôtre est un peu trop attaché et tient un peu trop aux créatures : ce qui fait que je n'ose vous inviter à offrir aujourd'hui [a] ce petit esclave que vous appelez [b] votre cœur. » Et ainsi il se contente de l'*Ave Maria*, qu'il avoit demandé. Ce sont les Dévotions des pages 33, 59, 145, 156, 172, 258 et 420 de la première édition. Cela est tout à fait commode, lui dis-je, et je crois qu'il n'y aura personne de damné après cela. Hélas ! dit le père, je vois bien que vous ne savez pas jusqu'où va la dureté du cœur de certaines gens ! Il y en a qui ne s'attacheroient jamais à dire tous les jours ces deux paroles, *bonjour*, *bonsoir*, parce que cela ne se peut faire sans quelque application de mémoire. Et ainsi il a fallu que le père Barry leur ait fourni des Pratiques encore plus faciles, « comme d'avoir jour et nuit un chapelet au bras en forme de bracelet, ou de porter sur soi un rosaire, ou bien une image de la Vierge ». Ce sont là les Dévotions des pages 14, 326 et 447. « Et puis dites que je ne vous fournis pas des Dévotions faciles pour acquérir les bonnes grâces de Marie », comme dit le père Barry, page 106. Voilà, mon père, lui dis-je, l'extrême facilité [1]. Aussi, dit-il, c'est tout ce qu'on a pu faire,

[a] « Ce jourd'hui », dit Barry.
[b] « Nommez », dans Barry.

1. Cette critique, innocente autant que légère et spirituelle, de la Dévotion féminine fait bondir de colère l'auteur de l'*Apologie pour les Casuistes*, qui écrit, p. 132 : « Quel châtiment ne méritent point les Jansénistes et leurs secrétaires, qui, dans leur Neuvième Lettre, ont composé un libelle diffamatoire contre la mère de Dieu ? Quelle peine peut expier le crime des libraires qui impriment des blasphèmes contre la Reine du ciel, et quelle excuse peuvent avoir ceux des habitants de Paris qui ont entendu publier par les rues ces impiétés, qui les ont lues dans leurs maisons et qui ont pris plaisir à ces bouffonneries ? Les historiens nous apprennent

et je crois que cela suffira ; car il faudroit être bien misérable pour ne vouloir pas prendre un moment en toute sa vie pour mettre un chapelet à son bras, ou un rosaire dans sa poche, et assurer par là son salut avec tant de certitude, que ceux qui en font l'épreuve n'y ont jamais été trompés, de quelque manière qu'ils aient vécu, quoique nous conseillons de ne laisser pas de bien vivre. Je ne vous en rapporterai que l'exemple de la page 34, d'une femme qui, pratiquant tous les jours la Dévotion de saluer les images de la Vierge, vécut toute sa vie en péché mortel, et mourut enfin dans cet état, et qui ne laissa pas d'être sauvée par le mérite de cette Dévotion. Et comment cela? m'écriai-je. C'est, dit-il, que notre Seigneur la fit ressusciter exprès. Tant il est sûr qu'on ne peut périr quand on pratique quelqu'une de ces Dévotions.

En vérité, mon père, je sais que les Dévotions à la Vierge sont un puissant moyen pour le salut, et que les moindres sont d'un grand mérite, quand elles partent d'un mouvement de foi et de charité, comme dans les Saints qui les ont pratiquées. Mais de faire croire à ceux qui en usent sans changer leur mauvaise vie, qu'ils se convertiront à la

que Dieu a souvent vengé le déshonneur qu'on faisoit à sa mère, par des châtiments extraordinaires : les *Lettres* nous donnent sujet d'en appréhender de pareils... Paris ressent déjà de grandes maladies, qui peut-être ne sont que des dispositions à de plus dangereuses. Le vrai moyen de les prévenir, c'est de demander pardon à la Vierge du déshonneur qu'elle a reçu de ces Lettres, lui promettant de dissiper Port-Royal et d'exterminer le Jansénisme; et pour cet impie secrétaire, il devroit craindre ce qu'autrefois on pratiquoit à Lyon envers ceux qui avoient composé de méchantes pièces. On les conduisoit sur le pont et on les précipitoit dans le Rhône : *Vae mundo a scandalis; melius est ut suspendatur mola asinaria collo ejus et demergatur in profundum maris.* » Pascal n'entendait offenser la piété de personne; mais il en avait une idée un peu sévère. « La piété, écrit-il dans les *Pensées* (art. XXIV, éd. Havet), est différente de la superstition; soutenir la piété jusqu'à la superstition, c'est la détruire. » Celle de l'Apologiste des Casuistes ressemble d'ailleurs fort à celle de Tartufe.

mort, ou que Dieu les ressuscitera, c'est ce que je trouve bien plus propre à entretenir les pécheurs dans leurs désordres, par la fausse paix que cette confiance téméraire apporte, qu'à les en retirer par une véritable conversion que la Grâce seule peut produire. « Qu'importe, dit le père, par où nous entrions dans le Paradis, moyennant que nous y entrions [a] ? » comme dit sur un semblable sujet notre célèbre père Binet [1], qui a été notre Provincial, en son excellent livre *De la marque de Prédestination*, n. 31, page 130 de la quinzième édition. « Soit de bond ou de volée, que nous en chaut-il, pourvu que nous prenions la ville de gloire ? » comme dit encore ce père au même lieu. J'avoue, lui dis-je, que cela n'importe ; mais la question est de savoir si on y entrera. La Vierge, dit-il, en répond : voyez-le dans les dernières lignes du livre du père Barry : « S'il arrivoit qu'à la mort l'ennemi eût quelque prétention sur vous, et qu'il y eût du trouble dans la petite république de vos pensées, vous n'avez qu'à dire que Marie répond pour vous, et que c'est à elle qu'il faut s'adresser. »

Mais, mon père, qui voudroit pousser cela vous embarrasseroit ; car enfin qui nous a assuré que la Vierge en répond ? Le père Barry, dit-il, en répond pour elle,

---

[a] Dans le texte de Binet : « Que nous importe par où, moyennant que nous entrions en Paradis » ?

---

1. Binet (René-François), jésuite français, né à Dijon en 1569, mort à Paris en 1639. C'était un homme remarquable dont le livre le plus connu : *Essai sur les merveilles de la nature*, 1 vol. in-4°, Rome 1621, eut une vingtaine d'éditions. Il est l'auteur d'autres écrits, un entre autres — *Traité sur la question de savoir si chacun peut se sauver dans sa Religion* — qui fut vivement discuté. Pascal cite de lui la *Marque de Prédestination* et la *Consolation des malades*. Dans ses œuvres latines, Binet signait *Bis Natus*, ce qui était un jeu de mots sur son nom.

page 465 : « Quant au profit et bonheur qui vous en reviendra, je vous en réponds, et me rends pleige¹ pour la bonne mère. » Mais, mon père, qui répondra pour le père Barry ? Comment! dit le père, il est de notre Compagnie. Et ne savez-vous pas encore que notre Société répond de tous les livres de nos Pères ? Il faut vous apprendre cela ; il est bon que vous le sachiez. Il y a un ordre dans notre Société, par lequel il est défendu à toutes sortes de libraires d'imprimer aucun ouvrage de nos Pères sans l'approbation des Théologiens de notre Compagnie, et sans la permission de nos Supérieurs. C'est un règlement fait par Henri III, le 10 mai 1583, et confirmé par Henri IV, le 20 décembre 1603, et par Louis XIII, le 14 février 1612 : de sorte que tout notre corps est responsable des livres de chacun de nos Pères. Cela est particulier à notre Compagnie ; et de là vient qu'il ne sort aucun ouvrage de chez nous qui n'ait l'esprit de la Société. Voilà ce qu'il étoit à propos de vous apprendre². Mon père, lui dis-je, vous m'avez fait plaisir,

---

1. Pleige, caution, du bas latin *plegium*. C'est un vieux terme de jurisprudence encore très employé au xviie siècle :

Ma tête sur ce point vous servira de pleige.

P. CORN., *Mel*. II, 5,

et même au xviiie : « Ils — les Pythagoriciens — poussoient si loin la charité que l'un d'eux, condamné au supplice par Denys le Tyran, trouva un pleige qui prit sa place dans la prison. »

DIDEROT. *Op. des anc. phil.*

2. « Il ne sort aucun ouvrage de chez nous qui n'ait l'esprit de la Société. Voilà ce qu'il étoit à propos de vous apprendre. » C'est pourquoi la Compagnie est responsable des doctrines émises par chacun de ses membres. On répond à cela que l'autorisation d'imprimer un livre, nécessaire sous l'Ancien Régime, ne rendait pas l'autorité responsable du contenu de ce livre. Elle tolérait ce contenu sans l'approuver. L'autorisation n'était qu'un passeport. Un Institut comme celui des Jésuites n'était pas dans le cas

et je suis fâché seulement de ne l'avoir pas su plus tôt, car cette connoissance engage à avoir bien plus d'attention pour vos Auteurs. Je l'eusse fait, dit-il, si l'occasion s'en fût offerte ; mais profitez-en à l'avenir, et continuons notre sujet.

Je crois vous avoir ouvert des moyens d'assurer son salut assez faciles, assez sûrs et en assez grand nombre ; mais nos Pères souhaiteroient bien qu'on n'en demeurât pas à ce premier degré, où l'on ne fait que ce qui est exactement nécessaire pour le salut. Comme ils aspirent sans cesse à la plus grande gloire de Dieu[1], ils voudroient élever les hommes à une vie plus pieuse. Et parce que les gens du monde sont d'ordinaire détournés de la Dévotion par l'étrange idée qu'on leur en a donnée, nous avons cru[a] qu'il étoit d'une extrême importance de détruire ce premier obstacle ; et c'est en quoi le père Le Moine[2] a acquis beau-

---

[a] Textes in-4º et in-12 : « Nos Pères ont cru » ; « nous avons cru » est la leçon in-8º.

---

d'un gouvernement qui a toutes sortes d'intérêts contradictoires à ménager. De fait, la Compagnie de Jésus n'autorisait chez les siens que des opinions conformes à l'esprit de la Société. Quand ils refusaient de se soumettre à cet esprit, elle les expulsait. On attribue même à la sévérité qu'elle déployait à cet égard l'absence d'originalité chez ses membres. Il leur est permis d'avoir du talent et du savoir tant qu'ils veulent, d'originalité point. Ils manqueraient à la formule ; ils auraient ce qui effraye tant la Société : *l'esprit particulier*. Les Jésuites ne l'auraient pas pardonné même à Bourdaloue. Ils n'auraient peut être pas expulsé Machiavel ou Guichardin. Mais Lacordaire l'aurait été au bout de huit jours.

1. La devise de la Compagnie de Jésus est : *Ad majorem Dei gloriam*.
2. Le Moyne (Pierre), jésuite, bel esprit, moraliste, poète, né à Chaumont en 1602, mort à Paris en 1671. Il était d'une très bonne famille et entra en 1619 chez les Jésuites qui l'envoyèrent professer la philosophie à Dijon. Ses succès de prédicateur, dus à une facilité d'élocution remarquable et à une puissance d'imagination dont la bizarrerie n'éteignait pas le feu, ne le mirent pas seulement en relief, mais lui inspirèrent une confiance en lui-même qu'il perdit plus tard, quand il vit son imagination

coup de réputation par le livre de *la Dévotion aisée*[1], qu'il a fait à ce dessein. C'est là qu'il fait une peinture tout à fait charmante de la Dévotion. Jamais personne ne l'a connue comme lui. Apprenez-le par les premières paroles de cet ouvrage : « La vertu ne s'est encore montrée à personne ; on n'en a point fait de portrait qui lui ressemble. Il n'y a rien d'étrange qu'il y ait eu si peu de presse à grimper sur son rocher. On en a fait une fâcheuse qui n'aime que la solitude ; on lui a associé la douleur et le travail ; et enfin on l'a faite ennemie des divertissements et des jeux qui sont la fleur de la joie et l'assaisonnement de la vie. » C'est ce qu'il dit, page 92.

Mais, mon père, je sais bien au moins qu'il y a de grands saints dont la vie a été extrêmement austère. Cela

---

l'abandonner. Il écrivait dans une lettre au marquis de Louville sur la vieillesse :

> J'ai changé comme vous, et cette riche source
> D'où mes vers descendoient d'une si prompte course,
> Et traînoient en roulant, d'un bruit harmonieux,
> Perles ou diamants et rubis curieux,
> Maintenant desséchée...

Il eut des ambitions trop diverses : professer la philosophie, briller dans la chaire, être polémiste, casuiste, moraliste, outre qu'il avait le tempérament d'un viveur. S'il avait pu se contenter d'être poète, il aurait laissé des œuvres et acquis une gloire qui durerait encore. On ne lit guère plus son poème épique intitulé *Saint Louis ou la sainte couronne reconquise* (1653, in-folio), mais les amateurs recherchent encore de lui sa *Galerie des femmes fortes* (1647, in-folio), de l'édition elzévir (1660, in-12) qui se paye cher, et ses *OEuvres poétiques* (1671, in-folio) où sont contenus, outre le poème de saint Louis, *les Hymnes de la sagesse et de l'amour de Dieu, les Peintures morales, les Entretiens et lettres poétiques*, ainsi que plusieurs autres pièces.

On a réimprimé récemment sa *Dévotion aisée* qui est un petit chef-d'œuvre dans son genre.

Selon Voltaire (*Siècle de Louis XIV*), le père Le Moyne, né avec des talents, mais n'ayant « ni goût, ni connaissance du génie de sa langue, ni des amis sévères », a manqué une grande carrière dans les lettres.

1. 1 vol. in-8°, 1652.

est vrai, dit-il ; mais aussi « il s'est toujours vu des saints polis et des dévots civilisés », selon ce père, page 191 ; et vous verrez, page 86, que la différence de leurs mœurs vient de celle de leurs humeurs. Écoutez-le. « Je ne nie pas qu'il ne se voie des dévots qui sont pâles et mélancoliques de leur complexion, qui aiment le silence et la retraite, et qui n'ont que du flegme dans les veines et de la terre sur le visage. Mais il s'en voit assez d'autres qui sont d'une complexion plus heureuse, et qui ont abondance de cette humeur douce et chaude, et de ce sang bénin et rectifié qui fait la joie[1]. »

1. Pascal est hostile au père Le Moyne par tempérament. Le poëte jésuite est un de ceux « qui ont abondance de cette humeur douce et chaude et de ce sang bénin et rectifié qui fait la joie ». Pascal est « un de ces dévots qui sont pâles et mélancoliques de complexion ». Entre lui et le père Le Moyne, il y a incompatibilité. Le père Le Moyne est à la fois épicurien et mondain. La plupart de ses poésies sont adressées à des courtisans ou à des femmes du monde. Un jour, le frère portier des jésuites, raconte le *Menagiana*, alla prévenir le père Sirmond que des dames le demandaient : « Mon frère, répondit le père Sirmond, songez-vous bien à ce que vous dites? Des femmes me demander! Sans doute, vous vous méprenez : Il faut nécessairement que ce soit le père Le Moyne que ces dames demandent. — Épicurien et optimiste, le père Le Moyne tournait le dos au Christianisme. Le fou mélancolique du septième livre des *Peintures morales* est un Janséniste. Le morceau a en vue de décrire un « caractère sauvage, où sont représentées *les mœurs d'un homme insensible aux affections honnêtes et naturelles* ». « Le sauvage, dit le père jésuite, est sans cœur pour les devoirs naturels et pour les obligations civiles. Autant lui est un étranger qu'un parent, et pour lui, un ami et un ennemi ont même visage. Il est sans yeux pour les beautés de la nature et pour celles des arts (il est iconoclaste)... Ne croyez pas qu'il soit moins barbare en son vivre, ni qu'il soit plus homme par la bouche que par les autres sens... il a communauté de toutes choses avec les bêtes... Quant aux affronts et aux injures, il y est aussi peu sensible que s'il avoit des yeux et des oreilles de statue. Jamais il ne rougit ni n'a de honte, quoi qu'on lui die ni qu'on lui fasse... Le chemin de son cœur à son visage est trop obscur et trop rempli de matière. Aussi l'honneur et la gloire sont des idoles qu'il ne connoît point et pour qui il n'a point d'encens à brûler... Il s'aime mieux dans une grotte ou dans le tronc d'un arbre que dans un palais ou sur un trône. Il croiroit s'être chargé d'un fardeau fort incommode s'il avoit pris quelque

Vous voyez de là que l'amour de la retraite et du silence n'est pas commun à tous les dévots; et que, comme je vous le disois, c'est l'effet de leur complexion plutôt que de la piété. Au lieu que ces mœurs austères dont vous parlez sont proprement le caractère d'un sauvage et d'un farouche. Aussi vous les verrez placées entre les mœurs ridicules et brutales d'un fou mélancolique, dans la description que le père Le Moine en a faite au septième livre de ses Peintures morales[1]. En voici quelques traits. « Il est sans yeux pour les beautés de l'art et de la nature. Il croiroit s'être chargé d'un fardeau incommode, s'il avoit pris quelque matière de plaisir pour soi. Les jours de fête, il se retire parmi les morts. Il s'aime mieux dans un tronc d'arbre ou dans une grotte que dans un palais ou sur un trône. Quant aux affronts et aux injures, il y est aussi insensible que s'il avoit des yeux et des oreilles de statue. L'honneur et la gloire sont des idoles qu'il ne connoît

---

matière de plaisir pour soi ou de bienfait pour les autres... Comme il ne demande rien à personne, aussi ne faut-il rien attendre de lui, si ce n'est des injures et des malédictions... Les jours de fête et de bénédiction lui sont des jours de peine et d'affliction et, pour s'en éloigner davantage, il se retire avec les morts et s'enferme dans les sépultures... il est universellement opposé à tout ce qui peut donner du contentement ou du plaisir... une belle personne lui est un spectre, et il n'en sauroit souffrir la vue; et ces visages impérieux et souverains, ces agréables tyrans qui font partout des prisonniers volontaires et sans chaînes — les belles mondaines signalées tout à l'heure par le père Sirmond — ont le même effet sur ses yeux que le soleil sur ceux des hiboux. » Le père Le Moyne, comme on voit, était un homme de guerre. En 1644, il avait publié un *Mémoire apologétique de la conduite des Jésuites* (1 vol. in 8°); il avait une imagination riche et déréglée. Boileau disait de lui : Il est trop poëte pour que j'en dise du mal ; il est trop fou pour que j'en dise du bien. — Sa qualité de jésuite a nui à sa gloire d'écrivain et de poète ; mais une si belle caricature ne pouvait échapper au glaive de Pascal qui ne cite de son portrait du sauvage que des traits et, croirait-on, de mémoire.

1. On en a vu plus haut quelques extraits plus amples et plus exacts que ceux donnés ici par Pascal qui, nous le répétons, cite de mémoire.

point, et pour lesquelles il n'a point d'encens à offrir. Une belle personne lui est un spectre. Et ces visages impérieux et souverains, ces agréables tyrans qui font partout des esclaves volontaires et sans chaînes, ont le même pouvoir sur ses yeux que le soleil sur ceux des hiboux, etc. »

Mon révérend père, je vous assure que, si vous ne m'aviez dit que le père Le Moine est l'auteur de cette peinture, j'aurois dit que c'eût été quelque impie qui l'auroit faite à dessein de tourner les Saints en ridicule. Car, si ce n'est là l'image d'un homme tout à fait détaché des sentiments auxquels l'Évangile oblige de renoncer, je confesse que je n'y entends rien. Voyez donc, dit-il, combien vous vous y connoissez peu ; car ce sont là « des traits d'un esprit foible et sauvage, qui n'a pas les affections honnêtes et naturelles qu'il devroit avoir », comme le père Le Moine le dit à la fin de cette description. C'est par ce moyen qu'il « enseigne la vertu et la philosophie chrétiennes », selon le dessein qu'il en avoit dans cet ouvrage, comme il le déclare dans l'avertissement. Et, en effet, on ne peut nier que cette méthode de traiter de la Dévotion n'agrée tout autrement au monde que celle dont on se servoit avant nous. Il n'y a point de comparaison, lui dis-je, et je commence à espérer que vous me tiendrez parole. Vous le verrez bien mieux, dans la suite, dit-il ; je ne vous ai encore parlé de la piété qu'en général. Mais, pour vous faire voir en détail combien nos Pères en ont ôté de peines, n'est-ce pas une chose bien pleine de consolation pour les Ambitieux, d'apprendre qu'ils peuvent conserver une véritable Dévotion avec un amour désordonné pour les Grandeurs? Eh quoi! mon père, avec quelque excès qu'ils les recherchent? Oui, dit-il ; car ce ne seroit toujours que péché véniel, à moins qu'on désirât les Grandeurs pour offenser Dieu ou l'État plus commodément ª. Or les péchés véniels n'empêchent pas d'être dévot, puisque les plus grands Saints n'en sont pas exempts. Écoutez donc Escobar, Tr. 2, ex. 2, n. 17 : « L'Ambition, qui est un appétit désordonné des Charges et des Grandeurs, est de soi-même un péché véniel ; mais, quand on désire ces Grandeurs pour nuire à l'État, ou pour avoir plus de commodité d'offenser Dieu, ces circonstances extérieures le rendent mortel [1]. »

Cela est assez commode [b], mon père. Et n'est-ce pas encore, continua-t-il, une doctrine bien douce pour les Avares de dire, comme fait Escobar, au Tr. 5, ex. 5, n. 154 : « Je sais que les Riches ne pèchent point mortellement quand ils ne donnent point l'Aumône de leur superflu dans les grandes nécessités des Pauvres : *Scio in gravi pauperum necessitate divites non dando superflua, non peccare mortaliter ?* » En vérité, lui dis-je, si cela est, je vois bien que je ne me connois guère en péchés. Pour vous le montrer encore mieux, dit-il, ne pensez-vous pas que la bonne opinion de soi-même, et la complaisance qu'on a pour ses ouvrages, est un péché des plus dangereux ? Et ne serez-vous pas bien surpris si je vous fais voir qu'encore même que cette bonne opinion soit sans fondement, c'est si peu un péché, que c'est au contraire un don de Dieu ? Est-il possible, mon père ? Oui, dit-il, et c'est ce que nous a appris

---

[a] Les éditions modernes ont uniformément « à moins qu'on *ne* désirât les Grandeurs pour offenser Dieu ou l'État plus commodément », ce qui est incorrect et contraire aux textes originaux qui ont tous « à moins qu'on désirât ».

[b] Textes in-4º et in-12 : « cela commence bien ».

---

1. L'indulgence d'Escobar est d'accord avec le système de sa Compagnie, qui est l'application de la Religion à la Politique ; par contre, elle est opposée à la Tradition évangélique, qui proscrit l'Ambition comme un vice particulier à ceux que dans les *Pensées* Pascal définit *les Hommes de chair.*

notre grand père Garasse[1], dans son livre françois intitulé : *Somme des vérités capitales de la Religion*, part. II, p. 419. « C'est un effet, dit-il, de la justice commutative, que tout travail honnête soit récompensé ou de louange, ou de satisfaction... Quand les bons esprits font un ouvrage excellent, ils sont justement récompensés par les louanges publiques. Mais quand un pauvre esprit travaille beaucoup pour ne rien faire qui vaille, et qu'il ne peut ainsi obtenir des louanges publiques, afin que son travail ne demeure pas sans récompense, Dieu lui en donne une satisfaction personnelle qu'on ne peut lui envier sans une injustice plus que barbare. C'est ainsi que Dieu, qui est juste, donne aux grenouilles de la satisfaction de leur chant[2]. »

1. Garasse (François), jésuite, théologien et polémiste, né en 1585 à Angoulême, mort à Poitiers en 1631 ; on distingue parmi ses œuvres, dont la plupart sont des pamphlets, une *Somme théologique* (1 vol. in-folio, 1625), et l'ouvrage célèbre intitulé : *la Doctrine curieuse des beaux esprits de ce temps ou prétendus tels, contenant plusieurs maximes pernicieuses à la Religion, à l'État et aux bonnes mœurs, combattue et renversée par le père François Garasse de la Compagnie de Jésus* (1 vol. in-4°, Paris, 1623, chez Sébastien Chappelet). Ses libelles ont rendu son nom proverbial. Malgré son insolence grossière et bouffonne, il ne manquait ni de verve ni de savoir. On l'a comparé à tort au *père Duchesne* et même à L. Veuillot, ce qui est une injure au talent de celui-ci. Garasse défendait une meilleure cause que le *Père Duchesne*, en un langage qui n'était pas toujours meilleur. Il eut d'ailleurs une mort héroïque. Ses incartades compromettantes l'avaient fait reléguer à Poitiers. Il obtint de ses Supérieurs d'aller soigner les malades des hôpitaux durant une épidémie (1631) et mourut victime de son dévouement. Il était de plus un excellent homme dans la vie privée.
2. « C'est ainsi que Dieu, qui est juste, donne aux grenouilles de la satisfaction de leur chant. » Garasse avait la satisfaction du sien. « Ce jésuite, dit Sainte-Beuve (*Port-Royal*, t. Ier, p. 311 de la 4e édition), qui était un brouillon, une imagination leste et facétieuse, une plume assez dans le genre de Camus — l'ami de saint François de Salles, — mais bien moins exercée et à moins bonne fin, avait d'abord lâché en 1623, sous le titre de *Doctrine curieuse des beaux esprits de ce temps*, un vrai pamphlet, dans lequel, en chargeant d'athéisme une foule d'honnêtes gens comme Charron, Pasquier, il faisait scandale et augmentait le mal qu'il voulait combattre. C'était élargir la tache au lieu de l'enlever. Il crut, dit Bayle, avoir donné

Voilà, lui dis-je, de belles décisions en faveur de la Vanité, de l'Ambition et de l'Avarice. Et l'Envie, mon père, sera-t-elle plus difficile à excuser? Ceci est délicat, dit le père. Il faut user de la distinction du père Bauny, dans sa Somme des péchés. Car son sentiment, c. VII, p. 123, de la cinquième et sixième édition, est que « l'Envie du bien spirituel du prochain est mortelle, mais que l'Envie du bien temporel n'est que vénielle ». Et par quelle raison, mon père? Écoutez-la, me dit-il. « Car le bien qui se trouve ès choses temporelles est si mince, et de si peu de conséquence pour le ciel, qu'il est de nulle considération devant Dieu et ses Saints. » Mais, mon père, si ce bien est si

---

échec et mat aux libertins, et il ne leur fit que plus beau jeu. Bayle le sait mieux que personne et Voltaire aussi, pour qui le père Garasse est une des bêtes de somme favorites sur lesquelles il daube le plus gaiement. Le prieur Ogier réfuta cet écrit du père Garasse. » Le livre d'Ogier est intitulé : *Jugement et censure du livre de la Doctrine curieuse de François Garasse*, 1 vol. de 216 pages in-8°, Paris, 1623, sans nom d'imprimeur et sans nom d'auteur. Selon le prieur Ogier, la *Doctrine curieuse* est « un cloaque d'impiété, une sentine de profanations, un roman de bouffonneries et de contes facétieux, une satire de malignité et de médisance contre infinis gens de bien et de mérite... des mots de tavernes et de berlans ». Ce qu'il y a de bon « se peut cacher sous l'aile d'une mouche ». Le prieur Ogier n'y a « trouvé feuillet où il n'y ait du veau, du sot et du fat, tant il est naturel d'avoir en la bouche ce que l'on est et, comme dit le grand saint Grégoire, *Quales manemus intus, tales egredimur foras per linguam.* »

Le père Garasse n'est pas si affreux qu'on le fait à plaisir. Son livre n'a pas été inutile à la cause qu'il défendait. Les rancunes de Bayle et les injures de Voltaire le disent assez. Sainte-Beuve ne l'a pas lu. Il y a là des pages d'une éloquence bouffonne si l'on veut, mais d'une éloquence qui existe et qu'on sent encore à la distance de près de trois siècles. Quant à ces *honnêtes gens* qui s'appellent Charron et Pasquier, c'étaient des Politiciens de plus de tenue que le père Garasse, dépourvus d'ailleurs de sincérité, sinon de talent, et des ennemis personnels des Jésuites. Le père Garasse les attaque à ce titre, et quoi qu'on puisse en dire aujourd'hui, le coup porta. Il porta si bien, qu'on n'a pas oublié l'aventure et que la *Doctrine curieuse* demeure un monument de polémique grossière, sans doute, mais néanmoins un monument auquel il n'y a pas grand'chose à comparer dans les écrits du temps.

mince et de si petite considération, comment permettez-vous de tuer les hommes pour le conserver? Vous prenez mal les choses, dit le père[1] : on vous dit que le bien est de nulle considération devant Dieu[2], mais non pas devant les hommes. Je ne pensois pas cela, lui dis-je ; et j'espère que, par ces distinctions-là, il ne restera plus de péchés mortels au monde. Ne pensez pas cela, dit le père, car il y en a qui sont toujours mortels de leur nature, comme par exemple la Paresse.

O mon père! lui dis-je, toutes les commodités de la vie sont donc perdues? Attendez, dit le père, quand vous aurez vu la définition de ce vice qu'Escobar en donne, Tr. 2, ex. 2, n. 81, peut-être en jugerez-vous autrement; écoutez-la. « La Paresse est une tristesse de ce que les choses spirituelles sont spirituelles, comme seroit de s'affliger de ce que les Sacrements sont la source de la Grâce ; et c'est un péché mortel. » O mon père ! lui dis-je, je ne crois pas que personne se soit jamais avisé[a] d'être paresseux en cette sorte. Aussi, dit le père, Escobar dit ensuite, n. 105 : « J'avoue qu'il est bien rare que personne tombe jamais dans le péché de Paresse. » Comprenez-vous bien par là combien il importe de bien définir les choses? Oui, mon père, lui dis-je, et je me souviens sur cela de vos autres définitions de l'Assassinat, du Guet-apens et des Biens superflus. Et d'où vient, mon père, que vous n'étendez pas cette méthode à toutes sortes de cas, pour donner[b] à tous

---

[a] Textes in-4º et in-12 : « que personne *ait jamais été assez bizarre pour s'aviser* ».

[b] Textes in-4º et in-12 : « *et* pour donner », ce qui change un peu le sens.

---

1. En effet, Pascal démasque l'hypocrisie débonnaire des Casuistes.
2. C'est l'opinion de Saint-Cyran, maître spirituel de Pascal. Saint-Cyran, en effet, enseigne que Dieu est indifférent aux biens temporels, en les donne ni ne les refuse à personne.

les péchés des définitions de votre façon, afin qu'on ne péchât plus en satisfaisant ses plaisirs?

Il n'est pas toujours nécessaire, me dit-il, de changer pour cela les définitions des choses. Vous l'allez voir sur le sujet de la Bonne Chère, qui passe pour un des plus grands plaisirs de la vie[a], et qu'Escobar permet en cette sorte, n. 102, dans la Pratique selon notre Société : « Est-il permis de boire et de manger tout son soûl sans nécessité, et pour la seule volupté ? Oui, certainement, selon Sanchez[b], pourvu que cela ne nuise point à la santé, parce qu'il est permis à l'appétit naturel de jouir des actions qui lui sont propres : AN COMEDERE, ET BIBERE *usque ad satietatem absque necessitate ob solam voluptatem, sit peccatum? Cum Sanctio*[1] *negative respondeo, modo non obsit valetudini, quia licite potest appetitus naturalis suis actibus frui*[2]. » O mon père! lui dis-je, voilà le passage le plus complet, et le principe le plus achevé de toute votre Morale, et dont on peut tirer d'aussi commodes conclusions. Eh quoi! la Gourmandise n'est donc pas même un péché véniel? Non pas, dit-il, en la manière que je viens de dire; mais elle seroit péché véniel selon Escobar, n. 56, « si, sans aucune nécessité, on se gorgeoit du boire et du manger jusqu'à vomir : *si quis se usque ad vomitum ingurgitet*[3] ».

[a] Textes in-4° et in-12 : « qui *est sans doute* un des plus grands plaisirs de la vie ». Pascal s'est ravisé dans l'in-8°; il n'admet pas que la bonne chère soit un des plus grands plaisirs de la vie; il donne cet avis comme courant.
[b] Textes in-4° et in-12 : « Selon *notre père* Sanchez ».

1. Ce n'est pas le jésuite Thomas Sanchez, mais un autre Casuiste espagnol, Jean Sanchez, qui n'était pas jésuite.
2. La proposition d'Escobar porte le n° 8 parmi celles qui ont été condamnées par le décret d'Innocent XI (1679).
3. Le père Pirot, dans son Apologie des Casuistes, avait essayé de justifier cette proposition d'Escobar : « Plusieurs bons théologiens, disait-il, en-

Cela suffit sur ce sujet, et je veux maintenant vous parler des facilités que nous avons apportées pour faire éviter le péché dans les Conversations et dans les Intrigues du monde. Une chose des plus embarrassantes qui s'y trouve est d'éviter le mensonge, et surtout quand on

seignent qu'il n'y a pas plus de mal à rechercher sans nécessité le plaisir du goût qu'à procurer la satisfaction de la vue, de l'ouïe et de l'odorat. Et plusieurs, tant philosophes que théologiens, tiennent que ces contentements des sens sont indifférents et qu'ils ne sont ni bons ni mauvais. » Il est certain que cela est conforme aux préceptes d'Épicure, et que ces préceptes ont cours dans le monde. Mais le père Pirot est imprudent. D'ailleurs il exagère; il aurait fait honte aux Épicuriens qui, favorables aux plaisirs des sens, demandaient, dans l'intérêt de la santé du corps et de celle de l'esprit, qu'on en usât avec tempérance. Nicole lui cite Cicéron : « Ils — les Épicuriens — n'ont jamais approuvé, dit Cicéron (*De finibus bonorum*, lib. II), ces gens qui mangent jusqu'à rejeter honteusement ce qu'ils ont pris, ces gens qu'on est obligé d'emporter au sortir de table et qui s'y remettent encore tout ivres; qui, comme l'on dit communément, n'ont jamais vu lever ni coucher le soleil, et qui, mangeant ainsi tout leur bien, se réduisent à la mendicité. »

Les disciples d'Épicure, continue Nicole, évitaient l'indigestion. Tel était Thorien : « Il ne se refusait, dit Cicéron, aucune sorte de plaisir; mais il savait tellement le ménager que cette abondance ne nuisait pas à sa santé. Il ne se mettait jamais à table qu'avec un grand appétit qu'il se procurait par un exercice modéré. On lui servait les viandes les plus délicates et en même temps les plus faciles à digérer; son vin était délicieux et point malfaisant. Il avait un teint frais, une santé parfaite, tous les agréments possibles; en un mot, il menait la vie la plus agréable qu'on puisse imaginer. »

N'est-il pas piquant de pouvoir opposer la tempérance des Épicuriens à l'intempérance d'Escobar? Ce que les Casuistes de la Compagnie de Jésus n'avouent pas, c'est que leur doctrine était celle de l'empereur Julien, combattue en ces termes par saint Augustin (in Julian, lib. IV, chap. XIV) : « Lorsque la nature, dit saint Augustin, demande ce qui lui est nécessaire, cela ne s'appelle point cupidité, mais faim et soif. Mais quand, après avoir pris son nécessaire, on est tenté du désir de manger, alors c'est cupidité, c'est gourmandise et il ne faut pas la satisfaire, mais y résister. » Nicole explique d'après saint Augustin la manière de gouverner chacun des sens afin d'échapper à la concupiscence. Les Jésuites, selon Nicole, sont les apôtres de la concupiscence, des disciples de Julien l'Apostat. S'il leur est pénible de suivre saint Augustin, qu'ils en croient Virgile qui leur conseille de se lever de table :

Postquam exempta fames et amor compressus edendi.

voudroit bien faire accroire une chose fausse. C'est à quoi sert admirablement notre Doctrine des Équivoques, par laquelle « il est permis d'user de termes ambigus, en les faisant entendre en un autre sens qu'on ne les entend soi-même », comme dit Sanchez, *Op. mor.*, p. 2, liv. III, ch. IV, n. 13. Je sais cela, mon père, lui dis-je. Nous l'avons tant publié, continua-t-il, qu'à la fin tout le monde en est instruit. Mais savez-vous bien comment il faut faire quand on ne trouve point de Mots Équivoques? Non, mon père[a]. Je m'en doutois bien, dit-il; cela est nouveau : c'est la Doctrine des Restrictions mentales. Sanchez la donne au même lieu : « On peut jurer, dit-il, qu'on n'a pas fait une chose, quoiqu'on l'ait faite effectivement, en entendant en soi-même qu'on ne l'a pas faite un certain jour ou avant qu'on fût né, ou en sous-entendant quelque autre circonstance pareille, sans que les paroles dont on se sert aient aucun sens qui le puisse faire connoître; et cela est fort commode en beaucoup de rencontres, et est toujours très juste quand cela est nécessaire ou utile pour la Santé, l'Honneur ou le Bien. »

Comment! mon père, et n'est-ce pas là un mensonge, et même un parjure? Non, dit le père : Sanchez le prouve au même lieu, et notre père Filiutius aussi, Tr. 25, ch. XI, n. 331; parce, dit-il, que « c'est l'intention qui règle la qualité de l'action ». Et il y donne encore, n. 328, un autre moyen plus sûr d'éviter le mensonge : c'est qu'après avoir dit tout haut : *Je jure que je n'ai point fait cela*, on ajoute tout bas, *aujourd'hui*; ou qu'après avoir dit tout haut : *Je jure*, on dise[1] tout bas, *que je dis*, et que l'on continue

---

[a] « Non, mon père » est la leçon in-8°; les autres ont : « non, *lui dis-je* ».

---

1. « Disc ». C'est un des rares exemples où l'expression « dise » pour

ensuite tout haut, *que je n'ai point fait cela*. Vous voyez bien que c'est dire la vérité. Je l'avoue, lui dis-je ; mais nous trouverions peut-être que c'est dire la vérité tout bas, et un mensonge tout haut : outre que je craindrois que bien des gens n'eussent pas assez de présence d'esprit pour se servir de ces méthodes. Nos Pères, dit-il, ont enseigné au même lieu, en faveur de ceux qui ne sauroient pas user de ces Restrictions [a], qu'il leur suffit, pour ne point mentir, de dire simplement *qu'ils n'ont point fait* ce qu'ils ont fait, pourvu « qu'ils aient en général l'intention de donner à leurs discours le sens qu'un habile homme y donneroit [1] ».

[a] Texte in-4º et in-12 : « en faveur de ceux qui ne sauroient *trouver* ces Restrictions ».

« die » est employée dans les *Provinciales*. Toutes les éditions du temps ont ici « dise ».

1. La théorie de la bonne foi dans la Conversation et dans les Relations du monde, que professe ici Pascal, est d'accord avec son attitude ordinaire et celle des Jansénistes. Ce sont des spéculatifs qui vivent à l'écart et se sont fait de la justice, du bien et du mal, un idéal difficile à mettre en pratique. Pascal est sincère et restera fidèle à son caractère de don Quichotte de la Morale. Quand il verra son idéal inapplicable, il ira bouder dans la solitude où il est déjà. Il deviendra misanthrope, d'une manière plus effective et plus hautaine qu'Alceste, car Alceste est un héros de théâtre. Pascal est ce héros en réalité et avec une véhémence de conduite à laquelle n'atteint pas même l'imagination d'Alceste. Dans la vie commune, l'habileté, une certaine habileté, est nécessaire dans la Conversation, dans les Rapports sociaux. Plus on en a, mieux on réussit. Le défaut d'habileté est toujours un préjudice ; souvent il perd. « L'extrême candeur agit souvent comme feroit l'extrême habileté », dit G. Sand. Mais c'est G. Sand qui dit cela, l'écrivain qui, selon Balzac, décrivait les hommes comme ils devraient être, tandis que, lui, Balzac les décrivait comme ils étaient ; et quand la ruse ou l'habileté étaient en eux à un très haut degré, alors il s'agenouillait.

En fait, l'habileté dans la Conversation et dans le Commerce du monde peut être haïe lorsqu'elle est un moyen d'ambition ou de tromperie, ce qui est un cas fort commun. Comme moyen de défense du faible contre le fort, de l'honnête homme contre le méchant ou le coquin, l'habileté, l'équivoque, les Restrictions mentales sont légitimes. *Homo homini lupus*, dit Hobbes. Dans l'état de nature, il agit contre son frère par la violence ;

Dites la vérité, il vous est arrivé bien des fois d'être embarrassé, manque de cette connoissance? Quelquefois,

dans l'état de société par l'habileté, l'équivoque, le mensonge. Si l'on n'employait pas ces moyens contre les Méchants, on serait leur dupe ou leur victime. Les Jésuites n'ont pas inventé l'Équivoque et les Restrictions mentales ; cela est aussi vieux que la nécessité de se défendre ou l'envie de nuire. Ils ont essayé de réglementer la chose, comme les Casuistes qui n'étaient pas de leur Ordre. Ce qu'en dit Pascal dans la Neuvième Provinciale a préoccupé vivement les contemporains. Boileau, qui était janséniste et pascalin, avait été frappé de la poussée de Pascal contre les Casuistes à propos de l'Équivoque. Il en a fait une satire, la dernière et la plus faible de son Recueil (satire XII, *de l'Équivoque*). On ne sache pas qu'il ait été habile dans la Conversation ou dans le Monde; il y a même des incidents de sa carrière qui montrent qu'il ne l'était pas. Sa rancune est-elle un reproche qu'il se fait? Il n'aime pas l'Équivoque. Son début affecte un ton épique. Il est vrai qu'on est en 1705, qu'il a soixante-neuf ans; il est épuisé. On s'explique qu'il ait mis onze mois à écrire ce médiocre chef-d'œuvre et trois ans à le corriger. Il commente ou prétend commenter Pascal :

> Du langage françois, bizarre hermaphrodite,
> De quel genre te faire, Équivoque maudite ?
> Ou maudit ; car sans peine aux rimeurs hasardeux,
> L'usage encor, je crois, laisse le choix des deux.
> Tu ne me réponds rien ; sors d'ici, fourbe insigne,
> Mâle aussi dangereux que femelle maligne,
> Qui crois rendre innocents les discours imposteurs.

Boileau n'est pas un grand moraliste. Quand Pascal jeta en pâture à la foule la théorie des Équivoques et des Restrictions mentales, elle fleurissait dans les écoles théologiques depuis des siècles au même titre que le Probabilisme dont elle a l'importance pratique. Elle avait des adhérents convaincus et des adversaires violents; ceux-ci étaient comme toujours les spéculatifs, étrangers à l'esprit de transaction qui est une condition de la vie sociale. Les autres citaient l'Ecriture dans l'impuissance de persuader des gens qui ne voulaient pas sortir de l'absolu. Dans l'Ancien Testament, il y avait l'exemple d'Abraham et d'Isaac donnant à leur femme le nom de sœur, Jacob prétendant être fils aîné d'Isaac, l'ange du livre de Tobie se donnant pour un grand personnage d'Israël. Les exemples ne manquaient pas non plus dans les écrits apostoliques, dans la vie des Saints. La vie quotidienne était un argument plus pressant. On invoquait les circonstances dans lesquelles il faut cacher la vérité sans mentir. Tout le monde n'a pas droit à la vérité. Elle appartient aux individus, aux familles qui ont intérêt à la garder. L'effort de ceux qui veulent l'obtenir dans un but hostile est une attaque contre laquelle on a le droit de se défendre. En Religion et en Politique comme dans la vie privée, il y a des secrets à garder, celui du confesseur, de l'inférieur vis-à-vis de son maître, celui de l'Etat; c'est une

LETTRE IX.

lui dis-je. Et n'avouerez-vous pas de même, continua-t-il [a], qu'il seroit souvent bien commode d'être dispensé en conscience de tenir de certaines paroles qu'on donne? Ce seroit, lui dis-je, mon père, la plus grande commodité du monde! Écoutez donc Escobar au Tr. 3, ex. 3, n. 48, où il donne cette règle générale : « Les promesses n'obligent point, quand on n'a point intention de s'obliger en les faisant. Or il n'arrive guère qu'on ait cette intention, à moins que l'on les confirme par serment ou par contrat : de sorte que, quand on dit simplement : Je le ferai, on entend qu'on le fera si on ne change de volonté : car on ne veut pas se priver par là de sa liberté[1]. » Il en donne

[a] « Continua-t-il » est ajouté dans le texte in-8°.

---

manipulation difficile; on est souvent placé entre deux devoirs contradictoires, celui de ne rien dire et celui de ne pas mentir; on est obligé de naviguer entre les deux. C'est un combat de chaque instant et qui rend compte de la misanthropie de ceux qui, pour y échapper, se font ermites, interrompent tout commerce avec les hommes par dégoût de la méchanceté publique.

Les Casuistes, afin de permettre aux intéressés de se taire sans mentir, ont inventé la Restriction *mentale*, la Restriction *sensible*, l'*Équivoque* et d'autres moyens à l'aide de *distinguo* qui n'en finissent pas, tout cela à l'adresse des faibles contre les forts. Les habiles n'en ont pas besoin ; le sang-froid, la présence d'esprit, l'art de faire tourner sa langue, leur suffisent ordinairement. La difficulté chez les Catholiques, c'est le huitième commandement de Dieu : *Vous ne mentirez pas;* on lui a trouvé plusieurs sens. Le sens consiste à dire la vérité ou à se taire absolument; à côté, il y a une stratégie savante, qui est en Morale ce que la connaissance des secrets d'une profession est à l'exercice de cette profession. Pascal s'abstient avec prudence de pénétrer dans ces arcanes. Ayant à rendre les Casuistes odieux, il cite d'eux quelques assertions brutales, qu'il laisse au lecteur le soin de mépriser sans l'avertir qu'il y a un dessous et des circonstances à peser.

1. Escobar est un pur disciple de Machiavel. Lorsqu'on reprochait à celui-ci d'avoir calomnié les Princes, les hommes d'État, la nature humaine, dans *le Prince* ou dans les *Discours sur la première décade de Tite-Live*, il répondait : Je n'examine pas comment les hommes doivent faire, je dis comment ils font. De même Escobar regarde ce qu'on fait, plus que

d'autres que vous y pouvez voir vous-même ; et il dit à la fin, « que tout cela est pris de Molina et de nos autres Auteurs : *Omnia ex Molina et aliis*. Et ainsi on n'en peut pas douter ».

O mon père ! lui dis-je, je ne savois pas que la Direction d'Intention eût la force de rendre les promesses nulles. Vous voyez, dit le père, que voilà une grande facilité pour le commerce du monde ; mais ce qui nous a donné le plus de peine a été de régler les Conversations entre les hommes et les femmes, car nos Pères sont plus réservés sur ce qui regarde la chasteté. Ce n'est pas qu'ils ne traitent des questions assez curieuses et assez indulgentes, et principalement pour les personnes mariées ou fiancées[1]. J'ap-

ce qu'on doit faire ; or il est évident que les particuliers comme les hommes d'Etat manquent souvent à leur parole et ont de bonnes raisons d'y manquer. Cependant Escobar, ce que Pascal ne dit pas, pose en principe : *Obligat quidem promissio.*

1. Allusion discrète à un cas discuté par les Casuistes et signalé par Antoine Arnauld dans sa *Morale pratique*[1] : *an liceat copula ante benedictionem ?* Plusieurs Casuistes répondent : *licet, imo aliquando expedit.* Les défenseurs des Casuistes prétendent qu'il s'agit de la bénédiction nuptiale qui suit le mariage, et qu'on différait quelquefois. Selon l'auteur de la *Morale pratique*, il s'agit au contraire des fiançailles, cérémonie préliminaire maintenant tombée en désuétude. Sous l'Ancien Régime, c'était proprement la signature du contrat de mariage accompagnée de la bénédiction des fiancés par un prêtre. Ces fiançailles n'étaient déjà plus que le souvenir d'une antique institution. Elle existait chez les Hébreux : « Laban et Bathuel ayant consenti au mariage de Rebecca et d'Isaac, le serviteur d'Abraham, se prosternant alors et adorant le Seigneur, fit présent à Rebecca de riches vases d'or et d'argent et de riches vêtements ; il fit aussi des présents à sa mère et à ses frères, et ils firent à cette occasion un riche festin. — *Genèse* ». Les Grecs ont connu les fiançailles ; à Rome, elles étaient obligatoires et antérieures d'un an au mariage. La Coutume romaine les transmit au monde chrétien. En plusieurs contrées, l'Eglise avait dû les proscrire parce que le peuple confondait les fiançailles avec le mariage et croyait que les fiancés pouvaient user de tous les droits du mariage. C'est le cas visé par Arnauld et Pascal, et que certains Casuistes avaient résolu dans le sens populaire.

1. *La Morale pratique des jésuites*, par Arnauld, 8 vol., 1669-1693.

pris sur cela les questions les plus extraordinaires[a] qu'on puisse s'imaginer ; il m'en donna de quoi remplir plusieurs Lettres ; mais je ne veux pas seulement en marquer les citations, parce que vous faites voir mes Lettres à toutes sortes de personnes, et je ne voudrois pas donner l'occasion de cette lecture à ceux qui n'y chercheroient que leur divertissement[1].

La seule chose que je puisse[b] vous marquer de ce qu'il me montra dans leurs livres, même françois, est ce que vous pouvez voir dans la Somme des péchés du père Bauny, p. 165, de certaines petites privautés qu'il y explique, pourvu qu'on Dirige bien son Intention, *comme à passer pour galant*[2] : et vous serez surpris d'y trouver,

[a] Après « les questions les plus extraordinaires », les textes in-4º et in-12 ont « et les plus brutales », qu'on a retranché dans l'in-8º.
[b] « Que je *puisse* » est une correction moderne. Les éditions du temps ont toutes « que je puis ».

1. Pascal veut bien amuser le lecteur ; il craint d'aller jusqu'au scandale.
2. Dans son édition des *Provinciales* (t. Ier, p. 428), l'abbé Maynard, de peur qu'on n'en suppose plus qu'il n'y en a, donne une série d'extraits de la *Somme des péchés* du père Bauny. Leur naïveté ne serait pas considérée de nos jours comme une excuse suffisante. Voici quelques-unes des plus citables parmi les privautés que condamne le père Bauny : « Baiser avec le désir de commettre l'action de la chair, dit-il, page 162, ou avec appréhension du plaisir que le corps en reçoit, est un péché mortel entre personnes qui ne sont pas mariées... faire baisers sans volonté d'en venir à l'œuvre, mais seulement de sentir et expérimenter en soi la délectation charnelle qui en dérive ou que l'on appréhende, est péché qui est semblablement mortel.. il faut dire (p. 163) que les baisers qui sont comme apports et amorces à l'une des espèces de luxure ne peuvent être que très mauvais... Et si en iceux (p. 164) on ne cherche aucune délectation que celle qui se perçoit pour l'application de la bouche à la face que les Théologiens appellent *delectatio sensibilis*... sont-ils en ce cas-là mortels ? Lessius, Liv. IV, chap. III, nº 59, l'estime ainsi. La raison qu'il en apporte est prise du danger auquel les personnes qui les pratiquent s'exposent.... Il me pardonnera toutefois si, avec tout le respect que sa vertu mérite, j'ose dire que tous baisers qui se font de la sorte, qu'il argue de péché mortel, n'en

p. 148, un principe de Morale touchant le pouvoir qu'il dit que les filles ont de disposer de leur virginité sans leurs parents. Voici ses termes : « Quand cela se fait du consentement de la fille, quoique le père ait sujet de s'en plaindre, ce n'est pas néanmoins que ladite fille, ou celui à qui elle s'est prostituée, lui aient fait aucun tort, ou violé pour[1] son égard la Justice ; car la fille est en possession de sa virginité aussi bien que de son corps ; elle en peut faire ce que bon lui semble, à l'exclusion de la mort ou du retranchement de ses membres. » Jugez par là du reste[2]. Je

ont toutefois ni la malice ni le nom ; il en faut excepter ceux des pères, mères et nourrices sur leurs petits enfants, pour ce qu'en iceux, ils n'ont d'autre dessein que de les caresser, et en le faisant témoigner l'ardeur, ou pour mieux dire, la tendreté d'affection qu'ils ont pour eux. »

Ce qui suit est spécialement visé par Pascal : « Secondement (p. 165), quoiqu'on ne puisse approuver ces baisers de pigeon qui se font en suçotant les lèvres mutuellement l'un de l'autre, toutefois, quand ils ne procèdent d'une volonté lubrique, qu'ils ne se font avec dessein d'en tirer la délectation sensuelle, mais par légèreté, pour rire, *ou acquérir le bruit de galant* et complaisant parmi les hommes, ils ne sont que véniels, écrivent Cajetan et Navarre.... Qui toutefois, sera de l'avis de Lessius, jugera que tous les baisers réciproques des garçons et des filles qui ne se font d'une amitié honnête, comme on peut présumer que ce n'est point celle qui se rencontre entre personnes qui ne se sont jamais vues, qui ne sont point alliées ni de condition égale, et qui se font en cachette ; que tous ces baisers, dis-je, communément sont péchés mortels, rarement véniels ; et partant le confesseur s'informera du nombre. »

Maintenant, il y a les baisers qui se font par coutume « qui procèdent d'affections saintes et chastes ». Bauny conseille de s'en abstenir : « Le confesseur, dit-il, donnera avis au pénitent qu'il s'abstienne, s'il est possible, puisque de tous baisers, quoique honnêtes en apparence, l'on peut dire ce que font les médecins des champignons, que les meilleurs n'en valent rien. »

1. « Pour », dans le sens où on l'emploie ici, est un latinisme dont on s'abstiendrait aujourd'hui.

2. Il convient d'observer que le père Bauny ne parle pas du pouvoir qu'ont les filles de disposer de leur virginité, mais qu'il discute les obligations contractées envers elles par ceux à qui elles l'ont livrée. Si elles l'ont fait volontairement, Bauny estime qu'au point de vue de la Justice elles n'ont aucun droit à une indemnité.

me souvins sur cela d'un passage d'un poète païen, qui a été meilleur Casuiste que ces Pères, puisqu'il a dit : « Que la virginité d'une fille ne lui appartient pas tout entière, qu'une partie appartient au père et l'autre à la mère, sans lesquels elle n'en peut disposer même pour le mariage. » Et je doute qu'il y ait aucun Juge qui ne prenne pour une Loi le contraire de cette maxime du père Bauny.

Voilà tout ce que je puis dire de tout ce que j'entendis, et qui dura si longtemps, que je fus obligé de prier enfin le père de changer de matière. Il le fit et m'entretint de leurs règlements pour les Habits de femmes en cette sorte. Nous ne parlerons point, dit-il, de celles qui auroient l'intention impure ; mais, pour les autres, Escobar dit au Tr. 1, ex. 8, n. 5 : « Si on se pare sans mauvaise intention, mais seulement pour satisfaire l'inclination naturelle qu'on a à la vanité, *ob naturalem fastus inclinationem*, ou ce n'est qu'un péché véniel, ou ce n'est point péché du tout. » Et le père Bauny, en sa Somme des péchés, Ch. XLVI, p. 1094, dit : « Que bien que la femme eût connoissance du mauvais effet que sa diligence à se parer opéreroit et au corps et en l'âme de ceux qui la contempleroient ornée de riches et précieux Habits, qu'elle ne pécheroit néanmoins en s'en servant. » Et il cite, entre autres, notre père Sanchez pour être du même avis [1].

---

[1]. C'est toujours la même histoire, comme disait Mme de Grignan des *Provinciales*. Le système des Jésuites ne varie pas. Il s'agit de flatter aux dépens du Christianisme les mœurs mondaines, afin d'avoir le monde pour soi. Les Casuistes sont indulgents, à propos de la parure des femmes, comme en tout ce qui concerne les vices de la Société élégante. Ils font leur métier de flatteurs intéressés. Les dangers de la parure sont un lieu commun, chez les Moralistes du XVIIe siècle comme dans l'Église. « Une vaine parure inutile à sa peine », dit Pierre Corneille (Médée). Les Moralistes n'y mettent que du ridicule ou des considérations d'intérêt. Le péché n'est pas de leur ressort ; il est de celui des Sermonaires. « Le

Mais, mon père, que répondent donc vos Auteurs aux passages de l'Écriture, qui parlent avec tant de véhémence contre les moindres choses de cette sorte ? Lessius, dit le père, y a doctement satisfait, *De Just.*, Lib. IV, ch. IV, p. 14, n. 114, en disant : « Que ces passages de l'Écriture n'étoient des préceptes qu'à l'égard des femmes de ce temps-là, pour donner par leur modestie un exemple d'édification aux Païens [1]. » Et d'où a-t-il pris cela, mon père ? Il n'importe pas d'où il l'ait pris ; il suffit que les sentiments de ces grands hommes-là sont toujours Probables d'eux-mêmes. Mais le père Le Moine a apporté une modération à cette permission générale, car il ne le veut point du tout souffrir aux Vieilles : c'est dans sa *Dévotion aisée*, et, entre

---

Saint-Esprit, dit Bossuet (*Profess. de la Vallière*), ennemi déclaré du Casuisme des Jésuites, a voulu descendre dans le dénombrement exact de tous les ornements de la vanité, s'attachant, pour ainsi parler, à suivre pour sa vengeance toutes les diverses parures qu'une vaine curiosité a inventées. » « Vous nous demandez continuellement, dit Massillon (*Petit Carême*), si user d'un tel artifice de parure est un crime, si tels plaisirs publics sont défendus ; eh bien, oui, ils le sont par les textes apostoliques et l'esprit du Christianisme. » Les Casuistes ne l'ignorent pas. Leur préoccupation n'est pas d'indiquer le Droit, mais de le tourner : la femme qui se pare, dit Bauny, « pour satisfaire à la coutume du pays et n'être en cela dissemblable et inférieure à celles de son sexe ne pèche pas ». Une décision contraire de Bauny eût été surprenante. Et puis, tous ces faiseurs de Sommes de Théologie morale à l'usage des confessionnaux sont des avocats consultants. Ils n'ont pas la prétention de faire la règle, mais d'indiquer une pratique à suivre aux curés de paroisse, qui sont des officiers de santé de l'ordre ecclésiastique.

1. Pascal tronque le dire de Lessius ainsi conçu : « Les passages de l'Écriture ou ne renferment qu'un conseil, n'offrant aucun terme impératif ; ou, s'ils contiennent un précepte, s'adressent aux personnes qui se paroient pour exciter une passion, selon la remarque de saint Thomas ; ou enfin, il convenoit que de telles prescriptions fussent portées dans ce temps-là pour l'édification des Païens. » Cela ne vaut pas mieux ; c'est une interprétation arbitraire, hostile par elle-même à l'esprit du Christianisme. Mais c'est précisément cet esprit qu'on a en vue de torturer afin de l'approprier aux besoins des Casuistes dont la profession est de trahir le Christianisme de manière qu'on s'en aperçoive le moins possible.

LETTRE IX. 243

autres, pages 127, 157, 163. « La Jeunesse, dit-il, peut être parée de droit naturel. Il peut être permis de se parer en un âge qui est la fleur et la verdure des ans. Mais il en faut demeurer là : le contretemps seroit étrange de chercher des roses sur la neige[1]. Ce n'est qu'aux étoiles qu'il appartient d'être toujours au bal, parce qu'elles ont le don de jeunesse perpétuelle. Le meilleur donc en ce point seroit de prendre conseil de la raison et d'un bon miroir ; de se rendre à la bienséance et à la nécessité, et de se retirer quand la nuit approche. » Cela est tout à fait judicieux, lui dis-je. Mais, continua-t-il, afin que vous voyiez combien nos Pères ont eu soin de tout, je vous dirai que, donnant permission aux femmes de jouer, et voyant que cette permission leur seroit souvent inutile, si on ne leur donnoit aussi le moyen d'avoir de quoi jouer, ils ont établi une autre maxime en leur faveur, qui se voit dans Escobar, au chap. du Larcin, Tr. 1, ex. 91, n. 13. « Une femme, dit-il, peut jouer[2] et prendre pour cela de l'argent à son mari[a]. »

[a] Cette phrase se lit ainsi dans les textes in-4º et in-12 : « Mais, continua-t-il, afin que vous voyiez combien nos Pères ont eu soin de tout, je vous dirai que *parce qu'il seroit souvent inutile aux jeunes femmes d'avoir la permission de se parer, si on ne leur donnoit aussi le moyen d'en faire la dépense, on a établi une autre maxime en leur faveur, qui se voit dans Escobar, au chapitre du Larcin, Tr. 1, ex. 21, nº 13 : une femme, dit-il, peut prendre de l'argent à son mari en plusieurs occasions et, entre autres, pour jouer, pour avoir des habits et pour les autres choses qui lui sont nécessaires.* »

---

1. La Bruyère, qui n'invente guère, butine ses *Caractères* partout et en particulier dans les *Provinciales*, a imité ce passage du père Lemoyne : « La même parure qui a autrefois embelli sa jeunesse, écrit-il (*Caract.* III), défigure enfin sa personne, éclaire les défauts de sa vieillesse »; et ailleurs : « Une trop grande négligence comme une excessive parure dans les vieillards multiplient leurs rides; et font mieux voir leur caducité (*Caract.* XIII). »

2. Le jeu chez l'homme est déjà assez mal vu des Moralistes : « Le jeu nous dérobe trois choses excellentes, dit un proverbe anglais : le temps, l'argent et la conscience. » Il est encore plus mal vu d'eux chez les femmes : « Une femme dont la maison est livrée au jeu, dit Duclos, s'engage ordi-

En vérité, mon père, cela est bien achevé. Il y a bien d'autres choses néanmoins, dit le père ; mais il faut les laisser pour parler des maximes plus importantes, qui facilitent l'usage des choses saintes comme, par exemple, la Manière d'assister à la Messe. Nos grands Théologiens, Gaspard Hurtado, *De Sacr.*, T. II, d. 5, dis. 2, et Coninck [1], Q. 83, a. 6, n. 197, ont enseigné sur ce sujet, « qu'il suffit d'être présent à la Messe de corps, quoiqu'on soit absent d'esprit, pourvu qu'on demeure dans une contenance respectueuse extérieurement [2] ». Et Vasquez passe plus avant, car il dit « qu'on satisfait au précepte d'ouïr la Messe, encore même qu'on ait l'intention de n'en rien faire [3] ».

---

nairement à plus d'un métier. » Duclos ne passe pas pour être sévère néanmoins. Que dirait-il d'une femme qui pour jouer dérobe de l'argent à son mari ? Il est vrai qu'Escobar, afin de colorer le fait, y associe une bonne œuvre : « Elle peut, dit-il, prendre de l'argent pour jouer et pour donner aux pauvres, dans les limites de sa condition. » Le plus curieux de cette autorisation donnée aux femmes de prendre de l'argent à leurs maris est l'intention de donner aux pauvres. Escobar ici est encore plus Escobar qu'à l'ordinaire. En vue de l'excuser, l'abbé Maynard ajoute (t. Ier, p. 435) que, selon Escobar : « Une femme peut prendre, même malgré son mari, ce qui est indispensable pour elle et pour sa famille, habits, nourriture, médicaments. » C'est détourner la question et tâcher de justifier la femme qui prend pour jouer, en jetant de l'odieux sur un mari capable de lui refuser des habits, de la nourriture et des médicaments ; peut-être aussi par médicaments M. l'abbé Maynard entend-t-il un flacon d'*Eau des Fées*.

1. Coninck (Gilles de), jésuite flamand, né à Bailleul (Nord) en 1571, mort à Louvain en 1633. Il succéda à Lessius, son maître, dans la chaire de Théologie morale que Lessius occupait à Louvain ; il a laissé, entre autres ouvrages de Théologie, un commentaire sur la Somme de saint Thomas d'Aquin.

2. Cette maxime est conforme au parti pris chez les Casuistes de se contenter de ce qu'on peut obtenir des fidèles. Coninck, qui était thomiste, s'appuie sur l'autorité de saint Thomas, chez qui c'était là une question personnelle. Saint Thomas, en qualité de moine, assistait aux exercices religieux de ses confrères, mais y spéculait sur la métaphysique, sans doute en vertu d'une dispense.

3. Ceci a besoin d'un commentaire. Les Casuistes se demandent si dans le cas où l'on assiste à la Messe un jour de fête auquel l'audition de la

Tout cela est aussi dans Escobar, Tr. 1, ex. 11, n. 74 et 107; et encore au Tr. 1, ex. 1, n. 116, où il l'explique par l'exemple de ceux qu'on mène à la Messe par force, et qui ont l'intention expresse de ne la point entendre. Vraiment, lui dis-je, je ne le croirois jamais, si un autre me le disoit. En effet, dit-il, cela a quelque besoin de l'Autorité de ces grands hommes; aussi bien que ce que dit Escobar, au Tr. 1, ex. 11, n. 31 : « Qu'une méchante intention, comme de regarder des femmes avec un désir impur, jointe à celle d'ouïr la Messe comme il faut, n'empêche pas qu'on y satisfasse : *Nec obest alia prava intentio ut, aspiciendi libidinose feminas* [1].

Messe est de précepte, mais sans savoir que c'est un jour de fête, les Casuistes, disons-nous, demandent si l'on a satisfait au précepte. Ils répondent oui. Il y a encore le cas où un moine forcé par la règle du couvent d'assister à la Messe sous peine de trois jours d'*in pace* y assiste de corps, mais avec une protestation intérieure; en ce cas encore, il a satisfait au précepte ou à la règle.

1. Aller à la messe comme on va au bal ou au théâtre, satisfaire au précepte et y trouver les agréments de n'y point satisfaire, voilà l'idéal de la Morale accommodante du Casuisme. Ce n'est pas le Droit ecclésiastique qui gêne les Casuistes : l'Église ne commande pas les actes intérieurs. En pratique, la question est vieille et a soulevé de longs orages. Les Écrits apostoliques, les Pères, les Saints de l'École ascétique, fulminent de temps immémorial contre la proposition d'Escobar. Il a fallu aviser; on a cherché le remède chez les femmes elles-mêmes. Si les personnes de l'autre sexe fréquentaient les églises afin de les voir, de leur côté, elles s'y rendaient à l'intention d'être vues, de sorte que les églises tendaient sans cesse à devenir des lieux de rendez-vous. On a tourné la difficulté en imposant aux femmes le *cucullus* monastique ou capuchon. Dans le monde oriental, elles étaient voilées durant les cérémonies du culte longtemps avant l'invasion des mœurs musulmanes. Dans le monde catholique du moyen âge, le *cucullus* était moralement obligatoire. Aux beaux jours de la domination espagnole (xvie et xviie siècles), la mantille pourvoyait aux scrupules de la Théologie. Le crédit des mœurs espagnoles a introduit la mantille comme vêtement des femmes dans les cérémonies du culte, jusqu'au fond de l'Allemagne. Le *cucullus* et la mantille espagnols subsistent dans quelques-unes de nos provinces, dans les Pays-Bas, dans la vallée du Rhin, en Suisse, en Italie. Partout, il est vrai, les classes supérieures se sont peu

Mais on trouve encore une chose commode dans notre savant Turrianus[1], *Select.*, p. 2, d. 16, dub. 7 : « Qu'on peut ouïr la moitié d'une même Messe d'un prêtre, et ensuite une autre moitié d'un autre, et même qu'on peut ouïr d'abord la fin de l'une, et ensuite le commencement d'une autre. » Et je vous dirai de plus qu'on a permis encore « d'ouïr deux moitiés de Messe en même temps de deux différents prêtres, lorsque l'un commence la Messe quand l'autre en est à l'Élévation ; parce qu'on peut avoir l'attention à ces deux côtés à la fois, et que deux moitiés de Messe font une Messe entière : *Duæ medietates unam missam constituunt.* » C'est ce qu'ont décidé nos pères Bauny, Tr. 6, q. 9, p. 312 ; Hurtado, *De Sacr.*, T. II, *De Missâ*, d. 5, diff. 4 ; Azorius, p. 1, Lib. VII, cap. III, q. 3 ; Escobar, Tr. 1, ex. 11, n. 73, dans le chapitre « De la Pratique pour ouïr la Messe selon notre Société ». Et vous verrez les conséquences qu'il en tire dans ce même livre, des éditions de Lyon, des années[a] 1644 et 1646, en ces termes :

[a] Textes in-4º et in-12 : « de l'édition de Lyon de l'année », au lieu de « des éditions de Lyon des années », qui est la leçon in-8º.

à peu dérobées à cette tradition conservée par les campagnes. C'est en vue de concilier le désir des classes supérieures avec les anciennes mœurs chrétiennes que les Casuistes du XVIIᵉ siècle et en particulier Escobar spéculent. Malgré les observations ironiques de Pascal, les Casuistes ont triomphé. Escobar est resté sur le carreau, mais son œuvre demeure. Nos églises à la mode sont conformément à la Morale relâchée des Casuistes, des théâtres, où l'encens, la musique, le décor, les vêtements d'or et d'argent, viennent au secours d'une piété à peu près pareille à celle qui fleurit à l'Opéra. Le Casuisme coule à pleins bords sans avoir de nouvelles *Provinciales* à craindre. On satisfait au précepte interprété par Escobar : *Nec obest alia prava intentio ut, aspiciendi libidinose feminas.* Saint Paul ne serait pas content ; mais saint Paul est très loin.

1. Torrez (Louis), en latin Turrianus, jésuite espagnol, né en 1562, mort à Madrid en 1635. Les *Selectæ disputationes* citées par Pascal sont un de ses nombreux ouvrages. Il y a eu quatre Jésuites espagnols du nom de Torrez parmi lesquels François Torrez qui fut helléniste et antiquaire.

« De là je conclus que vous pouvez ouïr la Messe en très peu de temps : si, par exemple, vous rencontrez quatre Messes à la fois, qui soient tellement assorties que, quand l'une commence, l'autre soit à l'Évangile, une autre à la Consécration et la dernière à la Communion. » Certainement, mon père, on entendra la Messe dans Notre-Dame en un instant par ce moyen. Vous voyez donc, dit-il, qu'on ne pouvoit pas mieux faire pour faciliter la manière d'ouïr la Messe [1].

Mais je veux vous faire voir maintenant comment on a adouci l'usage des Sacrements, et surtout de celui de la Pénitence ; car c'est là où vous verrez la dernière bénignité de la conduite de nos Pères ; et vous admirerez que la Dévotion, qui étonnoit tout le monde, ait pu être traitée par nos Pères avec une telle prudence, « qu'ayant abattu cet épouvantail que les Démons[2] avoient mis à sa porte, *ils l'aient rendue* plus facile que le vice, et plus aisée que la volupté ; *en sorte* que le simple vivre est incomparablement plus malaisé que le bien vivre », pour user des termes du père Le Moine, p. 244 et 291 de sa *Dévotion aisée*. N'est-ce pas là un merveilleux changement ? En vérité, lui dis-je, mon père, je ne puis m'empêcher de vous dire ma pensée : Je crains que vous ne preniez mal vos mesures, et que

---

1. Encore une fois c'est la pratique persévérante d'une méthode qui ne change pas : le Christianisme s'en va ; faisons la part du feu. C'était l'objet propre de la Compagnie de Jésus. Elle venait concilier ce qui restait des mœurs chrétiennes avec les mœurs de la décadence romaine remises en circulation par les Humanistes de la Renaissance. Elle était opportuniste tandis que Pascal est le contraire d'un opportuniste. Il dit des vieilles doctrines du Christianisme ce que Ricci, général des Jésuites, dira au xviiie siècle : *Sint ut sunt, aut non sint.*

2. Les Démons, sous la plume du père Le Moyne comme dans l'esprit de son ordre, ce sont les ascètes, l'école des pères de l'Église et des chrétiens de l'âge primitif.

cette indulgence ne soit capable de choquer plus de monde que d'en attirer. Car la Messe, par exemple, est une chose si grande et si sainte, qu'il suffiroit, pour faire perdre à vos Auteurs toute créance dans l'esprit de plusieurs personnes, de leur montrer de quelle manière ils en parlent. Cela est bien vrai, dit le père, à l'égard de certaines gens ; mais ne savez-vous pas que nous nous accommodons à toute sorte de personnes ? Il semble que vous ayez perdu la mémoire de ce que je vous ai dit si souvent sur ce sujet. Je veux donc vous en entretenir la première fois à loisir, en différant pour cela notre entretien des adoucissements de la Confession. Je vous le ferai si bien entendre, que vous ne l'oublierez jamais. Nous nous séparâmes là-dessus ; et ainsi je m'imagine que notre première conversation sera de leur Politique.

Je suis, etc.

Post-scriptum. — Depuis que j'ai écrit cette lettre, j'ai vu le livre du *Paradis ouvert par cent dévotions aisées à pratiquer*, par le père Barry ; et celui de la *Marque de Prédestination*, par le père Binet : ce sont des pièces dignes d'être vues [1].

1. Ce post-scriptum a été retranché dans l'édition in-8°.

LETTRE X[1]

Adoucissements que les Jésuites ont apportés au sacrement de Pénitence, par leurs maximes touchant la Confession, la Satisfaction, l'Absolution, les Occasions prochaines de pécher, la Contrition et l'Amour de Dieu.

De Paris, ce 2 août 1656.

MONSIEUR,

Ce n'est pas encore ici la Politique de la Société, mais c'en est un des plus grands principes. Vous y verrez les adoucissements de la Confession, qui sont assurément le meilleur moyen que ces Pères aient trouvé pour attirer tout le monde et ne rebuter personne. Il falloit savoir cela avant que de passer outre; et c'est pourquoi le père trouva à propos de m'en instruire en cette sorte.

Vous avez vu, me dit-il, par tout ce que je vous ai dit jusques ici, avec quel succès nos Pères ont travaillé à découvrir, par leurs lumières qu'il y a un grand nombre de choses permises qui passoient autrefois pour défendues; mais, parce qu'il reste encore des péchés qu'on n'a pu excuser, et que l'unique remède en est la Confession, il a été bien nécessaire d'en adoucir les difficultés par les voies que j'ai maintenant à vous dire. Et ainsi, après vous avoir montré, dans toutes nos conversations précédentes, comment on a soulagé les scrupules qui troubloient les con-

---

1. Dixième Lettre écrite à un Provincial par un de ses amis. — Cette lettre fut faite de concert avec M. Arnauld. — *Note de l'abbé Goujet.*

sciences, en faisant voir que ce qu'on croyoit mauvais ne l'est pas, il reste à vous montrer en celle-ci la manière d'expier facilement ce qui est véritablement péché, en rendant la Confession aussi aisée qu'elle étoit difficile autrefois. Et par quel moyen, mon père? C'est, dit-il, par ces subtilités admirables qui sont propres à notre Compagnie, et que nos Pères de Flandre appellent, dans l'*Image de notre premier siècle*, Liv. III, or. 1, p. 401, et Liv. I, c. II, « de pieuses et saintes finesses, et un saint artifice de dévotion : *piam et religiosam calliditatem, et pietatis solertiam*[1] », au Liv. III, c. VIII. C'est par le moyen de ces inventions « que les crimes s'expient aujourd'hui *alacrius*, avec plus d'allégresse et d'ardeur qu'ils ne se commettoient autrefois ; en sorte que plusieurs personnes effacent leurs taches aussi promptement qu'ils les contractent : *plurimi vix citius maculas contrahunt quam eluunt* », comme il est dit au même lieu[2]. Apprenez-moi donc, je vous prie, mon père, *ces finesses* si salutaires. Il y en a plusieurs, me dit-il ; car, comme il se trouve beaucoup de choses pénibles dans la Confession, on a apporté des adoucissements à chacune ; et parce que les principales peines qui s'y rencontrent sont la honte de confesser de[a] certains

De est ajouté dans la leçon in-8º.

1. Il s'agit comme toujours d'attirer à soi. Les auteurs de l'*Imago primi sæculi* viennent de citer l'exemple de J.-C. qui a pris notre nature afin de nous attirer à lui. Ils ajoutent : *pia et relligiosa calliditas! quam ejus socii feliciter imitarentur; quorum itidem solertia est ad omnium se mores effingere et accommodare, omnia munia obire, omnes personas sustinere, omnibus omnia fieri.* « Pieuse et religieuse adresse, que ses disciples seraient heureux d'imiter en déployant la même habileté à s'accommoder aux mœurs de tout venant, à remplir tous les offices, à jouer tous les rôles, à se faire tout à tous. » C'est le programme général de la Compagnie.
2. P. 372.

péchés, le soin d'en exprimer les circonstances, la pénitence qu'il en faut faire, la résolution de n'y plus tomber, la fuite des occasions prochaines qui y engagent, et le regret de les avoir commis ; j'espère vous montrer aujourd'hui qu'il ne reste presque rien de fâcheux en tout cela, tant on a eu soin d'ôter toute l'amertume et toute l'aigreur d'un remède si nécessaire.

Car, pour commencer par la peine qu'on a de confesser de[a] certains péchés, comme vous n'ignorez pas qu'il est souvent assez important de se conserver dans l'estime de son Confesseur, n'est-ce pas une chose bien commode de permettre, comme font nos Pères, et entre autres Escobar, qui cite encore Suarez, Tr. 7, a. 4, n. 135, « d'avoir deux confesseurs, l'un pour les péchés mortels, et l'autre pour les véniels, afin de se maintenir en bonne réputation auprès de son Confesseur ordinaire[1], *ut bonam famam apud ordinarium tueatur*, pourvu qu'on ne prenne pas de là occasion de demeurer dans le péché mortel » ? Et il donne ensuite un autre subtil moyen pour se confesser d'un péché, même à son Confesseur ordinaire[b], sans qu'il s'aperçoive qu'on l'a commis depuis la dernière confession. « C'est dit-il, de faire une Confession générale, et de confondre ce dernier péché avec les autres dont on s'accuse en gros[2]. »

---

[a] *De* est également ajouté ici dans l'in-8º.
[b] Textes in-4º et in-12 : « à son confesseur ordinaire *même* ».

---

1. Cette pratique est d'usage commun dans l'Église. Dans les circonstances solennelles comme le Temps Pascal, le Jubilé, le confesseur ordinaire engage ses pénitents ou quelques-uns de ses pénitents à prendre un autre confesseur. C'est une des difficultés de *la Direction*.

2. Le moyen est autorisé afin de ménager l'amour-propre du pénitent. Néanmoins Escobar ajoute ce que Pascal ne dit pas : *nisi ob aliquam circumstantiam mutantem speciem, aut constituentem hominem in proxima occasione peccandi*, « à moins qu'une circonstance particulière ne change

Il dit encore la même chose, Princ. ex. 2, n. 73. Et vous avouerez, je m'assure, que cette décision du père Bauny, Théol. mor. Tr. 4, q. 15, p. 137, soulage encore bien la honte qu'on a de confesser ses rechutes : « Que, hors de certaines occasions qui n'arrivent que rarement, le Confesseur n'a pas le droit de demander si le péché dont on s'accuse est un péché d'habitude, et qu'on n'est pas obligé de lui répondre sur cela, parce qu'il n'a point droit de donner à son pénitent la honte de déclarer ses rechutes fréquentes. »

Comment, mon père! j'aimerois autant dire qu'un médecin n'a pas droit de demander à son malade s'il y a longtemps qu'il a la fièvre. Les péchés ne sont-ils pas tous différents selon ces différentes circonstances? et le dessein d'un véritable pénitent ne doit-il pas être d'exposer tout l'état de sa conscience à son Confesseur, avec la même sincérité et la même ouverture de cœur que s'il parloit à Jésus-Christ, dont le prêtre tient la place? Or[a] n'est-on pas bien éloigné de cette disposition quand on cache ses rechutes fréquentes, pour cacher la grandeur de son péché? Je vis le bon père embarrassé là-dessus : de sorte qu'il pensa à éluder cette difficulté plutôt qu'à la résoudre, en m'apprenant une autre de leurs règles, qui établit seulement un nouveau désordre, sans justifier en aucune sorte cette décision du père Bauny, qui est, à mon sens, une de leurs plus pernicieuses maximes, et des plus propres à entretenir les Vicieux dans leurs mauvaises habitudes. Je demeure d'accord, me dit-il, que l'Habitude augmente la malice du péché; mais elle n'en change pas la nature : et

---

[a] Textes in-4º et in-12 : « et », au lieu de « or ».

---

l'espèce du péché, ou ne mette le pénitent dans l'occasion prochaine de recommencer ». Alors, ce serait tricher.

c'est pourquoi on n'est pas obligé à s'en confesser, selon la règle de nos Pères, qu'Escobar rapporte, Princ. ex. 2, n. 39 : « Qu'on n'est obligé de confesser que les circonstances qui changent l'espèce du péché, et non pas celles qui l'aggravent. »

C'est selon cette règle que notre père Granados[1] dit, in 5 part. cont. 7, Tome IX, d. 9, n. 22, « que si on a mangé de la viande en Carême, il suffit de s'accuser d'avoir rompu le jeûne, sans dire si c'est en mangeant de la viande, ou en faisant deux repas maigres ». Et selon notre père Reginaldus, Tr. 1, Lib. VI, c. IV, n. 114 : « Un Devin qui s'est servi de l'art diabolique n'est pas obligé à déclarer cette circonstance; mais il suffit de dire qu'il s'est mêlé de deviner, sans exprimer si c'est par la chiromancie, ou par un pacte avec le Démon. » Et Fagundez, de notre Société, P. 2, Lib. IV, c. III, n. 17, dit aussi : « Le Rapt n'est pas une circonstance qu'on soit tenu de découvrir quand la fille y a consenti. » Notre père Escobar rapporte tout cela au même lieu, n. 41, 61, 62, avec plusieurs autres décisions assez curieuses des circonstances qu'on n'est pas obligé de confesser. Vous pouvez les y voir vous-même. Voilà, lui dis-je, des *artifices de dévotion* bien accommodants[2].

---

1. Granados (Jacques), jésuite espagnol, né à Cadix en 1572, mort en 1632 à Grenade, recteur du collège que les Jésuites avaient dans cette ville. On a de lui des commentaires sur une partie de la Somme de saint Thomas d'Aquin.

2. Ce début de la Dixième Provinciale paraîtra un peu monotone. On y rencontre trop de longueurs, de renvois. Le style en est quelquefois terne:

Quandoque bonus dormitat Homerus.

On y remarque aussi l'absence plus fréquente d'un don que Pascal ne possède pas au même degré que ses autres qualités littéraires. «Le Pascal des *Pensées*, dit Sainte-Beuve (*Port-Royal*, t. III, p. 121 de l'édition citée), saura unir la passion mélancolique et presque byronienne, avec une sorte

Tout cela néanmoins, dit-il, ne seroit rien, si on n'avoit de plus adouci la Pénitence, qui est une des choses qui éloignoit davantage de la Confession. Mais maintenant les plus délicats ne la sauroient plus appréhender, après ce que nous avons soutenu dans nos thèses du collège de Clermont : « Que si le Confesseur impose une Pénitence convenable, *convenientem*, et qu'on ne veuille pas néanmoins l'accepter, on peut se retirer en renonçant à l'Absolution et à la Pénitence imposée. » Et Escobar dit encore dans la Pratique de la Pénitence, selon notre Société, Tr. 7, ex. 4, n. 188 : « Que si le Pénitent déclare qu'il veut remettre à l'autre monde à faire pénitence, et souffrir en Purgatoire toutes les peines qui lui sont dues, alors le Confesseur doit lui imposer une Pénitence bien légère pour l'intégrité du sacrement, et principalement s'il reconnoît qu'il n'en accepteroit pas une plus grande. » Je crois, lui dis-je, que si cela étoit, on ne devroit plus appeler la Confession le sacrement de Pénitence. Vous avez tort, dit-il, car au moins on en donne toujours quelqu'une pour la forme. Mais, mon père, jugez-vous qu'un homme soit digne

---

de fermeté et de précision géométrique, qui imprimera une vigueur incomparable à son accent; dans ses Petites Lettres, il combine l'éloquence, la finesse, l'enjouement. On parle à tout moment de Platon et de dialogue socratique à son sujet : la *Grâce* pourtant, cette muse des Grecs, il l'a peu. Malebranche et surtout Fénelon, dans leur rigueur moindre et leur marche plus flottante, en eurent sans doute quelque chose; cependant il faut avouer qu'en général, les écrivains chrétiens, dans les matières théologiques ou métaphysiques, y reviennent malaisément. Entre tant de divinités charmantes ou coupables que le Christianisme a détrônées, et qu'il n'a pas toutes anéanties, il en est une qu'il a bien décidément immolée et qui tenait à l'âge premier du monde, à l'allégresse facile des esprits, c'est un certain éclat naturel et riant, c'est *Aglaé*, la plus jeune des Grâces. » Et puis ici, il y a l'influence d'Arnauld qu'une note de Goujet nous apprend avoir pris part à cette *Lettre*. Arnaud est sec, terne et raisonneur et il possède le don de communiquer ces trois défauts à quiconque est soumis à sa collaboration.

de recevoir l'Absolution quand il ne veut rien faire de pénible pour expier ses offenses? Et quand des personnes sont en cet état, ne devriez-vous pas plutôt leur retenir leurs péchés que de les [a] leur remettre? Avez-vous l'idée véritable de l'étendue [b] de votre ministère? et ne savez-vous pas que vous y exercez le pouvoir de lier et de délier? Croyez-vous qu'il soit permis de donner l'Absolution indifféremment à tous ceux qui la demandent, sans reconnoître auparavant si Jésus-Christ délie dans le ciel ceux que vous déliez sur la terre [1]? Eh quoi! dit le père, pensez-vous que nous ignorions « que le Confesseur doit se rendre juge de la disposition de son pénitent, tant parce qu'il est obligé de ne pas dispenser les sacrements à ceux qui en sont indignes, Jésus-Christ lui ayant ordonné d'être dispensateur fidèle, et de ne pas donner les choses saintes aux chiens, que parce qu'il est Juge, et que c'est le devoir d'un Juge de juger justement, en déliant ceux qui en sont dignes, et liant ceux qui en sont indignes, et aussi parce qu'il ne doit pas absoudre ceux que Jésus-Christ condamne »? De qui sont ces paroles-là, mon père? De notre père Filiutius, répliqua-t-il, T. I, Tr. 7, n. 354. Vous me surprenez, lui dis-je; je les prenois pour être d'un des Pères de l'Église.

[a] « Les » manque dans l'in-8°.
[b] « De l'étendue » est ajouté dans l'in-8°.

1. On sait, comme on a vu, par l'abbé Goujet qu'Arnauld avait fourni à Pascal la matière de la Dixième Provinciale. Ici Arnauld montre le bout du nez. Ce que dit Pascal des péchés qui doivent être remis dans le ciel avant de pouvoir l'être sur la terre est la théorie de Saint-Cyran sur la Pénitence, doctrine consignée par Arnauld dans le livre de la *Fréquente communion*, le plus célèbre de ses ouvrages : le pécheur doit être déjà justifié quand il arrive devant le Confesseur. La sentence de celui-ci est simplement *déclarative*. L'Absolution ne remet pas les péchés, ni par suite le sacrement de Pénitence : il n'y a que la Contrition qui ait ce pouvoir, et la Contrition est une Grâce qui n'est pas donnée à tout le monde.

Mais, mon père, ce passage doit bien étonner les Confesseurs et les rendre bien circonspects dans la dispensation de ce sacrement, pour reconnoître si le regret de leurs pénitents est suffisant, et si les promesses qu'ils donnent de ne plus pécher à l'avenir sont recevables. Cela n'est point du tout embarrassant, dit le père. Filiutius n'avoit garde de laisser les Confesseurs dans cette peine ; et c'est pourquoi, ensuite de ces paroles, il leur donne[a] cette méthode facile pour en sortir : « Le Confesseur peut aisément se mettre en repos, touchant la disposition de son pénitent ; car s'il ne donne pas des signes suffisants de douleur, le Confesseur n'a qu'à lui demander s'il ne déteste pas le péché dans son âme ; et s'il répond que oui, il est obligé de l'en croire. Et il faut dire la même chose de la Résolution pour l'avenir, à moins qu'il y eût quelque obligation de restituer ou de quitter quelque occasion prochaine. » Pour ce passage, mon père, je vois bien qu'il est de Filiutius. Vous vous trompez, dit le père : car il a pris tout cela mot à mot de Suarez, in 3 part., T. IV, disp. 32, sect. 2, n. 2. Mais, mon père, ce dernier passage de Filiutius détruit ce qu'il avoit établi dans le premier ; car les Confesseurs n'auront plus le pouvoir de se rendre Juges de la disposition de leurs Pénitents, puisqu'ils sont obligés de les en croire sur leur parole, lors même qu'ils ne donnent aucun signe suffisant de douleur. Est-ce qu'il y a tant de certitude dans ces paroles qu'on donne, que ce seul signe soit convaincant ? Je doute que l'expérience ait fait connoître à vos Pères que tous ceux qui leur font ces promesses les tiennent, et je suis trompé s'ils n'éprouvent souvent le contraire. Cela n'importe, dit le père ; on ne laisse pas d'obliger toujours les Confesseurs à les croire : car le père Bauny,

---

[a] Textes in-4º et in-12 : « il leur donne *à la suite* de ces paroles ».

LETTRE X.

qui a traité cette question à fond dans sa Somme des péchés, C. XLVI, p. 1090, 1091 et 1092, conclut que « toutes les fois que ceux qui récidivent souvent, sans qu'on y voie aucun amendement, se présentent au Confesseur, et lui disent qu'ils ont regret du passé et bon dessein pour l'avenir, il les en doit croire sur ce qu'ils le disent, quoiqu'il soit à présumer telles résolutions ne passer pas le bout des lèvres. Et quoiqu'ils se portent ensuite avec plus de liberté et d'excès que jamais dans les mêmes fautes, on peut néanmoins leur donner l'Absolution selon mon opinion. » Voilà, je m'assure, tous vos doutes bien résolus.

Mais, mon père, lui dis-je, je trouve que vous imposez une grande charge aux Confesseurs, en les obligeant de croire le contraire de ce qu'ils voient. Vous n'entendez pas cela, dit-il ; on veut dire par là qu'ils sont obligés d'agir et d'absoudre, comme s'ils croyoient que cette résolution fût ferme et constante, encore qu'ils ne le croient pas en effet. Et c'est ce que nos pères Suarez et Filiutius expliquent ensuite des passages de tantôt. Car après avoir dit « que le Prêtre est obligé de croire son Pénitent sur sa parole », ils ajoutent « qu'il n'est pas nécessaire que le Confesseur se persuade que la résolution de son Pénitent s'exécutera, ni qu'il le juge même probablement ; mais il suffit qu'il pense qu'il en a à l'heure même le dessein en général, quoiqu'il doive retomber en bien peu de temps. Et c'est ce qu'enseignent tous nos Auteurs, *ita docent omnes auctores.* » Douterez-vous d'une chose que nos Auteurs enseignent ? Mais, mon père, que deviendra donc ce que le père Pétau a été obligé de reconnoître lui-même dans la préface de la *Pén. Publ.*, p. 4 : « Que les saints Pères, les Docteurs et les Conciles sont d'accord, comme d'une vérité certaine, que la Pénitence qui prépare à l'Eucharistie doit être véritable, constante, courageuse, et non pas lâche et endormie, ni sujette aux rechutes et aux reprises ? » Ne voyez-vous pas, dit-il, que le père Pétau parle de l'*Ancienne Église ?* Mais cela est maintenant si *peu de saison,* pour user des termes de nos Pères, que, selon le père Bauny, le contraire est seul véritable; c'est au Tr. 4. q. 15, p. 95. « Il y a des auteurs qui disent qu'on doit refuser l'Absolution à ceux qui retombent souvent dans les mêmes péchés, et principalement lorsque, après les avoir plusieurs fois absous, il n'en paroît aucun amendement : et d'autres disent que non. Mais la seule véritable opinion est qu'il ne faut point leur refuser l'Absolution : et encore qu'ils ne profitent point de tous les avis qu'on leur a souvent donnés, qu'ils n'aient pas gardé les promesses qu'ils ont faites de changer de vie, qu'ils n'aient pas travaillé à se purifier, il n'importe : et quoi qu'en disent les autres, la véritable opinion, et laquelle on doit suivre, est que, même en tous ces cas, on les doit absoudre. » Et, Tr. 4, q. 22, p. 100 : « Qu'on ne doit ni refuser ni différer l'Absolution à ceux qui sont dans des péchés d'habitude contre la Loi de Dieu, de Nature et de l'Église, quoiqu'on n'y voie aucune espérance d'amendement : *Etsi emendationis futuræ nulla spes appareat.* »

Mais, mon père, lui dis-je, cette assurance d'avoir toujours l'Absolution pourroit bien porter les pécheurs... Je vous entends, dit-il en m'interrompant; mais écoutez le père Bauny, q. 15 : « On peut absoudre celui qui avoue que l'espérance d'être absous l'a porté à pécher avec plus de facilité qu'il n'eût fait sans cette espérance. » Et le père Caussin[1], défendant cette proposition, dit, page 211 de sa

1. Caussin (Nicolas), jésuite français, né à Troyes en 1570, mort à Paris en 1651. Il avait eu des succès dans la Chaire, lorsqu'il fut nommé confes-

Rép. à la Théol. mor., « Que si elle n'étoit véritable, l'usage de la Confession seroit interdit à la plupart du monde ; et qu'il n'y auroit plus de remède aux pécheurs, qu'une branche d'arbre et une corde[a]. » O mon père ! que ces maximes-là attireront de gens à vos confessionnaux ! Aussi, dit-il, vous ne sauriez croire combien il y en vient : « nous sommes accablés et comme opprimés sous la foule de nos pénitents, *pœnitentium numero obruimur*[1] », comme il est dit en l'*Image de notre premier siècle*, Liv. III, ch. VIII. Je sais, lui dis-je, un moyen facile de vous décharger de cette presse. Ce seroit seulement, mon père, d'obliger les pécheurs à quitter les occasions prochaines : vous vous soulageriez assez par cette seule invention. Nous ne cherchons pas ce soulagement, dit-il ; au contraire : car comme il est dit dans le même livre, Liv. III, ch. VII, p. 374 : « Notre Société a pour but de travailler à établir les vertus, de faire la guerre aux vices, et de servir un grand nombre d'âmes[2]. » Et comme il y a peu d'âmes qui veuillent quit-

---

[a] Texte véritable du p. Caussin : « Si l'absolution doit être refusée à ceux que l'espérance d'être absous a portés à pécher avec plus de facilité, l'usage de la confession ne devra-t-il pas être interdit à la plupart du monde ? Et il n'y aura plus d'autre remède aux pécheurs qu'une branche d'arbre et une corde. »

---

seur du roi Louis XIII. Accusé de connivence avec Mlle de La Fayette dans une intrigue ourdie en vue de renverser Richelieu, il fut exilé de la Cour et relégué à Rennes, puis à Quimper. Il est l'auteur d'écrits ascétiques, parmi lesquels *La Cour sainte* (5 vol. in-8°). Son *Apologie pour les Religieux de la Compagnie de Jésus* (1644) contre l'Université de Paris fit quelque bruit. Il avait composé des poésies latines dans sa jeunesse. C'est un des rares égyptologues du XVIIe siècle. On consulte encore sa *Symbolica Egyptorum sapientia*. Sa *Réponse à la Théologie morale des Jésuites* est une œuvre de polémique dirigée contre les Jansénistes. Les courtisans considéraient le père Caussin comme « trop simple pour un jésuite de cour » et Louis XIII lui-même l'appelait « Mon bonhomme ».

1. L'*Imago* ne parle pas des Jésuites, mais des curés qui *pœnitentium numero obruuntur*.

2. Voilà, selon Nicole, le fond de la conduite des Jésuites : « Il est utile

ter les occasions prochaines, on a été obligé de définir ce que c'est qu'occasion prochaine ; comme on voit dans Escobar, en la *Pratique de notre Société*, Tr. 7, ex. 4, n. 226. « On n'appelle pas occasion prochaine celle où l'on ne pèche que rarement, comme de pécher par un transport soudain avec celle avec qui on demeure, trois ou quatre fois par an » ; ou selon le père Bauny, dans son *Livre françois*, une ou deux fois par mois, p. 1082 ; et encore p. 1089, où il demande « ce qu'on doit faire entre les Maîtres et Servantes, Cousins et Cousines qui demeurent ensemble, et qui se portent mutuellement à pécher par cette occasion ». Il les faut séparer, lui dis-je. C'est ce qu'il dit aussi, « si les rechutes sont fréquentes et presque journalières : mais s'ils n'offensent que rarement *par ensemble* [1], comme seroit une ou deux fois le mois, et qu'ils ne puissent se séparer sans grande incommodité et dommage, on pourra les absoudre, selon ces auteurs, et entre autres Suarez, pourvu qu'ils promettent bien de ne plus pécher, et qu'ils aient un vrai regret du passé. » Je l'entendis bien, car il m'avoit déjà appris de quoi le Confesseur se doit contenter pour juger de ce regret. Et le père Bauny, continua-t-il, permet, p. 1083 et et 1084, à ceux qui sont engagés dans les occasions prochaines, « d'y demeurer, quand ils ne les pourroient quitter sans bailler sujet au monde de parler, ou sans en recevoir de l'incommodité ». Et il dit de même en sa Théologie morale, Tr. 4, *De Pœnit.* q. 13, p. 93, et q. 14, p. 94 : «Qu'on peut et qu'on doit absoudre une femme qui a chez elle un homme avec qui elle pèche souvent, si

au bien de leur Société de pouvoir donner indifféremment l'Absolution à tout le monde. » Notes sur la Dixième Provinciale.

1. « Par ensemble », dans le sens d'*au contraire*. Cette locution est maintenant inusitée. Elle était déjà vieille au xviie siècle. Pascal ne l'employait pas ; il la cite.

elle ne peut le faire sortir honnêtement, ou qu'elle ait quelque cause de le retenir : *Si non potest honeste ejicere, aut habeat aliquam causam retinendi*; pourvu qu'elle se [a] propose bien de ne plus pécher avec lui. »

O mon père! lui dis-je, l'obligation de quitter les occasions est bien adoucie, si on en est dispensé aussitôt qu'on en recevroit de l'incommodité; mais je crois au moins qu'on y est obligé, selon vos Pères, quand il n'y a point de peine? Oui, dit le père, quoique toutefois cela ne soit pas sans exception. Car le père Bauny dit au même lieu : « Il est permis à toutes sortes de personnes d'entrer dans les lieux de débauche pour convertir des femmes perdues, quoiqu'il soit bien vraisemblable qu'on y péchera : comme si on a déjà éprouvé souvent qu'on s'est laissé aller au péché par la vue et les cajoleries de ces femmes. Et encore qu'il y ait des Docteurs qui n'approuvent pas cette opinion et qui croient qu'il n'est pas permis de mettre volontairement son salut en danger pour secourir son prochain, je ne laisse pas d'embrasser très volontiers cette opinion qu'ils combattent.» Voilà, mon père, une nouvelle sorte de Prédicateurs. Mais sur quoi se fonde le père Bauny pour leur donner cette mission? C'est, me dit-il, sur un de ses principes qu'il donne au même lieu après Basile Ponce. Je vous en ai parlé autrefois, et je crois que vous vous en souvenez. C'est « qu'on peut rechercher une occasion directement et par elle-même, *primo et per se*, pour le bien temporel ou spirituel de soi ou du prochain ». Ces passages me firent tant d'horreur, que je pensai rompre là-dessus; mais je me retins, afin de le laisser aller jusqu'au bout, et me con-

---

[a] « Pourvu qu'elle *se* propose bien. » *Se* est une correction moderne. Les éditions du temps ont toutes : « pourvu qu'elle propose bien », qui est le texte authentique. Proposer avait au XVIIe siècle le sens neutre d'avoir intention. Il s'est conservé dans le proverbe : L'homme propose et Dieu dispose.

tentai de lui dire : Quel rapport y a-t-il, mon père, de cette doctrine à celle de l'Évangile, qui oblige « à s'arracher les yeux, et à retrancher les choses les plus nécessaires quand elles nuisent au salut » ? Et comment pouvez-vous concevoir qu'un homme qui demeure volontairement dans les occasions des péchés [1] les déteste sincèrement ? N'est-il pas visible, au contraire, qu'il n'en est point touché comme il faut, et qu'il n'est pas encore arrivé à cette véritable conversion de cœur, qui fait autant aimer Dieu qu'on a aimé les créatures ?

Comment! dit-il, ce seroit là une véritable Contrition. Il semble que vous ne sachiez pas que, comme dit le père Pinthereau [2] en la seconde partie de l'abbé de Boisic, p. 50 : « Tous nos Pères enseignent d'un commun accord que c'est une erreur et presque une hérésie de dire que la Contrition soit nécessaire, et que l'Attrition toute seule, et même conçue par LE SEUL motif des peines de l'enfer, qui exclut la volonté d'offenser, ne suffit pas avec le sacrement [3]. » Quoi, mon père! c'est presque un article de Foi

---

1. « Les occasions des péchés » au pluriel est une locution tombée en désuétude, on dirait aujourd'hui : « les occasions du péché ».

2. Pinthereau (François), jésuite français, né à Chaumont en 1604, mort à Paris en 1664. Il n'était pas théologien, mais humaniste. Il écrivit néanmoins contre les Jansénistes. Pinthereau est l'auteur sous le nom de sieur de Préville, du livre intitulé : la Naissance du Jansénisme découverte, 1654, in-4°. C'est un recueil de Lettres saisies chez Saint-Cyran en 1638 par Laubardemont. Il les avait fait imprimer secrètement en 1653 et les publia sous la rubrique de Louvain, avec un commentaire odieux. Elles ont été réimprimées par Gerberon, 1702, in-12, sous le nom de Du Vivier. Pinthereau est aussi l'auteur, sous le même pseudonyme, de : le Progrès du Jansénisme découvert, 1655, in-4°.

3. Texte du père Pinthereau : « Les Jésuites enseignent tous d'un commun consentement, comme une doctrine fort catholique qui approche bien près de la Foi et qui est grandement conforme au Concile de Trente, que l'Attrition toute seule et même conçue par le seul motif des peines de l'enfer, laquelle exclut la volonté d'offenser, est une suffisante disposition au sacrement de pénitence. Quant à l'opinion contraire, ils ne la condam-

que l'Attrition conçue par la seule crainte des peines suffit avec le sacrement? Je crois que cela est particulier à vos Pères. Car les autres, qui croient que l'Attrition suffit avec le sacrement, veulent au moins qu'elle soit mêlée de quelque amour de Dieu. Et de plus, il me semble que vos Auteurs mêmes ne tenoient point autrefois que cette doctrine fût si certaine. Car votre père Suarez en parle de cette sorte, *De Pœn.* q. 90, art. 4, disp. 15, section 4, n. 17. « Encore, dit-il, que ce soit une opinion probable que l'Attrition suffit avec le sacrement, toutefois elle n'est pas certaine, et elle peut être fausse : *Non est certa, et potest esse falsa*. Et si elle est fausse, l'Attrition ne suffit pas pour sauver un homme. Donc celui qui meurt sciemment en cet état s'expose volontairement au péril moral de la damnation éternelle. Car cette opinion n'est ni fort ancienne, ni fort commune : *Nec valde antiqua, nec multum communis*[1]. » Sanchez ne trouvoit pas non plus qu'elle fût si assurée, puisqu'il dit en sa Somme, Liv. I, ch. IX, n. 34 : « Que le malade et son Confesseur qui se contenteroient à la mort de l'Attrition avec le sacrement, pècheroient mortellement, à cause du grand péril de damnation où le Pénitent s'expo-

---

nent pas tout à fait d'hérésie, mais ils la taxent d'erreur et de témérité. »

Ce terme de Théologie — Attrition — signifie le regret d'avoir offensé Dieu, causé par la crainte d'en être puni, tandis que la Contrition est le même regret, mais désintéressé, c'est-à-dire sans la crainte d'être puni, en un mot le regret d'avoir offensé Dieu. La Jurisprudence civile connaît aussi l'Attrition et la Contrition. L'Attrition est la peur de contrevenir aux lois, à cause des peines à encourir, et la Contrition la même peur, par respect de la Justice. La théorie des Jésuites consiste à dire qu'il suffit au pécheur d'avoir peur d'être puni, tandis que la théorie opposée est celle de la Tradition chrétienne retrouvée sur ce point comme sur beaucoup d'autres par Saint-Cyran. La contrition est d'ailleurs prescrite par le concile de Trente, qui exige qu'on se repente par amour de Dieu et estime du bien.

1. Suarez attaque les opinions que Pascal lui attribue.

seroit, si l'opinion qui assure que l'Attrition suffit avec le sacrement ne se trouvoit pas véritable. » Ni Comitolus[1] aussi, quand il dit, *Resp. Mor.* Lib. I, q. 32, n. 7, 8 : « Qu'il n'est pas trop sûr que l'Attrition suffise avec le sacrement. »

Le bon père m'arrêta là-dessus. Eh quoi! dit-il, vous lisez donc nos Auteurs? vous faites bien; mais vous feriez encore mieux de ne les lire qu'avec quelqu'un de nous. Ne voyez-vous pas que, pour les avoir lus tout seul, vous en avez conclu que ces passages font tort à ceux qui soutiennent maintenant notre doctrine de l'Attrition? au lieu qu'on vous auroit montré qu'il n'y a rien qui les relève davantage. Car quelle gloire est-ce à nos Pères d'aujourd'hui d'avoir en moins de rien répandu si généralement leur opinion partout, que, hors les Théologiens, il n'y a presque personne qui s'imagine que ce que nous tenons maintenant de l'Attrition n'ait été de tout temps l'unique créance des fidèles! Et ainsi, quand vous montrez, par nos Pères mêmes, qu'il y a peu d'années *que cette opinion n'étoit pas certaine*, que faites-vous autre chose, sinon donner à nos derniers Auteurs tout l'honneur de cet établissement?

Aussi Diana, notre ami intime, a cru nous faire plaisir de marquer par quels degrés on y est arrivé. C'est ce qu'il fait p. 5, Tr. 13, où il dit : « Qu'autrefois les Anciens Scolastiques soutenoient que la Contrition étoit nécessaire aussitôt qu'on avoit fait un péché mortel ; mais que depuis on a cru qu'on n'y étoit obligé que les jours de fête, et

---

1. Comitolo (Paul), jésuite italien, né à Pérouse en 1546, mort en 1625. Lettré, casuiste, polémiste, Comitolo a joui d'une grande réputation durant la première moitié du xviie siècle. Ses principaux ouvrages sont : *Consilia seu responsa moralia* et *Doctrina de contractu universo*.

ensuite que quand quelque grande calamité menaçoit tout le peuple ; que, selon d'autres, on étoit obligé à ne la pas différer longtemps quand on approche de la mort. Mais que nos pères Hurtado et Vasquez ont réfuté excellemment toutes ces opinions-là, et établi qu'on n'y étoit obligé que quand on ne pouvoit être absous par une autre voie, ou à l'article de la mort ! » Mais, pour continuer le merveilleux progrès de cette doctrine, j'ajouterai que nos pères Fagundez, Præc. 2, T. II, ch. IV, n. 13 ; Granados, in 3 part. contr. 7, d. 4, sec. 4, n. 17 ; et Escobar, Tr. 7, ex. 4, n. 88, dans la *Pratique selon notre Société*, ont décidé : « Que la Contrition n'est pas nécessaire même à la mort, parce, disent-ils, que si l'Attrition avec le sacrement ne suffisoit pas à la mort, il s'ensuivroit que l'Attrition ne seroit pas suffisante avec le sacrement. » Et notre savant Hurtado, *De Sacr.* d. 6, cité par Diana, partie 5, Tr. 4, Miscell. r. 193, et par Escobar, Tr. 7, ex. 4, n. 91, va encore plus loin ; écoutez-le[a] : « Le regret d'avoir péché, qu'on ne conçoit qu'à cause du seul mal temporel qui en arrive, comme d'avoir perdu la santé ou son argent, est-il suffisant ? Il faut distinguer. Si on ne pense pas que ce mal soit envoyé de la main de Dieu, ce regret ne suffit pas ; mais si on croit que ce mal est envoyé de Dieu, comme en effet tout mal, dit Diana, excepté le péché, vient de lui, ce regret est suffisant. » C'est ce que dit Escobar en la *Pratique de notre Société*. Notre père François Lamy soutient aussi la même chose, Tr. 8, disp. 3, n. 13.

Vous me surprenez, mon père, car je ne vois rien en toute cette Attrition-là que de naturel ; et ainsi un pécheur se pourroit rendre digne de l'Absolution sans aucune Grâce

[a] Textes in-4º et in-12 : « va encore plus loin, *car il dit* », au lieu de : « va encore plus loin, écoutez-le », qui est la leçon in-8º.

surnaturelle. Or il n'y a personne qui ne sache que c'est une hérésie condamnée par le Concile[1]. Je l'aurois pensé comme vous, dit-il; et pourtant il faut bien que cela ne soit pas. Car nos Pères du collège de Clermont ont soutenu dans leurs thèses du 23 mai et du 6 juin 1644, col. 4, n. 1 : « Qu'une Attrition peut être sainte et suffisante pour le sacrement, quoiqu'elle ne soit pas surnaturelle. » Et dans celle du mois d'août 1643 : « Qu'une Attrition qui n'est que naturelle suffit pour le sacrement, pourvu qu'elle soit honnête : *Ad sacramentum sufficit attritio naturalis, modo*

---

1. Voici le texte du Concile de Trente (Sess. 14, can. 5) : « Si quelqu'un dit que la Contrition qui est excitée par l'examen, par la recherche et la détestation de ses péchés, quand, en repassant ses années dans l'amertume de son âme, on vient à peser l'énormité, la multitude et la laideur de ses péchés, la perte de la béatitude éternelle et la damnation éternelle qu'on a méritée; si quelqu'un dit qu'une telle Contrition, jointe à la Résolution de mener une meilleure vie, n'est pas une douleur véritable et utile et ne prépare pas à la Grâce, mais qu'elle rend l'homme hypocrite et plus grand pécheur... qu'il soit anathème. »

Nicole commente en ces termes ce passage du Concile de Trente : « Voilà quelles sont, selon le Concile, les véritables conditions de cette Attrition. Elle renferme la haine des péchés. Donc elle renferme aussi quelque amour de Dieu, sans lequel, comme dit saint Augustin, on ne hait point véritablement le péché. Elle renferme la crainte de la damnation éternelle, donc elle n'est point bornée à la seule crainte d'un mal temporel. Elle renferme la douleur d'avoir perdu la béatitude, donc elle n'exclut pas tout amour de Dieu, car comme la béatitude n'est autre chose que Dieu même, on ne peut être véritablement touché de la perte de cette béatitude, qu'on n'ait en même temps quelque amour pour Dieu. Selon cette belle maxime de saint Augustin : *on ne perd avec douleur que ce qu'on possède avec amour.* »

Le Concile de Trente, qui était une grande assemblée politique autant que religieuse, prenait les choses d'un peu plus haut. Il ne fait pas de Théologie dans le morceau commenté par Nicole : il légifère contre les Humanistes. Ils sont nihilistes; ils ne croient ni à Dieu, ni à l'âme, ni au Surnaturel. Ils ne croient pas non plus qu'on y puisse croire. La Pénitence et le repentir, à leurs yeux, sont de l'hypocrisie. Ils sont naturalistes. Eh bien, les Jésuites sont naturalistes comme eux. C'était cela qu'il fallait dire. Mais Nicole prend les choses par le petit bout. La décision du Concile de Trente est au-dessus de son esprit.

honesta. » Voilà tout ce qui se peut dire, si ce n'est qu'on veuille ajouter une conséquence, qui se tire aisément de ces principes : qui est que la Contrition est si peu nécessaire au sacrement, qu'elle y seroit au contraire nuisible, en ce qu'effaçant les péchés par elle-même, elle ne laisseroit rien à faire au sacrement. C'est ce que dit notre père Valentia, ce célèbre jésuite, T. IV, disp. 7, q. 8, p. 4 : « La Contrition n'est point du tout nécessaire pour obtenir l'effet principal du sacrement; mais[a], au contraire, elle y est plutôt un obstacle : *Imo obstat potius quominus effectus sequatur.* » On ne peut rien désirer de plus à l'avantage de l'Attrition. Je le crois, mon père ; mais souffrez que je vous en dise mon sentiment, et que je vous fasse voir à quel excès cette doctrine conduit. Lorsque vous dites que *l'Attrition conçue par la seule crainte des peines* suffit avec le sacrement pour justifier les pécheurs, ne s'ensuit-il pas de là qu'on pourra toute sa vie expier ses péchés de cette sorte, et ainsi être sauvé sans avoir jamais aimé Dieu en sa vie ? Or vos Pères oseroient-ils soutenir cela ?

Je vois bien, répondit le père, par ce que vous me dites, que vous avez besoin de savoir la doctrine de nos Pères touchant l'Amour de Dieu. C'est le dernier trait de leur Morale, et le plus important de tous. Vous deviez l'avoir compris par les passages que je vous ai cités de la Contrition. Mais en voici d'autres plus précis sur l'Amour de Dieu ; ne m'interrompez donc pas[b], car la suite même en est considérable. Écoutez Escobar, qui rapporte les opinions différentes de nos Auteurs sur ce sujet, dans la *Pratique de l'Amour de Dieu selon notre Société*, au Tr. 1, ex. 2, n. 21

---

[a] Textes in-4º et in-12 : « et », au lieu de « mais ».
[b] Textes in-4º et in-12 : « mais en voici d'autres, *et* ne m'interrompez donc pas ».

et Tr. 5, ex. 4, n. 8, sur cette question : « Quand est-on obligé d'avoir affection actuellement pour Dieu ? Suarez dit que c'est assez, si on l'aime avant l'article de la mort, sans déterminer aucun temps; Vasquez, qu'il suffit encore à l'article de la mort; d'autres, quand on reçoit le Baptême; d'autres, quand on est obligé d'être contrit; d'autres, les jours de fête. Mais notre père Castro Palao combat toutes ces opinions-là, et avec raison, *merito*. Hurtado de Mendoça prétend qu'on y est obligé tous les ans, et qu'on nous traite bien favorablement encore de ne nous y obliger pas plus souvent; mais notre père Coninck croit qu'on y est obligé en trois ou quatre ans; Henriquez tous les cinq ans, et[a] Filiutius dit qu'il est probable qu'on n'y est pas obligé à la rigueur tous les cinq ans. Et quand donc ? Il le remet au jugement des Sages[1]. » Je laissai

[a] Textes in-4º et in-12 : « mais », au lieu de . « et ».

---

1. Les Casuistes, qui étaient les regrattiers de l'Église au sein de laquelle ils tenaient l'emploi des hommes d'affaires dans la basoche, se contentaient de peu. Ils ne voyaient que la lettre dans les choses de la Théologie. Leur bassesse d'âme offusque Pascal qui a de hauts sentiments et n'est pas un praticien du confessionnal. Nicole, qui fait du zèle à la suite du Pascal, n'a pas de peine à les confondre à coups de citations. Leur Attrition, qui est la peur des peines de l'enfer, est une crainte servile, leur dit-il avec saint Thomas : « Celui-là agit par la crainte servile considérée comme servile, qui n'aime point la Justice, mais qui craint seulement la Peine. » Les Casuistes étaient plus psychologues que Nicole. Ayant affaire à un vulgaire assiégé par l'ignorance et les préjugés, incapable de générosité et d'amour de Dieu, du Bien, de la Justice, ils parlaient aux sentiments qu'ils lui connaissaient. Nicole les pourfend sans grand effort à l'aide de saint Augustin. Les Casuistes sont des rabbins juifs qui ne font appel qu'à l'intérêt. Les Juifs obéissaient par la crainte; encore n'attendaient-ils de l'observation de la loi que des biens temporels. « La loi, dit saint Augustin (*De spiritu et littera*, c. 8), produisoit la Colère pour les Juifs, en rendant les péchés qu'ils commettoient d'autant plus grands, qu'ils les commettoient avec plus de connoissance. Et à l'égard de ceux mêmes qui observoient ce que la Loi leur commandoit, elle ne laissoit pas de produire en-

passer tout ce badinage, où l'esprit de l'homme se joue si insolemment de l'Amour de Dieu. Mais, poursuivit-il, notre père Antoine Sirmond[1], qui triomphe sur cette matière dans son admirable livre de la *Défense de la vertu*, où il *parle françois en France*, comme il dit au lecteur, discourt ainsi au 2ᵉ Tr., sect. I, pag. 12, 13, 14, etc. : « Saint Thomas dit qu'on est obligé à aimer Dieu aussitôt après l'usage de raison : c'est un peu bientôt. Scotus[2], chaque dimanche : sur quoi fondé ? D'autres, quand on est grièvement tenté : oui, en cas qu'il n'y eût que cette voie de fuir la tentation. Sotus, quand on reçoit un bienfait de Dieu : bon pour l'en remercier. D'autres, à la mort : c'est bien tard. Je ne crois pas non plus que ce soit à chaque réception de quelque sacrement : l'Attrition y suffit

core la Colère. Car comme ils ne le faisoient pas par l'esprit de la Grâce, ils le faisoient par la crainte du châtiment et non par l'amour de la Justice. Ainsi Dieu ne voyoit pas dans leur volonté ce que les hommes voyoient dans leurs œuvres. Et ils étoient plutôt coupables que justes devant ses yeux parce qu'il connoissoit qu'ils eussent mieux aimé connoître le mal, s'ils l'eussent pu faire impunément. » Là, en effet, est le progrès accompli par le Christianisme. Il a fait faire un pas à la nature humaine, en changeant le fondement de la Justice. Auparavant le Législateur n'avait en vue que de corriger les actes; lui a entrepris de corriger la Volonté et il y est parvenu. De sorte que les Casuistes sont en retard de toute l'histoire du Christianisme ou plutôt ils s'y mettent par mépris de ceux qu'ils ont à diriger.

1. Sirmond (Antoine), jésuite français, qu'il importe de ne pas confondre avec le père Sirmond (Jacques) qui fut illustre au xvıⁱᵉ siècle et était l'oncle d'Antoine, est né à Riom (Auvergne) en 1591. Il est mort à Paris en 1643. Il est l'auteur de divers écrits, *De Immortalitate animæ*, *l'Auditeur de la parole de Dieu*, le *Prédicateur*, la *Défense de la Vertu*, qui n'auraient pas empêché son nom d'être aujourd'hui inconnu, si la mention qu'en fait Pascal, ne l'avait tenu hors de l'oubli.

2. Qu'est-ce que Scotus ? Est-ce Marianus, dit Scotus, parce qu'il était Écossais, moine de l'abbaye de Fulde, mort à Mayence en 1086, et auteur d'une chronique qui va du commencement de notre ère à l'an 1083 ? Il s'agit plutôt ici de Duns Scot, moine franciscain, mort à Cologne en 1308, surnommé le *docteur subtil* et chef des Scotistes, école de Théologie scolastique opposée à celle des Thomistes.

avec la Confession, si on en a la commodité. Suarez dit qu'on y est obligé en un temps : mais en quel temps ? Il vous en fait juge, il n'en sait rien. Or ce que ce Docteur n'a pas su, je ne sais qui le sait. » Et il conclut enfin qu'on n'est obligé à autre chose, à la rigueur, qu'à observer les autres commandements, sans aucune affection pour Dieu, et sans que notre cœur soit à lui, pourvu qu'on ne le haïsse pas. C'est ce qu'il prouve en tout son second Traité. Vous le verrez à chaque page, et entre autres pages 16, 19, 24, 28, où il dit ces mots : « Dieu, en nous commandant de l'aimer, se contente que nous lui obéissions en ses autres commandements. Si Dieu eût dit : Je vous perdrai, quelque obéissance que vous me rendiez, si de plus votre cœur n'est à moi : ce motif, à votre avis, eût-il été bien proportionné à la fin que Dieu a dû et a pu avoir ? Il est donc dit que nous aimerons Dieu en faisant sa volonté, comme si nous l'aimions d'affection, comme si le motif de la Charité nous y portoit. Si cela arrive réellement, encore mieux : sinon, nous ne laisserons pas pourtant d'obéir en rigueur au commandement d'Amour, en ayant les œuvres, de façon que (voyez la bonté de Dieu) il ne nous est pas tant commandé de l'aimer que de ne le point haïr [1]. »

1. Le père Antoine Sirmond est un type à la fois médiocre et original, qui sert à Pascal à plusieurs fins. Il lui sert d'abord à montrer, par le laisser aller imprudent de la forme, ce que les habiles de l'École savaient mieux cacher, à savoir que les Casuistes de la Compagnie tendent d'une manière uniforme à remplacer en matière religieuse l'esprit par la lettre, la piété intérieure par des pratiques purement formalistes ; il lui sert ensuite à mettre les Jésuites en contradiction avec la doctrine des Pères, avec le Droit Canonique lui-même. Aussi derrière Pascal, Nicole accumule les textes. C'est toujours dans saint Augustin qu'il puise. Dans cette occasion, un extrait topique vient à l'appui des citations de Pascal. « La crainte qui ne fait pas aimer la Justice, mais appréhender le châtiment, dit saint Augustin (*Com. in ps.* 118), est une crainte servile. Elle ne regarde que les intérêts de la chair. Ainsi elle ne la crucifie point (elle n'est pas

C'est ainsi que nos Pères ont déchargé les hommes de l'obligation *pénible* d'aimer Dieu actuellement ; et cette doctrine est si avantageuse, que nos pères Annat, Pinthereau, Le Moine et A. Sirmond même l'ont défendue vigoureusement, quand on a voulu la combattre. Vous n'avez qu'à le voir dans leurs Réponses à la Théologie morale : et celle du père Pinthereau en la 2ᵉ part. de l'abbé de Boisic, p. 53, vous fera juger de la valeur de cette dispense par le prix qu'il dit qu'elle a coûté, qui est le sang de Jésus-Christ. C'est le couronnement de cette doctrine. Vous y verrez donc que cette dispense de l'obligation *fâcheuse* d'aimer Dieu est le privilège de la loi évangélique pardessus la judaïque. « Il a été raisonnable, dit-il, que dans la Loi de Grâce du Nouveau Testament, Dieu levât l'obligation fâcheuse et difficile, qui étoit en la Loi de rigueur, d'exercer un acte de parfaite Contrition pour être justifié, et qu'il instituât des sacrements pour suppléer à son défaut, à l'aide d'une disposition plus facile. Autrement, certes, les Chrétiens qui sont les enfants n'auroient pas maintenant plus de facilité à se remettre aux bonnes grâces de leur Père que les Juifs, qui étoient les esclaves, pour obtenir miséricorde de leur Seigneur. »

---

chrétienne). La volonté de pécher demeure toujours vivante, et elle se fait connoître par les œuvres dès qu'elle peut espérer l'impunité. Mais lorsqu'on croit que le châtiment suivra de près le péché, la volonté de le commettre demeure à la vérité cachée ; mais elle ne laisse pas d'être toujours vivante, car elle désireroit que ce que la loi défend fût permis, et elle a de la douleur de ce qu'il ne l'est pas, *parce qu'elle ne se plaît point spirituellement* dans le bien qu'elle commande, mais qu'elle craint d'une manière charnelle le bien dont elle menace. » Il n'est pas indifférent à Nicole de produire à côté de la doctrine de saint Augustin le texte des *Décrétales* qui la sanctionne : « Celui qui accomplit un précepte par la crainte ne l'accomplit pas comme il doit l'accomplir ; et ainsi il ne l'accomplit point du tout. » *In decret. tit. de reg. juris.* A cela, les Jésuites n'avaient rien à répondre.

O mon père ! lui dis-je*, il n'y a point de patience que vous ne mettiez à bout, et on ne peut ouïr sans horreur les choses que je viens d'entendre[1]. Ce n'est pas de moi-même, dit-il. Je le sais bien, mon père, mais vous n'en avez point d'aversion ; et bien loin de détester les Auteurs de ces maximes, vous avez de l'estime pour eux. Ne craignez-vous pas que votre consentement ne vous rende par-

---

* « Lui dis-je » est ajouté dans le texte in-8°.

---

1. Jusqu'ici, Pascal a joué et abusé du dialogue avec le Bon Père Casuiste. La facilité débonnaire du Bon Père l'a aidé. Au point de vue de l'art, le caractère du Casuiste laisse à désirer. Laissons Sainte-Beuve en dire son avis. « On a dit, entre autres objections encore, écrit-il (*Port-Royal*, t. III, p. 120 de l'éd. citée), que ce Bon Père Casuiste va de plus en plus en s'exagérant comme caractère ; que — contrairement au *Servetur ad imum* — de simple qu'il était seulement d'abord, il devient un niais, qui tombe dans tous les pièges, et qui, lorsqu'il est déjà dit expressément que les Lettres courent Paris et font scandale, continue ses révélations comme s'il n'était nullement informé de l'effet. Mais Pascal, en observant l'art, ne s'y asservit pas et n'en est pas dupe. Après tout, c'est moins un dialogue direct qu'il nous donne, que le récit fait par l'un des interlocuteurs et dans lequel l'autre est nécessairement sacrifié : il suffit que ce soit d'un air naturel. A mesure qu'il a moins besoin de son Bon Père, Pascal le soigne moins ; il le fait plus insoutenable, il le brusque jusqu'à ce qu'enfin il éclate. Alors et Bon Père et Provincial supposé, tout cela disparaît ; le combat s'engage à nu, et l'écrivain encore masqué, mais sans plus de rôle, s'attaque droit à l'ennemi. Toute cette gradation, qui est celle de la passion même, de la conviction sérieuse et ardente, par conséquent du véritable art supérieur, s'opère dans celui du lecteur comme dans celui de l'écrivain. Et ce dernier, en sa marche vigoureuse, met pleinement d'accord l'inspiration du talent avec le mouvement de l'Homme moral et presqu'avec la colère du Chrétien.

« C'est ici le lieu de relire l'admirable et victorieuse péroraison de la Dixième Lettre qui couronne en les brisant cette suite de dialogues. Le temps d'ironie a cessé, l'indignation commence : — O mon père, il n'y a point de patience que vous ne mettiez à bout, et on ne peut ouïr sans horreur les choses que je viens d'entendre. — J'y renvoie, mais à condition qu'on relira ; en effet, c'est l'instant même où Pascal se lève ; le léger appareil de la scène est renversé ; il devient alors un réfutateur pressant, terrible, épée nue, un orateur. »

ticipant de leur crime? Et pouvez-vous ignorer que saint Paul juge « dignes de mort, non seulement les Auteurs des maux, mais aussi ceux qui y consentent »? Ne suffisoit-il pas d'avoir permis aux hommes tant de choses défendues, par les palliations que vous y avez apportées? falloit-il encore leur donner l'occasion de commettre les crimes mêmes que vous n'avez pu excuser par la facilité et l'assurance de l'Absolution que vous leur en offrez, en détruisant à ce dessein la puissance des Prêtres, et les obligeant d'absoudre, plutôt en esclaves qu'en juges, les pécheurs les plus envieillis[a], sans changement de vie, sans aucun signe de regret, que des promesses cent fois violées, sans Pénitence, *s'ils n'en veulent point accepter*; et sans quitter les occasions des vices, *s'ils en reçoivent de l'incommodité?*

Mais on passe encore au delà, et la licence qu'on a prise d'ébranler les règles les plus saintes de la Conduite Chrétienne se porte jusqu'au renversement entier de la Loi de Dieu. On viole *le grand commandement, qui comprend la Loi et les Prophètes;* on attaque la Piété dans le cœur; on en ôte l'esprit qui donne la vie; on dit que l'Amour de Dieu n'est pas nécessaire au salut; et on va même jusqu'à prétendre que *cette dispense d'aimer Dieu est l'avantage que Jésus-Christ a apporté au monde.* C'est le comble de l'impiété. Le prix du sang de Jésus-Christ sera de nous obtenir la dispense de l'aimer! Avant l'Incarnation, on étoit obligé d'aimer Dieu; mais depuis que *Dieu a tant aimé le monde, qu'il lui a donné son fils unique,* le monde, racheté par lui, sera déchargé de l'aimer! Étrange Théologie de nos jours! On ose lever *l'Anathème* que saint Paul

---

[a] Les textes in-4º et in-12 ajoutent après « envieillis » ces mots « sans aucun amour de Dieu? » retranchés dans l'in-8º.

prononce *contre ceux qui n'aiment pas le Seigneur Jésus !* On ruine ce que dit saint Jean, que *qui n'aime point demeure en la mort;* et ce que dit Jésus-Christ même, que *qui ne l'aime point, ne garde point ses préceptes !* Ainsi on rend dignes de jouir de Dieu dans l'Éternité ceux qui n'ont jamais aimé Dieu en toute leur vie ! Voilà le mystère d'iniquité accompli. Ouvrez enfin les yeux, mon père ; et si vous n'avez point été touché par les autres égarements de vos Casuistes, que ces derniers vous en retirent par leurs excès. Je le souhaite de tout mon cœur pour vous et pour tous vos Pères; et je prie[a] Dieu qu'il daigne leur faire connoître combien est fausse la lumière qui les a conduits jusqu'à de tels précipices, et qu'il remplisse de son amour ceux qui en osent dispenser les hommes[b][1].

Après quelques discours de cette sorte, je quittai le

---

[a] Textes in-4° et in-12 : « et prie ». L'in-8°, comme en beaucoup d'autres endroits, coupe la phrase en deux à l'aide d'un (;).
[b] Textes in-4° et in-12 : « ceux qui *en dispensent* les hommes », au lieu de « qui osent en dispenser ».

---

1. Les Apologistes modernes des Jésuites, pris sur le fait par les citations de Pascal et les conclusions qu'il en tire, ont recours à un singulier échappatoire. « C'est vrai, disent-ils, que les Casuistes se passent de l'Amour de Dieu. Ils condescendent à la dureté des cœurs; ils prennent leurs Pénitents comme ils sont et non comme ils devraient être. C'est toujours l'argument célèbre de Machiavel, accusé d'enseigner la trahison et la mauvaise foi : les hommes sont faits de cette manière. Ainsi disent les Apologistes des Casuistes : l'Amour de Dieu s'inspire et ne se décrète pas. « Aimera-t-on Dieu plus ou moins, dit l'un d'eux, selon que telle ou telle décision se trouvera dans les pages in-folio des Théologiens? » Non ; mais alors à quoi servent l'Écriture sainte, les Épîtres de saint Paul, les Homélies de saint Jean Chrysostome et de saint Augustin ? Les Casuistes ne peuvent pas mettre l'Amour de Dieu là où il n'est pas; mais ils peuvent ne point trahir la cause qu'ils défendent en affirmant qu'il y a le nécessaire de Christianisme là où il n'y en a pas du tout. Ils flattent la tiédeur, l'indifférence, l'impiété dans un intérêt temporel, intérêt de domination, de métier. Ce sont les marchands du Temple dont ils font une caverne d'usuriers, au lieu de l'asile de la prière et du sanctuaire de la piété.

père, et je ne vois guère d'apparence d'y retourner. Mais n'y ayez pas de regret; car s'il étoit nécessaire de vous entretenir encore de leurs maximes, j'ai assez lu leurs livres pour pouvoir vous en dire à peu près autant de leur Morale, et peut-être plus de leur Politique, qu'il n'eût fait lui-même.

Je suis, etc.

FIN DU TOME PREMIER

TABLE DES MATIÈRES

DU PREMIER VOLUME

	Pages.
INTRODUCTION.	I
I. — L'enfance et l'éducation de Pascal.	III
II. — Ses travaux de physique et de mathématiques ; sa santé valétudinaire.	XXI
III. — Descartes; Polémique avec le père Lallouère. Première conversion.	XXXV
IV. — Vie mondaine de Pascal. — Retraite à Port-Royal. — Entretien avec Sacy sur Épictète et Montaigne. — Les *Provinciales* et les *Pensées*. — Mort de Pascal.	LXI
V. — L'ascétisme de Pascal.	CXVIII
VI. — L'Écrivain des *Provinciales*.	CXLVI
VII. — L'influence des *Provinciales* sur les Mœurs.	CLXVI
VIII. — Port-Royal et le texte des *Pensées*. — Vicissitudes de la réputation de l'auteur.	CLXXXVIII
IX. — Réaction au xixe siècle en faveur de Pascal. — Le manuscrit autographe des *Pensées*. — Intervention de Victor Cousin. — La gloire actuelle de Pascal.	CCLX
X. — Ouvrages à consulter sur Pascal.	CCLXII

TABLE DES MATIÈRES.

Pages.

XI. — NOTICE SUR LES *PROVINCIALES*. 1

XII. — AVERTISSEMENT de l'édition de 1659. 17

XIII. — LETTRE I. — Des disputes de Sorbonne et de l'invention du Pouvoir Prochain dont les Molinistes se servirent pour faire conclure la censure de M. Arnauld. 31

XIV. — LETTRE II. — De la Grâce suffisante. 48

XV. — RÉPONSE du Provincial aux deux premières Lettres provinciales. 64

XVI. — LETTRE III. — Injustice, absurdité et nullité de la censure de M. Arnauld. 70

XVII. — LETTRE IV. — De la Grâce actuelle toujours présente et des Péchés d'ignorance. 84

XVIII. — LETTRE V. — Dessein des Jésuites en établissant une Nouvelle Morale. Deux sortes de Casuistes parmi eux; beaucoup de relâchés et quelques-uns de sévères; raison de cette différence. Explication de la doctrine de la Probabilité, foule d'auteurs modernes et inconnus mis à la place des Saints Pères. 104

XIX. — LETTRE VI. — Différents artifices des Jésuites pour éluder l'autorité de l'Évangile, des Conciles et des Papes. Quelques conséquences qui suivent de leur doctrine sur la Probabilité. Leurs relâchements en faveur des Bénéficiers, des Prêtres, des Religieux et des Domestiques. Histoire de Jean d'Alba. 137

XX. — LETTRE VII. — De la méthode de diriger l'intention selon les Casuistes. De la permission qu'ils donnent de tuer pour la défense de l'honneur et des biens, et qu'ils étendent jusqu'aux prêtres et aux religieux. Question curieuse proposée par Caramuel, savoir s'il est permis aux Jésuites de tuer les Jansénistes 160

XXI. — LETTRE VIII. — Maximes corrompues des Casuistes touchant les Juges, les Usuriers, le Contrat Mohatra, les Banqueroutiers, les Restitutions, etc. Diverses extravagances des mêmes Casuistes. 188

XXII. — LETTRE IX. — De la fausse dévotion à la sainte Vierge que les Jésuites ont introduite. Diverses facilités qu'ils ont inventées pour se sauver sans peine, et parmi les douceurs et les commodités de la vie. Leurs maximes sur l'Ambition, l'Envie, la Gourmandise, les Équivoques, les Restrictions mentales, les Libertés qui sont permises aux filles, les Habits des femmes, le Jeu, le Précepte d'entendre la messe. . . . . : 217

XXIII. — LETTRE X. — Adoucissements que les Jésuites ont apportés au Sacrement de Pénitence par leurs maximes touchant la Confession, la Satisfaction, l'Absolution, les Occasions prochaines de pécher, la Contrition, l'Amour de Dieu. 249

CHEFS-D'ŒUVRE DE LA LITTÉRATURE FRANÇAISE

FORMAT IN-8 CAVALIER, PAPIER VÉLIN, SATINÉ, DU MARAIS

Imprimés avec luxe, ornés de gravures sur acier. Dessins par les meilleurs artistes.

58 volumes sont en vente à 7 fr. 50

On tire de chaque volume de la collection 150 *exemplaires numérotés* sur papier de Hollande avec figures sur chine avant la lettre, le volume. . . . . 15 fr.

OEUVRES COMPLÈTES DE MOLIÈRE

Nouvelle édition très soigneusement revue sur les textes originaux, avec un nouveau travail de critique et d'érudition, aperçus d'histoire littéraire, examen chaque pièce, commentaire, biographie, par L. MOLAND. 12 vol.

ŒUVRES COMPLÈTES DE J. RACINE

Avec une vie de l'auteur et un examen de chacun de ses ouvrages par M. SAINT-MARC GIRARDIN, de l'Académie française. 8 vol.

ŒUVRES COMPLÈTES DE LA FONTAINE

Nouvelle édition avec un nouveau travail de critique et d'érudition, par M. LOUIS MOLAND. 7 vol.

ESSAIS DE MICHEL DE MONTAIGNE

Nouvelle édition, avec les notes de tous les commentateurs, complétée par M. J.-V.-L. CLERC, précédée d'une nouvelle étude sur Montaigne par M. PRÉVOST-PARADOL. 4 vol. avec un beau portrait de Montaigne.

ŒUVRES COMPLÈTES DE LA BRUYÈRE

Nouvelle édition, publiée d'après les éditions données par l'auteur, avec notice sur La Bruyère, des variantes, des notes et un lexique, par A. CHASSANG, lauréat de l'Académie française, inspecteur général de l'instruction publique. 2 vol.

ŒUVRES COMPLÈTES DE LA ROCHEFOUCAULD

Nouvelle édition, avec des notices sur la vie de La Rochefoucauld et ses divers ouvrages, un choix de variantes, des notes, une table analytique des matières et un lexique, par A. CHASSANG, inspecteur général de l'Instruction publique, lauréat de l'Académie française. 2 vol.

ŒUVRES COMPLÈTES DE BOILEAU

Avec des commentaires et un travail nouveau de M. GIDEL. 4 vol.

ŒUVRES POÉTIQUES D'ANDRÉ CHÉNIER

Nouvelle édition, vignettes de Staal, 2 vol.

ŒUVRES COMPLÈTES DE MONTESQUIEU

Textes revus, collationnés et annotés par ÉDOUARD LABOULAYE, membre de l'Institut. 7 vol.

ŒUVRES CHOISIES DE PIERRE DE RONSARD

Avec notice, notes et commentaires, par SAINTE-BEUVE; nouvelle édition, revue et augmentée, par LOUIS MOLAND. 1 vol. avec portrait de l'auteur.

ŒUVRES DE CLÉMENT MAROT

Annotées, revues sur les éditions originales et précédées de la vie de Clément Marot, par CHARLES D'HÉRICAULT. 1 vol. orné du portrait de l'auteur.

ŒUVRES DE JEAN-BAPTISTE ROUSSEAU

Avec un nouveau travail de M. ANTOINE DE LATOUR. 1 vol. orné du portrait de l'auteur.

HISTOIRE DE GIL BLAS DE SANTILLANE

Par LE SAGE, avec les principales remarques des divers annotateurs; notice par SAINTE-BEUVE, les jugements et témoignages sur LE SAGE et sur GIL BLAS. 2 vol.

CHEFS-D'ŒUVRE LITTÉRAIRES DE BUFFON

Introduction par M. FLOURENS, de l'Académie française. 2 vol. avec portrait.

L'IMITATION DE JÉSUS-CHRIST

Traduction nouvelle, avec des réflexions, par M. DE LAMENNAIS. 1 vol.

ŒUVRES CHOISIES DE MASSILLON

Accompagnées de notes, notice par M. GODEFROY. 2 vol. avec portrait.

Nous avions promis, dans le prospectus de *Molière*, de chercher à remettre en honneur les belles éditions de nos auteurs classiques. Les volumes qui ont paru permettent de juger si nous avons tenu parole.

Notre collection contiendra la fleur de la littérature française. Elle se composera de quatre-vingts volumes environ, imprimées avec le plus grand luxe, dignes de tenir une place d'honneur dans les meilleures bibliothèques.